Excel 2016 Tout en 1

pour les nuls

Excel 2016 Tout en 1

pour les nuls

Greg Harvey

FIRST Editions

Excel 2016 Tout en 1 pour les Nuls

Collection dirigée par Jean-Pierre Cano
Traduction : Philip Escartin, Sylvie Gréco
Mise en page : maged

Edition française publiée en accord avec Wiley Publishing, Inc.

Éditions First, un département d'Édi8
12 avenue d'Italie
75013 Paris
Tél. : 01 44 16 09 00
Fax : 01 44 16 09 01
E-mail : firstinfo@efirst.com
Web : www.editionsfirst.fr
ISBN : 978-2-7540-8997-5
Dépôt légal : 3e trimestre 2016

Imprimé en Espagne par Cayfosa - Carrera de Caldes km 3 - 08130 Santa Perpetua De Mogoda

Sommaire

Introduction

Excel 2016 Tout en un pour les nuls traite de manière simple et claire des différents aspects de la plus élaborée des versions du célèbre tableur de Microsoft. Ce livre est destiné à tous les utilisateurs du programme quel que soit leur niveau d'expérience. En tant que logiciel phare des feuilles de calcul et des analyses de données tournant sous Windows 7, 8 ou 10 installé sur des ordinateurs de bureau, des portables, des tablettes, ou des smartphones, Excel 2016 offre à ses utilisateurs des possibilités infinies trop souvent cachées derrière un jargon technique et des explications obscures. Généralement, tout ce qui est facile à comprendre est présenté clairement, alors que les techniques plus complexes pour lesquelles vous avez besoin d'aide restent incompréhensibles.

Comprendre l'utilisation des fonctions d'Excel 2016 n'est que la moitié du chemin à parcourir. L'autre consiste à comprendre comment ces fonctions peuvent être utilisées dans vos travaux. En d'autres termes, ce livre explique le plus clairement possible « comment » et « pourquoi » utiliser les outils de ce formidable tableur.

Investissez-vous dans Excel 2016 car ce programme est définitivement le meilleur de sa catégorie pour traiter et analyser des données. Son outil Analyse rapide, ses compléments Office, le Remplissage automatique, les Graphiques recommandés, et les Tableaux croisés dynamiques, alliés à une fonction d'aperçu dynamique puissante, font d'Excel 2016 la version la plus simple à utiliser. J'espère que chacune des pages de ce livre apportera le plaisir d'une simplicité retrouvée.

A propos de ce livre

Comme son nom l'indique, *Excel 2016 Tout en un pour les nuls* est un guide de référence à garder à portée de mains. Bien que les chapitres de chaque livre soient organisés dans un ordre logique, chacun d'eux a sa propre autonomie au point que vous pouvez directement consulter celui qui est susceptible de répondre à une de vos interrogations immédiates.

Vous trouverez également un certain nombre de renvois qui permettent d'approfondir des informations communiquées dans un contexte d'utilisation spécifique mais qui ont été développées en aval ou en amont de votre lecture en cours.

Utilisez la Table des matières et l'Index pour rechercher un sujet particulier. Vous constaterez qu'ils sont tous abordés de manière simple et direct. Une introduction du concept précède toujours une mise en pratique étape par étape.

Présomptions

Ma première supposition part du principe que vous avez vraiment besoin de Microsoft Excel 2016 à votre travail ou dans le cadre de vos études. Ensuite, je me dis que vous ne cherchez probablement pas à devenir un expert d'Excel 2016 mais, qu'en revanche, vous souhaitez pouvoir accomplir le travail qui vous incombe. Si vous êtes dans ce cas, ce livre est fait pour vous. Toutefois, si vous avez envie d'en mettre plein la vue à vos collaborateurs et devenir le spécialiste incontestable d'Excel, vous avez frappé à la bonne porte en achetant cet ouvrage.

Je suppose également que vous possédez une version d'Excel 2016, inclut à la suite Microsoft Office, installée sur un ordinateur fonctionnant sous Windows 7, 8 ou 10. En revanche, je ne suppose pas que vous utilisez Excel 2016 assis devant un moniteur gigantesque et que vous effectuez vos saisies de données au clavier et à la souris. Avec le développement de tablettes comme Surface 3 de Microsoft, je présume que vous utilisez peut-être un stylet ou vos doigts pour entrer des données et exécuter des commandes.

Pour marquer la différence entre utiliser Excel 2016 sur un ordinateur de bureau ou un portable en recourant à un clavier et à une souris, et l'utiliser sur une tablette tactile ou un smartphone, j'ai indiqué les équivalents tactiles des sacro-saints « cliquer », « double-cliquer », et « glisser », etc., dans la section qui explique comment sélectionner tactilement au Chapitre 1 du Livre I.

Toutes les illustrations de ce livre viennent d'une version d'Excel 2016 utilisée sous Windows 10. Par conséquent, certaines boites de dialogue propres à ce système d'exploitation apparaitront quand il s'agira d'ouvrir et d'enregistrer des fichiers.

Ce livre est destiné aux utilisateurs d'Excel 2016 ! Par conséquent, si vous utilisez Excel 2007 ou 2010 de nombreuses informations attenantes aux fichiers n'auront aucun sens pour vous, et risquent de créer une confusion fatale. Si vous utilisez une version antérieure à Excel 2007 (qui a introduit la notion de ruban), cette nouvelle édition de ce livre ne vous sera d'aucune utilité.

Organisation de ce livre

Excel 2016 tout en un pour les nuls réunit huit livres en un seul. Ainsi, vous pouvez directement consulter le livre contenant les informations qui vous intéressent. Chaque livre est structuré en au moins deux chapitres qui traitent des aspects et des éléments particuliers d'Excel.

Si vous êtes curieux, voici la structure des huit livres, et ce que vous y trouverez.

Livre I : Les bases d'Excel

Ce livre est destiné à tous ceux qui ont besoin de découvrir les possibilités du programme. Le Chapitre 1 présente l'interface d'Excel en analysant le ruban, et explique comment utiliser le logiciel sur un périphérique tactile, c'est-à-dire sans souris ni clavier.

Vous devez lire le Chapitre 2 même si vous ne vous considérez pas comme un débutant. Il explique comment personnaliser Excel pour qu'il réponde à vos besoins propres. Vous verrez comment gérer les commandes de la barre d'outils Accès rapide, et comment obtenir et utiliser les compléments qui augmentent les possibilités du programme.

Livre II : Conception d'une feuille de calcul

Ce livre se focalise sur la création des feuilles de calcul dans Excel. Son Chapitre 1 montre les bases de la conception et présente les différentes manières d'entrer des données (un sujet des plus passionnant avec l'utilisation de la dictée vocale et de l'écriture manuscrite).

Le Chapitre 2 montre comment donner une apparence professionnelle à votre feuille de calcul et vous guide dans sa mise en forme. En effet, Excel propose une grande variété de techniques de formatage, de la plus simple comme les tableaux à la plus complexe comme les mises en forme conditionnelles.

Le Chapitre 3 aborde le délicat sujet de la modification d'une feuille de calcul existante sans en altérer le contenu ou l'aspect. La modification est une tâche qui intimide les débutants car la feuille de calcul contient des données qui ne doivent pas être altérées, mais aussi des formules sensibles qui risquent de renvoyer de mauvais résultats en cas de modification de leur contenu.

Le Chapitre 4 se consacre à la gestion des feuilles de calcul qui contiennent des applications créées dans Excel. Il explique comment dépasser la bi-dimensionnalité de la feuille de calcul limitée à ses lignes et ses colonnes afin d'organiser les données de manière tridimensionnelle en les répartissant sur plusieurs feuilles. Ce chapitre explique également comment travailler sur plusieurs feuilles de calcul et comment les organiser en fonction de la taille de votre écran et comment combiner les données des différents fichiers et feuilles.

Le Chapitre 5 traite de l'impression de vos feuilles de calcul afin de les présenter correctement et/ou d'une manière personnalisée. Vous verrez également comment les présenter d'une manière très professionnelle pour satisfaire vos clients et vos collaborateurs.

Livre III : Formules et fonctions

Ce livre s'intéresse aux calculs et à la création de formules. Le Chapitre 1 couvre les bases de cette création en partant des formules les plus simples pour arriver aux formules matricielles, en passant par l'utilisation de l'assistant de fonction d'Excel. Il couvre l'utilisation des différentes références de cellules lorsque vous copiez des formules, et explique comment lier des formules qui se réfèrent à différentes feuilles de calcul.

Le Chapitre 2 s'attaque à la prévention des erreurs de formule, et explique comment les piéger et les éliminer. Ce chapitre inclut des informations sur les références circulaires dans des formules et comment vous pouvez les utiliser à votre avantage.

Les Chapitres 3 à 6 se concentrent sur l'utilisation des différents types de fonctions prédéfinies. Le Chapitre 3 couvre l'utilisation des fonctions date et heure, non seulement pour connaitre le jour et l'heure actuelles, mais aussi pour créer des formules qui calculent des écarts de dates.

Le Chapitre 4 traite des fonctions financières d'Excel et montre comment vous pouvez les utiliser pour révéler et déterminer la santé financière de votre entreprise. Le Chapitre 5 s'intéresse aux fonctions mathématiques et statistiques. Le Chapitre 6 traite des fonctions de recherche, des informations, et de texte. Ici, vous verrez comment créer des formules qui automatisent l'entrée de données en retournant des valeurs d'une table de recherche, en retrouvant les informations de n'importe quelle cellule de la feuille de calcul, et en combinant vos parties préférées d'un texte.

Livre IV : Collaboration et consultation

Le Livre IV traite du partage de votre feuille de calcul avec d'autres utilisateurs. Le Chapitre 1 couvre les problèmes de sécurité en vous expliquant comment protéger vos données par l'attribution d'autorisations de lecture et/ou de modification des feuilles de calcul.

Le Chapitre 2 traite de la mise en œuvre et de l'utilisation de vos feuilles de calcul Excel (c'est-à-dire du même type de liens que vous définissez pour des pages Web). Ce chapitre explique comment créer des liens hypertexte qui permettent de se déplacer de feuille de calcul en feuille de calcul au sein d'un même fichier Excel. Vous verrez aussi comment ouvrir d'autres documents stockés sur votre disque dur, ou comment vous connecter à Internet et naviguer vers vos pages Web préférées.

Le Chapitre 3 présente les fonctions sophistiquées d'Excel qui facilitent l'envoi de vos feuilles de calcul à des collaborateurs pour les contrôler et y apporter des commentaires. Il présente des techniques de révision et de traitement des modifications suggérées.

Le Chapitre 4 se consacre au partage des données d'une feuille de calcul avec d'autres programmes. Il explique comment partager des données avec d'autres programmes Office 2016 comme Microsoft Word, PowerPoint, et Outlook. Ce chapitre présente les différentes manières de partager vos fichiers classeur en invitant des personnes à les réviser voire à les modifier depuis OneDrive, en les ajoutant sous la forme d'une pièce jointe à vos e-mails et à des messages instantanés Skype, et en les présentant dans le cadre d'une réunion en ligne Skype Entreprise.

Livre V : Les Graphiques

Le Livre V se focalise sur les aspects graphiques d'Excel. Le Chapitre 1 couvre la représentation graphique des données. Vous verrez comment en créer mais aussi comment sélectionner le bon type de graphique pour représenter le plus précisément possible vous données.

Le Chapitre 2 présente tous les autres types de graphiques que vous pouvez insérer dans une feuille de calcul. Cela inclut des objets graphiques que vous dessinez ou que vous importez comme des cliparts de la suite Microsoft Office, des illustrations ou des photos numériques provenant de matériels ou de logiciels installés sur votre ordinateur.

Livre VI : Gestion des données

Ce livre se consacre aux tenant et aux aboutissants d'Excel dans la gestion de grandes quantités de données plus connues sous le nom de bases de données ou encore de listes de données. Le Chapitre 1 communique des informations sur la création d'une liste de données et sur la manière d'y ajouter vos propres entrées. Il explique également la réorganisation d'une liste de données par le tri et comment calculer ses données numériques via la fonction SOUS.TOTAL.

Le Chapitre 2 explique comment filtrer les données et extraire l'information dont vous avez besoin. On parle de *requête* de données. Vous apprendrez à réaliser toutes sortes d'opérations de filtrage en utilisant la fonction de filtre automatique ou des opérations plus complexes qui s'appuient sur des filtres et des fonctions de bases de données avancées.

Livre VII : Plonger dans l'analyse des données

Le Livre VII aborde le sujet de l'analyse des données dans Excel. Il explique comment utiliser les fonctions de calcul du programme pour planifier et prévoir de futurs résultats. Le Chapitre 1 couvre les différentes techniques d'exécution des scénarios conditionnels. Cela inclut des analyses à partir d'une ou deux tables de données variables, l'atteinte d'un objectif défini, la création d'une série de scénarios possibles, et l'utilisation du complément Solveur.

Le Chapitre 2 s'intéresse à la création de synthèses appelées tableaux croisés dynamiques qui analysent de grandes quantités de données dans un format compact et adaptable. Vous verrez comment créer et manipuler des tableaux croisés dynamiques, mais aussi comment créer des graphiques dynamiques qui synthétisent graphiquement des données.

Livre VIII : Compléments et macros

Le Livre VIII traite de la personnalisation d'Excel via le langage de programmation VBA (Visual Basic for Applications). Le Chapitre 1 explique comment utiliser les compléments Office et enregistrer des macros afin d'exécuter plus rapidement des tâches répétitives dans le but de les automatiser.

Les conventions de ce livre

Ce livre utilise un certain nombre de conventions qui facilitent les procédures pas à pas, notamment lorsque vous devez ou pouvez recourir à des raccourcis clavier pour exécuter des commandes du ruban.

Excel 2016 est un programme sophistiqué dont l'interface se base sur un ruban introduit par Excel 2007. Au Chapitre 1, j'explique comment utiliser facilement les commandes du ruban. Ainsi, tout au long de votre lecture vous constaterez que les séquences se basent sur l'onglet à activer, puis la commande ou le groupe de commandes à repérer. Ainsi, pour exécuter la commande Copier de l'onglet Accueil vous lirez :

Accueil/Copier

Cela signifie que vous devez cliquer sur l'onglet Accueil puis sur le bouton Copier (groupe Presse-papiers).

D'autres séquences imposent d'ouvrir un menu local pour y exécuter une commande. Ainsi, lorsque vous lisez

Formules/Options de calcul/Manuel

cela signifie que vous devez cliquer sur l'onglet Formules, puis ouvrir le menu local Options de calcul et y cliquer sur Manuel.

Parfois, il vous sera demandé de taper des informations spécifiques dans une cellule d'une feuille de calcul. Ce type d'indication apparaitra alors en **gras**. Par exemple

=SOMME(A2:B2)

signifie que vous devez taper exactement ce que vous lisez, c'est-à-dire le signe =, puis le mot **SOMME**, la parenthèse ouverte, le texte **A2:B2** sans espace entre les deux points, puis la parenthèse fermée. Ensuite, validez en appuyant sur la touche Entrée de votre clavier, ou en cliquant sur le bouton Entrer de la barre de formule.

Parfois Excel affiche un message dans la partie inférieure gauche de la barre d'état comme :

CALCULER

Ce message indique qu'Excel est en mode de calcul Manuel, c'est-à-dire que si vous modifiez une donnée, Excel n'actualisera pas automatiquement le résultat de la formule. Vous devez alors y procéder manuellement.

Occasionnellement, j'indique les raccourcis clavier qui permettent d'exécuter une commande évitant ainsi de recourir à la souris. Lorsque vous lisez ceci : Alt+FT ou Ctrl+S, c'est-à-dire deux raccourcis qui exécutent la même commande, vous devez maintenir la touche Alt enfoncée jusqu'à ce qu'Excel affiche des lettres sous les onglets et les commandes. Ensuite, vous appuyez sur chacune des lettres de la séquence indiquée. Dans notre exemple, vous appuyez sur Alt. Dès que les lettres sont visibles, vous appuyez successivement sur F puis T, afin d'exécuter la commande Enregistrer de l'onglet Fichier. Que vous utilisiez Alt ou Ctrl, il est inutile d'appuyer sur la touche Maj bien que les lettres soient indiquées en majuscule. Si la touche Maj est requise, elle sera indiquée dans la séquence comme Ctrl+Maj+C.

Les icônes de ce livre

Les icônes ci-dessous apparaissent à gauche de certains paragraphes afin d'attirer votre attention sur un point spécifique.

Contient des informations permettant de gagner du temps ou de faciliter l'utilisation d'Excel.

Attire votre attention sur une astuce à mémoriser car elle vous fera gagner un temps précieux.

Un danger vous guette ! Cette icône vous évitera de commettre des erreurs souvent irréversibles pouvant entrainer la perte de données.

Contient des explications sur l'exécution de certaines tâches sur un périphérique tactile comme une tablette Surface de Microsoft.

Identifie un paragraphe contenant un jargon technique (et oui, personne n'est parfait). La lecture de ces sections n'est pas indispensable.

Et maintenant ?

Eh bien, commencez par lire le Chapitre 1 pour bien mesurer les possibilités d'Excel. Ensuite, vous irez directement aux livres et aux chapitres qui présentent un intérêt immédiat pour vous. Jouez les chercheurs d'or en prenant un plaisir incommensurable. Le monde d'Excel vous ouvre ses bras !

I
Les bases d'Excel

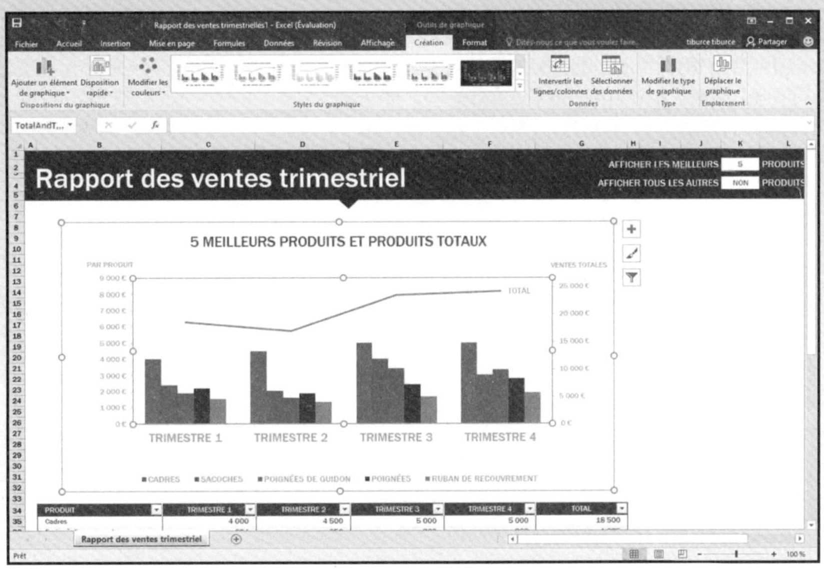

Chapitre 1

Excel 2016 pour son utilisateur

DANS CE CHAPITRE :

- » **Sélectionner des commandes à partir du Ruban.**
- » **Personnaliser la barre d'outils Accès rapide.**
- » **Les méthodes pour lancer Excel 2016.**
- » **Surfer dans un classeur et une feuille de calcul.**

Comme dans les versions précédentes du programme, l'interface utilisateur a été débarrassée de ses menus déroulants, volets et barres d'outils. Tous ces éléments sont remplacés par un bandeau unique placé dans la partie supérieure de la feuille de calcul, appelé Ruban. Les commandes sont réparties dans des groupes logiques les rendant ainsi facilement et rapidement accessibles.

Ajoutez à ce Ruban un onglet Fichier et la barre d'outils Accès rapide, auxquels se joignent quelques volets de tâches (Presse-papiers, Images Clipart et Rechercher) et vous disposez de la version d'Excel la plus facile à utiliser jamais commercialisée. Elle vous offre les moyens les plus commodes de faire des calculs sur vos données, de produire de très beaux rapports financiers aussi bien que d'organiser vos données et d'en faire des graphiques, autrement dit de faire toutes ces choses merveilleuses pour lesquelles vous utilisez Excel.

L'interface utilisateur et son Ruban

Lorsque vous ouvrez Excel, un écran de démarrage représenté à la Figure 1.1 apparaît. Choisissez Nouveau classeur pour ouvrir un classeur vierge ou optez pour un des autres modèles proposés. Si aucun ne fait votre bonheur, n'hésitez pas à surfer sur le Net pour en trouver d'autres. Quand vous aurez exploité le programme pendant un certain temps, vous trouverez, dans le volet gauche, la liste des classeurs que vous aurez récemment utilisés, au cas où vous souhaiteriez les ouvrir de nouveau.

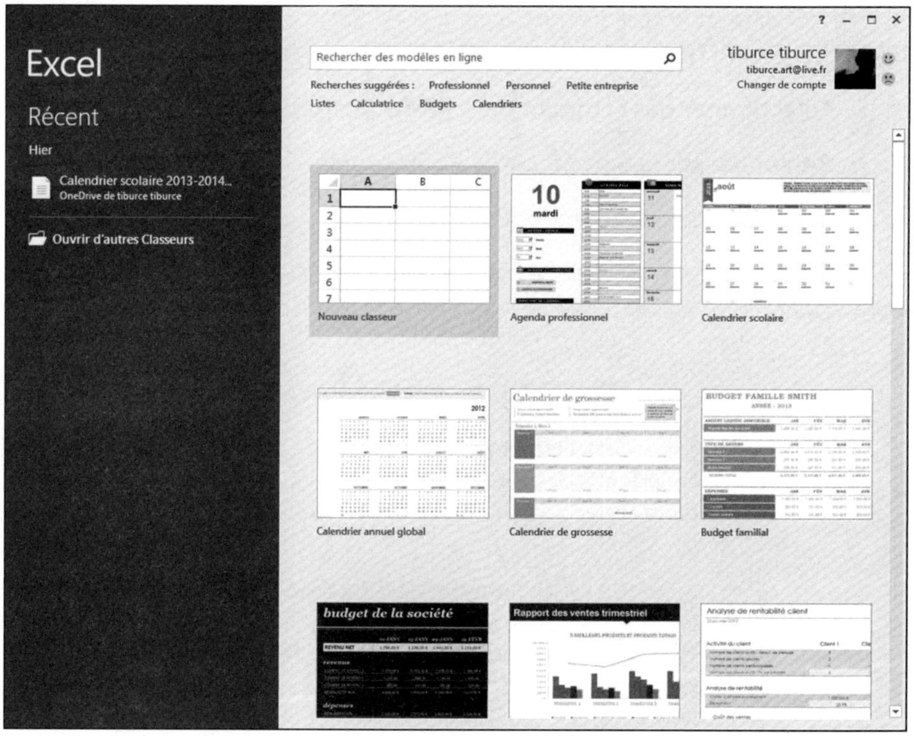

FIGURE 1.1 : L'écran de démarrage d'Excel 2016 qui vous permet de créer un nouveau classeur vierge, d'utiliser un modèle, comme base, ou encore de rouvrir un classeur que vous avez déjà exploité.

Si vous optez pour Nouveau classeur, le programme vous ouvre un nouveau classeur (qu'il baptise *Classeur1* et qu'il dote d'une feuille de calcul : *Feuil1*) (Figure 1.2).

Cette fenêtre se compose des éléments suivants :

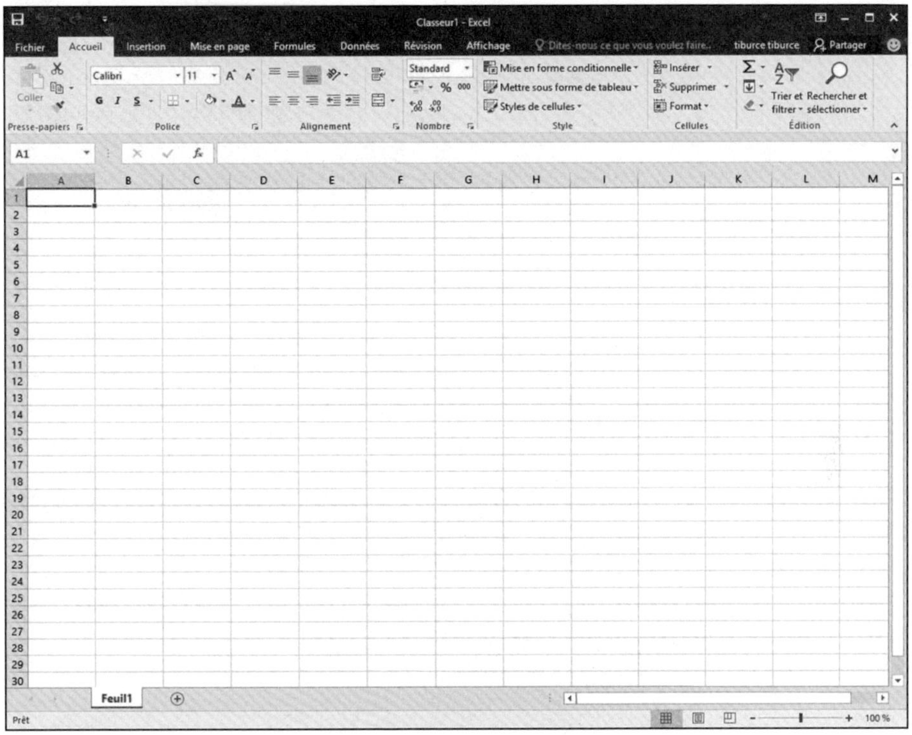

FIGURE 1.2 : Voilà où vous débarquez après avoir choisi Nouveau classeur dans l'écran de démarrage.

- **L'onglet Fichier**, qui ouvre la fenêtre, dont le volet de gauche, appelé Backstage (les coulisses… comme au théâtre !) contient toutes les commandes relatives au fichier, notamment Enregistrer, Ouvrir (sélectionné par défaut), Imprimer et Quitter, ainsi qu'un bouton Options qui permet de modifier les paramètres par défaut d'Excel. Vous y découvrirez également le bouton Compte qui donne accès à des informations concernant l'utilisateur du programme. Si vous avez utilisé votre compte Microsoft ou le compte avec lequel vous accédez à Windows, vous aurez la possibilité de travailler conjointement avec OneDrive, le cloud de Microsoft. Vous disposerez ainsi de tous vos documents Excel où que vous soyez dans le monde dès lors que vous disposerez d'une connexion à Internet. La flèche située dans la partie supérieure gauche permet de quitter ces coulisses pour revenir à l'affichage standard de la feuille de calcul.
- **La barre d'outils Accès rapide**, qui contient des boutons sur lesquels vous pouvez cliquer pour accomplir des tâches d'usage courant, par exemple enregistrer votre travail ou bien annuler ou répéter une modification.
- **Le Ruban**, qui contient la majeure partie des commandes d'Excel, réparties dans un certain nombre d'onglets et de groupes allant d'Accueil à Affichage.

Sur la partie droite de ce Ruban, vous découvrirez le nom de l'utilisateur. Cliquez dessus pour accéder à des commandes permettant de gérer votre compte d'utilisateur Windows. Juste à droite du nom d'utilisateur, l'onglet Partager ouvre un panneau éponyme qui permet d'ajouter des collaborateurs si vous souhaitez travailler *via* le cloud. Enfin, une émoticône permet d'adresser un commentaire illustré par un visage qui sourit (si vous êtes satisfait du travail accompli), ou qui fait la moue (si vous n'êtes pas tout à fait heureux du travail en question).

» **La barre de formule**, qui affiche l'adresse de la cellule sélectionnée ainsi que son contenu.

» **La zone de feuille de calcul**, qui contient toutes les cellules de la feuille de calcul en cours, identifiées par des en-têtes de colonnes au moyen de lettres sur le bord supérieur et par des en-têtes de lignes utilisant des nombres sur le bord gauche, avec des onglets permettant de sélectionner une autre feuille de calcul du classeur, une barre de défilement horizontale sur le bord inférieur pour se déplacer vers la droite et vers la gauche dans la feuille de calcul, et une barre de défilement verticale sur le bord droit pour se déplacer vers le haut et vers le bas dans la feuille de calcul.

» **La barre d'état**, qui indique dans quel mode se trouve le programme et quelles touches spéciales sont activées, vous permet de sélectionner une autre feuille de calcul et de faire un zoom avant ou arrière sur la feuille de calcul affichée.

Que se passe-t-il en coulisses ?

L'onglet Fichier est situé à gauche de l'onglet Accueil du Ruban, juste sous la barre Accès rapide.

Cliquer sur Fichier donne accès à la vue Backstage. Si vous y validez l'option Informations, vous obtiendrez des données sur l'état du classeur Excel actuellement ouvert et actif (Figure 1.3).

La fenêtre Informations est divisée en deux parties. Celle de gauche contient de grands boutons servant à modifier les autorisations du classeur et à restreindre sa diffusion. Celle de droite distille des informations sur les propriétés du document, dont certaines, comme Titres, Balises, ou encore Catégorie. Si vous ne pouvez pas modifier l'Auteur originel, vous pouvez en revanche en ajouter un.

Sous l'option Informations se trouvent les commandes Enregistrer, Enregistrer sous, Ouvrir et Fermer, commandes classiques de gestion des fichiers. En avant-

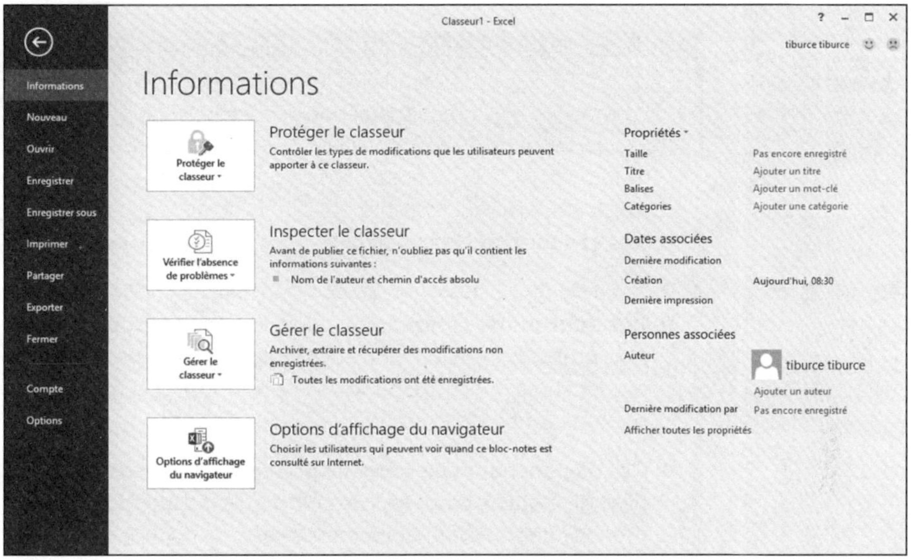

FIGURE 1.3 : Les commandes disponibles en coulisses à gauche ; les informations à droite.

dernière position, un bouton Compte vous donne accès, à droite, au volet du même nom. Vous y trouverez des informations sur l'utilisateur, la connexion et le compte Microsoft Office. Enfin, le bouton Options donne accès aux réglages des paramètres d'Excel 2016.

Cliquez sur Ouvrir pour ouvrir un classeur que vous avez déjà créé. Excel vous affiche à droite la liste des classeurs récents ; il vous suffit de cliquer, dans la liste, sur le nom du classeur auquel vous voulez accéder.

Pour fermer la vue Backstage et revenir à l'affichage normal de la feuille de calcul, cliquez sur la flèche gauche située en haut à gauche du volet ou appuyez tout simplement sur la touche Échap de votre clavier.

N'oubliez pas le guide (du Ruban)

Le Ruban (Figure 1.4) rend directement accessibles, dans des onglets, les commandes les plus utilisées.

Le Ruban est constitué des éléments suivants :

- **Des onglets**, qui présentent les commandes par catégories.

FIGURE 1.4 : Le Ruban d'Excel se compose d'une série d'onglets contenant des boutons de commande répartis dans différents groupes.

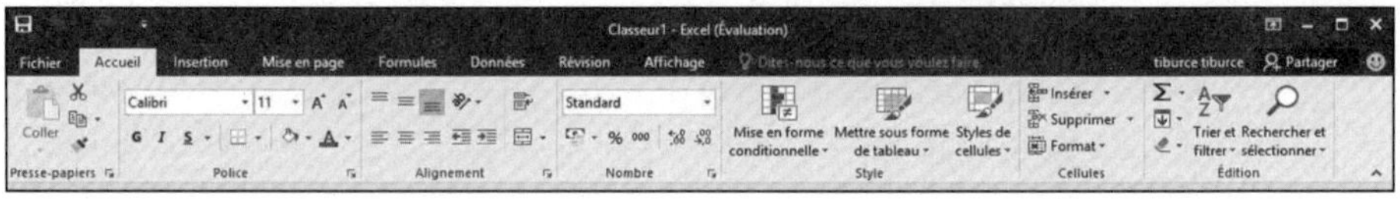

» **Des groupes**, qui regroupent les commandes relatives à une tâche particulière.

» **Des boutons de commande** qui, dans chaque groupe, vous permettent d'accomplir une action ou d'ouvrir une galerie dans laquelle vous pourrez cliquer sur la miniature de votre choix. Notez que, dans certains onglets, ces boutons sont regroupés en minibarres d'outils.

» **Des déclencheurs de boîte de dialogue** qui, ancrés dans l'angle inférieur droit de certains groupes, vous permettent d'ouvrir une boîte de dialogue qui propose des options supplémentaires.

Pour afficher une plus grande surface de votre feuille de calcul dans la fenêtre d'Excel, vous pouvez masquer le Ruban de manière à ce que seuls les onglets apparaissent. Pour ce faire, il suffit de cliquer sur le bouton Options d'affichage du Ruban situé au-dessus de l'onglet Partager. Comme le montre la Figure 1.5, il propose trois commandes d'affichage : Masquer automatiquement le ruban, Afficher les onglets, Afficher les onglets et les commandes.

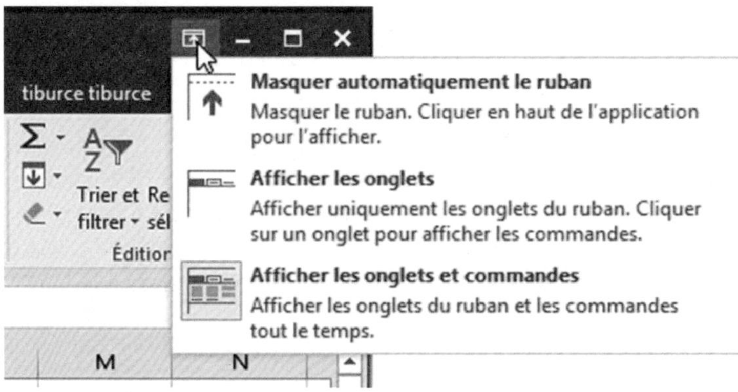

FIGURE 1.5 : Les options d'affichage du Ruban d'Excel.

Lorsque vous masquez automatiquement le Ruban, il suffit de placer le pointeur de la souris tout en haut de votre écran pour faire apparaître une barre verte horizontale très claire. Cliquez dessus pour afficher les onglets et les commandes. Vous pouvez également double-cliquer sur les trois petits points situés dans la partie supérieure droite de l'interface. Pour réafficher le Ruban, cliquez de nouveau sur le bouton Options d'affichage du ruban, et choisissez Afficher les onglets et les commandes.

Pour réduire rapidement le Ruban, faites un clic-droit dans un espace vide d'un des groupes de commandes. Dans le menu contextuel qui apparaît, exécutez la commande Réduire le ruban. Seuls les onglets sont alors visibles. Accédez aux commandes en cliquant sur le nom de l'onglet. Pour réafficher le Ruban, il suffit alors de double-cliquer sur le nom d'un onglet.

Les onglets du Ruban

La première fois que vous lancez Excel, son Ruban contient les onglets suivants, de la gauche vers la droite :

- » **Accueil**, qui contient les boutons de commande normalement utilisés pour créer, mettre en forme et modifier une feuille de calcul, répartis dans les groupes Presse-papiers, Police, Alignement, Nombre, Style, Cellules et Édition.
- » **Insertion**, qui contient les boutons de commande normalement utilisés pour ajouter divers éléments (dessins, tableaux, graphiques, graphiques sparklines, liens hypertextes, en-têtes et pieds de pages), répartis dans les groupes Formes, Tableaux, Illustrations, Graphiques, Graphiques sparklines, Diagrammes, Liens, Texte, et Symboles.
- » **Mise en page**, qui contient les boutons de commande normalement utilisés pour préparer une feuille de calcul pour l'impression ou réorganiser les dessins sur une feuille de calcul, répartis dans les groupes Thèmes, Mise en page, Mise à l'échelle et Options de la feuille de calcul et Organiser.
- » **Formules**, qui contient les boutons de commande normalement utilisés pour ajouter des formules et des fonctions dans une feuille de calcul ou pour rechercher des erreurs dans une formule, répartis dans les groupes Bibliothèque de fonctions, Noms définis, Vérification des formules et Calcul.
- » **Données**, qui contient les boutons de commande normalement utilisés pour importer, émettre des requêtes, mettre en évidence ou faire un sous-total des données d'une feuille de calcul, répartis dans les groupes Donnés externes, Récupérer et transformer, Connexions, Trier et filtrer, Outils de données, Prévisions et Plan.
- » **Révision**, qui contient les boutons de commande normalement utilisés pour vérifier, protéger et effectuer le suivi des modifications d'une feuille de calcul,

répartis dans les groupes Vérification, Insights, Langue, Commentaires et Modifications.

» **Affichage**, qui contient les boutons de commande normalement utilisés pour modifier l'affichage de la feuille de calcul, répartis dans les groupes Affichages classeur, Afficher/Masquer, Zoom et Fenêtre.

» **Partager** est placé un peu à l'écart des autres onglets. Lorsque vous cliquez dessus, vous affichez un panneau Partager qui permet d'ajouter un emplacement de stockage distant (cloud) afin de collaborer avec d'autres utilisateurs en y enregistrant vos classeurs.

En plus de ces onglets standard, Excel dispose de l'onglet supplémentaire optionnel Développeur, que vous pouvez ajouter au Ruban si vous travaillez avec des macros et des fichiers XML.

Bien que ces onglets standard soient ceux que vous voyez toujours sur le Ruban lorsqu'il est affiché dans Excel, ils ne sont pas tout ce qui peut apparaître dans cette zone. Excel peut également y afficher des outils contextuels lorsque vous travaillez sur un objet que vous avez sélectionné dans la feuille de calcul, par exemple, une image insérée ou un graphique, ou un tableau que vous avez créé. Les noms des outils contextuels pour l'objet sélectionné apparaissent juste au-dessus de l'onglet ou des onglets associés à ces outils.

Par exemple, la Figure 1.6 montre une feuille de calcul dans laquelle on a cliqué sur le graphique afin de le sélectionner. Cette sélection fait apparaître l'onglet Outils de graphique à droite de l'onglet Affichage. Il se compose de deux onglets supplémentaires : Création (sélectionné par défaut) et Format. Notez également que les boutons de commande de l'onglet Création sont répartis dans les groupes Type, Données, Disposition du graphique, et Emplacement.

Lorsque vous désélectionnez l'objet en cliquant sur la feuille à l'extérieur de celui-ci, l'outil contextuel disparaît immédiatement du Ruban, qui ne laisse plus apparaître que les onglets habituels.

Sélectionner des commandes via le clavier et la souris

Excel 2016 est capable de tourner sur une foule de dispositifs distincts. C'est en vous fondant sur le type de matériel que vous exploitez, mais aussi sur les périphériques qui lui sont connectés que vous choisirez la méthode la plus efficace d'invoquer des commandes du Ruban.

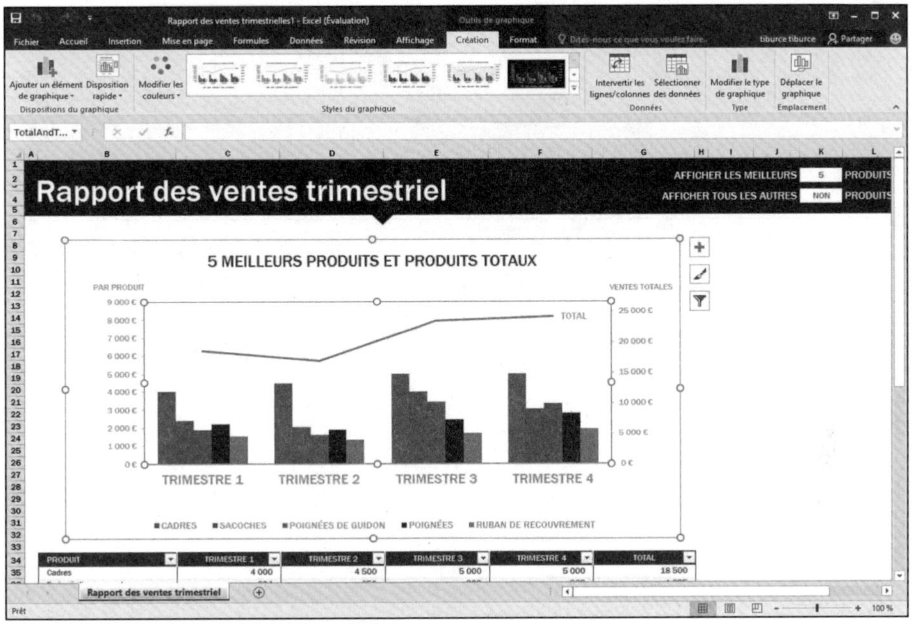

FIGURE 1.6 : Lorsque vous sélectionnez certains objets dans la feuille de calcul, Excel ajoute au Ruban des outils contextuels avec leurs propres onglets, groupes et boutons.

Si vous disposez d'un clavier et d'une souris, la méthode la plus simple pour sélectionner une commande du Ruban consiste à cliquer sur l'onglet où elle se trouve, puis sur le bouton qui la représente dans son groupe. Ainsi, pour introduire, dans votre feuille de calcul, une image en ligne, cliquez sur l'onglet Insertion, puis sur le bouton Illustrations et, enfin, sur Images en ligne, ce qui vous garantira l'accès à la boîte de dialogue Insérer des images.

METTONS-NOUS BIEN D'ACCORD

Avant d'aller plus loin, permettez-nous de spécifier quelques termes incontournables. Quand nous disons *cliquer*, cela signifie enfoncer une fois le bouton principal de la souris (en général, le gauche, à moins que vous n'ayez modifié ce paramètre) ou toucher une fois l'écran avec votre doigt (ou votre stylet) si vous travaillez sur un dispositif tactile. *Double-cliquer*, c'est enfoncer deux fois consécutivement le bouton principal de la souris ou toucher rapidement deux fois l'écran. Opérer un *clic-droit*, c'est enfoncer le bouton secondaire (le droit si vous avez gardé les réglages prédéfinis) ou toucher l'objet et maintenir le contact jusqu'à ce qu'un menu contextuel s'affiche. Enfin, quand nous parlons de *cliquer-glisser* pour réaliser une sélection de cellules, cela veut dire cliquer sur la première, maintenir enfoncé tout en déplaçant la souris jusqu'à la dernière, puis relâcher.

Si vous êtes un as du clavier, voici une autre méthode pour sélectionner facilement des commandes du Ruban : appuyer sur la touche Alt, la relâcher, puis appuyer sur la lettre qui correspond à celle affichée sur l'onglet que vous voulez sélectionner. Lorsque vous enfoncez la touche Alt et la relâchez aussitôt, Excel affiche les touches de raccourci pour tous les onglets du Ruban.

Lorsque vous appuyez alors sur la touche de raccourci d'un onglet, celui-ci apparaît, avec toutes les touches de raccourci des boutons de commande qu'il contient.

Personnaliser la barre d'outils Accès rapide

Lorsque vous lancez Excel 2016 pour la première fois, la barre d'outils Accès rapide ne contient que les trois (voire quatre) boutons suivants :

- **Enregistrer**, pour enregistrer toutes les modifications apportées au classeur ouvert, avec le même nom de fichier, le même format de fichier et le même emplacement.
- **Annuler**, pour annuler la dernière modification que vous avez effectuée.
- **Répéter**, pour répéter la dernière modification que vous avez effectuée.
- **Personnaliser la barre d'outils Accès rapide** qui permet d'y ajouter ou de supprimer des boutons de commande.

Cette barre est tout à fait personnalisable, Excel vous donnant la possibilité d'y ajouter facilement non seulement n'importe quel bouton du Ruban, mais aussi toutes les commandes que vous voulez, même les plus obscures qui n'apparaissent dans aucun des onglets du Ruban.

Par défaut, la barre d'outils Accès rapide apparaît au-dessus des onglets du Ruban, juste à droite de l'icône Excel, qui sert à redimensionner le programme ou le quitter. Pour afficher la barre d'outils sous le Ruban, juste au-dessus de la barre de formule, cliquez sur le bouton Personnaliser la barre d'outils Accès rapide (le bouton contenant un triangle pointant vers le bas, à l'extrémité droite de la barre d'outils Accès rapide) puis, dans le menu local qui apparaît, optez pour Afficher en dessous du Ruban. Vous trouverez cet emplacement plus pratique pour ajouter des boutons à la barre d'outils Accès rapide, lorsqu'ils commenceront à recouvrir le nom du classeur ouvert, qui apparaît à la droite de celle-ci.

Le menu Personnaliser la barre d'outils Accès rapide

Le bouton Personnaliser la barre d'outils Accès rapide vous garantit l'accès à un menu regroupant les commandes suivantes :

- **Nouveau**, pour créer un nouveau classeur.
- **Ouvrir**, pour afficher la boîte de dialogue Ouvrir permettant d'ouvrir un classeur existant.
- **Enregistrer**, pour sauvegarder les modifications apportées au classeur courant.
- **Courrier électronique**, pour accéder à la messagerie.
- **Impression rapide**, pour envoyer la feuille de calcul courante à l'imprimante par défaut.
- **Aperçu et impression**, pour ouvrir les paramètres d'impression dans la vue Backstage, avec un aperçu de la feuille de calcul courante dans la partie droite.
- **Orthographe**, pour effectuer une vérification orthographique de la feuille de calcul courante.
- **Annuler**, pour annuler la dernière modification de la feuille de calcul.
- **Rétablir**, pour réappliquer la modification qui venait d'être annulée.
- **Ordre croissant**, pour trier la sélection de cellules ou la colonne dans le sens alphabétique de A à Z, les chiffres du moins élevé au plus élevé, ou la date de la plus ancienne à la plus récente.
- **Ordre décroissant**, pour trier la sélection de cellules ou la colonne dans le sens alphabétique de Z à A, les chiffres du plus élevé au moins élevé, ou la date de la plus récente à la plus ancienne.
- **Mode tactile/souris**, pour basculer en mode tactile, qui accorde davantage d'espace aux boutons des onglets du Ruban, afin d'en faciliter l'activation avec le doigt ou le stylet.

Par défaut, seules les commandes Enregistrer, Annuler et Répéter sont cochées et il vous suffit de cocher toutes celles que vous voulez pour en faire apparaître le bouton dans la barre d'outils Accès rapide. Inversement, si vous cliquez dans ce menu sur une commande déjà cochée, la coche disparaît et son bouton disparaît de la barre d'outils.

Ajouter des boutons du Ruban

Pour ajouter un bouton de commande du Ruban à la barre d'outils Accès rapide, ouvrez le menu contextuel du bouton (clic-droit avec la souris ou touchez-maintenez sur dispositif tactile), puis sélectionnez-y l'option Ajouter à la barre d'outils Accès rapide. Excel ajoute aussitôt ce bouton à l'extrémité droite de la barre d'outils Accès rapide, juste avant le bouton de personnalisation de cette barre.

Si vous voulez placer à un autre endroit dans la barre d'outils Accès rapide le bouton que vous venez d'y ajouter, par exemple pour le regrouper avec d'autres boutons, cliquez sur le bouton Personnaliser la barre d'outils Accès rapide, puis sélectionnez Autres commandes dans le menu qui apparaît.

La boîte de dialogue Options Excel s'affiche, avec son onglet barre d'outils Accès rapide (Figure 1.7). Vous y voyez, dans la liste de droite, tous les boutons qui ont déjà été ajoutés à la barre, l'ordre dans lequel ils y apparaissent de gauche à droite correspondant à l'ordre dans lequel ils apparaissent du haut vers le bas dans cette liste.

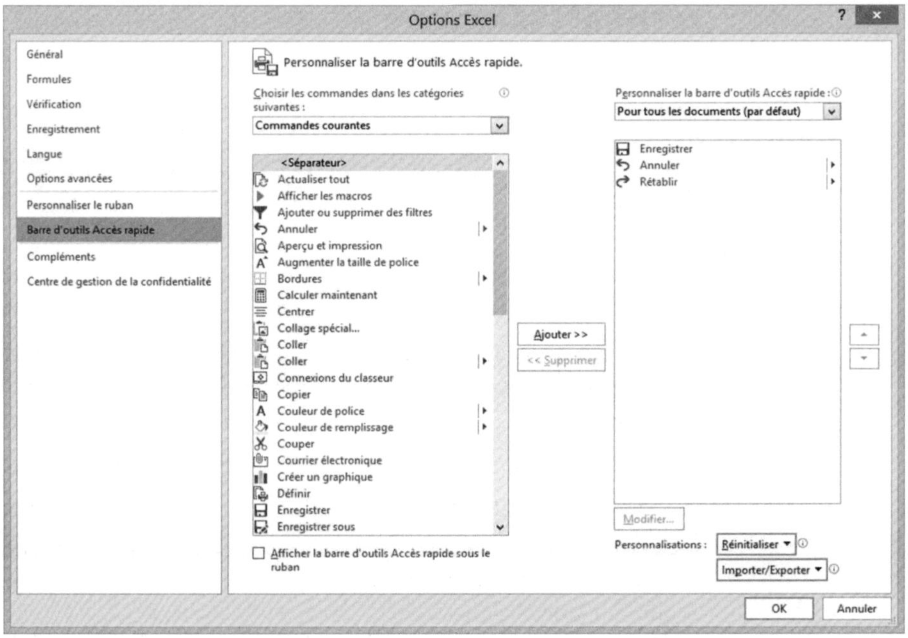

FIGURE 1.7 : C'est ici qu'Excel vous permet de personnaliser la barre d'outils Accès rapide.

Pour repositionner un bouton dans la barre d'outils, cliquez dessus pour le sélectionner dans la liste de droite de cette fenêtre, puis cliquez sur la flèche pointant vers le haut ou la flèche pointant vers le bas à droite de cette liste pour le déplacer vers le haut ou vers le bas dans la liste, jusqu'à l'emplacement désiré.

Vous pouvez ajouter des séparateurs dans la barre d'outils pour regrouper des boutons sur la base de leur fonction. Pour cela, cliquez sur <Séparateur> en haut de la liste de gauche dans la boîte de dialogue Options Excel, cliquez sur le bouton Ajouter pour faire apparaître un <Séparateur> dans la liste de droite, puis utilisez la flèche pointant vers le haut ou la flèche pointant vers le bas à droite de la liste de droite pour le positionner à l'endroit voulu.

Pour supprimer un bouton de la barre d'outils Accès rapide, faites un clic-droit sur son icône directement dans cette barre. Dans le menu contextuel qui apparaît, choisissez Supprimer de la barre d'outils Accès rapide.

Ajouter d'autres commandes

L'onglet Personnaliser de la boîte de dialogue Options Excel montré par la Figure 1.7 (cliquez sur le bouton Personnaliser la barre d'outils Accès rapide et sélectionnez Autres commandes dans le menu qui apparaît), vous permet également d'ajouter à la barre d'outils Accès rapide toutes les commandes d'Excel qui ne se trouvent pas dans le Ruban.

1. **Dans la liste déroulante Choisir les commandes dans les catégories suivantes, sélectionnez le type de la commande que vous voulez ajouter à la barre d'outils Accès rapide.**

   Parmi ces catégories de commandes, figurent notamment celles déjà présentes dans la barre d'outils, mais aussi quantité d'autres. Pour afficher la liste complète de toutes les commandes d'Excel, cliquez sur le bouton à droite du menu Commandes courantes en haut de la liste et sélectionnez Toutes les commandes.

2. **Dans la liste des commandes de gauche, cliquez sur celle que vous voulez ajouter à la barre d'outils Accès rapide.**
3. **Cliquez sur le bouton Ajouter pour transférer la commande sélectionnée dans la liste de droite.**
4. **Si vous voulez repositionner le bouton que vous venez d'ajouter, cliquez sur la flèche pointant vers le haut (à droite de la liste de droite), jusqu'à ce qu'il soit à l'emplacement voulu.**

5. **Cliquez sur OK pour fermer la boîte de dialogue Options Excel.**

Si vous avez créé des macros que vous utilisez fréquemment et que vous voulez pouvoir lancer directement à partir de la barre d'outils Accès rapide, cliquez sur Macros dans la première section de la liste déroulante Choisir les commandes dans les catégories suivantes, puis sélectionnez le nom de la macro à ajouter et cliquez sur le bouton Ajouter.

S'amuser avec la barre de formule

La barre de formule affiche l'adresse et le contenu de la cellule sélectionnée. L'adresse d'une cellule est définie par la lettre (ou les lettres) de la colonne dans laquelle elle se trouve, suivie immédiatement par le numéro de sa ligne. Ainsi, la cellule A1 est la toute première cellule de la feuille de calcul, occupant son angle supérieur gauche, à l'intersection de la première ligne et de la première colonne. La cellule XFD1048576, qui est la toute dernière, occupe l'intersection de la colonne XFD et de la ligne 1 048 576, dernière colonne et dernière ligne de toutes les feuilles de calcul Excel. Le contenu de la cellule sélectionnée dépend du type des données que vous y avez entrées : du texte ou des nombres si vous n'avez entré qu'un en-tête ou une valeur particulière, une formule si vous avez entré une formule.

La barre de formule se compose de trois parties, de gauche à droite :

- **La zone de nom :** c'est la partie qui affiche l'adresse de la cellule sélectionnée.
- **Les boutons de la barre de formule :** juste après la zone de nom, c'est la zone qui se présente comme un petit ruban bleu commençant par un demi-cercle (que l'on peut déplacer vers la droite ou vers le haut). Elle contient à son extrémité droite le bouton Insérer une fonction (*fx*), auquel viennent s'ajouter les boutons Entrer et Annuler lorsque vous commencez à modifier le contenu de la cellule.
- **Le contenu de la cellule :** juste après la zone des boutons apparaît sur fond blanc le contenu de la cellule, occupant tout le reste de la barre de formule, ce qui permet d'afficher un contenu aussi long que nécessaire.

L'importance de la zone du contenu de la cellule dans la barre de formule est qu'elle vous montre toujours le contenu réel de la cellule, même lorsque la feuille de calcul elle-même ne le fait pas. Par exemple, lorsque la cellule contient une formule, Excel affiche dans cette cellule le résultat du calcul correspondant, mais c'est la zone du contenu de la cellule dans la barre de formule qui affiche la formule (laquelle est le véritable contenu de la cellule) et c'est là que vous pouvez modifier cette formule à tout moment. Pour la même raison, lorsque la zone du contenu de la cellule est vide, vous savez que la cellule ne contient rien.

Que faire dans la zone de la feuille de calcul ?

C'est là que la majeure partie des choses se passent, car c'est là que sont affichées les cellules qui sont des zones de saisie de vos données. Ainsi, vous appliquerez vos mises en forme aux cellules et toutes sortes de modifications.

N'oubliez pas que pour entrer ou modifier des données dans une cellule, celle-ci doit être sélectionnée. La sélection d'une cellule est identifiée par :

- Le curseur de cellule : c'est la bordure noire épaisse qui entoure la cellule sélectionnée.
- L'adresse de la cellule sélectionnée apparaît dans la zone de nom de la barre de formule.
- L'en-tête de la colonne et l'en-tête de la ligne de la cellule sélectionnée apparaissent en orange, ce qui les met en évidence, par contraste avec les autres.

Naviguer dans la feuille de calcul

Une feuille de calcul Excel contient bien trop de lignes et de colonnes pour que toutes soient affichées en même temps, quelles que soient la taille et la définition de votre écran (ne perdons pas de vue qu'il y a au total 17 179 869 184 cellules dans une feuille de calcul). Excel offre donc de nombreux moyens de déplacer le curseur de cellule dans la feuille de calcul pour atteindre celle que vous voulez modifier :

- Cliquer sur la cellule voulue avec votre souris ou touchez cette cellule avec votre doigt (pour autant qu'elle se trouve dans la zone de la feuille de calcul affichée à l'écran).
- Cliquer dans la zone de nom de la barre de formule, y entrer directement l'adresse de la cellule voulue et appuyer sur la touche Entrée.
- Appuyer sur F5 pour faire apparaître la boîte de dialogue Atteindre, entrer l'adresse de la cellule voulue dans le champ Référence, puis cliquer sur OK.
- Utiliser les touches de curseur selon les indications du Tableau 1.1 pour déplacer le curseur de cellule jusqu'à la cellule voulue.

» Utiliser les barres de défilement horizontale et verticale, respectivement sur le bord inférieur et le bord droit de la fenêtre, pour faire apparaître à l'écran la zone de la feuille de calcul qui contient la cellule voulue, puis cliquer sur celle-ci pour la sélectionner.

Raccourcis clavier pour déplacer le curseur de cellule

Excel offre de nombreux raccourcis clavier pour déplacer le curseur de cellule vers une cellule quelconque. Au fur et à mesure que le curseur de cellule se déplace, la zone de la feuille de calcul qui apparaît à l'écran se déplace en conséquence, de sorte que celui-ci apparaisse toujours à l'affichage. Le Tableau 1.1 rassemble tous ces raccourcis clavier en indiquant les déplacements du curseur de cellule qu'ils produisent. Ces raccourcis clavier utilisent les quatre touches de curseur (←, →, ↑ et ↓) et les touches Page suivante (PgSuiv), Page précédente (PgPréc), Début et Fin ainsi que la touche Ctrl.

Note : Pour les raccourcis clavier qui utilisent les touches de curseur, vous devez utiliser le bloc des touches de curseur sur votre clavier ou bien vous assurer que le verrouillage numérique n'est pas activé si vous utilisez le pavé numérique de votre clavier.

Les raccourcis clavier qui combinent la touche Ctrl et la touche Fin avec une touche de curseur apparaissant dans le Tableau 1.1 sont parmi les plus utiles pour se déplacer rapidement dans un grand tableau de cellules ou pour se déplacer d'un tableau à un autre dans une partie de la feuille de calcul qui contient de nombreux blocs de cellules.

Lorsque vous utilisez la touche Ctrl avec une touche de curseur pour vous déplacer d'un bord à un autre dans un tableau ou d'un tableau à un autre dans une feuille de calcul, vous devez maintenir enfoncée la touche Ctrl tout en appuyant sur la touche de curseur concernée (ce qui est indiqué par le signe + dans la définition du raccourci, comme dans Ctrl + →).

Lorsque vous utilisez la touche Fin avec une touche de curseur, vous devez appuyer sur la touche Fin et la relâcher *avant* d'appuyer sur la touche de curseur (ce qui est indiqué par la virgule dans la définition du raccourci, comme dans Fin, →). Lorsque vous appuyez sur la touche Fin et la relâchez, l'indicateur Mode Fin apparaît dans la barre d'état. Excel vous signale ainsi qu'il attend que vous appuyiez sur une des quatre touches de curseur.

TABLEAU 1.1 **Raccourcis clavier pour déplacer le curseur de cellule.**

Raccourci	Le curseur se déplace jusqu'à
→ ou Tab	Cellule voisine de droite.
← ou Maj + Tab	Cellule voisine de gauche.
á	Cellule voisine du dessus.
â	Cellule voisine du dessous.
Début	Cellule de la colonne A de la même ligne.
Ctrl + Début	Première cellule (A1) de la feuille de calcul.
Ctrl + Fin ou Fin, Début	Cellule se trouvant à l'intersection de la dernière colonne non vide et de la dernière ligne non vide de la feuille de calcul (autrement dit, la dernière cellule de ce que l'on appelle la *zone active* de la feuille de calcul).
PgPréc	Cellule se trouvant un écran plus haut dans la même colonne.
PgSuiv	Cellule se trouvant un écran plus bas dans la même colonne.
Ctrl + → ou Fin, →	Première cellule non vide vers la droite dans la même ligne et précédée ou suivie par une cellule vide. Si aucune cellule non vide n'est trouvée, le curseur va jusqu'à la dernière cellule de la ligne.
Ctrl + ← ou Fin, ←	Première cellule non vide vers la gauche dans la même ligne et précédée ou suivie par une cellule vide. Si aucune cellule non vide n'est trouvée, le curseur va jusqu'à la première cellule de la ligne.
Ctrl + ↑ ou Fin, ↑	Première cellule non vide vers le haut dans la même colonne et précédée ou suivie par une cellule vide. Si aucune cellule non vide n'est trouvée, le curseur va jusqu'à la première cellule de la colonne.
Ctrl + ↓ ou Fin, ↓	Première cellule non vide vers le bas dans la même colonne et précédée ou suivie par une cellule vide. Si aucune cellule non vide n'est trouvée, le curseur va jusqu'à la dernière cellule de la colonne.
Ctrl + PgSuiv	Dernière cellule non vide dans la feuille de calcul suivante du même classeur.
Ctrl + PgPréc	Dernière cellule non vide dans la feuille de calcul précédente du même classeur.

Comme vous pouvez maintenir enfoncée la touche Ctrl tout en appuyant sur la touche de curseur dont vous avez besoin, la méthode « Ctrl + touche de curseur » est plus fluide pour naviguer dans des blocs de cellule que la méthode « Fin + touche de curseur ».

Vous pouvez utiliser la touche Verr Maj (Verrouillage Majuscule) pour « verrouiller » la position du curseur de cellule dans la feuille de calcul, de manière à faire défiler à l'écran la feuille de calcul avec des touches comme PgSuiv et PgPréc sans changer la position du curseur de cellule (autrement dit, de manière à ce que ces touches se comportent comme les barres de défilement).

Après avoir activé le Verrouillage Majuscule, lorsque vous faites défiler la feuille de calcul avec le clavier, Excel ne sélectionne pas une nouvelle cellule dans la zone affichée. La cellule sélectionnée reste la même, même si elle n'est plus visible à l'affichage. Pour « déverrouiller » le curseur de cellule en utilisant le clavier pour faire défiler la feuille de calcul, vous devez désactiver le Verrouillage Majuscule (soit en appuyant à nouveau sur la touche Verr Maj, soit en appuyant sur la touche Maj, selon le paramétrage de Windows).

Astuces pour les barres de défilement

Pour comprendre comment fonctionne le défilement dans Excel, représentez-vous cette énorme feuille de calcul comme un rouleau de papier enroulé sur une bobine à chaque extrémité. Pour faire apparaître une partie du rouleau qui se trouve cachée sur sa bobine du côté droit, vous rembobinez la bobine de gauche, jusqu'à ce que la partie voulue apparaisse sous vos yeux. Et pour faire apparaître une partie du rouleau qui se trouve cachée sur sa bobine du côté gauche, vous rembobinez la bobine de droite, jusqu'à ce que la partie voulue apparaisse sous vos yeux. C'est le même principe vers le haut et vers le bas.

Vous pouvez utiliser la barre de défilement horizontale qui se trouve sur le bord inférieur de la feuille de calcul pour faire défiler vos colonnes vers la droite ou vers la gauche et la barre de défilement verticale qui se trouve sur le bord droit de la feuille de calcul pour faire défiler vos lignes vers le haut ou vers le bas. Pour faire défiler d'une colonne ou d'une ligne à la fois dans une direction, cliquez sur la flèche de défilement appropriée à l'une ou l'autre extrémité de la barre de défilement correspondante.

N'oubliez pas que vous pouvez redimensionner la barre de défilement horizontale pour la rendre plus longue ou plus courte en faisant glisser le bouton qui apparaît à son extrémité gauche. Gardez à l'esprit que l'espace restant à gauche de la barre de défilement horizontale permet de loger les onglets des feuilles de calcul que contient le classeur.

Pour faire défiler très rapidement les lignes et colonnes de votre feuille de calcul, maintenez enfoncée la touche Maj et faites glisser le pointeur de la souris dans la direction appropriée dans la barre de défilement correspondante, jusqu'à ce que la ligne ou la colonne que vous voulez voir apparaisse à l'écran. Lorsque vous maintenez enfoncée la touche Maj, le bouton de défilement devient très petit dès que vous maintenez enfoncé le bouton de la souris après avoir placé le pointeur dessus. En même temps, une info-bulle apparaît, indiquant le numéro de la première ligne ou la lettre de la première colonne affichée.

Si vous disposez d'une souris à molette, vous pouvez l'utiliser pour faire défiler directement. Placez simplement le pointeur de cellule en forme de croix approximativement au centre de la feuille de calcul et maintenez enfoncée la molette de la souris. Le pointeur prend la forme d'une flèche à quatre pointes. Faites alors simplement glisser votre souris dans la direction appropriée (vers la gauche ou vers la droite pour faire défiler les colonnes, vers le haut ou vers le bas pour faire défiler les lignes), jusqu'à ce que la zone voulue de la feuille de calcul apparaisse à l'écran.

Gérer les feuilles du classeur

Chaque nouveau classeur que vous créez dans Excel 2016 contient une seule feuille de calcul vierge. Celle-ci comporte 16 384 colonnes et 1 048 576 lignes (ce qui représente la bagatelle de 51 539 607 552 cellules vierges). Mais si vous avez besoin de feuilles supplémentaires dans votre classeur, il vous suffit de cliquer sur le bouton Insérer une feuille de calcul, juste après les onglets des feuilles de calcul existantes, comme le montre la Figure 1.8.

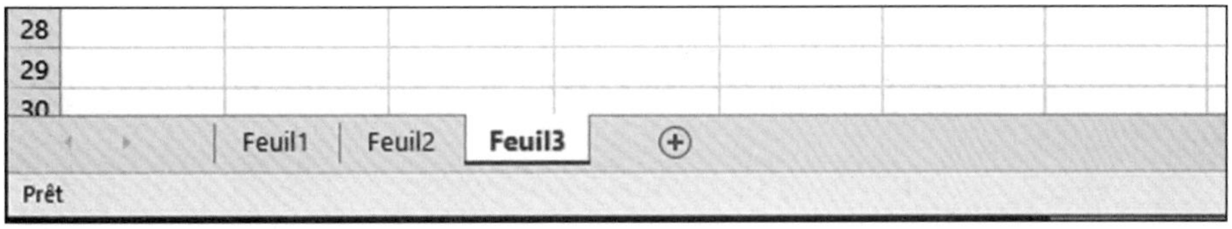

FIGURE 1.8 : Outils pour la gestion des feuilles.

Dans le coin inférieur gauche de la fenêtre, les boutons de défilement vous permettent de passer d'une feuille à une autre (la précédente ou la suivante) ; ils sont suivis par les onglets des feuilles qui existent déjà dans le classeur, puis par le bouton qui permet d'ajouter une nouvelle feuille. Pour activer une feuille, c'est-à-dire pour la faire apparaître à l'affichage et pouvoir y travailler, il vous suffit de la sélectionner en cliquant sur son onglet. Excel met en évidence la feuille active en présentant son nom en vert et en gras dans l'onglet correspondant.

N'oubliez pas que les raccourcis clavier Ctrl + PgSuiv et Ctrl + PgPréc vous permettent de passer respectivement à la feuille suivante et à la feuille précédente dans votre classeur.

Si votre classeur contient trop de feuilles de calcul pour que tous leurs onglets puissent être affichés en même temps en bas de la fenêtre, utilisez les boutons de défilement situés à gauche des onglets pour les faire défiler et faire apparaître ceux dont vous avez besoin, de manière à ce que vous puissiez alors cliquer sur celui que vous voulez activer.

UNE RAISON D'AJOUTER DES FEUILLES DANS UN CLASSEUR

Vous vous demandez peut-être pourquoi on pourrait avoir besoin de plusieurs feuilles de calcul dans un classeur, compte tenu du nombre énorme de cellules que la feuille unique proposée par défaut peut contenir. La réponse est que ça dépend tout simplement de la manière dont vous choisissez d'organiser vos données. Vous trouverez souvent plus pratique de les répartir sur plusieurs feuilles (sachant que vous pouvez passer facilement de l'une à l'autre) que de les disséminer sur une grande surface d'une même feuille en vous obligeant à en faire défiler le contenu pour accéder à vos données. Par exemple, si vous faites des budgets pour plusieurs services d'une entreprise, il est plus pratique de disposer d'une feuille pour chaque service. Il vous sera aussi plus facile de cette façon d'imprimer chaque feuille séparément. Enfin, vous pourrez aussi créer une feuille de résumé, consolidant les données des autres.

Pour activer la première feuille d'un classeur, enfoncez la touche Ctrl et cliquez sur le bouton Feuille précédente. Pour afficher la dernière, opérez *via* Ctrl + bouton Feuille suivante.

Pour activer une feuille quelconque, vous pouvez aussi afficher la boîte de dialogue Activer qui répertorie toutes les feuilles de classeur de la première à la dernière : faites un clic-droit sur les boutons de défilement, puis sélectionnez, dans la liste, la feuille à afficher, et le tour est joué !

N'oubliez pas que, sur dispositif tactile, c'est un toucher maintenu qui remplace le clic-droit. Touchez donc les boutons de défilement avec votre doigt ou avec un stylet jusqu'à ce qu'un cercle apparaisse. Interrompez alors le contact ; le menu contextuel s'affiche aussitôt.

Découvrir la barre d'état

La barre d'état (Figure 1.9) occupe tout le bord inférieur de la fenêtre d'Excel et comporte les zones suivantes :

» **L'indicateur Mode Cellule** indique l'état du programme Excel (Prêt, Entrer, et ainsi de suite), ainsi que toutes les touches spéciales du clavier qui sont activées (Verr Maj, Verr Num et Défilement).

FIGURE 1.9 : La barre d'état fournit des infos quant à l'état dans lequel se trouve Excel et permet d'afficher la feuille de calcul différemment.

- **Les indicateurs Moyenne, Nombre et Somme** affichent la moyenne et la somme de tous les contenus numériques de l'ensemble des cellules sélectionnées, ainsi que le nombre de ces dernières.
- **Le Sélecteur d'affichage** vous permet de choisir entre trois modes d'affichage pour votre feuille de calcul : Normal (c'est l'affichage par défaut qui ne montre que les cellules avec les en-têtes de lignes et de colonnes) ; Mise en page (qui affiche les règles, les marges et les sauts de page) ; et Sauts de page (qui vous permet de mettre au point la mise en page du document).
- **Le Curseur de zoom** permet de zoomer en avant ou en arrière dans votre feuille de calcul, en le tirant vers la droite ou vers la gauche.

L'indicateur Verr. Num. (qui n'est pas affiché dans la configuration par défaut) signale que vous pouvez utiliser le pavé numérique de votre clavier pour entrer des valeurs numériques dans la feuille de calcul.

Démarrer et quitter Excel

Cette section envisage l'utilisation d'Excel avec le nouveau système d'exploitation de Microsoft appelé Windows 10.

Lancer Excel depuis le menu Démarrer de Windows 10

Windows 10 marque le grand retour d'un « vrai » menu Démarrer qui avait disparu sous la version 8. Pour agir depuis le menu Démarrer, procédez comme suit :

1. **Cliquez sur le bouton Démarrer situé dans la partie gauche de la barre des tâches.**
2. **Cliquez sur Toutes les applications.**

3. **Faites défiler le contenu de la liste des applications pour localiser Excel sous la lettre E, comme à la Figure 1.10.**

FIGURE 1.10 : Lancer Excel depuis le menu Démarrer de Windows 10.

Vous pouvez aussi utiliser le champ Rechercher sur le Web et dans Windows situé à droite du bouton Démarrer pour identifier l'emplacement du programme Excel sur votre ordinateur et le lancer très rapidement :

1. **Cliquez dans le champ Rechercher et tapez les deux lettres ex afin que Windows identifie l'emplacement du programme Excel 2016 sur votre ordinateur.**
2. **Cliquez sur l'option Excel 2016, comme à la Figure 1.11.**

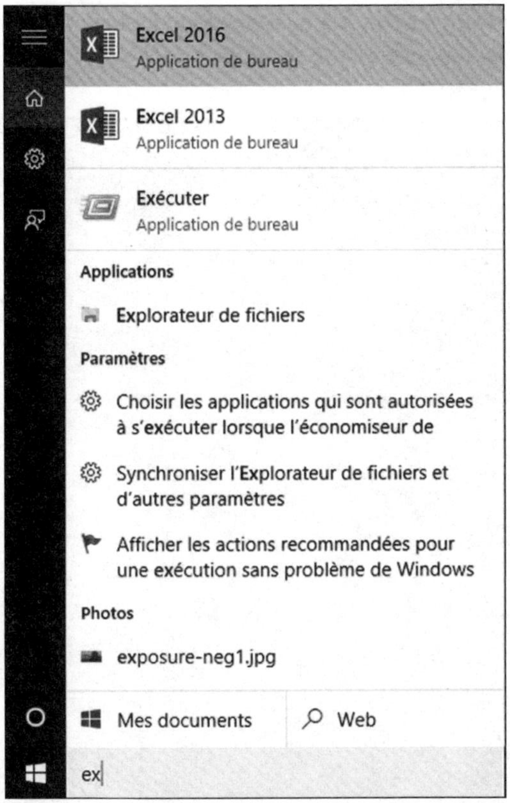

FIGURE 1.11 : Localiser Excel avec le champ Rechercher sur le Web et dans Windows de Windows 10.

Vous pouvez également afficher le contenu du menu Démarrer et taper **ex** pour basculer instantanément en mode de recherche, comme si vous aviez utilisé le champ Rechercher sur le Web et dans Windows.

Ajouter Excel au menu Démarrer de Windows 10

Si vous utilisez fréquemment Excel, il sera sans doute pratique de le faire apparaître dans le menu Démarrer de Windows. La marche à suivre :

1. **Cliquez sur le bouton Démarrer, puis sur Toutes les applications.**
2. **Faites défiler le contenu de la liste des programmes pour localiser l'icône Excel 2016.**

3. **Faites un clic-droit sur cette icône et, dans le menu contextuel qui apparaît, exécutez la commande Épingler à l'écran de démarrage, comme l'illustre la Figure 1.12.**

FIGURE 1.12 : Pour qu'Excel figure en permanence dans l'écran Démarrer de Windows 10.

La vignette d'Excel est alors ajoutée aux vignettes de la partie droite du menu Démarrer, comme le montre la Figure 1.13. Bien entendu, vous pouvez la repositionner comme cela est expliqué dans l'excellent ouvrage *Windows 10 pour les nuls*.

Ajouter Excel à la barre des tâches de Windows 10

Bien qu'à son installation la vignette du programme Excel apparaisse sur la barre des tâches de Windows 10, voici comment l'y ajouter si, pour une raison ou pour une autre, elle n'y figurait pas.

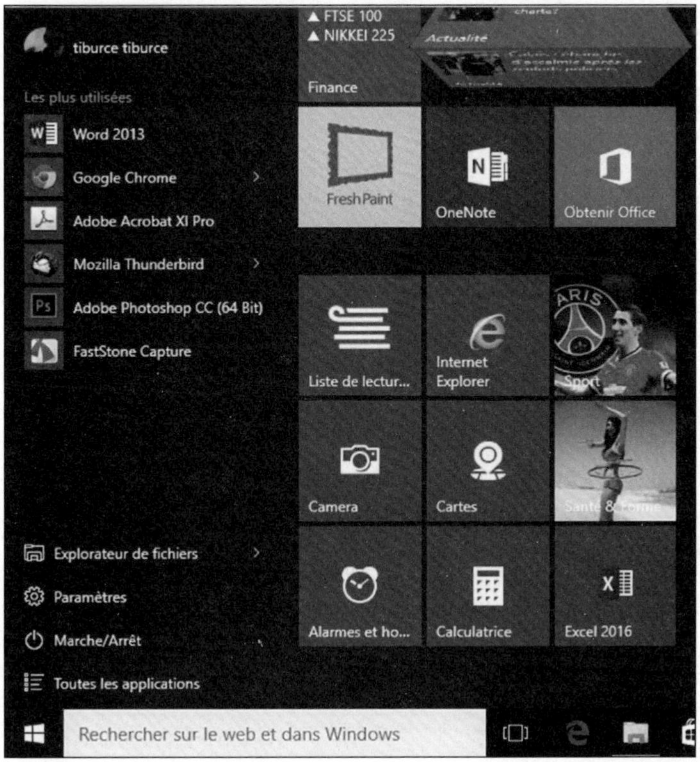

FIGURE 1.13 : La vignette d'Excel apparaît dans la partie droite du menu Démarrer de Windows 10.

Il suffit pour cela de faire glisser depuis la section Toutes les applications de Windows 10 jusque sur la barre des tâches l'icône d'Excel que vous avez épinglée dans le menu Démarrer ou déposée sur le Bureau (voir les sections précédentes).

Vous pouvez également effectuer un clic-droit sur la vignette et exécuter la commande Épingler à la barre des tâches.

L'icône d'Excel reste en permanence dans la barre des tâches. Cliquez dessus pour lancer le programme.

Quitter Excel

Une fois votre travail terminé, vous êtes prêt à quitter Excel ; vous disposez pour cela de plusieurs méthodes :

» Appuyez sur Alt + F4 depuis votre clavier physique ou virtuel.

» Cliquez sur ou touchez le bouton Fermer (X) dans le coin supérieur droit de la fenêtre d'Excel.

Si vous essayez de quitter Excel après avoir travaillé dans un classeur, mais sans avoir enregistré vos dernières modifications, le programme émet une alerte sonore et affiche une boîte d'alerte vous demandant si vous voulez enregistrer vos modifications. Pour les enregistrer avant de quitter Excel, cliquez sur le bouton Oui. Si vous ne voulez pas enregistrer vos dernières modifications, cliquez sur le bouton Non.

Chapitre 2

Personnaliser Excel 2016

DANS CE CHAPITRE :

» **Personnaliser la barre d'outils Accès rapide**

» **Modifier les réglages d'Excel**

» **Augmenter les fonctionnalités du programme avec des modules supplémentaires**

La seule installation d'Excel ne définit pas un programme qui, en soi, réponde très exactement à vos besoins spécifiques. Mais Microsoft offre la possibilité de le personnaliser pour qu'il réponde plus précisément à vos habitudes de travail.

Ce chapitre présente les techniques les plus répandues de personnalisation des réglages et des fonctionnalités d'Excel en concentrant son propos sur les trois parties du programme que vous pouvez asservir à vos besoins spécifiques :

» En premier lieu, nous nous intéresserons à la barre d'outils Accès rapide dont vous pouvez gérer les boutons de commande, mais aussi des macros qui seront exécutées en un clic de souris.

» Ensuite, nous porterons notre attention sur les modifications que vous pouvez apporter aux options par défaut qui déterminent le comportement du programme.

» Enfin, nous verrons comment utiliser des modules supplémentaires, souvent appelés *applets* (ou *appliquettes*) qui augmentent les possibilités d'Excel 2016. Vous les mettrez en œuvre depuis le programme lui-même, le site Web de Microsoft, et divers développeurs tierce partie.

Une barre d'outils Accès rapide à votre mesure

Il est très facile de personnaliser la barre d'outils Accès rapide pour qu'elle ne propose que des boutons de commande utiles à votre travail. Par défaut, elle ne contient que trois icônes : Enregistrer, Annuler, et Rétablir.

Pour ajouter d'autres boutons comme Nouveau, Ouvrir, Courrier électronique, Impression rapide, *etc.*, cliquez sur l'icône représentant une petite flèche dirigée vers le bas et située immédiatement à droite du bouton Rétablir en haut à gauche de l'interface. Ce bouton s'appelle Personnaliser la barre d'outils Accès rapide. Il vous suffit alors de cliquer sur la commande dont vous souhaitez ajouter le bouton à la barre d'outils Accès rapide.

Si vous utilisez Excel sur un terminal tactile comme la tablette Surface, le bouton permettant de basculer du mode tactile à la souris est présent sur la barre d'outils Accès rapide. Le mode tactile espace davantage les icônes du Ruban d'Excel 2016 pour faciliter leur sélection du bout de vos gros doigts. Bien entendu, vous pouvez ajouter ce bouton Mode tactile/souris même sur votre écran standard afin d'aérer la disposition des boutons sur l'interface du programme.

Ajouter des commandes du Ruban à la barre d'outils Accès rapide

Il est très facile d'ajouter à la barre d'outils Accès rapide des commandes localisées dans les différents onglets du Ruban d'Excel. En effet, faites un clic droit sur l'icône d'une commande et, dans le menu contextuel qui apparaît, choisissez Ajouter à la barre d'outils Accès rapide.

Pour déplacer des boutons de commande sur la barre d'outils Accès rapide, ou bien les grouper sur une barre d'outils, vous devez exécuter la commande Personnaliser la barre d'outils Accès rapide. Cette action ouvre une boîte de dialogue identique à celle de la Figure 2.1. Vous y choisissez une commande dans la colonne de gauche, puis vous cliquez sur le bouton Ajouter situé entre les deux colonnes. La commande apparaît dans la liste de droite. Vous pouvez ensuite modifier l'ordre des boutons de commande en les sélectionnant par un clic dans la colonne de droite, puis en cliquant sur le bouton Monter ou Descendre situé sur la droite de cette liste.

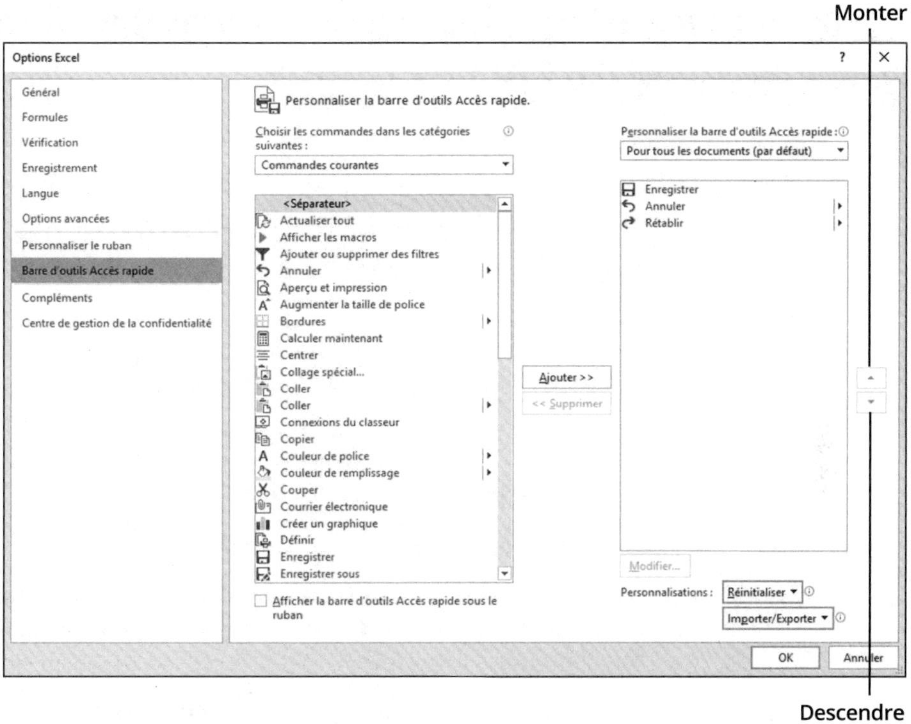

FIGURE 2.1 : Cette boîte de dialogue permet d'ajouter et de repositionner des boutons sur la barre d'outils Accès rapide.

Vous pouvez insérer des séparateurs pour créer des groupes de commandes. Commencez par activer dans la liste de gauche le terme <Séparateur>, puis cliquez deux fois sur le bouton Ajouter. Deux séparateurs apparaissent dans la liste de droite, c'est-à-dire la liste des boutons de commande de la barre d'outils Accès rapide. Cliquez sur le bouton Monter ou Descendre pour placer un des deux séparateurs au début d'un groupe et l'autre à la fin.

Sachez que vous n'êtes pas prisonnier d'une barre d'outils Accès rapide personnalisée. Pour retrouver son aspect par défaut limité aux trois boutons Enregistrer, Annuler, et Rétablir, ouvrez le menu local Personnalisations de la boîte de dialogue Options Excel (Figure 2.1), et choisissez Réinitialiser uniquement la barre d'outils Accès rapide.

Si votre barre d'outils Accès rapide comporte trop de boutons au point de masquer le titre de votre classeur, cliquez sur le bouton Personnaliser la barre d'outils Accès rapide (flèche immédiatement à droite du dernier bouton de cette barre), et choisissez Afficher en dessous du ruban. Cette action positionne la barre d'outils sous le ruban.

Ajouter d'autres commandes à la barre d'outils Accès rapide

Il est tout à fait possible d'ajouter à la barre d'outils Accès rapide des commandes dont les icônes ne figurent pas sur le Ruban :

1. **Cliquez sur le bouton Personnaliser la barre d'outils Accès rapide située à droite du dernier bouton de cette barre. Dans le menu local qui apparaît, cliquez sur Autres commandes.**
2. **Dans le menu local Choisir les commandes de la boîte de dialogue qui apparaît, choisissez le type de commandes à ajouter.**

   Vous avez le choix entre les Commandes courantes, les Commandes non présentes sur le ruban, Toutes les commandes, les Macros et tous les boutons présents dans les différents onglets du programme.

3. **Choisissez Commandes non présentes sur le ruban.**
4. **Dans la liste des commandes qui apparaissent, cliquez sur celle(s) que vous souhaitez ajouter à la barre d'outils Accès rapide, puis sur le bouton Ajouter.**
5. **(Facultatif) Pour repositionner les commandes nouvellement ajoutées, sélectionnez-les dans la liste de droite (celle des outils de la barre d'Accès rapide), et cliquez sur le bouton Monter ou Descendre.**
6. **Cliquez sur OK pour valider vos choix et quitter la boîte de dialogue Options Excel.**

Ajouter des macros à la barre d'outils Accès rapide

Les macros que vous avez créées peuvent être directement exécutées depuis la barre d'outils Accès rapide. Pour cela, ouvrez de nouveau la boîte de dialogue Options Excel *via* la commande Personnaliser la barre d'outils Accès rapide. Dans le menu local Choisir les commandes dans les catégories suivantes, sélectionnez Macros. Cliquez alors sur le nom de la macro qui vous intéresse, puis cliquez sur le bouton Ajouter.

Les icônes des macros ainsi ajoutées à la barre d'outils Accès rapide sont identiques. Par conséquent, seule l'info-bulle qui apparaît lorsque vous positionnez le pointeur de la souris sur une icône vous indiquera de quelle macro il s'agit.

AJOUTER DES COMMANDES DISPARUES D'ANCIENNES VERSIONS D'EXCEL

Ces commandes n'ont pas vraiment disparu. Elles ne figurent tout simplement plus sur le Ruban. Pour les retrouver, ouvrez la boîte de dialogue Options Excel *via* la commande Personnaliser la barre d'outils Accès rapide. Ensuite, dans le menu local Choisir les commandes dans les catégories suivantes, choisissez Commandes non présentes sur le ruban.

Définir vos options

Chaque fois que vous ouvrez Excel, le programme fait quelques suppositions sur vos habitudes de travail et prend l'initiative d'afficher un certain nombre d'éléments qui ne vous conviennent pas forcément. Pour cette raison, vous devez apprendre à déjuger Excel afin de lui imposer votre manière de voir (non mais !). Vous allez ainsi mettre le doigt dans l'impressionnant engrenage de la boîte de dialogue Options Excel.

Pas de panique ! Vous effectuerez ces modifications une fois pour toutes afin que vos futurs classeurs profitent de ces nouvelles options, ce qui vous fera gagner un temps précieux.

Modifier des réglages universels de l'onglet Général

Les options de cet onglet sont illustrées sur la Figure 2.2. L'onglet Général est sélectionné chaque fois que vous ouvrez cette boîte de dialogue *via* Fichier/Options.

Le contenu de cet onglet est réparti en quatre groupes : Options d'interface utilisateur, Lors de la création de classeurs, Personnaliser votre suite de programmes Microsoft Office, et Options de démarrage.

Le groupe Options d'interface utilisateur propose les réglages suivants :

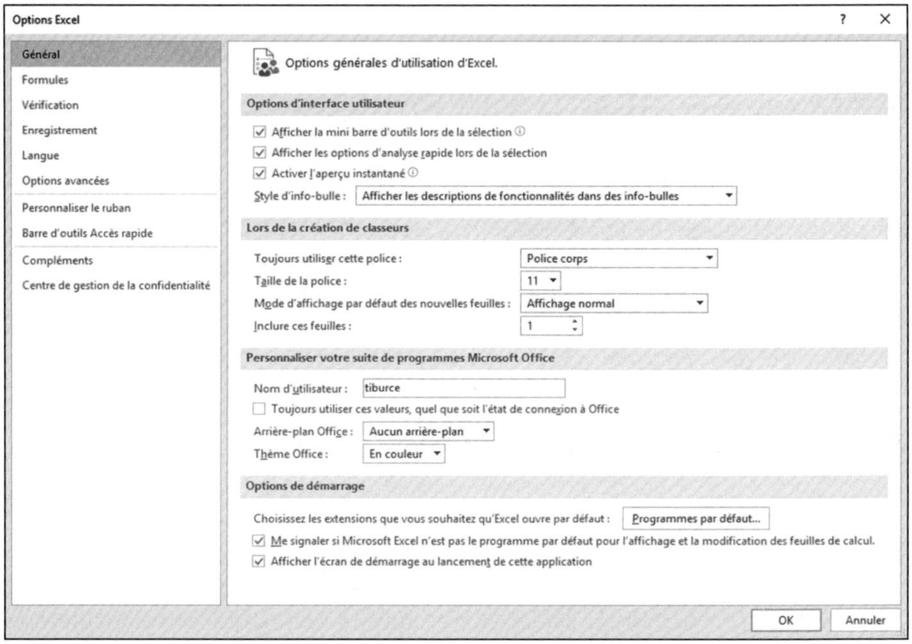

FIGURE 2.2 : Les options de l'onglet Général intéressent des réglages à caractère universel.

- **Afficher la minibarre d'outils lors de la sélection :** Active ou non l'affichage d'une minibarre d'outils de mise en forme qui apparaît lorsque vous sélectionnez un élément d'une feuille de calcul.
- **Afficher les options d'analyse rapide lors de la sélection :** Active/désactive l'affichage de la nouvelle barre d'outils Accès rapide dans l'angle inférieur droit d'une cellule sélectionnée. La barre d'outils d'analyse rapide contient des options de mise en forme, mais aussi de création de nouveaux graphiques ou de tableaux croisés dynamiques basés sur les données des cellules sélectionnées.
- **Activer l'aperçu instantané :** Active/désactive la fonction d'aperçu instantané d'Excel qui permet de prévisualiser les données d'une cellule avec une police ou un style choisi dans une boîte de dialogue ou une galerie de styles. Cet aperçu évite d'appliquer puis d'annuler une mise en forme qui ne vous conviendrait pas.
- **Style d'info-bulle :** Change la manière dont les info-bulles apparaissent à l'écran. L'option Ne pas afficher les info-bulles n'affichera aucune information sous le pointeur de la souris. Les deux autres options afficheront plus ou moins d'informations.

Les options de la section Lors de la création de classeurs proposent les réglages suivants :

- **Toujours utiliser cette police :** Choisissez une nouvelle police par défaut en tapant son nom dans le champ, ou bien en la choisissant dans la liste. La police par défaut se nomme Police corps et correspond en réalité à la police Calibri de Microsoft.
- **Taille de la police :** Choisissez une nouvelle taille de police par défaut à utiliser dans les cellules des feuilles de calcul. La taille par défaut est de 11 points. Tapez directement la nouvelle valeur ou bien choisissez-la dans le menu local.
- **Mode d'affichage par défaut des nouvelles fenêtres :** Aperçu des sauts de page affiche visuellement le saut de page que vous pouvez ajuster. Mode d'affichage mise en page affiche des sauts de page, des règles, et des marges.
- **Inclure ces feuilles :** Augmente ou diminue le le nombre de feuilles par défaut de chaque nouveau classeur. Tapez une valeur entre 2 et 225, ou bien définissez ce nombre en cliquant sur les petites flèches du champ.

La section Personnaliser votre suite de programmes Microsoft Office propose les trois réglages suivants :

- **Nom d'utilisateur :** Vous pouvez changer le nom d'utilisateur appliqué par défaut à chaque nouveau classeur.
- **Arrière-plan Office :** Ce menu local permet de choisir un type d'arrière-plan à appliquer à tous les programmes de la suite Office 2016. Le motif de l'arrière-plan est visible dans la barre de titre. Pour une barre de titre sans motif, choisissez l'option Aucun arrière-plan.
- **Thème Office :** Ce menu local propose trois options qui modifient la couleur unie de l'interface des logiciels : Couleur, Gris foncé, et Blanc. Cette couleur est utilisée pour le Ruban des applications Office, et la bordure de la fenêtre et des boîtes de dialogue, ainsi que les rangées et les colonnes d'Excel.

Lorsque vous cochez l'option Toujours utiliser ces valeurs, quel que soit l'état de connexion à Office, le nom d'utilisateur, l'arrière-plan, et le thème seront appliqués à tous les programmes de la suite Office 2016 comme Word, PowerPoint, *etc.*

La dernière section, Options de démarrage, propose les réglages suivants :

- **Choisissez les extensions que vous souhaitez qu'Excel ouvre par défaut :** Cliquez sur le bouton Programmes par défaut et suivez les instructions affichées dans le message qui apparaît. Il indique que le choix des programmes par défaut sous Windows 10 s'effectue *via* Bouton Démarrer/Paramètres/Système/Applications par défaut. Dans la partie inférieure du volet principal de cette boîte de dialogue, cliquez sur Définir les valeurs par défaut par application. Dans la colonne Programmes de la boîte de dialogue qui s'affiche, sélectionnez Excel 2016, puis cliquez sur Choisir les paramètres par défaut pour ce programme. Cochez les extensions de fichiers que vous souhaitez ouvrir avec Excel et décochez les autres. Validez vos choix par un clic sur le bouton Enregistrer.
- **Me signaler si Microsoft Excel n'est pas le programme par défaut pour l'affichage et la modification des feuilles de calcul :** Cochez cette option pour qu'un message vous avertisse lorsqu'un autre tableur ou une autre visionneuse installé sur votre ordinateur est utilisé pour ouvrir les fichiers Excel.
- **Afficher l'écran de démarrage au lancement de cette application :** Cochez cette case pour qu'un écran de démarrage s'affiche systématiquement au lancement d'Excel. Il proposera un certain nombre de fichiers récemment utilisés, mais aussi des modèles de classeurs, ou la possibilité de créer un classeur vide.

Modifier les options de calcul de l'onglet Formules

Les options de l'onglet Formules sont illustrées sur la Figure 2.3. Vous y accédez *via* Fichier/Options/Formules, ou en exécutant le raccourci clavier Alt + FTV. Ces options sont réparties dans les sections Mode de calcul, Manipulations de formules, Vérifier les erreurs, et Règles de vérification des erreurs.

Les options de calcul permettent de modifier le moment où les formules d'un classeur seront calculées, ainsi que la méthode de recalcul d'une formule qu'Excel ne sait pas résoudre. Définissez les paramètres suivants :

- **Automatique** (par défaut) force Excel à recalculer toutes les formules immédiatement après en avoir modifié une valeur.
- **Automatique excepté dans les tableaux de données** demande à Excel de recalculer toutes les formules à l'exception de celles figurant dans les tableaux de données. Dans ce cas, pour actualiser ces formules, vous devez

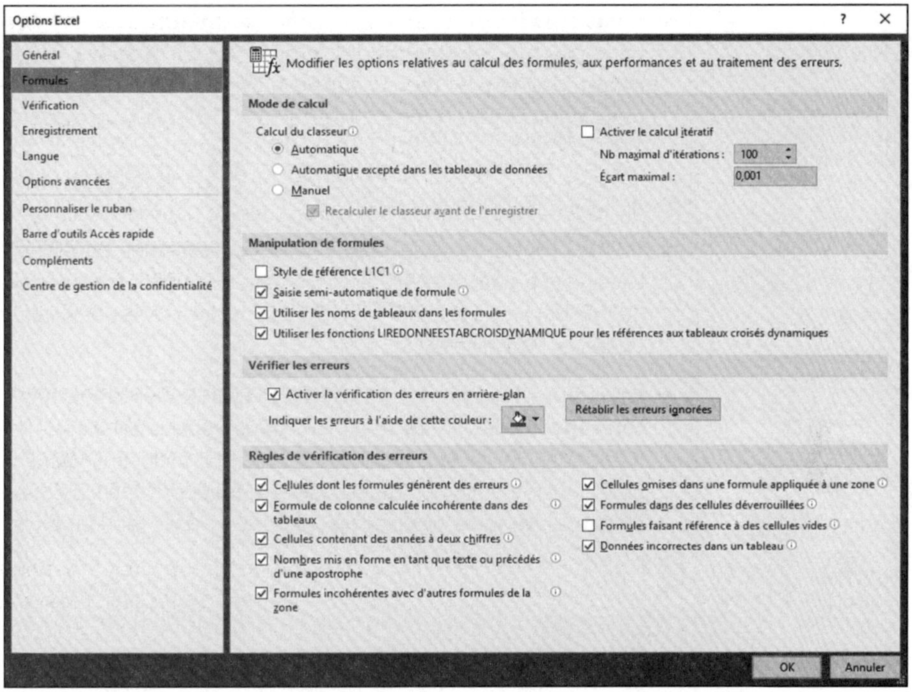

FIGURE 2.3 : L'onglet Formules permet de modifier la manière dont les formules de la feuille de calcul seront calculées.

cliquer sur le bouton Calculer maintenant (F9) ou Calculer la feuille (Maj + F9) du groupe Calcul de l'onglet Formules du Ruban.

- **Manuel** impose de cliquer sur le bouton Calculer (F9) ou Calculer la feuille (Maj + F9) de l'onglet Formules pour recalculer les formules suite à une modification de valeur.
- **Activer le calcul itératif** exécutera un calcul itératif des formules qu'Excel ne parvient pas à résoudre à la première tentative.
- **Nombre maximal d'itérations** permet d'indiquer le nombre de fois (100 par défaut) où Excel recalcule une formule lorsque l'option Activer le calcul itératif est cochée. Saisissez une valeur entre 1 et 32767 ou bien cliquez sur les petites flèches.
- **Écart maximal** permet de déterminer le niveau d'incrémentation appliqué par Excel chaque fois que le programme recalcule la formule qu'il cherche à résoudre.

La section Manipulation de formules dispose de quatre cases à cocher qui déterminent diverses options relatives aux formules :

- **Style de référence L1C1** (décochée par défaut) active le système de référence des cellules basé sur les colonnes et les rangées. Ainsi, la cellule B45 est référencée L45C2.
- **Saisie semi-automatique de formule** qui, lorsqu'elle est active, permet à Excel de compléter automatiquement une formule ou une fonction selon ce que vous tapez dans la cellule.
- **Utiliser les noms de tableaux dans les formules** est cochée par défaut. Elle active ou désactive l'utilisation, dans les formules, des noms que vous utilisez dans un tableau de données pour se référer aux cellules (consultez le Chapitre 1 du Livret III).
- **Utiliser les fonctions LIREDONNEESTABCROISDYNAMIQUE pour les références aux tableaux croisés dynamiques** est active par défaut. Elle demande à Excel d'utiliser la fonction LIREDONNEESTABCROISDYNAMIQUE pour extraire des données des divers champs d'une source de données qui sont insérées dans des champs d'un rapport de tableau croisé dynamique.

Les autres options vérifient les erreurs potentielles de formules. Dans la section Vérifier les erreurs, l'option Activer la vérification des erreurs en arrière-plan permet de vérifier lesdites erreurs sans interrompre votre travail dans Excel. Toutes les options des Règles de vérification des erreurs sont cochées, à l'exception de Formules faisant référence à des cellules vides.

Pour arrêter la vérification en arrière-plan, décochez l'option Activer la vérification des erreurs en arrière-plan de la section Vérifier les erreurs. Vous pouvez changer la couleur qui met en évidence les erreurs. Pour cela, ouvrez le menu local Indiquer les erreurs à l'aide de cette couleur. Cliquez simplement sur le carré de la couleur à utiliser pour attirer votre attention sur les erreurs en question. Pour supprimer cette couleur dans une ou plusieurs cellules d'une feuille de calcul, cliquez sur le bouton Rétablir les erreurs ignorées. Enfin, pour désactiver d'autres règles d'erreur, contentez-vous d'en décocher les cases.

Modifier les options de correction de l'onglet Vérification

Les options de Vérification de la Figure 2.4 sont accessibles *via* Fichier/Options/Vérification ou par exécution du raccourci clavier Alt + FTV. Elles sont réparties en deux sections : Options de correction automatique et Pendant la correction orthographique dans les programmes Microsoft Office.

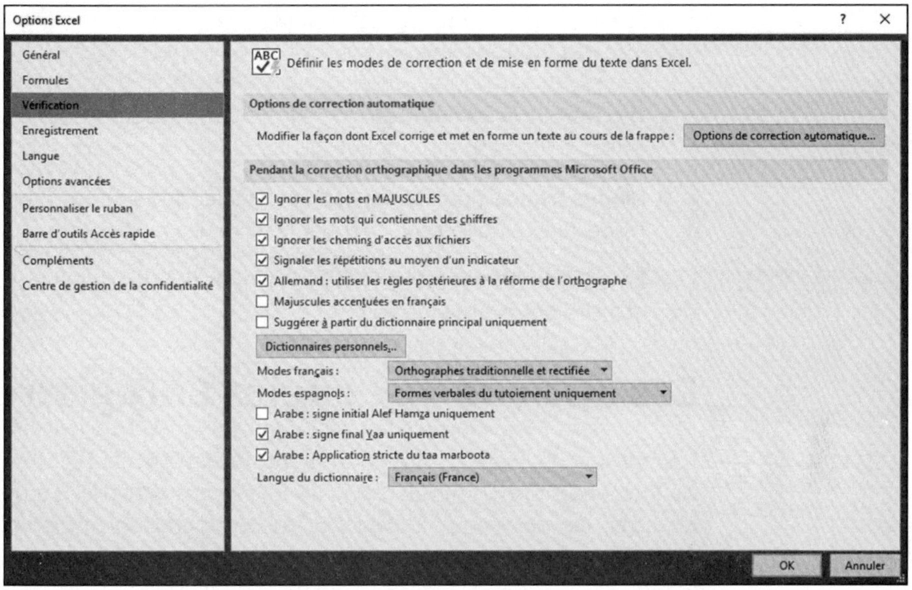

FIGURE 2.4 : Les options de l'onglet Vérification permettent de modifier les paramètres de correction automatique et orthographique.

Cliquez sur le bouton Options de correction automatique pour ouvrir la boîte de dialogue Correction automatique utilisée par la suite Microsoft Office. Cette boîte de dialogue se compose de quatre onglets :

- **Correction automatique** gère les corrections automatiques appliquées par Excel. Le bouton Exceptions permet de définir des mots ou des abréviations qui ne contiendront pas de majuscules.
- **Mise en forme automatique au cours de la frappe** permet de définir si les liens Internet et réseau seront affichés ou non sous forme de liens hypertextes. Vous indiquerez également si l'insertion de lignes et de colonnes sera ou non automatique, et s'il faut copier les formules des champs calculés dans de nouvelles lignes d'une liste de données.
- **Actions** propose l'option Activer les actions supplémentaires dans le menu contextuel. Vous ajouterez ces actions dans la liste Actions disponibles. Par défaut, vous pouvez ajouter l'action Date qui affiche une date dans le menu contextuel qui s'ouvre lorsque vous entrez certaines dates.
- **AutoMaths** permet de remplacer du texte par des symboles mathématiques indispensables à vos feuilles de calcul.

La section Pendant la correction orthographique dans les programmes Microsoft Office contrôle les types d'erreur identifiés par Excel lorsque vous avez activé la fonction de vérification orthographique (consultez le Chapitre 3 du Livre II). Vous disposez des boutons suivants :

- **Dictionnaires personnels** ouvre la boîte de dialogue éponyme où vous spécifiez un nouveau dictionnaire qui sera utilisé pour vérifier la feuille de calcul.
- **Modes français** ou **Modes espagnols** spécifie les formes de ces langues respectives à utiliser pour vérifier le texte des feuilles de calcul.
- **Langue du dictionnaire** spécifie la langue et le pays que le dictionnaire utilisera pour vérifier le texte.

Les options de l'onglet Enregistrement

Les options de l'onglet Enregistrement, illustrées à la Figure 2.5, sont accessibles *via* Fichier/Options/Enregistrements. Elles sont réparties en quatre sections : Enregistrer les classeurs, Exceptions de récupération automatique pour, Options d'édition en mode hors connexion pour les fichiers du serveur de gestion de documents, et Préserver l'apparence visuelle du classeur.

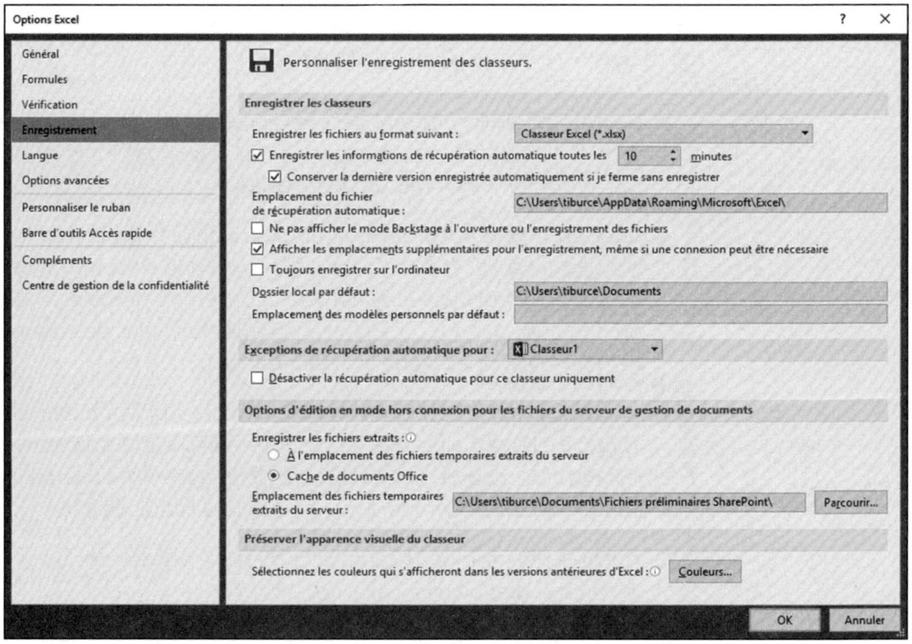

FIGURE 2.5 : Les options de l'onglet Enregistrement gèrent les fonctionnalités de sauvegarde automatique et de récupération.

Le format d'enregistrement par défaut indiqué dans la liste Enregistrer les fichiers au format suivant est *.xlsx, c'est-à-dire le format propriétaire d'Excel. Pour que le programme enregistre sous un autre format de fichier par défaut, cliquez sur la flèche de ce menu local et choisissez par exemple Classeur Excel 97-2003.

Vous pouvez également définir la périodicité d'un enregistrement de récupération automatique. Ainsi, Excel effectuera une sauvegarde automatique des modifications de votre classeur à intervalles réguliers. La valeur par défaut est fixée à 10 minutes. Dans le champ Emplacement du fichier de récupération automatique, vous pouvez saisir un autre chemin d'accès, c'est-à-dire un autre disque dur et un autre dossier que celui défini par défaut.

En cas de panne d'électricité ou de blocage de votre ordinateur, à son prochain démarrage Excel proposera de restaurer sa sauvegarde automatique. Vous n'aurez ainsi perdu au maximum que vos 10 dernières minutes de travail, voire moins si vous réduisez la période de temps qui s'écoulera entre deux sauvegardes automatiques.

Vous pourrez également récupérer cette sauvegarde automatique en cas de corruption de votre fichier d'origine et que, *de facto*, Excel ne parvient plus à ouvrir.

Par pitié, ne désactivez pas la fonction de récupération automatique, et cela même si vous avez branché votre ordinateur à un onduleur ou utilisez un logiciel de sauvegarde automatique. Vous risquez de vous en mordre les doigts si vous ne parvenez plus à récupérer un fichier Excel opérationnel sur lequel vous avez passé des jours et des jours de travail.

Sous le champ Emplacement du fichier de récupération automatique, vous disposez des options suivantes :

- **Ne pas afficher le mode Backstage à l'ouverture ou à l'enregistrement des fichiers :** Normalement, Excel affiche l'écran Ouvrir dans le mode appelé Backstage chaque fois que vous appuyez sur Ctrl + O pour ouvrir un fichier, et l'écran Enregistrer sous quand vous exécutez le raccourci Ctrl + S ou que vous cliquez sur le bouton Enregistrer de la barre d'outils Accès rapide dans le but d'enregistrer pour la première fois un document. Si vous cochez cette option, Excel affichera les boîtes de dialogue Ouvrir et Enregistrer sous directement sur la zone de travail de la feuille de calcul, sans passer par l'écran Backstage.
- **Afficher les emplacements supplémentaires pour l'enregistrement même si une connexion peut être nécessaire :** Quand Excel 2016 affiche

les options Enregistrer sous en mode Backstage, vous pouvez enregistrer le fichier sur un cloud comme OneDrive ou SharePoint. Si vous n'utilisez pas ces serveurs distants, décochez cette option pour qu'ils ne soient plus proposés parmi les emplacements de stockage d'Excel.

» **Toujours enregistrer sur l'ordinateur :** Cochez cette case pour enregistrer systématiquement vos fichiers sur votre PC ou votre Mac, ou sur un lecteur virtuel de votre réseau.

» **Dossier local par défaut :** Ce champ contient le dossier local dans lequel Excel 2016 enregistre les nouveaux fichiers classeur par défaut lorsque vous avez coché l'option Toujours enregistrer sur l'ordinateur.

» **Emplacement des modèles personnels par défaut :** Saisissez ici le chemin d'accès au disque dur et au dossier où vous stockez les modèles utilisés pour créer vos nouveaux classeurs Excel. Commencez bien entendu par activer l'option Toujours enregistrer sur l'ordinateur.

Si votre société vous autorise à partager la modification de certains classeurs Excel *via* Excel Services qui fait partie du logiciel SharePoint Services, vous pourrez changer l'emplacement où Excel enregistre ses fichiers préliminaires (ou temporaires). Par défaut, il procède à cette opération localement, c'est-à-dire sur le disque dur de votre ordinateur au sein du dossier Sharepoint Drafts localisé dans le dossier Documents ou Mes documents. Si votre entreprise préfère que vous enregistriez ces fichiers préliminaires sur le serveur Web qui fait tourner SharePoint, cochez l'option Cache de documents Office. Ensuite, spécifiez le chemin d'accès dans le champ Emplacement des fichiers temporaires extraits du serveur. Cliquez sur le bouton Parcourir et localisez le lecteur et le dossier réseau dans la boîte de dialogue éponyme qui apparaît.

Si vous partagez vos classeurs Excel 2016 avec des collaborateurs qui utilisent d'anciennes versions du programme (de 97 à 2003), utilisez le bouton Couleurs pour déterminer la couleur des feuilles de calcul Excel 2016, qui préservera la mise en forme des tableaux et autres graphiques lorsque vous enregistrerez, au format 97-2003, le fichier qui leur est destiné (reportez-vous au Chapitre 1 du Livre II).

Modifier les préférences linguistiques

La section Choisir les langues d'édition de l'onglet Langue permet d'ajouter d'autres langues à celles définies par défaut. Lorsque vous procédez à cet ajout, Excel incorpore le tri, la vérification grammaticale, et les dictionnaires nécessaires à la vérification de vos classeurs. Le programme vous invitera à télécharger les fichiers indispensables à cette nouvelle langue s'ils ne sont pas présents sur votre ordinateur. Cette invitation nécessite l'activation de l'option M'informer quand je dois télécharger des outils de vérification linguistiques supplémentaires.

Pour ajouter une langue, sélectionnez-la dans le menu local Ajouter d'autres langues d'édition. Une fois cette langue sélectionnée, cliquez sur le bouton Ajouter situé immédiatement à droite de ce menu local.

Bien entendu, vous définirez la langue prioritaire des programmes Office. Ainsi, elle sera utilisée par les outils de vérification et par le système d'aide en ligne des logiciels (consultez le Chapitre 1 du Livre I). Définissez la langue prioritaire en cliquant sur son nom dans la liste de langue de la section Choisir les langues de l'interface utilisateur et de l'aide. Ensuite, cliquez sur le bouton Définir par défaut. Si la langue est la même que celle choisie par défaut dans les langues d'édition, conservez les options Identique à Microsoft Windows et Identique à la langue d'affichage. Cette langue sera alors utilisée pour les boutons, les onglets et l'aide. Pour donner priorité à une autre langue, cliquez dessus puis sur le bouton Monter (flèche dirigée vers le haut) situé à droite des listes des langues installées.

Pour obtenir des langues d'affichage et d'aide supplémentaires, cliquez sur le lien Comment obtenir d'autres langues d'affichage et d'aide sur Office.com. Vous accédez ainsi au site Web Office.com qui permet de télécharger des packs linguistiques.

Les Options avancées

Vous accédez à ces options avancées illustrées à la Figure 2.6, *via* Fichier/Options, puis par un clic sur Options avancées dans la colonne de gauche. Elles se répartissent en 14 sections :

Option	Fonction
Options d'édition	Modifie la manière dont vous éditez les feuilles de calcul.
Couper, Copier, et Coller	Modifie la manière dont vous éditez les feuilles de calcul, y compris les commandes couper, copier, et coller vers et depuis le presse-papiers.
Taille et qualité de l'image	Contrôle la manière dont des données graphiques sont utilisées dans une feuille de calcul.
Imprimer	Contrôle la qualité d'impression des images d'une feuille de calcul.
Graphique	Contrôle comment Excel gère les graphiques insérés dans une feuille de calcul.
Afficher	Détermine l'affichage des divers éléments, tel que le mode Backstage, la barre de formule, les info-bulles, et les commentaires.
Options d'affichage du classeur	Définit les options d'affichage du classeur actuellement ouvert dans Excel.

Option	Fonction
Options d'affichage de la feuille de calcul	Définit les options d'affichage de la feuille de calcul actuellement utilisée dans Excel.
Formules	Détermine la manière dont Excel gère les calculs des formules sophistiquées de la feuille de calcul.
Lors du calcul de ce classeur	Définit les paramètres de calcul du classeur ouvert dans Excel.
Général	Contrôle des options très diverses comme celles des fichiers des classeurs que vous voulez ouvrir au démarrage d'Excel, mais aussi l'aspect que prendra les classeurs sur le Web, et enfin la création de listes de remplissage automatique.
Données	Contrôle la manière dont Excel gère des opérations utilisant une grande quantité de données.
Compatibilité avec Lotus	Détermine la compatibilité d'Excel 2016 avec Lotus 1-2-3.
Paramètres de compatibilité avec Lotus	Définit la compatibilité Lotus 1-2-3 d'une feuille de calcul particulière dans le classeur actuellement ouvert dans Excel.

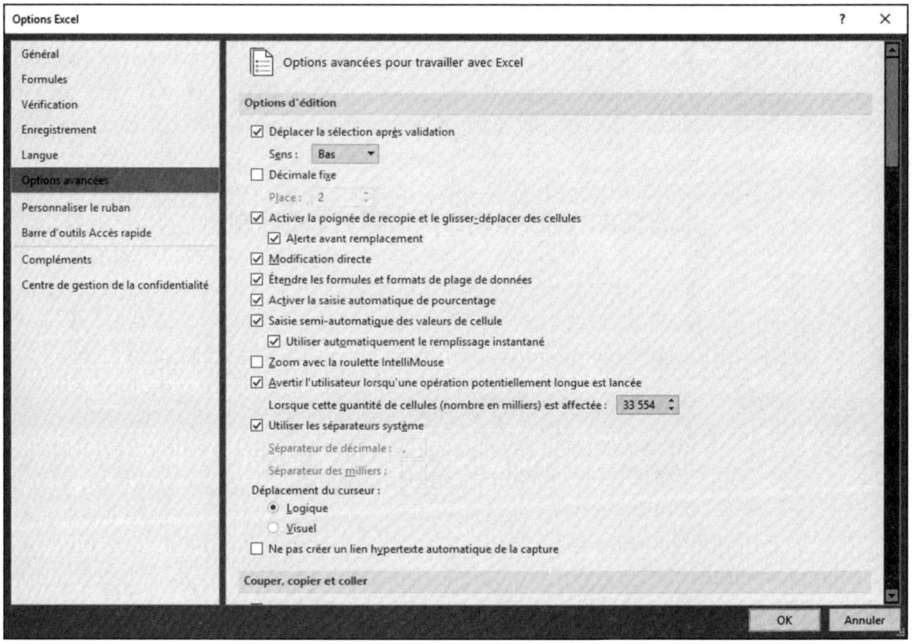

FIGURE 2.6 : Les options d'édition et de couper, copier et coller des Options avancées d'Excel contrôlent le comportement de ces différentes opérations.

Les diverses options de ces 14 sections de l'onglet Options avancées se répartissent en quatre zones distinctes : des options pour l'édition des feuilles de calcul ; des options de contrôle de l'affichage à l'écran ; un pot-pourri d'options concernant des formules, des calculs, et des paramètres généraux ; les options de compatibilité Lotus destinées aux utilisateurs de Lotus 1-2-3 qui viennent de passer à Excel, et cela afin d'opérer une transition en douceur.

Travailler avec les options d'édition des feuilles de calcul

La Figure 2.6 montre les Options d'édition, de Couper, copier, et coller de l'onglet Options avancées qui contrôlent l'édition du contenu des feuilles de calcul Excel.

Lorsque vous ouvrez cet onglet pour la première fois, toutes les cases des sections Options d'édition et Couper, copier et coller sont cochées à l'exception de :

- **Décimal fixe** qui insère automatiquement un point décimal à toute valeur utilisant le nombre de places spécifié dans le champ Place (reportez-vous au Chapitre 1 du Livre II).
- **Zoom avec la roulette IntelliMouse** permet de définir un niveau de zoom sur les feuilles de calcul par simple action sur la roulette de la souris IntelliMouse de Microsoft. Le facteur de grossissement ou de réduction est de 15 % à chaque tour de roulette. Lorsque cette option est inactive, l'action sur la roulette fait simplement défiler le contenu de la feuille de calcul, comme si vous agissiez sur le curseur de la barre de défilement vertical de la fenêtre.
- **Ne pas créer un lien automatique hypertexte de la capture** empêche Excel de créer des liens hypertextes avec les captures d'écran effectuées sous Windows *via* les commandes Effectuer une capture d'écran du groupe Illustrations situé dans l'onglet Insertion du Ruban.

Il n'y a pas de raison pour décocher les options des sections Options d'édition et Couper, copier, et coller. La seule que vous seriez susceptible de désactiver est Utiliser les séparateurs système lorsque vous créez des feuilles de calcul dont les éléments financiers sont exprimés dans des unités monétaires étrangères qui n'utilisent pas la virgule comme séparateur décimal, ou une espace comme séparateur de milliers. Une fois cette option décochée, dans les champs Séparateur de décimale et Séparateur de milliers, indiquez les séparateurs à utiliser.

Par défaut, Excel active la cellule du bas lorsque vous validez l'entrée d'une donnée. Pour modifier cette direction, choisissez-en une autre dans le menu local Sens de l'option Déplacer la sélection après validation. Pour qu'aucune cellule ne soit activée après validation d'une entrée, décochez Déplacer la sélection après validation.

Régler les options d'affichage

Les options d'affichage illustrées à la Figure 2.7 se répartissent en trois catégories : Afficher, Options d'affichage du classeur, et Options d'affichage de la feuille de calcul.

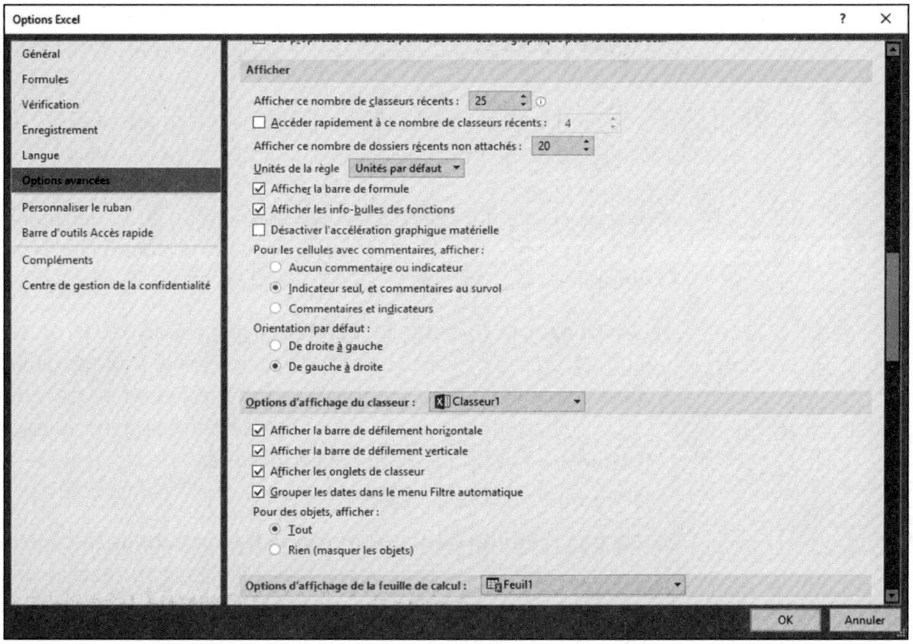

FIGURE 2.7 : Les diverses options d'affichage d'Excel contrôlent l'affichage d'éléments à l'écran.

La plupart de ces options parlent d'elles-mêmes et activent ou désactivent des éléments à l'écran comme la barre de formule, les info-bulles, les barres de défilement, les onglets des feuilles, les en-têtes de lignes et de colonnes, les sauts de page, les bordures de cellules, *etc.*

Lorsque vous contrôlez cet affichage, gardez les points suivants à l'esprit :

- Le menu local Unités de la règle utilise les Unités par défaut de votre version de Microsoft Office, c'est-à-dire les centimètres pour l'Europe. L'unité que vous choisirez sera alors utilisée pour les règles horizontale et verticale lorsque vous basculerez en mode d'affichage Mise en page (Alt + MN).
- Activez l'option Commentaires et indicateurs sous Pour les cellules avec commentaire, afficher si vous souhaitez qu'Excel affiche les zones de texte

contenant des commentaires que vous avez ajoutés à des cellules (reportez-vous au Chapitre 3 du Livre IV).

- Activez Rien (masquer les objets) sous Pour ces objets, afficher si vous souhaitez qu'Excel masque l'affichage de tous les objets graphiques de la feuille de calcul, y compris les graphiques, les images cliparts, les images importées, et tous les éléments graphiques générés avec la feuille de calcul.
- Décochez Afficher les sauts de page pour masquer la ligne pointillée qui les symbolise en mode d'affichage Normal (Alt + NN) de la feuille de calcul.
- L'option Formules dans les cellules au lieu de leurs résultats calculés, permet d'afficher la formule dans la cellule et non son résultat. Sachez qu'il est possible d'obtenir rapidement ce résultat soit en cliquant sur le bouton Afficher les formules du groupe Vérification des formules de l'onglet Formules, soit en exécutant le raccourci clavier Ctrl + «.
- Vous pouvez très rapidement afficher/masquer le quadrillage non pas en désactivant ou en activant l'option idoine des Options avancées d'Excel, mais en cochant ou en décochant l'option Quadrillage dans le groupe Afficher de l'onglet Affichage du Ruban.

Cliquez sur l'icône du pot de peinture de l'option Couleur du quadrillage pour choisir une nouvelle teinte dans le nuancier qui s'affiche. Le bleu foncé fait magnifiquement bien ressortir les cellules à l'écran.

Quelques autres options générales, des formules, et des calculs

Dans la partie inférieure des Options avancées illustrée sur la Figure 2.8, vous découvrirez cinq sections. Les trois premières, Formules, Lors du calcul de ce classeur, et Général proposent une sorte de mélange exotique de divers paramètres.

La majorité de ces réglages ne seront jamais modifiés :

- **Définir le calcul avec la précision du format affiché :** Cochez cette case si et seulement si vous souhaitez convertir en permanence les valeurs stockées dans les cellules non pas au format complet (15 chiffres) mais au format affiché, décimales comprises.
- **Utiliser le calendrier depuis 1904 :** Cochez cette option lorsque vous prenez en charge des feuilles de calcul créées avec d'anciennes versions Excel Macintosh qui partaient de 1904 et non pas de 1900 pour première date utilisée pour le calcul des dates.

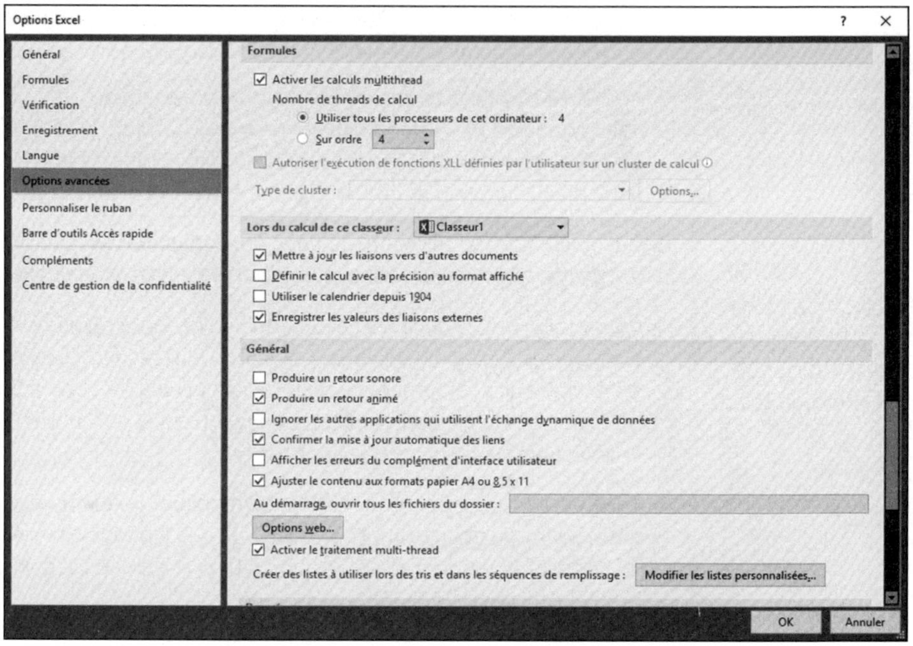

FIGURE 2.8 : Les dernières options de l'onglet Options avancées s'intéressent à des réglages généraux, aux calculs, aux données, et à la compatibilité Lotus 1-2-3.

- **Modifier des listes personnalisées :** Cliquez sur ce bouton pour créer ou modifier des listes personnalisées pour les séquences de remplissage (consultez le Chapitre 1 du Livre II).

Les options de la section Données

La section Données de l'onglet Options avancées se compose de quatre cases à cocher. Elles contrôlent la manière dont Excel 2016 gère les grandes quantités de données auxquelles le programme peut accéder *via* des requêtes externes, ou *via* des tableaux croisés dynamiques. Par défaut, Excel 2016 active la fonction de désactivation des opérations d'actualisation des données d'un tableau croisé dynamique créé à partir d'une source de données externes comportant plus de 300 000 lignes (ou enregistrements) dans le but de réduire la durée de cette actualisation. Pour modifier cette valeur, entrez-en une nouvelle dans le champ situé sous Désactiver l'annulation pour les tableaux croisés dynamiques comportant au moins ce nombre de lignes, et qui affiche actuellement 300. Vous pouvez également modifier cette valeur en cliquant sur les deux petites flèches situées à droite de ce champ. Pour annuler l'actualisation de toutes les opérations, décochez la case Désactiver l'annulation des opérations d'actualisation de grands tableaux croisés dynamiques pour réduire la durée de l'actualisation.

Excel 2016 désactive automatiquement l'actualisation des listes de données qui se basent sur des tables de bases de données externes et qui excèdent 64 Mo. Pour modifier la taille à partir de laquelle l'actualisation est désactivée, tapez une nouvelle valeur dans le champ contenant la valeur de 64 Mo par défaut sous l'option Désactiver l'annulation des opérations sur un modèle de données volumineux. Vous pouvez également définir cette valeur en agissant sur les deux flèches du champ numérique. Pour activer l'annulation pour toutes les opérations, y compris les listes de données provenant d'un modèle de données externe, décochez l'option Désactiver l'annulation des opérations sur un modèle de données volumineux.

Si vous souhaitez qu'Excel considère toute donnée externe utilisée dans un nouveau tableau croisé dynamique ou importée dans des listes de données comme provenant d'un modèle de données, cochez l'option Utiliser de préférence le modèle de données Excel pour créer des tableaux croisés dynamiques, des tables de requête, et des connexions de données. Ainsi, Excel recherchera automatiquement les champs idoines dans les divers fichiers que vous aurez ainsi désignés.

La compatibilité Lotus 1-2-3

Les deux dernières sections de l'onglet Options avancées concernent la compatibilité Lotus 1-2-3.

Si vous souhaitez utiliser vos anciens fichiers Lotus dans Excel, vous devez cocher les trois cases suivantes : Touches alternatives de déplacement, Autre interprétation de formules, et Autre mode de saisie de formules. Vous les trouverez dans les sections Compatibilité avec Lotus et Paramètres de compatibilité avec Lotus. Ainsi, vous pourrez faire débuter des formules créées à partir des fonctions prédéfinies avec le symbole @ - qu'Excel convertira en symbole = - et vous utiliserez, dans un classeur, toutes les touches de navigation auxquelles vous êtes habitué.

Vous pouvez utiliser les raccourcis du Ruban d'Excel en appuyant sur la touche barre oblique (/), même lorsqu'aucune option de compatibilité Lotus est sélectionnée. Cette barre oblique ouvre les menus locaux (ou menus déroulants) de Lotus 1-2-3, ce qui est bien plus facile que d'utiliser la touche Alt. En effet, la barre oblique se situe avec les autres lettres d'un clavier AZERTY. Ainsi, lorsque vous devez exécuter un raccourci tel que Alt + WP, contentez-vous d'appuyer sur /WP.

Personnaliser le ruban d'Excel 2016

Les options de l'onglet Personnaliser le ruban (Figure 2.9) accessibles *via* Fichier/Options puis un clic sur Personnaliser le ruban, permettent de définir les onglets qui seront ou non affichés dans le ruban d'Excel, ainsi que leur ordre d'affichage. Vous pourrez aussi modifier des groupes de commandes au sein de ces onglets. Il sera également possible de créer des nouveaux onglets et des groupes de commandes personnalisés.

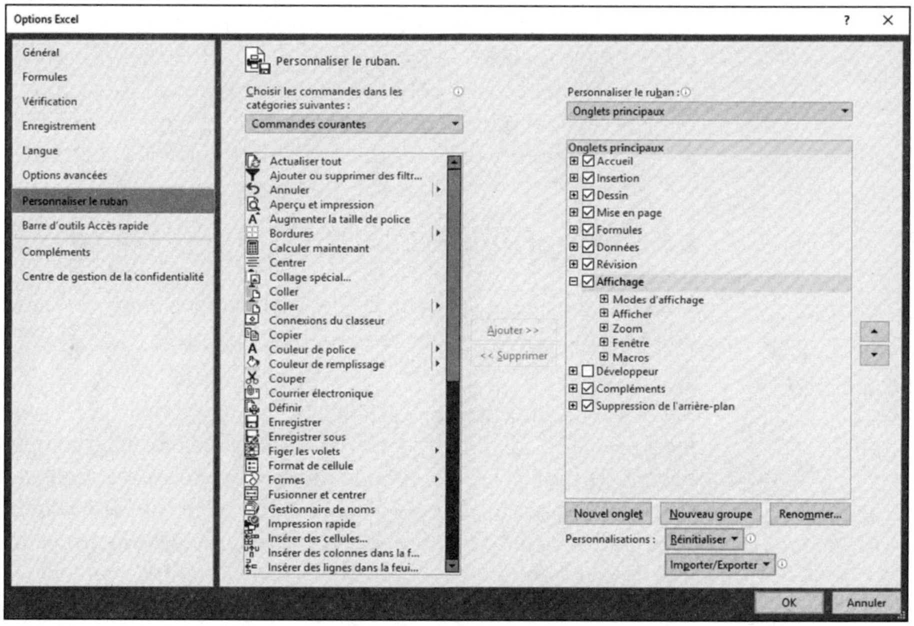

FIGURE 2.9 : Les options Personnaliser le ruban contrôlent les onglets affichés, les groupes de commandes et leurs boutons.

Personnaliser les onglets du ruban

Modifiez et réorganisez les onglets et les groupes pour qu'ils correspondent à vos habitudes de travail :

- » **Masquez les onglets du ruban** en décochant leur case dans la liste Onglets principaux située dans la partie droite de la boîte de dialogue. Cochez-les pour les faire réapparaître.

- **Modifiez l'ordre des onglets du ruban** en sélectionnant l'onglet puis en cliquant sur les flèches Monter ou Descendre situées à droite de la liste de droite.
- **Modifiez l'ordre d'un groupe d'un onglet** en cliquant sur le bouton de développement de l'onglet (signe +) dans la liste des Onglets principaux. Ensuite, cliquez sur le nom du groupe puis sur le boutons Monter ou de Descendre.
- **Pour supprimer un groupe d'un onglet** sélectionnez son nom dans la liste des Onglets principaux, puis cliquez sur le bouton Supprimer.

Vous pouvez également contrôler les boutons des groupes de commandes qui apparaîtront dans les divers onglets :

- **Affichez le contenu d'un groupe à modifier** en choisissant Onglets d'outils dans le menu local Personnaliser le ruban (en haut à droite). Ensuite, cliquez sur le signe + situé devant l'onglet dont vous souhaitez modifier les groupes.
- **Modifiez l'ordre du groupe** en cliquant sur le nom du groupe afin de le sélectionner. Ensuite, utilisez les boutons Monter et descendre pour positionner le groupe.
- **Supprimez un groupe d'un onglet** en cliquant sur son nom puis sur le bouton Supprimer.

Pour restaurer les groupes d'origine d'un onglet modifié, sélectionnez-le dans la liste Personnaliser le ruban de la boîte de dialogue Options Excel. Ensuite, cliquez sur le bouton Réinitialiser. Dans le menu local qui s'ouvre, optez pour Réinitialiser uniquement l'onglet du ruban sélectionné.

Pour restaurer tous les onglets et les groupes d'origine, cliquez sur le bouton Réinitialiser puis, dans le menu local qui s'affiche, choisissez Réinitialiser toutes les personnalisations. Cette option restaure les paramètres par défaut du ruban, mais annule toutes les modifications apportées à la barre d'outils Accès rapide. Pour éviter ce problème, agissez onglet par onglet en optant pour la commande Réinitialiser uniquement l'onglet du ruban sélectionné du bouton Réinitialiser.

Ajouter des onglets personnalisés au ruban

L'onglet Personnaliser le ruban de la boîte de dialogue Options Excel permet de modifier les onglets existants, mais aussi d'en ajouter d'autres. Ainsi, vous disposerez dans Excel d'un ensemble d'onglets contenant les boutons de commande utiles à vos travaux.

Pour ajouter des onglets au ruban :

1. **Ouvrez l'onglet Personnaliser le ruban de la boîte de dialogue Options Excel via Fichier/Options/Personnaliser le ruban.**
2. **Dans la liste Personnaliser le ruban, choisissez si nécessaire Onglets principaux. Ensuite, cliquez sur l'onglet existant en dessous duquel vous souhaitez ajouter un onglet.**

   Comme l'onglet se place sous celui que vous avez sélectionné, comment ajouter un onglet avant l'onglet Accueil ? Eh bien cliquez sur l'onglet Accueil de la boîte de dialogue, et ajoutez l'onglet. Ensuite, utilisez les boutons Monter pour placer le nouvel onglet avant l'onglet Accueil.
3. **Dans la partie inférieure droite de la boîte de dialogue, cliquez sur le bouton Nouvel onglet.**

   Excel insère un onglet nommé Nouvel onglet (personnalisé) sous l'onglet préalablement sélectionné.
4. **Pour ajouter des boutons de commande à ce nouvel onglet, choisissez-les dans la liste (colonne) de gauche, et cliquez sur le bouton Ajouter situé entre les deux listes.**

   Choisissez d'abord une catégorie dans la liste éponyme afin d'afficher les commandes correspondantes : Commandes courantes, Commandes non présentes sur le ruban, Toutes les commandes, Macro, *etc.*

   Chaque nouvelle commande ajoutée apparaît dans la section Nouveau groupe (Personnalisé) de la colonne de droite, c'est-à-dire celle où vous composez vos nouveaux onglets, comme sur la Figure 2.10. Pour modifier l'ordre des boutons de commande, agissez sur les boutons Monter et Descendre situés sur la droite.
5. **Pour renommer le groupe personnalisé, commencez par activer Nouveau groupe (Personnalisé), puis cliquez sur le bouton Renommer en bas à droite dans la boîte de dialogue. Dans la boîte de dialogue Renommer, saisissez un nouveau nom et éventuellement un symbole d'identification du groupe. Validez par un clic sur OK.**
6. **(Facultatif) Pour ajouter d'autres groupes dans cet onglet personnalisé, cliquez sur le bouton Nouveau groupe localisé en bas à droite de la boîte de dialogue. Ajoutez des boutons de commande, et renommez-le groupe comme expliqué aux Étapes 4 et 5.**

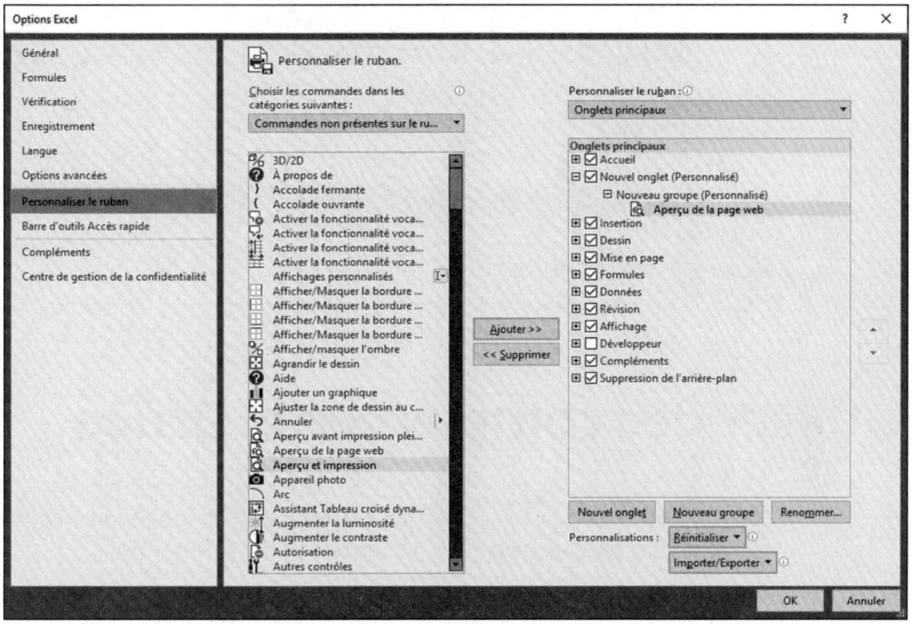

FIGURE 2.10 : Ajouter des onglets et des groupes de commande à un ruban personnalisé.

Pour ajouter des groupes, répétez l'Étape 6. Le cas échéant, repositionnez les boutons et les groupes à l'aide des boutons Monter et Descendre.

7. **Renommez l'onglet personnalisé en cliquant sur le nom Nouvel onglet (Personnalisé). Ensuite, cliquez sur le bouton Renommer et tapez le nom dans le champ Nom complet de la boîte de dialogue Renommer qui apparaît. Validez le nom par un clic sur OK.**

   Pour ajouter des onglets au ruban, répétez les Étapes 2 à 7. Une fois tous vos onglets personnalisés créés, vous êtes prêt à quitter la boîte de dialogue Options Excel et à reprendre vos travaux sur la feuille de calcul en cours.

8. **Cliquez sur le bouton OK de la boîte de dialogue Options Excel.**

   Dès que la boîte de dialogue se ferme, le nouvel onglet apparaît sur le ruban à la position définie. La Figure 2.11 montre l'insertion d'un onglet Mes commandes après l'onglet Accueil. Il contient le bouton de commande Aperçu de la page Web.

Si vous utilisez des raccourcis clavier pour accéder aux commandes du ruban, n'oubliez pas qu'Excel assigne automatiquement des lettres à chaque onglet personnalisé et à leurs commandes. Pour afficher ces raccourcis, appuyez sur la touche Alt.

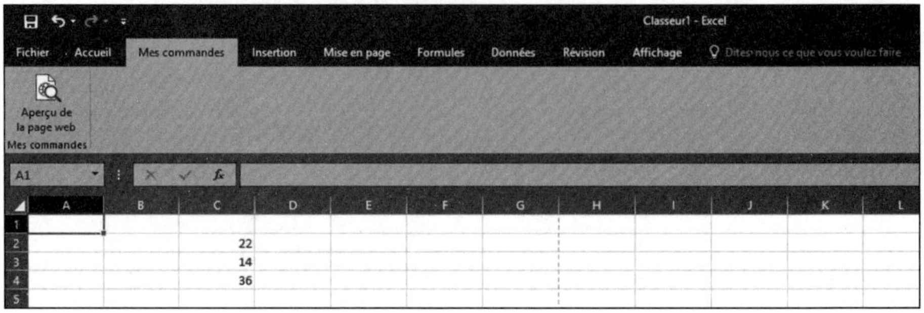

FIGURE 2.11 : Un nouvel onglet Mes commandes.

Utiliser des compléments Office

Excel 2016 permet d'utiliser des modules (compléments) qui aident à la création de vos feuilles de calcul. Il s'agit de petits programmes qui s'exécutent dans Excel afin d'en augmenter les possibilités.

Par exemple, certains compléments permettent d'entrer des dates en les choisissant dans un calendrier. De nombreux modules sont gratuits, tandis que d'autres proposent une période d'évaluation à l'issue de laquelle vous pourrez les acheter sur l'Office Store pour une somme modique.

Pour utiliser ces compléments, vous devez les installer en suivant ces étapes :

1. **Ouvrez l'onglet Insertion du ruban ; ensuite, cliquez sur le bouton Mes compléments, et choisissez Afficher tout (ou exécutez le raccourci Alt + SCPA.**

   Excel ouvre la boîte de dialogue Compléments Office composé des onglets Mes compléments et Store. Vous y voyez les icônes des compléments déjà installés et prêts à être insérés dans le classeur en cours (Figure 2.12).

2. **Pour installer un nouveau complément, cliquez sur l'onglet Store.**

   Excel se connecte à l'Office Store et affiche les icônes des compléments disponibles. Ils se répartissent dans des catégories accessibles sur la gauche de la boîte de dialogue, comme Analyse et données, Gestion financière, *etc.* Pour afficher l'ensemble des compléments, cliquez sur Tous.

3. **Pour accéder à d'autres compléments, cliquez sur le lien Afficher plus. Pour ne voir que les compléments d'une catégorie, comme Gestion financière, cliquez sur cette catégorie dans la colonne de gauche.**

FIGURE 2.12 : Insérez ce complément dans le classeur en cours.

4. **Lorsque vous découvrez un complément à installer, cliquez simplement sur sa vignette.**

   La boîte de dialogue Compléments Office affiche des informations sur le module.

5. **Pour l'installer, cliquez sur le bouton Faire confiance. Pour revenir à la liste des compléments, cliquez sur Annuler.**

   Une fois que vous avez cliqué sur le bouton Faire confiance, Excel ferme la boîte de dialogue Compléments Office et télécharge le complément qu'il ajoute à l'onglet Mes compléments.

Vous pouvez insérer un complément Office dans n'importe quel classeur ouvert en procédant comme ceci :

1. **Ouvrez la boîte de dialogue Compléments Office via Insertion/Mes compléments/Afficher tout, ou en exécutant le raccourci clavier Alt + SCPA.**

   La boîte de dialogue Compléments Office apparaît en affichant les vignettes des modules de l'onglet Mes compléments.

2. **Cliquez sur la vignette du complément à utiliser dans votre classeur, puis sur OK.**

   Le complément est ajouté et Excel l'utilise dans le classeur.

Excel insère le complément de la feuille de calcul. Certains compléments Office, comme le dictionnaire Merriam-Webster et QuickHelp Starter ouvrent un panneau sur la droite de l'interface d'Excel. D'autres comme Bing Maps, Mini Calendar et Date Picker apparaissent sous forme de palette flottante.

Pour fermer les compléments qui s'ouvrent sous la forme d'un panneau, cliquez sur le bouton Fermer de ce panneau. Pour fermer les compléments qui s'ouvrent sous la forme d'une palette flottante, sélectionnez-la et appuyez sur la touche Suppr de votre clavier.

Une fois que vous avez ajouté des compléments Excel, vous les exécuterez rapidement depuis la section Compléments ajoutés récemment du bouton Mes compléments de l'onglet Insertion. Cliquez sur le complément à rouvrir.

Si vous ne voyez pas vos compléments dans la boîte de dialogue Compléments Office après avoir cliqué sur le lien Mes compléments, cliquez sur le bouton Actualiser. Utilisez le lien Gérer mes compléments pour vous connecter au site Office.

Utiliser les compléments internes d'Excel

Les compléments Office ne représentent pas la seule façon d'étendre les fonctionnalités du programme. Avant d'utiliser un complément Excel, vous devez l'installer dans le bon dossier. Vous le sélectionnerez ensuite dans la boîte de dialogue Compléments.

Il existe deux types de compléments Excel différents que vous pouvez utiliser pour augmenter les fonctionnalités d'Excel 2016 :

- **Compléments Excel :** Ce groupe de compléments (également appelé add-In automation) est conçu pour étendre les fonctionnalités d'analyse de données d'Excel. Vous y trouvez Analysis ToolPak, Euros Currency Tools, et Solveur.
- **Compléments COM :** Les compléments COM (*Component Object Model*) sont conçus pour étendre les possibilités d'Excel dans la gestion et l'analyse de grandes quantités de données (collections de tables de base de données). Cela inclut Inquire, Microsoft Office PowerPivot pour Excel, et Power View.

Lorsque vous installez Excel 2016, les compléments fournis par Excel ne sont pas chargés et donc pas du tout prêts à être utilisés. Pour charger ces compléments, suivez ces étapes :

1. **Cliquez sur le bouton Fichier, et choisissez Options Excel. Dans la boîte de dialogue, cliquez sur l'onglet Compléments.**

   Cet onglet liste tous les noms, emplacements, et types de compléments auxquels vous avez accès.

2. **(Facultatif) Dans le menu local Gérer situé en bas de la boîte de dialogue, les Compléments Excel sont sélectionnés par défaut. Si vous voulez activer un ou plusieurs compléments COM, choisissez d'abord Compléments COM dans ce menu local.**

3. **Cliquez sur le bouton Atteindre.**

   Si Compléments Excel est sélectionné dans le menu local Gérer, Excel ouvre la boîte de dialogue Compléments COM identique à celle de la Figure 2.13.

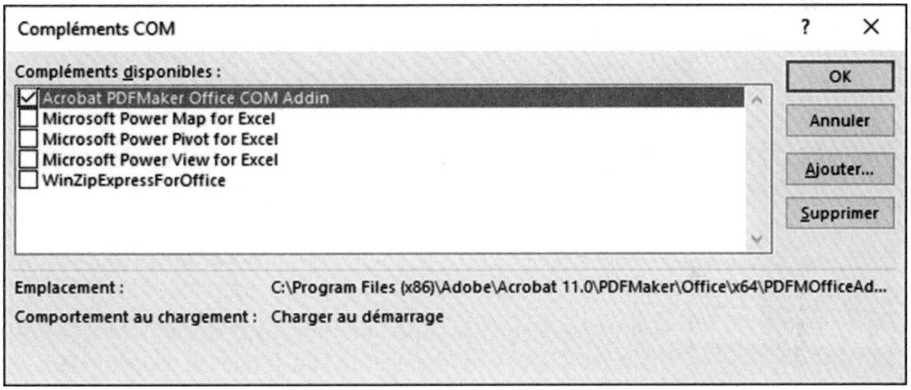

FIGURE 2.13 : Activer les Compléments Excel dans la boîte de dialogue Compléments.

4. **Cochez la case des compléments que vous souhaitez charger.**

   Lorsque vous cliquez sur le nom du complément, une description apparaît dans la partie inférieure de la boîte de dialogue.

5. **Cliquez sur le bouton OK pour quitter cette boîte de dialogue.**

Lorsque vous installez Excel 2016, le programme charge automatiquement quatre compléments Analysis ToolPak, Analysis ToolPak - VBA, Euro Currency Tools, et Solveur. Pour plus d'informations, consultez la prochaine section « Gérer les compléments standard d'Excel ». Les outils des deux compléments Analysis ToolPak sont ajoutés en tant que fonctions spéciales au groupe Bibliothèques de fonctions de l'onglet Formules. Les outils de conversion monétaire apparaissent dans le groupe Solutions de ce même onglet. Enfin, le complément Solveur est présent dans le groupe Analyses de l'onglet Données.

Les compléments Excel sont enregistrés dans un format de fichier spécial portant l'extension .XLL ou .XLMA (pour Excel Add-in). Ces fichiers sont normalement enregistrés dans le dossier Library du dossier Office 16. Le dossier Office 16 se situe dans le dossier Microsoft Office, lui-même stocké dans le dossier Programmes de Windows 10.

Une fois un complément installé dans ce dossier Library, son nom apparaît dans la liste de la boîte de dialogue Compléments.

Les noms des compléments XLAM non copiés dans le dossier Library d'Office 16 n'apparaissent pas dans la liste Compléments disponibles lorsque vous ouvrez la boîte de dialogue Compléments. Cependant, vous pouvez activer un complément en cliquant sur le bouton Parcourir, puis en le sélectionnant dans son dossier. Enfin, validez votre choix par un clic sur le bouton OK.

Gérer les compléments standard d'Excel

Dans Excel, un groupe de compléments est toujours à votre disposition. Voici ceux qui sont chargés lors de l'installation du programme :

- **Analysis ToolPak :** Ajoute des fonctions prédéfinies financières, statistiques, et d'ingénierie.
- **Analysis ToolPak – VBA :** Permet aux programmeurs VBA de publier leurs propres fonctions financières, statistiques et d'ingénierie.
- **Euros Currency Tools :** Inscrit les valeurs en euros et insère une fonction EUROCONVERT afin de convertir les devises étrangères en euros. Pour utiliser ces outils, cliquez sur le bouton Convertir en euros du groupe Solutions de l'onglet Formules.

  Si vous ne voyez pas ces compléments (ou si le groupe Solutions est absent), vous devez activer les compléments *via* l'onglet Compléments de la boîte de dialogue Options Excel, comme cela est expliqué un peu plus haut dans ce chapitre.
- **Complément Solveur :** Calcule les solutions des scénarios What-if basés sur des cellules qui adaptent et contraignent une plage de valeurs. Pour utiliser ce complément, cliquez sur le bouton Solveur du groupe Analyse de l'onglet Données.

Pour utiliser une des fonctions statistiques ou financières ainsi ajoutées par le complément Analysis ToolPak, inutile d'accéder à l'onglet Compléments de la boîte de dialogue Options Excel. Cliquez simplement sur le bouton Insérer une fonction de la barre de formule. Ouvrez ensuite le menu local Ou sélectionnez une catégorie et choisissez Finances ou Statistiques. Enfin, localisez la fonction à utiliser dans la liste Sélectionnez une fonction.

Gérer les compléments COM

Voici les compléments COM ajoutés lors de l'installation d'Excel 2016 :

- » **Inquire :** Facilite la révision d'un classeur afin d'en apprécier le design, la fonction, les incohérences, les erreurs de formule, et les liens brisés. Inquire permet également de comparer les différences existantes entre deux classeurs (consultez le Chapitre 2 du Livre III).
- » **Microsoft Power MAP for Excel :** Permet de cartographier des données géographiques sur un globe 3D interactif.
- » **Microsoft PowerPivot for Excel :** Permet de construire des modèles de données complexes à partir de grosses quantités de données. Il facilite aussi les requêtes de données en utilisant des fonctions DAX (*Data Analysis Expressions*).
- » **Microsoft Power View for Excel :** Donne des moyens d'exploration des données interactives et de la présentation visuelle des données dans votre modèle de données Excel, favorisant les requêtes de données *ad hoc*.

Gardez à l'esprit que la gestion de vos compléments COM se fait *via* le bouton Compléments COM du groupe Compléments de l'onglet Développeur. Lorsque vous cliquez sur le bouton Compléments COM, Excel ouvre la boîte de dialogue Compléments COM qui affiche les compléments installés et activés. Activez et désactivez les compléments COM de votre choix.

Si l'onglet Développeur est absent du ruban, affichez-le *via* l'onglet Personnaliser le ruban de la boîte de dialogue Options Excel. Dans la liste Onglets principaux de la colonne située à droite, cochez la case Développeur.

Acheter des compléments tierce partie

Les compléments inclus dans Excel ne sont pas les seuls que vous pouvez utiliser. De nombreux vendeurs tierce partie proposent des compléments pour Excel. Vous les achèterez en ligne et les téléchargerez immédiatement sur votre disque dur.

Pour trouver ces compléments externes, saisissez *Compléments Excel* ou *Excel add-ins* dans votre moteur de recherche préféré. Vous pouvez également effectuer une recherche directement sur ce site Web : www.add-ins.com.

Vous trouverez une large gamme de compléments comme Name Splitter qui convertit automatiquement les noms complets saisis dans une seule cellule en un simple prénom, second prénom, noms, ou initiales. La liste peut alors être triée et filtrée sur des parties des noms.

Les compléments coûtent entre 25 et 50 dollars (eh oui, les sites sont souvent américains). Cette somme est dérisoire comparée au temps que ces petits programmes vous feront gagner.

II

Conception d'une feuille de calcul

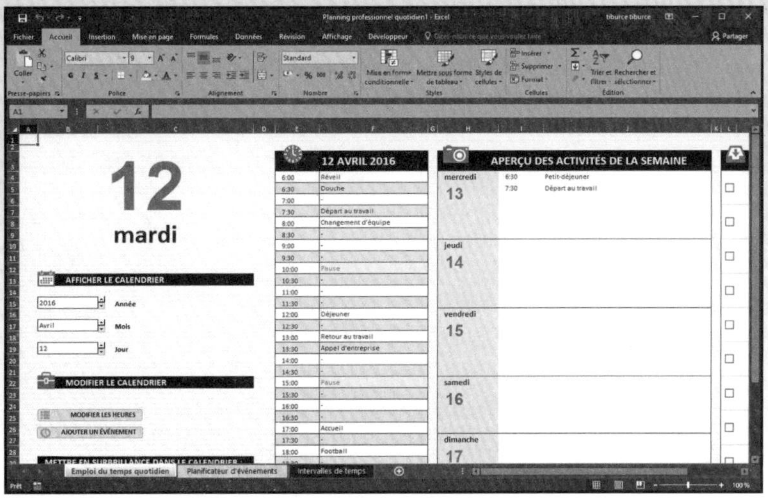

Chapitre 1

Créer une feuille de calcul

DANS CE CHAPITRE :

» **Créer une feuille de calcul à partir d'un modèle**

» **Créer une feuille de calcul vide**

» **Découvrir les différents types d'entrées de cellules**

» **Comprendre les différentes méthodes de saisie dans une feuille de calcul**

» **Utiliser la validation des données pour limiter les saisies de données dans des cellules**

» **Enregistrer des feuilles de calcul**

La conception d'une feuille de calcul commence par une réflexion autour de son utilité et de son aspect. Pour vous aider dans cette tâche, Excel met à votre disposition de nombreux modèles.

Une fois l'apparence visuelle et fonctionnelle établie, vous pourrez commencer à entrer des données dans les cellules de vos feuilles de calcul. Ce Chapitre présente les méthodes de saisie de données allant de la plus simple à la plus sophistiquée. Vous utiliserez celles qui répondent aux besoins des données de votre feuille de calcul et à sa finalité. Toutefois, ce Chapitre ne contient pas d'information sur la création des formules. En effet, cette opération est si complexe qu'elle s'octroie le Chapitre 1 du Livre III.

La conception d'une feuille de calcul

Dès que vous exécutez Excel sans ouvrir un classeur existant, le programme affiche sa vue Backstage qui propose plusieurs options :

- » Créer un nouveau classeur portant le nom générique de Classeur1. Il est constitué d'une feuille de calcul (Feuil1) composée de cellules.
- » Créer un classeur à partir d'un modèle existant affiché dans la zone principale de la vue Backstage. En règle générale, le modèle choisi est téléchargé depuis Internet.

Si vous choisissez Nouveau classeur, vous créez une feuille de calcul entièrement vierge. Si vous optez pour un modèle, vous en personnaliserez l'aspect, et bien entendu les données.

À partir d'un modèle

Les modèles sont parfaits si vous parvenez à en trouver un qui répond globalement aux données que vous souhaitez gérer. La Figure 1.1 montre une infime quantité de modèles disponibles dans Excel 2016.

FIGURE 1.1 : Choisir un modèle depuis l'écran d'accueil d'Excel.

Si aucun modèle proposé ne vous convient, vous pouvez lancer une recherche. Cette recherche peut s'effectuer par catégorie. Il suffit de cliquer sur un des liens Professionnel, Personnel, Calendriers, Listes, Petite entreprise, Budgets, et Calculatrice de la section Recherches suggérées.

Lorsque vous cliquez sur un de ces liens, Excel lance une recherche sur le Web et affiche les modèles trouvés comme sur la Figure 1.2 où une requête a été lancée sur les modèles de la catégorie Petite entreprise.

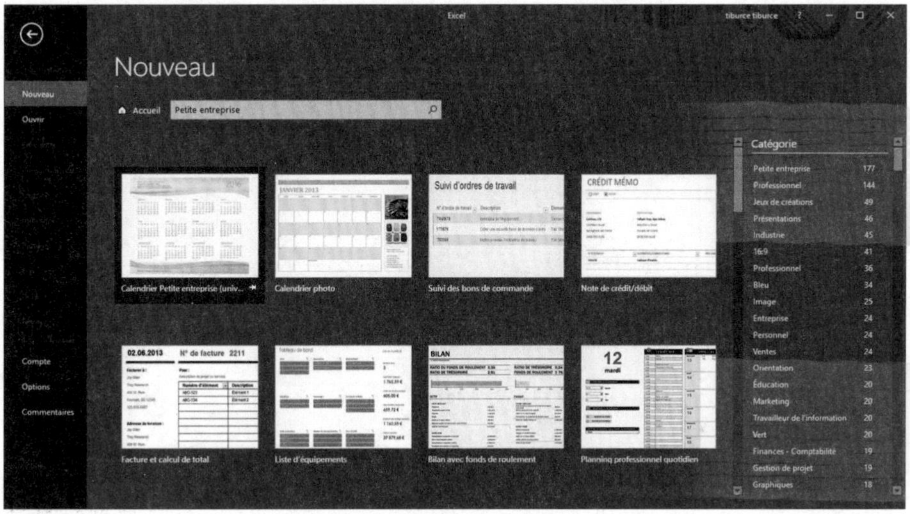

FIGURE 1.2 : Recherche effectuée dans la catégorie Petite entreprise.

Si aucun modèle des différentes catégories ne vous convient, ou si la recherche semble trop complexe au regard du grand nombre de modèles proposés, lancez votre propre recherche. Dans l'écran d'accueil d'Excel, cliquez dans le champ Rechercher des modèles en ligne, et tapez l'objet de cette recherche comme **rapport de dépenses**. Enfin, cliquez sur le bouton Démarrer la recherche (icône de la loupe).

Vous pouvez créer vos propres modèles à partir de vos classeurs préférés. Il suffit d'enregistrer ce classeur en tant que modèle. Dès lors, Excel créera une copie de ce classeur chaque fois que vous en ouvrirez le modèle. À aucun moment vous ne pourrez porter atteinte à l'intégrité d'un modèle.

Télécharger le modèle à utiliser

Pour télécharger le modèle sur lequel baser votre classeur, cliquez simplement sur sa vignette. Excel ouvrira une boîte de dialogue identique à celle de la Figure 1.3. Vous y lirez des explications sur la nature du modèle ainsi que sa taille. Il suffit de cliquer sur le bouton Créer pour lancer le téléchargement du modèle.

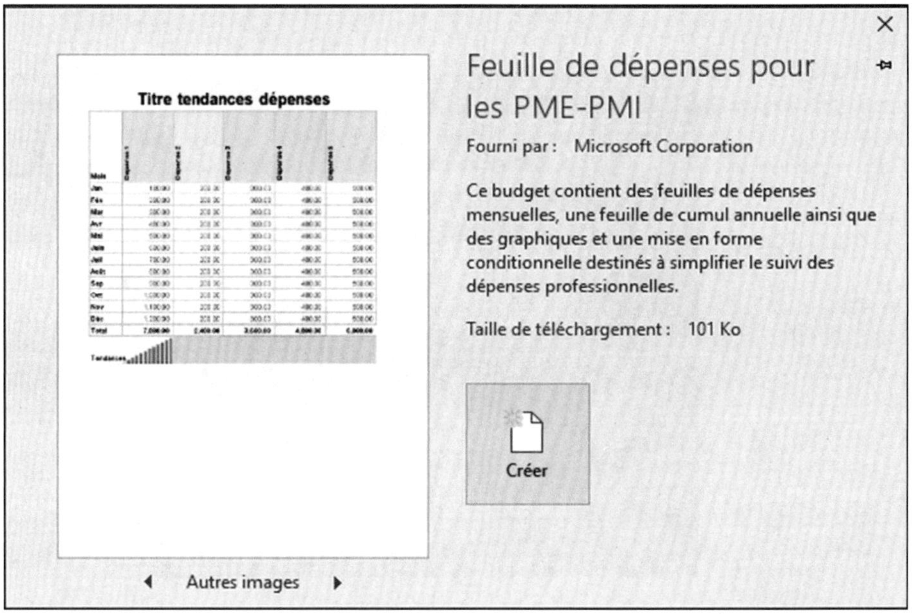

FIGURE 1.3 : Téléchargement d'un modèle de feuille de dépenses pour créer votre nouveau classeur.

La Figure 1.4 montre le modèle ouvert dans Excel et prêt à subir l'assaut de vos modifications. Le nom de fichier affiché dans la barre de titre est celui du nom du modèle, en l'occurrence Feuille de dépenses pour les PME-PMI1. Si vous souhaitez utiliser ce même modèle pour créer un autre classeur sans fermer le classeur en cours, Excel le nommera alors Feuille de dépenses pour les PME-PMI2. Aucune copie ne pourra écraser, donc remplacer, la précédente. Vous travaillez ainsi en toute sécurité.

Un modèle Excel porte l'extension .xltx alors qu'un fichier Excel porte l'extension .xlsx.

Pour personnaliser une feuille de calcul d'un modèle, remplacez ses données par les vôtres. Par exemple, changez le titre de la feuille dans la cellule A1 en indiquant celui de l'employé ou du département de votre entreprise dont vous suivez les

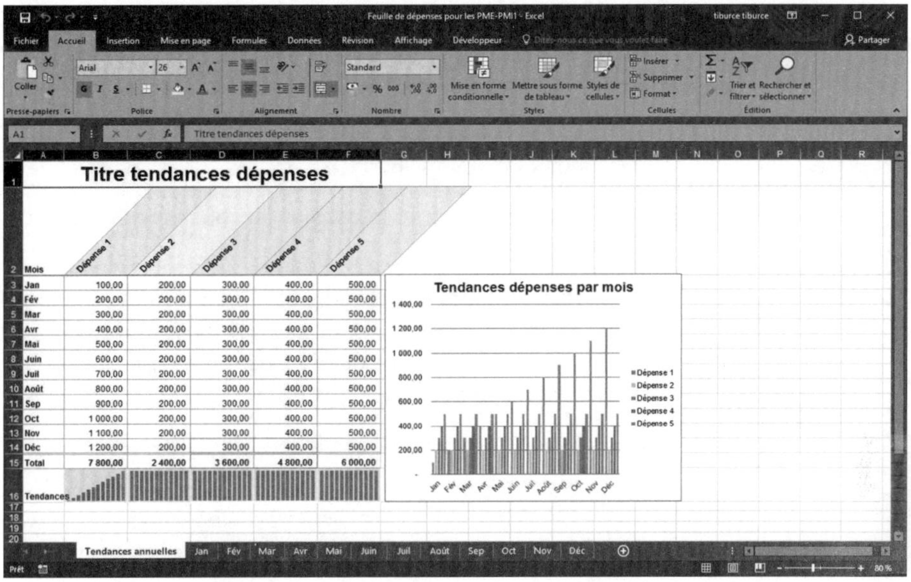

FIGURE 1.4 : Un modèle prêt à être modifié.

dépenses. Vous pouvez également substituer aux noms Dépense 1, Dépense 2, *etc.*, celui des vraies dépenses comme *Frais de déplacement*, *Frais d'hébergement, etc.*

Lorsque vous remplacez les données d'une feuille de calcul créée à partir d'un modèle, vous avez accès à toutes ses cellules, y compris les en-têtes de lignes et de colonnes.

Une fois que vous avez rempli la feuille de calcul avec vos données, enregistrez le classeur comme s'il avait été créé à partir d'une feuille de calcul vide (reportez-vous à la section « Enregistrer les données » à la fin de ce chapitre).

Enregistrer les modifications de vos modèles personnalisés

Vous pouvez enregistrer les modifications apportées au modèle téléchargé afin de le remplir plus facilement et plus rapidement. Par exemple, pourquoi ne pas créer votre propre modèle de classeur de feuille de dépenses. Il contiendra ainsi le nom de votre entreprise et les différentes rubriques de frais propres à votre activité.

Voici comment enregistrer vos modifications en tant que nouveau modèle :

1. **Cliquez sur le bouton Enregistrer de la barre d'outils Accès rapide (icône d'une disquette), ou bien choisissez Fichier/Enregistrer. Vous pouvez également exécuter le raccourci clavier Ctrl + S.**

   L'écran Enregistrer sous apparaît. Sélectionnez l'emplacement de stockage des modèles personnalisés.

2. **Choisissez le lecteur et le dossier où vous stockez vos fichiers modèles personnalisés.**

   Ce dossier peut être localisé sur votre ordinateur ou sur OneDrive. Notez bien cet emplacement, car vous devrez le spécifier dans la boîte de dialogue Options Excel, mais aussi pour enregistrer systématiquement vos modèles dans le même dossier du même disque dur.

   Dès que vous avez sélectionné le dossier et le lecteur de stockage de vos modèles, Excel ouvre la boîte de dialogue Enregistrer sous. Dans le menu local Type, choisissez Modèle Excel (.xltx)

3. **Ouvrez le menu local Type, et choisissez Modèle Excel.**

   Pour assurer la compatibilité avec d'anciennes versions d'Excel, c'est-à-dire de 97 à 2003, optez pour Modèle Excel 97-2003. Dans ce cas, Excel enregistre le nouveau fichier modèle dans un ancien format binaire (et non plus au nouveau format de fichier XML). Il ajoute alors l'extension .xlt au nom du modèle. Si votre modèle contient des macros dont vous souhaitez autoriser l'exécution à d'autres utilisateurs, choisissez Modèle Excel (prenant en charge les macros)(*.xltm).

4. **Cliquez dans le champ Nom de fichier et assignez un nom à votre modèle. Cliquez sur le bouton Enregistrer.**

   Une fois cette boîte de dialogue fermée, vous revenez dans la feuille de calcul. À vous de la modifier !

5. **Cliquez sur Fichier/Fermer, ou exécutez le raccourci Alt + FY3 ou Ctrl + W pour fermer le modèle.**

Une fois ce fichier modèle sauvegardé dans un dossier de modèles Excel personnels, indiquez-en le chemin d'accès au programme en suivant ces étapes :

1. **Cliquez sur Fichier/Options/Enregistrer (Alt + FV).**

   Excel ouvre la boîte de dialogue Options Excel. Cliquez alors sur l'onglet Enregistrement.

2. **Sélectionnez le texte du champ Emplacement des modèles personnels par défaut, et tapez le chemin d'accès à votre dossier.**

Par exemple, si vous avez créé un dossier Modèles dans le dossier Documents de Windows ou sur votre compte OneDrive, saisissez son chemin d'accès dans ce champ. Il prendra cette forme : C:\Users\Greg\OneDrive\Documents\Modèles

3. **Cliquez sur OK pour fermer la boîte de dialogue Options Excel.**

La prochaine fois que vous ouvrirez Excel ou l'écran Nouveau de la vue Backstage, vous y trouverez les liens Proposés et Personnel juste sous les Recherches suggérées. Pour générer un nouveau classeur à partir d'un de vos modèles personnalisés, cliquez sur le lien Personnel, puis sur la vignette du modèle qui vous intéresse.

Créer vos modèles de feuilles de calcul

Il est rare que la feuille de calcul développée par une autre personne corresponde à vos besoins personnels, ne serait-ce que dans la façon d'y incorporer et d'y présenter les données. Il est également fort possible que votre client ait des exigences spécifiques en la matière.

Ainsi, lorsqu'aucun modèle ne peut combler vos besoins, la meilleure chose à faire est de créer le vôtre. Il servira de base à tous vos classeurs et pourra être rempli avec du texte, des données, des formules, des graphiques, et des macros.

Ce prototype devra être vierge de tout titre, texte divers, et valeurs afin de devenir un modèle des plus génériques. Il sera probablement judicieux de protéger toutes les données génériques, et plus particulièrement les formules, les valeurs, et les titres qui n'ont pas besoin d'être personnalisés. (Pour plus d'informations sur le verrouillage de certains éléments d'une feuille de calcul, consultez le Chapitre 1 du Livre IV.)

Dès que vous êtes satisfait de l'apparence et de la structure de ce prototype, enregistrez-le sous la forme d'un modèle, c'est-à-dire un fichier portant l'extension .xltx. Vous le stockerez dans votre dossier de modèles pour pouvoir créer d'autres classeurs basés sur le modèle en question (reportez-vous à la précédente section « Enregistrer les modifications de vos modèles personnalisés »).

En observant les modèles proposés par Excel ou en téléchargeant ceux mis à votre disposition *via* le site Office.com, vous constaterez que nombre d'entre eux abandonnent le traditionnel affichage des données sous la forme d'une grille de cellules. Les feuilles de calcul sont très proches de ce qu'elles seraient imprimées sur papier. Lorsque vous convertissez un classeur en modèle, vous pouvez supprimer la grille, utiliser des contours de cellules pour mettre en évidence des groupes de cellules, mais aussi différentes couleurs pour en souligner le contenu (ces modifications sont étudiées au Chapitre 2 du Livre II).

N'oubliez pas que des commentaires peuvent être intégrés au modèle pour donner des instructions à vos collaborateurs sur la manière de le remplir et d'enregistrer les données. Ils seront très utiles à des collaborateurs qui ne sont pas habitués à votre modèle, ou pour qui Excel est un pensum. (L'ajout de commentaires est étudié au Chapitre 3 du Livre IV.)

Créer un classeur vide

Il est parfois plus rapide de créer un classeur vide qu'un classeur basé sur un modèle. Ce sera le cas lorsque votre activité ne trouvera pas de pendant parmi les modèles proposés par Microsoft.

Préparer votre classeur

Avant toute chose, réfléchissez sur la mise en page et l'apparence de vos données en vous posant les questions suivantes :

- La mise en page de la feuille de calcul nécessite-t-elle l'utilisation de tables de données (avec des en-têtes de colonnes et de lignes) ou des listes (avec des en-têtes de colonnes uniquement) ?
- Ces tables et ces listes de données seront-elles présentées sur une ou plusieurs feuilles de calcul ?
- Les tables de données de la feuille de calcul utilisent-elles les mêmes types de formules ?
- Certaines colonnes de la feuille de calcul obtiennent-elles leurs données de formules ou d'autres listes ?
- Certaines données de la feuille de calcul doivent-elles être représentées graphiquement dans ou à l'extérieur de la feuille de calcul ?
- Certaines données proviennent-elles des feuilles de calcul d'autres classeurs ?
- Quel est le rythme d'actualisation et d'ajout de données à la feuille de calcul ?
- Quelle quantité de données la feuille de calcul devra-t-elle gérer ?
- Les données de la feuille de calcul seront-elles imprimées ou publiées en ligne ?

Posez-vous toutes ces questions avant de vous lancer dans la conception de vos feuilles de calcul.

Optimisation

L'optimisation est une considération importante, surtout si vous utilisez Excel 2016 sur un ordinateur aux ressources relativement faibles, ou sur ces nouveaux périphériques modernes que sont les tablettes et les smartphones. Pensez également aux personnes avec qui vous partagerez vos feuilles de calcul. Elles n'ont peut-être pas un ordinateur aussi puissant que le vôtre. Par conséquent, soyez vigilant sur la manière d'insérer des données dans Excel afin de ne pas mettre votre système informatique à genoux.

Pour commencer, veillez à créer des tables de données relativement proches les unes des autres en évitant d'insérer entre elles des blocs de cellules vides. Limitez-vous à une colonne ou à une ligne de séparation.

Fonctionnalité

Vous devez veiller à l'évolutivité d'une feuille de calcul en anticipant vos besoins en tables de données, listes, et graphiques. Cela est d'autant plus vrai pour les listes de données. En effet, elles ont tendances à occuper de plus en plus d'espace au fur et à mesure que vous les enrichissez. Vous devez donc toujours définir des colonnes et des lignes supplémentaires. Par conséquent, essayez de placer vos graphiques et vos tables à droite de la liste plutôt qu'en dessous. Ainsi, il sera facile d'ajouter des données à la liste sans être obligé de déplacer préalablement d'autres éléments de la feuille de calcul.

Ces considérations d'espace sont différentes lorsque vous placez une table de données qui calcule les valeurs vers le bas et à travers les colonnes d'une table. Ce sera le cas d'un tableau des ventes qui fait la somme des ventes mensuelles par article, et avec des formules qui calculent les totaux mensuels dans la dernière colonne. Dans ce genre de table de données, les autres éléments de la feuille de calcul ne doivent pas vous gêner lorsque vous ajoutez des colonnes et des lignes. Au fur et à mesure que la table de données augmente ou diminue, les éléments qui en dépendent subissent eux aussi des modifications collatérales. Vous procédez à ce type d'opérations directement dans la table afin que chaque nouvelle ligne ou colonne soit prise en compte dans le calcul des totaux. De cette façon, la ligne et la colonne des formules de la table de données agissent comme une limite qui varie au grès des extensions et des contractions des données, sans toucher aux autres éléments.

Finaliser la conception de votre classeur

Une fois que vous avez préparé plus ou moins précisément votre nouvelle feuille de calcul, vous êtes prêt à définir vos tables et vos listes de données. Voici quelques réflexions sur la mise en œuvre d'une nouvelle table de données incluant des calculs de totaux élémentaires :

- Dans la première cellule, entrez le titre de la table de données. Il définira les bords supérieur et gauche de la table.
- Tapez les en-têtes (titres) de lignes et de colonnes dans la rangée située juste en dessous. Vous commencerez dans la même colonne que celle où vous avez saisi le titre de la table.
- Entrez l'en-tête de ligne sous la première colonne de la table, en commençant par la première ligne qui contiendra des données. (Ainsi, vous laissez une cellule vide qui marque l'intersection des en-têtes de ligne et de colonne.)
- Dans la dernière ligne de la table, définissez la première formule qui fait la somme des entrées des cellules de la colonne. Ensuite, copiez cette formule dans les autres colonnes de la table.
- Dans la dernière colonne de la table, définissez la première formule qui fait la somme des entrées des cellules des lignes, puis copiez cette formule sous les autres lignes de la table.
- Mettez en forme les cellules qui contiendront les valeurs de la table, et entrez ces valeurs dans leurs cellules. Vous pouvez commencer par entrer les valeurs que vous mettrez en forme ultérieurement.

Lorsque vous créez une nouvelle liste de données dans une nouvelle feuille de calcul, entrez le nom de la liste dans la première cellule de cette table. Ensuite, tapez les en-têtes des colonnes dans la ligne située juste en dessous. Alors, vous saisirez la première ligne de données sous les en-têtes des colonnes concernées.

Ouvrir des classeurs vides

Bien qu'il soit possible de créer un classeur vide en vue Backstage, il sera plus judicieux, dans certaines circonstances, d'ouvrir un classeur vide dans la zone de travail de la feuille de calcul elle-même. Par exemple, si vous démarrez Excel en ouvrant un classeur existant dans l'optique de le modifier, et que vous souhaitez concevoir une nouvelle feuille de calcul, vous aurez besoin d'ouvrir un classeur vide avant ou après avoir fermé le classeur que vous avez ouvert au démarrage d'Excel.

La technique la plus simple, consiste à exécuter le raccourci clavier Ctrl + N. Excel ouvre instantanément un nouveau classeur vide. *De facto*, deux fenêtres du programme sont ouvertes simultanément. La seconde porte le nom de Classeur2, si le premier classeur ouvert se nomme Classeur1. Vous pouvez obtenir un résultat identique *via* la vue Backstage en cliquant sur Fichier/Nouveau, puis sur la vignette Nouveau classeur.

Dès que vous ouvrez un classeur vide, Excel en active la fenêtre. Pour basculer vers un autre classeur ouvert, placez le pointeur de la souris sur l'icône Excel de la Barre des tâches de Windows 10. Dans les aperçus qui s'affichent, cliquez sur celui de l'autre classeur. Vous pouvez aussi utiliser le raccourci clavier Alt + Tab, et appuyer sur la touche Tab ou les flèches directionnelles jusqu'à ce que ce classeur soit sélectionné. Relâchez alors les touches du clavier.

Si vous avez ouvert un classeur par erreur, fermez-le *via* Ctrl + W, ou Fichier/Fermer. Vous pouvez également cliquer sur le bouton de fermeture (X) situé dans l'angle supérieur droit de sa fenêtre.

Les entrées de cellules

Avant toute chose, vous devez connaître les types de données que vous pouvez saisir dans Excel. Il s'agit de textes et de valeurs. Excel traite différemment ces données.

- **Les entrées Texte** sont alignées à gauche des cellules. Elles se composent de caractères qui s'ajustent à la largeur d'une colonne. Lorsque le texte est plus long que la largeur de la colonne, il déborde sur la colonne adjacente. Si cette cellule contient des données, le texte de la cellule qui déborde sur elle est alors tronqué. (Il est bien saisi, mais n'est pas affiché intégralement. Il apparaîtra lorsque vous élargirez la colonne.)
- **Les entrées numériques** sont automatiquement alignées sur la droite. Si leur longueur excède la largeur de la colonne, le nombre s'affiche alors sous cette forme : ########. Pour afficher les chiffres de ce nombre, élargissez la colonne. (Sauf si le nombre comporte une virgule décimale. Dans ce cas, lorsque vous validez l'entrée, la largeur de la cellule s'ajuste au nombre.)

La question qui se pose est de savoir comment Excel fait la différence entre une saisie de texte et une saisie de nombres. En effet, sans formatage spécifique, Excel considère les nombres comme du texte et les traite en conséquence.

Le texte pour Excel

Voici comment Excel traite des données textuelles :

- » Toutes les données commençant par une lettre de l'alphabet ou par une marque de ponctuation sont considérées comme du texte.
- » Les données qui contiennent des lettres (A à Z) et des chiffres sont considérées comme du texte, même si elles commencent par un chiffre.
- » Toutes les données numériques contenant une ponctuation autre qu'une virgule, un point, ou une barre oblique (slash) sont considérées comme du texte, même si elles commencent par un chiffre.

Cela signifie que des données comme *Jean-Luc Godard*, *Juste Après Les Larmes*, *C123*, *666-45-0034*, ou bien encore *123C* sont considérés comme du texte.

Il existe un problème avec les chiffres séparés par des traits d'union. Si la donnée ressemble à une date, Excel la convertira au format date. (Pour plus d'informations sur les dates, consultez la section « Dates et heures » plus loin dans ce chapitre.) Imaginez que votre valeur numérique soit 10-02-61. Excel pensera que vous voulez parler du 10 février 1961, et la convertira en 10/02/1961.

Pour entrer une valeur numérique en tant que texte, ajoutez une apostrophe au début de sa chaîne numérique. Ainsi notre 10-02-61 restera sous cette forme si vous tapez :

```
'10-02-61
```

Pour saisir 3/4 dans une cellule, vous devez taper :

```
'3/4
```

Sinon, Excel écrira 03-avr lorsque vous validerez l'entrée.

(Pour que 3/4 soit utilisé comme une fraction, vous devez saisir =3/4. Excel affichera alors 0,75.)

Lorsque vous commencez la valeur numérique par une apostrophe pour qu'Excel la considère en tant que nombre, sachez que cette apostrophe ne s'affichera pas une fois la valeur validée. La valeur numérique est alors identifiée par un petit triangle vert affiché dans l'angle supérieur gauche de la cellule. Un symbole d'alerte apparaît immédiatement dans la cellule située à gauche de cette valeur. Si vous placez le pointeur de la souris dessus, une info-bulle affiche le message suivant : « Cette cellule contient une date dont l'année comporte uniquement deux chiffres ». Cliquez sur son petit triangle pour ouvrir un menu local proposant une série d'options illustrées sur la Figure 1.5.

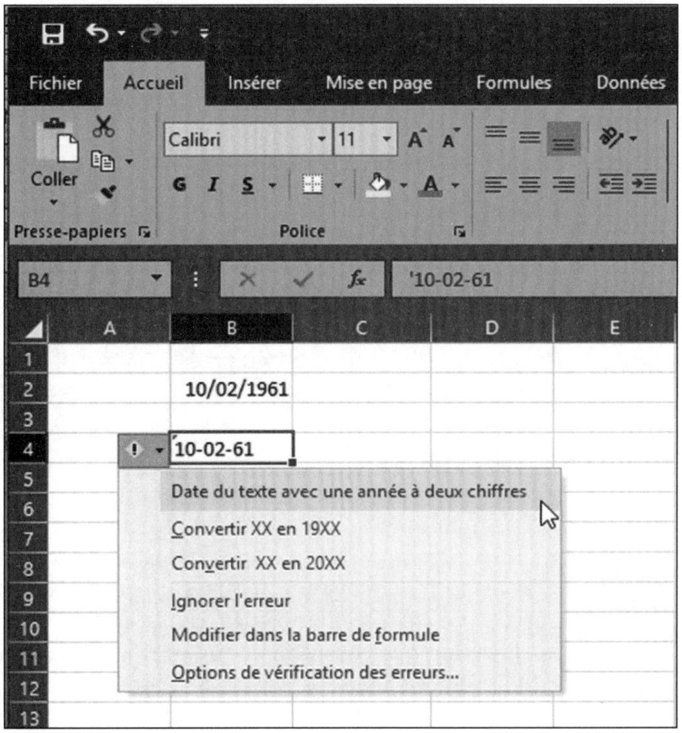

FIGURE 1.5 : Le menu local de l'alerte indiquant que le nombre est stocké sous forme d'un texte.

Si l'entrée commence par le signe = ou le symbole @ suivi d'autres caractères qui n'appartiennent pas à une formule, Excel affichera un message d'erreur dès que vous la validerez avec la touche Entrée ou tabulation. En effet, le signe = permet à Excel de savoir qu'il a affaire à une formule. Le tableur Lotus 1-2-3 utilisait le symbole @ pour indiquer la mise en action d'une fonction prédéfinie. Pour valider ce genre de saisie, faites-la précéder d'une apostrophe.

Comment Excel reconnaît une valeur numérique ?

Dans une feuille de calcul traditionnelle, les nombres (ou données numériques) sont autant, voire plus prédominants, que les entrées texte. En effet, une feuille de calcul porte bien son nom. Elle calcule des valeurs numériques à grand renfort de totaux, sous-totaux, pourcentages, moyennes, et j'en passe. Bien entendu, la seule vocation d'une feuille de calcul n'est pas de calculer des sommes, des débits, des crédits et bien d'autres types d'opération.

Les entrées numériques se divisent en trois catégories :

- **Les nombres que vous entrez** directement dans une cellule. (Vous y procédez au clavier, à la voix en utilisant un système de reconnaissance vocale, ou à la main si votre ordinateur est équipé d'une tablette graphique.)
- **La date et l'heure** sont également des valeurs que vous saisissez directement dans une cellule et qui sont automatiquement converties au format numérique Date et Heure. Elles sont stockées en tâche de fond sous la forme d'une série décimale de type date et heure.
- **Les nombres résultant de formules** que vous créez avec de simples opérateurs arithmétiques et/ou à partir de fonctions prédéfinies d'Excel.

Entrer des nombres

Il s'agit de valeurs numériques que vous entrez directement dans les cellules d'une feuille de calcul. Elles seront positives ou négatives, de type pourcentages, ou bien encore décimales au format monétaire dollars ou euros. Elles prendront parfois la forme de réserves de stocks, d'employés, ou de clients potentiels. Ces valeurs resteront inchangées tant que vous ne leur apportez pas volontairement des modifications que ce soit directement ou par le biais d'un calcul d'une formule.

Une entrée numérique est parfois un mélange de chiffres allant de 0 à 9 accompagnés des caractères suivants :

```
+ – ( ) $ . , %
```

Vous les utiliserez pour obtenir les effets suivants :

- Faites débuter votre nombre par le signe + pour l'identifier en tant que valeur positive, comme +(53) afin de convertir une valeur négative en valeur positive. Excel considère tous les nombres saisis comme étant positifs, sauf si vous les spécifiez comme étant négatifs. Dans ce cas, pour convertir ces valeurs négatives en valeurs positives, il suffit de les faire précéder d'un signe +.

» Pour indiquer qu'un nombre est négatif, placez-le entre parenthèses, ou bien faites-le précéder du signe -, comme -53 ou (53).

» Faire précéder ou terminer le nombre par un symbole monétaire comme €, applique à la valeur numérique le format monétaire. Ce format pourra toutefois être appliqué après avoir entré une valeur à laquelle vous n'avez pas ajouté de symbole monétaire.

» Entrez une virgule (,) pour définir un point décimal, comme 500,25. (Pour entrer 500, inutile de taper 500,00 car Excel supprime automatiquement ,00).

» En ajoutant un signe de pourcentage %, vous appliquez à la valeur numérique le format Pourcentage, comme 12 %.

Un nombre hérite du format appliqué à une cellule. Lorsque vous créez un classeur vide, toutes ses cellules sont au format Standard, c'est-à-dire sans mise en forme particulière. Vous pouvez appliquer un format aux cellules avant d'y entrer des données comme cela est expliqué au Chapitre 2 du Livre II.

Date et heure

Excel stocke les données de type date et heure sous un format particulier. Les dates sont des séries numériques, et les heures des fractions décimales. Excel gère deux systèmes de date : le système basé sur l'année 1900 utilisé par Windows (et par Lotus 1-2-3) où le 1 janvier 1900 est la première valeur d'une série numérique commençant par 1 ; et le système 1904 utilisé par Macintosh où le 2 janvier 1904 est considéré comme le chiffre 1 débutant cette série numérique.

Un classeur conçu dans Excel pour Windows pourra être consulté et modifié dans Excel pour Mac malgré cette différence dans leur système de datation. Pour basculer vers le système 1904, ouvrez la boîte de dialogue Options Excel. Activez l'onglet Options avancées dans la colonne de gauche. Dans la section Lors du calcul de ce classeur, cochez la case Utiliser le calendrier depuis 1904.

En stockant les dates sous la forme d'une séquence numérique basée sur le numéro du jour, Excel peut facilement exécuter des calculs avec des dates. Par exemple, vous pourrez calculer le nombre de jours qui séparent le 15 février 1949 du 15 février 2016. Il suffit de saisir 15/2/16 dans une cellule et 15/2/49 dans la cellule située juste en dessous de la précédente. Créez ensuite une formule qui effectue une soustraction de ces deux dates. Le résultat sera immanquablement 24471. Pourquoi ? Car la date 2/15/16 correspond au numéro de série 42415, et la date 15/2/49 au numéro de série 17944. La différence entre les deux est bien de 24471. Cette valeur correspond à 67 années car 24471 divisé par 365 donne bien 67.

Lorsque vous tapez une date directement dans une formule qui effectue des calculs de dates, vous devez placer la date entre guillemets. Par exemple, pour créer une formule calculant le nombre de jours qui séparent le 15 février 1949 du 15 février 2016, tapez la formule suivante dans une cellule :

```
=»15/2/16»–»15/2/49»
```

Bingo ! Le résultat est bien 24471.

L'heure, quant à elle, est stockée sous la forme d'une fraction de 24 heures. Cela part de 0,0 qui correspond à minuit soit 00:00, jusqu'à 0,999 qui équivaut à 23:59:59. Ce format permet à Excel d'effectuer des calculs sur les heures, comme la durée (en minutes) qui s'est écoulée entre deux horaires de la journée.

Entrer des dates et des heures sous des formats valides

Pour qu'Excel identifie une date ou une heure, il suffit de les saisir sous un format valide. Dès cet instant, Excel leur applique le format approprié, et les traite comme des séquences numériques ou des fractions décimales. Le Tableau 1.1 montre les entrées de date et d'heure standard que vous pouvez utiliser pour saisir vos dates et vos heures dans des cellules d'une feuille de calcul.

TABLEAU 1.1 **Les saisies de dates et d'heure standard.**

Entrez ceci et…	… Excel affiche cela
6/1/2016	06/01/16
6/1/16	06/01/2016
6-1-16	06/01/2016
6-jan-16	06-janv-16
6-jan	06-janv
Jan-16	Janv-16
6/1/16 5:25	06/01/2016 05:25
05:25	05:25
17:25	17:25
17:25:33	17:25:33

Comprendre comment Excel traite les années à deux chiffres

Lorsque vous saisissez uniquement les deux derniers chiffres d'une année, comment Excel déduit-il le bon siècle ? Par exemple, pourquoi Excel considère-t-il que 6/1/16 correspond au 6 janvier 2016 et non pas au 6 janvier 1916 ?

Voici comment Excel prend sa décision :

- 00 à 29 appartiennent au 21e siècle. Excel interprète donc 30/7/29 comme le 30 juillet 2029.
- 30 à 99 appartiennent au 20e siècle. Excel interprète donc 30/7/30 comme le 30 juillet 1930.

Il est donc inutile de saisir les quatre chiffres de l'année pour les dates comprise entre 2000 et 2029, ou celles comprises entre 1930 et 1999.

Pour éviter tout souci et toute confusion, prenez l'habitude de saisir les quatre chiffres d'une date. Excel ne commettra alors aucune erreur d'interprétation.

Les formules numériques

Dans une feuille de calcul typique, de nombreuses cellules se remplissent automatiquement. En effet, elles affichent le résultat de formules calculées à partir de données d'autres cellules. Les formules numériques vont des calculs les plus simples aux plus complexes. (Reportez-vous au Livre III pour une étude complète des formules.) La majorité des formules utilisent des nombres déjà saisis dans des cellules. Comme les formules se réfèrent en réalité aux adresses des cellules contenant des valeurs numériques, Excel recalcule rapidement toute modification apportée aux valeurs en question.

Le résultat du calcul de la formule est affiché dans la cellule contenant cette formule. La formule elle-même est affichée dans la barre de formule d'Excel. Il vous faudra appliquer au résultat de la formule le format numérique adapté à vos données, comme le format monétaire euro. (Pour plus de détails, reportez-vous au Chapitre 2 du Livre II.)

Les fondements de l'entrée des données

Voici quelques règles de base sur l'entrée des données dans une feuille de calcul :

- Vous devez toujours activer la cellule dans laquelle vous souhaitez entrer des données.
- Entrer des données dans une cellule qui en contient déjà entraîne un remplacement des anciennes données par les nouvelles.
- Pour valider la saisie de données, vous devez appuyer sur la touche Entrée, Tab ou une touche du pavé de navigation de votre clavier. Vous validerez également des données en cliquant dans une autre cellule.

Bien que la première règle paraisse évidente, soyez vigilant, surtout si vous débutez dans Excel. Vous risquez de saisir les données dans la mauvaise cellule, ce qui produira une feuille de calcul complètement incohérente.

La validation des données est donc une étape importante, car elle vous permet encore d'annuler la saisie si vous vous êtes trompé de cellule. Il vous suffit de cliquer sur le bouton Annuler de la barre de formule, ou d'appuyer sur la touche Echap de votre clavier. Le contenu saisi disparaît. Sélectionnez alors la bonne cellule en cliquant dessus, puis tapez vos données.

Entrer des données au clavier

Ici, nous allons voir comment gagner en efficacité dans la saisie de données au clavier. Il est possible de valider une entrée en cliquant sur le bouton Entrer de la barre de formule qui a l'aspect d'une coche. Toutefois, cela vous oblige à passer sans cesse du clavier à la souris, ce qui est une perte de temps importante et finit par fatiguer les bras.

Lorsque vous validez une entrée par un clic sur le bouton idoine de la barre de formule, Excel ne déplace pas le pointeur de cellule sur une autre cellule dans laquelle vous pourriez immédiatement saisir des valeurs. Donc, vous ne devez pas oublier d'y procéder manuellement sous peine de remplacer la donnée que vous venez d'entrer par une autre, et ainsi ruiner votre travail. Pour cette raison, nous vous suggérons de valider vos données en appuyant sur la touche Entrée de votre clavier. Excel active alors la cellule située juste en dessous de celle où vous venez de saisir des valeurs. Vous pouvez alors y taper immédiatement de nouvelles données.

Valider avec la touche Entrée n'a un sens que si vous remplissez une liste ou une table de données colonne par colonne et dans le sens descendant. Si vous effectuez un remplissage par ligne, il suffit de substituer la touche → de votre pavé de navigation à la touche Entrée. La donnée est validée et la cellule située immédiatement à droite devient active.

Jetez un œil au Tableau 1.2 pour connaître le comportement d'Excel en fonction de la touche du clavier utilisée pour valider une donnée. Parfois, une combinaison de touches s'avère nécessaire pour positionner le pointeur de cellule au bon endroit afin de poursuivre la saisie des données.

Si plusieurs cellules sont sélectionnées (voir le Chapitre 2 du Livre II), et que vous appuyez sur Ctrl + Entrée pour valider la donnée que vous venez de saisir dans la cellule active de la plage, Excel remplace les données des autres cellules par celle nouvellement entrée. Utilisez cette technique pour taper une étiquette ou une même valeur à différents emplacements de la feuille de calcul, et cela en une seule opération.

TABLEAU 1.2 Touches de validation des entrées de données.

Touche	Déplacement du pointeur de cellule
↓	Une cellule vers le bas
Tab	Une cellule vers la droite
→	Une cellule vers la droite
Maj + Tab	Une cellule vers la gauche
←	Une cellule vers la gauche
↑	Une cellule vers le haut

Si plusieurs classeurs sont sélectionnés (voir le Chapitre 4 du Livre II) au moment où vous entrez des données, Excel applique l'entrée dans les cellules correspondantes des feuilles de calcul sélectionnées. Par exemple, si vous entrez le titre *Analyse des coûts* dans la cellule C3 de la Feuil1 lorsque les Feuil1 à 3 sont sélectionnées, ce texte sera présent dans la même cellule de chacun de ces trois feuilles de calcul.

Entrer des données sur un périphérique tactile

Lorsque vous utilisez Excel 2016 sur un périphérique à écran tactile comme la tablette Surface 3 de Microsoft sans le clavier Type Cover, vous devez mettre en action le clavier visuel de Windows en cliquant sur son icône affichée au niveau de la zone de notifications.

Pour déverrouiller le clavier visuel, cliquez sur le bouton de verrouillage/déverrouillage situé immédiatement à gauche du bouton Fermer localisé dans l'angle supérieur droit du clavier. La Figure 1.6 montre l'aspect du clavier visuel de Windows 10 déverrouillé et positionné au niveau de la barre d'état d'Excel.

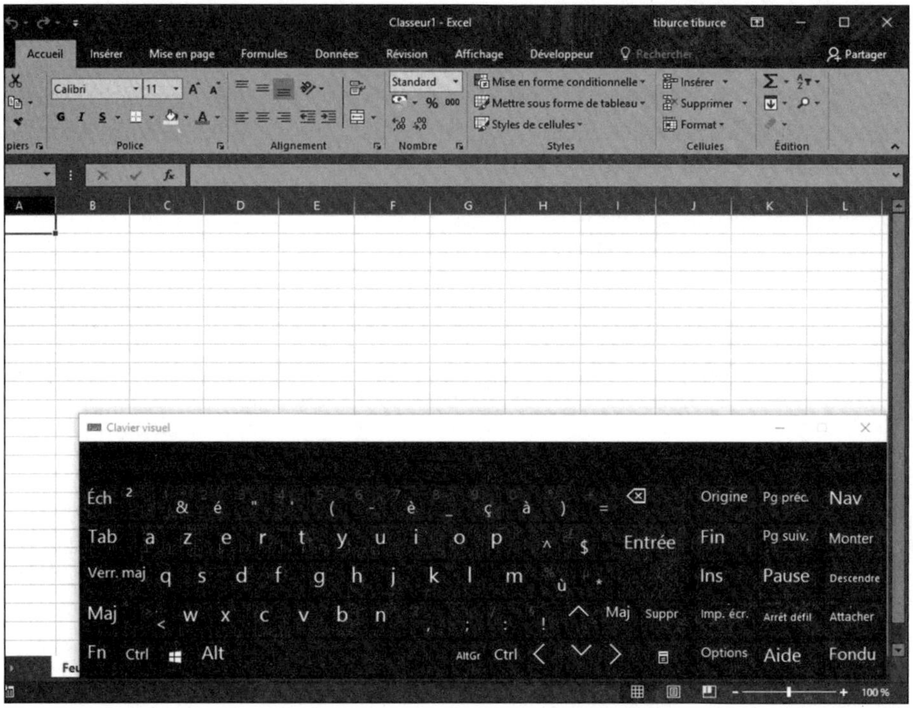

FIGURE 1.6 : L'écran visuel de Windows 10 positionné au niveau de la barre d'état d'Excel.

Comme le montre cette illustration, le clavier visuel de Windows 10 est un élément indépendant de la fenêtre du programme. Vous pouvez le repositionner de manière à ne pas masquer les cellules où vous souhaitez entrer des données. Le clavier visuel de Windows 10 ressemble à un clavier physique, mais propose quelques touches spéciales :

» **La touche Retour arrière** (identifiée par une flèche et un *x* dirigé vers la gauche*)* efface les caractères situés immédiatement à gauche du point d'insertion qui apparaît lorsque vous saisissez ou modifiez des données.

- **La touche Entrée** (identifiée par une flèche incurvée) permet de valider une entrée dans la cellule active et déplace le pointeur de cellule d'une ligne dans la même colonne.
- **Les touches Maj** (avec une flèche dirigée vers le haut) permettent de saisir des lettres en majuscules dans la cellule active.
- **Les touches numériques** (accessibles *via* la touche &123) permet de basculer vers le pavé numérique. Touchez de nouveau cette touche pour revenir au clavier AZERTY.
- **La touche Ctrl** permet d'exécuter des macros ou de la combiner avec les flèches gauche et droite afin de déplacer le pointeur de cellule dans la dernière ou la première colonne de la ligne où se situe actuellement la cellule active.
- **La touche Émoticône** (identifiée par un smiley) bascule vers des émoticônes que vous pouvez insérer dans une entrée de cellule. Appuyez de nouveau sur cette touche pour revenir au clavier AZERTY.
- **La flèche Gauche** (avec le symbole <) déplace le pointeur de cellule d'une cellule vers la gauche, tout en validant l'entrée en cours.
- **La flèche Droite** (avec le symbole >) déplace le pointeur de cellule d'une cellule vers la droite, tout en validant l'entrée en cours.

Lorsque vous avez terminé l'entrée de données dans votre feuille de calcul à l'aide du clavier visuel, fermez-le en touchant le bouton X situé dans son angle supérieur droit.

Le clavier visuel de Windows peut s'afficher avec le pavé numérique. Pour cela, appuyez sur le bouton Options. Dans la boîte de dialogue qui apparaît, cochez l'option Activer le pavé numérique et touchez le bouton OK.

Remplissez pour moi svp !

Excel utilise une fonction dite de Saisie semi-automatique qui anticipe le contenu de vos entrées afin d'en accélérer la saisie. Au bout de quelques jours d'utilisation d'Excel, il suffira de taper une lettre pour qu'Excel vous suggère des données commençant par cette lettre.

Par exemple, si vous avez saisi le titre *Facture* dans la cellule A1 d'une feuille de calcul, et que vous l'avez validée en appuyant sur la touche ↓, le pointeur de cellule se positionne sur la cellule A2. Il suffit alors de saisir la lettre *F* pour qu'Excel vous propose le mot *Facture*, en plaçant les lettres *acture* en surbrillance.

Si le mot à saisir n'est pas *Facture* poursuivez votre saisie et Excel remplacera logiquement *acture* par les lettres de votre terme. En revanche, pour accepter la proposition d'Excel, appuyez sur la touche Entrée ou toute autre touche permettant de valider la donnée de la cellule.

Si vous avez plusieurs entrées commençant par la même lettre, il suffit de taper la deuxième lettre de votre mot pour qu'Excel modifie sa proposition.

Vous comprenez que la saisie semi-automatique des données permet de créer des listes de données très rapidement et très facilement.

Si la saisie semi-automatique vous pose problème, désactivez-la. Commencez par cliquer sur Fichier/Options. Cliquez sur la catégorie (ou onglet) Options avancées. Dans la section Options d'édition, décochez Saisie semi-automatique des valeurs de cellule de manière à désactiver parallèlement Utiliser automatiquement le remplissage instantané.

La correction automatique

Excel dispose également d'une fonction de Correction automatique qui corrige les erreurs de frappe dès que vous validez une donnée. Ainsi, ce correcteur ajoutera une majuscule lorsque vous l'oublierez, ou bien corrigera *TRimestre* en *Trimestre* par exemple.

Bien entendu ce correcteur corrigera des erreurs comme *dansle* en *dans le, etc.* Pour éviter qu'il ne s'arrête ou corrige des termes qui lui sont inconnus, vous pouvez les ajouter aux exceptions de la correction automatique.

Pour ajouter des exceptions :

1. **Cliquez sur Fichier/Options, et activez la catégorie Vérification.**
2. **Cliquez alors sur le bouton Options de correction automatique.**

   La boîte de dialogue Correction automatique apparaît.

3. **Cliquez sur son onglet Correction automatique (Figure 1.7).**

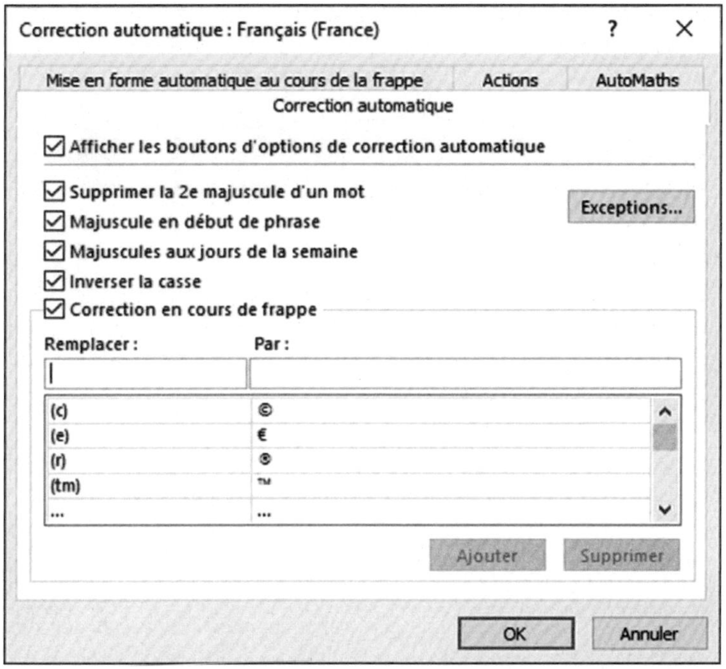

FIGURE 1.7 : Ajoutez vos propres termes afin qu'Excel les corrige correctement.

4. **Dans le champ Remplacer, tapez le mot à corriger (ou l'abréviation que vous avez l'habitude de taper pour gagner du temps).**
5. **Cliquez dans le champ Par et tapez le mot qu'Excel devra substituer à celui saisi dans le champ Remplacer.**

   Vérifiez bien les deux termes ainsi saisis afin d'éviter toute erreur de correction automatique.

6. **Cliquez sur le bouton Ajouter.**
7. **Cliquez sur le bouton OK pour quitter la boîte de dialogue Correction automatique.**

J'utilise les fonctions de correction automatique pour remplacer mes abréviations par le mot entier. Par exemple, pour éviter de taper *Directeur des ressources humaines*, j'ai saisi *drh* dans le champ Remplacer et *Directeur des ressources humaines* dans le champ Par.

La fonction Correction automatique d'Excel ne remplace pas son vérificateur orthographique. Vous devez l'exécuter avant d'adresser votre feuille de calcul à un client ou à un collaborateur. En effet, Excel ne peut pas tout corriger automatiquement. La vérification orthographique attirera votre attention sur les erreurs de frappe restant dans votre classeur. (Pour plus de détails, consultez le Chapitre 3 du Livre II.)

Forcer des entrées de données dans une plage de cellules

Une des méthodes les plus efficaces pour saisir des données dans un nouveau tableau de votre feuille de calcul consiste à présélectionner les cellules vides. Ainsi les données seront entrées en une seule opération. Cette technique n'est utile que si vous connaissez préalablement le nombre de colonnes et de lignes qui doivent composer votre table de données.

Le Tableau 1.3 indique les touches que vous devez utiliser pour limiter le déplacement du pointeur de cellule à la plage de cellules sélectionnée. Ainsi, lorsque vous validez vos données avec la touche Entrée du clavier, Excel passe systématiquement à la cellule suivante, c'est-à-dire celle placée en dessous de la cellule où vous venez d'entrer une valeur. Lorsque vous entrez une valeur dans la dernière cellule d'une colonne de la plage sélectionnée, et que vous la validez par Entrée, Excel active la première cellule de la deuxième colonne de la plage de cellules sélectionnées. D'une certaine manière, Excel considère que votre feuille de calcul se limite à la plage de cellules sélectionnée. Le même phénomène se produit si vous utilisez la touche Tab qui valide l'entrée, mais active la cellule placée à droite de celle où vous venez de saisir une valeur. Quand vous validez la dernière cellule d'une ligne de la plage de cellules sélectionnée, Excel active la première cellule de la ligne suivante de cette même plage.

TABLEAU 1.3 **Les raccourcis de déplacement dans une sélection de cellules.**

Raccourci	Déplacement
Entrée	Déplace le pointeur de cellule d'une cellule vers le bas dans la sélection (le déplacement se fait vers la cellule de droite si une seule ligne a été sélectionnée)
Maj + Entrée	Déplace le pointeur de cellule d'une cellule vers le haut dans la sélection (le déplacement se fait vers la cellule de gauche si une seule ligne a été sélectionnée)
Tab	Déplace le pointeur de cellule d'une cellule vers la droite (le déplacement se fait vers le bas si une seule colonne a été sélectionnée)
Maj + Tab	Déplace le pointeur d'une cellule vers la gauche dans la sélection (remonte d'une cellule lorsque la sélection consiste en une seule colonne)
Ctrl + point (.)	Place le pointeur de cellule dans les quatre cellules d'angle de la plage de cellules sélectionnée.

Cette méthode n'est guère adaptée aux listes de données qui ne font que s'enrichir de nouvelles entrées. La technique la plus efficace pour ajouter de nouvelles données à une liste de données existante, consiste à la présenter sous la forme d'un tableau (consultez le Chapitre 2 du Livre II).

Pour qu'Excel insère un point décimal

La saisie de valeurs numériques est plus rapide si vous utilisez le pavé numérique de votre clavier en veillant à le verrouiller en mode numérique. Il suffit pour cela d'appuyer sur sa touche Verr Num. Un indicateur lumineux de verrouillage indique que le pavé numérique est en mode de saisie de chiffres.

Si vous entrez de nombreux chiffres décimaux, vous pouvez utiliser la fonction Décimale fixe d'Excel afin qu'il insère systématiquement une virgule à tous les nombres que vous saisirez. Pour activer cette option, choisissez Fichier/Options. Dans la boîte de dialogue Options Excel, activez la catégorie Options avancées, et cochez Décimale fixe dans la section Options d'édition. Cliquez sur le bouton OK. Dès lors, Excel ajoutera une virgule décimale avant les deux derniers chiffres de la série numérique saisie. Je m'explique : si vous saisissez le nombre 56789, Excel l'écrira 567,89 lorsque vous validerez cette entrée.

Pour saisir un nombre sans conversion décimale, vous devez le terminer par une virgule. Ainsi, pour que la cellule contienne exactement le nombre 56789, vous devez écrire :

```
56789,.
```

Terminer par une virgule indique à Excel de ne pas appliquer de point décimal lorsque la fonction éponyme est active dans ses options. Il est conseillé de désactiver cette fonction lorsque vous avez fini de saisir un groupe d'entrées exigeant le même nombre de places décimales. Répétez les étapes permettant de l'activer, et décochez la case Décimale fixe.

La Recopie ou Remplissage automatique

Peu de fonctions d'Excel sont aussi utiles que la fonction de Recopie mise en œuvre pour remplir une série de données dans une table ou une liste. Par exemple, vous utiliserez cette fonction pour ajouter rapidement une suite de données séquentielles dans une ligne ou une colonne. Ainsi, pour saisir les 12 mois de l'année, inutile de les taper un par un. Commencez par entrer *Janv* dans une cellule. Validez avec la touche Entrée. Ensuite, cliquez dans cette cellule puis tirez vers le bas le petit carré vert (poignée de recopie) situé dans l'angle inférieur droit du pointeur de cellule. Au fur et à mesure que vous sélectionnez d'autres cellules, une info-bulle montre que les autres mois de l'année vont remplir automatiquement les cellules en question. Dans le même ordre d'idée, vous procéderez ainsi pour des valeurs numériques. Imaginez que vous deviez saisir les références de produits commençant tous par L505, suivi d'un nombre comme L505-120. Pour créer une liste allant de L505-120 à L505-128, tapez L505-120 dans la première cellule de votre liste. Ensuite, utilisez la fonction de Recopie automatique pour inscrire automatiquement les autres références dans les cellules situées sous la première valeur.

Si l'info-bulle montre que vous copiez la même donnée au lieu de l'incrémenter, cela signifie qu'Excel n'a pas été capable d'identifier la nature de la donnée initiale.

Les Figures 1.8 et 1.9 illustrent le fonctionnement du Remplissage automatique. Sur la Figure 1.8, vous constatez que j'ai saisi Janvier dans la cellule B2. Ensuite, j'ai cliqué dans cette cellule pour y placer le pointeur de cellule. Enfin, j'ai cliqué sur le petit carré vert et, sans relâcher le bouton de la souris, j'ai tiré le pointeur de la souris sur les cellules à remplir automatiquement avec les autres mois de l'année.

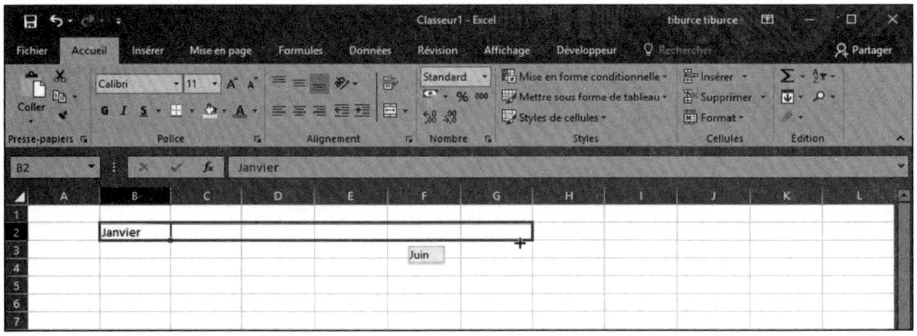

FIGURE 1.8 : Faites glisser la poignée de recopie pour remplir les cellules avec une série incrémentée.

La Figure 1.9 montre une série entrée automatiquement dans la plage de cellules B2:H2. J'ai cliqué sur l'icône qui apparaît à droite de la cellule H2 pour accéder aux options dites de recopie. Elles permettent de modifier la manière dont Excel applique la fonction de remplissage automatique. Si je choisis Copier les cellules, le mois Janvier remplira la plage sélectionnée.

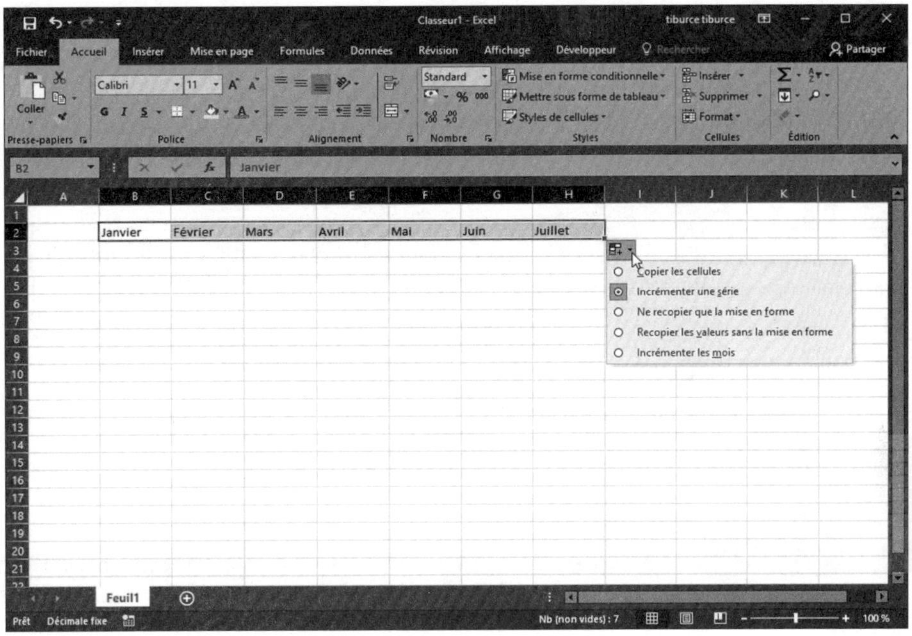

FIGURE 1.9 : Les options de recopie automatique.

Il est également possible de déjuger la fonction de recopie d'Excel avant d'agir sur la poignée de recopie de la cellule. Maintenez la touche Ctrl enfoncée, et faites glisser la poignée en question. Cette fois, vous effectuez une copie pure et simple de la donnée de cette cellule.

Lorsque vous devez numéroter une plage de cellules, utilisez la touche Ctrl pour éviter qu'Excel ne copie le même chiffre dans les cellules de cette plage. Par exemple, pour numéroter une liste de 1 à 10, tapez 1 dans la première cellule. Maintenez la touche Ctrl enfoncée et faites glisser la poignée de recopie sur les neuf cellules suivantes. Chaque cellule est alors incrémentée d'une unité par rapport à la précédente. Faites de même pour une numérotation allant de 100 à 110. Saisissez 100 dans la première cellule, maintenez la touche Ctrl enfoncée, et faites glisser la poignée de recopie sur les neuf cellules suivantes.

Lorsque vous utilisez la Recopie pour remplir une série de données, vous n'êtes pas obligé de commencer par la première entrée de cette séquence spécifique. Ainsi, pour entrer les six derniers mois de l'année (de juin à décembre), saisissez *juin* dans la première cellule et faites glisser la poignée de recopie sur les cellules à remplir avec les cinq derniers mois de l'année. Vous pouvez inverser la recopie. Pour cela, il suffit de faire glisser le pointeur de la cellule vers la gauche ou vers le haut. *De facto*, si vous avez saisi le mois *juin* dans la première cellule, la recopie se fera à rebours, c'est-à-dire de *juin* à *janvier*.

La fonction de recopie permet également de copier une formule originale sur des lignes et des colonnes d'une table ou d'une liste de données. Lorsque vous faites glisser la poignée de recopie d'une cellule qui contient une formule, Excel en ajuste automatiquement les références afin que ces copies calculent les valeurs de la bonne ligne ou de la bonne colonne. (Consultez le Chapitre 1 du Livre III pour plus de détails sur la copie des formules avec la fonction de recopie.)

Recopie avec un écran tactile

Pour remplir une série de données au doigt ou au stylet sur un écran tactile, utilisez le bouton de recopie qui apparaît sur la minibarre d'outils de l'écran en respectant les étapes suivantes :

1. **Tapez sur la cellule qui contient la valeur initiale de la série.**

   Excel sélectionne la cellule et affiche les poignées de sélection (avec des cercles) dans les angles supérieur gauche et inférieur droit.

2. **Maintenez votre pression sur la cellule jusqu'à ce que la minibarre d'outils apparaisse.**

   La minibarre d'outils apparaît sous la forme d'une simple rangée de boutons de commande.

3. **Touchez le bouton Recopie de la minibarre d'outils.**

   Excel ferme la minibarre d'outils et ajoute un bouton de recopie à la cellule sélectionnée (avec une flèche bleue pointant vers le bas).

4. **Faites glisser le bouton de recopie sur les cellules vierges de la colonne ou de la ligne qui doivent afficher les autres données de la séquence.**

   Lorsque vous retirez votre doigt ou le stylet une fois la dernière cellule vierge remplie, Excel ajoute la série de données sur la plage de cellule sélectionnée.

Recopie avec le bouton Remplissage du ruban

Il est tout à fait possible d'utiliser la fonction de remplissage sans utiliser la poignée de recopie ou la minibarre d'outils d'un écran tactile. Voici comment procéder :

1. **Dans une cellule de la feuille de calcul, saisissez votre première donnée, comme le chiffre un pour une série numérique.**
2. **Sélectionnez la plage de cellules dont le contenu doit être incrémenté.**

   Dans notre hypothèse, vous allez sélectionner les neuf cellules qui suivent la première afin d'obtenir une série numérique allant de 1 à 10.
3. **Cliquez sur l'onglet Accueil du ruban.**
4. **Dans le groupe Édition, ouvrez le menu local du bouton Remplissage.**
5. **Dans la boîte de dialogue Série de données qui apparaît, choisissez l'option Série.**
6. **Dans la section Type, optez pour Chronologique.**
7. **Cliquez sur le bouton OK.**

   Excel remplit les cellules vides en les incrémentant chacune d'une unité par rapport à la précédente.

La boîte de dialogue Série de données contient un certain nombre d'options qui permettent de définir et de contrôler la séquence de données créée par Excel. Lorsque vous choisissez le type de série Linéaire, vous pouvez en définir le pas d'incrémentation dans le champ Valeur du pas. Par exemple, si vous saisissez une valeur de pas égale à quatre, l'incrémentation se fera de quatre unités à chaque cellule. Ainsi, si la première cellule commence par le chiffre 1, la deuxième indiquera 5, la troisième 9, et ainsi de suite.

Lorsque vous entrez une série de dates *via* la boîte de dialogue Série de données, vous pouvez spécifier l'unité de temps. Il sera donc possible d'effectuer une incrémentation sur tous les jours de la semaine, les jours ouvrés, les mois, et les années.

Incrémenter de plus d'une unité

Normalement, lorsque vous faites glisser la poignée de recopie pour remplir une série avec des entrées de données, Excel augmente ou diminue chacune d'elles d'une seule unité. Il est tout à fait possible d'utiliser la fonction de remplissage pour que cette incrémentation se fasse de plusieurs unités à la fois.

Pour créer ce type de série, conformez-vous aux étapes suivantes :

1. **Saisissez les deux premières entrées de la série dans des cellules consécutives, que ce soit en colonne ou en ligne.**

2. **Sélectionnez les cellules de ces deux premières entrées.**

   Cela permet à Excel de mesurer le niveau d'incrémentation.

3. **Tirez vers le bas (ou la droite) la poignée de recopie.**

   L'info-bulle indique bien le niveau d'incrémentation appliqué.

4. **Relâchez le bouton de la souris.**

La Figure 1.10 montre une série numérique incrémentée de 45 unités, une série de mois affichant un mois sur deux, et une plage d'horaires avec des écarts de 45 minutes dans chaque cellule.

FIGURE 1.10 : Des séries incrémentées de plusieurs unités.

Créer des listes autoremplies personnalisées

Vous pouvez utiliser la fonction Recopie pour remplir des listes personnalisées à la conception singulière. Par exemple, vous saisissez régulièrement des villes comme en-tête de colonnes et de lignes dans vos nouvelles feuilles de calcul. Plutôt que de copier la liste des villes d'un classeur à un autre, créez une liste personnalisée contenant tous les noms des villes dans l'ordre exact où elles apparaissent dans vos feuilles de calcul. Une fois cette liste personnalisée créée, vous pourrez l'utiliser entièrement ou partiellement pour remplir des cellules d'une ligne ou d'une colonne grâce à la fonction Recopie.

Pour créer une série personnalisée, vous pouvez soit saisir la liste d'entrées dans des cellules successives d'une feuille de calcul avant d'ouvrir la boîte de dialogue Listes personnalisées, soit taper cette séquence d'entrées dans la liste Entrées de la liste localisée sur le côté droit de l'onglet Listes personnalisées, comme sur la Figure 1.11.

Créez la liste comme dans la colonne A de la Figure 1.11, puis conformez-vous aux étapes suivantes :

1. **Cliquez sur la cellule contenant la première donnée, puis maintenez le bouton de la souris enfoncé dessus et faites glisser ce pointeur de manière à sélectionner l'ensemble des entrées de la liste.**

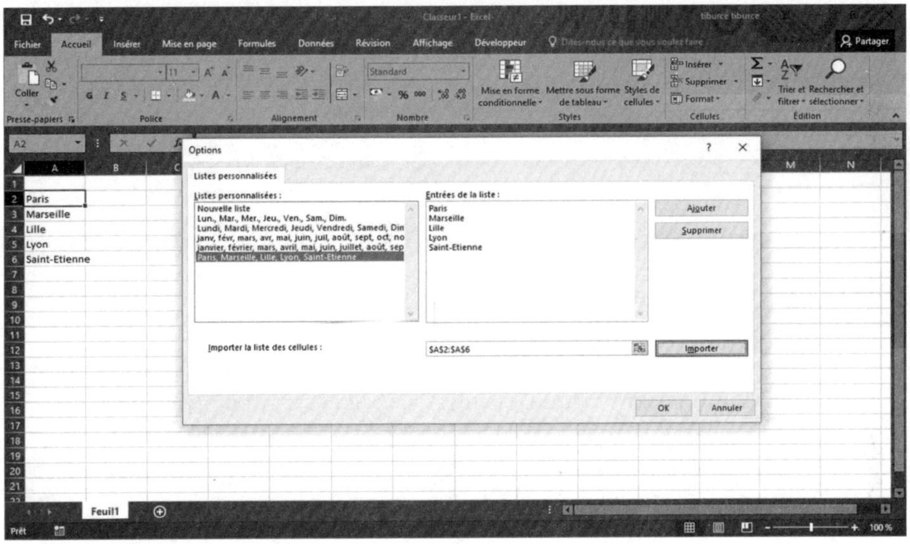

FIGURE 1.11 : Créer une liste de villes personnalisées pour la Recopie.

2. **Cliquez sur Fichier/Options/Options avancées, puis accédez à la section Générale.**

3. **Cliquez sur le bouton Modifier les listes personnalisées.**

   La boîte de dialogue Listes personnalisées s'ouvre. Sa partie inférieure affiche les références de la plage de cellules actuellement sélectionnée dans la feuille de calcul. Vérifiez qu'il s'agit bien de toutes les cellules de votre liste de données. Si ce n'est pas le cas, cliquez sur bouton situé juste à droite du champ indiquant la plage de cellules, puis sélectionnez les bonnes cellules dans la feuille de calcul. Cliquez de nouveau sur ce bouton pour développer la boîte de dialogue Options Listes personnalisées.

4. **Cliquez sur le bouton Importer pour ajouter les entrées de la plage de cellules sélectionnées dans l'onglet Entrées de la liste.**

Excel ajoute les données, mais aussi leurs noms dans la liste Listes personnalisées.

5. **Validez par un clic sur le bouton OK, puis quittez la boîte de dialogue Options Excel également par un clic sur son bouton OK.**

Si vous n'avez pas préalablement créé des entrées, effectuez les étapes deux et trois de la précédente procédure, puis :

1. **Cliquez dans le champ Entrées de la liste et tapez chacune des données à ajouter à votre liste personnalisée.**

   Saisissez-les dans leur ordre d'apparition dans la séquence. Vous pouvez les entrer en ligne à condition de séparer leur nom avec une virgule.

2. **Cliquez sur le bouton Ajouter.**

   Les noms s'affichent dans un premier temps dans la liste Listes personnalisées.

3. **Cliquez sur le bouton OK pour fermer la boîte de dialogue Options Listes personnalisées, puis de nouveau sur OK pour quitter la boîte de dialogue Options Excel.**

Pour créer la liste dans Excel, entrez le nom de la première donnée de cette liste dans une cellule. Ensuite, faites glisser la poignée de recopie sur les cellules devant accueillir les autres données de cette liste personnalisée. Si vous n'avez plus besoin d'une liste personnalisée, affichez la boîte de dialogue Options Listes personnalisées. Cliquez sur la liste dans la liste Listes personnalisées, puis sur le bouton Supprimer. Dans le message demandant confirmation de cette suppression définitive, cliquez sur OK. Fermez la boîte de dialogue Options Listes personnalisées par un clic sur OK, et faites de même dans la boîte de dialogue Options Excel.

Vous pouvez utiliser qu'une partie d'une liste personnalisée en ne couvrant qu'un nombre limité de cellules avec la fonction Recopie. De même, si vous faites glisser la poignée de recopie sur un nombre de cellules plus important que le nombre d'entrées de la liste, vous en répéterez le contenu.

Le remplissage instantané à votre rescousse

La fonction Remplissage instantané d'Excel 2016 permet de ne prendre qu'une partie des données saisies dans une colonne d'une table de la feuille de calcul afin de les saisir rapidement dans une nouvelle colonne de la table de données. Les séries des entrées apparaissent dans la nouvelle colonne, de manière quasi instantanée (d'où le nom de *Remplissage instantané*). Ce tour de force est possible car

Excel détecte le contenu de vos entrées initiales, et il considère que vous souhaitez les copier.

L'intérêt de cette fonctionnalité est que vous pouvez la mettre en œuvre sans la moindre formule. Pour bien comprendre le remplissage instantané, il est préférable d'en apprécier son comportement dans une feuille de calcul. La Figure 1.12 contient une nouvelle table de données composée de quatre colonnes. La première colonne contient une liste de noms complets. La deuxième, la troisième, et la quatrième colonne s'intéressent respectivement au prénom, deuxième nom, et au nom de famille.

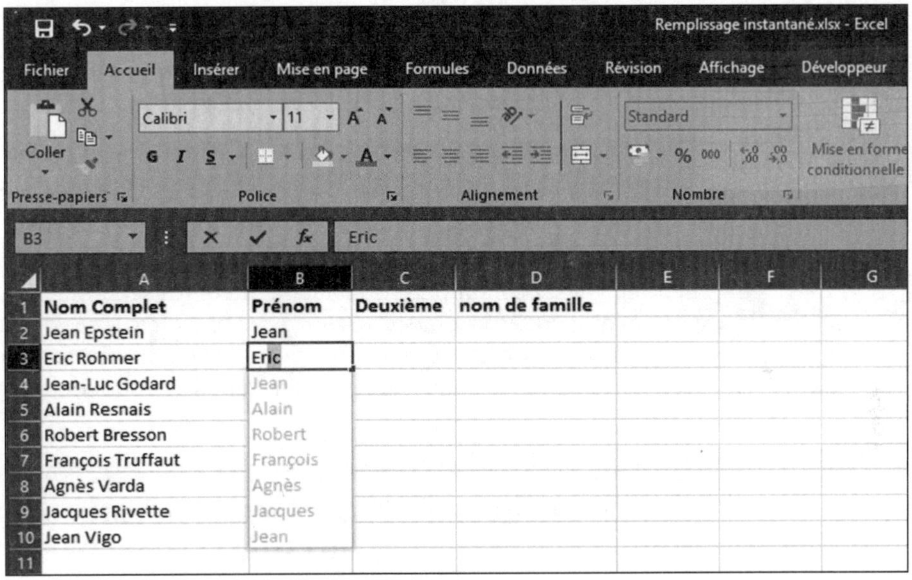

FIGURE 1.12 : La nouvelle table de données contient des noms complets dont chaque élément peut apparaître dans une colonne indépendante grâce à la fonction de remplissage instantané.

Vous allez utiliser les données existantes pour remplir les cellules des autres colonnes. Voici comment procéder :

1. **Dans la cellule B2, tapez le prénom Jean et validez-le en appuyant sur la touche ↓ ou bien la touche Entrée.**

   La validation de la donnée déplace le pointeur de cellule vers le bas, c'est-à-dire dans la cellule B3.

2. **Dans la cellule B3, saisissez la première lettre du prénom figurant dans la cellule A3.**

Excel affiche la liste de tous les prénoms figurant dans la colonne A, comme vous pouvez le constater sur la Figure 1.12.

3. **Pour remplir toutes les cellules avec les prénoms figurant dans la colonne A, il suffit de sélectionner la première suggestion grisée.**

   Les cellules sont alors automatiquement et instantanément remplies avec les données suggérées par Excel.

Procédez de la même manière pour les autres colonnes de la table de données. Par exemple, pour la colonne nom de famille, saisissez Epstein dans la cellule D2. Validez-la en appuyant sur la flèche dirigée vers le bas, puis sur la touche Entrée de votre clavier. Dans la cellule D3, tapez la première lettre du nom de famille suivant. Excel affiche la liste de tous les noms de famille figurant dans la colonne A. Sélectionnez la première proposition, et vous constatez qu'Excel remplit les autres cellules avec les noms correspondants à ceux figurant dans la colonne A.

Il ne faut que quelques minutes pour remplir toutes les colonnes de cette table de données grâce à la fonction de remplissage instantané.

Le remplissage instantané est idéal pour extraire des parties de données relativement longues à condition que chaque entrée utilise le même type de séparateur, c'est-à-dire des espaces, des virgules, des tirets, *etc.* La Figure 1.13 illustre bien ce souci. Vous constatez que le prénom Jean-Luc n'apparaît pas dans la liste des suggestions. En effet, il s'agit d'un prénom composé, donc contenant un trait d'union.

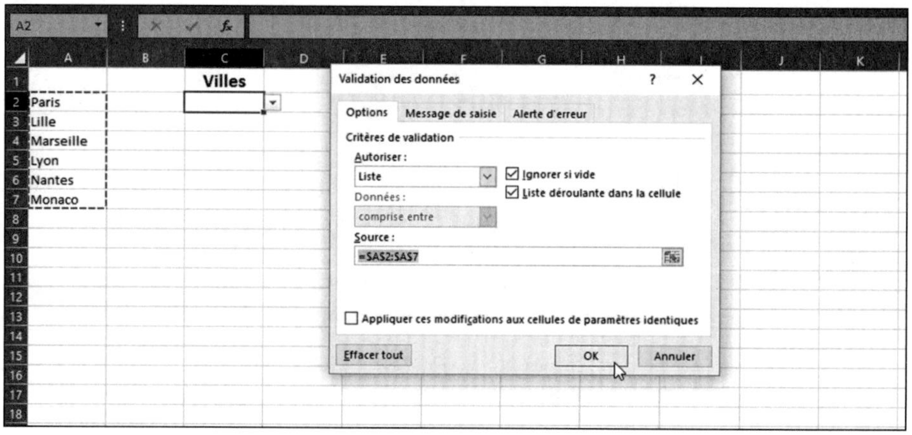

FIGURE 1.13 : Remplissage automatique des prénoms.

Limiter les entrées de données avec la Validation des données

La fonction Validation des données d'Excel permet de gagner beaucoup de temps lorsque vous effectuez des saisies répétitives, et elle évite d'entrer des données incorrectes. En effet, vous pourrez spécifier le type de donnes que peuvent accepter vos cellules. Par exemple, certaines cellules ne pourront contenir que des valeurs numériques, d'autres des dates, du texte, *etc.* Il est même possible d'indiquer que la valeur d'une cellule sera comprise entre 10 et 100.

Lorsque vous limitez l'entrée des données à du texte, vous pouvez spécifier la longueur minimum et maximum, c'est-à-dire le nombre de caractères tolérés. Mieux encore, vous pourrez définir une liste d'entrées textuelles que vous choisirez dans un menu local auquel vous accéderez par un simple clic de souris sur un bouton affiché à droite de la cellule.

Lorsque vous utilisez la Validation des données pour restreindre un type d'entrées et sa plage de valeurs acceptables dans une cellule, un message de saisie peut s'afficher automatiquement. Un message d'erreur peut également indiquer pourquoi une valeur est refusée.

Pour utiliser la fonction Validation de données, placez le pointeur de cellule dans la cellule pour laquelle vous souhaitez définir une règle de saisie. Ensuite, cliquez sur l'onglet Données du ruban. Dans le groupe Outils de données, cliquez sur le bouton Validation de données. La boîte de dialogue éponyme s'ouvre. Vous pouvez accéder à ce bouton *via* Alt + ÉH1V. Ouvrez le menu local Autoriser, et choisissez une des options suivantes :

- **Tout** supprime les restrictions antérieures. C'est l'état de toute cellule standard.
- **Nombre entier** limite les entrées à une plage de nombres que vous spécifiez.
- **Décimal** restreint l'entrée à un nombre décimal qui tombe dans une plage de données ou qui répond à des paramètres particuliers que vous devez définir.
- **Liste** permet de limiter l'entrée à une ou plusieurs entrées texte que vous spécifiez. Elle sera sélectionnée dans un menu local qui s'ouvrira par un clic sur un bouton affiché à droite de la cellule. Ce bouton apparaît dès que vous y positionnez le pointeur de cellule.

- » **Date** limite l'entrée à une date qui se situe dans une certaine plage, à une date précise, avant une date particulière.
- » **Heure** limite l'entrée à une heure qui se situe dans une certaine plage, à une heure précise, ou avant une heure particulière.
- » **Longueur du texte** limite les textes à un certain nombre de caractères dans une plage définie.
- » **Personnalisé** restreint l'entrée à des paramètres spécifiés par une formule particulière entrée dans une autre cellule de la feuille de calcul.

Pour spécifier un message de saisie après avoir choisi vos options de restriction, cliquez sur l'onglet éponyme. Donnez un titre au message, puis tapez une explication relative à la restriction imposée par cette cellule, comme *Saisissez un nombre entre 10 et 100*.

Pour définir un message d'alerte, c'est-à-dire un message qui apparaît lorsque la saisie ne respecte pas le critère de la cellule, cliquez sur l'onglet Alerte d'erreur. Dans le menu local Style, choisissez l'action qu'exécutera Excel quand des données non valides seront saisies. Arrêt affichera dans le message un cercle rouge avec une croix blanche ; Avertissement utilisera un triangle de danger ; et Informations montrera un cercle bleu estampillé d'un i. Dans le champ Titre, tapez le titre du message. Ensuite, dans le champ Message d'erreur, saisissez le message qui apparaîtra.

Pour appliquer à d'autres cellules la restriction définie dans la boîte de dialogue Validation des données, cochez l'option Appliquer ces modifications aux cellules de paramètres identiques (consultez le Chapitre 2 du Livre II). Cliquez sur OK. Pour copier la restriction à une plage de cellules qui n'est pas mise en forme comme la cellule où la validation des données a été définie, utilisez la poignée de recopie comme vous le faites pour copier des données d'une cellule à d'autres cellules vides.

L'utilisation la plus commune de la fonction Validation des données consiste à créer un menu local (ou menu déroulant) dans lequel vous choisissez l'entrée appropriée. Les Figures 1.14 et 1.15 illustrent cette utilisation.

La Figure 1.14 montre l'onglet Options de la boîte de dialogue Validation des données. J'ai choisi le Type Liste. La Source contient la plage de données A2:A7. (Si vous n'avez pas créé de liste de données dans votre feuille de calcul, vous pouvez saisir ces éléments dans le champ Source en les séparant par une virgule). La Figure 1.14 montre que j'ai choisi Liste dans le menu local Autoriser ce qui active au-

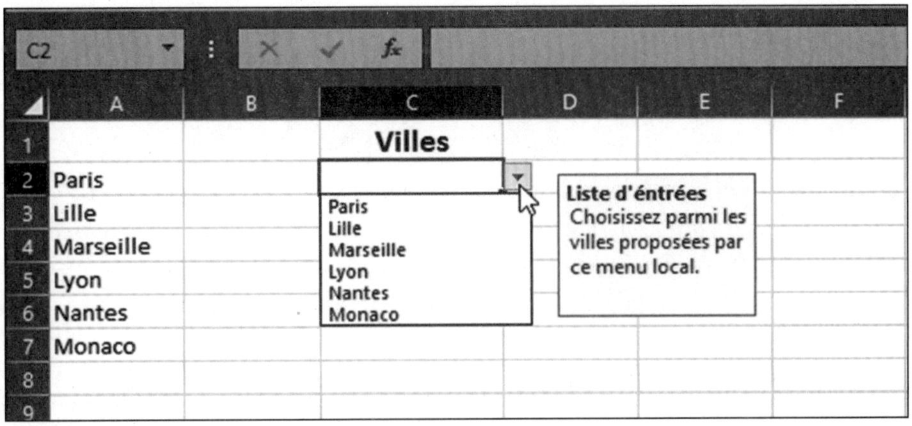

FIGURE 1.14 : Créer un menu local personnalisé dans la boîte de dialogue Validation des données.

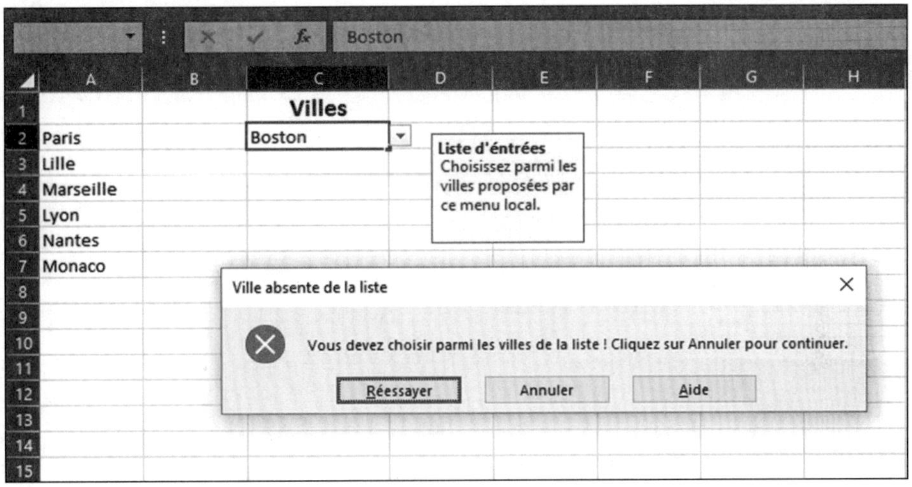

FIGURE 1.15 : Sélectionnez une ville dans le menu local personnalisé.

tomatiquement les options Ignorer si vide et Liste déroulante dans la cellule. Cela signifie qu'un menu local, composé de la liste de données définies dans la Source, sera accessible depuis la cellule.

La Figure 1.15 montre l'utilisation de la cellule une fois la boîte de dialogue Validation des données fermée. Un menu local est bien présent en C2 formé à partir des données de la plage de cellules A2:A7. Vous constatez aussi la présence d'une info-bulle expliquant à l'utilisateur l'action qu'il doit accomplir. Ce message peut être déplacé à la souris ou au doigt s'il occulte le contenu du menu déroulant.

Pour supprimer le critère de validation d'une cellule ou d'une plage de cellules, sélectionnez-la, ouvrez la boîte de dialogue Validation des données, et cliquez sur le bouton Effacer tout de l'onglet Options. Validez cette modification par un clic sur OK.

La Validation des données s'utilise aussi pour identifier rapidement les valeurs d'une feuille de calcul qui ne répondent pas aux critères que vous avez définis (consultez le Chapitre 3 du Livre II).

Enregistrer les données

Voici le geste qui sauve tout travail réalisé avec un logiciel sur un ordinateur : *enregistrer votre document !* Excel met à votre disposition plusieurs méthodes :

» Cliquez sur le bouton Enregistrer de la barre d'outils Accès rapide. Il est identifié par l'icône d'une disquette.

» Exécutez le raccourci clavier Ctrl + S ou appuyez sur la touche F12 de votre clavier. (F12 ouvre alors la boîte de dialogue Enregistrer sous, même si vous avez déjà enregistré au moins une fois votre travail. Ctrl + S enregistre vos dernières modifications dans le même fichier, donc sans passer par la boîte de dialogue Enregistrer sous.)

» Cliquez sur Fichier/Enregistrer.

Ayez le réflexe Ctrl + S qui permet de sauvegarder vos modifications sans que vos mains quittent le clavier.

Lorsque vous choisissez Fichier/Enregistrer alors que vous n'avez encore jamais sauvegardé votre travail en cours, Excel affiche une vue Backstage sensiblement équivalente à celle de la Figure 1.16. Par défaut, Excel propose d'enregistrer votre fichier dans le dossier Documents de OneDrive.

Pour effectuer une sauvegarde locale, c'est-à-dire sur le disque dur de votre ordinateur, cliquez sur Ce PC.

Le volet de droite propose un certain nombre de dossiers locaux, dont un Dossier actif, ainsi que des dossiers classés selon un ordre chronologique d'utilisation, comme Hier, La semaine dernière, et Avant la semaine dernière.

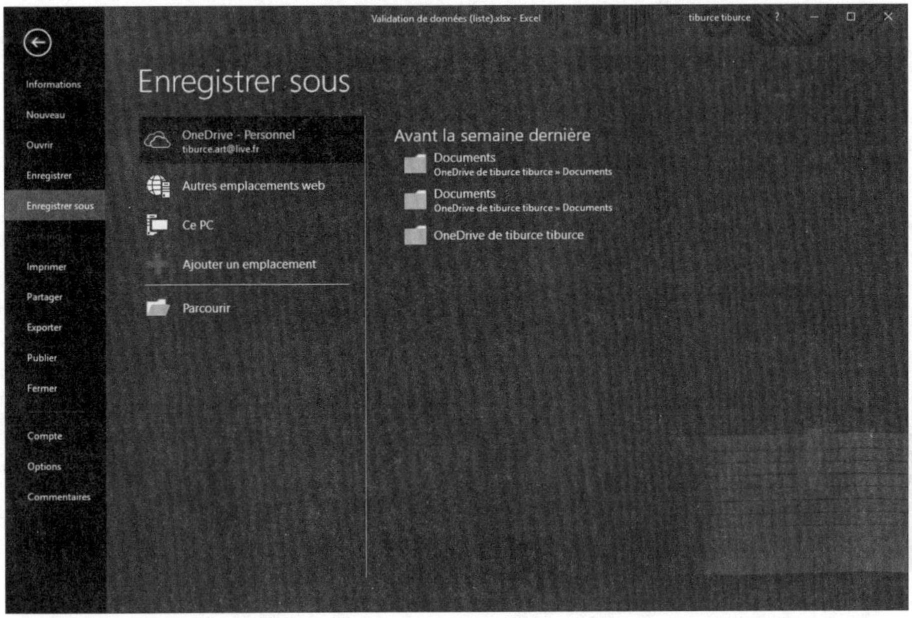

FIGURE 1.16 : Choisissez l'emplacement de stockage d'un nouveau classeur sur l'écran Enregistrer sous de la vue Backstage.

Pour enregistrer votre document dans un autre dossier que ceux proposés par Excel, cliquez sur le bouton Parcourir. Dans la boîte de dialogue Enregistrer sous qui apparaît, parcourez vos différents disques durs et dossiers pour sélectionner celui où vous stockez habituellement vos documents Excel (ou vos fichiers de bureautique en général).

Une fois le dossier choisi, comme sur la Figure 1.17, donnez un nom à votre fichier Excel. Choisissez le format de fichier dans le menu local Type, et si besoin cliquez sur Nouveau dossier pour créer un dossier dans lequel vous enregistrerez votre travail.

Enfin, cliquez sur le bouton Enregistrer, ou appuyez sur la touche Entrée de votre clavier.

Désormais, pour enregistrer dans ce dossier de votre disque dur, les modifications apportées à votre document, il suffira d'exécuter le raccourci clavier Ctrl + S. Excel effectuera l'enregistrement dans le même dossier actualisant ainsi le contenu du fichier. Pour enregistrer ce fichier sous un autre nom, vous devez impérativement utiliser la commande Enregistrer sous, *via* Fichier/Enregistrer sous, ou en exécutant le raccourci clavier Alt + FU.

QUE SE PASSE-T-IL AVEC ONEDRIVE ?

Vous avez sans doute entendu parler de cloud. En matière d'ordinateur, un cloud est traduit en français par *nuage informatique*. Kézako ? Le cloud de Microsoft se nomme OneDrive (ex SkyDrive). Il s'agit d'un espace de stockage dit *distant* car vous enregistrez vos documents sur un disque dur installé à des milliers de kilomètres de chez vous et accessible *via* une connexion à Internet. L'intérêt de ce stockage distant est double. Tout d'abord, vos documents sont accessibles où que vous soyez du moment que vous disposez d'un accès à Internet. Ensuite, vous êtes certain de ne pas perdre vos fichiers suite à une panne d'un disque dur local, notamment si vous n'avez pas de sauvegarde des fichiers en question.

Vos fichiers peuvent alors être consultés et modifiés depuis une tablette, un smartphone, ou un ordinateur portable dans le café du coin disposant d'un accès Wi-Fi à Internet. De plus, il est possible, depuis votre compte OneDrive, de télécharger le document sur votre périphérique afin de le modifier même lorsque vous n'avez pas accès au Net.

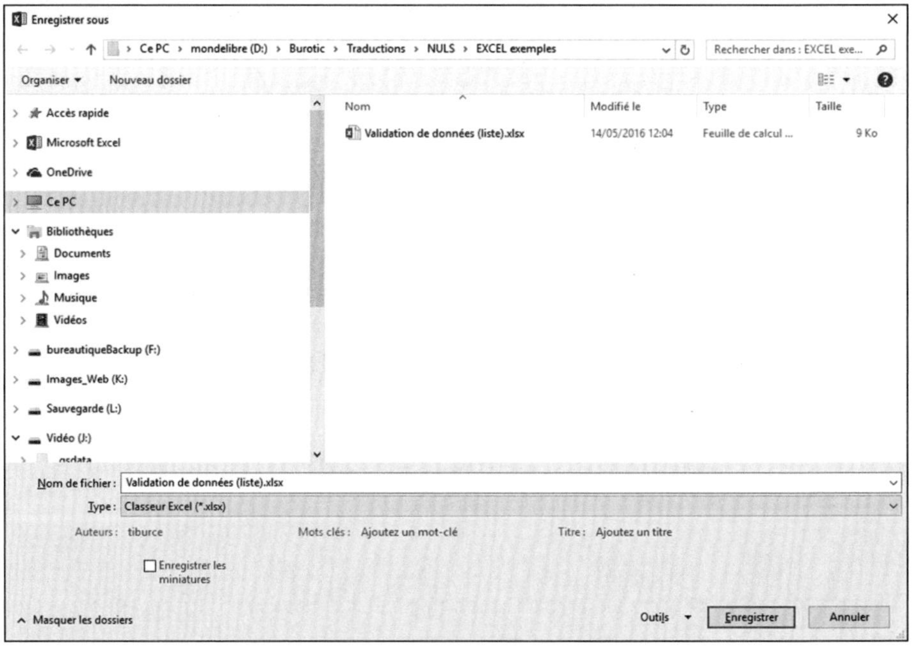

FIGURE 1.17 : Choisissez le dossier de destination et nommez votre fichier dans la boîte de dialogue Enregistrer sous.

La boîte de dialogue Enregistrer sous permet de modifier le nom de l'auteur du document, d'ajouter des mots-clés, et un titre. Il suffit de cliquer sur les liens idoines affichés sous le menu local Type. L'option Enregistrer les miniatures permet à

Excel d'afficher un aperçu du classeur dans le volet Aperçu de la boîte de dialogue Ouvrir (consultez le Chapitre 3 du Livre II).

Enregistrer des classeurs sous des formats standard

Lorsque vous ouvrez le menu local Type de la boîte de dialogue Enregistrer sous, Excel affiche une interminable liste de formats de fichier. Ils permettent de rendre compatible un classeur Excel 2016 avec d'anciennes versions du logiciel ou avec d'autres applications.

Avant de convertir votre document Excel dans un autre format de fichier, comme PDF ou Page Web (pour Internet), enregistrez-le dans un format Excel classique. Ainsi, vous pourrez apporter des modifications aux feuilles de calcul de ce classeur.

Voici les formats de fichier les plus communément utilisés :

- **Classeur Excel :** Enregistre le classeur au format Excel 2016 .xlsx.
- **Classeur Excel (prenant en charge les macros) :** Enregistre le classeur au format .xlsm en activant ses macros.
- **Classeur Excel binaire :** Enregistre le classeur dans un format binaire optimisé permettant le chargement rapide de classeurs volumineux contenant des tonnes de données.
- **Classeur Excel 97-2003 :** Enregistre le classeur au format Excel .xls qui correspond aux versions d'Excel 97 à 2003. Un message vous avertit alors des fonctionnalités d'Excel 2016 qui sont incompatibles avec ces anciennes versions.
- **Données XML :** Enregistre le classeur au format XML (*Extensible Markup Language*) en utilisant l'extension .xml. Ce format est souvent utilisé pour échanger des données sur Internet.
- **Page Web à fichier unique :** Enregistre le classeur en MIME HTML (*Multipurpose Internet Mail Extension Hypertext Markup Language*) en ajoutant les extensions .mhtm ou .mhtml. Ce format HTML spécial est utilisé par des navigateurs Web (principalement Microsoft Edge) pour simuler les feuilles de calcul d'un classeur en utilisant des pages balisées dans la page Web d'affichage.

- **Page Web** : Enregistre le classeur en HTML (*Hypertexte Markup Language*) afin de présenter les données de toutes les feuilles de calcul du classeur sous la forme d'une seule page Web. Le fichier porte l'extension .htm ou .html.
- **Modèle Excel :** Enregistre le classeur au format .xltx afin d'utiliser le document comme base de création d'un classeur Excel standard. Le modèle contient toutes les options de mise en page des feuilles de calcul.
- **Modèles Excel (prenant en charge les macros) :** Enregistre le classeur au format .xltx, mais en activant les macros qu'il contient.
- **PDF :** Enregistre le classeur au format Adobe PDF (*Portable Document File*) portant l'extension de fichier .pdf est pouvant être ouvert par le programme gratuit Adobe Reader.
- **Document XPS :** Enregistre le classeur au format XPS (*XML Paper Spefication*) portant l'extension .xps. Il est utilisé par de nombreuses imprimantes pour représenter les données d'un document, notamment pour les programmes de la suite Microsoft Office.
- **Feuille de calcul OpenDocument :** Enregistre le classeur au format ODF (*OpenDocument Format*) portant l'extension .ods. Il s'agit du format propriétaire de la suite StarOffice de Microsystem.

N'oubliez jamais que la boîte de dialogue Enregistrer sous contient un certain nombre de formats de fichiers qui permettront d'utiliser des listes de données de vos feuilles de calcul dans d'autres programmes capables de gérer des chaînes de texte. Cette différence est importante. En effet, les données des feuilles de calcul utilisent des séparateurs. Par conséquent, sans conversion, il est parfois difficile de les afficher correctement dans d'autres applications. Ainsi, le format Texte (.txt) utilise des marques de tabulation pour séparer les données. D'autres formats comme CSV utilisent des virgules, ou des espaces.

Modifier l'emplacement des fichiers par défaut

Lorsque vous utilisez la commande Enregistrer sous de la vue Backstage et que vous choisissez le bouton Ce PC afin d'enregistrer le fichier localement, Excel propose un certain nombre d'emplacements par défaut dont le dossier actif.

Si vous n'utilisez pas OneDrive (le cloud de Microsoft), vous pouvez demander à Excel 2016 de ne pas le lister dans les emplacements d'enregistrement. Dans le même ordre d'idées, vous pouvez ajouter d'autres emplacements en cliquant sur le bouton Ajouter un emplacement. Il est également possible d'éviter la vue Backstage dans les options d'Excel. Pour cela, accédez à la boîte de dialogue Options Excel, et cliquez sur l'onglet Enregistrement. Dans la section Enregistrer les classeurs, cochez la case Ne pas afficher le mode Backstage à l'ouverture ou à l'enregistrement des fichiers.

Dans le même ordre d'idées, le dossier Documents n'est peut-être pas l'emplacement de votre disque dur ou vous enregistrez régulièrement vos nouveaux classeurs. Voici comment déclarer un autre dossier par défaut :

1. **Cliquez sur Fichier/Options/Enregistrement, afin d'accéder aux paramètres de l'onglet Enregistrement de la boîte de dialogue Options Excel.**

   Le champ Dossier local par défaut affiche le chemin d'accès au dossier qu'Excel propose pour y enregistrer vos classeurs.

2. **Faites glisser le pointeur de la souris sur le chemin d'accès affiché dans le champ Dossier local par défaut.**
3. **Modifiez ou remplacez complètement ce chemin d'accès.**

   Soyez attentif et précis car Excel vous proposera désormais ce chemin d'accès par défaut.

4. **Cliquez sur OK pour valider vos modifications et quitter la boîte de dialogue Options Excel.**

Enregistrer un nouveau classeur sous un ancien format

Excel 2016 applique par défaut son format .xlsx qui est un format de fichier basé sur XML. Le problème est que ce format est incompatible avec les versions antérieures à Excel 2007. Pour cette raison, vous devrez souvent créer une version compatible Excel 97-2003 qui produit un fichier portant l'extension .xls.

Pour enregistrer sous cet ancien format de fichier, ouvrez le menu local Type de la boîte de dialogue Enregistrer sous, et choisissez Classeur Excel 97-2003.

Excel affiche automatiquement la boîte de dialogue Vérificateur de compatibilité dès que vous tentez d'enregistrer sous un autre format un classeur Excel 2016 contenant des fonctionnalités XML. Prenez connaissance de la liste des fonctions incompatibles et enregistrez votre classeur sous l'ancien format .xls. Pour ignorer ces avertissements, cliquez sur le bouton Continuer de la boîte de dialogue Vérificateur de compatibilité.

Pour conserver toutes les fonctionnalités d'un classeur Excel 2016, vous devez en créer deux versions. La première sera au format .xlsx c'est-à-dire XML, et l'autre au format binaire .xls c'est-à-dire Excel 97-2003. Vous utiliserez deux fois la boîte de dialogue Enregistrer sous afin de créer ces versions de votre classeur. Vous choisirez le format adéquat dans le menu local Type de la boîte de dialogue Enregistrer sous.

Par défaut, Windows 10 n'affiche pas les extensions de fichier. Par conséquent, impossible de savoir au premier coup d'œil le format du classeur Excel. Pour ne pas rester dans cette ignorance insoutenable, ouvrez une fenêtre de l'Explorateur de fichiers. Cliquez ensuite sur l'onglet Affichage. Dans le groupe Afficher/Masquer, cochez la case Extensions des noms de fichiers.

Récupération des documents

Excel 2016 dispose d'une fonction qui permet de récupérer des documents non enregistrés en cas de panne de votre ordinateur ou de bogue de votre logiciel ou du système d'exploitation. La Récupération automatique enregistre, sans aucune intervention de votre part, votre travail à intervalles réguliers. Lorsque vous redémarrez Excel suite à un problème, il vous propose d'ouvrir les fichiers dont il a effectué l'enregistrement automatique. Certes, vous risquez de ne pas récupérer la totalité de votre travail, mais cela vous évitera tout de même des heures et des heures de dur labeur si vous n'avez pas vous-même procédé à ces enregistrements.

Par défaut, Excel 2016 effectue un enregistrement automatique toutes les 10 minutes. Pour modifier cette périodicité, cliquez sur Fichier/Options. Dans la boîte de dialogue Options Excel, choisissez la catégorie Enregistrement. Utilisez les petites flèches de l'option Enregistrer les informations de récupération automatique toutes les pour augmenter ou réduire cette durée. Vous pouvez également sélectionner la durée affichée afin de taper la nouvelle. Cliquez sur OK.

Le panneau de récupération des documents affiche les versions de vos documents qui étaient en cours d'utilisation au moment de l'interruption inattendue du programme, de Windows, ou de votre ordinateur. Pour ouvrir une version ainsi récupérée, placez le pointeur de la souris dessus, puis cliquez sur le bouton du menu local. Exécutez alors la commande Ouvrir. Une fois la version récupérée ouverte, enregistrez-la par un clic sur le bouton Enregistrer de la barre d'outils Accès rapide, *via* Fichier/Enregistrer, ou bien encore Ctrl + S.

Vous pouvez alors :

- » Enregistrer la version récupérée en choisissant Enregistrer sous dans le menu local.
- » Oublier définitivement la version récupérée, et cliquer sur le bouton Fermer du panneau des fichiers récupérés. Un dernier message vous donne l'opportunité de conserver les versions récupérées afin qu'Excel vous les propose ultérieurement.
- » Pour conserver ces fichiers afin de les consulter ultérieurement, choisissez Oui, avant de cliquer sur OK.
- » Pour ne garder que les versions d'origine des fichiers, choisissez Non.

La fonction de récupération automatique ne fonctionne que pour des classeurs qui ont été enregistrés au moins une fois. Par conséquent, tout nouveau classeur créé et rempli de données qui n'aura pas été enregistré avant le crash du système sera définitivement perdu ! Moralité : dès que vous créez un classeur, enregistrez-le immédiatement !

Chapitre 2

Mise en forme d'une feuille de calcul

DANS CE CHAPITRE :

- **Sélectionner des plages de cellules et ajuster la largeur des colonnes et la hauteur des lignes**
- **Convertir des plages de cellules en tableaux**
- **Appliquer des formats numériques**
- **Modifier l'alignement, la police, la bordure, et le motif**
- **Appliquer un formatage avec l'outil Reproduire la mise en forme**
- **Mettre en forme des plages de cellules avec des styles de cellules**
- **Appliquer une mise en forme conditionnelle**

La mise en forme est le processus qui détermine l'apparence visuelle d'une feuille de calcul et de ses données. Les outils de formatage d'Excel donnent un grand contrôle sur l'esthétisme d'un classeur.

Pour tous ces types de données, vous pouvez appliquer une police de caractères, une taille de police, un style (comme gras, italique, souligné, ou barré), et une couleur. Il est également possible de définir l'alignement des entrées des cellules, y compris horizontalement, verticalement, ou selon un angle particulier. Vous pourrez renvoyer à la ligne des entrées de données à l'intérieur d'une même cellule, ou bien les centrer sur une sélection de cellules. Les valeurs numériques, les dates, et les heures profiteront de mises en forme prédéfinies, ou de formats personnalisés. Les cellules pourront également être embellies avec des bordures, des motifs, et

UN NOM POUR UN AUTRE

Dans la barre de formule, les plages de cellules sont toujours identifiées par les références de la première et de la dernière cellule, séparées par un signe deux-points. Ainsi, une plage de cellules couvrant les cellules A1 à H10 apparaîtra sous cette forme dans la barre de formule : A1:H10. Elle apparaîtra sous la forme H10:A1, si vous avez sélectionné la plage en commençant par la cellule H10. Mais, cette même plage aura les références H1:A10 si vous avez commencé votre sélection par la cellule H1 pour la terminer par la cellule H10.

Vous comprenez que le nom, c'est-à-dire la référence d'une même plage de cellules, dépend de la référence de la première et de la dernière cellule sélectionnées.

des couleurs. Enfin, vous pourrez déterminer la largeur des colonnes et la hauteur des lignes afin d'afficher correctement les données des cellules.

Les options Tableaux et Mise en forme de barre d'outils Analyse rapide accessibles *via* l'icône qui s'affiche dans l'angle inférieur droit d'une sélection de cellules, permettent de choisir des représentations visuelles de vos données. Si ces fonctionnalités ne comblent pas vos besoins, reportez-vous aux galeries de tableaux et de styles de cellules accessibles depuis le groupe Styles de l'onglet Accueil du ruban.

La fonction Aperçu dynamique d'Excel permet d'apprécier l'aspect des données avant d'appliquer la mise en forme. Par exemple, si vous avez créé et mis en forme un tableau, le simple fait de placer le pointeur de la souris sur un style de tableau de la galerie éponyme permet d'apprécier l'apparence qu'aura votre tableau si vous appliquez le style en question.

Sélectionner des cellules

La mise en forme des cellules nécessite leur sélection préalable afin d'optimiser le formatage de vos données. À l'exception de la fonction Mettre sous forme de tableau qui sélectionne automatiquement le tableau auquel des mises en forme sont appliquées, la sélection des cellules est généralement la première étape de cette mise en forme.

Vous pouvez sélectionner une cellule, un bloc de cellules ou *plage de cellules*, ou bien des cellules qui ne sont pas contiguës. On parle alors de *sélection non adjacente*. La Figure 2.1 montre ce type de sélection dont la plus petite se limite à la seule cellule I9.

Une plage sélectionnée est identifiée par une couleur de surbrillance gris clair. Celle plage est elle-même bordée par un large pointeur de cellule vert. Lorsqu'une sélection est non adjacente, la bordure des plages est gris clair, c'est-à-dire qu'il n'y a pas de pointeur de cellule vert.

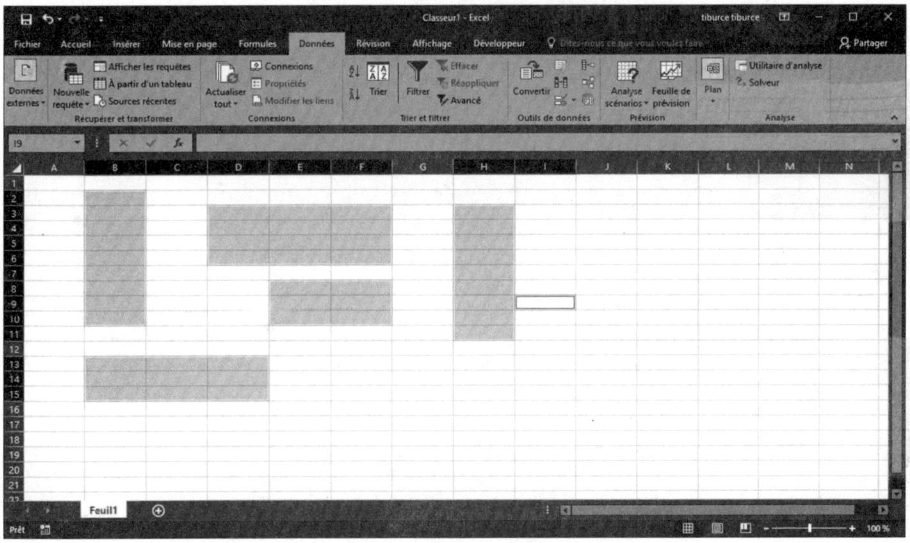

FIGURE 2.1 : Feuille de calcul avec des plages de cellules non adjacentes sélectionnées.

Sélectionner des cellules avec la souris

Excel propose plusieurs méthodes de sélection de cellules à la souris. Vous commencez toujours par sélectionner la cellule qui se situera dans l'angle supérieur gauche de la plage. Cette première cellule est appelée la *cellule active*. C'est elle qui apparaît dans la barre d'adresse de la Zone Nom située à gauche de la barre de formule.

Une fois cette cellule sélectionnée, faites glisser le pointeur de cellule afin de couvrir les autres cellules de la plage. Voici quelques astuces :

- » Pour couvrir plusieurs colonnes, faites glisser le pointeur de cellule vers la gauche ou la droite en partant de la cellule active.

- Pour couvrir plusieurs lignes, faites glisser le pointeur de cellule vers le bas ou le haut en partant de la cellule active.
- Pour couvrir plusieurs lignes et colonnes en même temps, faites glisser le pointeur de cellule diagonalement.

Si votre plage couvre des cellules que vous ne souhaitiez pas intégrer dans la plage, déplacez alors le pointeur de cellule dans la direction opposée, si, et seulement si, vous n'avez pas relâché le bouton de la souris. Sinon, c'est fichu. Vous devez repartir de la première cellule et recommencer.

Le fait de cliquer sur n'importe quelle cellule de la feuille de calcul désélectionne la plage de cellules, et active la cellule sur laquelle vous venez de cliquer.

Dans une plage de cellules, il est très facile d'identifier la cellule de départ. C'est la seule à ne pas arborer la couleur de surbrillance, et sa référence est affichée dans la Zone Nom d'Excel. Lorsque vous sélectionnez ces cellules, la Zone Nom en actualise l'étendue sous la forme 5L x 2C (par exemple) qui identifie ici 5 lignes et 2 colonnes. Dès que vous relâchez le bouton de la souris, Excel remplace ces indications par l'adresse de la cellule qui a servi de cellule de départ à la plage.

Vous pouvez également utiliser les raccourcis suivants pour sélectionner des cellules à la souris :

- Pour sélectionner une seule cellule, cliquez dessus !
- Pour sectionner toutes les cellules d'une colonne, placez le pointeur de la souris sur la lettre de l'en-tête de colonne et cliquez ! Pour sélectionner la totalité des cellules de plusieurs colonnes adjacentes, cliquez sur l'en-tête d'une colonne et, sans relâcher le bouton de la souris, faites glisser le pointeur sur les en-têtes des colonnes à ajouter à cette sélection.
- Pour sélectionner toutes les cellules d'une ligne, cliquez sur l'en-tête de la ligne, c'est-à-dire son numéro. Pour sélectionner la totalité des cellules de plusieurs lignes adjacentes, cliquez sur l'en-tête d'une ligne et, sans relâcher le bouton de la souris, faites glisser le pointeur sur les en-têtes des lignes à ajouter à cette sélection.
- Pour sélectionner toutes les cellules de la feuille de calcul, cliquez dans l'angle supérieur gauche de la matrice de cellule, c'est-à-dire à l'intersection des en-têtes de lignes et de colonnes. Une technique plus universelle consiste à exécuter le raccourci clavier Ctrl + A.

» Pour sélectionner une plage de cellules sans faire glisser le pointeur de la souris, cliquez dans la cellule de départ. Le pointeur de cellule vert apparaît. Maintenez alors la touche Maj enfoncée, et cliquez sur la dernière cellule de la plage. Toutes les cellules comprises entre ces deux cellules seront sélectionnées. Utilisez cette technique pour étendre ou réduire immédiatement cette plage de cellule. Dans ce cas, cliquez sur la dernière cellule de la plage. Les limites de la plage s'ajusteront automatiquement.

» Pour sélectionner des plages non adjacentes, effectuez les mêmes opérations que précédemment, mais en maintenant la touche Ctrl enfoncée. Vous relâcherez le bouton de la souris et cette touche pour localiser la première cellule de la nouvelle plage non adjacente. En revanche, n'oubliez pas d'appuyer de nouveau sur Ctrl, sinon vous désélectionneriez la plage en cours dès que vous cliqueriez sur la première cellule de la plage non adjacente.

Sélectionner tactilement des cellules

Si vous utilisez Excel sur un ordinateur équipé d'un écran tactile, sur une tablette, ou un smartphone, sans souris ou autre périphérique de pointage, utilisez votre doigt ou un stylet afin d'effectuer des sélections de la manière suivante :

» Tapotez la première cellule de la sélection (équivaut au clic de souris). Les deux grosses poignées (cercles) apparaissent dans l'angle supérieur gauche et inférieur droit du pointeur de cellule. Faites glisser l'une ou l'autre de ces poignées pour définir la plage de cellules sélectionnée.

» Utilisez le stylet d'une tablette ou d'un smartphone exactement comme un pointeur de souris. Touchez la première cellule et faites glisser le stylet sur les cellules à ajouter à la plage sélectionnée.

Sélectionner des cellules au clavier

Pour définir la plage de cellules avec les touches du pavé directionnel de votre clavier, commencez par cliquer sur la cellule de départ. Le pointeur de cellule vert y apparaît. Ensuite, appuyez sur la touche F8 de votre clavier pour basculer Excel en mode Étendre la sélection. Utilisez les touches fléchées pour étendre ou réduire la plage de cellules sélectionnée. Pour valider cette plage et quitter le mode Étendre la sélection, appuyez sur la touche Echap de votre clavier.

Le mode Étendre la sélection n'empêche pas de définir la plage à la souris. Dans ce cas, cliquez sur la première cellule de la plage à créer, appuyez sur F8 pour activer le mode Étendre la sélection. Il ne vous reste plus qu'à cliquer dans la dernière cellule de la plage exactement comme si vous mainteniez la touche Maj enfoncée.

Vous pouvez également sélectionner une plage de cellules au clavier sans activer le mode Étendre la sélection. Vous utiliserez alors des variantes de la technique Maj + Clic en maintenant la touche Maj enfoncée, et en déplaçant le pointeur de cellule à l'aide des touches du pavé directionnel. Une fois la plage définie, relâchez la touche Maj.

Pour définir des plages non adjacentes à l'aide du clavier, vous utiliserez une combinaison des modes Étendre la sélection et Ajouter à la sélection. Pour activer Ajouter à la sélection, appuyez sur Maj + F8. Voici comment effectuer au clavier des sélections de plages non adjacentes :

1. **Placez le pointeur de cellule sur la première cellule de la plage.**
2. **Appuyez sur F8 pour activer le mode Étendre la sélection.**
3. **Utilisez les flèches du pavé directionnel pour définir la plage de cellules.**
4. **Appuyez sur Maj + F8 pour passer de Étendre la sélection à Ajouter à la sélection.**
5. **Placez le pointeur de cellule sur la première cellule de la nouvelle plage.**
6. **Appuyez sur F8 pour désactiver le mode Ajouter à la sélection et activer Étendre la sélection.**
7. **Utilisez les flèches du pavé directionnel pour définir la nouvelle plage de cellules.**
8. **Répétez les Étapes 4 à 7 pour ajouter d'autres plages aux plages existantes.**
9. **Appuyez sur F8 pour désactiver le mode Étendre à la sélection.**

Sélection automatique d'une plage

La fonction de sélection automatique permet de sélectionner rapidement les cellules d'une grande table de données. Elle permet d'étendre une sélection dans une seule direction depuis la cellule active jusqu'à la première cellule non vide rencontrée dans la direction spécifiée.

Vous pouvez utiliser cette fonction avec la souris et un clavier réel. Voici comment procéder à la souris pour sélectionner une table de données :

1. **Cliquez sur la première cellule de la plage à sélectionner.**

   Dans un tableau de données, il s'agira probablement d'une cellule vide située à l'intersection de la ligne des en-têtes de colonne, et de la colonne des en-têtes de ligne.

2. **Placez le pointeur de la souris sur le bord d'une cellule située dans la direction vers laquelle vous souhaitez étendre la plage.**

   Pour étendre la plage jusqu'à la première cellule vide située à droite, placez le pointeur de la souris à droite de la cellule. Pour étendre la plage vers la gauche jusqu'à la première cellule vide, placez le pointeur de la souris sur le bord gauche de la cellule. Pour étendre la plage vers le bas jusqu'à la première cellule vide, placez le pointeur de la souris sur le bord inférieur de la cellule. Pour étendre la plage vers le haut jusqu'à la première cellule vide, placez le pointeur de la souris sur le bord supérieur de la cellule.

   Ici, il s'agit du bord de la cellule active, c'est-à-dire celle dans laquelle se trouve actuellement le pointeur de cellule, et non pas la dernière cellule de la plage que vous souhaitez définir.

3. **Une fois que le pointeur de la souris prend la forme d'une croix composée de quatre flèches directionnelles, appuyez sur la touche Maj et double-cliquez.**

   Excel étend la sélection jusqu'à la première cellule contenant des données, dans la direction indiquée par le bord de la cellule sur lequel vous avez double-cliqué.

Pour comprendre le fonctionnement de la sélection automatique, jetez un œil sur les Figures 2.2 et 2.3. Sur la Figure 2.2, j'ai sélectionné la plage de cellules B4:B10 en appuyant sur la touche Maj et en double-cliquant sur le bord inférieur de la cellule B4. Pour étendre cette sélection jusqu'à la cellule E10 et ainsi couvrir la plage B4:E10, j'ai de nouveau maintenu la touche Maj enfoncée et j'ai double-cliqué sur le bord droit de la cellule B10.

Pour sélectionner les cellules de la première ligne, c'est-à-dire la plage B4:E4, activez la cellule B4, appuyez sur Maj et double-cliquez sur le bord droit de B4.

Pour effectuer cette opération au clavier, activez B4, appuyez une fois sur la touche Fin du clavier, maintenez la touche enfoncée, et appuyez sur la touche flèche droite. Dans notre exemple, vous sélectionnerez la plage B4:E4.

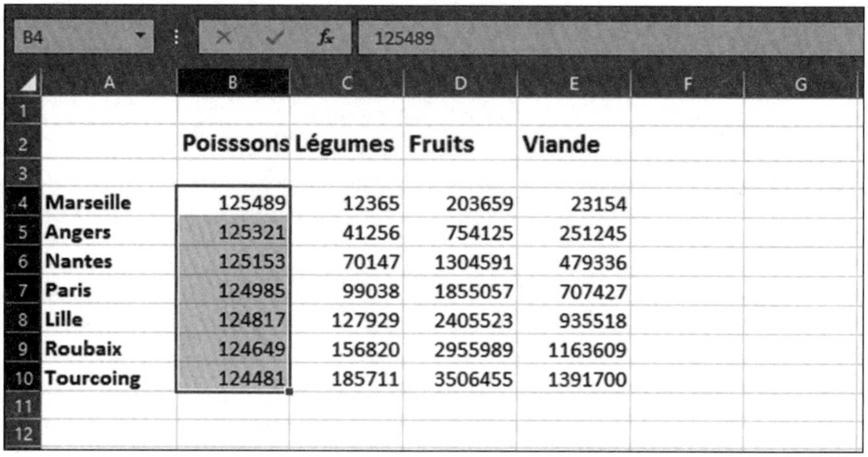

	A	B	C	D	E
2		Poisssons	Légumes	Fruits	Viande
4	Marseille	125489	12365	203659	23154
5	Angers	125321	41256	754125	251245
6	Nantes	125153	70147	1304591	479336
7	Paris	124985	99038	1855057	707427
8	Lille	124817	127929	2405523	935518
9	Roubaix	124649	156820	2955989	1163609
10	Tourcoing	124481	185711	3506455	1391700

FIGURE 2.2 : Sélectionner automatiquement les cellules de la première colonne.

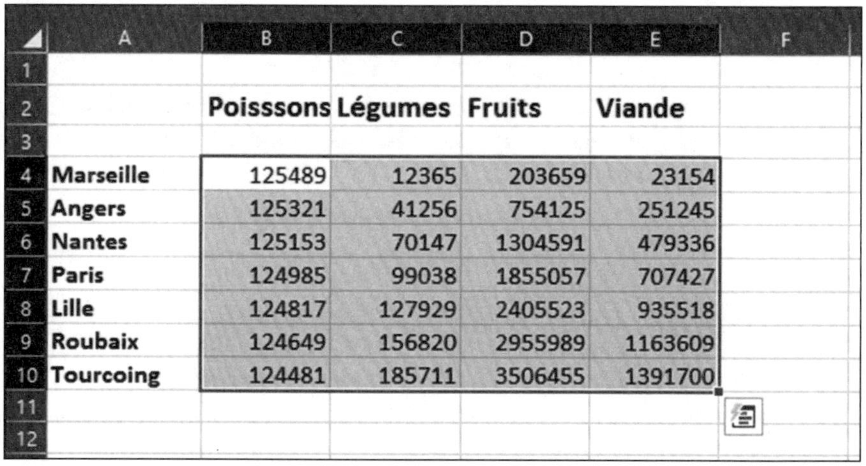

	A	B	C	D	E
2		Poisssons	Légumes	Fruits	Viande
4	Marseille	125489	12365	203659	23154
5	Angers	125321	41256	754125	251245
6	Nantes	125153	70147	1304591	479336
7	Paris	124985	99038	1855057	707427
8	Lille	124817	127929	2405523	935518
9	Roubaix	124649	156820	2955989	1163609
10	Tourcoing	124481	185711	3506455	1391700

FIGURE 2.3 : Sélectionner automatiquement les autres cellules contenant des données.

Pour sélectionner au clavier, et en quatre opérations maximum, toutes les données de la feuille de calcul illustrée sur les Figures 2.2 et 2.3, conformez-vous aux étapes suivantes :

1. **Activez la cellule B4, appuyez sur Maj et sur Fin + ↓.**

   Cette action sélectionne la plage B4:B10.

2. **Maintenez la touche Maj enfoncée et appuyez sur Fin + ↓.**

   Et voilà ! La plage de cellule B4:E10 est entièrement sélectionnée.

Sélectionner avec la fonction Atteindre

La fonction Atteindre permet de déplacer le pointeur de cellule vers une nouvelle cellule de la feuille de calcul. Profitez de cette fonction pour sélectionner des plages de cellules. Lorsque vous choisissez Atteindre dans le menu local du bouton Rechercher et sélectionner du groupe Édition de l'onglet Accueil (ou si vous appuyez sur Ctrl + T ou sur la touche F5), Excel ouvre la boîte de dialogue éponyme illustrée à la Figure 2.4. Pour placer le pointeur de cellule sur une cellule spécifique, tapez son adresse dans le champ Référence, et cliquez sur OK.

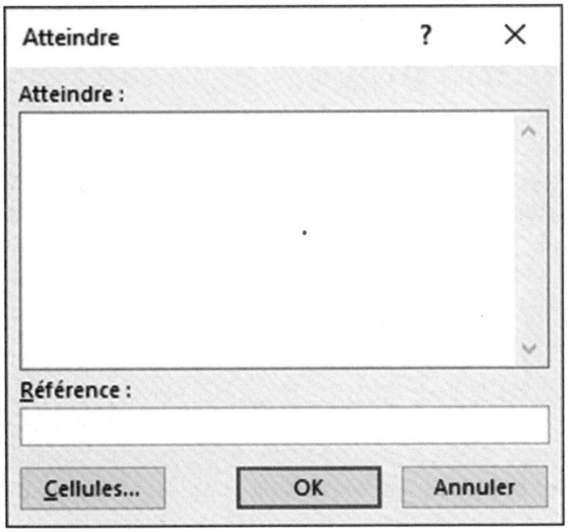

FIGURE 2.4 : Sélectionner une plage de cellules avec la boîte de dialogue Atteindre.

Sur ce principe, voici comment sélectionner une plage de cellules :

1. **Sélectionnez la première cellule de la plage.**

   Elle devient la cellule active.

2. **Choisissez Atteindre dans le menu local du bouton Rechercher et sélectionner de l'onglet Accueil, ou bien exécutez le raccourci Ctrl + T ou appuyez sur la touche F5.**

   Vous affichez la boîte de dialogue Atteindre.

3. **Dans le champ Référence, tapez l'adresse de la dernière cellule de la plage.**

   Si cette adresse est déjà listée dans la boîte de dialogue Atteindre, cliquez dessus.

4. **Maintenez la touche Maj enfoncée, et cliquez sur le bouton OK, ou bien appuyez sur la touche Entrée afin de fermer la boîte de dialogue.**

   En maintenant la touche Maj enfoncée lorsque vous cliquez sur OK ou pressez Entrée, vous sélectionnez la plage de cellules en fonction de l'adresse de la dernière cellule saisie dans le champ Références.

Vous pouvez spécifier la plage de cellules à sélectionner directement dans le champ Références de la boîte de dialogue Atteindre. Dans notre exemple, quelle que soit la cellule active, il suffit de saisir **B4:E10** et de cliquer sur OK pour sélectionner cette plage de données.

Nommer une plage

Une des techniques les plus rapides pour sélectionner une plage de données consiste à lui assigner un nom. Il suffira alors de choisir ce nom dans la Zone Nom de la barre de formule, ou dans la boîte de dialogue Atteindre. Vous utiliserez la dénomination des plages de cellules uniquement pour celles avec lesquelles vous travaillez régulièrement. Ce sera le cas pour des plages contenant des données que vous imprimez périodiquement, que vous consultez souvent, ou auxquelles vous vous référez pour effectuer des calculs dans des formules.

Pour nommer une plage de cellules, conformez-vous aux trois étapes suivantes :

1. **Sélectionnez toutes les cellules d'une plage que vous souhaitez nommer.**

   Utilisez pour cela n'importe quelle technique de sélection. Vérifiez que toutes les cellules sont bel et bien sélectionnées.

2. **Cliquez dans la Zone texte de la barre de formule.**

   L'adresse de la cellule active est alors sélectionnée.

3. **Tapez le nom de votre choix et appuyez sur la touche Entrée.**

   Excel remplace alors l'adresse de la cellule active par le nom de la plage que vous venez de saisir. Dès que vous appuyez sur la touche Entrée, le nom saisi apparaît dans la Zone Nom en lieu et place de l'adresse de la cellule active.

Pour nommer correctement une plage de cellules, respectez les conventions suivantes :

- Le nom de la plage doit commencer par une lettre de l'alphabet et non pas un chiffre ou un signe de ponctuation.
- Les espaces sont interdites ; utilisez un signe de soulignement pour le symboliser.
- Vérifiez que le nom ne correspond pas à une référence d'une cellule existante si vous utilisez une dénomination telle que A1 ou R1C1.
- Assignez à la plage de cellules un nom unique.

Désormais, pour sélectionner la plage de cellules, il suffit de cliquer sur le triangle du champ Zone Nom afin d'accéder à son menu local. Vous y trouverez le nom de votre plage de cellules. Choisissez-le pour sélectionner immédiatement la plage de cellules dans la feuille de calcul.

Les noms de plage sont également très utiles pour élaborer des formules. Pour plus d'informations sur la création et l'utilisation des noms de plage, consultez le Chapitre 1 du Livre III.

Lorsque vous utilisez un périphérique tactile sans souris ou clavier, il est conseillé de nommer les plages de cellules que vous modifiez ou imprimez régulièrement. En effet, il sera plus facile de sélectionner une plage de cellules en choisissant son nom dans un menu local que si vous utilisez les poignées de sélection de la cellule, notamment lorsque la plage s'étend en dehors de la surface de votre écran.

Ajuster les colonnes et les lignes

Les données que vous saisissez dans des cellules sont parfois beaucoup plus longues que la largeur ou la hauteur des colonnes et des lignes. Pour afficher correctement le contenu de votre feuille de calcul, vous devez apprendre à ajuster ces deux dimensions.

Lorsque vous créez une feuille de calcul vide, toutes les lignes et les colonnes ont une dimension standard. Sur la plupart des écrans, Excel 2016 permet de saisir 8,43 caractères sur la largeur de la cellule avec une taille de 15 points. Sur des écrans tactiles comme celui de la tablette Surface 3 de Microsoft, vous ne pourrez saisir que 8,09 caractères avec une taille de 13,50 points.

Lorsque vous composez une feuille de calcul, un certain nombre de données ne s'afficheront pas correctement avec ces paramètres par défaut. Bien souvent, ce problème apparaît lorsque vous modifiez la mise en forme du contenu des cellules pour améliorer la lisibilité du texte.

Excel tentera d'ajuster automatiquement la hauteur des lignes afin d'afficher les caractères d'une police dont vous avez augmenté la taille. Ce sera également le cas lorsque les données tiendront sur plusieurs lignes de texte.

Lorsque vous saisissez un texte beaucoup trop long pour tenir intégralement dans une cellule, Excel le fait déborder sur la cellule suivante. Toutefois, si cette cellule contient des données, Excel masquera les caractères que vous venez de saisir afin de limiter le texte à la cellule active. Attention, le texte en question a bien été enregistré par Excel, mais n'est pas affiché intégralement. Excel réagit différemment pour les valeurs numériques. En effet, si cette valeur excède la largeur d'une cellule, Excel affiche les données en remplaçant les caractères par des symboles dièse (#####). Pour afficher les chiffres, vous devez élargir la cellule, c'est-à-dire la colonne.

Ajustement automatique de la colonne

Pour ajuster la largeur de la colonne à son contenu, il est conseillé d'utiliser la fonction d'ajustement automatique d'Excel 2016. Elle permet d'adapter précisément la largeur de ou des colonnes à la taille du contenu de la cellule.

» **Pour ajuster automatiquement une seule colonne :** Placez le pointeur de la souris sur le bord droit de cette colonne au niveau de son en-tête. Lorsque le pointeur prend la forme d'une double flèche, double-cliquez ou tapotez si vous utilisez un écran tactile. La largeur de la cellule s'ajuste précisément au contenu de la cellule.

» **Pour ajuster automatiquement plusieurs colonnes :** Sélectionnez les colonnes en faisant glisser le pointeur de la souris sur leur en-tête, ou bien en maintenant la touche Ctrl enfoncée et en cliquant sur la lettre de chacune des colonnes concernées. Ensuite, placez le pointeur de la souris sur un des bords d'une de ces colonnes. Lorsque le pointeur prend la forme d'une double flèche, double-cliquez. Seules les colonnes dont les cellules contiennent des données seront automatiquement ajustées.

Ces techniques d'ajustement automatique ne donnent pas de bons résultats pour les titres s'étendant sur plusieurs colonnes. En effet, Excel élargira considérablement la colonne contenant le titre au détriment de l'équilibre des autres colonnes.

La feuille de calcul devient alors très inesthétique et peu pratique. Pour éviter cela, sélectionnez toutes les cellules à l'exception de celles sur lesquelles s'étend un trop long titre. Ensuite, cliquez sur le bouton Format du groupe Cellules de l'onglet Accueil et, dans le menu local qui apparaît, choisissez Ajuster la largeur de colonnes.

Ajuster les colonnes manuellement

L'ajustement automatique n'est intéressant que s'il est simple et rapide. Lorsque vous avez besoin d'une largeur de colonne précise, rien ne vaut la bonne vieille méthode manuelle. Elle consiste à agir sur les bords des colonnes avec la souris, ou à entrer de nouvelles valeurs dans la boîte de dialogue Largeur de colonne.

- **Pour ajuster manuellement la largeur d'une colonne avec la souris :** Placez le pointeur de la souris sur un des bords de l'en-tête de colonne. Cliquez et, sans relâcher le bouton de la souris, faites glisser le pointeur vers la gauche pour réduire la largeur de la colonne ou vers la droite pour l'augmenter. Une info-bulle affiche la nouvelle taille en caractères et en pixels. Dès que la colonne présente la bonne dimension, relâchez le bouton de la souris.
- **Pour ajuster tactilement la largeur d'une colonne :** Tapotez l'en-tête de la colonne. Une double barre verticale apparaît sur le bord droit de l'en-tête. Placez le doigt ou le stylet sur ces deux barres et faites glisser le bord vers la gauche ou la droite. Le champ Nom de la barre de formule indique la largeur en caractères et en pixels (sauf pour un smartphone Android). Une fois la largeur définie, retirez le doigt ou le stylet de l'écran tactile.

  Pour faciliter ce redimensionnement, n'hésitez pas à zoomer sur l'en-tête de colonne. Pour cela, placez votre pouce et votre index l'un proche de l'autre et éloignez-les.
- **Pour ajuster la largeur d'une colonne dans la boîte de dialogue Largeur de colonne :** Activez une cellule de la colonne à redimensionner. Cliquez sur le bouton Format du groupe Cellules de l'onglet Accueil. Dans le menu local qui s'affiche, choisissez Largeur de colonne. Dans le champ Largeur de colonne, tapez une nouvelle largeur exprimée en nombre de caractères comprise entre 0 et 255. Cliquez sur le bouton OK.

Avec la boîte de dialogue Largeur de colonne, vous pouvez modifier la taille de plusieurs colonnes simultanément. Il suffit de les sélectionner préalablement à l'utilisation de cette fonction.

Définir une largeur standard

Une largeur standard est une largeur par défaut qui s'appliquera aux colonnes d'une nouvelle feuille de calcul. Pour cela, cliquez sur le bouton Format du groupe Cellules de l'onglet Accueil. Dans le menu local qui apparaît, choisissez Largeur par défaut. Dans le champ Largeur de colonne standard de la boîte de dialogue qui s'affiche, tapez une nouvelle valeur exprimée en caractères, et cliquez sur le bouton OK.

Cette nouvelle valeur par défaut n'impactera pas les colonnes dont la largeur a été modifiée *via* la fonction d'ajustement automatique ou la boîte de dialogue Largeur de colonne.

Masquer une ou deux colonnes

La commande Masquer permet de rendre temporairement invisibles des colonnes en fixant leur largeur sur 0. Vous masquerez des colonnes dont les données sont essentielles au fonctionnement de la feuille de calcul mais qui, par exemple, ne doivent pas être imprimées.

Pour masquer une colonne, placez-y le pointeur de cellule. Ensuite, ouvrez le menu local Format du groupe Cellules de l'onglet Accueil. Choisissez Masquer et afficher/Masquer les colonnes.

Pour masquer plusieurs colonnes simultanément, commencez par les sélectionner en faisant glisser le pointeur de la souris sur leur en-tête ou en maintenant enfoncée la touche Ctrl, puis en cliquant sur les en-têtes des colonnes à masquer. Ensuite, exécutez la procédure expliquée ci-dessus.

Excel représente les colonnes masquées avec un trait vertical épais séparant les colonnes visibles situées de part et d'autre de la colonne masquée.

Pour afficher des colonnes masquées, sélectionnez les colonnes visibles de part et d'autre de la colonne masquée. Par exemple, si vous avez masqué la colonne J, sélectionnez les colonnes I et K. Ensuite, ouvrez le menu local Format du groupe Cellules de l'onglet Accueil. Choisissez Masquer et afficher/Afficher les colonnes.

Désélectionnez les colonnes pour apporter des modifications à votre feuille de calcul. Pour cela, cliquez dans n'importe quelle cellule, ou définissez une plage de cellules concernées par vos prochaines modifications.

Lorsque vous masquez une colonne, ses données sont également invisibles. *De facto*, cela masque aussi les données des lignes concernées par cette colonne. Si ces données ont besoin d'être imprimées, ne masquez pas la colonne tant que vous n'avez pas déplacé les cellules contenant lesdites données (consultez le Chapitre 5 du Livre II).

Des lignes désordonnées

L'ajustement de la hauteur des lignes d'une feuille de calcul est sensiblement le même que pour la largeur des colonnes. La grande différence est qu'Excel applique un ajustement automatique à chacune des lignes, même si vous exécutez la commande Ajuster la hauteur des lignes du bouton Format (groupe Cellules de l'onglet Accueil).

Il est donc préférable d'ajuster manuellement la hauteur des lignes à l'aide de la souris, ou en saisissant une valeur dans la boîte de dialogue Hauteur de ligne qui s'ouvre lorsque vous exécutez cette même commande dans le menu local Format du groupe Cellules. Vous pourrez temporairement masquer des lignes. Voici les instructions pour chacune de ces actions :

- **Pour ajuster la hauteur d'une ligne à la souris :** Placez le pointeur de la souris sur le bord inférieur de l'en-tête de la ligne et, quand le pointeur prend la forme d'une double flèche verticale, faites glisser le pointeur vers le haut ou le bas. Une info-bulle indique la nouvelle hauteur en caractères et en pixels. Par défaut, la hauteur d'une ligne est de 15 points ou 20 pixels.
- **Pour ajuster tactilement la hauteur d'une ligne :** Tapotez le bord inférieur de la ligne ou bien son en-tête afin de la sélectionner. Deux barres horizontales apparaissent dans la partie inférieure de l'en-tête. Avec votre doigt ou le stylet, faites glisser le bord inférieur vers le bas ou le haut. Retirez le doigt ou le stylet une fois la bonne dimension atteinte.

  Pour faciliter cette opération, n'hésitez pas à zoomer sur l'en-tête de ligne en éloignant l'un de l'autre votre pouce et votre index.
- **Pour modifier la hauteur d'une ligne dans la boîte de dialogue Hauteur de ligne :** Choisissez Hauteur de ligne dans le menu local Format du groupe Cellules. Tapez une valeur dans le champ Hauteur de ligne de la boîte de dia-

logue éponyme. Validez cette valeur par un clic sur OK ou en appuyant sur la touche Entrée de votre clavier.

» **Pour masquer une ligne :** Placez le pointeur de cellule sur une cellule de la ligne à masquer. Ouvrez le menu local Format du groupe Cellules de l'onglet Accueil, puis choisissez Masquer & afficher/Masquer les lignes.

Il est possible de modifier la hauteur ou de masquer plusieurs lignes simultanément. Il suffit de sélectionner les lignes concernées puis d'exécuter la procédure ci-dessus.

Mise sous forme de tableaux avec les options du ruban

La fonction Mettre sous forme de tableau d'Excel 2016 permet de représenter les données d'une plage de cellules sous la forme d'un tableau. Une fois cette opération réalisée, vous pourrez changer de style de tableau en un seul clic de souris depuis la galerie Styles. Excel applique la mise en forme du style choisi à toutes les lignes et les colonnes que vous ajouterez au tableau.

La fonction Mettre sous forme de tableau nécessite simplement que vous placiez le pointeur de cellule dans le tableau préalablement créé avec un style de tableau. Il suffit ensuite d'ouvrir la galerie *via* le menu local Mettre sous forme de tableau du groupe Styles de l'onglet Accueil. Son contenu, illustré à la Figure 2.5, se divise en trois sections : Clair, Moyen, et Foncé.

Dès que vous cliquez sur la vignette d'un style de tableau, Excel effectue un certain nombre de déductions afin de représenter précisément la table de données sous la forme d'un tableau de données. Il affiche tout d'abord la boîte de dialogue Mettre sous forme de tableau qui permet de définir, dans le champ Où se trouvent les données de votre tableau, la plage de cellules à convertir en tableau (Figure 2.6). Décochez ou cochez l'option Mon tableau comporte des en-têtes pour permettre à Excel de représenter précisément les données sous la forme d'un tableau.

Si les suppositions d'Excel ne permettent pas d'obtenir le tableau souhaité, utilisez le pointeur de la souris pour modifier la plage de cellules affichée dans le champ Où se trouvent les données de votre tableau. Si votre table de données n'utilise pas d'en-têtes de colonnes, décochez l'option Mon tableau comporte des en-têtes.

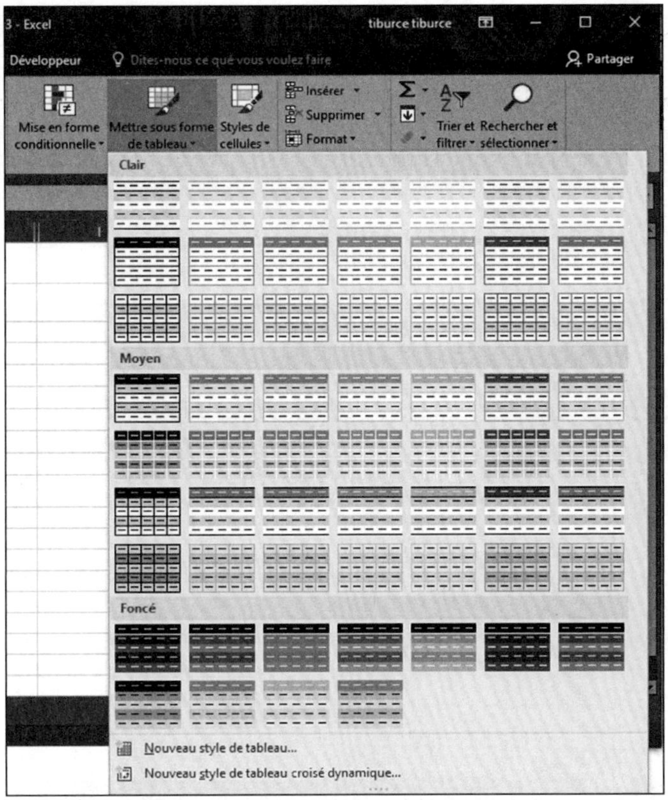

FIGURE 2.5 : Choisissez la vignette d'un format de tableau dans la galerie Styles d'Excel 2016.

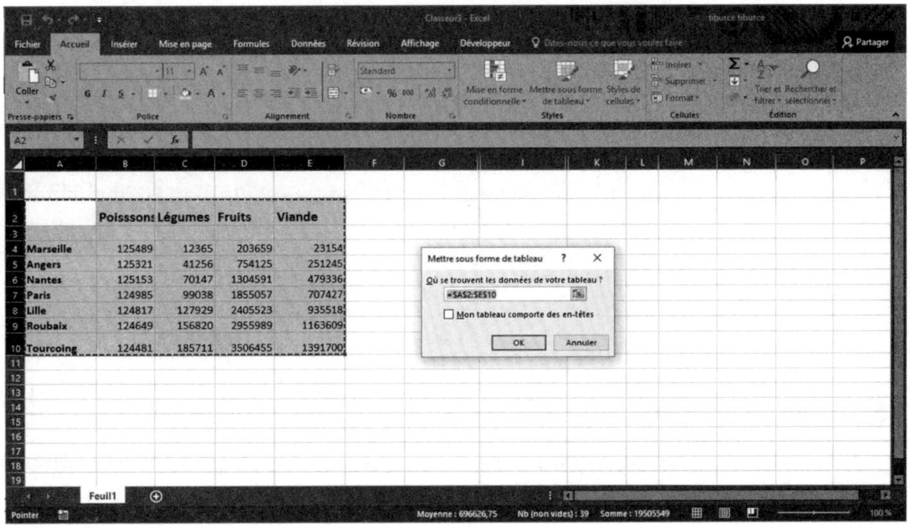

FIGURE 2.6 : Dans la boîte de dialogue Mettre sous forme de tableau, définissez la plage de cellules à convertir.

Vous ne pourrez pas appliquer de style de tableau si les cellules sélectionnées dans la table ou la liste de données ne sont pas adjacentes.

Après avoir cliqué sur le bouton OK de la boîte de dialogue Mettre sous forme de tableau, Excel applique le format de la vignette sur laquelle vous avez cliqué dans la galerie des styles de tableau, et il ouvre l'onglet Création, illustré à la Figure 2.7, qui met à votre disposition d'autres outils de formatage du tableau.

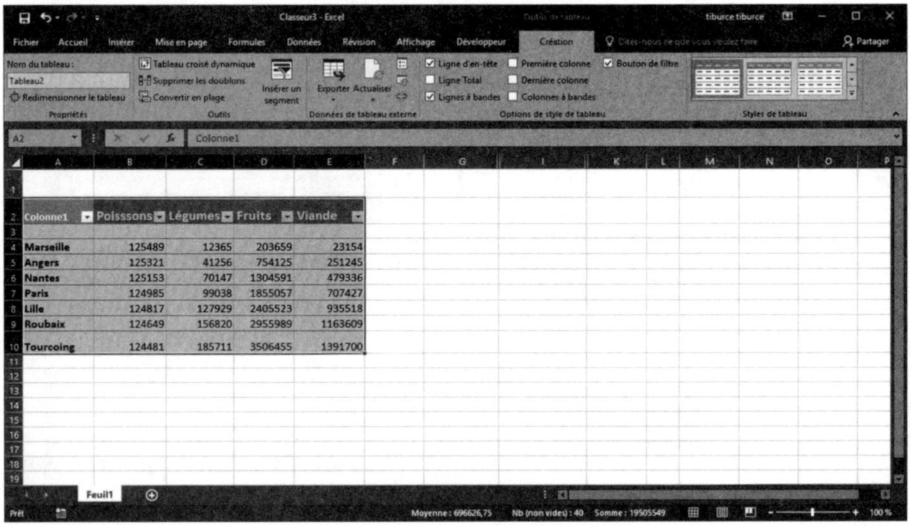

FIGURE 2.7 : L'onglet Création apparaît dès que vous appliquez un style de tableau.

Comme le montre la Figure 2.7, Excel transforme une plage de données en tableau avec des menus locaux de filtrage (triangle à droite de chaque colonne). Pour masquer ces boutons de filtrage, décochez l'option Bouton de filtre du groupe Options de style de tableau de l'onglet Création.

L'onglet Création permet d'utiliser la fonction d'aperçu dynamique pour apprécier l'apparence des données avec d'autres styles de tableau, et cela sans les appliquer. Placez le pointeur de la souris sur une vignette des Styles de tableau. Pour accéder aux styles masqués, cliquez sur le bouton Autres situé en bas à droite de la dernière vignette.

Le groupe Options de style de tableau contient les cases à cocher suivantes :

» **Ligne d'en-tête :** Ajoute des boutons de filtre à chaque en-tête de colonne de la première ligne du tableau.

- **Ligne Total :** Ajoute une ligne Total en bas du tableau qui affiche la somme des valeurs dans la dernière colonne du tableau (en supposant qu'elle contienne des valeurs numériques). Pour appliquer la fonction Statistique au lieu de Somme, cliquez sur le triangle situé à droite du total. Dans le menu local qui apparaît, choisissez Aucun, Moyenne, Nombre, Chiffres, Max., Min., Somme, Ecartype, ou Var.
- **Lignes à bandes :** Applique une bordure aux cellules du tableau.
- **Première colonne :** Affiche en gras les en-têtes de ligne présents dans la première colonne du tableau.
- **Dernière colonne :** Affiche en gras le contenu de la dernière colonne du tableau.
- **Colonnes à bandes :** Ajoute une bordure aux colonnes du tableau.

Excel assigne un nom générique au tableau tel que Tableau1, Tableau2 et ainsi de suite. Modifiez ce nom dans le champ Nom du tableau du groupe Propriétés de l'onglet Création.

Une fois le tableau conforme à vos besoins, cliquez sur une cellule située en dehors de ce tableau. L'onglet Création se ferme. Pour modifier la mise en forme du tableau, cliquez dedans, puis sur l'onglet Création qui refait son apparition.

Formater un tableau avec la fonction Analyse rapide

La fonction Analyse rapide représente rapidement vos données dans un tableau. Commencez par sélectionner les cellules de la table de données, y compris les en-têtes de lignes et de colonnes. Une fois cette sélection opérée, l'icône de la fonction Analyse rapide apparaît dans l'angle de la dernière cellule (en bas à droite) sélectionnée.

Cliquez sur cette icône. Une palette apparaît. Elle se compose de cinq onglets : Mise en forme, Graphiques, Totaux, Tableaux, et Graphiques Sparkline. Cliquez alors sur Tableaux. Placez le pointeur de la souris sur la vignette Tableau. Excel, grâce à l'aperçu dynamique, affiche une représentation de vos données sous la forme d'un tableau, comme l'illustre la Figure 2.8. Cliquez sur la vignette Tableau pour appliquer cette mise en forme à votre table de données.

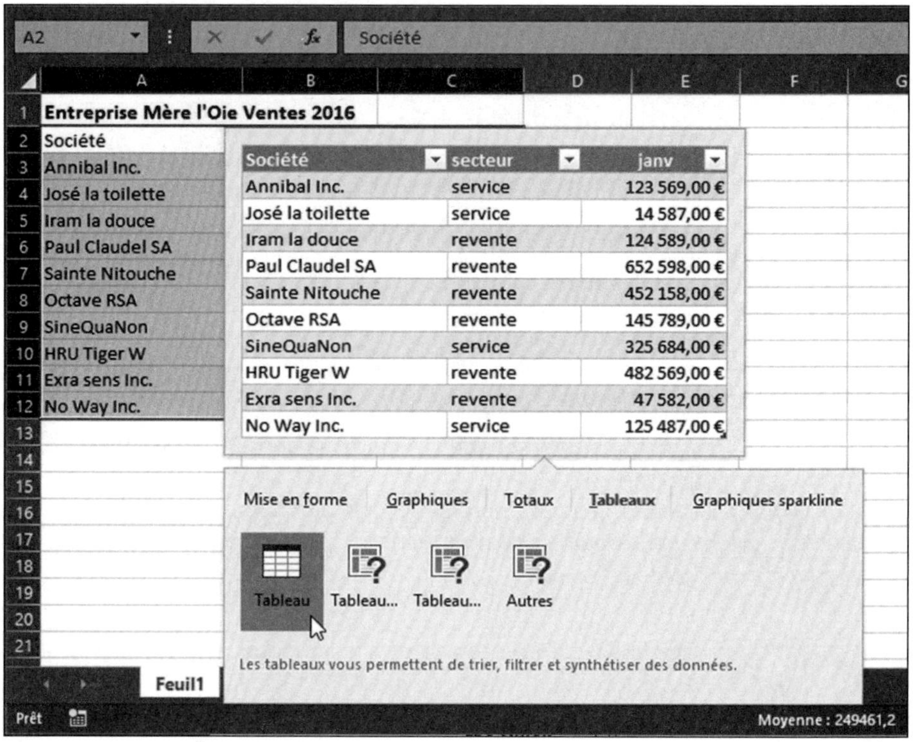

FIGURE 2.8 : Aperçu des données sous la forme d'un tableau grâce à la fonction Analyse rapide.

Dès que vous cliquez sur la vignette Tableau, la palette Analyse rapide disparaît, et l'onglet Création de l'onglet Outils de tableau entre en scène. Utilisez-le pour appliquer un autre style de tableau.

Mise en forme des cellules avec le ruban

La majorité des tables de données d'une feuille de calcul n'ont pas besoin d'une mise en forme aussi sophistiquée que celle appliquée par les tableaux. Bien souvent, vous ne souhaitez mettre en évidence que les en-têtes de colonnes et souligner les totaux dans la partie inférieure de la table.

Les boutons de mise en forme des groupes Police, Alignement, et Nombre de l'onglet Accueil mettent à votre disposition tous les outils nécessaires à cette mise en forme des cellules. Consultez le Tableau 2.1 pour comprendre l'impact de chaque bouton.

TABLEAU 2.1 **Les boutons des groupes Police, Alignement, et Nombre de l'onglet Accueil.**

Groupe	Bouton	Effet	Raccourci clavier
Police	Police	ouvre un menu local où vous sélectionnez une police de caractères pour les entrées des cellules sélectionnées.	Alt + LWP
	Taille	ouvre un menu local où vous choisissez la taille de la police des entrées des cellules sélectionnées.	Alt + LGT
	Augmenter la taille de police	Augmente la taille d'un point à chaque clic.	Alt + LKA
	Réduire la taille de police	Réduit la taille d'un point à chaque clic.	Alt + LKÉ
	Gras	Bascule les entrées en caractères gras.	Alt + L1
	Italique	Bascule les entrées en italique.	Alt + L2
	Souligné	Souligne les entrées.	Alt + L3S (simple) ou Alt + L3D (double)
	Bordure	ouvre un menu local où vous choisissez le type de bordure à appliquer ou à effacer au contour de la cellule.	Alt + LBB
	Couleur de remplissage	ouvre une palette de nuances à appliquer comme arrière-plan de la cellule.	Alt + LTR
	Couleur de la police	ouvre une palette de couleurs à appliquer à la police de la cellule.	Alt + LGO
Alignement	Aligner en haut	Aligne les entrées des cellules sélectionnées sur le bord supérieur de leurs cellules.	Alt + LA
	Aligner au centre	Aligne les entrées des cellules sélectionnées au centre de leurs cellules.	Alt + LI
	Aligner en bas	Aligne les entrées des cellules sélectionnées sur le bord inférieur de leurs cellules.	Alt + LL
	orientation	ouvre un menu local permettant d'appliquer un angle aux entrées des cellules sélectionnées.	Alt + LÙ
	Renvoyer à la ligne	Renvoie à la ligne les entrées des cellules qui débordent sur les cellules adjacentes.	Alt + LÀ
	Aligner à gauche	Aligne les entrées des cellules sélectionnées sur le bord gauche de leurs cellules.	Alt + LGL
	Centrer	Centre les entrées des cellules sélectionnées.	Alt + LGC
	Aligner à droite	Aligne les entrées des cellules sélectionnées sur le bord gauche de leurs cellules.	Alt + LWL
	Diminuer le retrait	Décale l'entrée vers la gauche d'un taquet de tabulation.	Alt + L5

Groupe	Bouton	Effet	Raccourci clavier
	Augmenter le retrait	Décale l'entrée vers la droite d'un taquet de tabulation.	Alt + L6
	Fusionner et centrer	Fusionne les cellules sélectionnées dans une seule cellule, puis centre la donnée ainsi obtenue. Cliquez sur le petit triangle du bouton pour afficher les options de fusion.	Alt + LUU
Nombre	Format de nombre	Affiche une liste de formats numériques que vous pouvez appliquer aux cellules sélectionnées.	Alt + LOF
	Format nombre comptabilité	ouvre un menu local où vous sélectionnez le symbole monétaire à utiliser, comme $ et €. Pour d'autres unités monétaires, choisissez Autres formats de comptabilité.	Alt + LBA
	Style de pourcentage	Applique le style numérique Pourcentage qui multiplie la valeur par 100 et lui ajoute le signe %.	Alt + LST
	Séparateur de milliers	Convertit une valeur numérique en milliers en appliquant la mise en forme idoine avec deux décimales.	Alt + LSS
	Ajouter une décimale	Ajoute une place décimale à la valeur de la cellule.	Alt + L0
	Réduire les décimales	Supprime une place décimale à la valeur de la cellule.	Alt + L9

N'oubliez pas que les raccourcis clavier de mise en forme sont souvent à bascule, c'est-à-dire qu'ils peuvent annuler l'effet qu'ils appliquent. Par exemple Ctrl + G met en forme l'entrée en gras. Pour l'afficher de nouveau normalement, exécutez ce même raccourci. Il en va de même pour Ctrl + I (mise en italique), et Ctrl + U (souligné).

Mise en forme des plages de cellules avec la minibarre d'outils

La minibarre d'outils permet d'appliquer très rapidement des mises en forme. Elle s'affiche dès que vous effectuez un clic droit sur une cellule ou une plage de cellules, comme l'illustre la Figure 2.9.

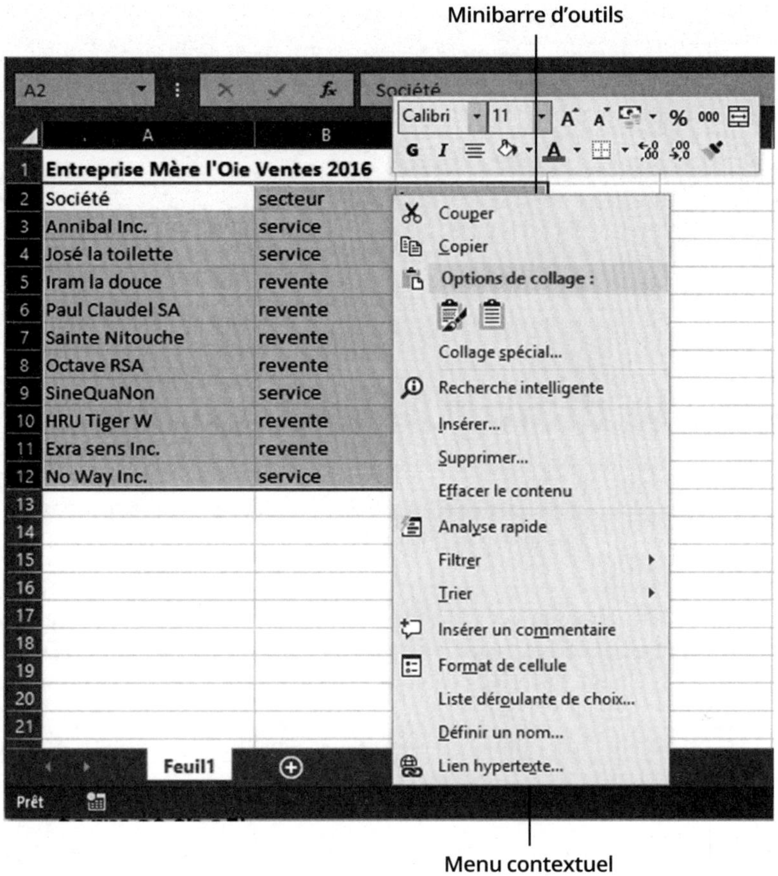

FIGURE 2.9 : Un clic droit sur des cellules affiche un menu contextuel et une minibarre d'outils de mise en forme.

La minibarre d'outils contient la plupart des boutons que vous avez découverts dans le groupe Police de l'onglet Accueil (à l'exception de Souligné). Elle propose également les boutons Centrer et Fusionner & centrer du groupe Alignement, ainsi que les boutons Format nombre comptabilité, Style de pourcentage, Séparateur de milliers, Ajouter un décimal, et Réduire les décimales du groupe Nombre. Pour appliquer une mise en forme, cliquez sur le bouton adéquat.

La minibarre d'outils dispose aussi du bouton Reproduire la mise en forme que vous trouvez également dans le groupe Presse-papiers de l'onglet Accueil. Son utilisation est approfondie à la section « L'outil Reproduire la mise en forme », plus loin dans ce chapitre.

Pour afficher la minibarre d'outils sur un écran tactile, maintenez votre doigt ou le stylet appuyé sur la plage sélectionnée. Son aspect est différent de celle qui apparaît au clic droit d'une souris. La minibarre d'outils des périphériques tactiles ne contient qu'une seule rangée de boutons et se limite à Copier, Couper, Copier, Effacer, Couleur de remplissage, Couleur de police, et Remplissage. D'autres options sont disponibles dans le menu contextuel. Le bouton de mise en forme des cellules donne accès à de nombreux effets de formatage.

Si vous utilisez un stylet, le fait de le maintenir appuyé sur une cellule d'une plage sélectionnée ouvre une minibarre d'outils identique à celle que vous obtenez par un clic droit de la souris.

La boîte de dialogue Format de cellule

Les groupes de mise en forme de l'onglet Accueil ne proposent pas toutes les options de mise en forme d'Excel.

Pour mettre en œuvre toutes les possibilités du programme, ouvrez la boîte de dialogue Format de cellules, soit en cliquant sur le bouton Format de nombre situé dans l'angle inférieur droit du groupe Nombre de l'onglet Accueil, soit un choisissant Format de cellule dans le menu contextuel qui apparaît lorsque vous cliquez droit sur une cellule ou une plage de cellules. Une dernière technique consiste à exécuter le raccourci clavier Ctrl + Maj + 1.

La boîte de dialogue Format de cellule se compose de six onglets : Nombre, Alignement, Police, Bordure, Remplissage, et Protection. Ce chapitre ne traitera pas de l'onglet Protection qui sera étudié au Chapitre 1 du Livre IV.

Assigner des formats numériques

Lorsque vous entrez des nombres dans une cellule ou une formule qui retourne un nombre comme résultat, Excel applique automatiquement le format numérique Standard. Ce format affiche donc des entrées numériques, et connaît les restrictions suivantes :

» Efface les zéros décimaux. Ainsi, **4.500** devient **4.5**.

» Efface le zéro des nombres entiers. Ainsi **04567** devient **4567**.

» Insère un zéro avant le point décimal. **.123** devient **0,123.**

» Supprime la place décimale afin d'afficher les nombres intégralement lorsqu'ils contiennent trop de chiffres pour s'afficher sur la largeur de la colonne. Il convertit également les nombres en notation scientifique lorsque la largeur de la colonne est insuffisante pour afficher la totalité du nombre.

Il est possible de substituer au format Standard un autre format lorsque vous entrez vos données. Par exemple, pour taper 2500 euros, saisissez **2500,00 €**. Cette saisie applique automatiquement le format numérique Monétaire.

Cette méthode ne fonctionne pas pour la cellule contenant une formule. Pour appliquer un autre format numérique à la formule, sélectionnez sa cellule, et ouvrez la boîte de dialogue Format de cellule. Dans son onglet Nombre, optez pour Monétaire à deux décimales. Une autre technique consiste à cliquer sur le bouton Format nombre compatibilité du groupe Nombre de l'onglet Accueil.

Utiliser des formats numériques prédéfinis

Lorsque vous appliquez un format numérique à une sélection de cellules, vous demandez à Excel d'utiliser des codes spécifiques.

Lorsque vous ouvrez la boîte de dialogue Format de cellule après avoir saisi des données numériques sans mise en forme particulière, vous constatez que l'onglet Nombre sélectionne la catégorie Standard. En d'autres termes, les nombres ne correspondent pas à une unité particulière. Le message de cet onglet est très clair dans ce domaine : « Les cellules de format Standard n'ont pas de format de nombre spécifique ». Si des valeurs numériques sont sélectionnées dans la feuille de calcul, l'onglet Nombre affiche un exemple de leur représentation.

CE QUE VOUS VOYEZ N'EST PAS TOUJOURS CE QUE VOUS OBTIENDREZ

Le format numérique assigné aux cellules contenant des entrées numériques affecte uniquement leur affichage dans la cellule. Par exemple, si une formule retourne la valeur 3,456789 et que vous appliquez un format à deux décimales, Excel affichera alors 3,46. Si une formule multiplie cette valeur par 2, Excel retournera 6,913578 et non pas 6,92 qui est le résultat de 3,46 x 2. Pour arrondir ce résultat, vous devez utiliser la fonction ARRONDI (voir le Chapitre 5 du Livre III).

Lorsque vous cliquez sur les catégories Nombre, Monétaire, Compatibilité, ou Pourcentage de la liste Catégorie, des options spécifiques s'affichent dans la partie droite de la boîte de dialogue. La Figure 2.10 montre les paramètres proposés par la catégorie Monétaire. Vous pouvez définir le nombre de décimales, et le symbole monétaire (comme €). Vous avez également un aperçu des nombres négatifs spécifiques à la catégorie numérique utilisée.

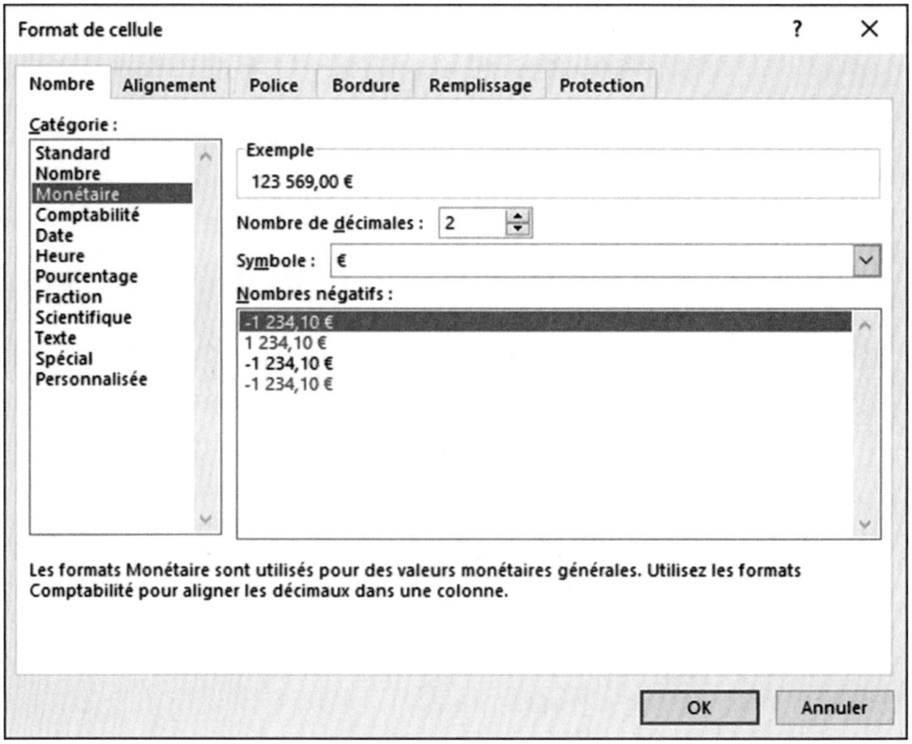

FIGURE 2.10 : Les options du format numérique Monétaire.

Lorsque vous choisissez Date, Heure, Fraction, Spécial, ou Personnalisée, une liste Type apparaît. Elle propose un certain nombre de mises en forme prédéfinies. La zone Exemple montre l'impact du type choisi sur vos données actuelles.

Excel tente d'appliquer le format le mieux adapté à la nature de vos valeurs numériques. Si vous tapez 03:00, Excel sélectionne la catégorie Personnalisée et le Type hh:mm, indiquant qu'il a identifié un horaire.

Décodage (immédiat) des formats numériques personnalisés

Les types de formats de la catégorie Personnalisée sont assez faciles à identifier. La liste Type visible sur la Figure 2.11, commence par Standard, et se poursuit avec 0, 0,00. Ensuite, l'identification est un peu plus complexe. Comment interpréter le signe # ?

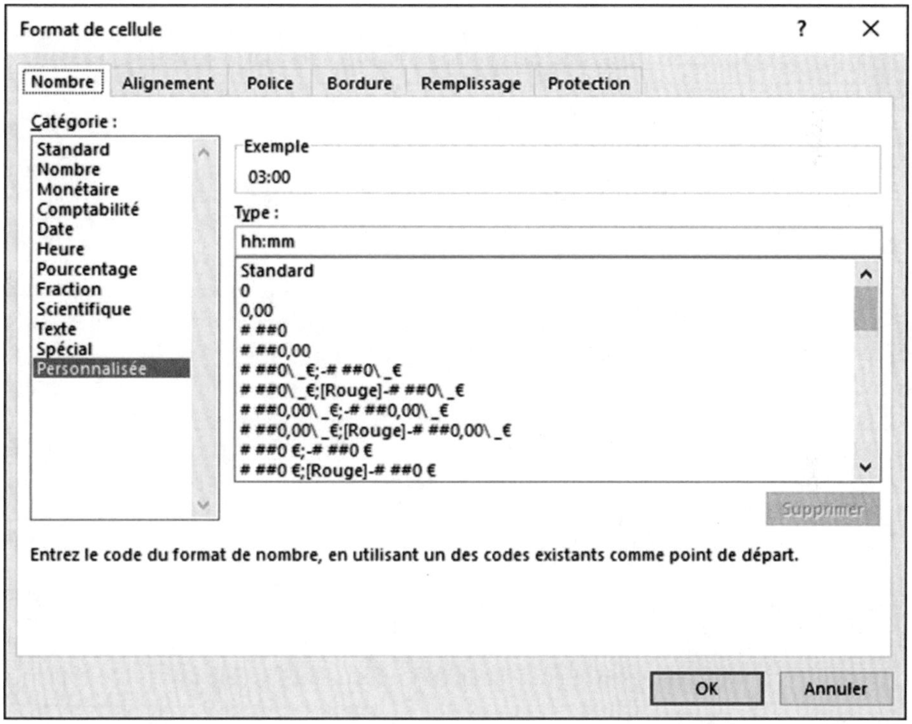

FIGURE 2.11 : Créez votre format numérique personnalisé via la catégorie Personnalisée de la boîte de dialogue Format de cellule.

Plus vous descendez dans cette liste, et plus les codes sont abscons. Pourtant, ils sont d'une grande utilité à condition que vous en compreniez le sens. En effet, ils permettent de créer des formats numériques personnalisés. Voici quelques clés de décryptage des codes :

» Les formats numériques utilisant une combinaison de 0, ?; et de symboles # avec des signes monétaires, de pourcentages, et des virgules identifient la mise en forme de chiffres.

» Le 0 indique le nombre de décimales acceptées par le format. Ainsi, 0,00 accepte deux décimales. Le code 0 n'autorise aucune décimale. Dans ce cas, la valeur décimale est arrondie à la valeur supérieure.

» Le ? fonctionne comme le 0 mais en insérant des espaces à la fin de la valeur pour qu'elle s'aligne sur le point décimal. Par exemple, le format 0,?? appliqué aux valeurs 10,5 et 24,71 ajoute une espace après le 5 pour l'aligner sur le 7 de 71. Si vous appliquez à ces valeurs le format 0,00, les deux valeurs ne seront pas alignées sur le point décimal.

» Le symbole # est utilisé avec des espaces pour afficher des milliers, des centaines de milliers, des millions, des milliards, et ainsi de suite.

» Le symbole € est ajouté à la fin d'un format numérique lorsque vous utilisez des valeurs monétaires exprimées en euros.

» Le symbole % transforme vos valeurs en pourcentage. Il les multiplie par 100 et ajoute le signe %.

Les formats numériques spécifient un format pour les valeurs positives, une deuxième pour les valeurs négatives, un troisième pour les valeurs nulles, et un quatrième pour le texte. Ils se suivent sur une même ligne. Les codes des valeurs positives sont affichés en premier, suivis de ceux des valeurs négatives. Chaque format est séparé d'un autre par un point-virgule. Si le format numérique ne propose pas de valeurs nulles ou négatives, elles seront automatiquement mises en forme en valeurs positives. Si le format n'indique pas comment gérer les entrées texte, Excel appliquera alors sa valeur par défaut. Jetez un œil sur le format numérique suivant :

```
# ##0_);(# ##0)
```

Ce format spécifie la mise en forme des valeurs positives (avant le point-virgule) et des valeurs négatives (après le point-virgule). Les zéros sont formatés comme des valeurs positives, et aucune mise en forme particulière n'est appliquée au texte.

Il est possible d'assigner des couleurs à un format numérique. Par exemple, le vert identifiera les valeurs monétaires. Il suffit d'ajouter [Vert] au début du format. Excel propose par défaut un format utilisant la couleur rouge. Toutefois, vous pouvez spécifier les couleurs suivantes dès l'instant où elles sont placées entre crochets. Voici les codes valides : [Noir], [Bleu], [Cyan] [Vert], [Magenta], [Rouge], [Blanc], et [Jaune].

Les formats des dates utilisent des abréviations pour les mois, les jours, et les années dont les caractères sont séparés par des tirets ou des barres obliques. Le code m identifie le mois en tant que nombre. mmm insère les trois premières lettres du mois comme Avr ou Jan. Le code j spécifie le jour ; jj insère une date à deux chiffres comme 04 ou 07 ; jjj écrit les trois premières lettres du jour comme Lun ou Mer ; et jjjj insère le nom complet du jour comme Lundi ou Mercredi. Le code aa insère les deux derniers chiffres de l'année comme 16 ou 15 ; aaaa inscrit l'année en entier comme 2016, 2015, *etc.*

Les formats des heures utilisent des abréviations pour les heures, les minutes, et les secondes. Le code h insère l'heure ; hh insère l'heure précédée d'un zéro comme 02 ou 06. Le code m insère les minutes ; et mm insère les minutes précédées d'un zéro comme 01 ou 09. Le code s insère les nombres de secondes ; ss fait de même mais en les faisant précéder d'un zéro comme 03 ou 08. Pour les heures anglo-saxonnes, ajoutez AM ou PM selon que l'horloge de 12h indique une heure du matin ou de l'après-midi. Sans ces codes AM/PM, Excel affiche une horloge de 24 heures, ce qui est idéal en Europe. Sinon, 2:00 PM correspond à 14:00 sur une horloge de 24 heures.

Concevoir ses propres formats numériques

Maintenant que vous connaissez le sens des codes des formats numériques prédéfinis d'Excel, utilisez-les pour concevoir vos formats personnalisés. Voici comment procéder :

1. **Ouvrez un classeur, et tapez des valeurs ou du texte auxquels vous appliquerez un format personnalisé.**

   Choisissez si possible des valeurs adaptées au type de format à appliquer. Par exemple, pour un format monétaire, entrez des valeurs numériques, le signe €, et des décimales.

2. **Ouvrez la boîte de dialogue Format de cellule.**
3. **Choisissez la catégorie Personnalisée, et modifiez directement dans le champ Type, le ou les codes appliqués par un format prédéfini.**

Aidez-vous de la zone Exemple pour apprécier l'impact du format personnalisé sur la valeur saisie. Soyez très précis ! Il n'est pas toujours facile d'obtenir la mise en forme souhaitée.

Imaginons que vous créez un format de date personnalisé afin d'utiliser la date du jour que vous entrerez dans Excel avec la fonction MAINTENANT (reportez-vous au Chapitre 3 du Livre III). Vous souhaitez que ce format affiche le mois en intégralité, c'est-à-dire janvier, févier, *etc.*, suivi des deux chiffres du jour, et des quatre chiffres de l'année, comme pour 06 novembre 2016.

Pour obtenir ce résultat, vous devez utiliser l'Assistant de fonction qui insérera la date exacte dans la cellule sélectionnée. Commencez par ouvrir la boîte de dialogue Format de cellule. Dans l'onglet Nombre, choisissez la catégorie Personnalisée, et faites défiler le contenu de la liste Type afin de sélectionner les codes jj/mm/aaaa hh:mm. Ensuite, modifiez-le dans le champ Type comme ceci :

```
dd mmmm aaaa
```

dd insère la date sous forme de deux chiffres ; le code mmmm insère le nom complet du mois ; le code aaaa insère l'année complète. Les autres éléments de ce format sont les espaces qui séparent le jour du mois et le mois de l'année.

Comment créer un format de date plus fantaisiste comme « Aujourd'hui dimanche 06 novembre 2016 », lorsque cette date est insérée par la fonction MAINTENANT ? Eh bien, commencez par sélectionner le format numérique que vous venez de créer et ajoutez ceci :

```
"Aujourd'hui" jjjj jj mmmm yyyy
```

Vous avez ajouté deux éléments : *Aujourd'hui* et *jjjj*. Le code Aujourd'hui entre guillemets indique à Excel qu'il s'agit d'un texte ; le code jjjj insère le nom complet du jour de la semaine.

Supposons maintenant que vous souhaitiez créer un format numérique haut en couleur affichant les valeurs positives en bleu, les négatives en rouge, les valeurs nulles en vert, et le texte en cyan. Vous séparerez les milliers avec une espace, sans décimale, et placerez les valeurs négatives entre parenthèses. Compliqué ? Mais non, c'est du gâteau !

Activez quatre cellules vides de votre classeur. Dans la première, saisissez **1200**. Dans la deuxième, entrez **-8000**, **0** dans la troisième, et **Bonjour** dans la quatrième. Sélectionnez ensuite ces quatre cellules, en commençant par celle qui contient 1200. Ouvrez la boîte de dialogue Format de cellule, et choisissez l'onglet Numérique puis cliquez sur la catégorie Personnalisée. Dans la liste Type, choisissez # ##0 €;[Rouge]-# ##0,00 €, et modifiez-le comme ceci :

```
[Bleu]# ##0;[Rouge](# ##0);[Vert]0;[Cyan]
```

Cliquez sur OK. 1200 s'affiche en bleu, -8000 en rouge, 0 en vert, et le Bonjour en cyan.

Vous devez maintenant en apprendre davantage sur un format qui s'avère quelques fois utile, car il masque les données inscrites dans les cellules. Il vous permettra, par exemple, de masquer des informations confidentielles utilisées dans le calcul d'une feuille, et cela avant son impression ou son partage sous un autre format de fichier.

Pour créer un format qui masque l'affichage de données dans une plage de cellules sélectionnée, contentez-vous de mettre en œuvre un format « vide » en y insérant que des points-virgules comme ceci :

```
;;;
```

Appliquez-le à des cellules et leur contenu ne s'affichera pas. Pour les rendre de nouveau visibles, sélectionnez la ou les cellules concernées, et appliquez un des formats prédéfinis. Si la plage de cellules contient du texte et des valeurs qui utilisent différents formats, appliquez le format Standard dans le simple but de les afficher. Une fois que vous pouvez identifier les valeurs et leur nature, appliquez-leur le format idoine.

Modifier l'alignement

Vous pouvez aligner le contenu des cellules en recourant aux boutons du groupe Alignement de l'onglet Accueil, ou bien en invoquant les réglages de l'onglet Alignement de la boîte de dialogue Format de cellule.

L'*alignement* se réfère à la position horizontale et verticale, ainsi qu'à l'orientation des caractères d'une cellule. Horizontalement, Excel aligne automatiquement les entrées numériques sur la droite de la cellule, et les entrées texte sur la gauche. On parle alors d'alignement Standard. Verticalement, Excel aligne tous les types d'entrée sur le bord inférieur de la cellule.

Dans le menu local Horizontal de l'onglet Alignement de la boîte de dialogue Format de cellule, Excel met à votre disposition les options suivantes :

» **Standard** (par défaut) aligne les données numériques sur la droite, et le texte sur la gauche de la cellule.

- **Gauche (retrait)** aligne les entrées sur le bord gauche de la cellule et place en retrait les caractères depuis ce bord gauche du nombre de caractères que vous indiquerez dans le champ Retrait. La valeur est de 0 par défaut, c'est-à-dire sans retrait.
- **Centré** centre tout type de données dans sa cellule.
- **Droit (retrait)** aligne les entrées sur le bord droit de la cellule et place en retrait les caractères depuis ce bord droit du nombre de caractères que vous indiquerez dans le champ Retrait. La valeur est de 0 par défaut, c'est-à-dire sans retrait.
- **Recopié** répète l'entrée jusqu'à ce que ses caractères remplissent la totalité de la cellule. Les caractères sont répétés ou effacés si vous augmentez ou réduisez la largeur de la colonne.
- **Justifié** aligne le texte de telle sorte qu'il s'ajuste sur le bord gauche et droit de la cellule. Si nécessaire, Excel renvoie le texte à la ligne et augmente alors la hauteur de la ligne. Si vous justifiez des nombres, Excel aligne les valeurs sur le bord gauche de la cellule comme si vous aviez appliqué l'alignement Gauche.
- **Centré sur plusieurs colonnes** centre une entrée texte sur les cellules vides sélectionnées dans les colonnes situées à droite de la cellule où vous avez effectué cette entrée.
- **Distribué (retrait)** place le texte en retrait par rapport aux marges de droite et de gauche de la cellule. La valeur de ce retrait est spécifiée dans le champ Retrait.

Pour les entrées texte, vous pouvez cocher l'option Renvoyer à la ligne automatiquement. Excel renvoie alors le texte sur plusieurs lignes à l'intérieur de cette cellule, tout en conservant l'alignement choisi.

Plutôt que d'imposer un renvoi à la ligne qui augmente la hauteur d'une ligne afin d'afficher toutes les lignes de texte supplémentaires, cochez l'option Ajuster. Excel réduira alors la taille du texte pour que tous les caractères puissent apparaître sur la largeur de la colonne.

Excel propose également des options d'alignement vertical du texte localisées dans le menu local Vertical :

- **Haut** aligne tout type d'entrée sur le bord supérieur de la cellule.

» **Centré** centre tout type de donnée entre les bords supérieur et inférieur de la cellule.

» **Bas** (par défaut) aligne tout type d'entrée sur le bord inférieur de la cellule.

» **Justifié** renvoie le texte à la ligne avec des espaces de manière à aligner verticalement, entre les bords supérieur et inférieur de la cellule, les données affichées sur plusieurs lignes.

» **Distribué** renvoie le texte à la ligne créant ainsi une entrée multiligne tout en répartissant équitablement le texte entre les bords supérieur et inférieur de la cellule.

Enfin, Excel permet d'agir sur l'orientation du texte, c'est-à-dire sur son angle d'affichage. Vous avez le choix entre une orientation de gauche à droite ou de droite à gauche, notamment pour les langues comme l'Hébreu, l'Arabe, ou le Chinois.

Renvoyer du texte sur plusieurs lignes

Utilisez le bouton Renvoyer à la ligne automatiquement du groupe Alignement de l'onglet Accueil du ruban pour qu'Excel crée des entrées sur plusieurs lignes plutôt qu'une longue entrée s'étalant horizontalement sur plusieurs cellules. Le programme augmente alors la hauteur de la ligne pour afficher l'intégralité du texte sur plusieurs lignes.

Pour vous donner une idée de l'impact de cette fonction, regardez les Figures 2.12 et 2.13. La Figure 2.12 montre un long texte chevauchant plusieurs cellules. La Figure 2.13 montre cette même entrée après utilisation du bouton Renvoyer à la ligne automatiquement.

Lorsque vous créez des entrées multilignes avec l'option de renvoi à la ligne automatique, vous pouvez définir chaque saut de ligne en insérant un nouveau paragraphe. Pour cela, cliquez dans la barre de formule afin d'y saisir vos entrées. Dès que vous souhaitez placer une donnée sur la ligne suivante, créez un nouveau paragraphe en appuyant sur Alt + Entrée. Validez les données saisies en appuyant tout simplement sur la touche Entrée. Vos données apparaissent sur plusieurs lignes.

Pour supprimer un retour à la ligne et ainsi faire apparaître deux entrées sur la même ligne, placez le point d'insertion devant la donnée à passer sur la ligne précédente, et appuyez sur la touche Retour arrière de votre clavier.

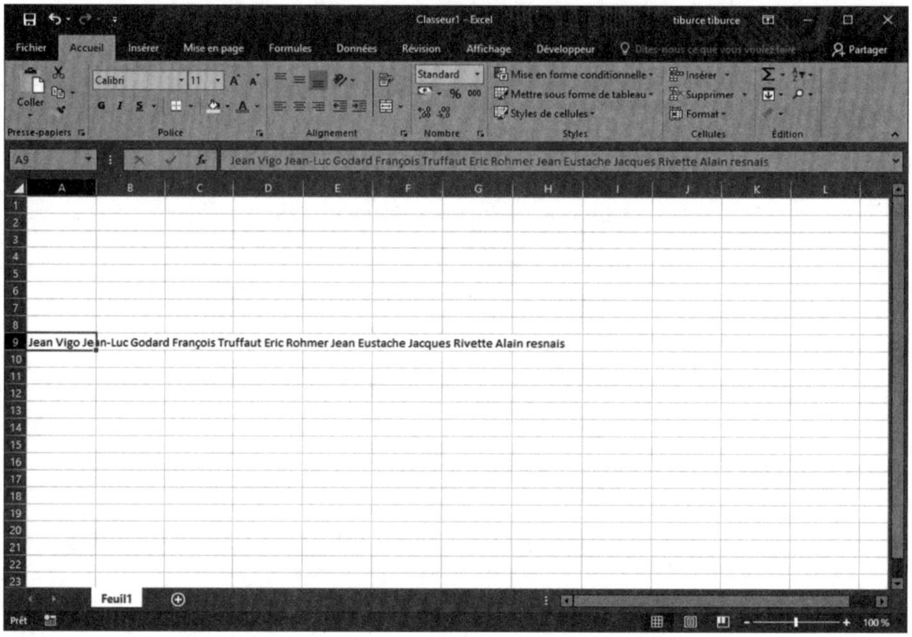

FIGURE 2.12 : Une cellule dont le texte s'étend sur d'autres cellules de la feuille de calcul.

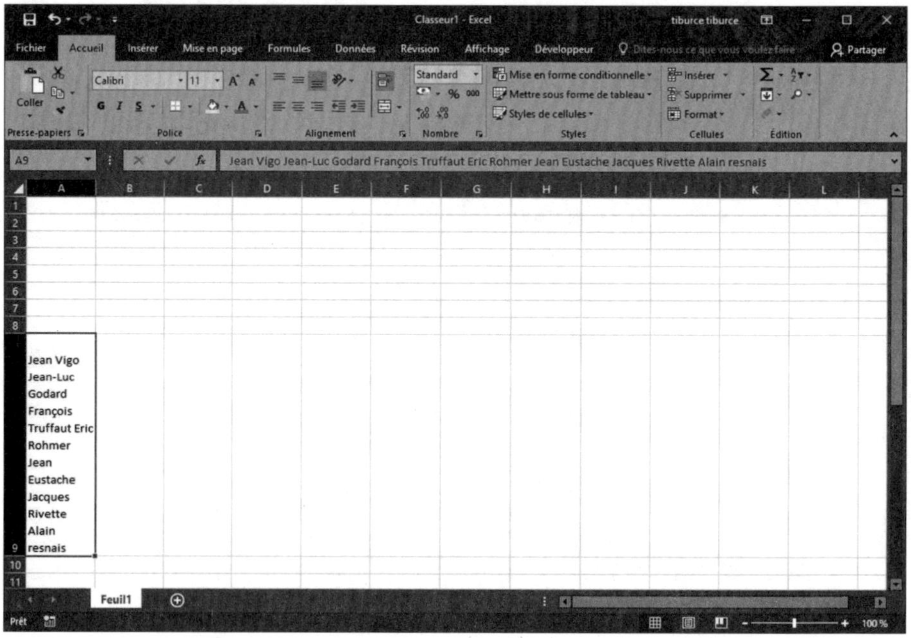

FIGURE 2.13 : La cellule affiche toutes les données grâce à la fonction Renvoyer à la ligne automatiquement.

Réorienter des entrées

Il est très facile de modifier l'orientation des caractères d'une entrée de cellule. Il suffit d'ouvrir le menu local du bouton Orientation du groupe Alignement de l'onglet Accueil. Vous disposez des options suivantes :

» **Rotation dans le sens inverse des aiguilles d'une montre** fait pivoter le texte de 45 degrés dans le sens antihoraire.

» **Rotation dans le sens des aiguilles d'une montre** fait pivoter le texte de 45 degrés dans le sens horaire.

» **Texte vertical** place les caractères des entrées de cellules les uns sous les autres de sorte que le texte se lise verticalement.

» **Rotation du texte vers le haut** fait pivoter la totalité du texte de 90 degrés vers le haut. Les mots s'affichent verticalement sur le bord droit de la cellule.

» **Rotation du texte vers le bas** fait pivoter la totalité du texte de 90 degrés vers le bas. Les mots s'affichent verticalement sur le bord gauche de la cellule.

» **Format de cellule – Alignement** ouvre la boîte de dialogue Format de cellule.

Vous pouvez également altérer l'orientation du texte *via* l'onglet Alignement de la boîte de dialogue Format de cellule (Ctrl + 1), en utilisant les options suivantes de la section Orientation :

» Entrez une valeur d'angle de rotation dans le champ Degrés, ou bien cliquez sur ses petites flèches pour augmenter ou diminuer la valeur d'un degré à chaque clic.

» Cliquez sur un des losanges noirs de la zone située sur la droite pour appliquer rapidement un angle de rotation au texte.

» Cliquez sur le mot Texte écrit verticalement pour empiler les caractères, comme l'illustre ce bouton.

Une fois l'orientation modifiée, Excel ajuste la hauteur des lignes pour afficher correctement les entrées de cellule vers le haut ou le bas. La Figure 2.14 montre une feuille de calcul où le contenu des cellules sélectionnées a été orienté de 90 degrés vers le haut. Notez comment Excel ajuste la hauteur de la ligne pour que les données saisies soient bien visibles.

Des polices et des couleurs fantaisistes

Vous pouvez utiliser des polices installées sur votre ordinateur et par votre imprimante. Vous choisirez donc la police de caractères elle-même, en définirez la taille (exprimée en points), appliquerez un style (gras, italique, souligné, ou barré), et en définirez la couleur.

Vous identifierez la police et sa taille dans la cellule active en regardant les champs Police et Taille de police dans le groupe Police de l'onglet Accueil. Vous verrez aussi les propriétés attribuées au texte comme le Gras, l'Italique, et le Souligné lorsque les boutons **B**, *I*, ou U sont actifs.

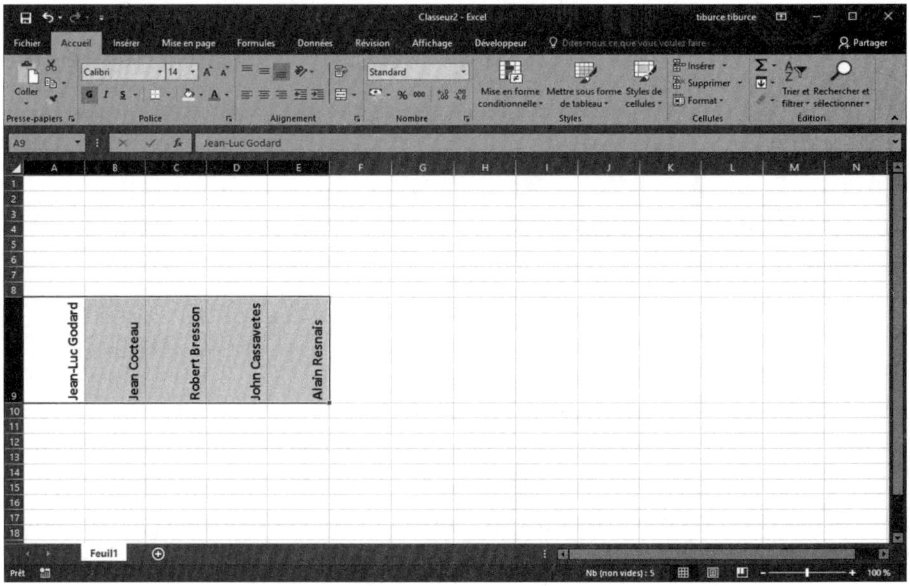

FIGURE 2.14 : Rotation vers le haut des entrées de cellules.

Sélectionner des polices et leur couleur via le ruban

Utilisez les boutons et les menus locaux du Groupe Police de l'onglet Accueil pour changer la police, sa taille, et sa couleur. En revanche, il est impossible de modifier le type de soulignement (simple ou double), ou bien encore le texte barré, les exposants et les indices.

Pour modifier la police avec les boutons de commande du groupe Police de l'onglet Accueil, sélectionnez la cellule, la plage de cellules, ou effectuez une sélection non adjacente. Ensuite, effectuez une des modifications suivantes :

- Pour appliquer une nouvelle police à la sélection, ouvrez le menu local Police, et faites votre choix dans la liste qui apparaît.
- Pour modifier la taille, sélectionnez-en une dans le menu local Taille de la police. Vous pouvez également cliquer dans le menu local afin de sélectionner la taille actuellement appliquée, puis taper directement la nouvelle valeur exprimée en points. Validez cette nouvelle taille en appuyant sur la touche Entrée de votre clavier.
- Pour augmenter rapidement la taille de la police d'un point, cliquez sur le bouton Augmenter la taille de police.
- Pour réduire la taille de la police d'un point, cliquez sur le bouton Réduire la taille de police.
- Pour mettre en forme la police, cliquez sur le bouton adéquat : Gras (**B**), Italique (*I*), et Souligné (S). Pour appliquer un double soulignement, cliquez sur le petit triangle du bouton S dans le menu local qui apparaît, choisissez Double souligné.
- Pour changer la couleur de la police, ouvrez le menu local Couleurs de police, et cliquez sur une des couleurs de la palette qui s'affiche.

L'aperçu dynamique permet d'apprécier le type de police, la taille, et la couleur avant d'appliquer la modification. Pour cela, veillez à ne pas occulter le contenu de vos cellules avec les menus locaux.

Vous pouvez annuler vos modifications par un clic sur le bouton idoine de la barre d'outils Accès rapide (ou en exécutant le raccourci clavier Ctrl + Z). Pour supprimer la mise en gras, en italique, et le soulignement, cliquez simplement sur leur bouton.

Sélectionner des polices et des couleurs dans la boîte de dialogue Format de cellule

Sélectionnez une nouvelle police, taille, style, et couleur dans l'onglet Police de la boîte de dialogue Format de cellule (Ctrl + 1). La Figure 2.15 montre les différentes options de cet onglet lorsque la cellule active est vide. Vous constatez que la police est Calibri (Corps), le Style est Normal, la Taille est de 11 points, que le Soulignement est fixé sur Aucun, et que la Couleur est noire (c'est-à-dire Automatique).

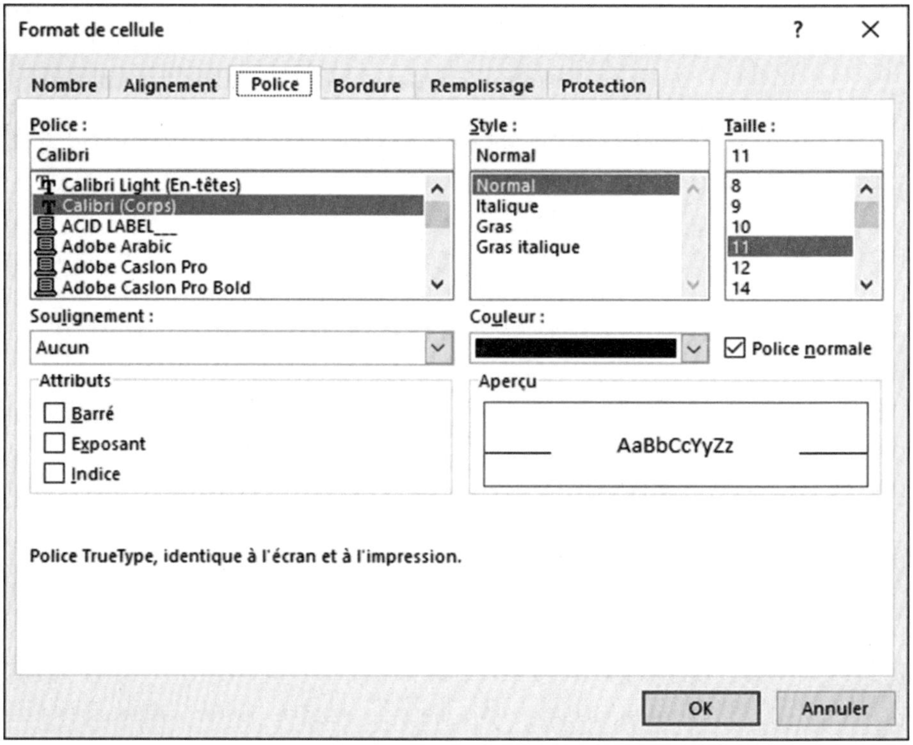

FIGURE 2.15 : Assignez des nouvelles polices, tailles, styles, et couleurs depuis l'onglet Police de la boîte de dialogue Format de cellule.

Pour choisir une nouvelle couleur, ouvrez le menu local Couleur. Il affichera une palette identique à celle du groupe Police de l'onglet Accueil. Choisissez la couleur dans la section Couleurs du thème, ou dans la section Couleurs standard.

Si aucune couleur ne vous convient, cliquez sur Autres couleurs afin d'ouvrir la boîte de dialogue Couleurs. Elle se compose d'un onglet Standard qui permet de cliquer sur un des losanges de couleur. Dans l'onglet Personnalisées, utilisez le nuancier pour définir une couleur personnalisée. Ouvrez le menu local Palette de couleurs pour choisir entre la palette RVB (Rouge, Vert, et Bleu) et TSL (Teinte, Saturation et Luminosité).

Vous pouvez soit faire glisser le curseur sur le vaste nuancier de la boîte de dialogue, soit saisir directement des valeurs dans les champs RVB ou Teinte, Saturation, et Luminosité selon la palette de couleurs choisie. Vous pouvez également modifier ces valeurs en cliquant sur les triangles localisés à droite de leur champ numérique.

Toute nouvelle couleur ainsi définie est ajoutée dans la section Couleurs utilisées récemment des menus locaux Couleur de police et Couleur de remplissage.

Bordures, remplissages, et motifs

Il est très facile d'ajouter des bordures, de modifier la couleur de remplissage, d'appliquer des motifs, des dégradés, et des textures aux cellules d'une feuille de calcul. Ces enrichissements permettront de mettre en valeur certaines données importantes. Les couleurs et les motifs pourront attirer l'attention sur des aspects significatifs du classeur.

Pour faciliter l'application de bordure et de remplissage, masquez la grille de cellule en décochant l'option Quadrillage du groupe Afficher de l'onglet Affichage (Alt + NFÈ).

Masquer le quadrillage n'a aucun effet sur l'impression de la feuille de calcul. Pour imprimer ce quadrillage, exécutez la commande Imprimer du menu Fichier. Cliquez sur le lien Mise en page situé tout en bas du volet Imprimer. Dans la boîte de dialogue Mise en page, activez l'onglet Feuille, et cochez l'option Quadrillage de la section Impression.

Appliquer des bordures

Ouvrez le menu local Bordures du groupe Police de l'onglet Accueil, ou bien utilisez les options de l'onglet Bordure de la boîte de dialogue Format de cellule illustrées sur les Figures 2.16 et 2.17.

Dans le menu local Bordures, cliquez sur le type de bordure à appliquer aux cellules sélectionnées. Pour supprimer une bordure appliquée par erreur, choisissez Aucune bordure.

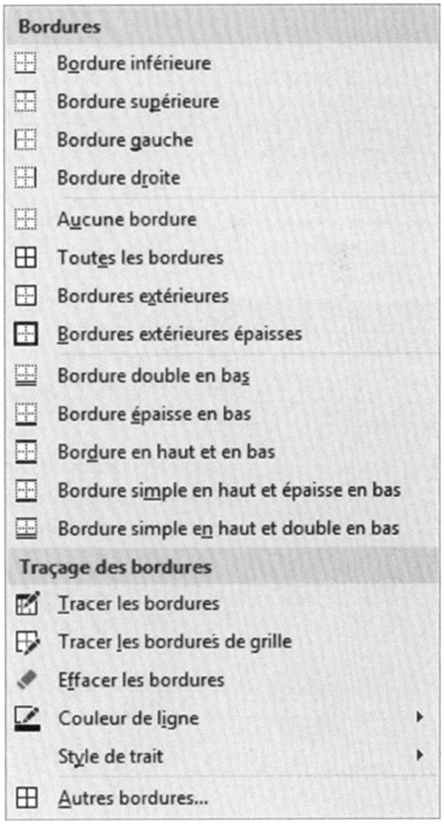

FIGURE 2.16 : Les types de bordures proposées par le bouton Bordures de l'onglet Accueil.

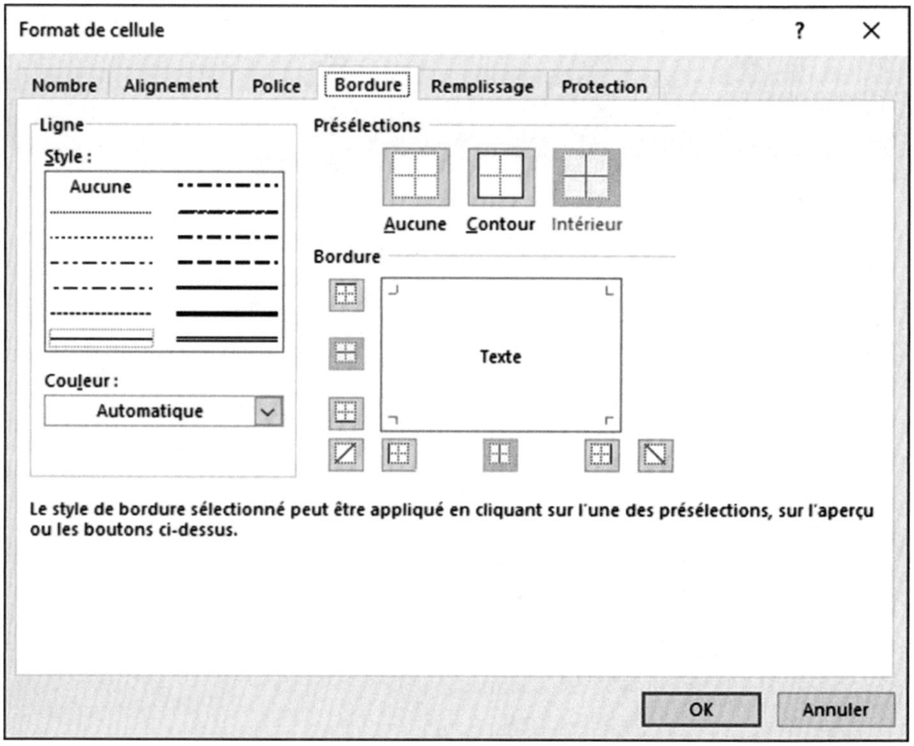

FIGURE 2.17 : Les options de bordure de l'onglet Bordure de la boîte de dialogue Format de cellule.

Pour modifier la couleur des traits de la bordure depuis le menu local Bordures du ruban, placez le pointeur de la souris sur Couleur de ligne. Cliquez sur une des couleurs proposées par les différentes palettes du sous-menu qui apparaît.

Pour effectuer ces opérations dans l'onglet Bordure de la boîte de dialogue Format de cellule, choisissez un type de trait dans la liste Style. Spécifiez éventuellement une nouvelle couleur dans le menu local Couleur.

Choisissez la bordure dans la section éponyme de la boîte de dialogue.

Le menu local du bouton Bordures contient deux options qui permettent de dessiner des bordures autour d'une sélection de cellules. Pour cela, ouvrez le menu local du bouton Bordures du ruban, et exécutez-y la commande Tracer les bordures. Cette action transforme le pointeur de la souris en crayon. Faites-le glisser sur les cellules où vous souhaitez appliquer des bordures.

Pour supprimer les bordures appliquées par une de ces techniques, sélectionnez la plage concernée, puis ouvrez le menu local Bordure du ruban et exécutez la commande Aucune bordure.

Remplissages, dégradés, et motifs

Le fond des cellules d'Excel 2016 peut être rempli d'une couleur, d'un dégradé, et de motifs.

Pour remplir une cellule avec une couleur unie, ouvrez le menu local du bouton Remplissage du groupe Police de l'onglet Accueil, ou bien cliquez sur l'onglet Remplissage de la boîte de dialogue Format de cellule, comme sur la Figure 2.18.

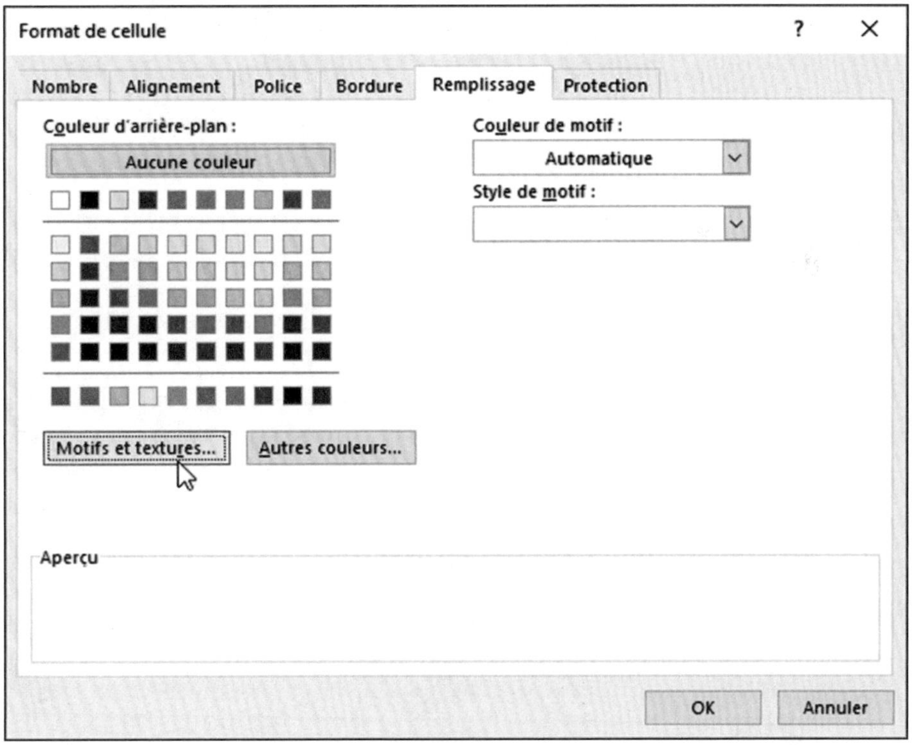

FIGURE 2.18 : L'onglet Remplissage permet de changer la couleur, d'opter pour un dégradé ou un motif.

» Pour appliquer un dégradé, cliquez sur le bouton Motifs et textures (Figure 2.19). Dans le menu local Couleur 1 choisissez la couleur de départ du dégradé, et dans le menu local Couleur 2, sa couleur de fin. Vous modifierez

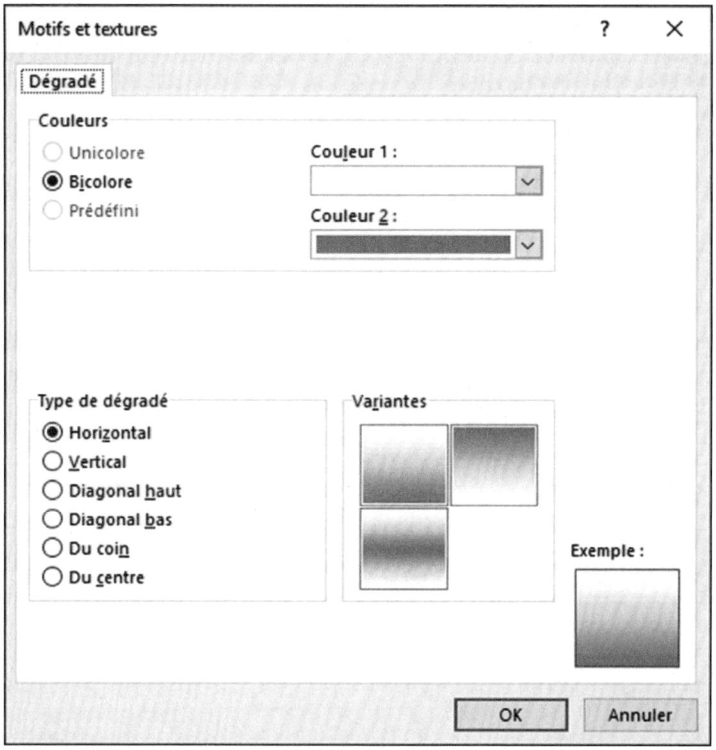

FIGURE 2.19 : Définissez un dégradé dans la boîte de dialogue Motifs et textures.

l'orientation du dégradé dans la liste Type de dégradé. Pour appliquer le dégradé, cliquez sur le bouton OK.

» Pour appliquer un motif, ouvrez le menu local Style de motif, et choisissez parmi les motifs prédéfinis d'Excel. Ensuite, modifiez sa couleur *via* le menu local Couleur de motif.

Vérifiez les sections Aperçu et Exemple des différents onglets de la boîte de dialogue Format de cellule avant de valider l'application du remplissage ou du motif par un clic sur le bouton OK. Si l'effet obtenu vous déplaît, exécutez immédiatement Ctrl + Z ou bien cliquez sur le bouton Annuler de la barre d'outils Accès rapide.

Pour supprimer tout type de remplissage, sélectionnez la plage de cellules concernée. Ensuite, choisissez l'option Aucun remplissage dans le menu local du bouton Couleur de remplissage de l'onglet Accueil.

L'outil Reproduire la mise en forme

Le bouton Reproduire la mise en forme (icône d'un pinceau) du groupe Presse-papiers de l'onglet Accueil, copie la mise en forme d'une cellule afin de l'appliquer rapidement à d'autres cellules de la feuille de calcul. En quelques étapes simples, vous appliquerez une nouvelle police, taille, et style :

1. **Placez le pointeur de cellule dans la cellule dont vous souhaitez reproduire la mise en forme.**
2. **Cliquez sur le bouton Reproduire la mise en forme (pinceau) du groupe Presse-papiers de l'onglet Accueil.**

   Le pointeur de la souris se transforme en un pinceau accompagné d'un signe +.
3. **Faites glisser l'outil sur la plage de cellules à mettre en forme comme la cellule active de l'Étape 1.**

Dès que vous relâchez le bouton de la souris, la plage de cellules est mise en forme exactement comme celle de départ.

Normalement, l'outil Reproduire la mise en forme est désactivé dès que vous relâchez le bouton de la souris. Pour garder cet outil actif après l'avoir appliqué à une plage de cellules dans le but de mettre en forme d'autres cellules sur le même style, double-cliquez sur le bouton Reproduire la mise en forme. L'outil restera actif, donc opérationnel, jusqu'à ce que vous cliquiez de nouveau sur son bouton.

Appliquer des styles de cellules

Les styles de cellules combinent différents aspects de la mise en forme incluant le format numérique, l'alignement du texte, la police et sa taille, le remplissage, et sa protection (voir le Chapitre 1 du Livret IV).

Dans Excel 2016, les styles de cellules s'appliquent depuis la galerie qui apparaît lorsque vous cliquez sur le bouton Styles de cellules du groupe Styles de l'onglet Accueil.

Cette galerie contient des styles prêts à l'emploi que vous pouvez instantanément appliquer aux cellules sélectionnées. Ils sont classés dans différentes sections : Satisfait, insatisfaisant et neutre ; Données et modèles ; Titres et en-têtes ; Styles de cellules avec thèmes ; et Format de nombre, comme le montre la Figure 2.20.

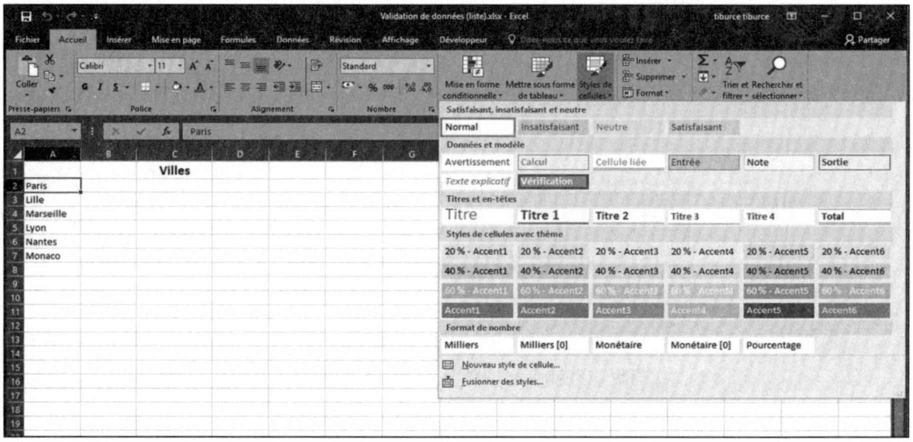

FIGURE 2.20 : Sélectionner un nouveau style de cellule dans la galerie Styles de cellules.

Pour appliquer un de ces styles, placez d'abord le pointeur de la souris sur une vignette afin d'apprécier son effet sur la plage de cellules. Dès qu'un style vous convient, cliquez dessus.

Style de cellule Format de nombre

La section Format de nombre située tout en bas de la galerie des styles de cellules, comme vous pouvez le voir sur la Figure 2.20 ci-dessus, propose cinq styles prédéfinis que vous appliquerez à des valeurs numériques saisies dans une sélection de cellules :

- **Milliers** applique le format millier exactement comme lorsque vous cliquez sur le bouton Séparateur de milliers du groupe Nombre de l'onglet Accueil.
- **Milliers (0)** applique le format millier mais sans décimales.
- **Monétaire** applique le format Monétaire exactement comme lorsque vous cliquez sur le bouton Format nombre comptabilité du groupe Nombre de l'onglet Accueil.
- **Monétaire (0)** applique le format Monétaire mais sans décimales.

» **Pourcentage** applique le format pourcentage, exactement comme lorsque vous cliquez sur le bouton Style de pourcentage du groupe Nombre de l'onglet Accueil.

Il est possible de cumuler un style numérique avec d'autres styles de mise en forme des cellules comme Satisfaisant, Insatisfaisant et neutre (à l'exception de Normal qui applique le format Standard) ; Données et modèles ; et Styles de cellules avec thèmes. Commencez par appliquer un style Format de nombre de la galerie Styles de cellules. Ensuite, choisissez un style dans les trois autres sections mentionnées.

Si vous cliquez sur Normal de la section Satisfaisant, Insatisfaisant et neutre, vous retrouverez l'état original de la cellule : format de nombre Standard, alignement gauche ou droite (en fonction du contenu), alignement horizontal et vertical bas, police Calibri (corps), taille de 11 points (sauf si vous avez changé la taille par défaut), aucune bordure, aucun remplissage, et protection verrouillée.

Définir un style de cellule personnalisé

Vous n'êtes pas limité aux styles proposés par la galerie Styles de cellules d'Excel, et pouvez ainsi créer les vôtres. Pour cela, partez d'un style existant que vous personnaliserez.

Une fois le style choisi, conformez-vous aux étapes suivantes :

1. **Placez le pointeur de cellule dans la cellule à laquelle vous avez appliqué le style à personnaliser.**
2. **Ouvrez le menu local Styles de cellules du groupe Styles de l'onglet Accueil, et choisissez Nouveau style de cellule.**

   Cette action ouvre la boîte de dialogue Style. Le champ Nom du style indique Style 1, et tous les attributs actuellement appliqués sont cochés dans la section Le style inclut (par exemple).
3. **Remplacez Style 1 par celui de votre style.**
4. **Cliquez sur le bouton OK pour quitter la boîte de dialogue Style.**

Lorsque vous définissez un style de cette manière, sélectionnez une seule cellule contenant toutes les caractéristiques de mise en forme que vous souhaitez pour votre nouveau style. Vous éviterez ainsi de sélectionner des cellules qui ne partagent pas la même mise en forme. Lorsque vous basez votre nouveau style sur des cellules dont la mise en forme est différente, le style ne conservera que les caractéristiques communes.

Une fois que vous aurez fermé la boîte de dialogue Style, Excel ajoutera une vignette de votre style dans la section Personnalisé de la galerie Styles de cellules. Pour appliquer ce style, sélectionnez les cellules concernées, puis cliquez sur sa vignette dans le menu local Styles de cellules.

Créer un style de cellule de toutes pièces

Vous pouvez créer un style de cellule sans vous baser sur un style existant :

1. **Placez le pointeur de cellule dans une cellule à laquelle aucune mise en forme n'a été appliquée.**
2. **Ouvrez le menu local Styles de cellules du groupe Styles de l'onglet Accueil, et cliquez sur Nouveau style de cellule.**

   Cette action ouvre la boîte de dialogue Style avec l'ensemble des attributs de style cochés.
3. **Tapez un nom dans le champ Nom du style.**

   Vous devez maintenant sélectionner les paramètres de mise en forme du nouveau style.
4. **(Facultatif) Décochez les attributs que vous ne voulez pas appliquer à votre style.**

   Ils sont tous sélectionnés par défaut.
5. **Cliquez sur le bouton Format de la boîte de dialogue Style.**

   Cette action ouvre la boîte de dialogue Format de cellule. Utilisez ses six onglets pour définir votre nouveau style.
6. **Une fois vos attributs définis, cliquez sur le bouton OK afin de revenir dans la boîte de dialogue Style.**

   La section Le style inclut (par exemple) détaille les attributs que vous avez spécifiés.
7. **Cliquez sur OK pour fermer la boîte de dialogue Style.**

Dès que vous cliquez sur OK, Excel applique le style à la cellule active. Le nom de votre style est ajouté à la section Personnalisé de la galerie des styles de cellules.

Pour appliquer ce nouveau style à d'autres cellules de la feuille de calcul, cliquez sur sa vignette dans la section Personnalisé de la galerie.

Pour supprimer un style personnalisé de la galerie Styles de cellules, faites un clic droit dessus et, dans le menu contextuel qui apparaît, exécutez la commande Supprimer.

Fusionner des styles dans d'autres classeurs

Tous les styles de cellules personnalisés sont sauvegardés dans votre feuille de calcul au moment où vous enregistrez votre fichier Excel. *De facto*, lorsque vous créez une nouvelle feuille de calcul, Excel ne met à votre disposition que ses styles de cellules prédéfinis.

Si vous avez créé des styles personnalisés que vous souhaitez appliquer dans un nouveau classeur ou un classeur existant, vous devez les fusionner dans le classeur en question :

1. **Ouvrez le fichier classeur contenant les styles personnalisés que vous souhaitez utiliser dans un nouveau projet ou un projet antérieur.**

   Vous devez également ouvrir le classeur dans lequel utiliser vos styles personnalisés.

2. **Dans la Barre des tâches de Windows, placez le pointeur de la souris sur l'icône Excel, puis cliquez sur la vignette du classeur dans lequel vous souhaitez appliquer le style personnalisé.**

3. **Dans le groupe Styles de l'onglet Accueil, ouvrez le menu local Styles de cellules, et cliquez sur Fusionner des cellules.**

   Excel ouvre la boîte de dialogue Fusionner des styles. Les classeurs actuellement ouverts dans Excel sont listés dans la section Fusionner à partir de.

4. **Cliquez sur le nom du classeur contenant les styles personnalisés à fusionner dans le classeur actif, puis cliquez sur OK.**

   Cette action ferme la boîte de dialogue Fusionner des styles. Si le fichier Excel que vous sélectionnez contient des styles personnalisés portant le même nom que ceux définis dans le classeur actif, Excel affichera un message d'alerte vous demandant si vous souhaitez fusionner les styles. Si vous cliquez sur Oui, le style du classeur actif portant le même nom que celui que vous souhaitez fusionner sera remplacé par ce style personnalisé. Si vous optez pour Non, le style du classeur actif ne sera pas remplacé. Seuls les styles au nom unique seront fusionnés dans le classeur actif.

Après avoir fusionné des styles d'un autre classeur, vous pouvez le fermer en cliquant sur son bouton de fermeture. Le classeur dans lequel vous avez fusionné le ou les styles contient désormais les vignettes de ces styles dans sa galerie de styles de cellules.

Mise en forme conditionnelle

La fonction de mise en forme conditionnelle d'Excel 2016 permet de formater une plage de cellules en fonction de la nature de ses valeurs. Par exemple, des valeurs situées dans une certaine tranche seront automatiquement affichées avec un style particulier.

Lorsque vous cliquez sur le bouton Mise en forme conditionnelle du groupe Styles de l'onglet Accueil, un menu local propose les options suivantes :

- **Règles de mise en surbrillance des cellules** ouvre un sous-menu proposant diverses règles de mise en forme qui mettent en surbrillance des cellules contenant certaines valeurs, texte, ou dates, ou bien qui sont supérieures ou inférieures à une valeur de référence, ou bien encore qui tombent dans une certaine plage de valeurs.
- **Règles des valeurs plus ou moins élevées** ouvre un sous-menu contenant des options de règles de mise en forme qui mettent en surbrillance des valeurs élevées ou faibles, des pourcentages, et des valeurs situées au-dessus ou en dessous des valeurs moyennes dans une plage de cellules.
- **Barres de données** ouvre une palette contenant différentes barres de couleurs que vous pouvez appliquer à une sélection de cellules pour attirer l'attention sur leurs valeurs relatives les unes par rapport aux autres.
- **Nuances de couleurs** ouvre une palette avec des nuances de couleurs que vous appliquerez à une sélection de cellules afin d'indiquer leur valeur relative les unes par rapport aux autres.
- **Jeux d'icônes** affiche une palette d'icônes que vous appliquerez à une sélection de cellules afin d'indiquer leurs valeurs relatives les unes par rapport aux autres.

- **Nouvelle règle** ouvre la boîte de dialogue Nouvelle règle de mise en forme qui permet de créer une règle de mise en forme personnalisée.
- **Effacer les règles** donne accès à un menu local qui permet de supprimer des règles de mise en forme conditionnelle appliquées à des cellules sélectionnées, ou bien de supprimer toutes les règles de la feuille de calcul.
- **Gérer les règles** affiche la boîte de dialogue Gestionnaire des règles de mise en forme conditionnelle, où vous modifierez et supprimerez des règles spécifiques, ou les déplacerez en agissant sur les boutons Monter et Descendre.

Mise en forme conditionnelle graphique

La mise en forme conditionnelle la plus sympathique que vous puissiez utiliser consiste en des graphiques que vous choisirez dans les styles Barre de données, Nuances de couleurs, et Jeux d'icônes du bouton Mise en forme conditionnelle :

- **Barre de données** représente les valeurs relatives d'une sélection de cellules par des barres de couleurs. L'identification visuelle des valeurs les plus et les moins élevées est alors très rapide.
- **Nuances de couleurs** classifie les valeurs relatives d'une plage de cellules avec des couleurs.
- **Jeux d'icônes** classifie les valeurs d'une sélection de cellules de trois à cinq catégories de la plus élevée à la plus faible.

La Figure 2.21 montre deux plages de cellules identiques. Dans la première, j'ai appliqué la mise en forme conditionnelle Nuances de couleurs, et dans la seconde la mise en forme conditionnelle Jeux d'icônes pour classer visuellement les valeurs de 6 à 1 et de 1 à 6.

Pour masquer des valeurs dans une plage de cellules et n'afficher que la mise en forme conditionnelle graphique, appliquez cette mise en forme aux entrées d'une plage de cellules numérique, puis masquez les valeurs en question avec le format de nombre personnalisé (;;;), comme expliqué à la section « Concevoir ses propres formats numériques » plus haut dans ce chapitre.

Mise en forme avec les outils Analyse rapide

L'Analyse rapide d'Excel 2016 permet d'appliquer différents types de mise en forme conditionnelle à des plages de cellules sélectionnées. La Figure 2.22 en il-

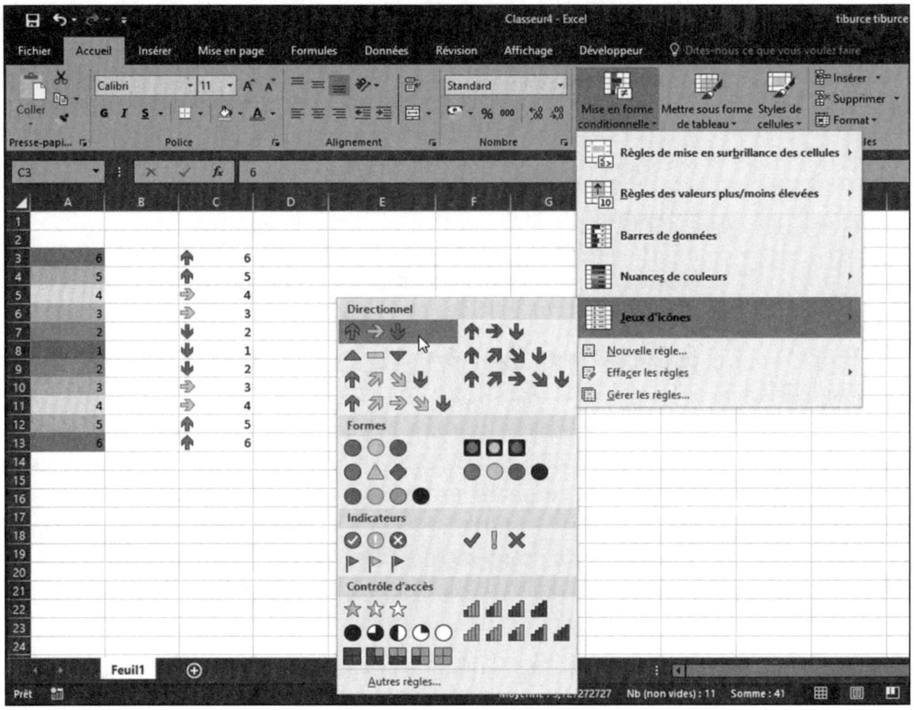

FIGURE 2.21 : Mise en forme conditionnelle graphique d'une séquence numérique avec des nuances de couleurs et des jeux d'icônes.

lustre le fonctionnement. J'ai sélectionné la plage de cellules E3:E13 qui contient une copie des valeurs 6 à 1 et 1 à 6.

Dans le menu local de l'outil Analyse rapide, j'ai cliqué sur l'onglet Format, et j'ai choisi Barre de données. Profitez de l'aperçu dynamique pour tester les autres mises en forme conditionnelles.

Identifier des valeurs ou des entrées particulières dans une plage de cellules

Les options des mises en forme conditionnelles Règles de mise en surbrillance des cellules et Règles des valeurs plus ou moins élevées appliquent une mise en forme lorsque certaines conditions sont remplies.

Les critères d'application de ces mises en forme sont très vastes. Ainsi, une règle spécifique sera appliquée lorsqu'une plage de cellules contiendra une entrée texte particulière, comme Fixe ou Variable. Dans le même ordre d'idée, vous appliquerez

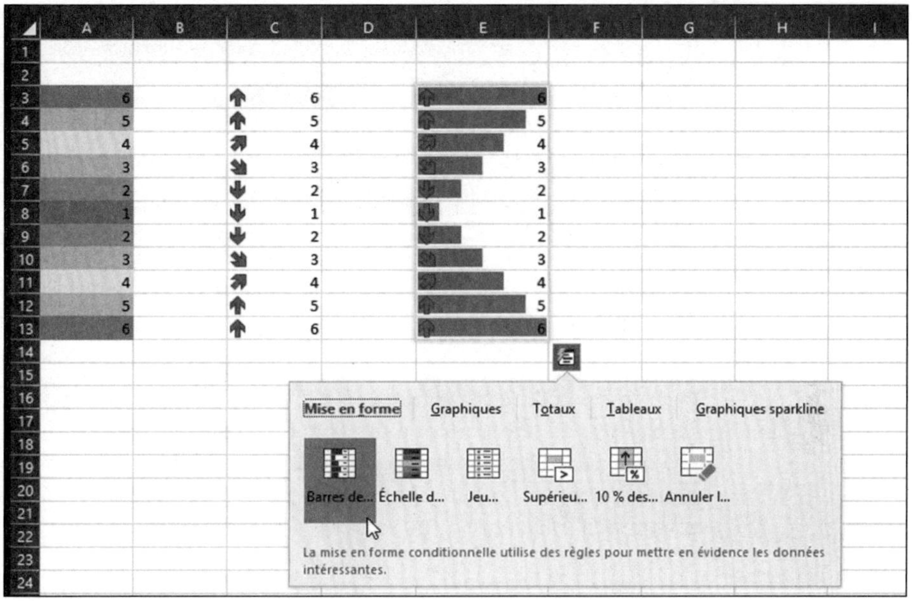

FIGURE 2.22 : Les options de la barre d'outils Analyse rapide permettent de prévisualiser une mise en forme conditionnelle à appliquer à une plage de cellules.

une mise en forme particulière quand une cellule de la plage contiendra des données d'une valeur égale, supérieure, ou inférieure à une valeur de référence. Vous pourrez également définir une règle par laquelle une mise en forme sera appliquée quand la valeur sera égale à l'une des dix plus grandes valeurs d'une plage, et en dessous de sa valeur moyenne, ou bien encore tombant dans les dix pourcentages les plus faibles.

Par exemple, créez une règle qui affichera un texte rouge foncé sur fond rouge clair chaque fois qu'elle contiendra le mot *Fixe* :

1. **Sélectionnez la plage de cellules de la feuille de calcul où s'appliquera la mise en forme conditionnelle.**
2. **Dans l'onglet Accueil, cliquez sur le bouton Mise en forme conditionnelle. Placez le pointeur de la souris sur Règles de mise en surbrillance des cellules/Texte qui contient.**

   Excel ouvre la boîte de dialogue Texte qui contient. Vous y indiquerez le texte auquel Excel doit réagir ainsi que l'action qu'il doit exécuter.
3. **Dans le champ Mettre en forme les cellules contenant le texte, tapez** Fixe**.**

Dans cet exemple, ne modifiez pas la règle affichée dans le menu local « avec ». Il s'agit d'un fond rouge clair avec texte rouge foncé.

4. **Cliquez sur OK pour appliquer à la plage de cellules cette mise en forme conditionnelle.**

Imaginons que vous souhaitiez appliquer trois types de mise en forme conditionnelle dans les cellules d'une plage de la feuille de calcul : un formatage chaque fois qu'une cellule de la plage contiendra une valeur cible ; un autre lorsque la valeur de la donnée de la cellule excédera cette valeur de référence, et une troisième quand elle tombera sous la valeur cible.

Voici la procédure à suivre pour définir les règles qui appliqueront un remplissage jaune et une police jaune foncé lorsque les cellules contiendront la valeur 100 000 ; un remplissage vert avec le texte vert foncé quand la valeur sera supérieure à 100 000 ; et un remplissage rouge clair avec un texte rouge foncé quand la valeur sera inférieure à 100 000 :

1. **Sélectionnez la plage de cellules de la feuille de calcul devant réagir à ces trois mises en forme.**

   Commencez par définir la règle qui applique un remplissage jaune et du texte jaune foncé lorsque la valeur saisie est égale à 100 000.

2. **Cliquez sur le bouton Mise en forme conditionnelle de l'onglet Accueil. Choisissez Règle de mise en surbrillance des cellules/Égal à.**

   Excel ouvre la boîte de dialogue Égal à.

3. **Dans le champ Mettre en forme les cellules dont le contenu est égal à, saisissez** 100 000**. Dans le menu local Avec, optez pour Remplissage jaune avec texte jaune foncé. Validez par un clic sur OK.**

   Définissez maintenant la règle qui applique un remplissage vert clair avec un texte vert foncé quand les valeurs sont supérieures à 100 000.

4. **Cliquez sur le bouton Mise en forme conditionnelle de l'onglet Accueil. Choisissez Règle de mise en surbrillance des cellules/Supérieur à.**

   Excel ouvre la boîte de dialogue Supérieur à.

5. **Dans le champ Mettre en forme les cellules dont le contenu est supérieur à, saisissez** 100 000**. Dans le menu local Avec, optez pour Remplissage vert avec texte vert foncé. Validez par un clic sur OK.**

   Enfin, définissez la règle qui applique un remplissage rouge clair avec un texte rouge foncé quand les valeurs sont inférieures à 100 000.

6. **Cliquez sur le bouton Mise en forme conditionnelle de l'onglet Accueil. Choisissez Règle de mise en surbrillance des cellules/Inférieur à.**

   Excel ouvre la boîte de dialogue Inférieur à.

7. **Dans le champ Mettre en forme les cellules dont le contenu est inférieur à, saisissez** 100 000. **Dans le menu local Avec, optez pour Remplissage rouge avec texte rouge foncé. Validez par un clic sur OK.**

   Enfin, définissez la règle qui applique un remplissage rouge clair avec un texte rouge foncé quand les valeurs sont inférieures à 100 000.

Excel applique ces trois règles à la plage de cellules sélectionnée. Si la plage est vide, les cellules sont remplies de rouge. L'état des cellules change dès que vous y saisissez des valeurs : remplissage rouge et police rouge foncé pour les valeurs inférieures à 100 000 ; jaune pour les valeurs égales à 100 000, et vert pour les valeurs supérieures à 100 000.

Pour finir, voici les étapes à suivre lorsque vous souhaitez une règle qui affichera en gras et en italique sur fond jaune clair toute valeur inférieure à la valeur moyenne d'une plage de cellules :

1. **Sélectionnez la plage de cellules de la feuille de calcul à laquelle vous souhaitez appliquer la règle de mise en forme conditionnelle.**

2. **Dans l'onglet Accueil, cliquez sur le bouton Mise en forme conditionnelle et choisissez Règles des valeurs plus/moins élevées. Dans le sous-menu qui apparaît, choisissez Valeurs inférieures à la moyenne.**

   Excel ouvre la boîte de dialogue Valeurs inférieures à la moyenne.

3. **Dans le menu local Appliquer la mise en forme suivante à la plage sélectionnée de cellules figurant en dessous de la moyenne, choisissez Format personnalisé.**

   Excel ouvre la boîte de dialogue Format de cellule où vous allez définir le format du contenu des cellules dont les données tomberont dans le critère de la mise en forme.

4. **Cliquez sur l'onglet Police puis, dans la liste Style, choisissez Gras Italique.**

5. **Cliquez sur l'onglet Remplissage, puis sur un carré de couleur jaune clair. Validez par un clic sur OK.**

   Excel ferme la boîte de dialogue Format de cellule, et revient à la boîte de dialogue Valeurs inférieures à la moyenne.

6. **Cliquez sur le bouton OK de la boîte de dialogue Valeurs inférieures à la moyenne.**

   Excel applique votre mise en forme conditionnelle.

Mettre en surbrillance les valeurs en double

L'option Valeurs en double du menu Règles de mise en surbrillance des cellules placera en surbrillance les doublons de la plage de cellules sélectionnée.

Voici comment créer cette règle :

1. **Sélectionnez la plage de cellules de la feuille de calcul où vous souhaitez appliquer cette règle des valeurs en double.**
2. **Cliquez sur le bouton Mise en forme conditionnelle, et choisissez Règles de mise en surbrillance des cellules/Valeurs en double.**

   Excel ouvre la boîte de dialogue Valeurs en double composée de deux menus locaux. Le premier permet de choisir la condition à laquelle Excel formatera les valeurs en double. En double est le choix proposé par défaut. La seconde option, Uniques, permet de formater les données qui ne sont pas des doublons.

3. **Dans le second menu local, choisissez la manière dont les valeurs en double seront affichées en surbrillance.**

   Si vous optez pour un format personnalisé, définissez les options dans la boîte de dialogue Format de cellule qui apparaît. Une fois vos choix effectués, cliquez sur OK.

4. **Dans la boîte de dialogue Valeurs en double, cliquez également sur le bouton OK.**

Excel met en forme les cellules de la plage de cellules sélectionnée dont les données sont strictement identiques.

Créer vos propres règles de mise en forme conditionnelle

Bien qu'Excel 2016 mette à votre disposition une quantité impressionnante de règles prédéfinies, vous aurez peut-être besoin de créer les vôtres pour répondre aux exigences de vos données. Pour cela, choisissez Nouvelle règle en bas du menu local Mise en forme conditionnelle.

La Figure 2.23 illustre la boîte de dialogue qui apparaît. Pour créer une nouvelle règle de mise en forme conditionnelle, choisissez un type de règle dans la liste Sélectionnez un type de règle. Ensuite, spécifiez votre critère et définissez le formatage à appliquer dans la section Modifier la description de la règle.

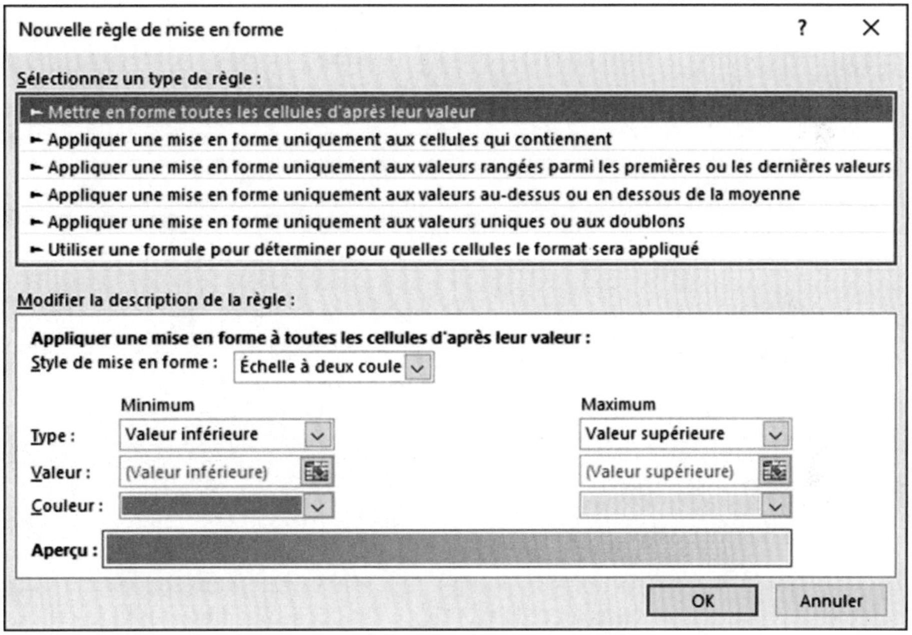

FIGURE 2.23 : Définissez une mise en forme conditionnelle avec les options de la boîte de dialogue Nouvelle règle de mise en forme.

Choisissez Utiliser une formule pour déterminer pour quelles cellules le format sera appliqué lorsque vous voulez créer une formule qui sera la règle déterminant l'application d'une mise en forme conditionnelle. Cette formule peut faire référence à des cellules extérieures à la plage de cellules où est appliquée la mise en forme conditionnelle. Il doit s'agir d'une formule logique qui utilise donc des opérateurs de comparaison (voir le Chapitre 1 du Livre III), et/ou des fonctions logiques (voir le Chapitre 2 du Livre III) qui retournent une valeur logique VRAI ou FAUX.

Gérer les règles de mise en forme conditionnelle

Vous invoquerez la boîte de dialogue Gestionnaire des règles de mise en forme conditionnelle *via* la commande Gérer les règles du menu local Mise en forme conditionnelle. Elle permet les opérations suivantes :

- » Créer de nouvelles règles en cliquant sur le bouton éponyme.
- » Modifier une règle existante en la sélectionnant dans la colonne Règle puis en cliquant sur le bouton Modifier la règle.
- » Supprimer des règles en les sélectionnant dans la liste Règle, puis en cliquant sur le bouton Supprimer la règle. Cliquez sur le bouton Appliquer pour effacer la mise en forme de la feuille de calcul.
- » Modifier l'ordre d'assignation de plusieurs règles de mise en forme conditionnelle par un clic sur les boutons Monter et Descendre.

Par défaut, la boîte de dialogue Gestionnaire des règles de mise en forme conditionnelle affiche les règles assignées à la plage de cellules sélectionnée. Pour voir toutes les règles de la feuille de calcul, ouvrez le menu local Afficher les règles de mise en forme pour, et choisissez Cette feuille de calcul.

La priorité des règles est hiérarchique. Ainsi, la règle située en haut de la liste est prioritaire sur les autres, et ainsi de suite. Lorsque plusieurs règles sont vraies, l'évènement qui survient dépendra du conflit qui existera ou non entre ces différentes règles. Lorsqu'il n'existe aucun conflit (comme une règle qui place les caractères en gras et italique, et une autre qui remplit la cellule de rouge clair), les deux formats sont appliqués. Cependant, en cas de conflit de format (comme deux règles qui formatent différemment le remplissage et la couleur du texte), seule la règle située plus haut dans la hiérarchie des règles sera appliquée.

Chapitre 3

Modifier et vérifier une feuille de calcul

DANS CE CHAPITRE :

» **Ouvrir des classeurs pour les modifier**

» **Utiliser des techniques simples d'édition des cellules**

» **Zoomer sur la feuille de calcul**

» **Figer des colonnes et des lignes**

» **Copier et déplacer des données**

» **Vérifier la feuille de calcul**

» **Utiliser la Validation des données pour identifier des données invalides**

» **Trouver et supprimer des erreurs avec la synthèse vocale d'Excel**

Il est rare qu'une feuille de calcul soit figée pour la vie. Votre expérience grandissante d'Excel vous permettra d'en améliorer sans cesse les performances. Tôt ou tard, votre belle feuille de calcul d'aujourd'hui deviendra la magnifique feuille de calcul de demain.

Ce chapitre explique comment pratiquer de simples modifications dans une feuille de calcul en éditant le contenu des cellules, et vous montrera aussi comment apporter des changements plus complexes. Parmi ces techniques, vous découvrirez l'utilisation intelligente des fonctions Annuler et Rétablir, comment asservir le zoom à vos impératifs d'édition, comment copier et déplacer des données, supprimer des entrées et en insérer de nouvelles, rechercher et remplacer des données, et enfin vérifier le contenu de votre feuille de calcul.

Pour procéder à l'ensemble de ces opérations, commencez par ouvrir un classeur à modifier.

Ouvrir un classeur

Pour ouvrir facilement un classeur, commencez par ouvrir l'Explorateur de fichiers de Windows 10. Parcourez vos disques durs et vos dossiers afin de localiser le fichier du classeur qui vous intéresse, puis double-cliquez sur son icône. Si Excel n'est pas en cours d'utilisation, le fait de double-cliquer sur l'icône d'un classeur exécute le programme et affiche les fichiers.

Par défaut, Excel enregistre vos travaux dans le dossier Documents de Windows. Bien entendu, vous pouvez changer cette destination dans la boîte de dialogue Enregistrer sous et ainsi stocker vos fichiers Excel dans un dossier spécifique, sur un site SharePoint, sur OneDrive ou bien encore Dropbox. Sous Windows 10, vous trouverez facilement un classeur Excel en tapant son nom dans le champ Rechercher sur le Web et dans Windows de la Barre des tâches, ou bien en recourant à la fonction Cortana de ce système d'exploitation. Dans ce cas, dites « Trouver… » suivi du nom de votre fichier.

Bien ! Ce qui vient d'être dit est la théorie, car en pratique, la recherche d'un fichier Excel non stocké dans le dossier Documents *via* la fonction de recherche ou par Cortana est loin d'être aussi efficace. Pour cette raison, passez plutôt par le champ Rechercher de l'Explorateur de fichiers.

Ne nous voilons pas la face. La technique la plus efficace consiste à cliquer sur Fichier/Ouvrir. L'écran d'Excel affiche alors la liste de tous les classeurs récemment utilisés. Si vous n'y trouvez pas le vôtre, cliquez sur le bouton Parcourir, et naviguez parmi vos disques durs et dossiers, ou bien tapez le nom de votre fichier dans le champ de la boîte de dialogue Ouvrir.

Utiliser le mode Backstage de l'écran Ouvrir

Si Excel 2016 est en cours d'utilisation, cliquez sur Fichier/Ouvrir, ou exécutez le raccourci clavier Ctrl + O. Vous basculez vers le mode (ou vue) Backstage du programme.

Lorsqu'Excel affiche l'écran Ouvrir comme sur la Figure 3.1, il active la section Récent afin de lister les noms des fichiers que vous avez récemment créés, consultés, ou modifiés. Si vous voyez votre fichier dans le volet droit, cliquez sur son nom.

Si le classeur est absent de cette liste, voici comment explorer d'autres emplacements :

- **OneDrive** permet d'afficher les classeurs Excel stockés sur le cloud OneDrive de Microsoft.
- **Ce PC** permet de localiser un fichier Excel stocké sur un de vos disques durs locaux ou réseau.

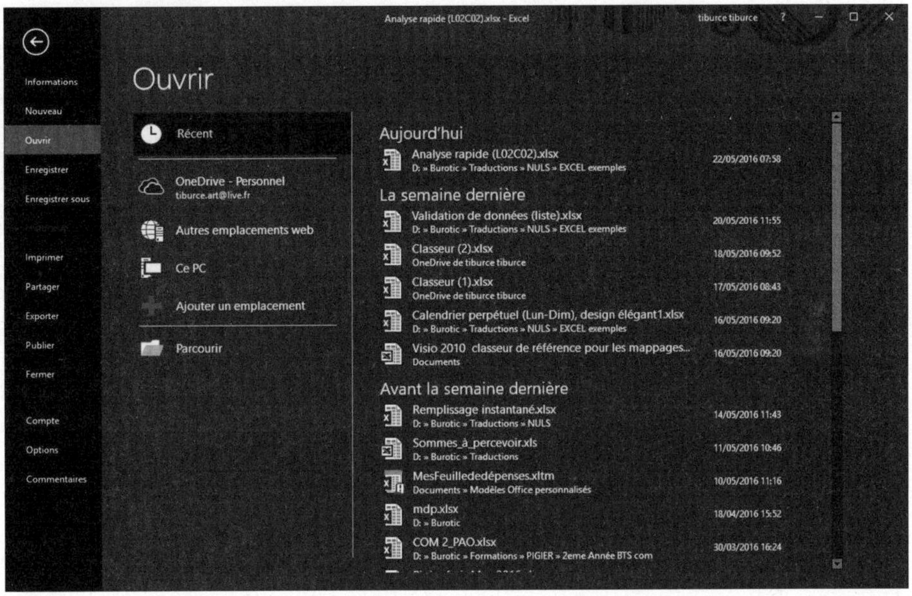

FIGURE 3.1 : L'écran Ouvrir permet de localiser un classeur à modifier.

Si votre société enregistre les classeurs Excel sur un site Web SharePoint, répertoriez-le dans l'écran Ouvrir par un clic sur le lien Ajouter un emplacement. Sélectionnez-le dans le volet droit afin qu'il apparaisse systématiquement sur l'écran Ouvrir.

Dès que vous choisissez un emplacement contenant votre fichier, Excel en liste tous les fichiers que vous avez récemment consultés. Sur la Figure 3.2, j'ai choisi OneDrive. Il me suffit alors de cliquer sur le nom du fichier figurant à droite. Si vous ne trouvez pas trace de votre fichier parmi tous les emplacements et tous les fichiers récents, cliquez sur le bouton Parcourir.

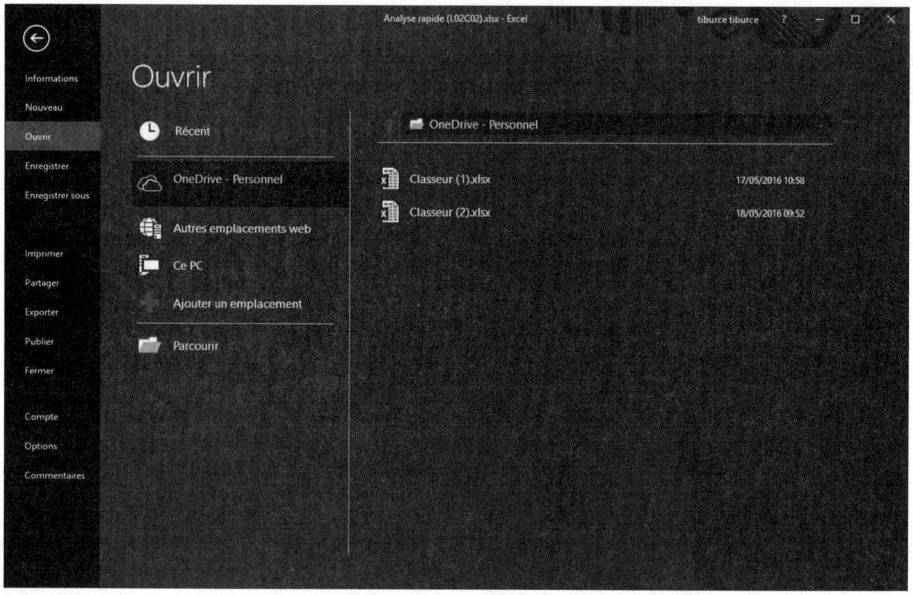

FIGURE 3.2 : Cliquez sur OneDrive de l'écran Ouvrir pour choisir un fichier stocké sur le nuage informatique de Microsoft.

Dans la boîte de dialogue Ouvrir qui apparaît, utilisez le volet de navigation de Windows 10 pour tenter de localiser votre fichier dans la section Accès rapide. S'il n'y figure pas, recherchez dans les disques durs installés sur votre ordinateur. La Figure 3.3 montre la localisation de fichiers Excel dans un dossier où j'ai l'habitude de les stocker. Dans le volet droit, cliquez sur un nom de fichier, puis sur le bouton Ouvrir, ou bien double-cliquez directement sur ce fichier pour l'afficher dans Excel.

Si vous ouvrez un nouveau dossier et que vous n'y trouvez aucun fichier Excel, cela signifie qu'il ne contient pas de classeurs, modèles, ou tout autre type de feuilles de calcul pouvant être ouvertes dans Excel. Pour afficher tous les fichiers du dossier, ouvrez le menu local situé au-dessus du bouton Ouvrir, et choisissez Tous les fichiers.

Vous pouvez changer la manière dont les icônes des dossiers et des fichiers apparaissent dans la boîte de dialogue. Pour cela, ouvrez le menu local du bouton Changer l'affichage situé en haut à droite de la boîte de dialogue Ouvrir. Utilisez le curseur pour activer un affichage particulier. Si vous optez pour Grandes icônes ou Très grandes icônes, et que vous aviez enregistré votre feuille de calcul en cochant la case Enregistrer les miniatures, Excel affichera une partie du contenu du classeur. Cela permettra d'identifier visuellement le classeur à modifier.

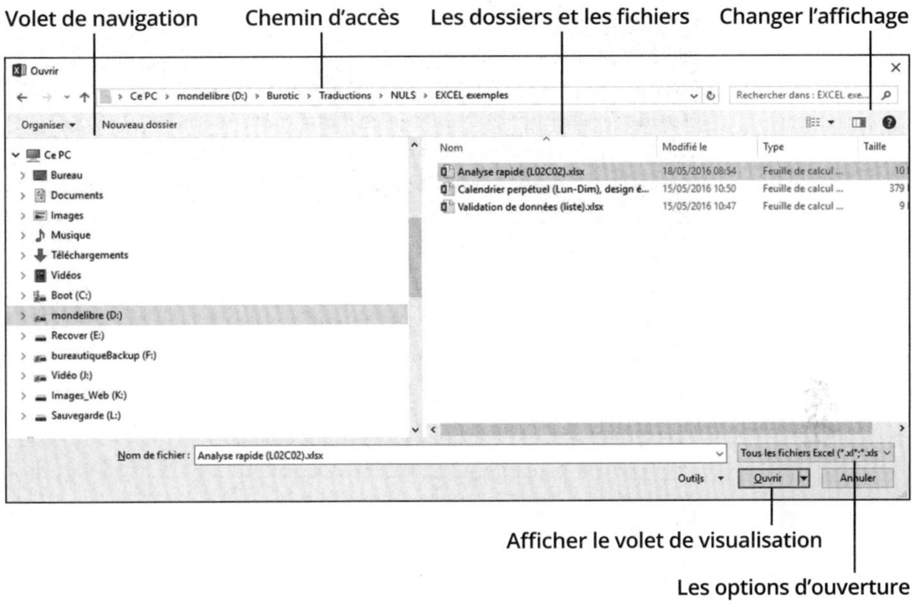

FIGURE 3.3 : Sélectionnez le fichier dans la boîte de dialogue Ouvrir.

Si vous préférez ouvrir vos fichiers sans passer par le mode Backstage, ouvrez la boîte de dialogue Options Excel (largement étudié au Chapitre 2 du Livre I). Dans le volet gauche, choisissez la catégorie Enregistrement, et cochez l'option Ne pas afficher le mode Backstage à l'ouverture ou l'enregistrement des fichiers. Dans ce cas, Excel affichera directement la boîte de dialogue Ouvrir lorsque vous cliquerez sur Fichier/Ouvrir (Ctrl + O), ou choisirez Fichier/Enregistrer sous.

Utiliser la boîte de dialogue Ouvrir

La boîte de dialogue Ouvrir apparaît si vous cliquez sur le bouton Parcourir, ou sur le chemin d'accès affiché dans la partie supérieure du volet droit de l'écran Ouvrir.

Lorsque vous ne parvenez pas à trouver le nom du fichier que vous cherchez, vérifiez que vous avez ouvert le bon dossier. Pour cela, regardez le chemin d'accès affiché dans la partie supérieure gauche de la boîte de dialogue Ouvrir. Si vous constatez vous être trompé de dossier (ou de disque dur), cliquez sur la flèche dirigée vers le haut ou la gauche dans l'angle supérieur gauche de la boîte de dialogue. Vous avez aussi la possibilité de sélectionner directement la boîte de dialogue et le bon dossier dans le volet de navigation. Prenons l'hypothèse suivante : je suis persuadé avoir enregistré mon fichier dans le dossier Documents de OneDrive. Logiquement, j'ouvre le dossier OneDrive puis Documents depuis le volet de navigation de la boîte de dialogue Ouvrir. Je me souviens alors que ce fichier précis a été sauvegardé dans le dossier Documents de mon PC. Il me suffit alors de faire défiler le contenu du volet de navigation afin de localiser le dossier Ce PC. Je clique dessus pour en afficher le contenu dans la partie droite de la boîte de dialogue Ouvrir. Là, je double-clique sur le dossier Documents. Si besoin, je double-clique sur un autre dossier où je pense avoir enregistré mon fichier. En cas d'erreur, il me suffit de cliquer sur la petite flèche dirigée vers le haut située en haut à gauche de la boîte de dialogue Ouvrir pour revenir à la racine du dossier Documents.

Voici les dossiers auxquels Microsoft associe la sauvegarde des fichiers Excel :

- **Bureau :** Cliquez sur cet emplacement pour afficher les dossiers, les fichiers, ou leurs raccourcis directement enregistrés sur le Bureau de Windows.
- **Documents :** Cliquez sur cette icône pour afficher les dossiers et les fichiers Excel stockés dans le dossier Documents créé automatiquement par Windows.
- **Microsoft Excel :** Cliquez sur cette icône pour afficher des fichiers associés à Excel comme des compléments ou des modèles sauvegardés dans le dossier du programme Excel 2016.
- **OneDrive :** Cliquez sur cette icône pour afficher une liste de dossiers et de fichiers stockés sur le nuage informatique de Microsoft.
- **Ce PC :** Cliquez sur cette icône pour afficher une liste de disques durs locaux et réseau, ainsi que des périphériques de stockage amovibles connectés à votre ordinateur.
- **Réseau :** Cliquez sur cette icône pour afficher la liste des lecteurs réseau identifiés sur votre ordinateur.

Pour afficher un aperçu du classeur depuis la boîte de dialogue Ouvrir, cliquez sur le menu local Organiser. Ensuite, pointez sur Disposition, et activez Volet de visualisation. Ce volet apparaît dans la partie droite de la boîte de dialogue. Vous pourrez ainsi rapidement vérifier que le fichier sélectionné correspond bien au classeur que vous souhaitez consulter, modifier, ou imprimer.

Ouvrir plusieurs classeurs en même temps

Il est facile d'ouvrir plusieurs feuilles de calcul simultanément. Contentez-vous de faire une multisélection dans la boîte de dialogue Ouvrir, puis de cliquer sur le bouton éponyme.

Pour sélectionner séquentiellement plusieurs fichiers, commencez par cliquer sur le premier fichier. Ensuite, maintenez la touche Maj enfoncée, et cliquez sur le dernier fichier à ouvrir. Tous les fichiers situés entre ces deux fichiers seront eux aussi sélectionnés. Pour sélectionner plusieurs fichiers qui ne se suivent pas dans une liste, effectuez votre multisélection en maintenant la touche Ctrl enfoncée.

Excel ouvrira alors une interface pour chaque classeur. Il sera très facile de basculer de l'un vers l'autre en exécutant le raccourci clavier Alt + Tab. (Pour plus d'informations sur les méthodes de travail dans plusieurs classeurs ou feuilles de calcul, consultez le Chapitre 4 du Livre II.)

Localiser des classeurs déplacés

L'ouverture des classeurs ne pose aucun problème tant que vous savez parfaitement bien où ils sont stockés. Mais que se passe-t-il lorsque vous êtes persuadé mordicus que le classeur a été enregistré dans tel dossier de votre ordinateur ou du cloud, mais que vous ne le retrouvez pas ? Ce déplacement est un peu comme le mystère de la chaussette orpheline que vous retrouvez dans votre lave-linge. C'est pour tenter de venir à votre secours que la boîte de dialogue Ouvrir dispose d'un champ nommé Rechercher dans.

Cliquez dans ce champ situé dans la partie supérieure droite de la boîte de dialogue, et commencez à saisir les lettres du nom du fichier.

Les noms de fichiers correspondants apparaissent progressivement. Pour ouvrir celui que vous recherchez, double-cliquez sur son nom.

Si la recherche par le nom ne donne rien, saisissez ***.xls** ou ***.xlsx** afin qu'Excel liste tous les fichiers Excel stockés sur le disque dur ou le dossier dans lequel vous lancez cette recherche.

Utiliser les autres options du bouton Ouvrir

Le bouton Ouvrir dispose d'un menu local, Analyse rapide, que vous déroulerez d'un clic sur le petit triangle affiché sur la droite. Il propose les options suivantes :

- **Ouvrir en lecture seule : O**uvre le fichier en mode Lecture seule, c'est-à-dire que vous pouvez le consulter mais pas le modifier. (En fait vous pouvez lui apporter des modifications, mais sans possibilité de les sauvegarder.) Pour enregistrer des modifications apportées à un classeur en lecture seule, vous devez invoquer la commande Enregistrer sous du menu Fichier. Vous serez alors obligé de donner un autre nom au fichier Excel pour ne pas porter atteinte à l'intégrité des données de l'original.

» **Ouvrir une copie :** Ouvre une copie des fichiers sélectionnés dans la boîte de dialogue Ouvrir. Cette option permet d'intervenir sur une copie sans porter atteinte à l'original.

» **Ouvrir dans un navigateur :** Ouvre, dans votre navigateur Web, des fichiers que vous avez enregistrés en tant que pages Web. Cette option n'est accessible que si vous sélectionnez un fichier Excel sauvegardé en tant que page Web.

» **Ouvrir en mode protégé :** Ouvre le classeur sélectionné en Mode protégé. Vous ne pouvez y faire aucune modification tant que vous n'avez pas cliqué sur le bouton Activer la modification.

» **Ouvrir et réparer :** Tente de réparer les fichiers corrompus avant de les ouvrir dans Excel. Lorsque vous optez pour ce mode, une boîte de dialogue vous donne trois possibilités : Réparer si une tentative de réparation a échoué, Extraire des données lorsque Excel n'a pas pu réparer, et enfin Annuler qui permet de quitter la boîte de dialogue sans réparer ni extraire.

» **Afficher des versions précédentes :** Liste différentes versions d'un même classeur qui ont été enregistrées par la fonction de Récupération automatique d'Excel.

Les bases de l'édition des cellules

Pour éditer une cellule, commencez par positionner le pointeur dans la cellule. La modification du contenu d'une cellule consiste à remplacer les données, effacer des caractères, et/ou en insérer de nouveaux.

» Pour remplacer le contenu d'une cellule, cliquez dessus afin d'y positionner le pointeur de cellule. Ensuite, tapez les nouvelles données. Le premier caractère saisi remplace l'intégralité de la donnée de la cellule. Validez votre nouvelle entrée en utilisant l'une des techniques étudiées au début de ce livre, comme appuyer sur la touche Entrée du clavier, une touche fléchée du pavé de navigation, la touche tabulation, ou bien encore en cliquant sur le bouton de validation (coche) de la barre de formule. Pour annuler ce remplacement de données et restaurer l'entrée d'origine, cliquez sur le bouton Annuler de la barre de formule, ou bien appuyez sur la touche Echap du clavier.

- Pour supprimer des caractères dans une cellule, cliquez dans la barre de formule, appuyez sur F2, ou bien double-cliquez dans la cellule pour y positionner le point d'insertion. Ces actions basculent Excel en mode Modifier, comme en témoigne la mention qui s'affiche dans l'angle inférieur gauche de la barre d'état. Placez le point d'insertion de telle sorte à pouvoir supprimer un ou plusieurs caractères en appuyant sur les touches Suppr et Retour arrière. (La touche Retour arrière efface le caractère situé à gauche du point d'insertion, et la touche Suppr efface celui situé à sa droite
- Pour insérer des caractères dans une cellule, cliquez dans la barre de formule, appuyez sur F2, ou bien double-cliquez dans la cellule afin d'y placer le point d'insertion. Ces actions basculent Excel en mode Modifier comme en témoigne la mention qui s'affiche dans l'angle inférieur gauche de la barre d'état. Les caractères situés immédiatement à leur droite sont « poussés » vers la droite. Si vous constatez qu'Excel remplace les anciens caractères au lieu d'insérer les nouveaux, appuyez sur la touche Inser de votre clavier.

Lorsque vous éditez le contenu d'une cellule en insérant et/ou supprimant des caractères, vous devez les valider avec la touche Entrée ou le bouton de validation (coche) de la barre de formule afin de basculer Excel en mode Prêt. (Cette mention remplace la mention Modifier dans l'angle inférieur gauche de la barre d'état.) Le seul raccourci acceptable pour valider une entrée modifiée consiste à appuyer sur la touche Tab ou Maj + Tab afin de déplacer le pointeur de cellule vers la cellule suivante ou précédente. Toutes les autres touches, y compris Début et Fin, ne font que déplacer le point d'insertion dans la cellule.

Annuler et Rétablir

Excel prend en charge plusieurs niveaux d'annulation qui permettent de restaurer vos erreurs d'édition. La commande Annuler est cumulative en ce sens qu'elle remonte dans la hiérarchie de vos actions. Par exemple, si vous avez effectué 10 modifications et que vous exécutez 10 fois de suite la commande Annuler, vous annulez ces 10 modifications.

La commande Annuler s'exécute par un clic sur le bouton Annuler de la barre d'outils Accès rapide, ou bien en utilisant les raccourcis clavier Alt + Retour arrière ou Ctrl + Z. Excel replace alors la feuille de calcul à son état précédent, en annulant uniquement la dernière action. Ainsi, lorsque vous supprimez accidentellement du texte et que vous validez cette modification, exécutez immédiatement la commande Annuler pour restaurer le texte supprimé. Idem si vous supprimez un groupe de cellules.

Le fait de cliquer sur le petit triangle du bouton Annuler de la barre d'outils Accès rapide ouvre un menu local listant toutes vos actions récentes. Il suffit alors de faire glisser le pointeur de la souris jusqu'à la dernière action à annuler, puis à cliquer. Cela annule toutes les actions en surbrillance, évitant d'y procéder en exécutant plusieurs fois une commande d'annulation.

La première commande qui apparaît dans le menu local du bouton Annuler de barre d'outils Accès rapide correspond à votre dernière action. Par exemple, si vous venez d'effacer le contenu d'une plage de cellules, cette première commande se nommera :

```
Effacer
```

Les commandes vont ainsi se succéder dans le menu local du bouton Annuler. Si vous appliquez une mise en forme comme l'alignement à gauche du contenu des cellules, la première commande de ce menu local sera :

```
Alignement à gauche.
```

La fonction Annuler stocke des « instantanés » de la feuille de calcul dans la mémoire de votre ordinateur. Lorsque vous effectuez un trop grand nombre de modifications, Excel constate une quantité de mémoire insuffisante sur votre machine et ne peut pas conserver une trace de chacune de vos actions. Un message d'alerte vous indiquera que la mémoire est insuffisante et vous demandera si vous souhaitez poursuivre vos modifications sans ne plus pouvoir utiliser la commande Annuler. Si vous répondez Oui, Excel acceptera vos actions sans plus aucune possibilité de revenir en arrière. Avant de prendre cette décision, réfléchissez bien sur l'effort que vous demanderait la restauration manuelle de la feuille de calcul si vous commettiez des erreurs dans son édition.

Dès que vous annulez une action, le bouton Rétablir de la barre d'outils Accès rapide devient accessible. Son menu local contient la liste de toutes les actions que vous avez annulées afin de pouvoir les rétablir. Par exemple, vous y trouverez Effacer si vous avez annulé la suppression des données d'une cellule.

Vous pouvez utiliser la commande Rétablir pour restaurer la feuille de calcul dans l'état qui était le sien avant votre dernière commande d'annulation. Le menu local Rétablir fonctionne comme celui du bouton Annuler. Vous sélectionnez les actions à rétablir dans une liste afin de les restaurer en une seule opération, au lieu d'exécuter plusieurs fois de suite Ctrl + Y.

MODIFIER DANS LA CELLULE OU LA BARRE DE FORMULE

Est-il préférable d'apporter vos modifications directement dans la cellule ou bien *via* la barre de formule ? Lorsque vous éditez des données qui tiennent intégralement sur la largeur d'une colonne, tout est question de choix personnel. Certains utilisateurs préfèrent passer par la barre de formule car elle se situe en dehors des cellules de la feuille de calcul. D'autres préfèrent la barre de formule car il est plus facile d'y positionner le point d'insertion avec précision. (Lorsque vous appuyez sur F2 pour modifier la cellule, Excel affiche le point d'insertion à la fin du texte. En revanche, lorsque vous double-cliquez dans la cellule, la position du point d'insertion est plus aléatoire.)

Lorsqu'il s'agit d'éditer des entrées de cellule beaucoup plus longues, c'est-à-dire des entrées qui s'étendent sur des cellules vides, et des nombres tronqués à cause d'une largeur de colonne trop étroite, il est plus facile de procéder à leur édition dans la barre de formule. En effet, la barre de formule affiche la totalité du contenu de la cellule, sans occulter d'autres cellules de la feuille de calcul.

Utilisez Annuler et Rétablir pour afficher une vue avant et après de vos modifications. Par exemple, lorsque vous modifiez les valeurs numériques d'une cellule d'une feuille de calcul effectuant des opérations arithmétiques, vous n'aurez parfois pas le temps d'apprécier l'impact de cette nouvelle valeur dans la cellule qui contient la formule. Dans ce cas, annulez la saisie de la nouvelle valeur en exécutant le raccourci Ctrl + Z, et regardez le résultat affiché dans la cellule contenant la formule. Ensuite, rétablissez la saisie de la nouvelle valeur avec Ctrl + Y, et vérifiez son impact sur le résultat de la cellule contenant la formule. Cela permet par exemple de savoir si la cellule où vous saisissez la valeur est bien prise en compte par la formule.

À dégager !

Parfois, vous aurez besoin de supprimer une entrée sans la remplacer par une autre. Le fait de supprimer ce contenu n'efface pas la mise en forme de la cellule.

Pour effacer aussi bien le contenu que la mise en forme d'une cellule, recourez au bouton Effacer du groupe Édition de l'onglet Accueil (Alt + L7). Voici les options de son menu local :

» **Effacer tout :** Supprime le contenu et la mise en forme des cellules sélectionnées.

- **Effacer les formats :** Ne supprime que la mise en forme sans toucher au contenu.
- **Effacer le contenu :** Efface le contenu sans toucher à la mise en forme. (Équivaut à l'utilisation de la touche Suppr de votre clavier.)
- **Effacer les commentaires :** Ne supprime que les commentaires des cellules sans toucher au contenu et à la mise en forme.
- **Effacer les liens hypertextes :** Efface les liens hypertextes sans effacer leur mise en forme. Le texte du lien reste visible.
- **Supprimer les liens hypertextes :** Supprime le lien de la cellule sans affecter le contenu ou la mise en forme.

L'option Effacer tout est parfaite pour effacer totalement le contenu et la mise en forme d'une cellule afin de bénéficier d'une cellule totalement vierge. Comment faire pour supprimer une cellule, c'est-à-dire la faire totalement disparaître ? Imaginez que les cellules d'une colonne contiennent des valeurs numériques dont une formule en calcule la somme dans la dernière cellule de la colonne. Vous vous apercevez qu'au milieu de cette colonne, une cellule contient la même valeur qu'une autre cellule. Vous avez saisi par erreur deux fois la même valeur. Certes, vous pouvez en effacer le contenu. Toutefois, laisser une cellule vide dans une feuille de calcul n'est pas très professionnel.

Dans cette hypothèse, vous souhaiterez effacer le contenu et supprimer la cellule. Pour cela, Excel met à votre disposition le bouton Supprimer du groupe Cellules de l'onglet Accueil. Exécutez-y la commande Supprimer les cellules (Alt + USS). La boîte de dialogue Supprimer apparaît comme sur la Figure 3.4. Elle permet d'indiquer comment doivent se comporter les autres cellules suite à cette suppression.

Supprimer les cellules efface absolument tout, du contenu à la mise en forme en passant par les commentaires. Si vous supprimez ainsi une cellule alors que vous souhaitiez par exemple en conserver la mise en forme, annulez immédiatement votre action avec Ctrl + Z, et choisissez une autre option de suppression.

Les Figures 3.4 et 3.5 illustrent le fonctionnement de la suppression. La cellule B9 est un doublon de B8, et cette liste de prix est calculée par une formule insérée en B13. J'ai donc activé la cellule B9, puis invoqué la commande Supprimer les cellules du groupe Cellules.

Dans la boîte de dialogue qui apparaît, j'ai conservé l'option par défaut Décaler les cellules vers le haut. Il ne me reste plus qu'à cliquer sur le bouton OK.

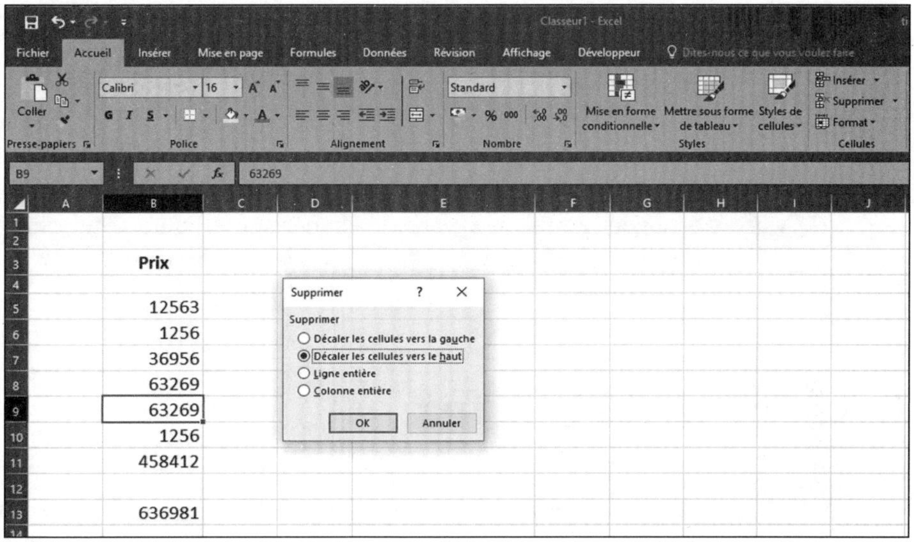

FIGURE 3.4 : Supprimer cette cellule qui fait doublon.

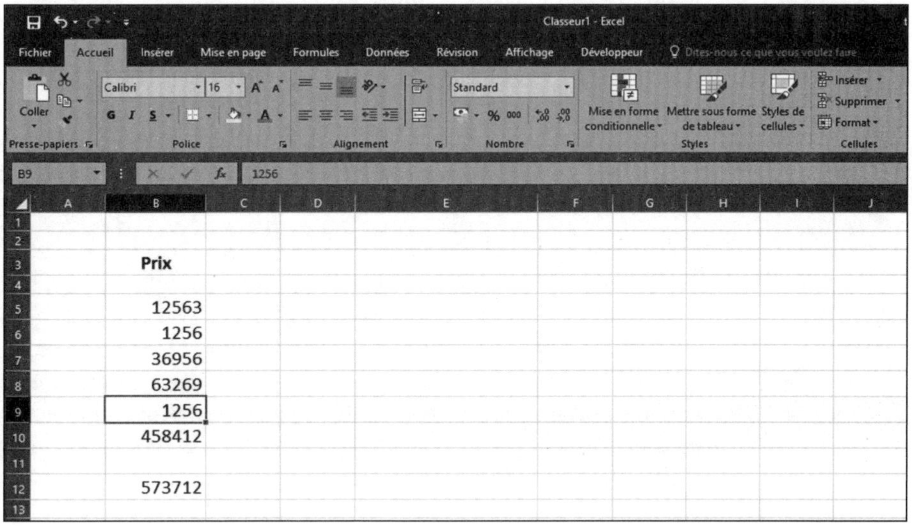

FIGURE 3.5 : La feuille de calcul après suppression d'une cellule et décalage des autres vers le haut.

Les cellules situées sous celle qui vient d'être supprimée sont dévalées vers le haut afin de combler le vide laissé par la cellule inutile.

Ne confondez pas l'utilisation de la touche Suppr et la commande Supprimer les cellules. Lorsque vous appuierez sur la touche Suppr, Excel effacera le contenu de la cellule sélectionnée (laissant sa mise en forme intacte). Par conséquent, une cellule vide sera présente au milieu des autres données. Lorsque vous choisissez Supprimer les cellules du menu local Supprimer, Excel ouvre la boîte de dialogue Supprimer. Elle vous permet de choisir le comportement des cellules, notamment en les décalant afin de combler le vide laissé.

Si vous ne savez pas quelle option de décalage choisir, n'ouvrez pas cette boîte de dialogue ! Contentez-vous de cliquer sur le bouton Supprimer sans en ouvrir le menu local. Excel supprime la cellule et décale les autres cellules afin de combler le vide laissé par la cellule ainsi supprimée.

Insérer des cellules

Le bouton Insérer du groupe Édition de l'onglet Accueil ouvre un menu local dans lequel vous exécuterez la commande Insérer des cellules (Alt + LÉI). Cette action affiche la boîte de dialogue Insertion de cellule qui permet de définir le comportement des cellules et des lignes suite à cet ajout de nouvelles cellules.

Imaginons que vous avez oublié trois valeurs numériques qui doivent apparaître au milieu de la liste de vos prix. Pour les insérer, commencez par placer le pointeur de cellule sur la cellule à partir de laquelle les autres cellules seront décalées vers le bas afin de faire de la place aux nouvelles cellules. Sélectionnez ensuite les deux cellules situées sous la cellule active. Trois cellules sont ainsi sélectionnées.

Les Figures 3.6 et 3.7 illustrent cette situation. La Figure 3.6 montre que j'ai sélectionné la plage B8:B10. J'ai alors exécuté la commande Insérer des cellules ouvrant ainsi la boîte de dialogue Insertion de cellule. L'option Décaler les cellules vers la droite est active par défaut. Pour déplacer les cellules sélectionnées vers le bas, j'ai activé l'option Décaler les cellules vers le bas, puis cliqué sur le bouton OK. Cette action a inséré trois cellules vides et décalé vers le bas la plage sélectionnée.

Les cellules insérées sont ajoutées à la plage de cellules utilisée par la formule. *De facto*, dès que vous entrez des valeurs dans les nouvelles cellules, la formule les prend en compte.

Si vous ne savez pas comment décaler les cellules, n'ouvrez pas la boîte de dialogue Insertion de cellule. Cliquez directement sur le bouton Insérer et Excel se chargera du reste.

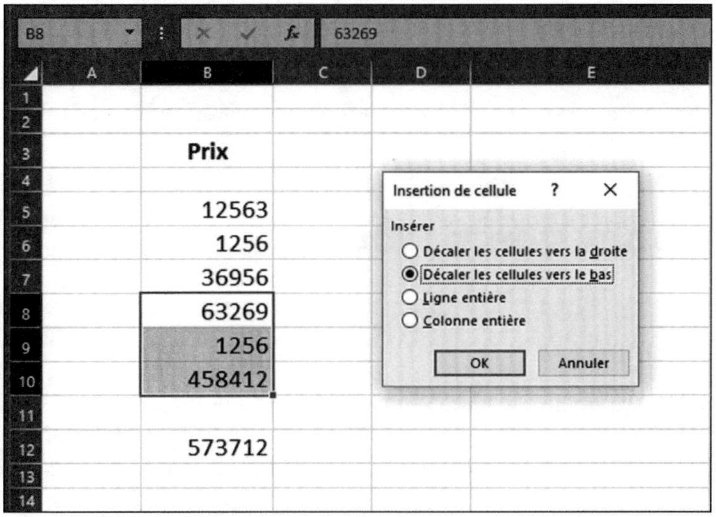

FIGURE 3.6 : Insérer trois cellules en décalant les autres vers le bas.

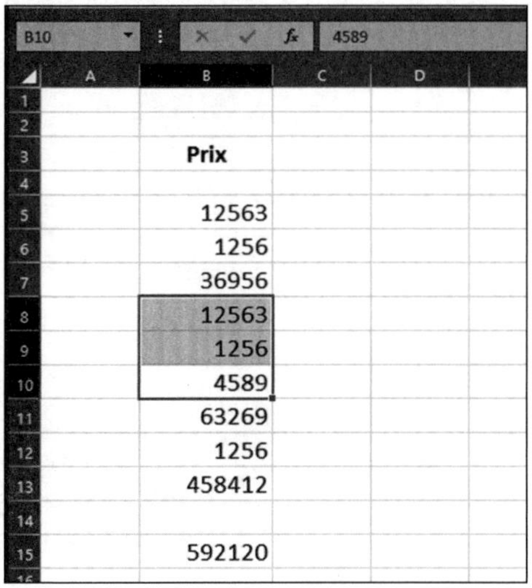

FIGURE 3.7 : La feuille de calcul après saisie de données dans les cellules insérées.

Vue sur la feuille de calcul

Lorsque vous travaillez dans une feuille de calcul comportant un grand nombre de données, il est parfois nécessaire de parcourir le classeur en long en large et en travers, rendant difficile le retour à la position initiale.

Excel fournit de nombreuses fonctionnalités qui aident à se repérer dans une feuille de calcul en cours d'édition. Une des plus utiles est la fonction Zoom qui augmente ou réduit la taille d'affichage de la feuille de calcul, ainsi que la fonction Figer les volets qui permet d'afficher constamment des informations comme les en-têtes de colonnes et de lignes.

Zoom, zoom, zoom

Excel 2016 met à votre disposition, dans la partie inférieure droite de son interface, un curseur appelé Zoom. Un bouton moins et un bouton plus placés à chaque extrémité permettent respectivement de réduire et d'agrandir l'affichage du contenu de la feuille de calcul. Chaque clic sur ces boutons applique un facteur d'agrandissement ou de réduction de 10 %. Vous pouvez également effectuer un zoom avant ou arrière en faisant glisser le curseur vers la droite ou la gauche.

Le curseur est positionné au centre de la glissière car, par défaut, la feuille de calcul est affichée à 100 %. Cette valeur sera moindre sur un écran de petite taille. Lorsque vous cliquez sur le bouton Zoom arrière ou Zoom avant, ou que vous faites glisser le curseur, Excel affiche le facteur de zoom à droite de la glissière. Le pourcentage le plus faible est égal à 10, et le plus élevé à 400.

Sur un écran tactile, utilisez vos doigts pour appliquer un agrandissement ou une réduction de l'affichage. Zoomez en avant en éloignant votre pouce et votre index l'un de l'autre, et zoomez en arrière en effectuant l'opération inverse.

Vous pouvez également changer le facteur de zoom *via* le groupe Zoom de l'onglet Affichage. Cliquez sur le bouton Zoom (Alt + N6) pour ouvrir la boîte de dialogue Zoom. Appliquez un des pourcentages de grossissement 200 %, 150 %, 100 %, 75 %, 50 %, et 25 % en activant le bouton radio correspondant. Validez votre choix par un clic sur le bouton OK. Il est également possible d'entrer une valeur de zoom précise dans le champ Personnalisé de cette boîte de dialogue. Cette valeur sera de 10 % minimum et de 400 % maximum.

Vous pouvez changer le niveau de zoom de manière à cibler les cellules sur lesquelles vous souhaitez intervenir. Sélectionnez la plage de cellules concernée, et cliquez sur le bouton Zoom sur sélection (Alt + NS). Vous obtiendrez le même effet en activant l'option Ajusté à la sélection de la boîte de dialogue Zoom.

Si vous utilisez une souris équipée d'une molette, configurez Excel de manière à zoomer en avant et en arrière en agissant sur cette molette. Pour cela, cliquez sur

Fichier/Options. Activez ensuite la catégorie Options avancées. Dans la section Options d'édition, cochez la case Zoom avec la roulette IntelliMouse.

Les Figures 3.8 et 3.9 montrent comment utiliser la fonction Zoom pour localiser une zone spécifique dans une grande feuille de calcul en zoomant sur les cellules à éditer. Sur la Figure 3.8, j'ai effectué un zoom arrière de manière à sélectionner la plage de cellules sur laquelle je souhaite intervenir. La valeur affichée à droite de la glissière indique 70 %. J'ai alors pu sélectionner la plage J19:L22.

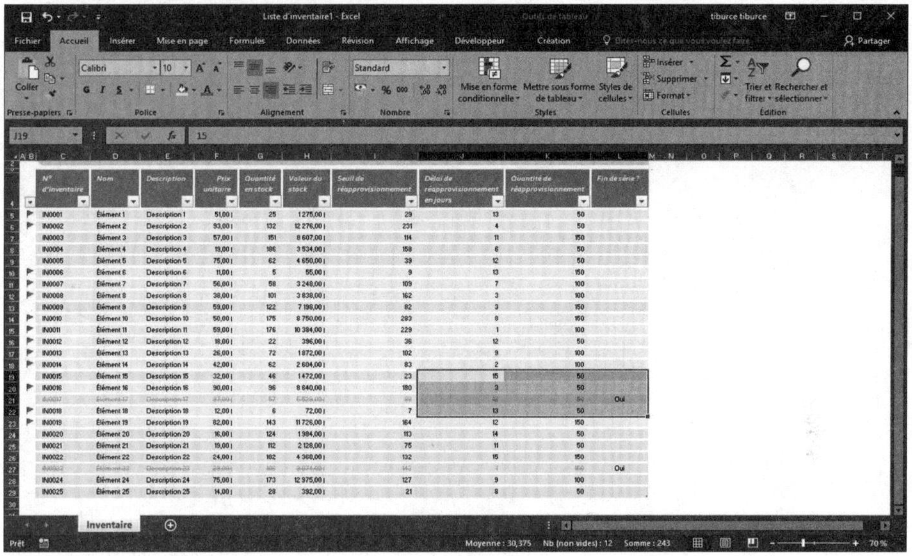

FIGURE 3.8 : La feuille de calcul affichée avec un facteur de zoom de 70 %.

J'ai ensuite cliqué sur le bouton Zoom sur la sélection de l'onglet Affichage pour effectuer un zoom avant sur la plage sélectionnée comme le montre la Figure 3.9.

Pour revenir immédiatement à 100 %, cliquez sur le petit trait vertical situé au centre de la glissière.

Figer les volets

Zoomer sur une sélection de cellules en facilite l'édition, mais masque les en-têtes de lignes et de colonnes. Il devient alors difficile d'identifier les données que vous recherchez. La commande Figer les volets m'aurait permis, sur la Figure 3.9, d'afficher ces en-têtes malgré le zoom avant réalisé sur la feuille de calcul.

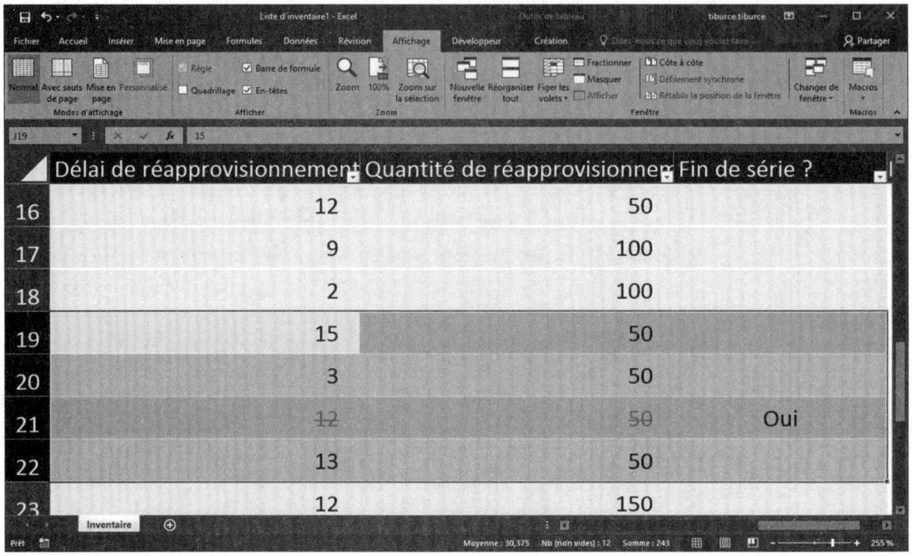

FIGURE 3.9 : Un zoom avant à 255 % permet d'isoler la plage de cellules J19:L22.

Pour utiliser cette fonction, placez le pointeur de cellule sur la cellule localisée immédiatement à droite de la ou des colonnes à figer, et immédiatement sous la ou les lignes à figer. Ensuite, ouvrez le menu local du bouton Figer les volets du groupe Fenêtre de l'onglet Affichage (Alt + NÀ).

Pour figer la ligne supérieure qui contient les en-têtes de colonnes identifiant la nature des données contenues dans chacune d'elles, placez le pointeur de cellule dans la première cellule située sous cette ligne d'en-tête. Par exemple, sur la Figure 3.10, je souhaite figer la ligne 1 qui contient les en-têtes (ou titres) des colonnes A, B et C. La liste des données dans chacune de ces colonnes est si longue qu'elles ne peuvent pas s'afficher intégralement dans le classeur. Cette liste risquera aussi de s'allonger si je dois l'enrichir de nouvelles données.

Pour afficher ces en-têtes tout en faisant défiler le contenu de cette feuille de calcul, je vais figer la première ligne.

J'ai donc placé le pointeur de cellule sur la cellule A2 qui se situe immédiatement en dessous de la ligne 1. Ensuite, j'ai ouvert le menu local Figer les volets de l'onglet Affichage, et j'ai opté pour Figer la ligne supérieure. Vous constatez que même en zoomant sur une sélection de cellules, les en-têtes de colonnes de la Ligne 1 restent affichés.

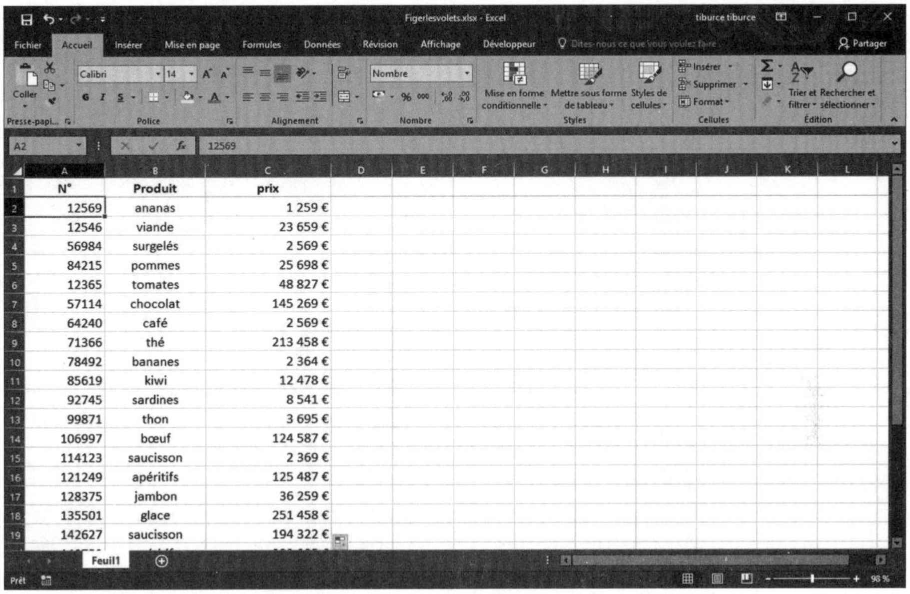
N°	Produit	prix
12569	ananas	1 259 €
12546	viande	23 659 €
56984	surgelés	2 569 €
84215	pommes	25 698 €
12365	tomates	48 827 €
57114	chocolat	145 269 €
64240	café	2 569 €
71366	thé	213 458 €
78492	bananes	2 364 €
85619	kiwi	12 478 €
92745	sardines	8 541 €
99871	thon	3 695 €
106997	bœuf	124 587 €
114123	saucisson	2 369 €
121249	apéritifs	125 487 €
128375	jambon	36 259 €
135501	glace	251 458 €
142627	saucisson	194 322 €

FIGURE 3.10 : Cette feuille de calcul contient des données au-delà de la zone d'affichage méritant de figer la ligne d'en-têtes.

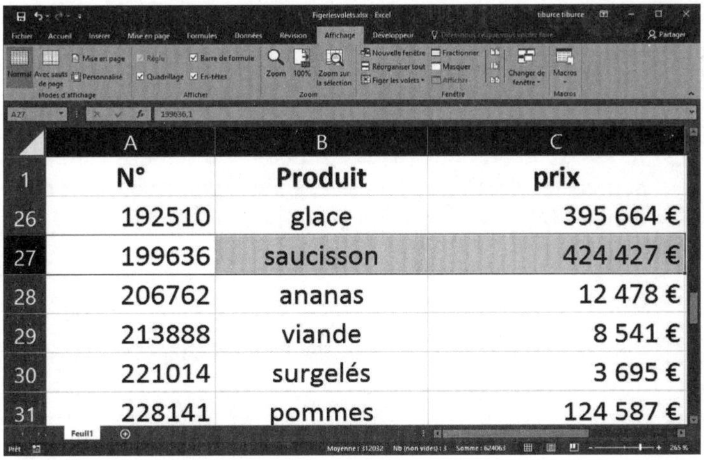
	N°	Produit	prix
1	N°	Produit	prix
26	192510	glace	395 664 €
27	199636	saucisson	424 427 €
28	206762	ananas	12 478 €
29	213888	viande	8 541 €
30	221014	surgelés	3 695 €
31	228141	pommes	124 587 €

FIGURE 3.11 : Les en-têtes de colonne de la Ligne 1 sont figés.

Lorsque vous exécutez le raccourci Ctrl + Début après avoir figé des volets, le pointeur de cellule se positionne dans la première cellule non figée. Dans mon exemple, il s'agirait de la cellule A2 puisque la cellule A1 fait partie des trois cellules de la Ligne 1 à être figées. Pour accéder à la cellule A1 depuis la position du pointeur de cellule en A2, soit vous cliquez directement dessus, soit vous appuyez sur la touche ↑ du pavé de navigation.

Pour libérer les volets, c'est-à-dire pour qu'ils ne soient plus figés, exécutez la commande Libérer les volets du menu local du bouton Figer les volets.

Enregistrer des affichages personnalisés

Lors de l'édition de vos feuilles de calcul, vous observerez que vous basculez régulièrement entre un affichage à 75 % et l'affichage à 100 % tout en masquant les colonnes de la feuille de calcul. Ensuite, vous constatez avoir besoin d'afficher de nouveau les colonnes puis de figer les volets.

La fonction Affichages personnalisés d'Excel permet de mémoriser des affichages spécifiques. Il vous suffira alors de sélectionner dans une liste l'affichage à utiliser à tel et tel moment de votre session d'édition de la feuille de calcul. Lorsque vous définissez un mode d'affichage, Excel peut enregistrer les paramètres suivants : la sélection de cellules, les paramètres d'impression, la largeur des colonnes et la hauteur des lignes (y compris les colonnes masquées), les réglages d'affichage de l'onglet Options avancées de la boîte de dialogue Options Excel, la position du pointeur de cellule, la dimension de la fenêtre du document, et l'organisation des différents volets (y compris les volets figés).

Voici comment créer un affichage personnalisé :

1. **Effectuez toutes les modifications d'affichage de manière à ce que la fenêtre d'Excel montre les données exactement comme vous avez besoin de les afficher. Définissez également les options d'impression dans l'onglet Mise en page (reportez-vous au Chapitre 5 du Livre 1).**
2. **Dans le groupe Modes d'affichage de l'onglet Affichage, cliquez sur le bouton Personnalisé (Alt + NP).**

   Cette action ouvre la boîte de dialogue Affichages personnalisés illustrée à la Figure 3.12.
3. **Cliquez sur le bouton Ajouter.**

   Cette action ouvre la boîte de dialogue Ajouter un affichage.
4. **Dans le champ Nom, donnez un nom unique et descriptif de l'affichage.**

   Ce nom doit contenir les caractéristiques majeures de votre affichage.
5. **Pour inclure les paramètres d'impression ainsi que les lignes et les colonnes masquées, ne décochez pas les options Paramètres d'impression et Paramètres masqués des lignes, colonnes et filtres. Sinon, bien évidemment, décochez-les. Cliquez sur OK.**

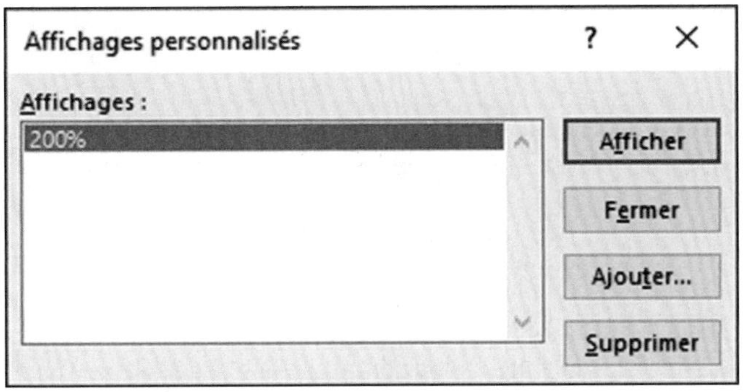

FIGURE 3.12 : Ajouter de nouveaux affichages dans la boîte de dialogue Affichages personnalisés.

Excel ferme la boîte de dialogue Affichages personnalisés.

6. **Cliquez sur le bouton Enregistrer de la barre d'outils Accès rapide, ou exécutez le raccourci Ctrl + S afin d'enregistrer les affichages en tant qu'éléments de votre classeur.**

Pour utiliser un de ces affichages :

1. **Cliquez sur le bouton Personnalisé du groupe Modes d'affichage de l'onglet Affichage, ou appuyez sur Alt + NP.**
2. **Dans la section Affichage de la boîte de dialogue Affichages personnalisés, double-cliquez sur le nom de l'affichage à utiliser.**

   Vous pouvez également cliquer sur ce nom puis sur le bouton Afficher.

Définissez toujours un affichage Normal à 100 % dans la boîte de dialogue Affichages personnalisés. Il permettra de rétablir une feuille de calcul neutre, c'est-à-dire avant toute intervention de votre part comme masquer les colonnes, figer les volets, et appliquer un facteur de zoom. Il suffira alors de double-cliquer sur le nom de votre feuille de calcul Normal 100 % pour afficher les données comme si vous veniez de les saisir.

Copier et déplacer des éléments

Copier et déplacer des données sont des tâches d'édition assez communes que vous pouvez exécuter de deux manières : soit en utilisant la technique du glisser-déposer, soit en exécutant les commandes copier ou couper qui placent temporairement les données dans le Presse-papiers d'Excel, et que vous collez ensuite dans la ou les cellules de destination. Pour effectuer ces opérations, gardez ces quelques observations à l'esprit :

- » Lorsque vous déplacez ou copiez une cellule, Excel déplace tout son contenu, y compris la mise en forme et les commentaires. (Consultez le Chapitre 3 du Livre IV, pour plus d'informations sur l'ajout de commentaires aux cellules.)
- » Si vous déplacez ou copiez une cellule sur une entrée existante, Excel la remplace en appliquant également la mise en forme de cette cellule source. Par conséquent, vous pouvez remplacer les données d'une plage de cellules sans en effacer préalablement le contenu. Vous devez donc effectuer ces copies et ces déplacements avec beaucoup de précautions, sous peine de remplacer accidentellement des données importantes.
- » Lorsque vous déplacez des cellules utilisées par des formules, Excel en ajuste immédiatement les références afin de refléter leur nouvelle position dans la feuille de calcul.
- » Lorsque vous copiez des formules qui se réfèrent à des cellules, Excel adapte ces références aux copies afin de prendre en considération leur nouvelle position dans la feuille de calcul. (Voir le Chapitre 1 du Livre III pour plus de détails sur la copie des formules dans une feuille de calcul.)

Dans les situations où vous devez copier une seule donnée dans une ligne ou des cellules d'une colonne, utilisez la fonction Recopie étudiée au Chapitre 1 du Livre II.

Glisser-déposer

Le Glisser-déposer est la technique de déplacement ou de copie d'une plage de cellules la plus directe et la plus visuelle. Pour déplacer une plage, commencez par la définir. Ensuite, placez le pointeur de la souris sur un des bords de cette plage. Cliquez et, sans relâcher le bouton de la souris, faites glisser la plage à sa nouvelle position. Relâchez le bouton de la souris.

Le glisser-déposer peut s'avérer très compliqué à réaliser lorsque vous souhaitez copier ou déplacer la plage de cellules dans une zone de la feuille de calcul qui se situe à l'extérieure de la zone d'affichage d'Excel. Pour faciliter cette opération, configurez des fenêtres dans la feuille de calcul qui afficheront à la fois les cellules sources et les cellules de destination. (Consultez le Chapitre 4 du Livre II pour plus d'informations sur la création de fenêtres.) Utilisez la méthode du copier-coller (décrite dans la prochaine section) pour déplacer et copier des sélections de cellules dans des parties de la feuille de calcul qui sont localisées en dehors de la zone d'affichage actuelle.

Vous pouvez utiliser le glisser-déposer avec un stylet sur un écran tactile. Au doigt, vous devez tapoter la sélection de cellules, puis utiliser la commande Copier ou Couper, puis la commande Coller de la minibarre d'outils qui apparaît.

Lorsque vous effectuez un glisser-déposer au stylet, Excel affiche un menu local une fois le cadre de sélection défini et dès que vous éloignez le stylet de l'écran. Vous sélectionnez ensuite l'option Déplacer ici ou Copier ici pour terminer l'opération de déplacement ou de copie.

Glisser-déplacer des cellules

Pour effectuer un glisser-déplacer, c'est-à-dire que la plage de cellules va quitter son emplacement actuel pour un autre, vous devez positionner le pointeur de la souris (ou le stylet) sur un des bords. Dès qu'il prend la forme d'une flèche posée sur quatre flèches, cliquez et sans relâcher le bouton de la souris, glissez-déplacez la plage de cellules.

Au fur et à mesure du déplacement, Excel symbolise la plage de données par un rectangle vert (sorte de grand pointeur de cellule) dont la surface correspond exactement à la plage définie. Une info-bulle indique les références de la plage de destination. Dès que vous couvrez les bonnes cellules de destination, relâchez le bouton de la souris. Les données quittent leur position d'origine et s'affichent dans la nouvelle plage de cellules.

Si la plage est déplacée sur des cellules contenant des données, Excel affiche un message d'alerte vous demandant s'il doit procéder à leur remplacement. Si vous cliquez sur OK, les données actuelles seront remplacées par celles que vous déplacez.

Glisser-déposer des cellules

Si le glisser-déplacer coupe et colle les cellules, le glisser-déposer les copies. La technique est la même que pour le glisser-déplacer, sauf que cette fois vous maintenez la touche Ctrl enfoncée. Un signe + apparaît au niveau du pointeur de la souris indiquant que vous êtes en mode copie. Une fois la plage en bonne position sur la feuille de calcul, relâchez le bouton de la souris, puis la touche Ctrl. La copie est effectuée.

Déplacer avec la fonction Couper-coller

Certains utilisateurs n'aiment pas le glisser-déposer ou le glisser-déplacer. Ils préfèrent la bonne vieille méthode du couper-coller ou du copier-coller. Cette observation est d'autant plus vraie pour ceux qui travaillent avec un périphérique tactile. La fonction de Couper-coller stocke les données dans le Presse-papiers de Windows. Il s'agit d'un espace de stockage temporaire qui mémorise des données jusqu'à ce qu'elles soient remplacées par d'autres données copiées. Le contenu peut alors être collé dans une autre cellule ou plage de cellules d'Excel.

Pour déplacer le contenu d'une sélection de cellules, effectuez d'abord cette sélection, puis cliquez sur le bouton Couper du groupe Presse-papiers de l'onglet Accueil. La méthode la plus rapide et universelle, consiste à exécuter le raccourci clavier Ctrl + X. Pour effectuer une copie, il suffit de cliquer sur le bouton Copier ou d'exécuter le raccourci Ctrl + C.

Lorsque vous coupez ou copiez une sélection, Excel entoure la plage de cellules avec un *chenillard*, c'est-à-dire une ligne pointillée animée, et le message suivant apparaît dans la barre d'état :

```
Sélectionnez une destination et appuyez sur ENTREE ou cliquez sur Coller.
```

Sélectionnez la première cellule de la plage où vous souhaitez coller la sélection, et appuyez sur la touche Entrée, cliquez sur le bouton Coller du groupe Presse-papiers de l'onglet Accueil, ou bien exécutez le raccourci Ctrl + V.

Lorsque vous sélectionnez la première cellule, vérifiez que la copie ne risque pas de couvrir d'autres cellules contenant des données que vous ne souhaitez pas remplacer.

Le couper-coller n'affiche pas de message d'alerte lorsque vous risquez de remplacer des données existantes. En cas d'erreur de votre part, cliquez immédiatement sur le bouton Annuler de la barre d'outils Accès rapide, ou exécutez le raccourci clavier Ctrl + Z.

Recoller

Lorsque vous cliquez sur le bouton Coller du groupe Presse-papiers, au lieu d'utiliser la touche Entrée du clavier, Excel copie la plage de cellules sur la zone de destination de la feuille de calcul tout en laissant la marque de sélection (chenillard).Lorsque vous cliquez sur le bouton Coller du groupe Presse-papiers au lieu d'utiliser la touche Entrée du clavier, Excel copie la plage de cellules sur la zone de destination de la feuille de calcul, tout en laissant la marque de sélection (chenillard). Vous pouvez alors coller cette sélection autant de fois que vous le souhaitez sur d'autres cellules. Pour n'effectuer qu'une seule copie et effacer le contenu du Presse-papiers, utilisez la touche Entrée du clavier.

Lorsque vous collez une sélection de cellules en cliquant sur le bouton Coller du groupe Presse-papiers de l'onglet Accueil, Excel affiche un bouton Options de collage dans l'angle inférieur droit de la sélection de cellules. Lorsque vous cliquez sur le petit triangle ou appuyez sur la touche Ctrl, vous ouvrez un menu local composé de trois sections (Coller, Coller des valeurs, Autres options de collage), comme le montre la Figure 3.13.

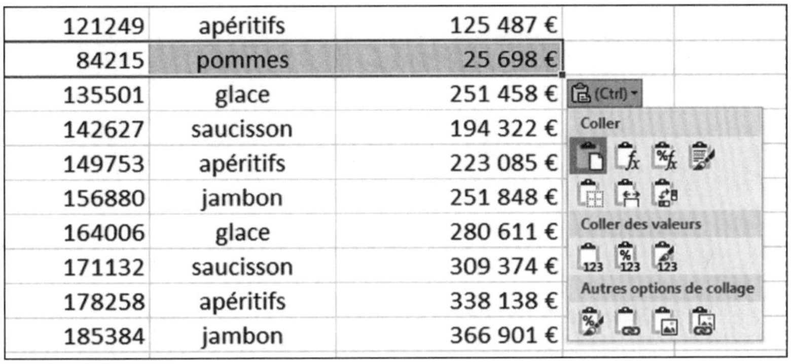

FIGURE 3.13 : Les options du bouton Options de collage qui apparaît lorsque vous collez via le bouton idoine du groupe Presse-papiers.

Les sept boutons de la section Coller offrent les choix suivants :

» **Coller (E) :** Excel colle tout dans la sélection de cellules (texte, valeurs, formules, et mise en forme).

» **Formules (U) :** Excel colle le texte, les nombres, et les formules dans la sélection de cellules, mais sans appliquer leur mise en forme.

» **Mise en forme des formules et nombres (O) :** Excel colle les formats numériques aux valeurs copiées et aux formules.

» **Conserver la mise en forme source (C) :** Excel copie la mise en forme des cellules d'origine et la colle dans les cellules de destination au même titre que les données.

» **Aucune bordure (B) :** Excel colle tout sauf les bordures appliquées à la plage de cellules.

» **Conserver les largeurs de colonnes sources (O) :** Excel conserve la largeur des colonnes dans la plage de destination.

» **Transposer (T) :** Excel change l'orientation des entrées collées. Par exemple, si les entrées de la cellule d'origine occupent les lignes d'une seule colonne, un collage transposé les collera horizontalement sur les colonnes d'une seule ligne.

Voici le fonctionnement des trois boutons de la section Coller des valeurs :

» **Valeurs (V) :** Excel ne colle que les résultats des formules.

» **Mise en forme des valeurs et nombres (A) :** Excel ne colle que les mises en forme dans la plage de destination. *De facto*, les cellules de destination perdront leur éventuelle mise en forme.

» **Mise en forme des valeurs et de la source (E) :** Excel colle les résultats de toutes les formules ainsi que leur mise en forme.

Les quatre boutons de la section Autres options de collage fonctionnent de la manière suivante :

» **Mise en forme (R) :** Excel ne colle que la mise en forme (et aucune entrée) de la plage de cellules sources.

» **Coller le lien (N) :** Excel crée des formules liées dans la plage de destination. Ainsi, toute modification apportée aux entrées des cellules de la plage source impacte les cellules concernées de la plage de destination.

» **Image (E) :** Excel ne colle que les images des cellules copiées.

» **Image liée (I) :** Excel colle un lien vers les images des cellules copiées.

Le volet Presse-papiers

Excel stocke dans le Presse-papiers le contenu de la sélection des cellules que vous venez de copier. C'est cette fonction qui permet au programme de les coller dans d'autres cellules. Le Presse-papiers stocke jusqu'à 24 éléments. Par conséquent, il cumule les copies dans 24 emplacements de sa mémoire. Ces 24 éléments seront progressivement remplacés par d'autres données copiées. Vous pouvez donc examiner le contenu du Presse-papiers pour y choisir un élément antérieurement copié que vous souhaitez coller dans des cellules, ou dans d'autres documents de la suite Microsoft Office. (Consultez le Chapitre 4 du Livre IV pour plus d'informations sur le collage de données Excel dans d'autres applications grâce au Presse-papiers.)

Pour afficher le Presse-papiers sur le côté gauche de l'interface, cliquez sur la minuscule petite flèche située dans l'angle inférieur droit du groupe Presse-papiers de l'onglet Accueil. Il listera jusqu'à 24 éléments copiés. Pour coller un élément du Presse-papiers, commencez par activer la cellule de destination, puis cliquez sur un des éléments du volet Presse-papiers.

Si vous souhaitez qu'Excel place toutes les sélections coupées et collées dans le Presse-papiers Office quand le volet Presse-papiers est fermé, ouvrez le menu local Options situé en bas du volet et choisissez Copier sans afficher le Presse-papiers Office.

Si vous effectuez beaucoup d'opérations de couper-coller *via* le Presse-papiers, Excel peut afficher automatiquement son volet. Pour cela, ouvrez le menu local Options, et cliquez sur Afficher le Presse-papiers Office automatiquement. Pour ouvrir le Presse-papiers même si l'option d'ouverture automatique est désactivée, exécutez le raccourci clavier Ctrl + CC.

Insérer plutôt que remplacer

Lorsque vous déplacez ou copiez le contenu d'une cellule dans une autre, Excel en remplace le contenu. Pour empêcher cela, exécutez la commande Insérer les cellules copiées ou Insérer les cellules coupées du bouton Insérer du groupe Cellules de l'onglet Accueil. Excel affiche alors la boîte de dialogue Insérer et coller qui permet de choisir l'option Décaler les cellules vers la droite ou Décaler les cellules vers le bas afin de libérer un espace pour coller les données sans remplacer celles de la cellule existante. En d'autres termes, Excel insère une nouvelle cellule pour y coller les données copiées.

Pour décaler les cellules vers le bas et ainsi libérer un espace pour les données collées, cliquez directement sur le bouton Insérer, sans ouvrir son menu local.

Coller les bonnes parties avec le Collage spécial

Lorsque vous copiez ou coupez le contenu de cellules, Excel colle les entrées, la mise en forme, et les commentaires en remplaçant d'éventuelles données présentes dans les cellules de destination. Pour contrôler le collage, vous pouvez invoquer la boîte de dialogue Collage spécial *via* le bouton Coller du groupe Presse-papiers de l'onglet Accueil (Alt + LVG).

Certaines options de la boîte de dialogue Collage spécial illustrée à la Figure 3.14 exécute des opérations comme Ajouter, Soustraire, Multiplier, et Diviser entre les cellules (voir le Tableau 3.1).

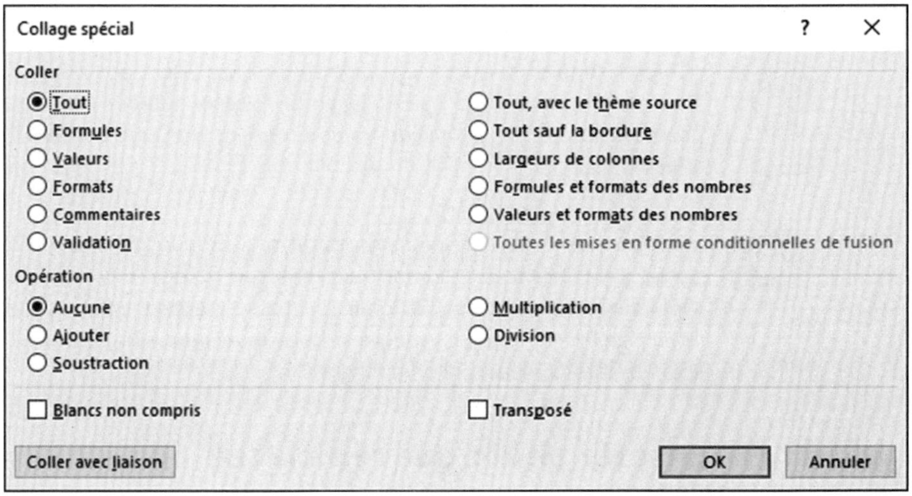

FIGURE 3.14 : Les options de la boîte de dialogue Collage spécial permettent de contrôler la manière dont des données vont être collées dans votre feuille de calcul.

Les options de la boîte de dialogue Collage spécial sont divisées en deux sections : Coller et Opération. Le menu local du bouton Coller de l'onglet Accueil permet de spécifier le contenu de la cellule copiée qui sera collé dans la ou les cellules de destination. Vous les retrouvez dans le Tableau 3.1.

Les options de la section Opération de la boîte de dialogue Collage spécial permettent de préciser l'opération arithmétique qui sera réalisée au moment du collage. Ainsi, Excel effectuera ce calcul en prenant en compte la valeur de la cellule copiée et celle de la cellule de destination. Si la cellule copiée contient la valeur 4 et la cellule de destination la valeur 6, appliquer le Collage spécial Ajouter affichera 10 (au lieu de 6) dans la colonne de destination, car 4 + 6 = 10.

L'option Blancs non compris évite de remplacer des entrées existantes de la plage de destination par des cellules vides que vous avez copiées dans le Presse-papiers.

L'option Transposé, qui apparaît également dans le menu local du bouton Coller de l'onglet Accueil, est particulièrement utile lorsque vous disposez d'en-têtes de colonnes que vous souhaitez convertir en en-têtes de lignes. En effet, avec Transposé, les données organisées horizontalement (donc sur une ligne) seront copiées

TABLEAU 3.1 **Les options de la boîte de dialogue Collage spécial.**

Option	Action
Tout	Colle tous les types d'entrées (nombres, formules, et texte), leur mise en forme, et les commentaires).
Formules	Ne colle que les entrées (nombres, formules, et texte).
Valeurs	Colle uniquement les nombres et le texte, et calcule le résultat des formules afin de coller des nombres dans la feuille de calcul.
Formats	Ne colle que les mises en forme.
Commentaires	Limite le collage aux commentaires.
Validation	Ne colle que les paramètres de Validation des données (reportez-vous au Chapitre 1 du Livre II).
Tout avec le thème source	Colle tous les types d'entrées (nombres, formules, et textes). Applique également les couleurs, les polices, et les effets graphiques du thème utilisé par la plage de données sources.
Tout sauf la bordure	Colle absolument tout à l'exception de la bordure.
Largeurs de colonnes	Colle tout et ajuste la largeur des colonnes au contenu.
Formules et formats des nombres	Ne colle que les formules et la mise en forme des nombres (omettant les entrées texte et numériques).
Valeurs et formats des nombres	Ne colle que les nombres et leur mise en forme (omettant le texte et convertissant les formules en valeurs calculées).
Toutes les mises en forme conditionnelles de fusion	Ne colle que les nombres et leur mise en forme lorsque des conditions définies sont réunies (voir le Chapitre 2 du Livre II).
Aucune	N'effectue aucune opération entre les valeurs des cellules sélectionnées et copiées dans le Presse-papiers, et celles de la plage de destination.
Ajouter	Ajoute les valeurs des cellules sélectionnées et copiées dans le Presse-papiers à celles contenues dans la plage de destination.
Soustraire	Soustrait les valeurs des cellules sélectionnées et copiées dans le Presse-papiers à celles contenues dans la plage de destination.
Multiplier	Multiplie les valeurs des cellules sélectionnées et copiées dans le Presse-papiers à celles contenues dans la plage de destination.
Diviser	Divise les valeurs des cellules sélectionnées et copiées dans le Presse-papiers à celles contenues dans la plage de destination.
Blancs non compris	Ne remplace pas les entrées existantes par des cellules vides placées dans le Presse-papiers.
Transposé	Bascule l'orientation des entrées copiées dans le Presse-papiers. Ainsi, des données organisées en colonne seront collées en ligne passant de la verticalité à l'horizontalité.
Coller avec liaison	Colle le lien vers les cellules sélectionnées et copiées dans le Presse-papiers.

verticalement (donc sur une colonne). Les données organisées verticalement (donc sur une colonne), seront collées horizontalement (donc sur une ligne).

La Figure 3.15 illustre cette situation. Dans ma table de données située sur la gauche, j'ai sélectionné la plage A2:C6. J'ai positionné le pointeur de cellule sur la cellule E2. Ensuite, dans le menu local du bouton Coller, j'ai cliquez sur Transposer. Vous constatez que les colonnes de la plage d'origine ont été converties en lignes.

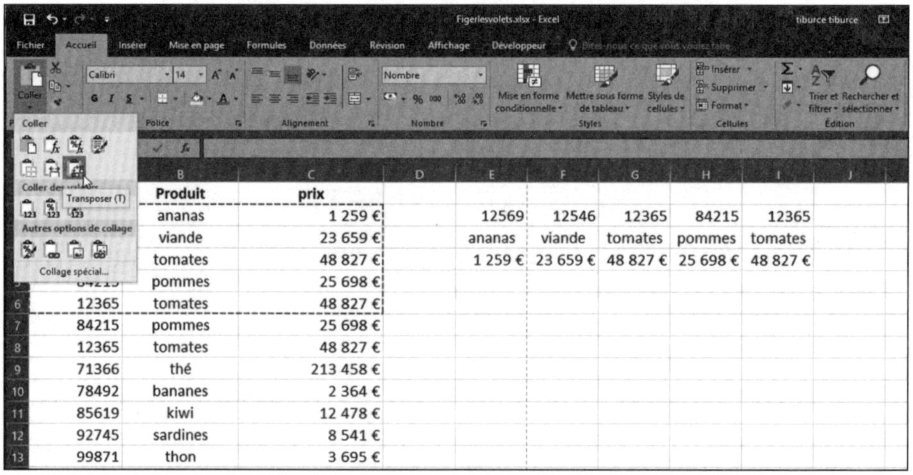

FIGURE 3.15 : Transposer convertit les colonnes en lignes (et réciproquement).

Pour convertir en valeurs calculées une plage de cellules contenant des formules, sélectionnez la plage, cliquez sur le bouton Copier de l'onglet Accueil, puis choisissez Valeurs dans le menu local du bouton Coller *sans* déplacer le pointeur de cellule. Excel copie ainsi le résultat de la formule. Bien entendu, ce résultat remplace la formule.

Rechercher et remplacer

La fonction Rechercher et remplacer est essentielle dans l'édition du contenu d'une feuille de calcul. Elle permet de localiser rapidement une donnée que vous pourrez tout aussi rapidement remplacer par une autre.

Les commandes Rechercher et Remplacer partagent la même boîte de dialogue qui, pour lever tous les doutes, se nomme Rechercher et remplacer. Elle s'ouvre lorsque vous choisissez Rechercher ou Remplacer dans le menu local du bouton Rechercher et sélectionner du groupe Édition de l'onglet Accueil (Alt + LFE). Elle s'affichera tout aussi bien avec le raccourci clavier Ctrl + F.

Les onglets de la boîte de dialogue Rechercher et remplacer sont : Rechercher et Remplacer. Surprenant non ?! Pour accéder à ses options, vous devez cliquer sur le bouton Options.

Trouver des données

Voici comment utiliser la commande Rechercher :

1. **Pour lancer une recherche dans toute la feuille de calcul, sélectionnez une seule cellule. Pour limiter cette recherche à des cellules spécifiques, définissez-en une plage.**
2. **Dans le menu local du bouton Rechercher et sélectionner de l'onglet Accueil, choisissez Rechercher, ou bien exécutez le raccourci Ctrl + F.**

   Cette action ouvre la boîte de dialogue Rechercher et remplacer sur l'onglet Rechercher.
3. **Saisissez l'objet de votre recherche dans le champ Rechercher.**

   Vous pouvez utiliser un point d'interrogation (?) ou un astérisque (*) pour remplacer n'importe quel caractère du texte. Par exemple, si vous lancez la recherche en tapant *Soup?r*, la recherche trouvera les mots *soupir* et *souper*. Si vous utilisez un astérisque comme dans *9*1*, Excel trouvera *91*, ou bien encore *94901*. Pour que * soit utilisé en tant que caractère générique, faites-le précéder de ~ (tilde), comme *~*2.5* afin de localiser des formules qui multiplient par 2,5.

   Si la cellule qui contient la donnée que vous recherchez est mise en forme d'une manière spécifique, vous pouvez limiter l'étendue de cette recherche afin d'en accélérer le processus.
4. **Cliquez sur le bouton Options de la boîte de dialogue Rechercher et remplacer. Ensuite, cliquez sur le bouton Format.**

   Cette action ouvre la boîte de dialogue Rechercher le format. Elle ressemble trait pour trait à la boîte de dialogue Format de cellule. Spécifiez le format de la cellule, et cliquez sur OK.

   Lorsque vous ouvrez le menu local du bouton Format pour y choisir l'option Choisir le format à partir de la cellule, la boîte de dialogue Rechercher et remplacer disparaît temporairement. Elle réapparaît dès que vous cliquez sur une autre cellule de la feuille de calcul avec le pointeur de la souris qui s'est transformé en une pipette ornée d'un signe plus.

Par défaut, Excel effectue sa recherche uniquement dans la feuille de calcul en cours d'utilisation. Pour qu'il opère sur toutes les feuilles de calcul, conformez-vous à l'Étape 5.

5. **Dans le menu local Dans de l'onglet Rechercher, choisissez Classeur.**

   Vous ne voyez pas ce menu local ? Alors cliquez sur le bouton Options ! Vous affichez un ensemble de menus locaux et de cases à cocher dont le menu local Dans.

   Excel effectue sa recherche en parcourant les lignes de la feuille de calcul ou les cellules de la plage sélectionnée. Pour effectuer la recherche dans les colonnes puis les lignes, conformez-vous à l'Étape 6.

6. **Dans le menu local Rechercher, choisissez Par colonne.**

   Par défaut, Excel localise le contenu tel qu'il est saisi dans la barre de formule. Donc, si vous cherchez une cellule qui contient 1250 et que la feuille de calcul contient la formule =750+500 (qui affiche bien évidemment le résultat 1250), Excel ne s'arrêtera pas sur la cellule contenant la formule =750+500 bien qu'elle affiche 1250.

   Pour qu'Excel considère cette cellule, vous devez choisir Valeurs dans le menu local Regarder dans.

7. **Dans le menu local Regarder dans, choisissez Valeurs afin qu'Excel localise le contenu de chaque cellule tel qu'il est affiché dans la feuille de calcul. Optez pour Commentaires pour réaliser des recherches dans les commentaires ajoutés aux cellules.**

   Lorsque vous choisissez Commentaires, vous ne pouvez pas spécifier de mise en forme pour affiner la recherche. En effet, le bouton Format de la boîte de dialogue Rechercher et remplacer est grisé.

   Par défaut, Excel ignore les différentes casses qui existent entre la chaîne de texte recherchée et le contenu des cellules. Ainsi, si vous recherchez *Actifs*, *ACTIFS*, et *actifs*, vous trouverez quand même *Actifs*. Pour limiter la recherche précisément à ce que vous recherchez, passez à l'Étape 8.

8. **Cochez l'option Respecter la casse pour que la recherche trouve uniquement le terme exactement orthographié.**

   Par défaut, Excel prend en considération toutes les occurrences de la chaîne de texte, même si elle ne représente qu'une partie de l'entrée de la cellule. Ainsi, lorsque vous cherchez 25, Excel trouvera les cellules contenant 25,

15,25, 25 Rue de l'église, et 250 000. Pour trouver exactement le contenu recherché, passez à l'Étape 9.

9. **Cochez l'option Totalité du contenu de la cellule pour qu'Excel trouve uniquement le contenu recherché.**

   Ainsi, lorsque vous cherchez 25 et cochez cette option, Excel ne localisera pas 15,25, 250 000, et 25 rue de l'église.

10. **Cliquez sur le bouton Rechercher tout pour trouver toutes les occurrences de la chaîne. Cliquez sur Suivant pour effectuer une recherche occurrence par occurrence.**

    Lorsque vous cliquez sur Rechercher tout, Excel liste les cellules contenant des données qui correspondent à vos critères de recherche. Il les liste dans la partie inférieure de la boîte de dialogue Rechercher et remplacer, comme sur la Figure 3.16. Cliquez sur l'entrée qui vous intéresse.

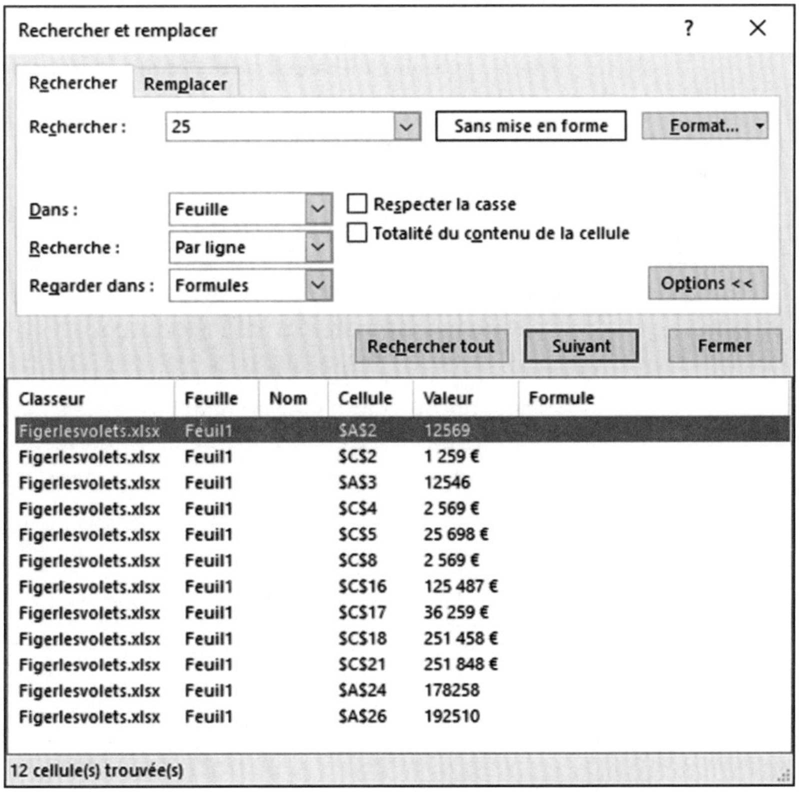

FIGURE 3.16 : Trouver une valeur dans la feuille de calcul en utilisant les options de l'onglet Rechercher.

Lorsque vous cliquez sur Suivant, Excel sélectionne la prochaine cellule de la feuille de calcul contenant des données qui correspondent à votre critère de recherche. Cliquez sur ce bouton jusqu'à ce que vous localisiez l'occurrence qui vous intéresse. Déplacez la boîte de dialogue si elle masque les cellules localisées par Excel.

11. **Une fois la recherche terminée, cliquez sur le bouton Fermer de la boîte de dialogue Rechercher et remplacer.**

Rechercher et remplacer

La fonction Rechercher se limite à la localisation d'un certain contenu d'une ou plusieurs cellules de la feuille de calcul. Parfois, vous aurez besoin de changer un contenu. Pour cette opération, l'idéal et d'utiliser la fonction Remplacer d'Excel comme ceci :

1. **Pour effectuer cette recherche dans la totalité de la feuille de calcul, commencez par sélectionner une cellule. Pour limiter la recherche à une partie de la feuille de calcul, sélectionnez la plage de cellules concernée.**

2. **Dans le menu local du bouton Rechercher et sélectionner du groupe Édition de l'onglet Accueil, choisissez Remplacer, ou exécutez le raccourci Ctrl + H.**

   Excel ouvre la boîte de dialogue Rechercher et remplacer sur l'onglet Remplacer, comme le montre la Figure 3.17. Si cette boîte de dialogue est déjà ouverte, contentez-vous de cliquer sur l'onglet Remplacer ou d'appuyer sur Alt + P.

3. **Dans le champ Rechercher, tapez la chaîne de texte à localiser, et spécifiez si nécessaire une mise en forme afin de limiter le nombre d'occurrences trouvées par Excel.**

   Tout fonctionne comme avec la fonction Rechercher. Donc, reportez-vous si besoin à la précédente section.

4. **Dans le champ Remplacer par, tapez la donnée de remplacement.**

   Entrez la chaîne de texte comme elle apparaît dans les cellules. Utilisez des majuscules là où il y a effectivement des majuscules, et des minuscules là où elles sont présentes dans le mot. Utilisez des points d'interrogation et des astérisques s'il y en a dans le contenu des cellules. Ils n'agissent pas ici comme des caractères génériques.

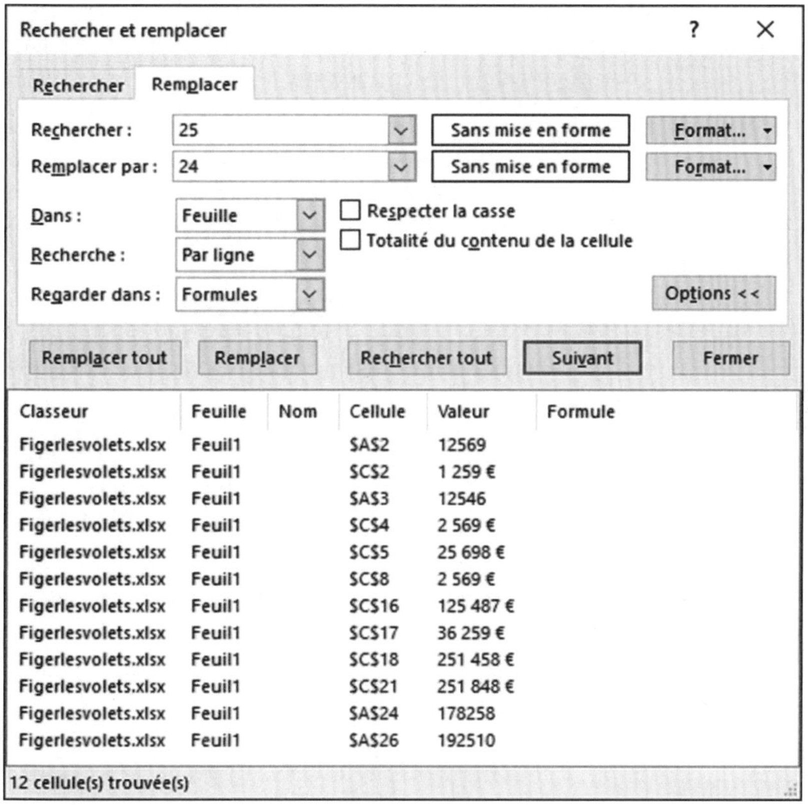

FIGURE 3.17 : Mettre à jour les données avec la fonction Rechercher et remplacer d'Excel.

5. **Cliquez sur le bouton Options puis sur le bouton Format et définissez un critère de mise en forme afin de limiter l'opération de recherche à des contenus bien précis. Vous pouvez aussi cliquer sur la petite flèche du bouton Format et opter pour Choisir le format à partir de la cellule. Ensuite, vous cliquerez sur la cellule dont la mise en forme doit être utilisée comme référence.**

   Lorsque vous cliquez sur Format, Excel affiche la boîte de dialogue Rechercher le format qui se compose des mêmes onglets que la boîte de dialogue Format de cellule. Définissez le format de recherche du contenu des cellules et cliquez sur OK.

6. **Choisissez vos options dans les champs Dans, Rechercher, et Regarder dans. Cochez si nécessaire les cases Respecter la casse et Totalité du contenu de la cellule.**

Ces options fonctionnent comme celles de l'onglet Rechercher. Si vous ne les voyez pas, il suffit de cliquer sur le bouton Options pour développer le contenu de l'onglet et ainsi accéder à ses paramètres.

7. **Cliquez sur le bouton Suivant pour localiser la première occurrence à remplacer. Cliquez ensuite sur le bouton Remplacer. Si vous ne souhaitez pas la remplacer et chercher une nouvelle occurrence, cliquez sur le bouton Suivant.**

   Utiliser la fonction Rechercher et remplacer occurrence par occurrence est la seule manière de ne pas remplacer des données qui doivent rester inchangées. Vous agissez ainsi au cas par cas. En effet, lorsque vous cliquez sur le bouton Remplacer tout, Excel remplace toutes les occurrences en une seule opération.

8. **Une fois que vous avez fini le remplacement des entrées selon vos critères de recherche, cliquez sur le bouton Fermer.**

   Cette action ferme la boîte de dialogue. Lorsque vous cliquez sur Remplacer tout, Excel ferme automatiquement la boîte de dialogue Rechercher et remplacer une fois son travail terminé.

Vous pouvez cliquer sur le bouton Annuler de la barre d'outils Accès rapide, ou exécuter le raccourci clavier Ctrl + Z pour restaurer les données initiales si vous pensez avoir effectué quelques remplacements par erreur.

Au paradis du vérificateur orthographique

Vous pouvez utiliser le vérificateur orthographique d'Excel pour produire une feuille de calcul exempt de toute faute d'orthographe. Pour lancer cette vérification, cliquez sur le bouton Orthographe du groupe Vérification de l'onglet Révision. Vous obtiendrez le même résultat *via* les raccourcis Alt + RÈ, et F7.

Lors de la vérification, Excel compare chaque mot avec ceux de son dictionnaire. S'il rencontre un mot absent de ce dictionnaire, il le considère comme étant mal orthographié. Il le sélectionne, l'affiche dans le champ Absent du dictionnaire de la boîte de dialogue Orthographe, et propose des mots de substitution dans la liste Suggestions, comme le montre la Figure 3.18.

Voici comment utiliser la boîte de dialogue lorsqu'Excel découvre un mot inconnu (ou réellement mal orthographié) :

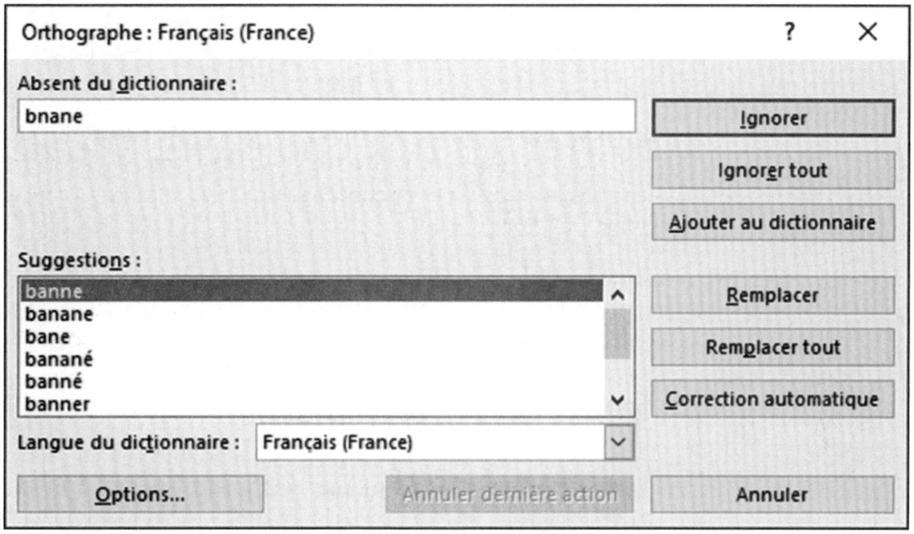

FIGURE 3.18 : Vérification orthographique d'une feuille de calcul.

- Cliquez sur un des mots de la liste Suggestions, puis sur le bouton Remplacer. Excel effectue ce remplacement et poursuit la vérification.
- Cliquez sur un des mots de la liste Suggestions, puis sur le bouton Remplacer tout pour qu'Excel remplace toutes les occurrences mal orthographiées de ce mot dès qu'il en rencontre une dans la feuille de calcul.
- Cliquez sur le bouton Ignorer pour qu'Excel se comporte comme si le mot était correctement orthographié, et poursuive sa vérification.
- Cliquez sur le bouton Ignorer tout afin qu'Excel mémorise, le temps de cette vérification, que ce mot est correct, et poursuive ainsi sa vérification sans s'arrêter sur des occurrences identiques à ce terme.
- Cliquez sur le bouton Ajouter au dictionnaire pour ajouter définitivement le terme inconnu au dictionnaire d'Excel. Il le considérera désormais comme un mot tout à fait correct.
- Cliquez sur le bouton Correction automatique pour qu'Excel ajoute le terme à la liste des mots automatiquement corrigés. Ainsi, dès que vous ferez la même faute sur ce mot, Excel le remplacera immédiatement par la bonne orthographe.

Excel ne vérifie l'orthographe que des cellules de la feuille de calcul en cours d'utilisation. Pour vérifier d'autres feuilles de calcul du classeur, cliquez sur l'onglet de la feuille concernée située dans la partie inférieure de l'interface du programme. Ensuite, lancez la correction par un clic sur le bouton Orthographe de l'onglet Révision, ou en appuyant sur la touche F7 du clavier. Pour limiter la correction à une plage de cellules, commencez par la sélectionner, puis lancez la vérification.

Modifier les options de vérification

Lorsque vous utilisez le vérificateur orthographique, définissez quelques options afin d'adapter l'opération aux besoins de votre feuille de calcul. Cliquez sur le bouton Options afin d'accéder à l'onglet Vérification de la boîte de dialogue Options Excel. Portez alors votre attention sur les paramètres de la section Pendant la correction orthographique dans les programmes Microsoft Office :

- **Ignorer les mots en MAJUSCULES :** Décochez cette case pour qu'Excel ne fasse pas de différence entre le mot en minuscules et en majuscules.
- **Ignorer les mots qui contiennent des chiffres :** Décochez cette case pour qu'Excel vérifie des entrées telles que B52 qui contient lettre et chiffres.
- **Ignorer les chemins d'accès aux fichiers :** Décochez cette option pour qu'Excel s'arrête aussi sur les adresses Web et les chemins d'accès tels que c:\documents\finance.
- **Signaler les répétitions au moyen d'un indicateur :** Décochez cette case pour qu'Excel n'indique pas comme mal orthographié des mots comme Bora Bora.
- **Allemand : utiliser les règles postérieures à la réforme de l'orthographe :** Cochez cette option pour qu'Excel prenne en compte la réforme orthographique de l'Allemand.
- **Majuscules accentuées en français :** Cochez cette case pour qu'Excel considère comme mal orthographiées les majuscules dont l'accent est incorrect.
- **Suggérer à partir du dictionnaire principal uniquement :** Excel utilise le dictionnaire principal lorsqu'il procède à la vérification orthographique.
- **Dictionnaires personnels :** Ouvre la boîte de dialogue Dictionnaires personnels où vous pouvez éditer les mots d'un vocabulaire personnalisé ou en ajouter de nouveaux. (Voir la prochaine section « Ajouter des mots au dictionnaire ».)
- **Modes français ou Modes espagnols :** Choisissez entre le mode français orthographique traditionnel ou rectifié. Pour les modes espagnols, vous avez le choix entre les formes de vouvoiement et de tutoiement.
- **Langue du dictionnaire :** Spécifie la langue et le pays que le dictionnaire utilise quand il vérifie l'orthographe de la feuille de calcul.

Ajouter des mots au dictionnaire

Cliquez sur le bouton Ajouter au dictionnaire de la boîte de dialogue Orthographe pour entrer des mots dans un dictionnaire personnel. Par défaut, Excel ajoute les mots dans un fichier nommé RoamingCustom.dic. Il est localisé dans le sous-dossier UProff du dossier Microsoft, lui-même stocké dans le dossier Application Data (dossier Utilisateur du disque C:).

Il est possible de créer d'autres dictionnaires personnels en vous conformant aux étapes suivantes :

1. **Ouvrez la boîte de dialogue Options Excel, et choisissez la catégorie Vérification. Ensuite, dans la section Pendant la correction orthographique dans les programmes Microsoft Excel, cliquez sur le bouton Dictionnaires personnels.**

   Excel ouvre la boîte de dialogue Dictionnaires personnels, où vous pouvez créer vos propres dictionnaires.

2. **Cliquez sur le bouton Nouveau.**

   La boîte de dialogue Créer un dictionnaire personnel s'affiche.

3. **Saisissez le nom de votre dictionnaire et cliquez sur le bouton Enregistrer.**

   Une fois que vous créez un dictionnaire, son nom apparaît dans la liste Toutes les langues de la Liste des dictionnaires.

4. **(Facultatif) Pour restreindre la langue d'un dictionnaire, sélectionnez-la dans le menu local Langue du dictionnaire.**

5. **Pour faire du nouveau dictionnaire le dictionnaire par défaut, cliquez dessus dans la liste des dictionnaires, puis sur le bouton Modifier la valeur par défaut.**

6. **Cliquez sur OK pour fermer la boîte de dialogue Dictionnaires personnels, puis de nouveau sur OK pour quitter la boîte de dialogue Options Excel.**

Excel ajoutera tous les mots inconnus dans votre dictionnaire personnel jusqu'à ce que vous en choisissiez un autre par défaut. Pour ajouter les mots au dictionnaire personnel d'origine, revenez dans la boîte de dialogue Dictionnaires personnels, et cliquez sur RoamingCustom.dic puis sur le bouton Modifier la valeur par défaut.

Vous pouvez modifier directement les mots que vous avez ajoutés à votre dictionnaire personnel. Pour cela, cliquez sur le bouton Dictionnaires personnels de l'onglet Vérification de la boîte de dialogue Options Excel. Dans la boîte de dialogue Dictionnaires personnels, cliquez sur le bouton Modifier la liste des mots. Excel ouvre une boîte de dialogue portant le nom de votre dictionnaire personnel. Dans le champ Mot(s), saisissez le mot, puis cliquez sur le bouton Ajouter. Le mot sera ajouté dans l'ordre alphabétique à la liste Dictionnaire. Pour retirer un mot de cette liste, sélectionnez-le, puis cliquez sur le bouton Supprimer.

Synonyme, recherche intelligente, et traduction

L'onglet Révision donne accès aux boutons Dictionnaire des synonymes, Recherche intelligente, et Traduire :

- » **Dictionnaire des synonymes** ouvre un panneau éponyme sur le côté droit d'Excel. Il propose des synonymes au terme de la cellule active. Bien entendu, vous pouvez saisir un autre mot dans le champ de recherche.
- » **Recherche intelligente** ouvre un panneau éponyme donnant une définition et des informations en ligne (dont des photos) sur l'entrée de la cellule active.
- » **Traduire** ouvre un panneau Rechercher qui permet de choisir la langue de départ et de destination. Vous pouvez modifier l'option de traduction dans le menu local Traduction.

Lorsque vous accédez au panneau Recherche intelligente, Excel cherche des informations sur Wikipédia, des images *via* Bing, ainsi qu'une recherche Web. Pour obtenir une définition du mot, cliquez sur le lien Définir situé dans la partie supérieure du panneau.

Marquer des données invalides

Il est possible de marquer les données qui ne répondent pas à certains critères ou paramètres.

Pour utiliser la Validation des données et masquer les entrées invalides, suivez cette procédure :

» Sélectionnez la plage de cellules dont les données doivent être validées et marquées.

» Cliquez sur l'onglet Données, puis sur le bouton Validation des données du groupe Outils de données (ou bien exécutez le raccourci Alt + ÉH1V). Définissez vos critères de validation (reportez-vous au Chapitre 1 du Livre II).

» Dans le menu local Validation de données, choisissez Entourer les données non valides.

La Figure 3.19 donne un exemple de ce que l'on peut obtenir. J'ai lancé une validation sur la plage de cellules C10 demandant à valider les données supérieures à 25 000, en choisissant ensuite d'entourer les valeurs qui sont invalides, donc inférieures à 25 000.

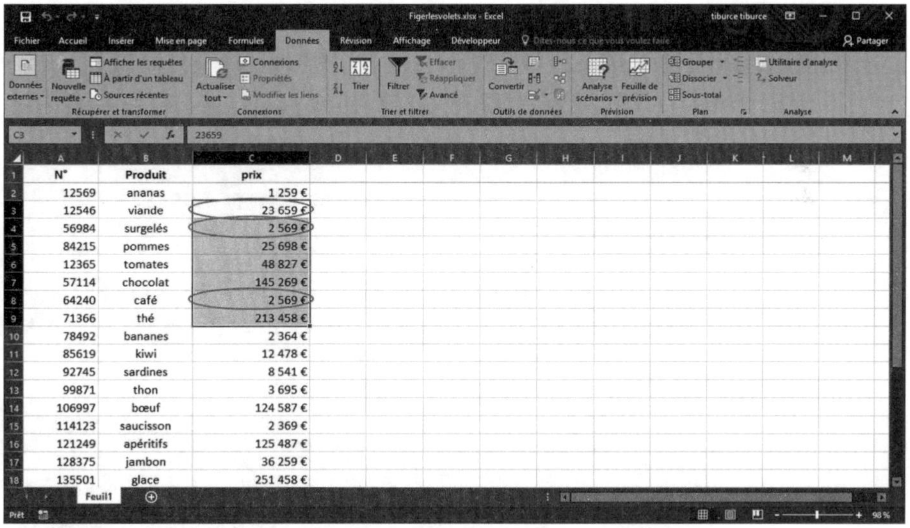

FIGURE 3.19 : Utilisez la Validation des données pour marquer les entrées de la plage inférieures à 25 000.

Pour masquer les cercles, ouvrez le menu local Validation des données, et exécutez la commande Effacer les cercles de validation, ou exécutez le raccourci Alt + ÉH1R.

Éliminer les erreurs avec la fonction vocale

Rechercher et replacer est un extraordinaire outil de suppression des erreurs. De son côté, le vérificateur orthographique identifie les potentielles erreurs de saisie de données. Malheureusement, ces fonctions ne permettent pas d'identifier les erreurs d'entrée qui ne constituent pas des fautes de frappe, ou de conversion d'une entrée en une autre.

La seule manière de signaler et de corriger ces erreurs est de vérifier la précision de chaque entrée de donnée dans la feuille de calcul. En règle générale, vous y procédez en vérifiant les lignes et les colonnes de données avec le document d'origine à partir duquel vous avez généré votre feuille de calcul. La fonction vocale d'Excel assiste cette vérification en lisant à haute voix le texte contenu dans la plage de cellules, ou dans une table de données. Vous pouvez donc vous concentrer sur le document d'origine, tout en écoutant ce que vous narre Excel.

La fonction vocale ne nécessite pas d'apprentissage préliminaire ou un microphone spécial. Il suffit de disposer de haut-parleurs ou d'un casque branché à la carte son de votre ordinateur.

Malheureusement, les commandes de lecture vocale ne sont pas accessibles depuis un onglet du ruban. Vous devez ajouter cette fonction à la barre d'outils Accès rapide. La Figure 3.20 montre la barre d'outils Accès rapide sur laquelle ont été ajoutées un certain nombre de fonctions vocales : Cellules vocales, Activer-Arrêter la fonctionnalité vocale des cellules, Activer la fonctionnalité vocale des cellules, Activer la fonctionnalité vocale des cellules par colonnes, et Activer la fonctionnalité vocale des cellules par lignes.

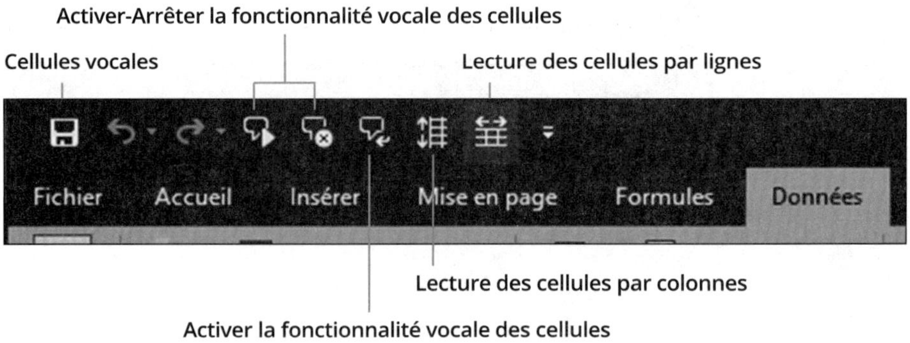

FIGURE 3.20 : Les boutons de contrôles de la fonction vocale d'Excel.

Voici comment ajouter ces boutons dans la barre d'outils Accès rapide :

1. **Cliquez sur la petite flèche du menu local de la barre d'outils Accès rapide, et choisissez Autres commandes.**

   Cette action ouvre la boîte de dialogue Options Excel.

2. **Dans le menu local Choisir les commandes dans les catégories suivantes, optez pour Commandes non présentes sur le ruban.**

3. **Localisez une à une les commandes Cellules vocales, Activer-Arrêter la fonctionnalité vocale des cellules, Activer la fonctionnalité vocale des cellules, Activer la fonctionnalité vocale des cellules par colonnes, et Activer la fonctionnalité vocale des cellules par lignes.**

4. **Pour chaque commande, cliquez sur le bouton Ajouter.**

   Réorganisez les commandes en jouant sur les boutons Monter et Descendre de la liste de droite.

5. **Cliquez sur OK pour fermer la boîte de dialogue Options Excel.**

Une fois ces boutons ajoutés à la barre d'outils Accès rapide, utilisez-les pour qu'Excel lise vos entrées :

1. **Sélectionnez les cellules de la feuille de calcul dont le contenu doit être lu à haute voix.**

   Pour lire une table de données, placez le pointeur de cellule sur la première cellule de la table. Excel lira toute la table lorsque vous cliquerez sur le bouton Cellules vocales.

2. **Cliquez sur le bouton Cellules vocales.**

   La lecture commence. Par défaut, Excel lit les données ligne par ligne.

3. **Pour faire une pause dans la lecture, cliquez sur le bouton Activer-Arrêter la fonctionnalité vocale des cellules.**

Vous pouvez cliquer sur Activer la fonctionnalité vocale des cellules en appuyant sur Entrée. Dans ce cas, c'est le fait d'appuyer sur Entrée qui lance la lecture cellule par cellule. Ici, la lecture se fait colonne par colonne. Vous devez appuyer sur Entrée pour passer à la lecture de la cellule suivante.

Chapitre 4

Gérer des feuilles de calcul

DANS CE CHAPITRE :

- **Insérer er supprimer des colonnes et des lignes**
- **Diviser la feuille de calcul en panneaux séparés**
- **Mettre en évidence les données d'une feuille de calcul**
- **Insérer, supprimer, et réorganiser des feuilles dans un classeur**
- **Ouvrir différentes feuilles de calcul dans un classeur**
- **Consolider les données d'une feuille de calcul**

Gérer et organiser les informations de vos feuilles de calcul est presque aussi important qu'entrer et modifier des données. Cette gestion nécessite une bonne connaissance de la manipulation des colonnes et des lignes d'une feuille de calcul, mais aussi des différentes feuilles de calcul qui composent un classeur, ainsi que d'autres classeurs qui contiennent des données importantes.

Ce chapitre explique comment réorganiser l'information dans une seule feuille de calcul en y insérant et en y supprimant des colonnes et des lignes. Vous découvrirez comment mettre en évidence des tables de données en développant plus ou moins leurs détails *via* les fonctions d'affichage et de masquage des colonnes et des lignes. Il traite également de la réorganisation et de la manipulation des feuilles de calcul d'un classeur, et étudie les stratégies permettant de comparer et de transférer des données entre différents classeurs ouverts à des fins de modifications.

Réorganiser la feuille de calcul

Les feuilles de calcul d'Excel 2016 se composent de 16 384 colonnes et 1 048 576 lignes. Au fur et à mesure que votre feuille de calcul se développera, vous trouverez un grand intérêt à y réorganiser les données afin d'en optimiser le fonctionnement et l'apparence. Cela induit de supprimer des colonnes et des lignes inutiles pour rapprocher des tables de données les unes par rapport aux autres. Parfois, il sera indispensable d'insérer de nouvelles colonnes et lignes pour espacer les groupes de données.

Le défi est de pouvoir conserver, dans un espace homogène, toutes les informations répandues dans la feuille. Il sera donc parfois nécessaire de diviser la feuille de calcul en panneaux affichant, dans une seule fenêtre, une partie éloignée de la feuille de calcul afin d'en comparer les données. Pour les grandes listes et tables de données, vous souhaiterez certainement mettre en évidence les données de la feuille de calcul pour limiter les informations à un résumé ou à l'exposition de données essentielles.

Insérer et supprimer des lignes et des colonnes

Insérer ou supprimer des lignes et des colonnes affectera les 1 048 576 lignes et les 16 384 colonnes. Vous devez donc veiller à ne pas troubler le bon fonctionnement de lignes et de colonnes que vous ne voyez pas. Ainsi, l'insertion de colonnes ou de lignes pourrait scinder les données d'une liste ou d'une table qui auraient dû rester groupées.

Pour éviter ce type d'inconvénient, il est recommandé d'effectuer un zoom arrière afin d'apprécier visuellement la manière dont les groupes de données interagissent. Il suffit alors de faire glisser le curseur Zoom vers la gauche jusqu'à la valeur 25 %. En effet, si vous appliquez la valeur minimale de 10 %, le contenu deviendra très difficile à lire et vous ne pourrez pas apprécier la manière dont les plages de données se combinent.

Une autre manière de procéder à cette vérification consiste à appuyer sur Fin + → ou Fin + ↓ pour déplacer le pointeur de cellule de plages de données en plages de données, dans la colonne ou la ligne concernée par la suppression d'une autre ligne ou d'une autre colonne. Lorsque vous appuyez sur la touche Fin du clavier et sur la flèche dirigée vers le bas de votre pavé directionnel, le pointeur de cellule se positionne sur la première cellule vide qu'il rencontre. Ainsi, si vous exécutez le raccourci Fin + → lorsque le pointeur de cellule se situe sur la ligne 52 et que le pointeur se positionne sur la cellule XFD52 (c'est-à-dire à la fin de cette ligne sur la feuille de calcul), vous savez qu'il n'existe aucune donnée sur cette ligne susceptible d'être éliminée si vous la supprimez ou si vous insérez une nouvelle ligne. De même, si vous appuyez sur Fin + ↓ quand le pointeur de cellule se trouve dans la colonne D et qu'il descend jusqu'à la cellule D1048576, vous savez qu'aucune donnée ne sera affectée par la suppression de cette colonne ou par l'insertion d'une nouvelle.

Dès que vous avez la certitude de ne causer aucun dommage aux parties non visibles de la feuille de calcul par suppression et/ou insertion de lignes et de colonnes, vous pouvez appliquer des modifications structurelles à votre feuille de calcul.

Supprimer des lignes et des colonnes

Pour supprimer des colonnes et des lignes, sélectionnez-les par un clic sur leur lettre ou leur numéro. Ensuite, cliquez sur le bouton Supprimer du groupe Cellules de l'onglet Accueil. N'oubliez pas que vous pouvez sélectionner des groupes de colonnes et de lignes en faisant glisser le pointeur de la souris sur leurs lettres et leurs numéros. Pour sélectionner des lignes et des colonnes non adjacentes, maintenez la touche Ctrl enfoncée, et cliquez sur leurs en-têtes (chiffres et lettres).

Lorsque vous supprimez une colonne, toutes les entrées de ses cellules disparaissent immédiatement et les colonnes situées sur sa droite se décalent vers la gauche afin de combler l'espace libre laissé par la colonne supprimée. Lorsque vous supprimez une ligne, toutes les entrées de ses cellules disparaissent immédiatement. Les lignes situées en dessous sont décalées vers le haut pour combler l'espace vide laissé par la ligne supprimée.

Vous pouvez également supprimer des lignes et des colonnes qui font partie d'une sélection de cellules. Pour cela, ouvrez le menu local du bouton Supprimer du groupe Cellules de l'onglet Accueil, et cliquez sur Supprimer des lignes dans la feuille ou Supprimer des colonnes dans la feuille. Si vous pensez qu'il est impossible de supprimer une colonne ou une ligne sans dommage, limitez-vous à la suppression des cellules d'une zone spécifique de la feuille de calcul en exécutant la commande Supprimer les cellules du bouton Supprimer du groupe Cellules de l'onglet Accueil. (Pour plus d'informations à ce sujet, consultez le Chapitre 3 du Livre II.)

Si vous appuyez sur le bouton Suppr de votre clavier après avoir sélectionné des lignes ou des colonnes, Excel effacera les entrées des cellules et non pas la colonne ou la ligne. Dans ce cas, il ne comblera pas les cellules vides laissées par cette suppression. Si vous cliquez sur le bouton Supprimer du groupe Cellules, Excel supprimera les données et la ligne ou la colonne et décalera le contenu des autres lignes et colonnes afin de combler l'espace vide laissé par cette suppression.

Si la suppression d'une ligne ou d'une colonne élimine des données référencées dans des formules, la valeur #REF! apparaîtra dans les cellules des formules affectées par cette suppression. Vous devrez soit restaurer les lignes ou les colonnes supprimées, soit recréer la formule d'origine que vous recopierez sur les cellules affichant l'erreur. (Consultez le Chapitre 2 du Livre III pour plus d'informations sur les valeurs d'erreur des formules.)

Ajouter de nouvelles lignes et colonnes

Pour insérer une nouvelle ligne ou colonne dans la feuille de calcul, sélectionnez la ligne ou la colonne à gauche ou au-dessus de laquelle vous souhaitez les faire apparaître. Pour cela, cliquez sur l'en-tête de la ligne ou de la colonne (lettre ou chiffre). Ensuite, cliquez sur le bouton Insérer du groupe Cellules de l'onglet Accueil.

Lorsque vous insérez une colonne vide, Excel décale les données existantes sur la droite afin de libérer de l'espace pour la nouvelle colonne. Lorsque vous insérez une ligne, Excel décale les données existantes vers le bas afin de libérer de l'espace pour la nouvelle ligne.

Pour ajouter plusieurs lignes et colonnes en une seule opération, sélectionnez les colonnes ou les lignes là où vous souhaitez les insérer. Ainsi, vous ajouterez un nombre équivalent de lignes et de colonnes à celles sélectionnées. Ensuite, cliquez sur le bouton Insérer de l'onglet Accueil.

Vous pouvez également insérer de nouvelles lignes et colonnes à partir d'une sélection de cellules. Dans ce cas, effectuez cette sélection, puis exécutez la commande Insérer des lignes dans la feuille ou Insérer des colonnes dans la feuille du menu local du bouton Insérer du groupe Cellules de l'onglet Accueil (consultez le Chapitre 3 du Livre II).

Chaque fois que l'insertion de colonnes ou de lignes repositionne les données référencées dans des formules de la feuille de calcul, Excel ajuste ces références dans lesdites formules afin de prendre en compte leur repositionnement.

Fractionner la feuille de calcul en volets

Excel permet de diviser la feuille de calcul en deux ou quatre panneaux. Vous utiliserez ensuite les barres de défilement qui s'affichent pour parcourir les données d'une zone spécifique de la feuille de calcul représentée dans chaque panneau. Cette fonctionnalité est idéale pour comparer différentes sections.

Pour diviser la fenêtre d'une feuille de calcul en deux panneaux horizontaux, placez le pointeur de cellule dans la cellule de la colonne A qui servira de bord supérieur au fractionnement. Ensuite, ouvrez l'onglet Affichage et cliquez sur le bouton Fractionner (Alt + NC). Excel fractionne la fenêtre en deux *via* une barre de séparation horizontale, comme sur la Figure 4.1. Vous constatez que chacune d'elles dispose d'une barre de défilement verticale.

Pour fractionner la fenêtre en volets verticaux, placez le pointeur de cellule sur la première ligne de la colonne où vous souhaitez appliquer ce fractionnement. Pour

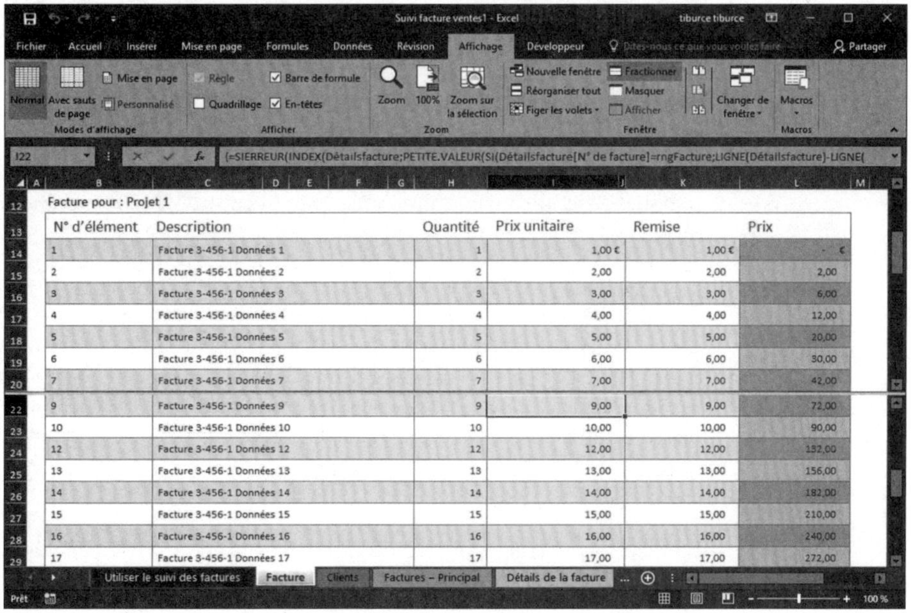

FIGURE 4.1 : Feuille de calcul fractionnée horizontalement en deux.

diviser la fenêtre en quatre volets, placez le pointeur de cellule à droite de la colonne où vous souhaitez faire apparaître le séparateur vertical, et sur la ligne au-dessus de laquelle doit apparaître le séparateur horizontal, comme le montre la Figure 4.2.

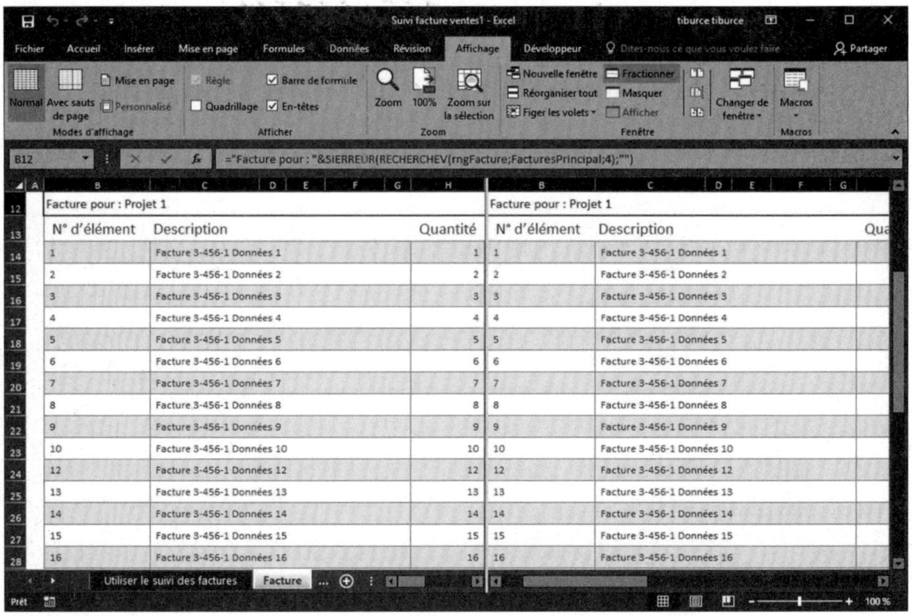

FIGURE 4.2 : La feuille de calcul fractionnée en deux volets verticaux.

Excel affiche les bordures des volets sous la forme d'une barre verticale et horizontale. Pour modifier la taille d'un volet, placez le pointeur de la souris sur un séparateur. Dès qu'il prend la forme d'une double flèche, cliquez et, sans relâcher le bouton de la souris, faites glisser le pointeur vers la gauche ou la droite, le haut ou le bas.

Lorsque vous fractionnez une fenêtre en deux volets, Excel en synchronise le défilement. Ainsi lorsque vous fractionnez une fenêtre en deux volets horizontaux comme sur la Figure 4.1, la feuille de calcul dispose d'une barre de défilement horizontal, et de deux barres de défilement verticales (une pour chaque volet). *De facto*, le défilement horizontal des deux volets est synchronisé. En revanche, le défilement vertical est propre à chaque volet.

Lorsque vous fractionnez une fenêtre en deux volets verticaux comme sur la Figure 4.2, la situation est inversée. La feuille de calcul ne contient qu'une seule barre de défilement vertical, et deux barres de défilement horizontal. *De facto*, le défilement vertical des deux volets est synchronisé. En revanche, le défilement horizontal est propre à chaque volet.

Lorsque vous fractionnez une fenêtre en quatre volets comme sur la Figure 4.3, la feuille de calcul contient deux barres de défilement vertical, et deux barres de défilement horizontal. *De facto*, le défilement vertical des deux volets est synchronisé. En revanche, le défilement horizontal est propre à chaque volet. Le défilement vertical et horizontal est synchronisé pour les volets auxquels les barres en question se réfèrent. Ainsi, la barre de défilement vertical supérieure synchronise le défilement des deux volets supérieurs.

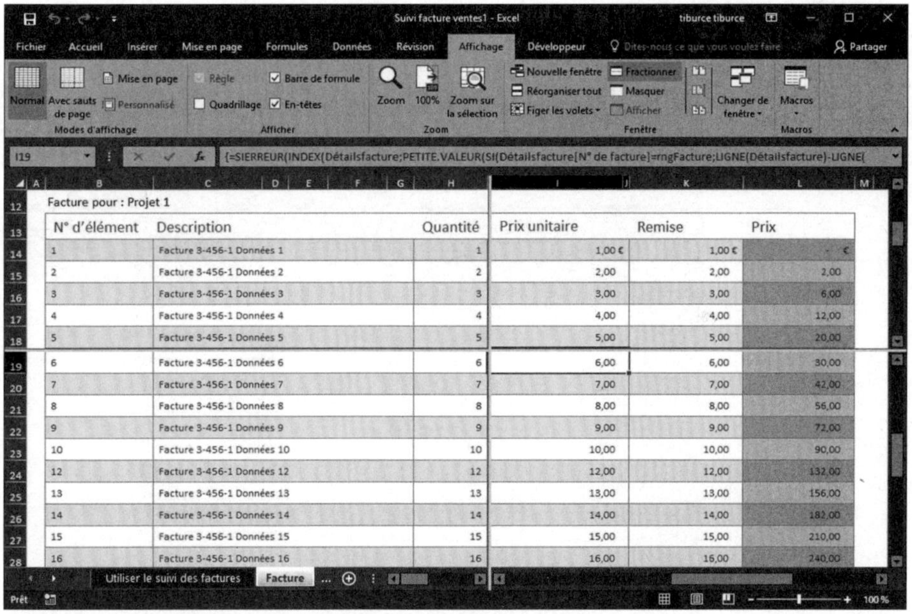

FIGURE 4.3 : La feuille de calcul fractionnée en quatre volets depuis la cellule I19.

Pour revenir à l'affichage standard de la fenêtre, cliquez simplement sur le bouton Fractionner du groupe Fenêtre de l'onglet Affichage (Alt + NC). Vous pouvez également faire glisser les séparateurs jusqu'aux en-têtes de colonnes ou de lignes. Enfin, une dernière méthode consiste à placer le pointeur de la souris sur un séparateur. Quand il prend la forme d'une double flèche, double-cliquez !

Sur un écran tactile, vous pouvez supprimer des volets en double-tapotant sur les séparateurs avec votre doigt ou votre stylet.

Vous pouvez figer les volets de telle sorte que les informations du volet supérieur et/ou de gauche restent constamment visibles. (Voir le Chapitre 3 du Livre II pour plus d'informations sur les volets figés.)

Les options Plan d'une feuille de calcul

La fonction Plan d'Excel permet de contrôler le niveau de détail d'affichage d'une table ou d'une liste de données dans la feuille de calcul. Vous ne pourrez appliquer un plan que si la liste ou la table ont une mise en page uniforme avec des lignes et des colonnes qui identifient chaque colonne de données, et des lignes qui effectuent le sous-total et le total des données des lignes, comme le montre la Figure 4.4.

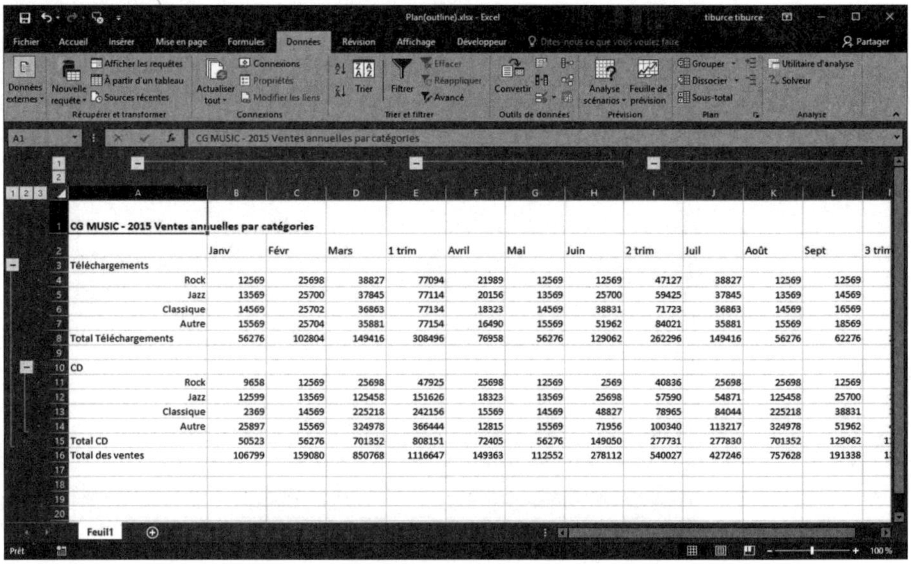

FIGURE 4.4 : Plan automatique appliqué à la feuille de calcul des ventes de CG Music.

Après avoir appliqué un plan à une table ou à une liste, il est possible de n'afficher que certains niveaux d'informations. Cela permet, par exemple, de n'imprimer que certaines données dans un rapport résumant une activité (voir le Chapitre 5 du Livre II), ou bien de représenter graphiquement des données récapitulatives.

Les plans d'une feuille de calcul diffèrent de ceux que vous faisiez au collège ou au lycée. En effet, vous y placiez les titres au plus haut niveau (I.), puis mettiez en retrait les titres des sections et des sous-sections. Dans la plupart des plans des feuilles de calcul, la structure est inversée. Le niveau hiérarchique le plus élevé se situe en bas et à droite de la liste ou de la table de données de votre rapport (ou document si vous préférez). Les lignes et les colonnes intermédiaires sont localisées au-dessus et à gauche du rapport.

Cette disposition s'explique par le fait que, la plupart du temps, pour calculer les totaux d'un état (ou de la synthèse de données) dans la feuille de calcul, vous placez naturellement le niveau des détails de donnée au-dessus des lignes de la synthèse et à gauche des colonnes qui les totalisent. Dans un traitement de texte, vous placez la majorité de vos titres au-dessus des sous-titres que vous positionnez sensiblement en retrait. Ainsi, la lecture est guidée de gauche à droite, et vers le bas de la page.

Les plans des tables de données (à l'opposé des listes de données) sont également différents de ceux structurés dans un logiciel de traitement de texte, car ils organisent les données non pas dans une, mais dans deux hiérarchies : une hiérarchie verticale qui récapitule la ligne de données, et une hiérarchie horizontale pour la colonne de données.

Créer le plan

Pour créer un plan à partir d'une table de données, placez le pointeur de cellule dans la table ou la liste contenant ces données à représenter sous la forme d'un plan. Ensuite, ouvrez l'onglet Données du ruban et, dans le groupe Plan, cliquez sur le menu local Grouper. Exécutez-y la commande Plan automatique. Vous pouvez exécuter cette commande *via* le raccourci Alt + ÉGP.

Par défaut, Excel suppose que les lignes de synthèse de la table de données sélectionnée se situent sous les données détaillées, et que les colonnes de ce résumé sont positionnées à droite des données détaillées. C'est en général le cas. Cependant, si les lignes se situaient au-dessus des données, et les colonnes à gauche, Excel créerait tout de même le plan.

Commencez par cliquer sur la petite icône située dans l'angle inférieur droit du groupe Plan afin d'ouvrir la boîte de dialogue Paramètres. Dans la section Orientation, décochez les cases Lignes de synthèse sous les lignes de détail et/ou Colonnes de synthèse sous les colonnes de détail. Excel peut appliquer automatiquement des styles aux différents niveaux du plan si vous cochez l'option Styles automatiques. (Pour plus d'informations à ce sujet, reportez-vous à la section « Appliquer des styles de plan » plus loin dans ce chapitre.) Cliquez sur le bouton Créer – si vous cliquez sur OK, le programme ferme la boîte de dialogue sans appliquer le plan aux données sélectionnées de la feuille de calcul.

La Figure 4.4 montre un plan appliqué par Excel à la feuille de calcul CG Music – 2015 Ventes annuelles par catégories. Notez les différents symboles ajoutés par Excel. Le Tableau 4.1 en explique le fonctionnement :

TABLEAU 4.1 **Les boutons du plan.**

Bouton	Fonction
Niveau Ligne et Niveau Colonne	Affiche un niveau de détails choisis. Lorsque vous cliquez sur une barre de niveau plutôt qu'un chiffre, Excel ne masque que ce niveau, comme si vous cliquiez sur le bouton Masquer les détails (signe moins).
Afficher les détails (+)	Développe l'affichage pour montrer les lignes ou les colonnes de données qui étaient masquées.
Masquer les détails (-)	Contracte l'affichage pour masquer les lignes ou les colonnes.

Si les éléments du plan ne sont pas affichés, ouvrez la boîte de dialogue Options Excel *via* Fichier/Options. Choisissez la catégorie (onglet) Options avancées, et faites défiler le contenu de la boîte de dialogue pour accéder aux paramètres de la section Options d'affichage de la feuille de calcul. Là, cochez la case Afficher les symboles du plan si un plan est appliqué.

Vous ne pouvez créer qu'un seul plan par feuille de calcul. Si vous avez déjà structuré un plan et que vous essayez d'en créer un pour une autre table de données de la même feuille de calcul, Excel affichera un message vous demandant si vous souhaitez modifier le plan existant. Si vous cliquez sur OK, Excel ajoute le plan de la nouvelle table au plan existant (et cela même si les tables ne sont pas adjacentes). Pour créer des plans autonomes pour différentes tables de données, vous devez insérer chaque table dans une feuille de calcul spécifique du classeur.

Appliquer des styles de plan

Vous pouvez appliquer des styles de plan aux lignes et aux colonnes de la table ou de la liste de données. Pour cela, vous devez cocher l'option Styles automatiques de la boîte de dialogue Paramètres. Je rappelle que pour ouvrir cette boîte de dialogue, vous devez cliquer sur l'icône située dans l'angle inférieur droit du groupe Plan dans l'onglet Données. Toutefois, il est possible d'appliquer un style après avoir créé le plan. Sélectionnez toutes les cellules de la table de données représentées sous la forme d'un plan. Ouvrez la boîte de dialogue Paramètres, et cochez la case Styles automatiques. Cliquez sur le bouton Appliquer les styles, puis sur le bouton OK.

La Figure 4.5 montre la table de données CG Music à laquelle je m'apprête à appliquer un style automatique.

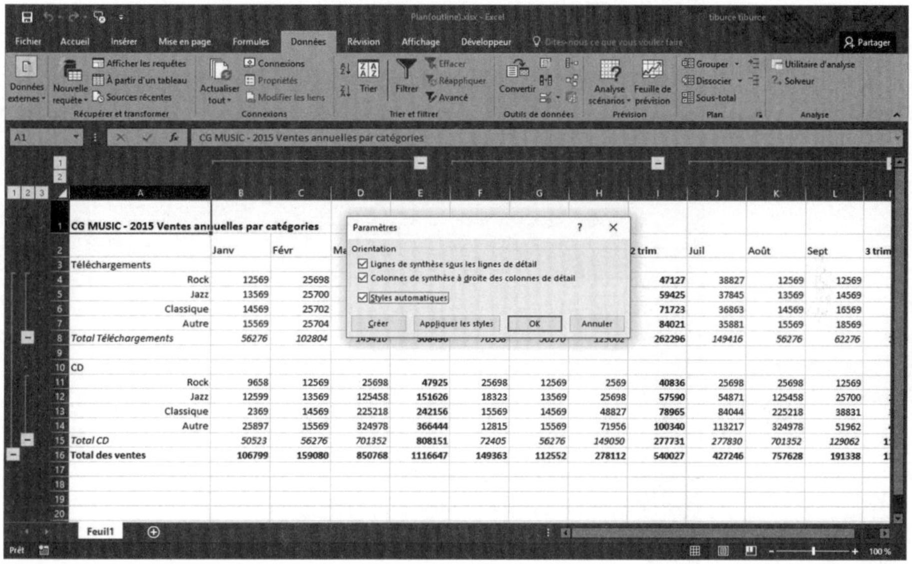

FIGURE 4.5 : Application de styles automatiques via la boîte de dialogue Paramètres.

Le style RowLevel_1 est appliqué aux entrées de la première ligne de synthèse (ligne 16) et affiche le texte en gras. Le style ColLevel_1 est appliqué à la première colonne de synthèse (colonne N non visible sur cette figure) en basculant ses caractères en gras. Le style RowLevel_2 est appliqué aux lignes 15 et 8 dont le texte est alors placé en italique. Le style ColLevel_2 est appliqué aux colonnes B à M.

Parfois, Excel est très pointilleux sur l'application de styles à un plan existant. Si, dans la boîte de dialogue Paramètres, vous cochez Styles automatiques, puis cliquez sur le bouton Appliquer les styles et qu'il ne se passe rien, cliquez sur OK pour quitter cette boîte de dialogue. Ensuite, créez un nouveau plan en choisissant l'option Plan automatique dans le menu local Grouper du groupe Plan de l'onglet Données. Excel affiche un message demandant si vous souhaitez modifier le plan existant. Cliquez sur OK. Excel affiche le plan avec application des styles automatiques.

Afficher et masquer différents niveaux du plan

L'efficacité d'un plan d'une feuille de calcul se révèle lorsque vous commencez à jouer avec ses niveaux. En cliquant sur le symbole approprié d'une ligne ou d'une colonne, vous pouvez masquer immédiatement des lignes et des colonnes afin d'afficher uniquement la synthèse dont vous avez besoin. Par exemple, sur la Figure 4.6, en cliquant sur les boutons masquant les niveaux 2 des lignes et des colonnes je n'affiche que les totaux.

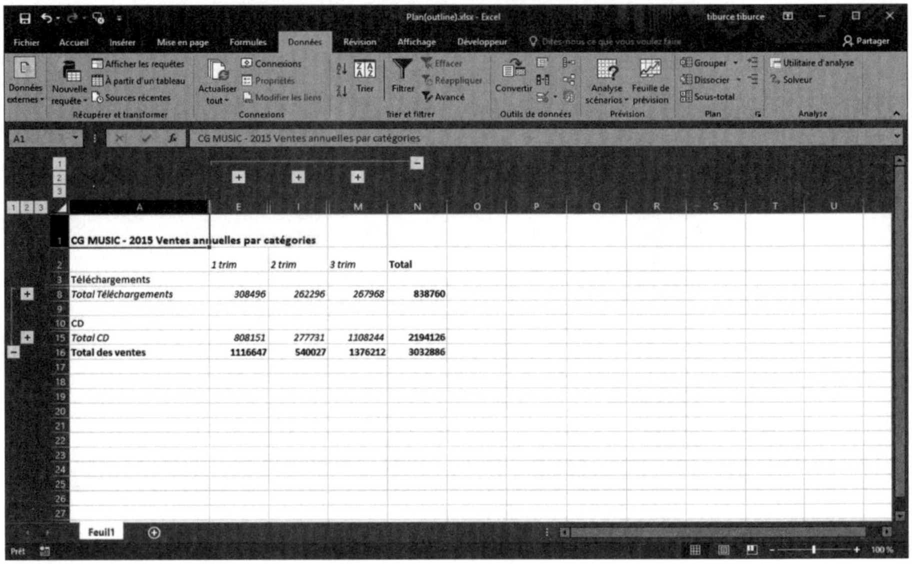

FIGURE 4.6 : En masquant le niveau 2 des lignes et des colonnes, j'obtiens la synthèse des ventes, c'est-à-dire les totaux.

Vous pouvez également afficher et masquer les niveaux en plaçant le pointeur de cellule dans la colonne ou la ligne dont vous souhaitez n'afficher que les informations, puis en cliquant sur le bouton Masquer le détail du groupe Plan de l'onglet Données, ou le signe moins (-). Dans ce cas, Excel masque les détails, n'affichant que la colonne de synthèse des données. Vous effectuerez le même type d'opération lorsque vous souhaiterez afficher le détail masqué. Dans ce cas, vous opterez pour le bouton Afficher le détail. Vous obtiendrez un résultat identique avec les raccourcis Alt + ÉJ et Alt + ÉH2.

La Figure 4.7 montre la même table où le plan n'affiche que le niveau 1 des lignes et des colonnes. La synthèse se limite au total des ventes globales de l'année.

Pour détailler ces ventes de l'année par catégorie musicale, cliquez simplement sur le chiffre 3 des lignes, comme sur la Figure 4.8.

Vous comprenez que les chiffres des niveaux et les symboles d'affichage ou de masquage du détail permettent d'obtenir l'affichage de nombreuses synthèses.

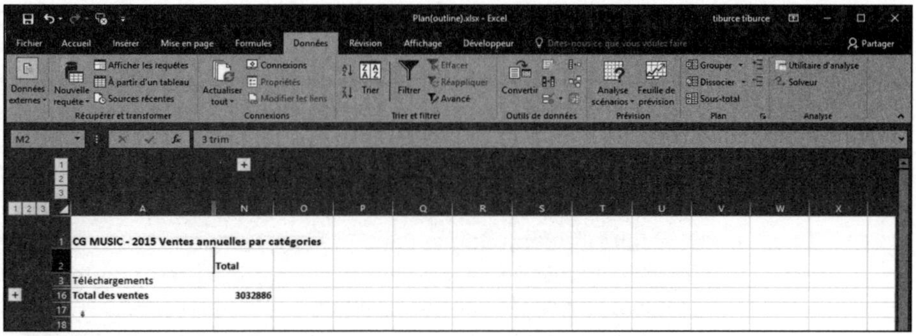

FIGURE 4.7 : Synthèse des ventes de l'année.

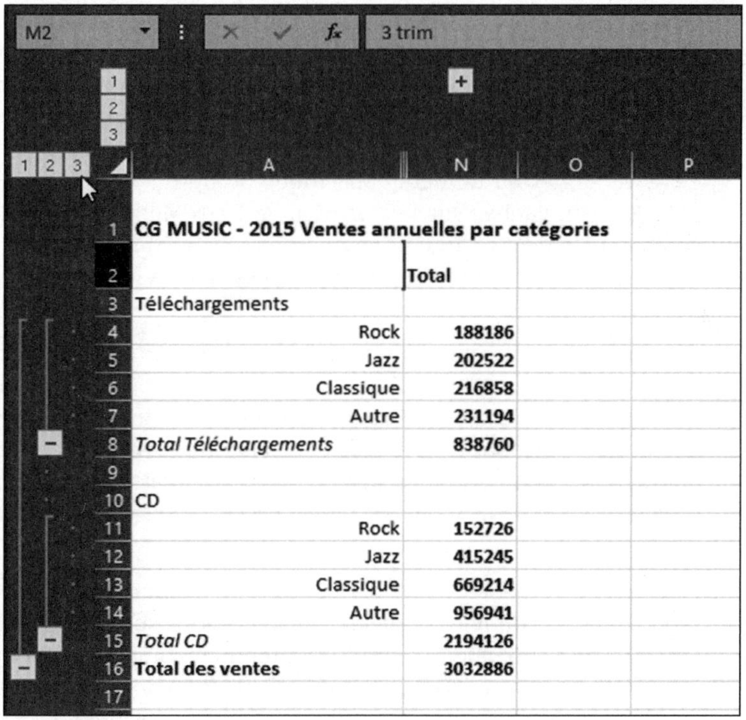

FIGURE 4.8 : Une synthèse des ventes plus détaillée.

Excel adapte le plan en fonction de vos actions sur l'affichage et le masquage des lignes et des colonnes de la feuille de calcul. Gardez à l'esprit que lorsque vous réduisez le nombre de niveaux affichés, vous masquez également les données situées en dehors de la zone de visibilité de votre feuille de calcul.

Ajuster manuellement les niveaux du plan

En général, la fonction Plan automatique d'Excel structure correctement le plan des données de votre table. Toutefois, dans certaines circonstances, vous serez obligé d'ajuster manuellement un ou plusieurs niveaux pour que les lignes et les colonnes affichent le bon détail. Pour ajuster les niveaux du plan de la feuille de calcul, sélectionnez les lignes et les colonnes que vous souhaitez placer au plus haut niveau hiérarchique dans le plan. Ensuite, cliquez sur le bouton Grouper de l'onglet Données et cliquez sur Dissocier. Pour replacer la ligne à son niveau d'origine, cliquez sur le bouton Grouper.

Avant d'utiliser ces deux boutons, vous devez sélectionner des lignes ou des colonnes dont vous souhaitez augmenter ou réduire le niveau hiérarchique dans le plan. Pour sélectionner rapidement toutes les lignes et les colonnes d'un niveau, maintenez la touche Maj enfoncée et cliquez sur son symbole hiérarchique + ou -. Bien entendu, les lignes et les colonnes du niveau qui ne sont pas visibles dans la zone d'affichage de la fenêtre d'Excel se retrouvent elles aussi sélectionnées. Pour ne sélectionner qu'un détail spécifique ou qu'une ligne ou colonne de synthèse dans le plan, cliquez sur le chiffre ou la lettre de la ligne ou de la colonne. Vous pouvez également maintenir enfoncée la touche Maj et cliquer sur le point (.) situé à gauche du numéro de la ligne et au-dessus de la lettre de la colonne.

Si vous ne sélectionnez qu'une plage de cellules (et non pas toute une ligne ou toute une colonne) avant de cliquer sur le bouton Grouper ou Dissocier, Excel ouvre la boîte de dialogue Grouper ou Dissocier qui propose les options Lignes et Colonnes. Pour monter ou descendre hiérarchiquement les colonnes plutôt que les lignes, optez pour Colonnes. Pour fermer cette boîte de dialogue sans appliquer de modification au niveau hiérarchique du plan, cliquez sur Annuler.

Pour voir comment utiliser les boutons de commande Grouper et Dissocier du groupe Plan de l'onglet Données, appuyez-vous sur la feuille de calcul CG Music. Lorsqu'Excel applique le plan, il ne prend en compte que la ligne 3 qui contient uniquement un titre : Téléchargements. *De facto*, lorsque vous limitez la synthèse au niveau 1 comme sur la Figure 4.7, ce titre reste visible.

Vous pouvez utiliser le bouton Grouper pour abaisser le niveau hiérarchique de cette ligne 3. Pour cela, cliquez sur son chiffre 3 afin de sélectionner intégralement la ligne. Ensuite, cliquez sur le bouton Grouper de l'onglet Données (Alt + ÉG). La Figure 4.9 montre la mise en retrait du petit point situé à gauche du numéro de cette ligne (3). Cette fois, en affichant uniquement le niveau 1, la ligne contenant le titre Téléchargement disparaît, comme le montre la Figure 4.10.

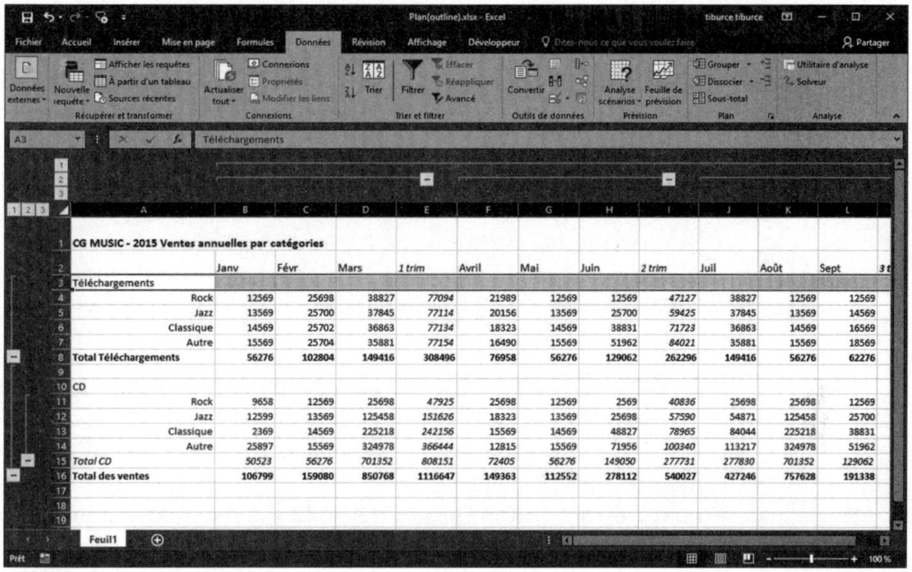

FIGURE 4.9 : Ajustement manuel du niveau 1 des lignes d'un plan.

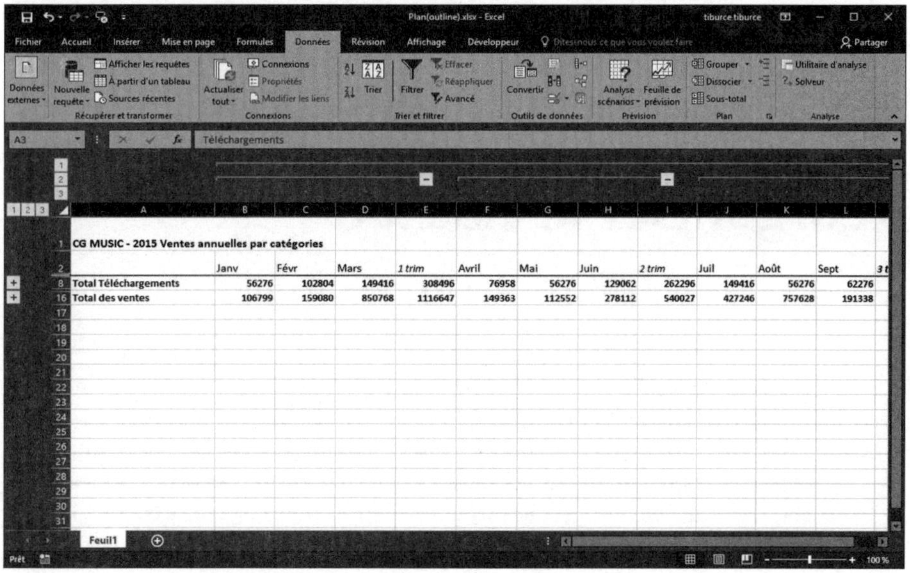

FIGURE 4.10 : Limiter l'affichage du niveau 1 avec disparition de la ligne de titre.

Supprimer un plan

Pour supprimer un plan de la feuille de calcul, ouvrez le menu local du bouton Dissocier, et choisissez Effacer le plan ou exécutez le raccourci Alt + ÉÇF. La suppression du plan n'affecte pas les données. Excel ne supprime que sa structure. Lorsqu'un plan est supprimé, toutes les données de la feuille de calcul sont de nouveau affichées.

Pour que la suppression du plan fonctionne, aucune ligne, colonne, ou plage de cellules ne doit être sélectionnée.

On ne peut pas annuler via Ctrl + Z la suppression d'un plan. Par conséquent, si vous l'effacez par erreur, vous devez le créer de nouveau.

Créer différents affichages de plans personnalisés

Une fois que vous avez créé un plan, différents types d'affichage permettront de montrer divers niveaux de détail. Vous choisirez alors le plan à afficher en cliquant sur le bouton Personnalisé du groupe Modes d'affichage de l'onglet Affichage (Alt + NP).

Lorsque vous créez des affichages de plans, cochez les options Paramètres masqués des lignes, colonnes et filtres de la boîte de dialogue Ajouter un affichage. (Voir le Chapitre 3 du Livre II sur la création et l'utilisation d'affichages personnalisés dans une feuille de calcul.)

Réorganiser le classeur

Tout nouveau classeur affiche une feuille de calcul vierge. Bien que la plupart du temps toutes vos données tiendront sur cette seule feuille de calcul, vous devez apprendre à en organiser le contenu surtout si, à terme, il s'avère nécessaire d'ajouter des feuilles de calcul à votre classeur.

Pour parcourir les feuilles de calcul d'un classeur, cliquez sur l'onglet de la feuille à afficher, ou bien exécutez le raccourci clavier Ctrl + PgDn (pour passer à la page suivante) ou Ctrl + PgUp (pour revenir à la précédente). Si l'onglet de la feuille à afficher n'est pas visible dans la partie inférieure d'Excel, cliquez sur le petit triangle dirigé vers la droite, présent dans la partie inférieure gauche de l'interface.

En cliquant sur les deux triangles situés en bas à droite, vous affichez les onglets des feuilles de calcul masquées sur la droite, ou les onglets des feuilles de calcul masquées sur la gauche. Si vous maintenez la touche Ctrl enfoncée lorsque vous cliquez sur ces triangles, vous accédez directement aux derniers et aux premiers onglets des feuilles de calcul.

Excel 2016 indique la présence d'onglets masqués par trois petits points verticaux situés à gauche du bouton + de la barre des onglets. Pour afficher plus ou moins d'onglets, cliquez sur ces trois points et, sans relâcher le bouton de la souris, faites glisser cette petite barre verticale vers la droite ou la gauche.

Renommer des feuilles

Les onglets des feuilles situés en bas de chaque classeur permettent de vous repérer facilement dans vos documents. Pour identifier la feuille en cours d'utilisation, regardez simplement l'onglet qui s'affiche en couleur claire, et dont le nom est en gras.

Tous les onglets de nouvelles feuilles ont la même dimension et portent le nom Feuil1, Feuil2, et ainsi de suite. Tout nouvel onglet ajouté apparaît à droite de l'onglet actif. Il est tout à fait possible de renommer les onglets afin que le nom de chaque feuille permette d'identifier sa fonction et les données qu'elle contient. Voici comment procéder :

1. **La technique la plus rapide et la plus sûre pour renommer un onglet consiste à afficher l'onglet concerné dans la partie inférieure du classeur.**
2. **Faites un clic droit sur l'onglet de la feuille à renommer.**

   Le clic droit va activer la feuille de calcul et ouvrir un menu contextuel.
3. **Dans le menu contextuel qui apparaît, exécutez la commande Renommer.**

   Cette action sélectionne le nom.
4. **Tapez le nouveau nom, et validez-le avec la touche Entrée du clavier.**

   Excel utilisera le nom de la feuille dans les formules faisant références à ses cellules. Par exemple, si vous nommez la Feuil2 Ventes 2016, et que vous créez une formule dans la cellule A10 de la Feuil1 qui fait la somme des cellules B10 à C34 de cette Feuil2, la formule en A10 apparaîtra ainsi :

   ```
   =SOMME('Ventes 2016'!B10:C34)
   ```

Pour cette raison, nous conseillons d'utiliser des noms assez courts de manière à identifier facilement la feuille dont les données sont utilisées dans une formule.

Faites un clic droit entre les deux triangles de défilement des onglets situés en bas à gauche de la fenêtre d'Excel pour ouvrir la boîte de dialogue Activer. Cliquez sur le nom de la feuille à activer, et validez avec le bouton OK. Vous pouvez également double-cliquer sur le nom de la feuille à activer.

Code couleur des feuilles

Avec Excel 2016, il est très facile de mettre en œuvre un code couleur pour créer un jeu de couleurs aidant à l'identification des feuilles et de leur contenu.

La couleur appliquée à l'onglet d'une feuille de calcul n'est visible que si l'onglet est inactif. Dès que vous sélectionnez l'onglet, sa couleur se transforme en un léger dégradé. Lorsque vous appliquez une couleur claire ou foncée, Excel inverse la couleur du nom pour qu'il soit bien lisible.

Code couleur des onglets des feuilles de calcul

Pour assigner une nouvelle couleur à un onglet d'une feuille de calcul, conformez-vous aux trois étapes suivantes :

1. **Faites un clic droit sur l'onglet dont vous souhaitez modifier la couleur.**
2. **Dans le menu contextuel qui apparaît, choisissez Couleur d'onglet.**
3. **Cliquez sur une des couleurs du nuancier qui s'affiche.**

Pour retirer une couleur à un onglet, répétez les précédentes étapes. À l'Étape 3, choisissez Aucune couleur.

Définir une image comme arrière-plan de la feuille de calcul

Si appliquer une couleur aux onglets des feuilles de calcul ne suffit pas, vous pouvez utiliser une image en tant qu'arrière-plan des cellules. Elle couvrira la totalité de la feuille. Il est conseillé d'utiliser une image contenant peu de couleurs, sinon les données risquent d'être illisibles. *De facto*, vous constaterez que beaucoup d'images ne seront pas du tout adaptées au contenu de vos classeurs. En revanche, il peut être intéressant d'utiliser le logo de votre entreprise comme une sorte de filigrane ajoutant une teinte subtile à l'arrière-plan, sans nuire à la lisibilité des données.

Pour ajouter un fichier graphique stocké sur votre ordinateur :

1. **Activez l'onglet de la feuille à laquelle vous souhaitez appliquer une image d'arrière-plan.**

2. **Ouvrez l'onglet Mise en page.**

3. **Dans le groupe Mise en page, cliquez sur le bouton Arrière-plan.**

   Cette action ouvre la boîte de dialogue Insérer des images.

4. **Cliquez sur le bouton Parcourir situé à droite de la mention À partir d'un fichier.**

   Excel ouvre la boîte de dialogue Feuille d'arrière-plan.

5. **Ouvrez le dossier contenant l'image à utiliser, puis cliquez sur l'icône du graphique. Enfin, cliquez sur le bouton Insérer.**

   Dès que vous cliquez sur le bouton Insérer, Excel ferme la boîte de dialogue Feuille d'arrière-plan, et l'image s'applique à la place du fond blanc par défaut de la feuille de calcul. Si nécessaire, Excel étire l'image pour couvrir la surface de la feuille. En revanche, si l'image est trop grande, il ne l'ajuste pas aux dimensions de la feuille de calcul. Lorsque l'image est vraiment trop petite, il l'affiche en mosaïque.

Pour supprimer cette image d'arrière-plan, cliquez sur le bouton Supprimer l'arrière-plan du groupe Mise en page de l'onglet Mise en page. Vous pouvez également exécuter le raccourci clavier Alt + PA.

Vous pouvez également sélectionner une image en ligne. Dans la boîte de dialogue Insérer des images, cliquez sur Recherche d'images Bing. Tapez le thème de l'image que vous souhaitez trouver. Une fois localisé en ligne, double-cliquez sur sa vignette.

Contrairement aux motifs et couleurs de remplissage que vous appliquez aux cellules, l'image d'arrière-plan n'est pas imprimée.

Ajouter et supprimer des feuilles

Vous pouvez ajouter autant de feuilles de calcul qu'en exigent les données et la fonction de votre classeur. Il suffit pour cela de cliquer sur le signe + situé à droite des onglets affichés dans la partie inférieure de la fenêtre d'Excel.

Excel insère la nouvelle page à droite de l'onglet actif. Par défaut, il nomme les nouvelles feuilles Feuil2, Feuil3, Feuil4, *etc.*

Vous pouvez également insérer une nouvelle feuille en faisant un clic droit sur n'importe quel onglet. Dans le menu contextuel qui s'affiche, exécutez la commande Insérer. La boîte de dialogue éponyme apparaît. Il se compose des onglets Général, Solutions – Tableur, et Charts. Dans l'onglet Général, choisissez la vignette Feuille et cliquez sur le bouton OK. Cette fois l'insertion se fait à gauche de l'onglet actif.

Si vous avez l'habitude de créer des classeurs comportant un certain nombre de feuilles, vous pouvez le définir par défaut. Pour cela, ouvrez la boîte de dialogue Options Excel *via* Fichier/Options. Cliquez sur l'onglet (catégorie) Général. Dans la section Lors de la création de classeurs, augmentez la valeur du paramètre Inclure ces feuilles. La valeur maximum est de 255.

Pour supprimer une feuille de calcul, faites un clic droit sur son onglet. Dans le menu contextuel qui s'affiche, exécutez la commande Supprimer. Vous pouvez obtenir le même résultat *via* le groupe Cellules de l'onglet Accueil. Ouvrez le menu local du bouton Supprimer, et choisissez Supprimer une feuille (Alt + LUSF). Si la feuille contient des données, Excel ouvrira un message d'alerte. Si vous êtes sûr de votre décision, cliquez sur le bouton Supprimer. Sinon, cliquez sur Annuler et vérifiez les données de la feuille que vous envisagez de supprimer.

La suppression d'une feuille de calcul est irréversible. Donc, ne procédez pas à cette opération à la légère. Vérifiez minutieusement les données pour ne pas le regretter éternellement.

Réorganiser les feuilles

Excel facilite la réorganisation des feuilles d'un classeur. Pour changer de place une feuille, glissez-déplacez son onglet. Le pointeur de souris arbore alors l'icône d'une petite feuille. Un trait vertical permet de bien identifier la nouvelle position de la feuille. Dès que cette position est atteinte, relâchez le bouton de la souris.

Pour copier (dupliquer) une feuille de calcul à une nouvelle position, effectuez ce glisser-déplacer en maintenant la touche Ctrl enfoncée. La feuille ainsi dupliquée est identifiée par le chiffre 2 entre parenthèses, comme Feuil1 (2). Vous pouvez bien entendu la renommer par un clic droit sur son onglet et, dans le menu contextuel qui s'affiche, exécuter la commande renommer.

Le déplacement et la copie peuvent également s'effectuer ainsi : faites un clic droit sur l'onglet de la feuille à déplacer ou à copier. Dans le menu contextuel qui s'affiche, choisissez Déplacer ou copier. Dans la liste Avant la feuille de la boîte de dialogue Déplacer ou copier qui apparaît, cliquez sur la feuille avant laquelle vous effectuerez cette copie ou ce déplacement. Pour dupliquer la feuille, cochez la case Créer une copie (sinon vous déplacerez la feuille). Enfin, cliquez sur OK.

Édition groupée

Il est possible d'apporter des modifications à plusieurs feuilles de calcul en même temps. Bien sûr, ce type d'édition n'est possible qu'avec des feuilles de calcul qui partagent la même mise en page, et nécessite le même type de mise en forme.

Supposons que votre classeur contienne des feuilles de calcul des ventes annuelles respectivement nommées YTD10, YTD11, et YTD12 identifiant trois années d'activité consécutives. La mise en page de chaque feuille est identique : les mois sont répartis sur des colonnes et les totaux des trimestres ainsi que le total annuel, les villes, et les types de ventes sont répartis verticalement sur des lignes. La mise en forme des feuilles est tout à fait standard.

Pour formater ces trois feuilles de calcul en une seule opération, commencez par les sélectionner. Il suffit pour cela de maintenir la touche Ctrl enfoncée et de cliquer sur chacun des trois onglets. Vous pourrirez également activer le premier onglet, maintenir la touche Maj enfoncée, et cliquer sur le dernier.

Dès que les onglets sont sélectionnés, la barre de titre du classeur affiche [Groupe de travail] à droite du nom du classeur. Ainsi, vous savez que toutes vos opérations de mise en forme vont affecter les trois feuilles sélectionnées.

Par exemple, si vous sélectionnez les en-têtes de ligne ou de colonnes et que vous les basculez en gras et en italique, cette mise en forme sera appliquée aux en-têtes de ligne et de colonnes des deux autres feuilles de calcul. Mieux encore ! Vous pouvez modifier le contenu d'une plage de cellules en remplaçant les entrées, en déplaçant la sélection, ou bien encore en supprimant les données.

Une fois les modifications terminées, désactivez ce groupe en faisant un clic droit sur un des onglets des feuilles. Dans le menu contextuel qui apparaît, exécutez la commande Dissocier les feuilles. La mention [Groupe de travail] disparaît de la barre de titre d'Excel. Désormais, vos modifications n'affecteront que la feuille active.

Pour sélectionner toutes les feuilles d'un classeur, faites un clic droit sur l'onglet de la feuille dans laquelle vous souhaitez effectuer les modifications. Dans le menu contextuel, choisissez Sélectionner toutes les feuilles.

« Tu me vois... tu ne me vois plus ! »

Une technique très pratique permet de masquer certaines feuilles de calcul du classeur afin de faciliter l'édition des autres. Ainsi, vous pourrez masquer des feuilles contenant des données sensibles qui ne doivent pas tomber entre les mains de n'importe qui, ou bien encore des feuilles contenant toutes les macros utilisées par le classeur.

Masquer des feuilles de calcul permet de n'imprimer que certaines parties d'un classeur, après quoi vous pourrez de nouveau afficher les données que vous n'avez pas souhaité intégrer dans le document imprimé. Pour masquer une feuille de calcul, faites un clic droit sur son onglet et exécutez la commande Masquer. Une autre technique consiste à activer l'onglet de la feuille, puis à cliquer sur l'onglet Accueil. Ensuite, ouvrez le menu local du bouton Format du groupe Cellules. Pointez sur le sous-menu Masquer & afficher, et exécutez la commande Masquer la feuille (Alt + LÇML). Excel fait disparaître la feuille sans la supprimer. Pour l'afficher de nouveau, procédez comme pour la masquer. Cette fois, dans le sous-menu Masquer & afficher, choisissez Afficher la feuille. Dans la boîte de dialogue qui apparaît, activez le nom de la feuille à afficher, et cliquez sur le bouton OK. Vous ne pouvez malheureusement pas masquer et afficher de nouveau plusieurs feuilles de calcul simultanément. Il faut procéder feuille par feuille.

Ouvrir des fenêtres sur différentes feuilles

Répartir les données sur différentes feuilles de calcul ne facilite pas leur comparaison. Nous avons vu que lorsque vous utilisez une seule feuille de calcul, il est possible de diviser la fenêtre du classeur en volets horizontaux et verticaux afin de comparer des entrées situées dans différentes parties de la feuille de calcul. Pour effectuer ce type de comparaison lorsque les données sont réparties sur plusieurs feuilles, vous devez ouvrir d'autres fenêtres et les organiser sur votre écran pour en faciliter la comparaison. En effet, chacune de ces fenêtres pourra afficher les données spécifiques d'une zone particulière de la feuille de calcul. Il suffira alors d'exécuter la commande Côte à côte de l'onglet Affichage d'Excel pour juxtaposer les deux fenêtres et synchroniser automatiquement le défilement de leur contenu.

Comparer des fenêtres côte à côte

La Figure 4.11 illustre la fonction Côte à côte d'Excel. Elle permet de comparer les ventes 2015 avec celles de 2014. Voici comment obtenir l'organisation des feuilles de calcul d'un même classeur :

FIGURE 4.11 : Les deux fenêtres d'un même classeur permettent de comparer des données stockées dans des feuilles différentes.

1. **Ouvrez le classeur à modifier puis créez une Nouvelle fenêtre en cliquant sur le bouton Nouvelle fenêtre de l'onglet Accueil. Une autre méthode consiste à exécuter le raccourci clavier Alt + NO.**

Excel ajoute le chiffre 2 au nom du classeur pour indiquer qu'il s'agit de sa seconde fenêtre. Chacune des fenêtres affiche la même feuille de calcul.

2. **Les deux fenêtres se chevauchant, cliquez sur le bouton Côte à côte de l'onglet Affichage.**

   Cette action place les deux fenêtres côte à côte verticalement. Cette fois, chacune des fenêtres affiche une feuille de calcul différente de l'autre, en l'occurrence Ventes 2014 et Ventes 2015.

3. **Pour activer la fenêtre dans laquelle intervenir :**

   - Cliquez sur la barre de titre de la fenêtre concernée.
   - Ouvrez le menu local du bouton Changer de fenêtre de l'onglet Affichage, et choisissez le nom de la fenêtre à activer.

Sous le bouton de commande Côte à côte, vous disposez des deux boutons suivants :

» **Défilement synchrone :** Lorsque ce bouton est actif, tout défilement appliqué dans une fenêtre se répercute dans l'autre. Pour que chacune des fenêtres bénéficie d'un défilement indépendant, désactivez ce bouton.

» **Rétablir la position de la fenêtre :** Si vous avez redimensionné manuellement la fenêtre active, cliquez sur ce bouton pour restaurer sa taille et sa position.

Pour mettre fin à cette disposition, cliquez sur le bouton Côte à côte (ou appuyez sur Alt + NE). Les deux fenêtres retrouvent la disposition qui était la leur avant que vous ne cliquiez pour la première fois sur le bouton Côte à côte.

Vous pouvez utiliser la fonction Côte à côte lorsque plus de deux fenêtres d'un même classeur sont ouvertes. Pour cela, cliquez sur le bouton Côte à côte de l'onglet Affichage. La boîte de dialogue Comparer en côte à côte qui apparaît liste les fenêtres dont vous pouvez comparer le contenu avec celui de la fenêtre active. Cliquez sur le nom d'une fenêtre puis sur le bouton OK. Excel place les deux fenêtres l'une au-dessus de l'autre, comme sur la Figure 4.11.

Vous pouvez utiliser la vue Côte à côte pour comparer non pas des feuilles de calcul, mais des classeurs, comme cela est expliqué dans la section « Comparer des classeurs », plus loin dans ce chapitre.

Réorganiser des fenêtres

Une fois que vous avez créé de nouvelles fenêtres *via* le bouton éponyme de l'onglet Affichage, cliquez sur le bouton Réorganiser tout afin d'ouvrir la boîte de dialogue Réorganiser (Alt + NK). Elle propose les options suivantes :

» **Mosaïque :** Excel positionne les fenêtres les unes à côté des autres dans l'ordre de leur ouverture. Lorsque vous n'ouvrez que deux fenêtres, les dispositions Mosaïque et Vertical produisent le même effet.

» **Horizontal :** Excel place les fenêtres les unes au-dessus des autres, exactement comme le fait le bouton Côte à côté étudié précédemment.

» **Vertical :** Excel place les fenêtres les unes à côté des autres de gauche à droite dans leur ordre d'ouverture.

» **Cascade :** Excel fait se chevaucher les fenêtres de manière à n'apercevoir que la barre de titre de celles placées derrière la fenêtre active.

Pour activer une fenêtre, cliquez dessus. Utilisez les barres de défilement pour afficher une partie spécifique de vos feuilles de calcul afin de comparer leur contenu.

Pour afficher les fenêtres les unes après les autres de manière à activer celle dans laquelle vous souhaitez intervenir, exécutez le raccourci clavier Ctrl + F6 jusqu'à affichage de la fenêtre concernée.

Pour revenir à un affichage normal, cliquez sur le bouton Agrandir situé dans l'angle supérieur droit de la fenêtre. Pour fermer une fenêtre, placez le pointeur de la souris sur l'icône Excel affichée sur la Barre des tâches de Windows 10. Cette action affiche les vignettes des fenêtres Excel actuellement ouvertes. Placez le pointeur de la souris sur la vignette de la fenêtre à fermer et cliquez sur le bouton X qui apparaît dans son angle supérieur droit.

Travailler avec plusieurs classeurs

L'ouverture simultanée de plusieurs classeurs permet d'en comparer les données, d'utiliser la technique du glisser-déposer pour copier ou déplacer des entrées, voire pour copier ou déplacer la totalité des feuilles de calcul.

Comparer des classeurs

Commencez par ouvrir les classeurs à comparer. Ensuite, réorganisez manuellement leur fenêtre, ou bien cliquez sur le bouton Côte à côte de l'onglet Affichage (Alt + NE). Si vous limitez la comparaison à deux classeurs, et que vous invoquez la commande Côte à côté, Excel les affiche l'un au-dessus de l'autre. Si vous ouvrez plus de deux classeurs et que vous cliquez sur ce même bouton, Excel ouvre la boîte de dialogue Comparer en côte à côte. Sélectionnez alors le classeur que vous souhaitez comparer avec celui qui est actif.

Pour afficher simultanément toutes les fenêtres ouvertes, cliquez sur le bouton Réorganiser tout. Dans la boîte de dialogue qui apparaît, choisissez une des options d'affichage, comme Mosaïque, et cliquez sur OK. Veillez à ne pas cocher la case Fenêtres du classeur actif.

Transférer des données entre des fenêtres ouvertes

Une fois les fenêtres ouvertes et organisées, vous pouvez en comparer les données. Pour cela, vous devez basculer entre les différentes fenêtres pour activer celle dont vous souhaitez afficher la zone contenant les données à comparer. Procédez ainsi avec chaque classeur.

Pour déplacer des données entre les classeurs, affichez dans le classeur source les données à déplacer. Ensuite, affichez dans le classeur de destination les cellules de destination. Sélectionnez les cellules à déplacer, et glissez-déposez-les dans la première cellule de la plage de destination. Pour copier les données au lieu de les déplacer, effectuez cette opération en maintenant la touche Ctrl enfoncée. (Pour plus d'informations sur les techniques de copie et de déplacement des données, consultez le Chapitre 3 du Livre II.)

Pour afficher un classeur normalement, c'est-à-dire quitter le mode de comparaison, cliquez simplement sur son bouton Agrandir situé dans l'angle supérieur droit de sa fenêtre.

Transférer des feuilles d'un classeur à un autre

Il est tout à fait possible de transférer des feuilles d'un classeur à un autre. Vous utiliserez pour cela la technique du glisser-déplacer, ou bien exécuterez la commande Déplacer ou copier une feuille du bouton Format de l'onglet Accueil.

Pour glisser-déplacer, contentez-vous de glisser-déplacer l'onglet de la feuille d'une fenêtre à une autre. Dès que vous relâchez le bouton de la souris, Excel effectue le déplacement de la feuille. Pour copier la feuille au lieu de la déplacer, effectuez cette opération en maintenant la touche Ctrl enfoncée.

Voici comment déplacer ou copier *via* le menu local Format de l'onglet Accueil :

1. **Ouvrez le classeur source, c'est-à-dire contenant la feuille à copier ou à déplacer, et le classeur de destination, c'est-à-dire celui où la feuille devra être copiée ou déplacée.**
2. **Cliquez sur la fenêtre du classeur dont vous souhaitez déplacer ou copier la feuille.**
3. **Activez l'onglet de la ou des feuilles à copier ou à déplacer.**
4. **Ouvrez le menu local du bouton Format, et cliquez sur Déplacer ou copier une feuille (Alt + LÇP).**

   Vous ouvrez la boîte de dialogue Déplacer ou copier illustrée à la Figure 4.12.

FIGURE 4.12 : La boîte de dialogue Déplacer ou copier permet de déplacer ou de copier une feuille de calcul d'un classeur à un autre.

5. **Dans le menu local Dans le classeur, choisissez le nom du classeur dans lequel la ou les feuilles seront déplacées ou copiées.**

   Pour effectuer cette opération dans un classeur vide, choisissez (nouveau classeur).

6. **Dans la liste Avant la feuille, cliquez sur le nom de la feuille du classeur de destination avant laquelle vous souhaitez déplacer ou copier la/les feuille(s).**

   Pour placer ces feuilles en dernière position dans le classeur de destination, choisissez (en dernier).

7. **Pour copier les feuilles plutôt que les déplacer, cochez l'option Créer une copie.**

   Lorsque cette case est décochée, Excel procède à un déplacement de la ou des feuilles de calcul.

8. **Cliquez sur OK pour fermer la boîte de dialogue et procéder à la copie ou au déplacement.**

Consolider des feuilles de calcul

Excel permet de consolider des données de différentes feuilles de calcul en une seule. Vous utiliserez pour cela le bouton Consolider de l'onglet Données. Par exemple, elle vous permettra de faire le total de toutes les feuilles de calcul établissant le budget de chaque département d'une entreprise, ou bien de faire la synthèse des revenus sur plusieurs années. Si vous avez créé chaque feuille de calcul à partir d'un modèle, ou si elles ont une mise en page identique, Excel peut consolider rapidement les valeurs en s'appuyant sur leurs positions communes dans leurs feuilles de calcul respectives. Toutefois, lorsque les entrées sont disposées différemment dans chaque feuille de calcul, Excel parviendra à les consolider si vous avez utilisé les mêmes étiquettes pour identifier leurs entrées.

La plupart du temps, la consolidation consiste à effectuer le total des données de différentes feuilles de calcul. Par conséquent, Excel utilise par défaut la fonction SOMME. Il s'appuie sur les mêmes références de cellules lorsque la consolidation se base sur la position, ou sur les étiquettes quand elle se base sur des catégories. Vous pouvez demander à Excel d'utiliser d'autres fonctions pour effectuer cette consolidation : Nombre, Moyenne, Maxi, Mini, Produit, Chiffre, Ecartype, Ecartypep, Var, et Varp (ces fonctions sont étudiées au Chapitre 5 du Livre III).

La consolidation commence par l'insertion d'une feuille de calcul qui contiendra les valeurs consolidées. Pour consolider des feuilles de différents classeurs, créez un nouveau classeur. Si les feuilles de ces classeurs proviennent d'un modèle, créez le nouveau classeur à partir du même modèle.

Avant de lancer le processus de consolidation, choisissez la cellule ou la plage de cellules de la feuille de calcul devant afficher les données consolidées. On parle de *zone de destination*. Si vous ne sélectionnez qu'une seule cellule, Excel affichera les données consolidées en colonne vers la droite et le bas. Si vous sélectionnez une seule ligne, la répartition des données se fait vers les lignes du bas. Si vous sélectionnez une seule colonne, Excel place les données consolidées sur les colonnes de droite. Si vous avez sélectionné une plage de cellules, Excel restreindra les données consolidées à cette plage.

Si vous voulez qu'Excel consolide les données dans une plage particulière de la feuille de calcul, donnez à cette plage le nom de Zone Consolidée. Excel y consolidera les données chaque fois que vous utiliserez la commande Consolider.

Lorsque vous consolidez des données, sélectionnez-les dans des feuilles de vos classeurs ouverts ou non. Les cellules dont les données seront consolidées représenteront la *zone source*, et la feuille de calcul qui contiendra cette zone sera identifiée en tant que *feuille de calcul source*.

Si les feuilles de calcul sources sont ouvertes dans Excel, spécifiez les références de la plage de cellules dans le champ Référence de la boîte de dialogue Consolider. Vous pourrez ainsi les définir depuis plusieurs feuilles de calcul, et même de différents classeurs. Si nous reprenons l'exemple de la feuille de calcul des Ventes de CG Music, vous pouvez consolider les ventes du premier trimestre et du deuxième trimestre 2015. Pour cela, ouvrez un nouveau classeur (ou une nouvelle feuille de calcul). Sélectionnez-y une plage de cellules, une ligne, une colonne, ou placez tout simplement le pointeur de cellule sur une cellule. Cliquez sur le bouton Consolider de l'onglet Données. Cliquez ensuite sur le bouton situé à droite du champ Référence. Dans la feuille des revenus 2015, sélectionnez la plage E4:E7 puis cliquez sur le bouton Ajouter. Excel affiche donc la plage suivante :

```
'Ventes 2015'!$E$4:$E$7
```

Ensuite, sélectionnez la plage I4:I7, et cliquez sur Ajouter afin d'ajouter la référence suivante :

```
'Ventes 2015'!$I$4:$I$7
```

Dans cet exemple, Excel va consolider les données de ces deux plages en additionnant leur valeur. Vous obtiendrez ainsi la somme des ventes par catégorie des deux premiers trimestres. Cliquez sur OK. Et voilà ! Excel affiche, dans la nouvelle feuille de calcul ou le nouveau classeur, la somme des valeurs de ces deux plages.

Consolider par la position

Vous consolidez par la position lorsque vous utilisez une mise en page identique. Ce sera le cas avec des feuilles de calcul créées à partir d'un modèle. Excel ne copiera pas les étiquettes, mais uniquement les valeurs. Voici comment procéder :

1. **Ouvrez les classeurs dont vous souhaitez consolider les feuilles de calcul.**

   Bien entendu, un seul classeur sera ouvert s'il contient lui-même toutes les feuilles de calcul nécessaires.

2. **Ouvrez un nouveau classeur dans lequel vous consoliderez les données (Ctrl + N).**

3. **Cliquez sur la première cellule de destination, ou bien définissez une plage de cellules si vous souhaitez limiter la consolidation à cette zone spécifique de la feuille de calcul de destination.**

4. **La feuille de destination étant active, cliquez sur le bouton Consolider de l'onglet Données (Alt + ÉK).**

   Vous ouvrez ainsi la boîte de dialogue Consolider illustrée à la Figure 4.13. Par défaut, Excel applique la fonction SOMME. Vous pouvez en choisir une autre dans le menu local Fonction, comme Moyenne ou Nombre.

5. **(Facultatif) Dans le menu local Fonction, choisissez la fonction à utiliser si vous ne souhaitez pas faire la somme des valeurs.**

   Vous devez maintenant indiquer les plages de données à consolider et les ajouter à la liste Toutes les références.

6. **Sélectionnez la plage de cellules, ou tapez-la directement dans le champ Référence.**

   Pour sélectionner la plage de cellules, cliquez sur le bouton situé à droite du champ Référence, et faites glisser le pointeur de la souris sur la plage de cellules de la feuille de calcul source.

7. **Une fois la première plage sélectionnée, cliquez sur Ajouter (idem si vous avez saisi les références manuellement).**

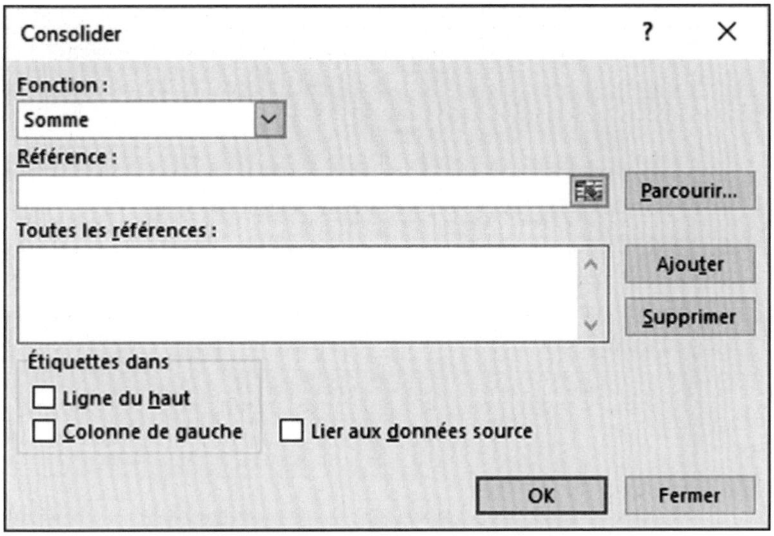

FIGURE 4.13 : La boîte de dialogue Consolider permet de calculer le total des valeurs stockées dans différentes feuilles de calcul.

8. **Répétez les Étapes 6 et 7 pour ajouter d'autres plages.**
9. **Cliquez sur le bouton OK de la boîte de dialogue Consolider.**

   Excel ferme la boîte de dialogue Consolider et calcule les valeurs qu'il affiche dans la feuille de calcul de destination. Cliquez sur le bouton Annuler de la barre d'outils Accès rapide ou exécutez le raccourci Ctrl + Z pour annuler les effets de la consolidation si vous n'avez pas défini les bonnes plages de cellules.

La Figure 4.14 montre la consolidation des ventes des années 2014 et 2015. Pour en arriver là, il a suffi de répéter les étapes de la précédente procédure en sélectionnant toutes les valeurs des feuilles Ventes 2015 et Ventes 2014.

Excel ne permet qu'une seule consolidation par feuille de calcul. En revanche, vous pouvez ajouter ou supprimer des zones sources à volonté et ainsi répéter la consolidation. Pour retirer une référence, sélectionnez-la dans la liste Toutes les références de la boîte de dialogue Consolider, et cliquez sur le bouton Supprimer. Il est alors possible d'obtenir immédiatement une nouvelle consolidation ne prenant plus en compte la plage supprimée. Pour cela, cliquez immédiatement sur le bouton OK de la boîte de dialogue Consolider. Pour faire une nouvelle consolidation avec de nouvelles plages de cellules, supprimez les références affichées dans la liste Toutes les références. Définissez chaque nouvelle plage que vous validerez avec le bouton Ajouter. Une fois toutes ces références déterminées, cliquez sur le bouton OK.

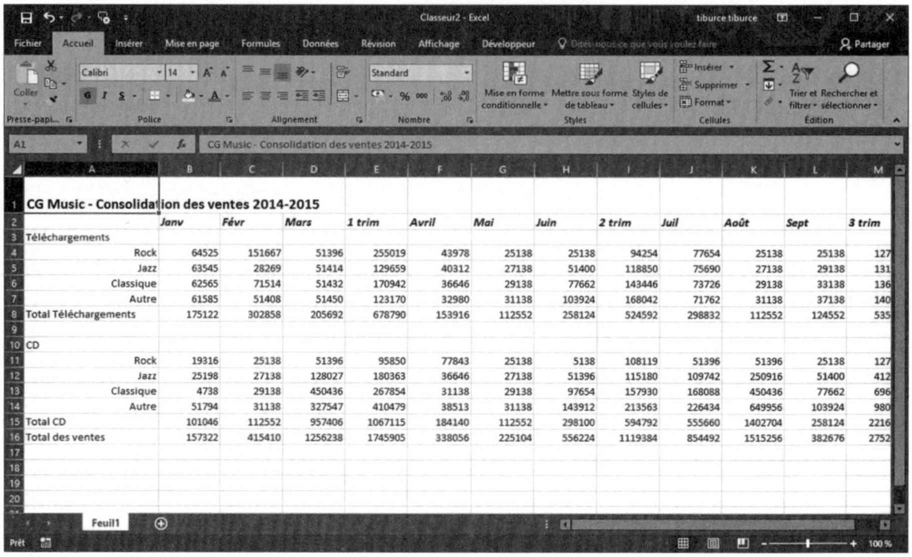

	Janv	Févr	Mars	1 trim	Avril	Mai	Juin	2 trim	Juil	Août	Sept	3 trim
CG Music - Consolidation des ventes 2014-2015												
Téléchargements												
Rock	64525	151667	51396	255019	43978	25138	25138	94254	77654	25138	25138	127
Jazz	63545	28269	51414	129659	40312	27138	51400	118850	75690	27138	29138	131
Classique	62565	71514	51432	170942	36646	29138	77662	143446	73726	29138	33138	136
Autre	61585	51408	51450	123170	32980	31138	103924	168042	71762	31138	37138	140
Total Téléchargements	175122	302858	205692	678790	153916	112552	258124	524592	298832	112552	124552	535
CD												
Rock	19316	25138	51396	95850	77843	25138	5138	108119	51396	51396	25138	127
Jazz	25198	27138	128027	180363	36646	27138	51396	115180	109742	250916	51400	412
Classique	4738	29138	450436	267854	31138	29138	97654	157930	168088	450436	77662	696
Autre	51794	31138	327547	410479	38513	31138	143912	213563	226434	649956	103924	980
Total CD	101046	112552	957406	1067115	184140	112552	298100	594792	555660	1402704	258124	2216
Total des ventes	157322	415410	1256238	1745905	338056	225104	556224	1119384	854492	1515256	382676	2752

FIGURE 4.14 : La feuille de calcul affichant deux années d'activité consolidées en une seule.

Consolider par catégorie

Vous consolidez les feuilles de calcul par catégories lorsque leurs zones sources ne partagent pas les mêmes coordonnées de cellules dans leur feuille de calcul respective, mais que leurs entrées de données utilisent des étiquettes de lignes et/ou de colonnes identiques. Lorsque vous consolidez par catégories, vous incluez ces étiquettes comme éléments de la zone source. Ces étiquettes seront alors copiées dans la feuille de calcul de destination si vous cochez les cases adéquates de la section Étiquettes dans de la boîte de dialogue Consolider.

Lorsque vous consoliderez les données par catégories, vous utiliserez les étiquettes de la ligne du haut, les étiquettes de la colonne de gauche, ou les deux. Ce choix est important, car il détermine les données qui seront ou non consolidées. Il suffit de cocher les cases Ligne du haut et/ou Colonne de gauche de la section Étiquettes dans de la boîte de dialogue Consolider. Ensuite, exécutez la consolidation par un clic sur le bouton OK.

Lier des données consolidées

Excel permet de lier les données de la zone source à celles de la zone de destination. Ainsi, toute modification apportée aux valeurs de la zone source se répercutera sur celles de la zone de destination, c'est-à-dire dans la feuille de calcul affichant les données consolidées. Pour créer ce lien entre les feuilles de calcul sources et la feuille de calcul de destination, cochez l'option Lier aux données sources de la boîte de dialogue Consolider.

Une fois la consolidation effectuée, si vous changez une valeur dans des cellules de plages sources, les données de la feuille de calcul de consolidation seront automatiquement mises à jour.

Chapitre 5

Imprimer des feuilles de calcul

DANS CE CHAPITRE :

- **Aperçu et impression en vue Backstage**
- **Imprimer depuis la barre d'outils Accès rapide**
- **Imprimer des cellules spécifiques**
- **Modifier l'orientation de la page**
- **Imprimer toute la feuille de calcul sur une seule page**
- **Modifier les marges d'un rapport de synthèse**
- **Ajouter des en-têtes et des pieds de page**
- **Insérer des sauts de page dans un rapport**
- **Imprimer les formules de votre feuille de calcul**

L'impression d'une feuille de calcul est l'une des tâches les plus importantes que vous effectuerez dans Excel. Heureusement, le programme facilite la mise en page professionnelle de vos impressions. Ce chapitre explique comment sélectionner l'imprimante à utiliser ; comment imprimer tout ou partie de la feuille de calcul ; modifier votre mise en page et les paramètres d'impression dont l'orientation et la taille du papier, la qualité d'impression, le nombre de copies, la plage d'impression, depuis le mode Backstage d'Excel. Ce chapitre vous apprend aussi comment utiliser le ruban pour créer des rapports de synthèse utilisant des marges adaptées, des en-têtes et des pieds de page, des sauts de page, ainsi que l'utilisation des fonctions Mise en page, Aperçu avant impression, Aperçu avec sauts de page, afin de produire un rapport d'aspect professionnel.

Les techniques d'impression présentées dans ce chapitre se focalisent sur l'impression des données de votre feuille de calcul. Bien entendu, Excel permet d'imprimer les graphiques insérés dans vos documents en appliquant la majorité des techniques décrites pour l'impression des données.

Imprimer depuis le mode Backstage

Pour imprimer en mode Backstage, cliquez sur Fichier/Imprimer (Ctrl + P). Dans l'interface illustrée à la Figure 5.1 qui apparaît, vous pouvez :

- » Modifier le nombre de copies à imprimer en saisissant un chiffre différent de celui indiqué par défaut (1) dans le champ Copies.
- » Lorsque plusieurs imprimantes sont accessibles depuis votre ordinateur, ouvrez le menu local Imprimante pour choisir celle à utiliser (voir la prochaine section « Sélectionner une imprimante »).
- » Sélectionner, dans le menu local Imprimer les feuilles actives, la partie de la feuille de calcul à imprimer comme Imprimer le classeur entier ou Imprimer la sélection. Vous pouvez également indiquer dans les champs Pages x à x les pages ou une plage de pages à imprimer. Si une zone d'impression est définie pour la feuille de calcul, Excel n'imprimera que cette zone. Si vous ne voulez pas limiter l'impression à cette zone, choisissez Ignorer les zones d'impression (voir la section « Définir et annuler la zone d'impression »).
- » Imprimer plusieurs copies en choisissant ou non de les assembler dans le menu local idoine.
- » Basculer la page d'une orientation Portrait à une orientation Paysage et inversement. En mode Paysage, vous imprimez plus de colonnes et moins de lignes qu'en mode Portrait.
- » Modifier la taille du papier en choisissant un format prédéfini dans la liste idoine.
- » Choisir entre les marges Normales, Larges, Étroites, ou personnalisées (consultez la section « Définir les marges » plus loin dans ce chapitre).
- » Mettre à l'échelle la feuille de calcul afin de faire tenir toutes les données sur une seule page imprimée.
- » Modifier les paramètres par défaut utilisés par votre imprimante en cliquant sur le lien Paramètres de l'imprimante. Vous ouvrez ainsi la boîte de dialogue

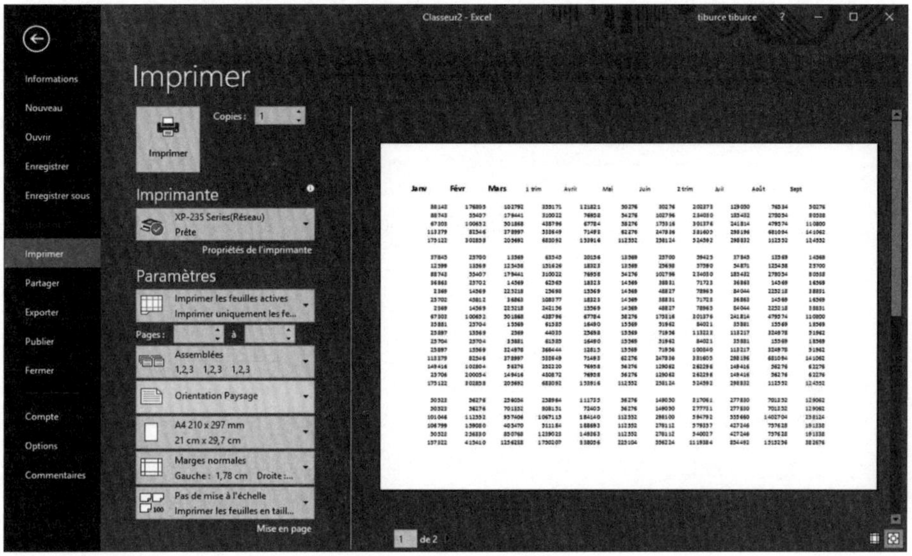

FIGURE 5.1 : Aperçu avant impression en vue Backstage de votre feuille de calcul avec les principaux paramètres d'impression.

du pilote d'impression de votre imprimante qui contient des fonctionnalités propres à son modèle et à sa marque.

» Analysez l'aperçu avant impression affiché dans le volet droit du mode Backstage.

Sélectionner une imprimante

Windows permet d'installer plusieurs imprimantes sur un seul ordinateur. Lors de leur installation, vous avez été obligé de déclarer l'une d'elles comme imprimante par défaut. Ainsi, quel que soit le programme à partir duquel vous imprimez un document, Windows sélectionne systématiquement l'imprimante en question.

Voici comment choisir une autre imprimante à laquelle votre ordinateur a accès :

1. **Ouvrez le classeur contenant la feuille de calcul à imprimer. Activez la feuille en question, puis cliquez sur Fichier/Imprimer, ou exécutez le raccourci Ctrl + P.**

   Excel bascule en mode Backstage et affiche l'écran Imprimer, comme vous avez pu l'apprécier sur la Figure 5.1.

Ne cliquez pas sur le bouton Imprimer de la barre d'outils Accès rapide car l'impression de la feuille de calcul sera directement envoyée à l'imprimante par défaut.

2. **Ouvrez le menu local Imprimante, et choisissez celle sur laquelle vous souhaitez imprimer votre feuille de calcul.**

   Si vous ne voyez pas l'imprimante que vous souhaitez utiliser, cliquez sur Ajouter une imprimante en bas de la liste. Excel ouvre la boîte de dialogue Rechercher imprimante où vous indiquez l'emplacement dans lequel Excel doit chercher le périphérique d'impression.

   Si aucune imprimante n'est connectée à votre ordinateur, Excel affichera le message « Les services d'annuaire Active Directory sont actuellement indisponibles ». Cliquer sur le bouton OK ferme la boîte de dialogue Rechercher imprimante.

3. **Pour modifier les paramètres par défaut de l'imprimante sélectionnée, cliquez sur le lien Propriétés de l'imprimante. Dans la boîte de dialogue du pilote d'impression de votre imprimante, appliquez les réglages nécessaires.**

4. **Dans les paramètres de l'écran Imprimer d'Excel, définissez d'autres réglages, comme le nombre de copies, l'orientation, les copies assemblées ou non, etc.**

5. **Cliquez sur le bouton Imprimer situé dans la partie supérieure gauche du mode Backstage.**

L'imprimante ainsi sélectionnée restera l'imprimante par défaut d'Excel (pas de Windows) jusqu'à ce que vous en sélectionniez une autre dans ce menu local.

Aperçu de l'impression

Excel 2016 met à votre disposition deux méthodes pour contrôler la mise en page avant impression. Vous pouvez utiliser la fonction Mise en page de l'onglet Affichage qui montrera toutes les pages ainsi que les marges, et permettra d'ajouter un en-tête (titre de la page imprimée). Ou bien, vous utiliserez le mode Backstage dans lequel un aperçu avant impression est affiché dans le volet droit de l'écran Imprimer.

Affichage Mise en page

Pour effectuer une sorte d'aperçu avant impression de votre feuille de calcul, vous pouvez ouvrir l'onglet Affichage et cliquer sur le bouton Mise en page du groupe Modes d'affichage. Vous pouvez aussi basculer dans ce mode d'affichage *via* un clic sur le deuxième bouton situé immédiatement à gauche du curseur de Zoom.

Comme vous pouvez le voir sur la Figure 5.2, basculer en mode Mise en page affiche des règles horizontales et verticales au-dessus des en-têtes de colonnes et à gauche des en-têtes de lignes. La zone d'affichage de la feuille de calcul montre les marges, les en-têtes, les pieds de page, et les sauts de page. Pour bien voir les sauts de page, vous serez obligé de réduire le pourcentage de zoom.

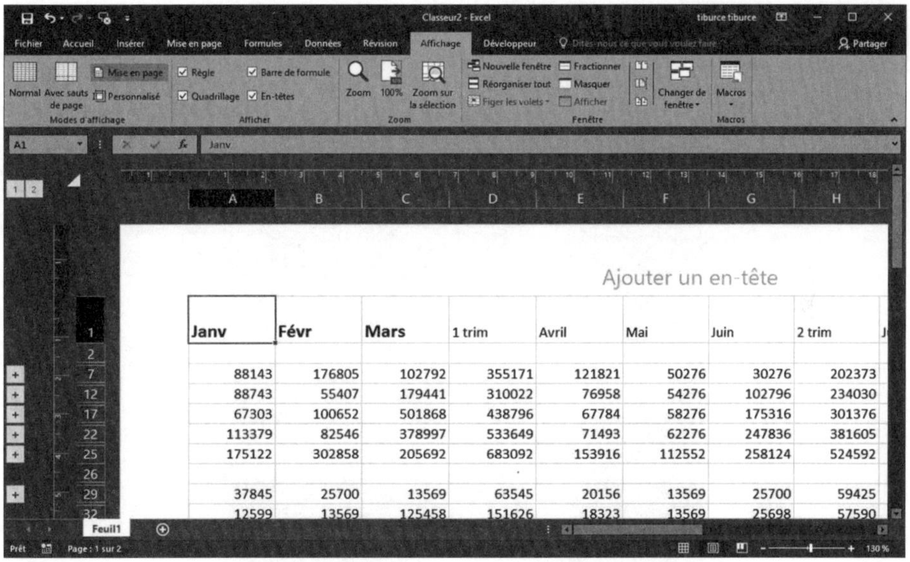

FIGURE 5.2 : La feuille de calcul en mode Mise en page.

Pour voir combien de pages nécessitera l'impression de la feuille de calcul, faites glisser le curseur du Zoom vers la gauche afin d'afficher une vignette de toutes les pages nécessaires à l'impression de l'ensemble des données de la feuille.

Excel affiche des règles en utilisant l'unité par défaut de votre ordinateur, c'est-à-dire les centimètres. Pour en changer, cliquez sur Fichier/Options. Dans la boîte de dialogue Options Excel, choisissez la catégorie Options avancées. Faites défiler le contenu du volet droit pour accéder à la section Afficher. Dans le menu local Unités de la règle, choisissez l'unité de mesure à adopter. Vous pouvez activer/désactiver l'affichage des règles *via* la case à cocher Règle du groupe Afficher de l'onglet Affichage, ou en exécutant le raccourci Alt + NL.

Aperçu des pages du rapport

Ne gaspillez plus de papier grâce à la fonction Aperçu avant impression. Vérifiez les données et les sauts de page pour savoir si le rapport nécessite plusieurs pages. Vous pouvez utiliser l'Aperçu avant impression du mode Backstage pour apprécier l'apparence de la feuille de calcul une fois qu'elle sera imprimée. Si quelque chose ne vous convient pas, vous pouvez de nouveau afficher la feuille de calcul dans son classeur et y apporter des modifications.

Pour accéder à l'Aperçu avant impression, choisissez Fichier/Imprimer ou exécutez le raccourci Ctrl + P. Excel affiche la première page de la feuille de calcul sur la droite, comme le montre la Figure 5.3.

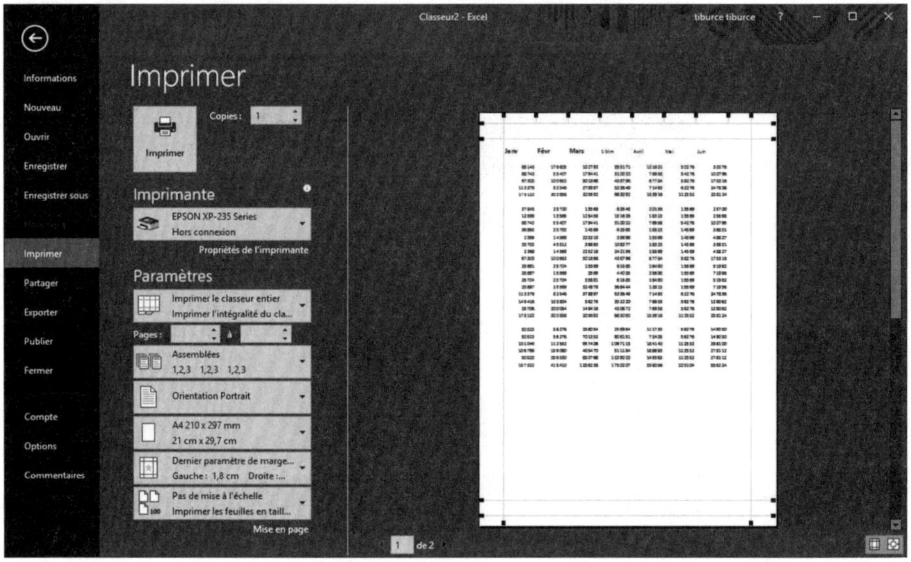

FIGURE 5.3 : La première page à imprimer.

Si vous utilisez fréquemment l'Aperçu avant impression, ajoutez son bouton à la barre d'outils Accès rapide. Cliquez sur le bouton ouvrant son menu local, et cochez l'option Aperçu et impression. Pour retirer ce bouton, décochez cette option dans le menu local de la barre d'outils Accès rapide.

Lorsqu'Excel affiche une page complète dans l'Aperçu avant impression, vous pouvez très difficilement en lire le contenu. Cliquez sur le bouton Zoom sur la page situé dans l'angle inférieur droit de l'écran Imprimer. Utilisez les barres de défilement pour vérifier les données qui vont être imprimées sur cette page. Pour afficher de nouveau toute la page, cliquez une fois encore sur ce bouton.

Le nombre de pages à imprimer est indiqué en bas à gauche de l'Aperçu avant impression. Si votre document contient plusieurs pages, accédez-y par un clic sur le bouton Page suivante. Pour revenir en arrière, cliquez sur le bouton Page précédente. Pour accéder instantanément à une page, saisissez son numéro dans le champ numérique situé entre les boutons Page suivante et Page précédente, et validez-le avec la touche Entrée.

Pour afficher les marges sur l'Aperçu avant impression, cliquez sur le bouton éponyme situé à gauche du bouton Zoom sur la page. Modifiez les marges en faisant glisser directement sur l'aperçu les petits rectangles noirs. (Pour plus d'informations, consultez la section « Définir les marges » plus loin dans ce chapitre.)

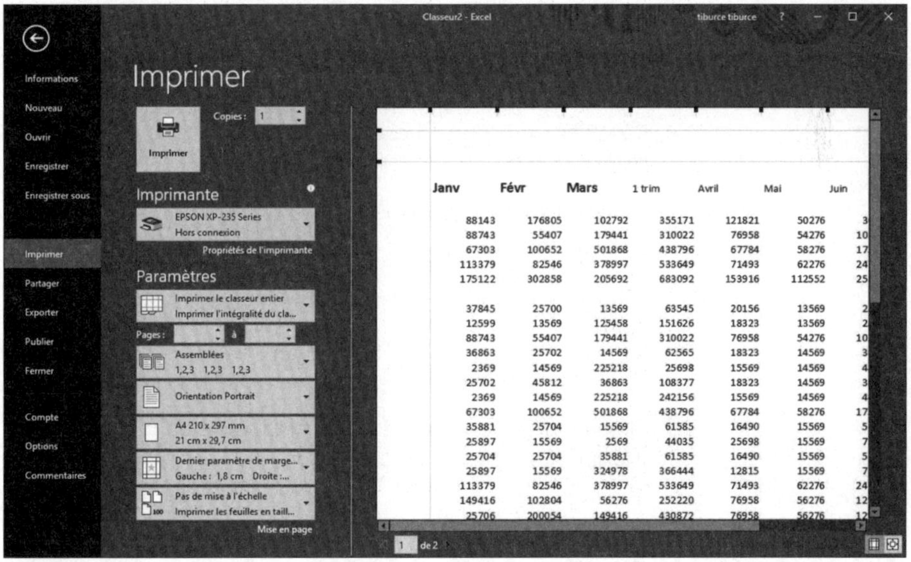

FIGURE 5.4 : Vérification des données grâce au bouton Zoom sur la page.

Une fois que vous êtes convaincu de la validité de votre document, cliquez sur le bouton Imprimer. Vous pouvez quitter l'écran Imprimer sans lancer l'impression par un clic sur la flèche située dans l'angle supérieur gauche de la fenêtre.

Impression rapide de la feuille de calcul

Si vous ne souhaitez pas paramétrer l'impression, ajoutez le bouton Impression rapide à la barre d'outils Accès rapide. Ouvrez son menu local, et activez l'option du même nom.

Pour lancer l'impression du contenu de vos feuilles de calcul sans passer par l'écran Imprimer, cliquez sur ce bouton.

Excel ajoute le document à la liste des travaux d'impression de Windows. Excel affiche une boîte de dialogue montrant la progression de la préparation de l'impression. Une fois cette préparation terminée, vous pouvez retourner travailler dans Excel. Pour interrompre ce travail préparatoire, cliquez simplement sur le bouton Annuler de la boîte de dialogue Imprimer.

Pour annuler l'impression une fois le document dans la file d'attente, conformez-vous aux étapes suivantes :

1. Faites un clic droit sur l'icône de l'imprimante affichée dans la zone de notifications de Windows.
2. Dans le menu contextuel qui apparaît, choisissez Ouvrir toutes les imprimantes actives.
3. Dans la liste des documents en attente d'impression, sélectionnez celui correspondant à votre feuille de calcul.
4. Cliquez ensuite sur Document/Annuler.
5. Dans la boîte de dialogue demandant confirmation de l'annulation, cliquez sur le bouton Oui.
6. Cliquez sur le bouton de fermeture (X) de la boîte de dialogue des travaux d'impression.

Travailler avec les options de mise en page

Le plus compliqué dans l'impression est d'obtenir une page imprimée qui représente les données exactement comme vous le souhaitez. Les boutons de commande du groupe Mise en page de l'onglet Mise en page vous donnent un grand contrôle sur l'apparence de vos pages.

Trois groupes de l'onglet Mise en page vous seront d'une grande utilité : Mise en page, Mise à l'échelle, et Options de la feuille de calcul.

Pour apprécier l'impact des options de ces trois groupes, basculez l'affichage de votre feuille de calcul en mode Mise en page par un clic sur le bouton éponyme situé dans la partie inférieure droite de la fenêtre d'Excel.

Utiliser les boutons du groupe Mise en page

Voici les boutons du groupe Mise en page :

- **Marges :** Choisissez un des trois types de marges ou bien définissez vos marges personnalisées (consultez la section « Définir les marges »).
- **Orientation :** Choisissez entre le mode Portrait ou Paysage (reportez-vous à la section « Découvrir le paysage ») .
- **Taille :** Choisissez une taille de papier prédéfinie qui correspond aux feuilles présentes dans le bac d'alimentation de votre imprimante.
- **Zone d'impression :** Définissez ou annulez la Zone d'impression (consultez la prochaine section « Définir et annuler la Zone d'impression »).
- **Saut de page :** Insère et supprime des sauts de page (consultez la section « Résoudre les problèmes de saut de page).
- **Arrière-plan :** Ouvre la boîte de dialogue Insérer des images qui permet de sélectionner des contenus graphiques ou photographiques qui seront utilisés comme arrière-plan de la feuille de calcul. Dès qu'un arrière-plan est appliqué, ce bouton devient Supprimer l'arrière-plan.
- **Imprimer les titres :** Ouvre la boîte de dialogue Mise en page sur son onglet Feuille. Vous pouvez y définir les lignes de la feuille de calcul et les colonnes qui seront utilisées dans la partie supérieure et sur la gauche en tant que titres répétés sur chaque page imprimée (consultez la section « Imprimer les titres »).

Définir et annuler la Zone d'impression

Excel propose une fonction d'impression spéciale appelée Zone d'impression. Pour définir cette zone, commencez par sélectionner une plage de cellules sur la feuille de calcul. Ensuite, cliquez sur l'onglet Mise en page, et sur le bouton Zone d'impression (Alt + PED). Choisissez Définir. Excel imprimera le contenu de cette zone lorsque vous choisirez Fichier/Imprimer.

Si malgré la définition de la zone d'impression l'Aperçu avant impression affiche toutes les données de la feuille de calcul, ouvrez le menu local Imprimer les feuilles de calcul actives ou Imprimer le classeur entier, et décochez l'option Ignorer la zone d'impression. Évidemment, vous la cocherez lorsque, malgré la création d'une zone d'impression, vous souhaiterez imprimer la totalité du classeur ou la feuille de calcul active.

Pour effacer la Zone d'impression et ainsi revenir à l'écran Imprimer par défaut, cliquez sur Zone d'impression/Effacer la zone d'impression dans l'onglet Mise en page, ou en exécutant le raccourci clavier Alt + PRC.

N'oubliez pas que vous pouvez définir et effacer la Zone d'impression depuis l'onglet Feuille de la boîte de dialogue Mise en page que vous ouvrez en cliquant sur le bouton situé dans l'angle inférieur droit du groupe Mise en page. Pour définir la Zone d'impression dans cette boîte de dialogue, cliquez sur le champ Zone d'impression de l'onglet Feuille. Ensuite, définissez cette zone directement dans la feuille de calcul. (Vous pouvez réduire la boîte de dialogue Mise en page en cliquant sur son bouton Réduire.) Pour effacer la Zone d'impression dans cette boîte de dialogue, sélectionnez les adresses de cellules dans la liste Zone d'impression, et appuyez sur la touche Suppr de votre clavier.

Définir les marges

Excel applique des marges haut et bas de 0,75 cm, et des marges gauche et droite de 0,7 cm. Vous avez la possibilité d'opter pour deux autres types de marges disponibles dans le menu local Marges de l'écran Imprimer (Ctrl + P) :

- **Large** avec des marges haut, bas et droite et gauche de 2,54 cm séparant les marges en-tête et les pieds de page des marges haut et bas.
- **Étroite** avec des marges haut et bas de 1,91 cm, et gauche et droite de 0,64 cm séparant les marges d'en-têtes et de pied de page.

Fréquemment, vous constaterez que l'impression de votre feuille de calcul nécessite deux pages, mais que la seconde page ne contient quasiment pas de données. Pour afficher ces quelques données sur la première page afin d'en imprimer une seule, choisissez Étroites dans le menu local Marges.

Si ça ne suffit pas, ajustez les marges manuellement soit avec l'onglet Marges de la boîte de dialogue Mise en page, soit en faisant glisser les marqueurs de marges de l'Aperçu avant impression du mode Backstage. Pour imprimer davantage de colonnes sur une page, réduisez les marges de gauche et de droite. Pour imprimer davantage de lignes, réduisez les marges du haut et du bas.

Pour ouvrir l'onglet Marges de la boîte de dialogue Mise en page (voir la Figure 5.5), affichez cette boîte de dialogue (Alt + PSP), puis cliquez sur l'onglet en question. Entrez vos nouvelles valeurs dans les champs Haut, Bas, Gauche, et Droit, ou bien agissez sur leurs boutons fléchés.

Choisissez une ou deux options de la section Centrer sur la page dans l'onglet Marges de la boîte de dialogue Mise en page (reportez-vous à la Figure 5.5) afin

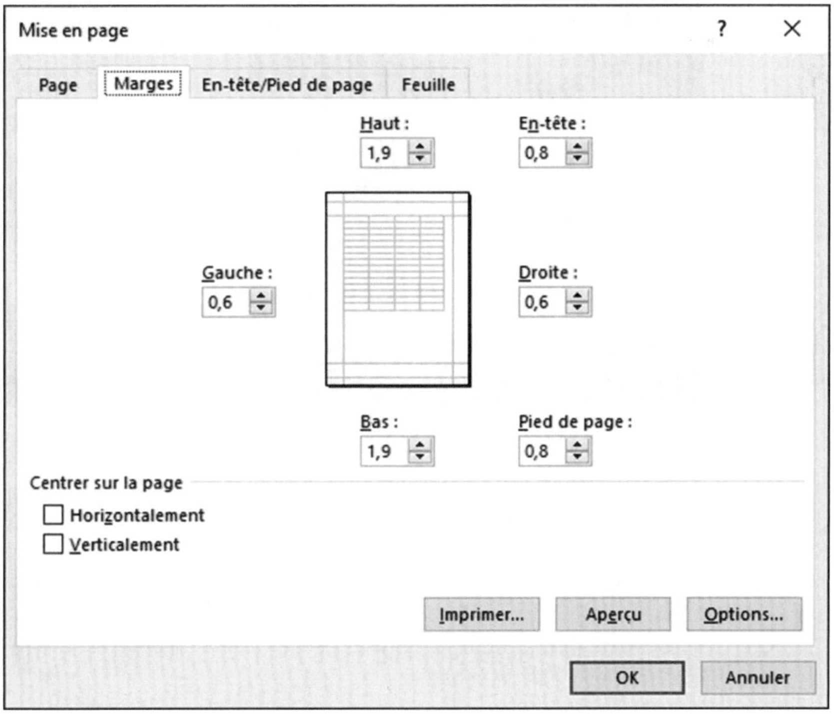

FIGURE 5.5 : Ajustez vos marges depuis l'onglet Marges de la boîte de dialogue Mise en page.

de centrer les données entre les marges actuelles. Dans la section Centrer sur la page, cochez la case Horizontalement pour centrer les données entre les marges de droite et de gauche. Cochez l'option Verticalement pour les centrer entre les marges du haut et du bas.

Si vous cliquez sur le bouton Afficher les marges en bas à droite de l'écran Imprimer de la vue Backstage (Ctrl + P), vous pourrez modifier la largeur des colonnes et celle des marges (voir la Figure 5.6.) Pour modifier une des marges, placez le pointeur de la souris sur un des marqueurs concernés. Lorsque le pointeur de la souris prend la forme d'une double flèche, cliquez et, sans relâcher le bouton de la souris, faites-le glisser dans la direction du redimensionnement souhaité. Lorsque vous relâchez le bouton de la souris, Excel modifie l'affichage de la page en conséquence. Pour modifier la largeur des colonnes, procédez de la même manière en faisant glisser le marqueur vers la gauche ou la droite.

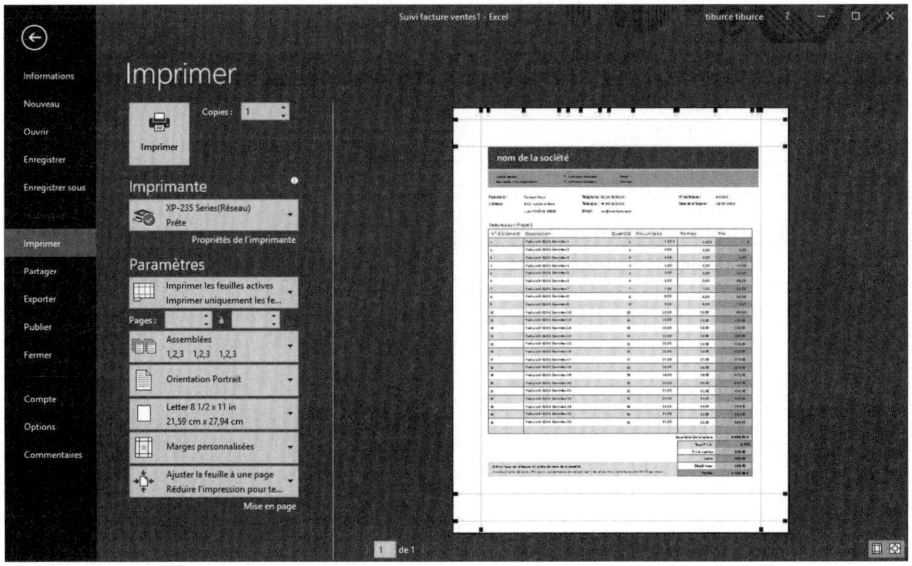

FIGURE 5.6 : Faites glisser un marqueur pour régler cette marge directement sur l'Aperçu avant impression, lorsque les marges sont affichées.

Découvrir le paysage

Dans le menu local du bouton Orientation du groupe Mise en page de l'onglet Mise en page, vous trouverez deux options :

» **Portrait** (par défaut), pour imprimer à la verticale, c'est-à-dire sur la partie la moins large de la feuille.

- **Paysage**, pour imprimer horizontalement, c'est-à-dire sur toute la hauteur de la feuille, mais comme si elle était placée horizontalement dans l'imprimante.

Comme de nombreuses feuilles de calcul sont plus larges que hautes, vous utiliserez très souvent le mode Paysage pour imprimer vos rapports.

La Figure 5.7 montre la première page d'un rapport qui sera imprimée en mode Paysage. Ici, Excel peut grouper trois colonnes d'information de plus qu'en mode Portrait. Dans ce cas, le nombre de pages imprimées est plus faible.

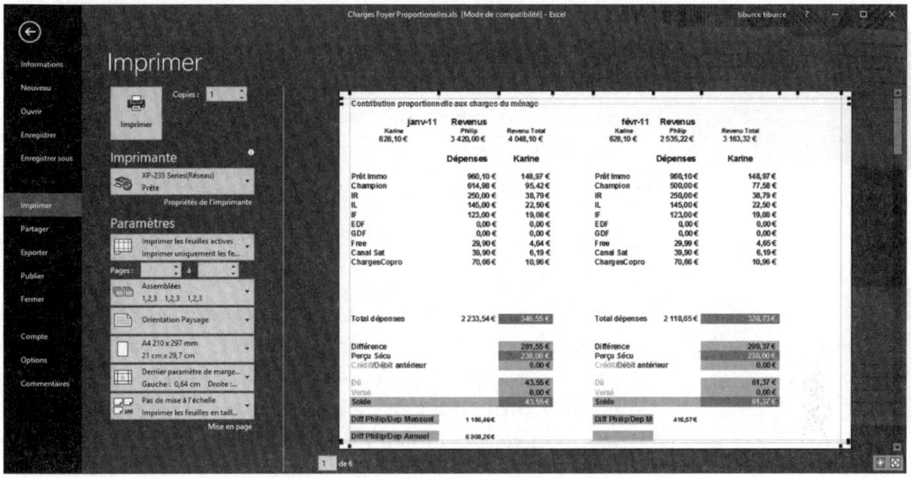

FIGURE 5.7 : Impression d'un rapport en mode Paysage.

Imprimer les titres

L'impression des titres permet d'imprimer des en-têtes de lignes et de colonnes spécifiques sur chaque page du rapport. Cela peut s'avérer très pratique pour identifier des données qui s'enchaînent de page en page alors que les en-têtes ne figurent que sur la première page.

Ne confondez pas l'impression des titres avec l'en-tête du rapport. Bien que chacun soit imprimé sur chaque page, l'en-tête s'imprime dans la marge supérieure du rapport et les titres apparaissent dans le corps du document. Ils seront imprimés en haut lorsque les lignes seront utilisées comme titres, et sur la gauche quand ils seront utilisés comme colonnes.

Voici comment spécifier des lignes et/ou des colonnes comme titres d'un rapport :

1. **Cliquez sur le bouton Imprimer les titres de l'onglet Mise en page, ou appuyez sur Alt + PI.**

   Cette action ouvre la boîte de dialogue Mise en page en sélectionnant son onglet Feuille comme sur la Figure 5.8.

   Pour indiquer que les lignes de la feuille de calcul seront imprimées en tant que titres, passez à l'Étape 2a ; pour les colonnes, passez à l'Étape 2b.

   2a. Cliquez dans le champ Lignes à répéter puis sélectionnez les lignes contenant les informations qui devront apparaître en haut de chaque feuille de calcul. Si nécessaire, n'affichez que le champ Lignes à répéter par un clic sur le bouton de développement/réduction de la boîte de dialogue Mise en page.

   Sur la Figure 5.8, j'ai cliqué sur le bouton Réduire associé au champ Lignes à répéter en haut, puis j'ai sélectionné les lignes 1 et 2. Excel a entré la plage $1:$2 dans le champ Lignes à répéter en haut.

   Excel identifie les lignes de titres à imprimer dans la feuille de calcul en plaçant des lignes pointillées sur la bordure qui sépare le titre et l'information.

   2b. Choisissez le champ Colonnes à répéter, et sélectionnez la plage de colonnes contenant les informations que vous souhaitez faire apparaître sur le bord gauche de chaque page imprimée. Si nécessaire, cliquez sur le bouton de développement/réduction de la boîte de dialogue Mise en page pour n'afficher que le champ Colonnes à répéter.

   Excel identifie les colonnes de titres à imprimer dans la feuille de calcul en plaçant des lignes pointillées sur la bordure qui sépare le titre et l'information.

3. **Cliquez sur OK ou appuyez sur la touche Entrée pour fermer la boîte de dialogue Mise en page. Vous pouvez aussi cliquer sur le bouton Aperçu avant impression pour prévisualiser les titres dans le volet Aperçu avant impression de l'écran Imprimer.**

   Une fois vous avez quitté la boîte de dialogue Mise en page, la ligne pointillée identifiant le contour des titres de ligne et/ou de colonne disparaît de la feuille de calcul.

Sur la Figure 5.8, les lignes 1 et 2 contenant le titre de la feuille de calcul et les en-têtes de colonne sont les titres imprimés. La Figure 5.9 montre la fenêtre Aperçu avant impression affichant la seconde page du rapport. Vous constatez que ces titres apparaissent sur toutes les pages du rapport.

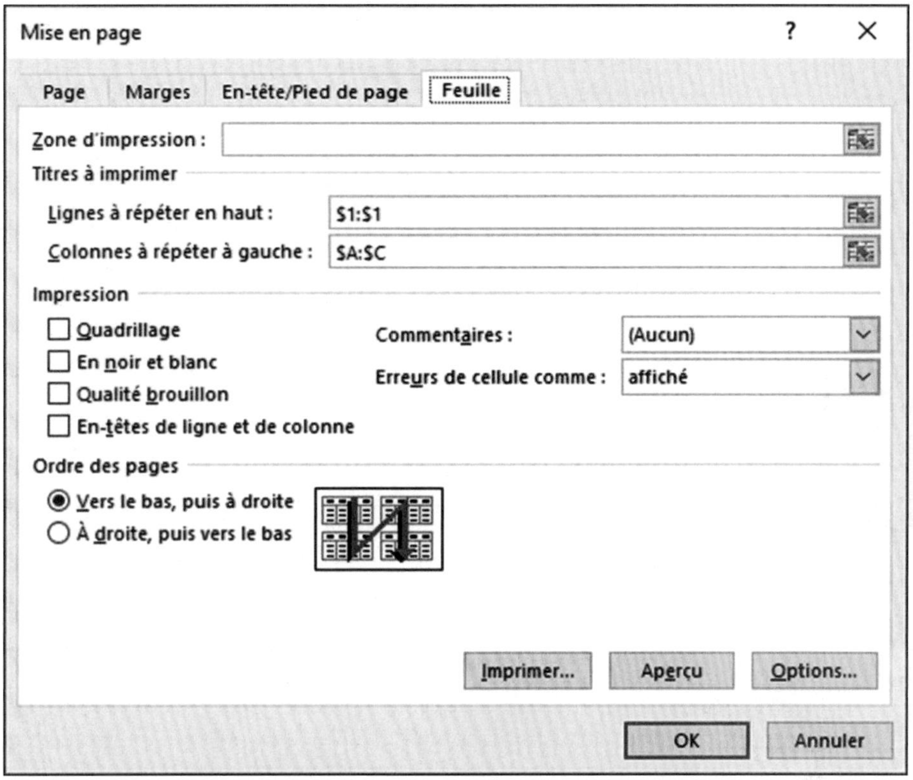

FIGURE 5.8 : Dans l'onglet Feuille de la boîte de dialogue Mise en page, indiquez les lignes et les colonnes à utiliser en tant que titres.

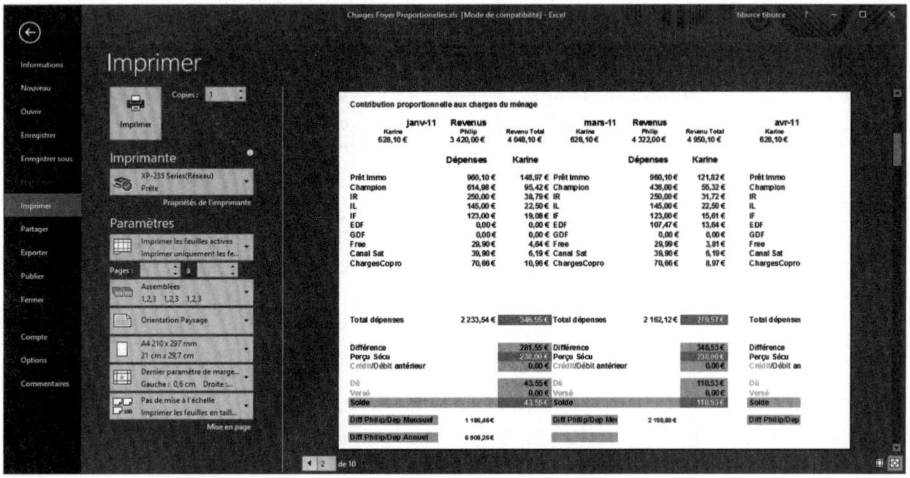

FIGURE 5.9 : Page 2 du rapport affichée dans l'Aperçu avant impression avec identification des titres imprimés.

Les boutons du groupe Mise à l'échelle

Si votre imprimante gère les options de mise à l'échelle, vous pourrez imprimer la totalité d'une feuille de calcul sur une seule page. Pour cela, choisissez l'option 1 Page des menus locaux des boutons Largeur et Hauteur du groupe Mise à l'échelle de l'onglet Mise en page. Excel réduit la taille des informations à imprimer de manière à les faire tenir sur une seule page.

Si vous prévisualisez cette page unique sur l'écran Imprimer du mode Backstage (Ctrl + P) et que vous constatez que les données sont trop petites pour être lisibles, retournez dans la feuille de calcul. Ensuite, ouvrez de nouveau l'onglet Page de la boîte de dialogue Mise en page pour changer le nombre de pages dans le champ Page(s) en largeur sur situé immédiatement à droite du bouton radio Ajuster.

Plutôt que de tenter d'imprimer toutes vos données sur une seule page, essayez de les répartir sur deux en effectuant ceci : dans le menu local Largeur, choisissez 2 Pages, et dans le menu local Hauteur choisissez 1 Page. Vérifiez l'apparence de la feuille de calcul ainsi distribuée sur deux pages. Faites un autre test en choisissant 1 Page dans le menu local Largeur, et 2 Pages dans le menu local Hauteur.

Après avoir utilisé les options Hauteur et Largeur de la Mise à l'échelle, vous n'aurez peut-être plus très envie d'effectuer cette mise à l'échelle de l'impression. Annulez-la en optant pour Automatique, dans le menu local Hauteur et aussi Largeur. Ensuite, dans le champ Échelle, définissez le pourcentage **100** (ou agissez sur les petites flèches jusqu'à obtention de cette valeur).

Les boutons Imprimer des Options de la feuille de calcul

Le groupe Options de la feuille de calcul de l'onglet Mise en page propose deux cases à cocher Imprimer (qui sont désactivées par défaut). Vous trouverez la première dans la section Quadrillage et la seconde dans la section En-têtes :

- » Pour imprimer un quadrillage des lignes et des colonnes sur chaque page du document, cochez l'option Imprimer de la section Quadrillage.
- » Pour imprimer les en-têtes de ligne et leur numéro, et les en-têtes de colonne et leur lettre sur chaque page du document, cochez la case Imprimer de la section En-têtes.

Cochez ces cases pour que la feuille de calcul imprimée ressemble le plus possible à ce que vous voyez à l'écran.

En-têtes et Pieds de page

Les en-têtes et les pieds de page sont du texte standard qui apparaît sur chaque page du rapport. L'en-tête s'imprime dans la marge supérieure de chaque page, et le pied de page dans la marge inférieure. Ces deux éléments sont verticalement centrés dans leur marge respective. Sans indication spécifique de votre part, Excel n'ajoute pas automatiquement un en-tête ou un pied de page à vos nouveaux classeurs.

Utilisez des en-têtes et des pieds de page dans vos rapports de synthèse pour identifier le document utilisé et afficher les numéros des pages, et pourquoi pas la date et l'heure d'impression.

Pour éviter des ajustements complexes et anxiogènes, il est conseillé d'ajouter des en-têtes et des pieds de page en affichant la feuille de calcul en mode Mise en page par un clic sur le bouton éponyme situé en bas à droite de la glissière de Zoom, ou en exécutant le raccourci Alt + NM.

Une fois dans ce mode d'affichage, placez le pointeur de la souris sur la zone où est inscrit Ajouter un en-tête, et/ou en bas de la page où est mentionné Ajouter un pied de page.

Pour créer un en-tête ou un pied de page, cliquez dans ces sections respectives pour y afficher le point d'insertion. Ces zones d'ajout sont divisées en trois parties. Chacune d'elles permet d'insérer du texte aligné à gauche, au centre, ou à droite. Cliquez dans la zone d'alignement souhaitée et tapez le texte de votre en-tête et/ou de votre pied de page.

Immédiatement après avoir activé une de ces zones, Excel affiche un onglet Outils En-tête et pied de page, illustré à la Figure 5.10. L'onglet Création se compose des groupes En-tête et pied de page, Éléments d'en-tête et pied de page, Navigation, et Options.

Ajouter un en-tête et un pied de page prédéfinis

Les boutons En-tête et pied de page de l'onglet Création disposent d'un menu local d'en-têtes et de pieds de page prédéfinis que vous pouvez appliquer d'un clic de souris.

Pour créer un pied de page et un en-tête centrés comme sur la Figure 5.11, j'ai choisi

```
Rapport CG Music Ventes Annuelles
```

dans le menu local En-tête.

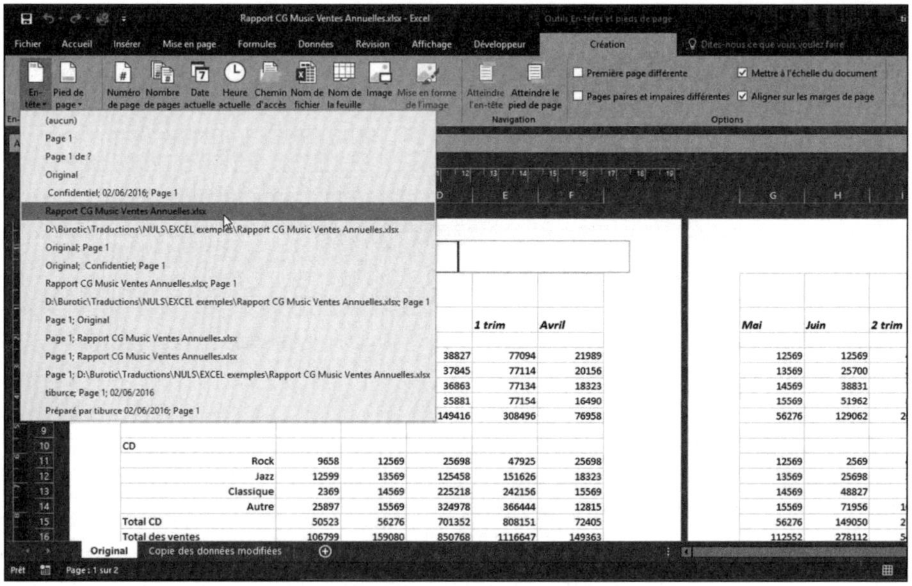

FIGURE 5.10 : Définir un en-tête via le menu local En-tête de l'onglet Création des Outils En-tête et pied de page.

Pour définir mon pied de page, j'ai choisi

```
Page 1 de ?
```

dans le menu local Pied de page, ce qui imprimera le numéro de la page en cours sur le nombre total de pages du rapport. L'en-tête et le pied de page sont illustrés sur la Figure 5.11.

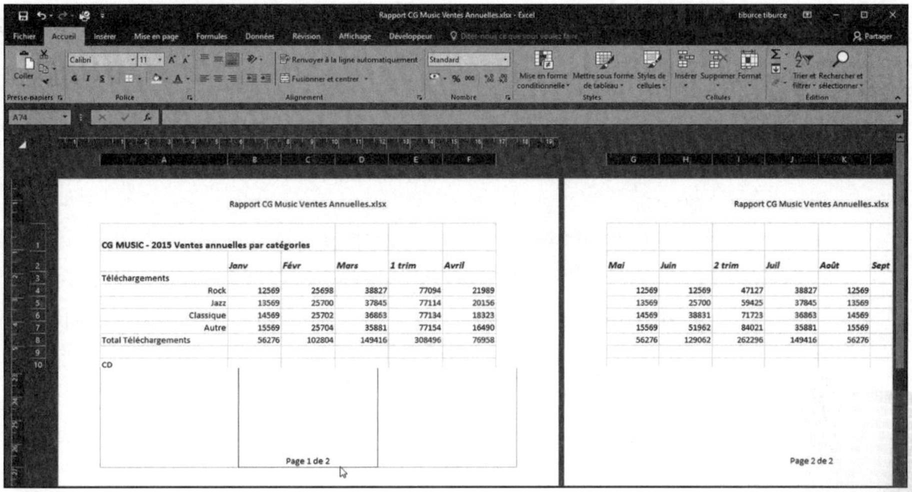

FIGURE 5.11 : En-tête et pied de page ajoutés à une feuille de calcul en mode Mise en page.

Après avoir choisi un en-tête et/ou un pied de page prédéfini, et que vous décidez finalement de ne pas en utiliser, cliquez directement dans la zone de cet en-tête et/ou de ce pied de page. Ensuite, ouvrez le menu local En-tête et/ou Pied de page, et choisissez Aucun ?

Créer un en-tête et un pied de page personnalisé

La plupart des en-têtes et pieds de page personnalisés combleront les besoins d'impression de vos feuilles de calcul. Toutefois, vous pouvez insérer des informations non proposées par les menus locaux En-tête et Pied de page de l'onglet Création.

Pour cela, recourez aux boutons de commandes du groupe Éléments en-tête et pied de page de l'onglet Création des Outils En-tête et pied de page. Ils permettent d'ajouter des informations personnelles à celles proposées par Excel.

Voici les boutons du groupe Éléments en-tête et pied de page.

» **Numéro de page :** Cliquez sur ce bouton pour insérer le code &[Page] qui insère le numéro de la page en cours.

» **Nombre de pages :** Cliquez sur ce bouton pour insérer le code &[Pages] qui insère le nombre total de pages.

- **Date actuelle :** Insère la date du jour sous la forme du code &[Date].
- **Heure actuelle :** Insère le code &[Heure] qui affiche l'heure actuelle.
- **Chemin d'accès :** Cliquez sur ce bouton pour insérer le code &[Chemin d'accès]&[Fichier] qui indique le chemin d'accès au dossier et au fichier du classeur.
- **Nom de fichier :** Insère le code &[Fichier] qui affiche le nom de fichier de votre classeur.
- **Nom de la feuille :** Affiche le code &[Onglet] qui insère le nom de la feuille exactement comme il apparaît sur l'onglet de la feuille situé en bas de l'interface.
- **Image :** Insère le code &[Image] et ouvre la boîte de dialogue de sélection d'une image.
- **Mise en forme de l'image :** Insère le code &[Image] et applique la mise en forme que vous définissez dans la boîte de dialogue Format de l'image qui s'affiche. Vous constatez que ce bouton n'insère pas de code spécifique.

Pour utiliser ces boutons de commande du groupe Éléments en-tête et pied de page, conformez-vous aux étapes suivantes :

1. **Basculez le mode d'affichage Mise en page par un clic sur le bouton éponyme en bas à droite sur la barre d'état, ou bien choisissez Affichage/Mise en page (Alt + NM).**

   Dans ce mode, le texte Ajouter un en-tête apparaît dans la partie supérieure de la première page, et Ajouter un pied de page dans sa partie inférieure.

2. **Placez le pointeur de la souris (ou bien touchez) sur ces zones, puis cliquez dans un des trois rectangles qui apparaît afin d'aligner à gauche, de centrer, ou d'aligner à droite le futur texte.**

   Dès que le point d'insertion s'affiche dans un de ces rectangles, la mention Ajouter un en-tête ou Ajouter un pied de page disparaît, et l'onglet Outils En-tête et pied de page apparaît.

3. **Cliquez sur l'onglet Création.**

   Pour ajouter des informations prédéfinies comme le nom du fichier, le nom de la feuille de calcul, la date, *etc.*, cliquez sur un des boutons de commande du groupe Éléments en-tête et pied de page. Le code correspondant est alors inséré.

4. **(Facultatif) Pour ajouter votre propre texte, tapez-le !**

Lorsque vous ajoutez votre propre texte aux informations prédéfinies, veillez à utiliser des espaces et une ponctuation adaptées. Par exemple, pour qu'Excel affiche `Page 1 sur 4` en en-tête ou pied de page personnalisé, procédez comme ceci :

a. **Tapez le mot `Page` et appuyez sur la barre d'espace.**

b. **Cliquez sur le bouton de commande Numéro de page, et appuyez de nouveau sur la barre d'espace.**

c. **Tapez le mot `sur` et appuyez sur la barre d'espace.**

d. **Cliquez sur le bouton de commande Nombre de pages.**

Ces actions insèrent le code Page &[Page] sur &[Pages].

5. **(Facultatif) Pour modifier la police, sa taille, ou d'autres propriétés du texte personnalisé, sélectionnez-le, puis cliquez sur l'onglet Accueil d'Excel. Utilisez alors les paramètres du groupe Police.**

   Vous pouvez appliquer une nouvelle police, modifier sa taille, l'afficher en gras, en italique, ou en souligné, et lui appliquer une nouvelle couleur.

6. **Une fois que vous avez défini et mis en forme les codes et le texte de votre en-tête ou de votre pied de page personnalisé, cliquez dans une cellule de la feuille de calcul pour désactiver les zones de création d'un en-tête et d'un pied de page.**

   Excel remplace les codes en-tête/pied de page par les informations concrètes, tout en fermant l'onglet Outils En-tête et pied de page.

La Figure 5.12 montre un pied de page personnalisé qui contient le numéro de la page en cours sur le nombre total de pages aligné à gauche, un texte personnalisé au centre, et la date et l'heure actuelles alignées à droite.

Créer des en-têtes et des pieds de page uniques

Excel 2016 permet de définir un en-tête ou un pied de page pour la première page qui sera différent de ceux des autres pages. Pour cela, il suffit de cocher la case Première page différente dans le groupe Options de l'onglet Création.

Lorsque vous cochez cette option, tout en-tête et pied de page présent sur la première page disparaît pour vous permettre d'en créer qui seront propres à cette page. Si vous cochez cette case sans avoir préalablement défini un en-tête et un pied de page, vous pourrez alors créer celui de la première page qui sera donc unique, puis créer celui de la deuxième page qui lui, au contraire, s'appliquera à toutes les autres pages de votre classeur.

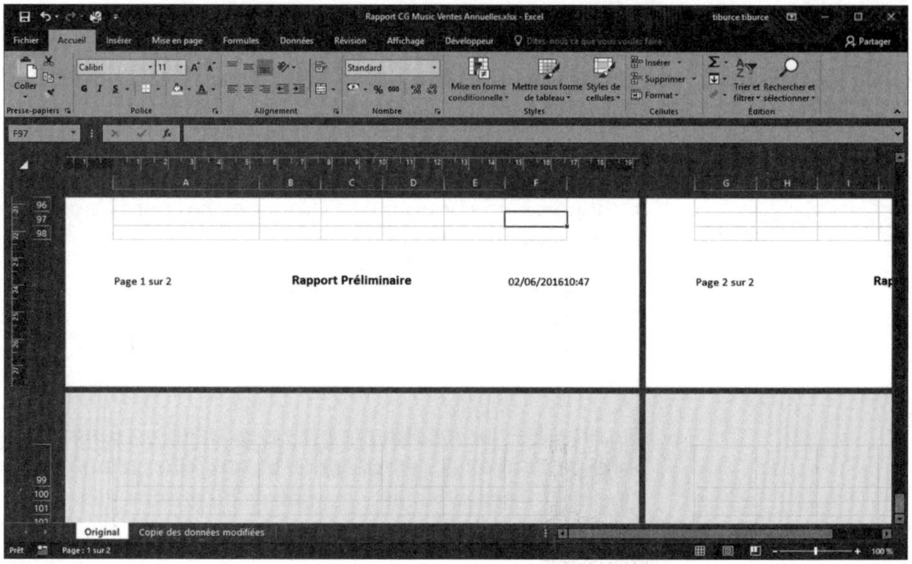

FIGURE 5.12 : Le pied de page personnalisé d'une feuille de calcul affichée en mode Mise en page.

Vous pourrez également utiliser cette fonction pour une feuille de calcul composée d'une page de couverture pour laquelle vous n'avez pas besoin d'en-tête et de pied de page. Imaginez un rapport qui doit afficher en pied de page le numéro de page sur le nombre total de pages sur toutes ses pages sauf la première (couverture). Pour obtenir ce résultat, cochez l'option Première page différente de l'onglet Création des Outils En-tête et pied de page. Ensuite, vous définissez sur la deuxième page un pied de page qui indiquera Page *x* sur *x*. Excel numérotera les pages comme elles se présentent réellement, mais sans les imprimer sur la première page. Si votre document contient un total de six pages (couverture comprise), le deuxième pied de page indiquera Page 2 sur 6, le troisième Page 3 sur 6 et ainsi de suite.

En-tête et un pied de page pairs et impairs

Si vous envisagez d'imprimer un rapport recto verso, vous souhaiterez probablement créer un en-tête et un pied de page pour les pages paires et un autre pour les pages impaires. Ce dispositif permettra par exemple d'alterner le nom du rapport ou le numéro de la page aligné à droite sur les pages impaires avec ces mêmes informations alignées à gauche sur les pages paires.

Pour obtenir ce résultat, cochez la case Pages paires et impaires différentes dans le groupe Options de l'onglet Création. Ensuite, créez un en-tête ou un pied de page sur la première page du rapport. Vous constatez que ces zones sont désormais identifiées comme En-tête et pied de page impairs et pairs.

Résoudre les problèmes de saut de page

La fonction Saut de page d'Excel permet de prévisualiser les sauts de page qui seront appliqués à votre document afin d'éviter que le programme ne découpe n'importe comment vos données.

La Figure 5.13 montre une feuille de calcul avec aperçu des sauts de page. Vous constatez qu'Excel insère un saut de page entre les pages 1 et 3. Un séparateur apparaît entre les colonnes F et G séparant le mois d'avril du mois de mai. Un séparateur horizontal isole la dernière ligne de la feuille.

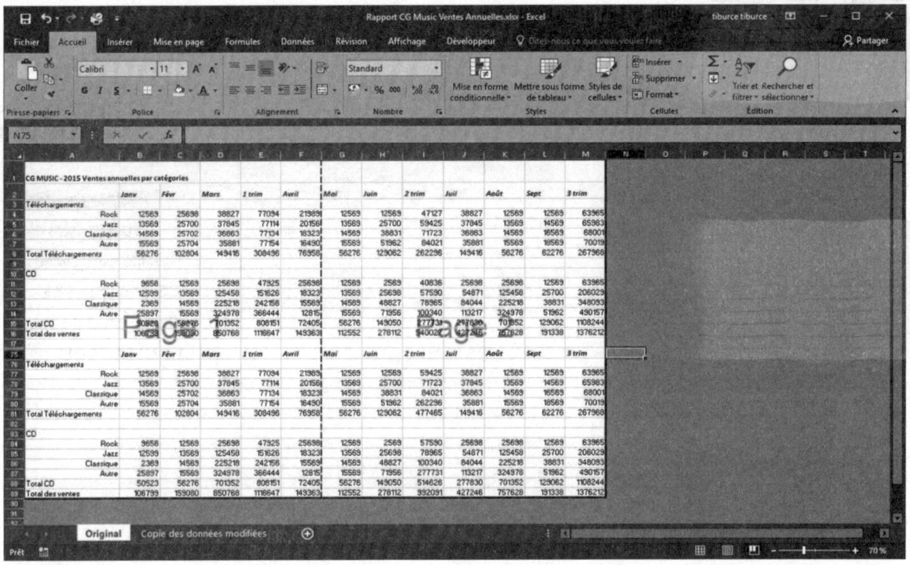

FIGURE 5.13 : Aperçu du rapport avec affichage des sauts de page.

Pour corriger le problème posé par le saut de page vertical, glissez-déplacez le séparateur vers la gauche de manière à insérer, dans mon exemple, le saut de page entre la colonne E et F. De cette manière, le premier trimestre sera isolé sur une page. J'ai fait de même pour le deuxième, le troisième et le quatrième trimestre. Ensuite, pour ne pas avoir cette ligne isolée, j'ai fait glisser le séparateur horizontal tout en bas de la feuille de calcul. Ma feuille sera imprimée de manière logique, c'est-à-dire avec un trimestre sur chaque page.

Voici la procédure en détail :

1. **Cliquez sur l'onglet Affichage du ruban.**

2. **Dans le groupe Modes d'affichage, cliquez sur le bouton Avec saut de page.**

3. **Réduisez le facteur de zoom de manière à afficher tous les séparateurs identifiant les sauts de page.**

4. **Placez le pointeur de la souris sur un des séparateurs de saut de page (ligne bleue épaisse). Quand il prend la forme d'une double flèche, cliquez et, sans relâcher le bouton de la souris, faites-le glisser vers la gauche ou la droite afin de modifier la position du saut de page.**

   Comme expliqué un peu plus haut, j'ai fait glisser les séparateurs verticaux de manière à isoler les données de chaque trimestre, et le séparateur du saut de page horizontal vers le bas.

   La Figure 5.14 montre en effet que chaque trimestre sera imprimé sur une page séparée.

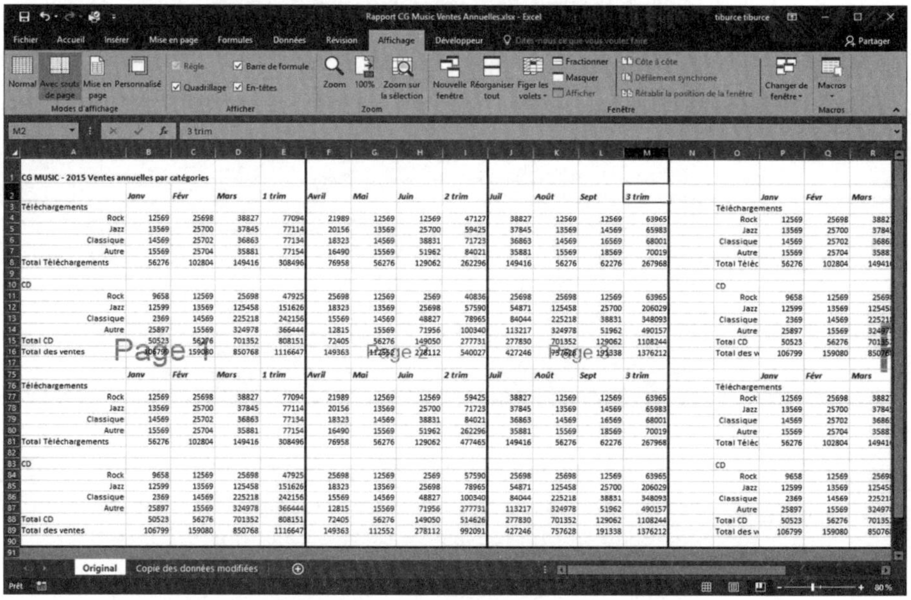

FIGURE 5.14 : La répartition des pages après ajustement des sauts de page en mode d'affichage Avec saut de page.

5. **Une fois les sauts de page ajustés, cliquez sur le bouton Normal du groupe Modes d'affichage (Alt + NN).**

   Vous pouvez également cliquer sur le bouton Normal de la barre d'état.

Il est possible d'insérer un saut de page manuel. Placez le pointeur de cellule là où vous souhaitez effectuer cette insertion. Cliquez sur l'onglet Mise en page, puis ouvrez le menu local du bouton Sauts de page. Optez pour Insérer un saut de page. Vous obtiendrez le même résultat en exécutant le raccourci clavier Alt + PDI. Pour supprimer un saut de page, procédez comme pour l'insérer, et exécutez la commande Supprimer le saut de page (Alt + PDM).

Imprimer les formules d'un rapport

Il est possible d'imprimer les formules d'une feuille de calcul en lieu et place de leurs résultats. Vous pouvez également utiliser cette fonction simplement pour contrôler vos formules et ainsi vous assurer que vous n'avez fait aucune bêtise, comme remplacer une formule par un nombre, ou utiliser les références d'une mauvaise cellule. Pour imprimer les formules, commencez par les afficher. Cliquez sur l'onglet Formules. Dans le groupe Vérification des formules, cliquez sur le bouton Afficher les formules, ou exécutez le raccourci clavier Alt + UA.

Excel affiche le contenu de chaque cellule de la feuille de calcul, donc les formules au lieu de leurs résultats. Excel élargit les colonnes pour afficher toute la formule sans déborder sur les cellules voisines.

Excel permet de basculer entre l'affichage standard et l'affichage des formules en exécutant le raccourci Ctrl + «. Les guillemets sont généralement localisés sous le chiffre 3 du clavier.

Une fois les formules affichées, il ne reste plus qu'à lancer l'impression. Vous pouvez inclure les lettres des colonnes et les numéros de lignes sous forme d'en-têtes des feuilles imprimées. Vous faciliterez ainsi la localisation des erreurs.

Pour inclure les en-têtes de lignes et de colonnes, cliquez sur l'onglet Mise en page, puis cochez l'option Imprimer de la section En-tête dans le groupe Options de la feuille de calcul.

Une fois que vous avez imprimé la feuille de calcul avec ses formules, cliquez de nouveau sur le bouton Afficher les formules de l'onglet Formules (groupe Vérification des formules), ou bien exécutez le raccourci clavier Ctrl + «.

III

Formules et fonctions

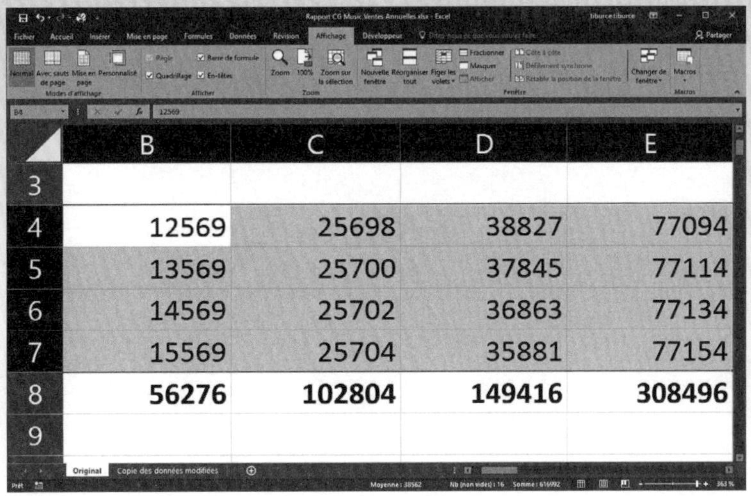

Chapitre 1

Créer des formules simples

DANS CE CHAPITRE :

- » **Additionner des plages de données avec Somme automatique**
- » **Créer des formules simples avec des opérateurs**
- » **Comprendre les opérateurs et leurs propriétés**
- » **Utiliser le bouton Insérer une fonction de la barre de formule**
- » **Copier des formules et modifier le type de référence des cellules**
- » **Concevoir des formules matricielles**
- » **Utiliser des noms de plage dans des formules**
- » **Créer des formules de liaison qui génèrent des valeurs**
- » **Contrôler le recalcul d'une formule**
- » **Gérer les références circulaires dans des formules**

Les formules transforment radicalement l'approche papier des anciennes feuilles de calcul puisqu'elles permettent d'effectuer d'impressionnantes opérations sans recourir à la moindre calculette.

Les formules que vous élaborez dans une feuille de calcul vont de la plus simple à la plus sophistiquée en utilisant des *opérateurs* rudimentaires ou des *fonctions* prédéfinies très élaborées. Elles peuvent également combiner ces deux éléments. Lorsque vous utilisez des fonctions dans vos formules, vous devez savoir quel type d'information la fonction mise en œuvre utilise pour exécuter ses calculs. Cette information est appelée un *argument*.

Généralités sur les formules

De la simple addition aux calculs statistiques les plus complexes, toutes les formules Excel ont une chose en commun : elles commencent par le signe égal (=). Cela ne signifie pas que vous devez systématiquement taper ce signe, mais si vous le faites, Excel saura immédiatement que vous définissez une formule. Bien souvent, vous élaborerez une formule à partir d'une fonction par un clic sur le bouton Insérer une fonction de la barre de formule. Dans ce cas, Excel tapera le signe égal à votre place.

Si vous utilisiez Lotus 1-2-3, et que vous tapiez @@ au début de vos fonctions, Excel convertira automatiquement ce signe en signe = lorsque vous validerez la formule.

Les formules permettent d'utiliser des *constantes* qui contiennent le nombre à employer dans le calcul (comme 4,5%, 25,00€, ou -78,35). Vous pouvez également utiliser des adresses de cellules entre les opérateurs ou bien en tant qu'arguments des fonctions. Lorsque vous créez une formule qui utilise des adresses de cellules, Excel prend en compte les valeurs saisies dans ces cellules pour calculer le résultat de la formule. Lorsque vous utilisez des constantes dans vos formules, Excel actualise automatiquement les résultats calculés par une formule chaque fois que vous modifiez les valeurs des cellules de référence.

Les méthodes de création des formules

Lorsque vous créez manuellement des formules, vous pouvez soit entrer les adresses de cellules, soit les sélectionner à la souris. Cette sélection est souvent la technique la plus simple et la plus sûre. En effet, la saisie directe des adresses est source d'erreurs, car vous êtes plus sujet à taper une mauvaise adresse. Par conséquent, pointez sur les cellules à utiliser dans vos formules plutôt que d'en saisir les adresses au clavier.

Lorsque vous pointez sur les cellules, vous pouvez définir une plage en faisant glisser le pointeur de la souris dessus après avoir choisi l'opérateur de votre formule. Lorsque vous insérez une fonction, vous la choisissez dans la boîte de dia-

FORMULES ET MISE EN FORME

Lorsque vous définissez une formule qui utilise des opérateurs ou des fonctions, Excel applique la mise en forme des cellules de référence, c'est-à-dire des cellules qui serviront au calcul de la formule. Par exemple, si vous ajoutez A2 à B3 avec la formule suivante =A2+B3, et que la cellule B3 est formatée avec le style Monétaire, la cellule contenant la formule et affichant *de facto* le résultat de l'opération sera elle aussi au format Monétaire.

logue Insérer une fonction puis, dans la boîte de dialogue Arguments de la fonction, vous désignez les cellules dont les valeurs seront calculées par cette fonction.

Pour valider une formule, cliquez sur le bouton Entrer de la barre de formule, ou bien appuyez sur la touche Entrée de votre clavier. Soyez très vigilant lorsque vous créez vos formules, car chaque fois que vous cliquerez sur une cellule sans avoir préalablement validé votre formule, cette cellule sera ajoutée à la formule, donc prise en compte dans le calcul du résultat.

Dès que la formule est validée, Excel retourne le résultat de l'opération. En revanche, la barre de formule affichera toujours la formule de la cellule qui indique le résultat. Si vous commettez une erreur empêchant Excel d'effectuer le calcul, un message d'alerte apparaîtra avec des suggestions de solutions. (Pour gérer les erreurs de formules, consultez le Chapitre 2 du Livre III.)

Modifier des formules

Comme pour les entrées texte et numériques, vous pouvez toujours modifier le contenu de vos formules soit dans leur cellule, soit dans la barre de formule. Pour effectuer cette modification dans la cellule, double-cliquez dessus, ou appuyez sur la touche F2 afin d'y positionner le point d'insertion. Lorsque vous double-cliquez, le point d'insertion se positionne au centre de la formule, tandis qu'en appuyant sur F2, il se place à la fin de la formule. Pour positionner directement le point d'insertion au début ou à la fin de la formule, double-cliquez sur ces parties de la cellule. Pour éditer une formule dans la barre de formule, cliquez directement à l'endroit où vous avez besoin d'effectuer la modification de la formule. Le point d'insertion apparaîtra instantanément.

UTILISER EXCEL COMME UNE CALCULETTE

Il est parfois nécessaire de calculer un nombre que vous avez besoin d'entrer dans une cellule en tant que constante. Plutôt que d'utiliser la calculette de votre smartphone, puis de saisir manuellement la valeur obtenue dans la feuille de calcul, créez une formule dans la cellule qui retournera le nombre dont vous avez besoin et puis qui convertira cette formule en une valeur constante.

Vous convertirez la formule en constante en appuyant sur la touche F2 afin de basculer la cellule en mode Modifier. Ensuite, appuyez sur F9 pour recalculer la formule et afficher le résultat dans la barre de formule. Enfin, validez avec la touche Entrée ou le bouton Entrer de la barre de formule pour afficher le résultat calculé dans la cellule (exactement comme si vous l'aviez fait manuellement).

Cette action bascule Excel en mode Modifier. Dans la cellule, Excel affiche de différentes couleurs l'opérateur et les cellules de référence de la formule. Ainsi, vous identifiez rapidement les cellules et leurs valeurs que vous pourrez modifier en toute connaissance de cause. Utilisez alors une des quatre poignées du sélecteur de plage de cellules pour retirer ou ajouter des cellules à la formule.

Somme automatique

Le plus souvent, vous souhaiterez calculer la somme des valeurs contenues dans les cellules d'une ligne ou d'une colonne. Pour cela, il suffit de cliquer sur le bouton Somme automatique du groupe Édition de l'onglet Accueil (icône Σ). Dès que vous cliquez, Excel insère la formule dans la cellule et sélectionne automatiquement la plage de cellules contenant des valeurs situées au-dessus.

Une méthode plus rapide consiste à exécuter le raccourci clavier Alt + = qui insère la fonction SOMME dans la cellule active et qui laisse Excel sélectionner les cellules supposées devoir être additionnées.

La Figure 1.1 montre le fonctionnement de la Somme automatique. J'ai placé le pointeur de cellule dans la cellule B24 afin d'y créer une formule qui additionnera les valeurs des cellules situées au-dessus d'elle. Ensuite, j'ai simplement cliqué sur le bouton Somme automatique du groupe Édition de l'onglet Accueil.

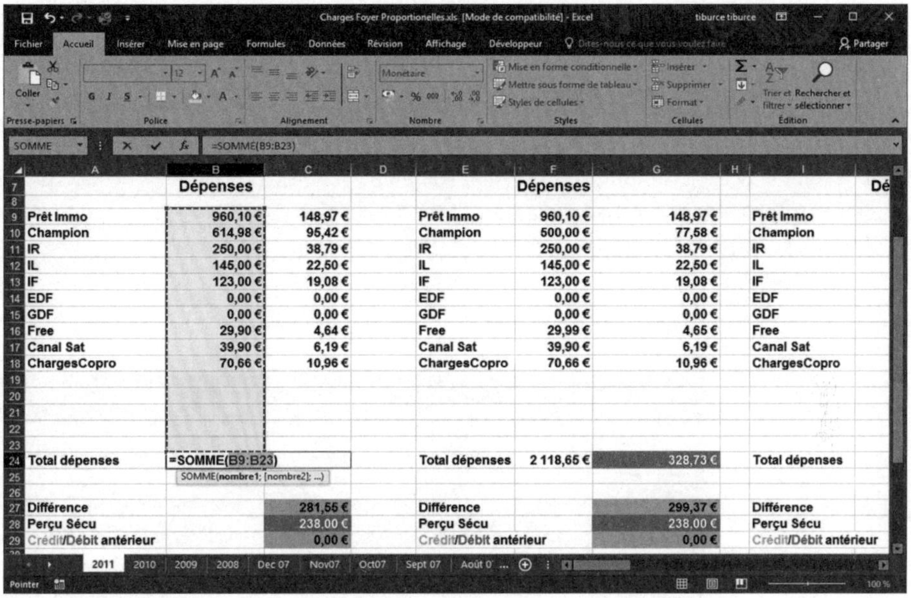

FIGURE 1.1 : Utiliser la fonction Somme automatique pour faire rapidement la somme d'une colonne de valeurs numériques.

Vous constatez qu'Excel insère le signe = suivi de SOMME puis qu'il sélectionne les cellules situées au-dessus de celle où je crée ma formule, c'est-à-dire la plage de cellules B9:B23. Comme c'est exactement ce que je souhaite, il me suffit de valider par un clic sur le bouton Entrer de la barre de formule, ou en appuyant sur la touche Entrée de mon clavier. Le résultat s'affiche dans la cellule B24.

La Figure 1.2 montre un autre exemple où Excel estime cette fois que je souhaite additionner les valeurs d'une ligne. J'ai placé le pointeur de cellule sur la cellule F9 où je souhaite insérer ma formule. J'ai ensuite cliqué sur le bouton Somme automatique du groupe Édition de l'onglet Accueil. Comme Excel détecte la présence de valeurs dans les cellules B9 à E9, il sélectionne cette plage comme argument de ma formule. Comme je suis d'accord avec le programme, je valide par un clic sur le bouton Entrer de la barre de formule, ou en appuyant sur la touche Entrée du clavier.

Si Somme automatique ne sélectionne pas toute la plage ou les bonnes cellules, ajustez-la en agissant sur les poignées de la bordure de sélection identifiée par un chenillard (pointillés animés). Placez le pointeur de la souris sur une de ces poignées. Dès qu'il prend la forme d'une double flèche, cliquez et, sans relâcher le bouton de la souris, faites-la glisser pour ajouter ou retirer des cellules.

LORSQUE LA SOMME AUTOMATIQUEMENT N'ADDITIONNE PAS

Bien que le bouton Somme automatique soit destiné à additionner les valeurs des lignes et des colonnes, il dispose d'un menu local qui permet de choisir une autre fonction comme Moyenne, NB, Max, ou Min.

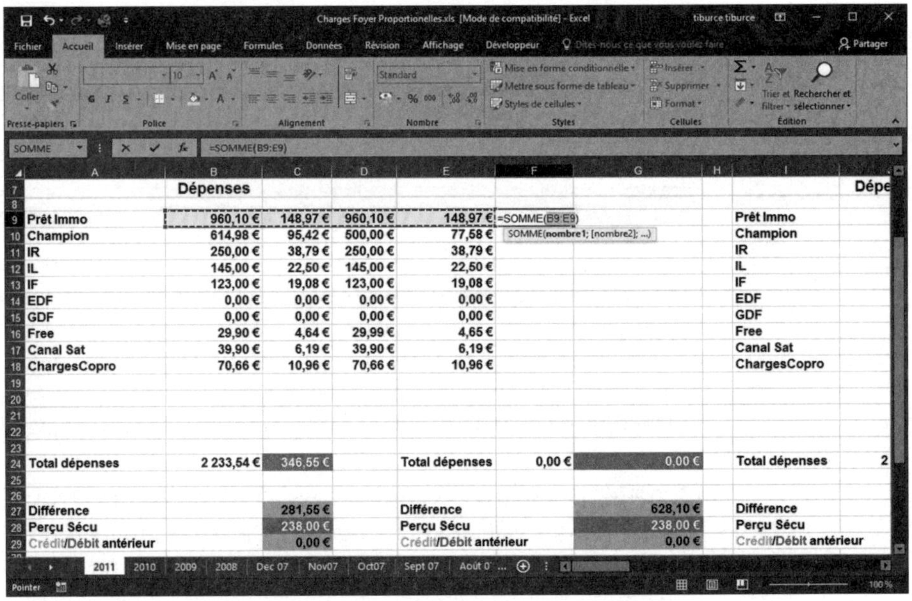

FIGURE 1.2 : La fonction Somme automatique crée une formule qui additionne les valeurs d'une ligne.

N'oubliez pas qu'Excel place les arguments des fonctions entre parenthèses. Ces parenthèses seront nécessaires même si la fonction n'exige aucun argument. Dans ce cas, elles seront vides.

Sommes et totaux avec l'outil Analyse rapide

L'outil Analyse rapide permet de calculer des formules. Pour cela, sélectionnez la plage de cellules à calculer, et cliquez sur l'icône de la fonction Analyse rapide qui s'affiche dans l'angle inférieur de la dernière cellule de la plage. Une palette d'onglets apparaît, comme le montre la Figure 1.3.

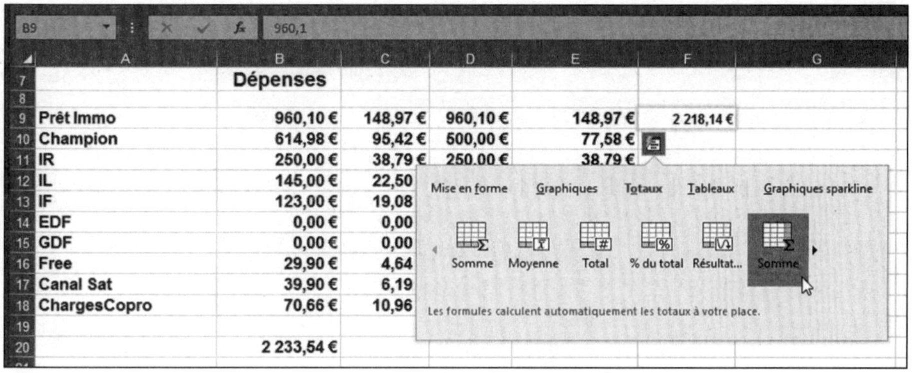

FIGURE 1.3 : Ajouter une formule via l'outil Analyse rapide.

Pour additionner les valeurs d'une plage de cellule, cliquez sur l'onglet Totaux. L'aperçu dynamique permet d'apprécier le comportement de l'Analyse rapide. Ici, pour effectuer la somme des valeurs de la plage, choisissez le deuxième bouton Somme afin d'afficher le résultat sur la cellule située à droite de la dernière cellule de référence de la formule.

Si vous rencontrez des difficultés avec l'outil Analyse rapide, faites un clic droit sur la plage sélectionnée. Dans le menu contextuel qui apparaît, choisissez Analyse rapide.

Créer des formules avec des opérateurs

De nombreuses formules simples nécessitent l'utilisation d'un seul opérateur. Il s'agit d'un symbole qui s'insère entre les cellules et/ou des constantes. Excel utilise quatre types d'opérateurs : arithmétique, de comparaison, texte, et de référence. Le Tableau 1.1 affiche ces opérateurs par type et montre un exemple de leur utilisation.

Opérateurs bien dociles

La plupart du temps, vous utiliserez des opérateurs arithmétiques qui n'exigent pas de fonctions, car ils se contentent de calculer des chiffres entre eux contenus dans les cellules de référence.

Les opérateurs de comparaison produisent la valeur logique VRAI ou FAUX. Par exemple, si vous entrez cette formule dans la cellule A10 :

```
=B10<>C10
```

TABLEAU 1.1 **Les opérateurs d'Excel.**

Type	*Symbole*	*Opération*	*Exemple*
Arithmétique	+	Addition	=A2+B3
	-	Soustraction ou négatif	=A3-A2
	*	Multiplication	=A2*B3
	/	Division	=B3/A2
	%	Pourcentage (division par 100)	=B3%
	^	Puissance	=A2^A3
Comparaison	=	Égal à	=A2=B3
	>	Supérieur à	=B3>A2
	<	Inférieur à	=A2<B3
	<>	Différent de	=A2<>B3
Texte	&	Groupe les entrées pour créer une entrée continue	=A2&" "&B3t
Référence	:	plage calculée	=SOMME(C4:D17)
	,	combine plusieurs références en une seule	=SOMME(A2,C4:D17,B3)
	(espace)	Produit une référence de cellules à partir de deux références	=SOMME(C3:C6 C3:E6)

si B10 contient 15 et C10 contient 20, la formule retourne la valeur VRAI. Si ces deux cellules contiennent 12, la valeur retournée par A10 sera FAUX.

L'opérateur texte est utilisé dans des formules pour grouper plusieurs entrées texte. Prenons la formule suivante dans la cellule C2 :

```
=A2&B2
```

Vous utiliserez souvent les opérateurs de comparaison avec la fonction SI pour concevoir des formules complexes exécutant un type d'opération lorsque la condition IF est VRAI, et un autre quand elle est FAUX. Vous utiliserez l'opérateur & pour grouper, dans une seule cellule, des entrées texte réparties sur plusieurs autres, comme le nom et le prénom d'une personne qui sont chacun dans une colonne. Pour plus d'informations sur les formules logiques, consultez le Chapitre 2 du Livre III, et le Chapitre 6 du Livre III pour plus de précisions sur les formules textuelles.

Ordre de priorité des opérateurs

Lorsque vous concevez une formule qui combine différents opérateurs, Excel les applique en fonction d'un ordre de priorité défini dans le Tableau 1.2. Lorsque vous utilisez des opérateurs qui partagent le même niveau de priorité, Excel évalue chaque élément de l'équation de gauche à droite.

Supposons que vous saisissiez la formule suivante dans la cellule A4 :

```
=B4+C4/D4
```

TABLEAU 1.2 **Ordre de priorité des opérateurs.**

Priorité	Opérateur	Type/Fonction
1	-	Soustraction
2	%	Pourcentage
3	^	Puissance
4 * et /	Multiplication et Division	
5 + et -	Addition et Soustraction	
6	&	Concaténation
7	=, <, >, <=, >=, <>	Opérateurs de comparaison

Dans la mesure où la division (comme la multiplication) a un niveau de priorité supérieure à l'addition, Excel évalue la division entre les cellules C4 et D4, puis ajoute le résultat obtenu à la cellule B4. Si la cellule B4 contient 2, la C4 affiche 9, et la D4 divise par 3, Excel calculera l'équation suivante en A4 :

```
=2+9/3
```

Le résultat obtenu est 5. En effet, Excel effectue d'abord la division 9/3 et obtient évidemment 3. Il ajoute 2 à ce résultat donnant ainsi la valeur 5 en A4.

Pour qu'Excel calcule strictement cette formule de gauche à droite, vous devez placer la première opération entre parenthèses, c'est-à-dire l'addition des cellules B4 et C4. Les parenthèses modifient l'ordre naturel de priorité. Donc si vous créez la formule suivante :

```
=(B4+C4)/D4
```

Vous obtenez dans notre exemple non pas 5, mais 3,66667 dans la cellule A4. En effet, Excel calcule d'abord 2+9 et obtient bien entendu 11. Ensuite, 11 est divisé par 3, ce qui donne bien 3,66667.

Vous pouvez bien entendu imbriquer les parenthèses dans vos formules, c'est-à-dire placer des parenthèses dans des parenthèses elles-mêmes entre parenthèses.

Excel donne priorité au calcul des chiffres placés dans les parenthèses les plus intérieures, puis effectue le calcul avec celles qui sont progressivement plus éloignées. Prenez cet exemple :

```
=B5+(C5–D5)/E5
```

La soustraction C5-D5 sera effectuée en premier, car elle est placée entre parenthèses. Le résultat de cette soustraction sera ensuite divisé par E5, et B5 sera enfin ajouté au résultat de la division. Si vous souhaitez que l'addition de B5 avec le résultat de C5-D5 s'effectue avant la division par E5, vous devez concevoir la formule suivante :

```
=(B5 + (C5–D5))/E5
```

Cette fois, Excel calcule en premier C5-D5, car ses parenthèses sont les plus intérieures. Ensuite, il procède à l'addition avec B5 puisque l'opération est également entre parenthèses. Enfin, il divise par E5.

Bien entendu, le plus gros souci avec les parenthèses est que vous devez les saisir par paires. Il suffit d'en oublier une pour ruiner le calcul de la formule et générer un message d'alerte. Excel suggérera une solution au problème. Le souci est que la correction ne va peut-être pas générer la formule que vous souhaitiez et ainsi porter atteinte aux priorités. Dans ce cas, le résultat sera incorrect. Pour cette raison, vérifiez bien votre formule avant d'accepter la correction d'Excel. N'acceptez que si vous êtes certain que les parenthèses corrigées appliqueront le bon ordre de calcul. Au moindre doute, cliquez sur Non, et ajoutez les parenthèses manquantes (ou supprimez celles qui sont en trop).

Utiliser le bouton Insérer une fonction

Excel gère une grande variété de fonctions prédéfinies que vous pouvez utiliser dans vos formules. La plus utilisée est la fonction SOMME que vous insérez automatiquement par un clic sur le bouton Somme de l'onglet Accueil. (N'oubliez pas que ce bouton dispose d'un menu local qui permet de choisir d'autres fonctions telles que MOYENNE, NB, MAX, et MIN. Pour utiliser d'autres fonctions, cliquez sur le bouton Insérer une fonction de la barre de formule, icône *fx*).

Lorsque vous cliquez sur le bouton Insérer une fonction, Excel affiche la boîte de dialogue éponyme illustrée à la Figure 1.4. Vous choisirez une fonction puis en définirez les arguments nécessaires au calcul.

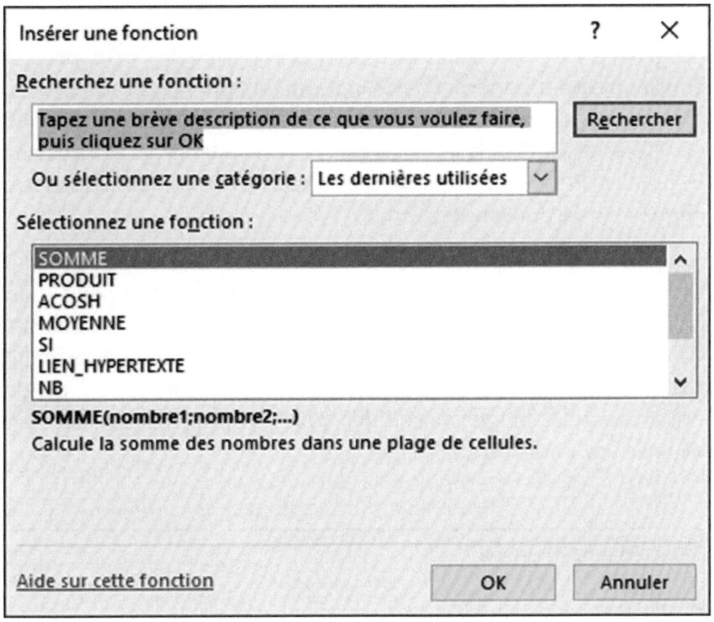

FIGURE 1.4 : Dans la boîte de dialogue Insérer une fonction, sélectionnez une fonction à utiliser.

Sélectionnez une fonction en appliquant une des méthodes suivantes :

- Cliquez sur le nom d'une fonction récemment utilisée affichée dans la liste Sélectionnez une fonction.
- Choisissez le nom d'une catégorie dans le menu local Ou sélectionnez une catégorie. Ensuite, cliquez sur la fonction à utiliser dans la liste Sélectionnez une fonction.
- Dans le champ Recherchez une fonction, tapez un mot-clé ou une brève description du type de calcul que vous souhaitez réaliser. Cliquez sur le bouton Rechercher, puis cliquez sur une fonction dans la liste Sélectionnez une fonction.

Lorsque vous cliquez sur une fonction, Excel en affiche une brève description dans la partie inférieure de la boîte de dialogue. Le programme indique, entre parenthèses, les arguments dont la fonction a besoin. On appelle aussi cela la *syntaxe*. Pour davantage d'informations sur la fonction sélectionnée, cliquez sur le lien Aide sur cette fonction à gauche du bouton OK. Lisez les explications fournies par la boîte de dialogue Excel 2016 Aide, puis fermez-la par un clic sur son bouton de fermeture (x).

Vous pouvez également choisir une fonction *via* l'onglet Formules. Les boutons du groupe Bibliothèque de fonctions couvrent les catégories les plus utilisées et contiennent eux-mêmes les fonctions les plus communément appliquées. Vous y trouverez les boutons Récentes, Financier, Logique, Texte, DateHeure, Recherche et référence, et Math et trigonométrie. D'autres catégories sont disponibles sous le bouton Plus de fonctions. Pour retrouver vos fonctions récemment utilisées, cliquez sur le bouton Récentes.

Lorsque vous cliquez sur le bouton OK après avoir sélectionné une fonction, Excel ouvre la boîte de dialogue Arguments de la fonction, comme sur la Figure 1.5. La cellule active affiche le signe égal suivi du nom de la fonction et de deux parenthèses. Vous utiliserez les champs de cette boîte de dialogue pour indiquer les nombres ou les plages de cellules qui serviront d'argument au calcul de la fonction utilisée par votre formule.

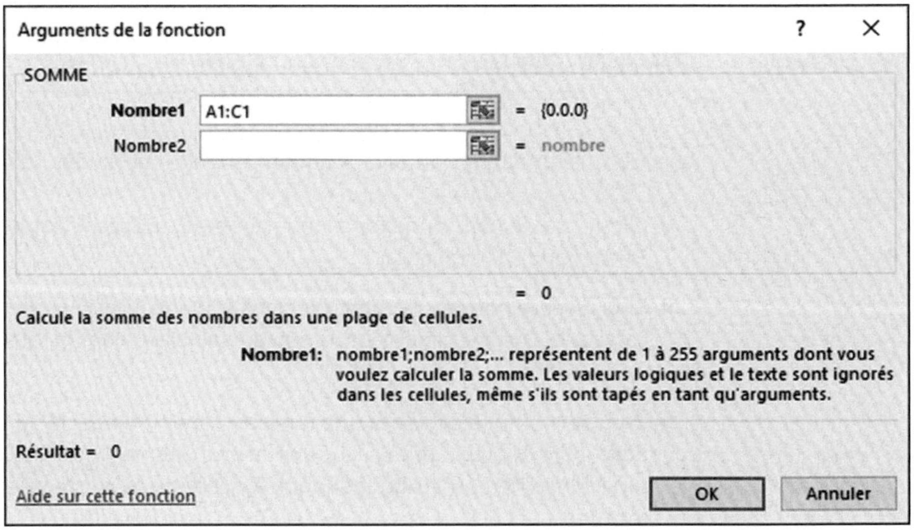

FIGURE 1.5 : Dans la boîte de dialogue Arguments de la fonction, indiquez les éléments qui serviront au calcul de la formule.

Toutes les fonctions, mêmes celles qui n'ont pas besoin d'arguments comme AUJOURDHUI sont suivies de parenthèses, comme =AUJOURDHUI(). Les arguments prennent toujours place entre ces parenthèses. Ainsi, la fonction Date devant afficher le 4 juin 2016 prendra la forme suivante : =DATE(2016;6;4)

Les champs de la boîte de dialogue Arguments de la fonction doivent comporter des nombres ou des adresses de cellules utilisées pour effectuer les calculs. Plutôt que de saisir ces références manuellement, définissez vos plages de cellules à la souris (au doigt ou au stylet) directement sur la feuille de calcul. Si la boîte de dialogue Arguments de la fonction occulte les cellules concernées, cliquez sur le bouton de développement/réduction situé à droite du champ. La boîte de dialogue reprendra sa taille d'origine dès que vous relâcherez le bouton de la souris après avoir sélectionné vos cellules. Sinon, pour restaurer la taille normale de la boîte de dialogue Arguments de la fonction, vous devez de nouveau cliquer sur le bouton développement/réduction.

Excel affiche les résultats de la formule dans la partie inférieure de la boîte de dialogue Arguments de la fonction au fur et à mesure que vous définissez la plage de cellules. Une fois les arguments entrés, cliquez sur OK. Excel ferme la boîte de dialogue Arguments de la fonction et remplace la formule par le résultat de son calcul.

Vous pouvez taper le nom de la fonction au lieu de le sélectionner dans la boîte de dialogue Insérer une fonction. Dans ce cas, commencez par entrer le signe égal (=), et la première lettre de la fonction. Excel ouvre alors une liste de suggestions dont les propositions se réduisent au fur et à mesure que vous tapez des caractères supplémentaires. Cliquez sur le nom de la fonction affichée dans cette liste. Excel affiche alors le nom de la fonction dans la cellule avec une parenthèse ouverte comme =DATE(, ce qui vous permet d'entrer les arguments.

Pour plus d'informations sur l'utilisation des différents types de fonctions prédéfinies, reportez-vous aux chapitres du Livre III : les fonctions logiques sont traitées au Chapitre 2, les fonctions Date et Heure au Chapitre 3, les fonctions financières au Chapitre 4, les fonctions mathématiques et statistiques au Chapitre 5, et les fonctions de recherche, d'information et de texte au Chapitre 6.

Copier des formules

La copie de formule est une des tâches les plus effectuées dans une feuille de calcul dont l'activité principale repose sur des formules. Lorsqu'une formule utilise des références de cellules plutôt que des valeurs constantes, la copie des formules est un véritable plaisir. En effet, Excel ajuste les références des arguments (plage de cellules) à celles de la cellule de destination. Ce tour de force est rendu possible grâce au système *des adresses de cellules relatives* qui permet d'adapter les références des lignes et des colonnes de la formule copiée à celles de la cellule où elle sera collée.

Les Figures 1.6 et 1.7 illustrent le fonctionnement de la copie de formules. Sur la Figure 1.6, j'ai utilisé le bouton Somme automatique en cellule pour faire une addition des valeurs de la plage B3:B6. La formule en B7 est donc

```
=SOMME(B3:B6)
```

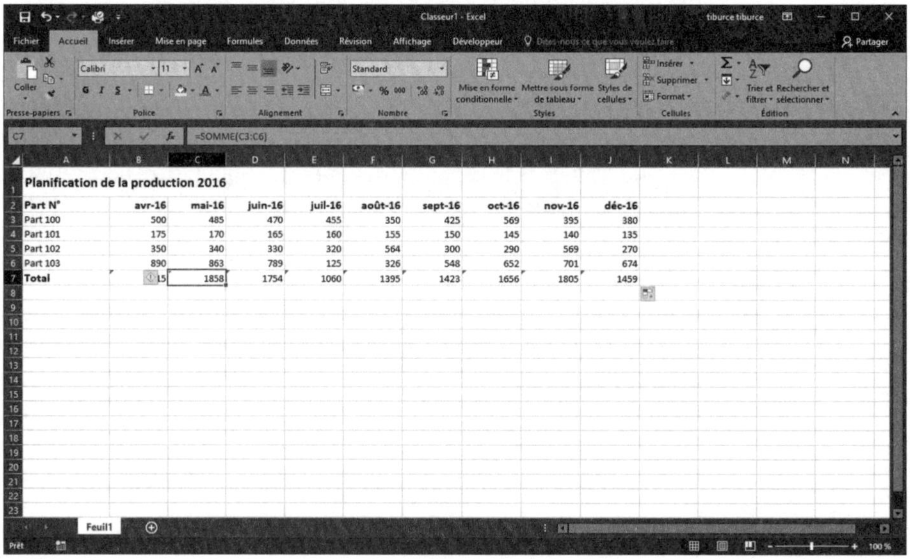

FIGURE 1.6 : Formule copiée sur une plage de cellules grâce à la fonction Recopie d'Excel.

J'ai ensuite utilisé la fonction de Recopie en faisant glisser la poignée de remplissage de la cellule B7 jusqu'à la cellule J7. Observez les références de la formule quand le pointeur de cellule est en C7. Vous pouvez lire dans la barre de formule :

```
=SOMME(C3:C6)
```

Excel a adapté les références des cellules de la colonne B à celles de la colonne C. La Figure 1.7 montre comment la recopie fonctionne sur les colonnes. J'ai ajouté une colonne Total en K, et j'ai placé le pointeur de cellule dans la cellule K3. Ensuite

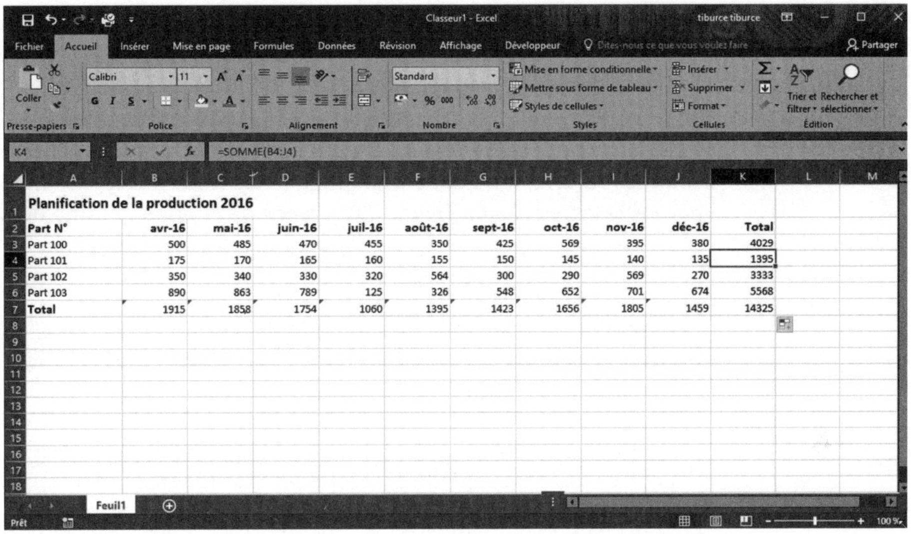

FIGURE 1.7 : Formule copiée sur une colonne avec la fonction Recopie d'Excel.

j'ai cliqué sur le bouton Somme automatique afin d'afficher dans la cellule K3 la somme des valeurs de la plage B3:J3. La Formule en K3 est donc :

```
=SOMME(B3:J3)
```

Lorsque vous tirez sur la poignée de remplissage de la cellule K3, Excel actualise les arguments de la formule pour chacune des cellules qui suivent c'est-à-dire de K4 à K7. En plaçant le pointeur de cellule sur la cellule K4, vous constatez que la formule est :

```
=SOMME(B4:J4)
```

Si vous affichez les formules selon le style de référence L1C1, vous constaterez que les arguments de chaque cellule contenant la formule sont les mêmes.

Par exemple, la formule d'origine en B7 affiche la formule ainsi en mode d'affichage L1C1 :

```
=SOMME(L[−4]C:L[−1]C)
```

Dans cette notation particulière (que vous activez *via* l'onglet Formules des Options Excel), la formule SOMME est plus difficile à décrypter. Ici, l'argument de la fonction SOMME est relatif à la position de la cellule qui contient la formule. La partie identifiant la ligne indique le nombre de lignes au-dessus ou en dessous de celle où est située la cellule contenant la formule. (Les entiers négatifs indiquent les lignes au-dessus, et les valeurs positives les lignes en dessous.) La partie identifiant la colonne est exprimée en nombre de colonnes situées à gauche ou à droite de celle contenant la formule. (Les entiers positifs indiquent le nombre de colonnes à droite, et les entiers négatifs le nombre de colonnes à gauche.) Lorsqu'une colonne ou une ligne dans une plage de cellules n'est pas suivie d'un entier entre parenthèses, cela signifie qu'il n'y a pas de changement de ligne ou de colonne.

Avec cette explication, je comprends mieux la conversion L1C1 de ma formule. Voici ce qu'elle me raconte : « faire la somme de la plage de cellules qui est 4 lignes (L(-4)) au-dessus de la cellule de la même colonne (C) jusqu'à la cellule de la ligne 1 (L(-1)) de cette même colonne (C). » Lorsque la formule d'origine est copiée sur toutes les colonnes de la table de données, il est inutile de modifier cette référence puisqu'elle fonctionne quelle que soit la ligne ou la colonne.

La formule d'origine illustrée sur la Figure 1.7 a été entrée en K3 puis copiée vers le bas jusqu'à la cellule K6. En notation L1C1, elle donne ceci :

```
=SOMME(LC(-9):LC(-1))
```

Elle raconte l'histoire suivante : « j'additionne les valeurs de neuf cellules situées à gauche (C(-9)) sur la même ligne et cela jusqu'à la première colonne (C(-1)) sur la même ligne. » C'est exactement ce qu'indiquent les autres cellules de la colonne K assurant alors une fonction identique de la formule sur chaque ligne de la table de données.

Vous pouvez utiliser la notation L1C1 pour vérifier que la copie des formules s'est déroulée correctement. Pour afficher les formules dans ce mode, cliquez sur Fichier/Options. Dans la boîte de dialogue Options Excel, choisissez la catégorie Formules. Dans le volet de droite, localisez la section Manipulation de formules, et cochez la case Style de référence L1C1. Une fois activé, vous constatez que toutes les formules sont les mêmes dans les cellules affichant la somme des lignes et des colonnes.

Références absolues

Les références relatives sont à la base de la grande majorité des formules pour permettre à Excel d'en ajuster les références en fonction de leur copie ou de l'enrichissement des feuilles de calcul avec des données, de nouvelles colonnes ou lignes. Toutefois, dans certaines circonstances, Excel ne doit pas adapter ces références à la formule copiée. Ce sera le cas lorsque vous souhaiterez qu'Excel utilise une valeur de cellule en tant que constante de toutes ses copies.

La Figure 1.8 illustre cette situation. Ici, j'ai créé une formule en B9 qui calcule le pourcentage de la production d'avril (total en B7) par rapport à la production des neuf autres mois (cellule K7). Normalement, vous créerez la formule en cellule B9 avec ses références relatives :

```
=B7/K7
```

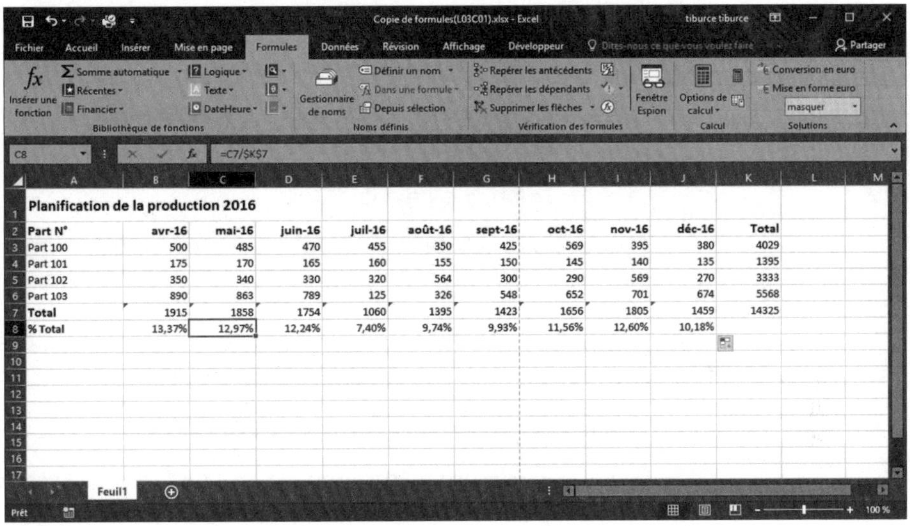

FIGURE 1.8 : Utiliser une adresse absolue pour calculer le pourcentage mensuel.

La fonction de recopie ne fonctionnera pas convenablement sur les cellules C9:J9 dans le but d'obtenir le pourcentage de chacun des autres mois. Pourquoi ? Car la référence à la cellule K7 va changer sur chacune des cellules de cette plage. Ainsi en cellule C7, au lieu d'avoir la formule :

```
=C7/K7
```

Vous avez la formule :

```
=C7/L7
```

La recopie incrémente d'une lettre la référence à la colonne.

Pour que la recopie conserve la référence à la cellule K7, vous devez spécifier que K7 est une *référence absolue*. Dans le système de référence A1, une référence absolue contient les signes dollar. Ainsi, pour faire de K7 une référence absolue, vous devez l'écrire $K$7 dans la formule. En système de référence L1C1, vous vous basez sur les références de la ligne et de la colonne, telles que L7C11, sans placer les chiffres entre parenthèses.

Si vous réalisez que vous devez convertir une référence relative en référence absolue, appuyez sur la touche F4 de votre clavier, immédiatement après avoir saisi la référence de la cellule. Voici comment insérer cette formule =B7/$K$7 dans la cellule B9 :

1. **Cliquez sur la cellule B9 pour l'activer.**
2. **Tapez = pour démarrer la formule, puis cliquez sur la cellule B7, tapez / (pour insérer le signe de division).**

   La barre de formule indique =B7/.
3. **Cliquez sur la cellule K7 pour l'ajouter à la formule.**

   La barre de formule indique maintenant =B7/K7.
4. **Appuyez sur la touche F4 pour basculer la référence de la cellule relative (K7) en référence absolue, c'est-à-dire $K$7.**

   La barre de formule affiche la formule =B7/$K$7.
5. **Cliquez sur le bouton Entrer de la barre de formule. Ensuite, faites glisser la poignée de recopie jusqu'à la cellule J9. Relâchez le bouton de la souris.**

Il est rare que vous anticipiez cette conversion tant que vous n'avez pas copié la formule sur les autres cellules. Dans ce cas, vous devrez entrer la nouvelle formule dans la première cellule en appliquant la référence relative, comme nous l'expliquons ci-dessus, et procéder à une nouvelle recopie.

Lorsque vous éditez des références existantes, basculez une adresse relative en adresse absolue en plaçant le point d'insertion devant sa lettre. Ensuite, appuyez sur la touche F4 du clavier. Cette action encadre la lettre avec les symboles $.

Vous pouvez effectuer la copie conforme d'une formule d'une cellule à une autre sans utiliser de références absolues. Pour cela, commencez par cliquer sur la cellule contenant la formule. Avec la souris, sélectionnez toute la formule dans la barre de formule, puis cliquez sur le bouton Copier de l'onglet Accueil (ou exécutez le raccourci clavier Ctrl + C). Ensuite, cliquez sur le bouton Annuler pour désactiver la barre de formule. Placez le pointeur de cellule sur la cellule où vous souhaitez coller cette formule, et cliquez sur le bouton Coller de l'onglet Accueil (ou exécutez le raccourci Ctrl + V). Excel colle la copie conforme de la formule d'origine sans adapter les références de la cellule.

Lorsque vous utilisez les options Somme de l'onglet Totaux de la palette Analyse rapide (voir plus haut dans ce chapitre), toutes les références de cellules présentes dans les formules total et somme sont relatives.

Si vous créez la formule qui requiert à la fois des références absolues ou relatives sur un périphérique tactile qui ne dispose pas de touches de fonction, vous devez ajouter le symbole dollar ($) à la formule dans la barre de formule. Pour accéder au pavé numérique, appuyez sur la touche &123.

Références mixtes

Certaines formules n'exigent pas, pour les copier, de convertir la référence relative de la cellule en référence absolue. Dans d'autres circonstances, vous devez uniquement indiquer que la lettre de la colonne ou le numéro de la ligne ont changé.

Dans la notation A1, une cellule mixte est spécifiée par un signe dollar placé devant la lettre de la colonne ou le numéro de la ligne qui ne doit pas être copié. Ainsi, $C10 ne modifiera que le numéro de la ligne, c'est-à-dire 10 au moment de la copie, alors que C restera inchangé. Dans cet autre exemple, C$10, il se produit l'inverse. C sera actualisé dans chaque copie, alors que 10 sera inchangé. (Vous trouverez un exemple d'utilisation des références mixtes dans une formule principale au Chapitre 4 du Livre III.)

Pour convertir la référence relative de la cellule que vous avez sélectionnée dans une formule (en plaçant le point d'insertion au niveau de la lettre de sa colonne ou du numéro de sa ligne) en référence mixte, appuyez sur F4 autant de fois que nécessaire selon le cycle expliqué ci-dessous :

- » Une pression sur F4 change la référence relative en référence absolue. Ainsi C10 devient $C$10.
- » Deux pressions sur F4 changent la référence absolue en référence mixte où la colonne est relative et la ligne absolue. Ainsi $C$10 devient C$10.

» Une troisième pression sur F4 change la référence absolue en référence mixte où la colonne est absolue et la ligne relative. Ainsi C$10 devient $C10.

» La quatrième pression sur F4 fait redevenir la référence entièrement relative. Ainsi $C10 devient C10.

Si vous laissez passer le type de référence que vous souhaitez utiliser, eh bien repartez pour un cycle en appuyant autant de fois que nécessaire sur F4.

Ajouter des formules matricielles

Vous savez que de nombreuses feuilles de calcul se basent sur une formule originale que l'on recopie de cellule en cellule en utilisant des références relatives. Dans certains cas, vous créez la formule d'origine pour qu'Excel exécute les calculs souhaités dans la cellule active, mais aussi dans d'autres cellules où vous devriez y coller ladite formule. Vous y procéderez en créant des *formules matricielles*. Il s'agit d'une formule spéciale qui opère sur une plage de valeurs. Si un ensemble de cellules procure cette plage (ce qui est généralement le cas), on parle de *plage matricielle*. Si cette plage est fournie par une liste de valeurs numériques, on parle de *constante de matrice*.

Bien que ce concept paraisse obscur, vous allez rapidement vous familiariser avec lui. En effet, la structure de colonnes et de lignes d'Excel organise naturellement vos données sur un quadrillage à deux dimensions. La première dimension prend en compte une seule ligne ou colonne, et la seconde intègre plusieurs lignes et colonnes.

La Figure 1.9 montre une « matrice » à deux dimensions avec des entrées numériques de deux tailles différentes. La structure de la première matrice est de 3 x 2 et couvre la plage de cellules B2:C4. Elle occupe en effet 3 lignes et 2 colonnes. La seconde matrice est de type 2 x 3 et couvre la plage F2:H3. Cette matrice utilise 2 lignes et 3 colonnes.

Pour lister les valeurs de la première matrice 3 x 2 sous forme de constante de matrice dans une formule, vous devez l'entrer de cette manière :

```
{1,4;2,5;3,6}
```

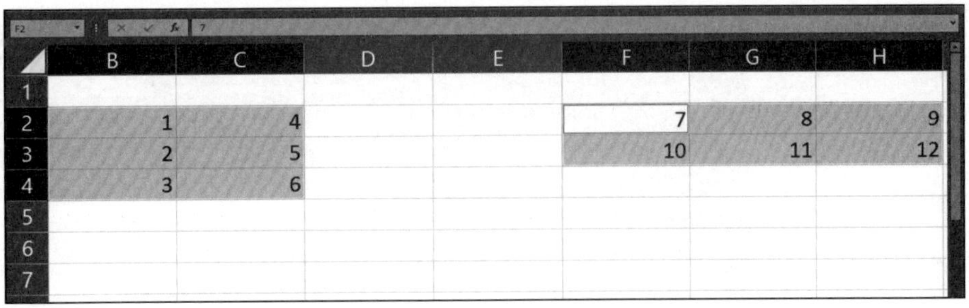

FIGURE 1.9 : Une feuille de calcul avec deux matrices de différentes tailles.

Vous constatez que la constante de matrice est délimitée par des accolades {}. Ensuite, vous remarquez que les colonnes de chaque ligne sont séparées par des virgules (,) et que les lignes sont séparées par des points-virgules (;). Enfin, les constantes de la matrice sont listées ligne par ligne en descendant dans chaque colonne.

La seconde matrice 2 x 3 sera exprimée de la manière suivante :

```
{7,8,9;10,11,12}
```

Cette fois encore, vous constatez que les valeurs sont localisées sur chaque ligne puis sur chaque colonne vers le bas. Les valeurs des différentes colonnes sont séparées par des virgules, et les valeurs des différentes lignes par des points-virgules.

L'utilisation des formules matricielles réduit significativement la quantité de formules à copier dans une feuille de calcul. En effet, elles produisent de multiples résultats en une seule opération *via* une plage matricielle. De plus, les formules matricielles consomment moins de mémoire système que des formules copiées dans une plage. Cela est fondamental lorsque vous créez une grande feuille de calcul composée de nombreux tableaux. Cela permettra d'effectuer tous les calculs dans une seule feuille de calcul au lieu de les répartir dans plusieurs fichiers.

Créer une formule matricielle

Pour comprendre la création d'une formule matricielle, envisagez la feuille de calcul illustrée à la Figure 1.10. Elle a été conçue pour calculer le salaire des employés par quinzaine de jours. Pour cela, elle multiplie le taux horaire de chacun par le nombre d'heures travaillées sur chaque période prise en compte. Au lieu de créer cette formule dans la cellule R10 qui aurait été ensuite copiée dans les cellules R11 à R13 :

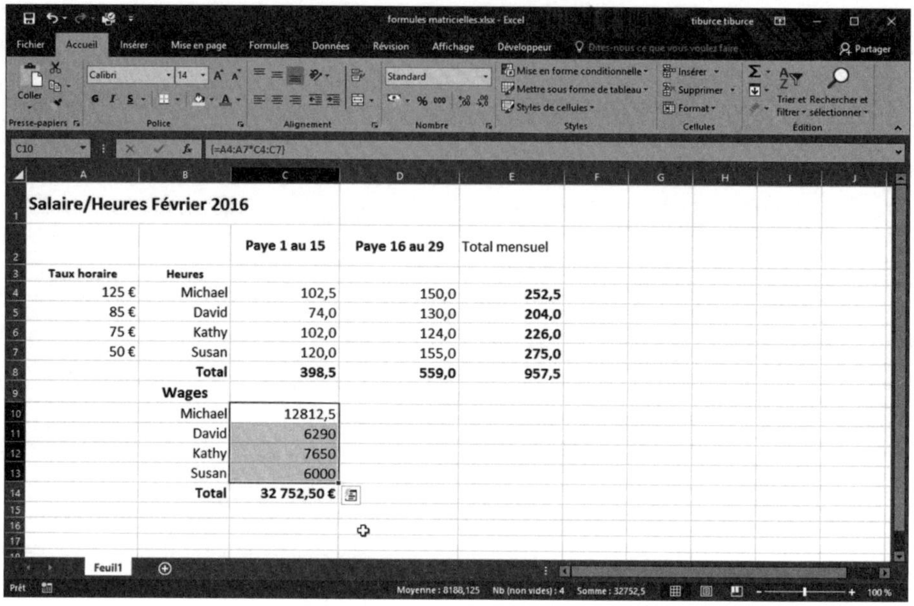

FIGURE 1.10 : Créer une formule matricielle qui calcule les salaires horaires de la première quinzaine.

```
=A4*R4
```

vous pouvez créer la formule suivante dans la plage matricielle :

```
={A4:A7*C4:E7}
```

Cette formule matricielle multiplie chaque taux horaire de la matrice 4 x 1 de la plage A4:A7 par le nombre d'heures travaillées de la matrice 4 x 1 de la plage C4:E7. Cette formule est insérée dans les cellules de la plage matricielle C10:C13, dès que vous validez la formule en C10. Conformez-vous à la procédure suivante pour créer cette formule matricielle :

1. **Activez la cellule C10, puis sélectionnez la plage C10:C13.**
2. **Tapez le signe = pour démarrer une formule.**

   Une formule matricielle nécessite de sélectionner la ou les cellules qui en afficheront le résultat. Comme n'importe quelle autre formule, une formule matricielle commence par le signe égal.

3. **Sélectionnez la plage A4:A7 qui contient le taux horaire de chaque employé, puis tapez le signe * (pour multiplier).**
4. **Sélectionnez la plage C4:C7 qui indique les heures travaillées pendant la première quinzaine.**

5. **Appuyez sur Ctrl + Maj + Entrée pour créer la formule matricielle.**

   Excel insère tous les symboles nécessaires à l'identification d'une formule matricielle qui est alors insérée dans chaque cellule de la plage matricielle C10:C13.

Lorsque vous entrez une formule matricielle, validez-la toujours avec la séquence de touches Ctrl + Maj + Entrée. Ainsi, Excel saura que vous créez une formule matricielle et ajoutera les accolades. Ne tentez pas de créer une formule matricielle dans la barre de formule, puis d'insérer les accolades. Cela ne fonctionnera pas. Excel est tatillon et n'identifiera ce type de formule que si vous exécutez le raccourci clavier Ctrl + Maj + Entrée.

La Figure 1.11 montre ma feuille de calcul après création de toutes les formules matricielles dans les plages C10:C13, D10:D13, et E10:E13. Dans la deuxième plage de cellules, c'est-à-dire D10:D13 qui calcule la seconde quinzaine du mois, j'ai créé la formule matricielle suivante :

```
{=A4:A7*D4:D8}
```


Dans la troisième plage de cellules, E10:E13, j'ai saisi la formule matricielle suivante pour calculer le total des salaires pour chaque employé en février 2016 :

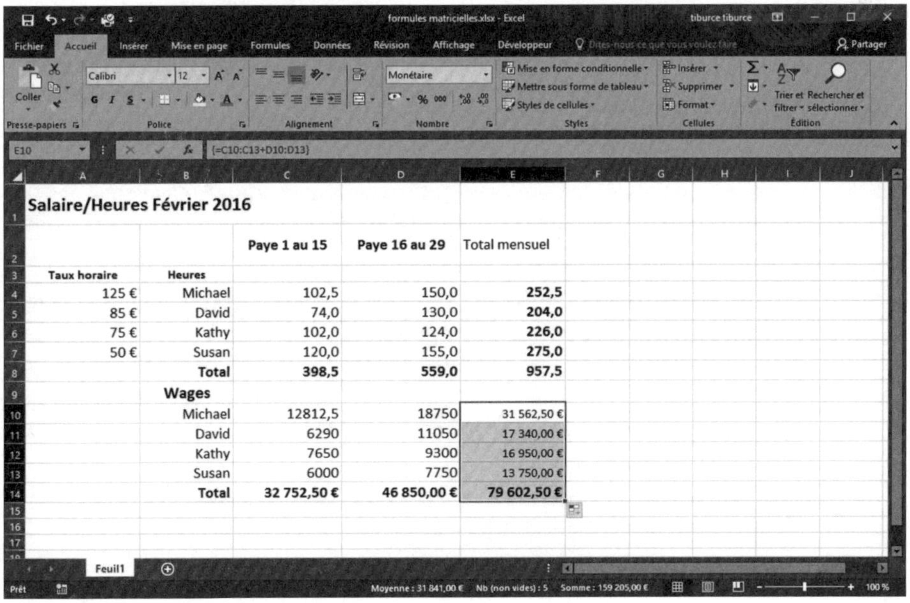

FIGURE 1.11 : La feuille de calcul du salaire horaire après création de toutes les formules matricielles.

```
{=E10:E13 + D10:D13}
```

Une formule matricielle produit une matrice aux mêmes dimensions que la plage matricielle sélectionnée. Si la matrice affichant les résultats retournés par la formule s'avère plus petite que la plage matricielle, Excel étend la matrice afin de remplir la plage. En revanche, si la matrice résultante est plus grande que la plage matricielle, Excel n'affichera pas tous les résultats. Lorsqu'Excel étend les résultats dans la plage matricielle, il prend en considération les dimensions de toutes les matrices utilisées dans les arguments de l'opération. Chaque argument doit comporter le même nombre de lignes que la matrice contenant le plus de lignes, et le même nombre de colonnes que la matrice contenant le plus de colonnes.

Modifier une formule matricielle

L'édition des formules matricielles diffère des formules standard. En effet, vous devez en traiter la plage comme une seule unité et la modifier en une seule opération, c'est-à-dire exactement comme quand vous la créez. Cela signifie que vous ne pouvez pas modifier, effacer, déplacer, insérer, ou supprimer des cellules individuelles de la plage matricielle. Si vous tentez de le faire, Excel affiche le message « Vous ne pouvez pas modifier une partie de matrice. »

Pour modifier le contenu d'une formule matricielle, sélectionnez une cellule dans la plage matricielle, puis basculez en mode Modifier en cliquant dans la formule ou la barre de formule, ou en appuyant sur F2. Excel affiche alors le contenu de la formule matricielle sans les accolades. Le programme utilise différentes couleurs pour mettre en évidence les plages auxquelles se réfère la formule matricielle dans les cellules de la feuille de calcul. Bien entendu, elles correspondent aux plages affichées dans la barre de formule. Une fois que vous avez effectué vos modifications, validez-les impérativement avec le raccourci clavier Ctrl + Maj + Entrée afin qu'Excel ajoute de nouveau les accolades.

Si vous souhaitez convertir les résultats d'une plage matricielle en valeurs calculées, sélectionnez la plage et cliquez sur le bouton Copier de l'onglet Accueil, ou bien exécutez le raccourci Ctrl + C. Ne touchez pas à votre sélection et ouvrez le menu local du bouton Coller pour y exécuter la commande Coller des valeurs/Valeurs (Alt + LVV=). Dès cet instant, Excel ne considère plus cette plage de cellules comme une matrice.

Les noms des plages des formules

Les exemples de ce chapitre utilisent une combinaison de constantes numériques et de références de cellules à la fois relatives et absolues, et dans le système de notation A1 et L1C1. Bien que les références de cellules représentent une méthode très pratique pour localiser une cellule dans la feuille de calcul, elles ne permettent pas de connaître la fonctionnalité de leurs formules. Heureusement, Excel dispose des outils nécessaires à la définition de noms descriptifs pour les cellules, les plages de cellules, les constantes, et même les formules.

Pour bien comprendre comment les noms permettent de connaître l'objectif d'une formule, considérez la formule suivante pour calculer le prix de vente d'un article utilisant des références de cellules standard :

```
=B4*B2
```

Maintenant, voici cette même formule utilisant des noms descriptifs :

```
=Prix_de_ventes*Remise
```


Vous comprenez instantanément l'objectif de cette formule.

Les noms des plages sont extrêmement utiles pour décrire la fonction des formules de votre feuille de calcul, mais aussi pour localiser et sélectionner rapidement et facilement des plages de cellules. Cela vous sera d'une grande utilité lorsque vous devrez intervenir sur une feuille de calcul créée par d'autres personnes, ou lorsque vous consulterez une feuille de calcul que vous n'avez pas ouvert depuis plusieurs mois. Une fois que vous aurez assigné un nom à une plage de cellules, vous la localiserez et en sélectionnerez les cellules *via* la boîte de dialogue Atteindre qui s'affiche depuis le menu local Rechercher et sélectionner/Atteindre de l'onglet Accueil (vous pouvez aussi appuyer sur la touche F5 de votre clavier). Dans la liste Atteindre, double-cliquez sur le nom de la plage, ou bien sélectionnez-le puis cliquez sur OK ou appuyez sur la touche Entrée. Excel localise et sélectionne la plage.

Si vous utilisez Excel 2016 sur une tablette tactile sans clavier et sans souris, les noms de plages de cellules vous seront quasiment indispensables. Il vous suffira de toucher la Zone Nom où vous y choisirez le nom de la plage à atteindre.

Définir des noms de plage

Vous pouvez définir un nom pour la plage de cellules sélectionnée ou pour des sélections non adjacentes en tapant son nom dans le champ Zone Nom de la barre de formule, et en le validant avec la touche Entrée. Vous pouvez également nommer une cellule, une plage de cellules, ou une sélection non adjacente en cliquant sur le bouton de commande Définir un nom de l'onglet Formules (Alt + UKD). Excel affiche alors la boîte de dialogue Nouveau nom.

Si Excel peut identifier une étiquette dans la cellule située immédiatement au-dessus ou à gauche de la cellule active, il suggéra ce nom dans le champ Nom de la boîte de dialogue Nouveau nom. Voici ce que permet cette boîte de dialogue :

- Modifier l'étendue en choisissant Classeur ou une feuille de calcul particulière dans le menu local Zone. Ainsi, le nom de la plage sera identifié sur tout le classeur ou dans une feuille de calcul particulière.
- Pour modifier la plage de cellules à laquelle se réfère le nom, sélectionnez les cellules dans la feuille de calcul. (N'oubliez pas de cliquer sur le bouton développement/réduction situé à droite du champ Fait référence à si la boîte de dialogue occulte la plage que vous souhaitez sélectionner.)
- Pour accepter le nom suggéré ou créé, la zone, et la plage sélectionnée, cliquez sur OK, comme sur la Figure 1.12.

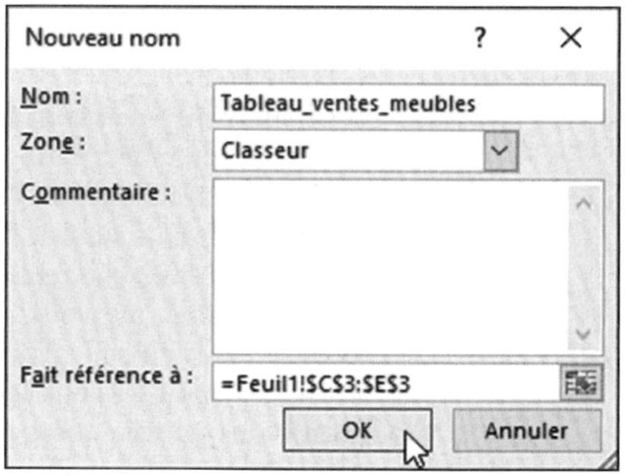

FIGURE 1.12 : Ajouter un nom de plage via la boîte de dialogue Nouveau nom.

Lorsque vous nommez une plage dans le champ Nom de la boîte de dialogue Nouveau nom, vous devez respecter les mêmes conventions que lorsque vous y procédez dans le champ Zone Nom de la barre de formule. Le nom doit donc commencer par une lettre, ne pas contenir d'espace, et ne pas utiliser un nom existant. (Pour plus d'informations, consultez le Chapitre 2 du Livre II.)

Pour assigner le même nom à des plages identiques mais sur différentes feuilles de calcul d'un classeur, faites suivre le nom de la feuille par un point d'exclamation, et tapez ensuite le nom décrivant la fonction de la plage. Par exemple, si vous souhaitez donner le nom Prix à la plage de cellules A2:A10 des Feuil1 et 2, tapez le nom de plage Feuil1!Prix dans la Feuil1, et Feuil2!Prix dans la Feuil2. Si vous souhaitez assigner un nom plus descriptif à la feuille de calcul que Feuil1, vous devez le placer entre apostrophes s'il contient des espaces. Par exemple, si vous renommez Feuil1 en Inc. Statement 16, voici le nom de la plage incluant Prix, que vous devrez taper :

```
'Inc. Statement 16'!Prix
```

Lorsque vous commencez un nom de plage avec le nom de la feuille (comme dans mon exemple), vous n'avez pas à indiquer dans la formule la partie correspondant au nom de la feuille. Ainsi, lorsque vous créez la formule SOMME qui additionne les valeurs de la plage 'Inc. Statement 16!'Prix, vous pouvez simplement saisir :

```
=SOMME(Prix)
```

Toutefois, pour créer cette même formule dans une autre feuille de calcul du classeur, vous devrez saisir ceci :

```
=SOMME('Inc. Statement 16'!Prix)
```


Nommer des constantes et des formules

Il est tout à fait possible de nommer des constantes et des formules que vous utilisez fréquemment. Par exemple, si vous créez un tableau qui calcule des prix de vente, vous pouvez assigner le pourcentage de remise à la plage nommée taux_remise. Ensuite, vous pourrez utiliser ce nom de plage comme une constante de n'importe quelle formule calculant le prix de vente après remise.

Par exemple, pour assigner une valeur constante de 15 % à la plage taux_remise, ouvrez la boîte de dialogue Nouveau nom, et saisissez **taux_remise** dans le champ Nom, et **=15%** dans le champ Fait référence à. Validez par un clic sur OK. Après avoir assigné ce taux constant à la plage taux_remise, vous pouvez l'appliquer à n'importe quelle formule en tapant ou en collant son nom.

Pour nommer des constantes, vous pouvez également donner un nom de plage à une formule utilisée répétitivement. Lorsque vous concevez une formule dans le champ Fait référence à de la boîte de dialogue Nouveau nom (Alt + UKD), n'oubliez pas qu'Excel applique automatiquement les références absolues à n'importe quelle cellule de la feuille de calcul. Pour créer une formule utilisant des références de cellule relatives qu'Excel adapte lorsque vous les entrez ou les collez dans une nouvelle cellule, vous devez appuyer sur F4. Cette action convertit les références absolues en références relatives. Vous pouvez également saisir les adresses sans taper de signe dollar.

Lorsque vous créez la constante dans la boîte de dialogue Nouveau nom, conservez le paramètre Zone sur Classeur sauf si vous êtes absolument sûr que vous n'utiliserez jamais cette constante dans une formule d'une autre feuille. Si vous limitez la zone à une feuille de calcul particulière, Excel 2016 ne vous permettra pas d'utiliser le nom de la plage dans une formule d'une autre feuille de calcul. En effet, il retournera l'erreur #NOM?. De plus, la Zone est un élément que vous ne pouvez pas modifier lorsque vous éditez un nom de plage *via* le Gestionnaire de nom étudié plus loin dans ce chapitre.

Utiliser des noms dans des formules

Les noms assignés à une cellule ou à une plage de cellules de votre classeur peuvent être sélectionnés dans le menu local Dans une formule de l'onglet Formules, et ainsi être collés dans la formule (Alt + UN).

Par exemple, dans le tableau de ventes de meuble de la Figure 1.13, j'ai créé dans la cellule D3 une formule qui applique la remise de 15 % à la cellule C3. Il m'a alors suffi d'inclure dans la formule le nom taux-remise qui définit effectivement 15 % de remise. Voici comment procéder :

1. **Activez la cellule D3.**
2. **Tapez = pour démarrer la formule.**
3. **Cliquez sur C3 pour sélectionner le prix vendeur, puis tapez le signe *.**

   Dans la barre de formule et dans la cellule, vous lisez =C3*.

4. **Cliquez sur le bouton Dans une formule de l'onglet Formules, ou exécutez le raccourci Alt + UN.**

   Vous ouvrez ainsi le menu local dans lequel vous voyez le nom de la plage taux_remise.

5. **Dans la liste, choisissez taux_remise.**

   Bien entendu la cellule et la barre de formule indiquent =C3*taux_remise.

6. **Cliquez sur le bouton Entrer de la barre de formule pour valider la formule en D3.**

   Recopiez cette formule sur les autres cellules de la colonne D.

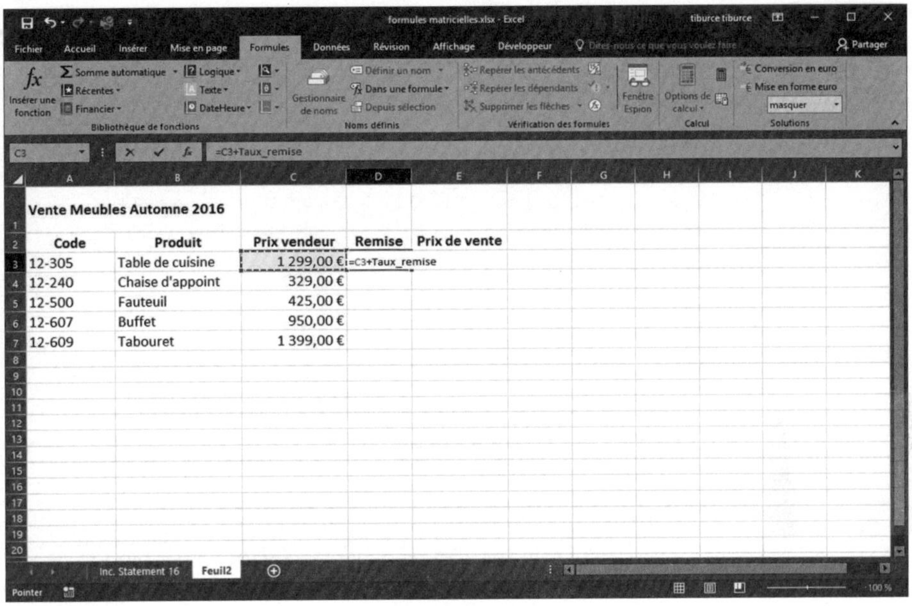

FIGURE 1.13 : Coller le nom de la plage sur la colonne de la remise de 15 %.

7. **Faites glisser la poignée de recopie de D3 à D7.**

   La remise est alors calculée sur toutes les cellules de la colonne.

Créer des noms à partir des en-têtes de colonnes et de lignes

Vous pouvez utiliser le bouton Depuis sélection de l'onglet Formules pour assigner des en-têtes de colonnes et de lignes d'une table de données aux cellules de cette table. Lorsque vous utilisez ce bouton de commande, Excel peut assigner des étiquettes utilisées comme en-têtes situées en haut des lignes ou à gauche des colonnes, voire combiner les deux.

Par exemple, la feuille de calcul de la Figure 1.14 illustre une mise en page classique avec des en-têtes de colonnes situés au-dessus des données. Voici comment les assigner aux cellules de la table de données :

1. **Sélectionnez les cellules de la table en incluant les étiquettes de lignes et de colonnes que vous souhaitez utiliser comme noms de plage.**

   La Figure 1.14 montre que j'ai sélectionné la plage B2:E7.

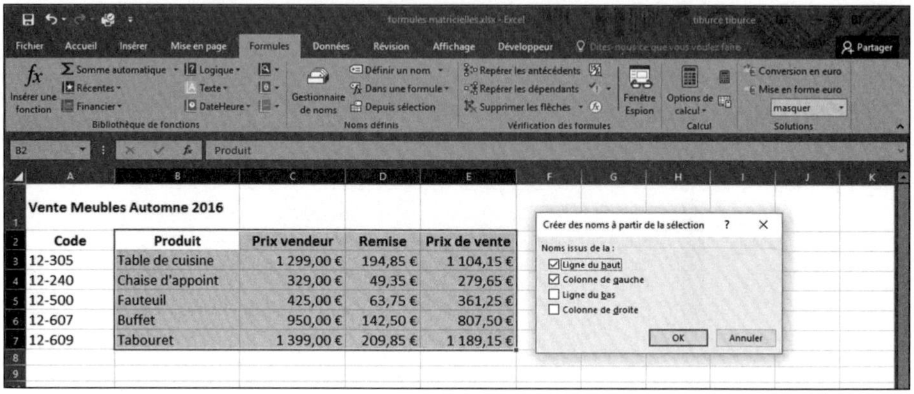

FIGURE 1.14 : Créer des noms de plage à partir des en-têtes de lignes et de colonnes.

2. **Dans l'onglet Formules, cliquez sur le bouton Depuis sélection, ou exécutez le raccourci Alt + UÇ.**

   Vous ouvrez la boîte de dialogue Créer des noms à partir de la sélection. Elle contient quatre cases à cocher : Ligne du haut, Colonne de gauche, Ligne du bas, et Colonne de droite. Excel coche les options selon la disposition de vos étiquettes dans votre table de données. Sur la Figure 1.14, il a coché les cases Ligne du haut et Colonne de gauche, car ces deux zones de la feuille de calcul contiennent en effet des en-têtes de colonne en haut, et des en-têtes de ligne à gauche.

3. **Après avoir coché (ou décoché) les bonnes options, cliquez sur le bouton OK pour assigner les noms à votre table.**

Lorsque vous cochez les cases Ligne du haut et Colonne de gauche dans la boîte de dialogue Créer des noms à partir de la sélection, Excel assigne les étiquettes dans cet ordre : de la cellule supérieure gauche de la table à la totalité de la plage de valeurs de la table (une ligne vers le bas et une colonne vers la droite).

Dans l'exemple de la Figure 1.14, Excel assigne le Produit (en-tête de la colonne B) à la plage C3:E7. Il assigne ensuite chaque en-tête de colonne à la plage de valeurs lui correspondant. Ainsi, Remise (en-tête de la colonne D) est appliqué à la plage D3:D7. Enfin, les noms des produits sont assignés à des plages définies sur des lignes. L'en-tête Fauteuil est assigné à la plage C5:E5, c'est-à-dire une plage dont les cellules n'intéressent que le produit Fauteuil.

Gérer des noms de plage

Les noms ainsi assignés au classeur sont répertoriés dans la boîte de dialogue Gestionnaire de noms (Figure 1.15). Vous ouvrez cette boîte de dialogue par un clic sur le bouton de commande Gestionnaire de noms de l'onglet Formules (Alt + UM).

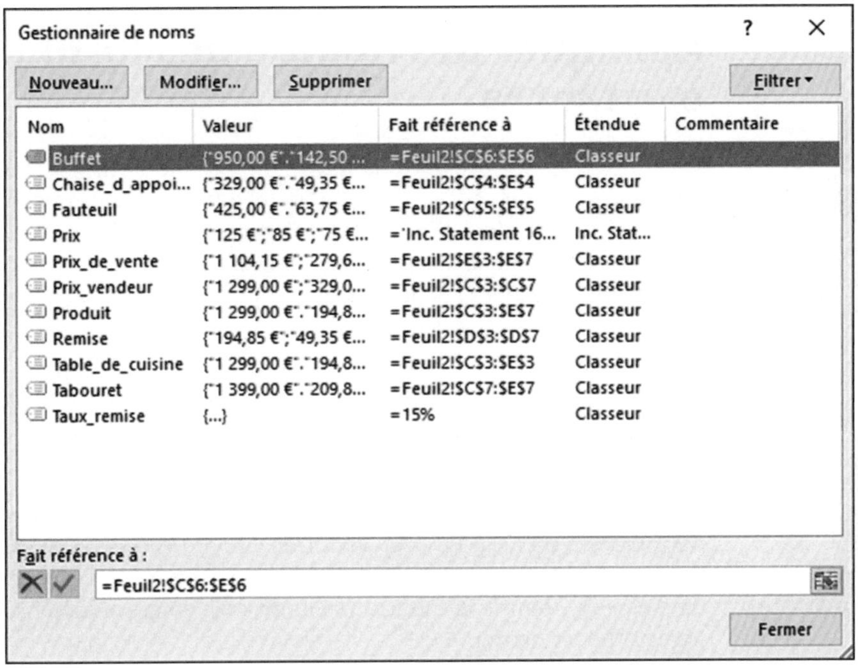

FIGURE 1.15 : Les noms définis dans le classeur sont répertoriés dans la boîte de dialogue Gestionnaire de noms.

Le Gestionnaire de noms permet de :

- Créer de nouveaux noms de plage pour la feuille de calcul ou le classeur dans la boîte de dialogue Nouveau nom qui apparaît dès que vous cliquez sur le bouton Nouveau. (Voir la section « Définir des noms de plage » plus haut dans ce chapitre.)
- Modifier des noms de plage existants dans la boîte de dialogue Modifier le nom qui apparaît dès que vous cliquez sur le bouton Modifier. Vous pouvez alors changer le nom et la sélection de cellules.
- Supprimer un nom de plage en cliquant sur le bouton Supprimer de la boîte de dialogue. Dans le message d'alerte qui apparaît, confirmez votre intention par un clic sur le bouton OK.

- Filtrer les noms *via* le menu local éponyme où vous choisissez le type de filtre à appliquer en fonction de l'objet de votre recherche.

Faites attention de ne pas supprimer un nom de plage utilisé dans des formules de votre feuille de calcul. Sinon, Excel retournera l'erreur #NOM? dans chaque cellule contenant la formule altérée.

Appliquer des noms à des formules existantes

Excel ne remplace pas automatiquement les références de cellule avec des noms descriptifs assignés *via* les boîtes de dialogue Nouveau nom et Créer des noms à partir de la sélection. Donc, pour remplacer les références des cellules par leur nom, ouvrez le menu local Définir un nom de l'onglet Formules, et exécutez la commande Appliquer les noms (Alt + UKA).

Lorsque vous choisissez cette commande, Excel ouvre la boîte de dialogue Appliquer un nom où vous sélectionnez le nom de la plage que vous souhaitez appliquer dans la formule en lieu et place des références de cellules.

Lorsque vous ouvrez cette boîte de dialogue pour la première fois, elle propose deux cases à cocher : Ignorer relatif/absolu et Utiliser les noms de colonnes et de lignes. Cliquez sur le bouton Options pour afficher tous les paramètres de la boîte de dialogue, comme le montre la Figure 1.16. Voici les options de la boîte de dialogue Affecter un nom :

- **Ignorer relatif/absolu :** Le programme remplace les références des cellules avec les noms sélectionnés dans la liste Affecter le(s) nom(s) indépendamment du type de référence utilisé dans leurs formules. Pour qu'Excel ne remplace que les références de cellule qui utilisent le même type de références que celles utilisées dans vos noms (absolu, mixte, et relative), décochez cette case. La plupart du temps, vous activerez cette option car Excel assignera automatiquement des références absolues aux noms que vous aurez définis, et des références relatives aux formules que vous aurez conçues.
- **Utiliser les noms de colonnes et de lignes :** Les noms créés à partir des en-têtes de lignes et de colonnes par la commande Définir un nom apparaîtront dans vos formules. Décochez cette option si vous ne voulez pas que ces noms de lignes et de colonnes soient utilisés dans les formules de votre feuille de calcul.

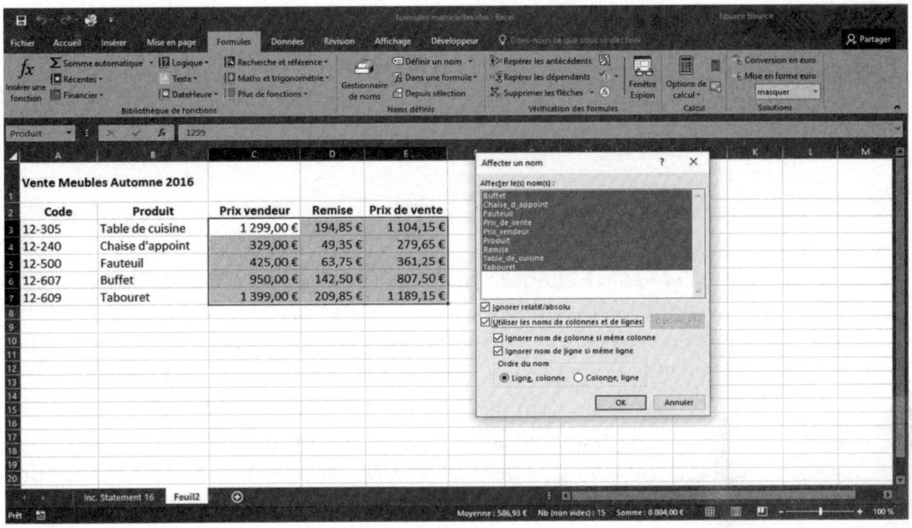

FIGURE 1.16 : Utiliser les options de la boîte de dialogue Affecter un nom pour assigner des noms de plages aux formules.

- **Ignorer nom de colonne si même colonne :** Excel ne répétera pas le nom de la colonne quand la formule se trouvera dans cette colonne. Décochez cette case lorsque vous souhaitez que le programme affiche le nom de la colonne, même quand la formule se situe dans la même colonne que l'en-tête utilisé pour créer le nom de la colonne.
- **Ignorer le nom de ligne si même ligne :** Excel ne répétera pas le nom de la ligne quand la formule se trouvera dans cette ligne. Décochez cette case lorsque vous souhaitez que le programme affiche le nom de la ligne, même quand la formule se situe dans la même ligne que l'en-tête utilisé pour créer le nom de la ligne.
- **Ordre du nom :** Choisissez Ligne colonne (par défaut) si vous souhaitez que le nom de la ligne précède celui de la colonne lorsque les deux noms sont affichés dans les formules. Choisissez Colonne ligne si vous souhaitez obtenir l'inverse.

Après avoir appliqué tous les noms de plage en utilisant les options par défaut de la boîte de dialogue Affecter des noms, Excel remplace toutes les références de cellules dans les formules de la table de données Vente de meubles. Ainsi, dans la cellule E3, j'avais inséré la formule =C3-D3. Désormais, cette cellule contient la formule :

```
=Prix_vendeur–Remise
```

La cellule D3, située immédiatement à sa gauche, ne contient plus la formule =C3*Taux_remise, mais :

```
=Prix_vendeur*Taux_remise
```

Un seul problème survient en appliquant des noms avec les options par défaut. Placez le pointeur de cellule sur la cellule E4. Bien qu'elle soustraie la valeur de la cellule D4 à celle de la cellule C4, la formule est :

```
=Prix_vendeur-Remise
```

C'est exactement la même formule que dans la cellule E3 située juste au-dessus. D'ailleurs, toutes les cellules de la plage E3:E7 contiennent cette même formule. Cela s'explique par le fait que l'option Ignorer le nom de ligne si même ligne était cochée lorsque vous avez appliqué les noms aux formules. Excel n'a fait que répéter le même nom de ligne sur toutes les cellules de la colonne E contenant la formule. Lorsque vous décochez l'option Ignorer le nom de ligne si même ligne tout en conservant le paramètre Utiliser les noms de colonnes et de lignes dans la boîte de dialogue Affecter un nom, la formule de la cellule E3 est :

```
=Table_de_cuisine Prix_vendeur-Table_de_cuisine Remise
```

Dans la cellule E4 la formule sera alors :

```
=Chaise_d_appoint Prix_vendeur-Chaise_d_appoint Remise
```

Excel affiche les noms des lignes et des colonnes séparés par une espace. Cette espace est appelée *opérateur d'intersection* (voir le Tableau 1.1). Voici comment vous pouvez interpréter la formule de la cellule E3, « Prend la cellule située à l'intersection de la ligne Table de cuisine et de la colonne Prix vendeur. Soustrais-la de la cellule située à l'intersection de la ligne Table de cuisine et de la colonne Remise. » La formule en E4 est identique, mais en demandant la chose suivante : « Prend la cellule à l'intersection de la ligne Chaise_d_appoint et de la colonne Prix_vendeur, et soustrais-la de la cellule à l'intersection de la ligne Chaise_d_appoint et de la colonne Remise. »

Ajouter des formules de liaison

Les *formules de liaison* sont des formules qui transfèrent une constante ou une autre formule vers un nouvel emplacement de la même feuille de calcul, du même classeur, voire d'un autre classeur, mais sans les copier. Ainsi, le résultat de la formule de liaison reste dynamiquement associé à l'original. Si vous apportez des modifications à la constante d'origine ou à toute cellule à laquelle elle se réfère dans la formule originale, le résultat de la cellule qui contient la formule de liaison sera instantanément actualisé.

Deux techniques permettent de créer une formule de liaison :

- » Sélectionnez la cellule dans laquelle vous souhaitez définir la formule de liaison. Ensuite, tapez le signe =. Cliquez dans la cellule contenant la constante (texte ou nombre) ou la formule à introduire dans cette cellule. Validez par un clic sur le bouton Entrer de la barre de formule, ou en appuyant sur la touche Entrée du clavier.
- » Sélectionnez la cellule contenant la constante ou la formule à placer dans la nouvelle cellule, et cliquez sur le bouton Copier du groupe Presse-papiers de l'onglet Accueil (ou exécutez le raccourci Ctrl + C). Cliquez ensuite dans la cellule où doit apparaître la formule de liaison. Ouvrez le menu local Coller, et choisissez Coller le lien.

Lorsque vous utilisez la première méthode pour créer un lien, Excel utilise une référence de cellule relative pour se référer à la cellule contenant la valeur originale ou la formule (telle que =A10 pour faire référence à une entrée dans la cellule A10). Cependant, lorsque vous utilisez la méthode du copier-coller, Excel utilise une référence de cellule absolue (telle que =$A$10 pour faire référence à une entrée de la cellule A10).

Lorsque vous créez une formule de liaison dans une cellule d'une autre feuille d'un même classeur, Excel insère le nom de la feuille de calcul (suivi d'un point d'exclamation) devant l'adresse de la cellule. Par conséquent, si vous copiez et collez un lien vers une formule dans la cellule A10 dans une autre feuille de calcul appelée Recettes 16, Excel insérera la formule de liaison suivante :

```
='Recettes 16'!$A$10
```

Lorsque vous créez une formule de liaison vers une cellule d'un autre classeur, Excel insère le nom de fichier du classeur entre crochets avant celui de la feuille de calcul qui lui-même précède l'adresse de la cellule. Si vous introduisez une formule dans la cellule A10 d'une feuille de calcul appelée Analyse des coûts dans le classeur Recettes Escomptées 17, Excel insérera la formule de liaison :

```
='[Recette Escomptées 17.xls]Analyse des coûts'!$A$10
```

Pour rompre un lien entre la cellule contenant la valeur d'origine ou la formule et la cellule à avec laquelle ce lien a été établi, il suffit de modifier la formule de liaison. Appuyez sur F2, puis recalculez immédiatement la formule en appuyant sur

F9. Cliquez ensuite sur le bouton Entrer de la barre de formule ou appuyez sur la touche Entrée de votre clavier. Cette action remplace la formule de liaison par son résultat calculé. Comme vous avez converti la formule dynamique en constante, les modifications que vous apporterez à la cellule d'origine n'affecteront plus cette cellule.

Contrôler le recalcul des formules

Normalement, Excel recalcule automatiquement votre feuille de calcul dès que vous modifiez des entrées, des formules, ou des noms dont dépendent vos formules. Ce système fonctionne bien tant que la feuille de calcul n'est pas trop grande ou ne contient pas de tables de données dont les formules dépendent de plusieurs valeurs.

Excel ne recalcule que les cellules affectées par des modifications. Néanmoins, dans une feuille de calcul complexe composée de nombreuses formules, le recalcul peut demander plusieurs secondes. Le pointeur de la souris prend la forme d'un chronomètre, et le nombre de cellules restant à traiter apparaît sur le côté gauche de la barre de formule.

Malgré la présence du chronomètre, vous pouvez interrompre cette opération et taper des données, ou bien exécuter une commande. Dès que votre tâche est terminée, Excel reprend son calcul.

Pour contrôler le moment où Excel va recalculer la feuille de calcul, ouvrez l'onglet Formules. Dans le groupe Calcul, ouvrez le menu local du bouton Options de calcul, et choisissez Manuel (Alt + UOM). Cette fois, dès que vous modifiez une valeur qui aurait normalement entraîné l'actualisation des cellules qui en dépendaient, Excel affiche la mention Calculer dans la partie gauche de la barre d'état.

Dès que vous souhaitez lancer le recalcul de la feuille, cliquez sur le bouton Calculer maintenant de l'onglet Formules, ou appuyez sur la touche F9 de votre clavier. Le contenu des cellules qui dépendent des valeurs modifiées est ainsi mis à jour.

Malgré le recalcul manuel, Excel recalculera la feuille de calcul chaque fois que vous enregistrerez le fichier. Lorsque vous intervenez sur une grande feuille de calcul complexe, recalculer la feuille de calcul chaque fois que vous y apportez des modifications peut prendre beaucoup de temps. Si vous souhaitez enregistrer la feuille de calcul sans mettre à jour préalablement les formules et les graphiques, ouvrez la boîte de dialogue Options Excel *via* Fichier/Options. Choisissez la catégorie Formules. Dans le volet de droite, décochez l'option Recalculer le classeur avant de l'enregistrer.

Si votre feuille de calcul contient des tables de données utilisées pour exécuter des analyses d'hypothèses, passez de Automatique à Automatique sauf dans les tables de données dans le menu local Options de calcul (Alt + UOO). Cela vous permet de modifier un certain nombre de variables dans ces formules d'hypothèse avant qu'Excel ne recalcule la table des données.

Automatique, Automatique sauf dans les tables, et Manuel ne sont pas les seules options de calcul disponibles dans Excel. Le Tableau 1.3 explique chaque option de la catégorie Formules des Options Excel.

TABLEAU 1.3 **Les options de calcul d'Excel 2016.**

Option	Fonction
Automatique	Calcule toutes les formules dépendantes et actualise les graphiques dès que vous appliquez un changement à une valeur, une formule, ou un nom. C'est l'option de calcul par défaut de tout nouveau classeur.
Automatique excepté dans les tableaux de données	Calcule toutes les formules dépendantes et actualise les graphiques. Ne calcule pas les tables de données créées avec la fonction Table de données. Pour recalculer les tables de données lorsque cette option est active, cliquez sur le bouton Calculer maintenant (F9) de l'onglet Formules.
Manuel	Calcule les feuilles de calcul ouvertes et actualise les graphiques uniquement quand vous cliquez sur le bouton Calculer maintenant (F9).
Recalculer le classeur avant de l'enregistrer	Lorsque vous cochez cette case, Excel calcule les feuilles de calcul ouvertes et actualise les graphiques lorsque vous les enregistrez quand l'option Manuel est active.
Activer le calcul itératif	Lorsque cette case est cochée, Excel définit les ***itérations***, c'est-à-dire le nombre de fois où la feuille de calcul est recalculée comme pour résoudre une référence circulaire. Ce nombre est précisé dans le champ Nb maximal d'itérations.
Nb maximale d'itérations	Définit le nombre maximum d'itérations (100 par défaut) quand l'option Activer le calcul itératif est cochée.
Écart maximal	Modifie le nombre maximal de changements de valeurs à chaque itération (0,001 par défaut) quand la case Activer le calcul itératif est cochée.

Références circulaires

Une *référence circulaire* dans une formule est une référence qui dépend directement ou indirectement de sa propre valeur. Le type de référence circulaire le plus répandu est celui qui survient quand, dans une formule, vous faites référence à la cellule qui contient cette formule. Par exemple, il y aura une référence circulaire si la cellule B10 contient la formule :

```
=A10+B10
```

Dès que vous cliquez sur le bouton Entrer de la barre de formule ou que vous appuyez sur la touche Entrée de votre clavier pour insérer cette formule en B10, Excel affiche un message d'alerte par lequel il attire votre attention sur le fait qu'il existe une référence circulaire dans la formule. *De facto*, elle ne peut pas être calculée.

Cliquez sur le bouton Aide du message pour obtenir une aide sur les références circulaires. Si vous validez tout de même votre formule par un clic sur le bouton OK du message, Excel insère un 0 dans la cellule, et la mention Référence circulaire apparaît dans la barre d'état.

Certaines références circulaires se corrigent en augmentant le nombre de fois où elles seront recalculées. En effet, chaque nouveau calcul vous rapproche de plus en plus du résultat attendu. D'autres ne peuvent malheureusement pas se résoudre et doivent être effacées de la feuille de calcul.

La formule dans la cellule B10 est un exemple typique de référence circulaire qu'Excel ne peut pas résoudre, car le calcul de la formule dépend directement du résultat de cette formule. Ainsi, chaque fois que la formule retourne un nouveau résultat, ce résultat est nourri par la formule elle-même. La boucle est infinie et insoluble. Vous devez supprimer la formule de la feuille de calcul.

La Figure 1.7 illustre l'exemple classique d'une référence circulaire qui pourra être résolue. Dans cette feuille de calcul, vous avez un bonus égal à 20 % des gains nets entrés (en pertes) en cellule B15 *via* la formule :

```
=B21*20%
```

Cette formule contient une référence circulaire, car elle se réfère à la cellule B21 dont le résultat dépend d'une valeur dans la cellule B15 qui est calculée à partir du

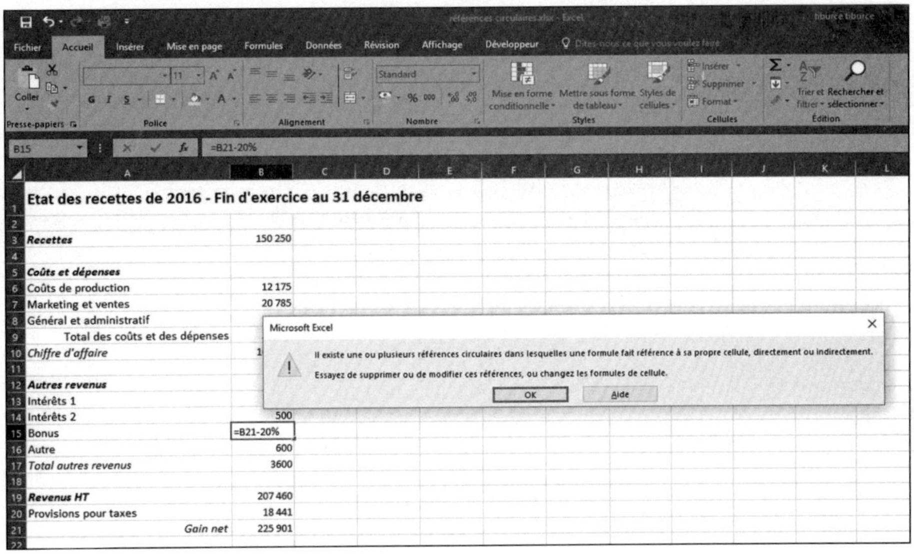

FIGURE 1.17 : État des recettes avec une référence circulaire réparable.

résultat de la cellule B21. Le chat se mord la queue car ces deux cellules ont besoin l'une de l'autre.

Pour résoudre cette référence circulaire en B15 et ainsi calculer le bonus basé sur les gains nets en B21, vous devez utiliser l'option Activer le calcul itératif. Cliquez sur Fichier/Options, et choisissez la catégorie Formules. Dans la section Mode de calcul, cochez la case Activer le calcul itératif. Si le calcul manuel est actif, lancez le recalcul par un clic sur le bouton Calculer maintenant de l'onglet Formules, ou appuyez sur la touche F9 de votre clavier.

Chapitre 2

Fonctions logiques et vérification des erreurs

DANS CE CHAPITRE :

» **Comprendre les valeurs d'erreur dans les formules**

» **Comprendre les fonctions logiques**

» **Créer des formules SI qui détectent les erreurs**

» **Vérifier les formules**

» **Modifier les options de vérification des erreurs**

» **Masquer les valeurs d'erreur dans vos impressions**

La correction des erreurs dans une feuille de calcul est le sujet principal de ce chapitre. Il vous apprendra à localiser la source d'erreurs aussi vexantes que peuvent l'être des valeurs comme #REF! et #DIV/0!. Si vous travaillez dans une grande feuille de calcul d'un gigantesque classeur, il sera difficile, pour ne pas dire impossible, d'identifier seul la source de vos problèmes. Dans ce cas, vous ne pourrez jamais retrouver un classeur totalement opérationnel.

Partant du principe que la meilleure défense c'est l'attaque, ce chapitre vous explique comment détecter des erreurs potentielles à la source afin d'éviter des recherches interminables. Cette détection sera en grande partie exécutée grâce à une fonction SI combinée aux arguments traditionnels d'une formule.

Comprendre les valeurs d'erreur

Si Excel ne parvient pas à calculer correctement une formule entrée dans une cellule, une *valeur d'erreur* sera alors affichée. Excel utilise plusieurs valeurs d'erreur qui commencent toujours par le signe dièse #.

Le Tableau 2.1 présente les valeurs d'erreur d'Excel, leur signification, et les raisons de leur survenance. Pour corriger cette erreur, vous devez en identifier la source, puis modifier la formule.

TABLEAU 2.1 **Les valeurs d'erreur.**

Valeur d'Erreur	Signification	Cause
#DIV/0!	Division par zéro	La division se réfère à une cellule contenant un 0 ou à une cellule vide.
#N/A	Aucune valeur	Il ne s'agit pas d'une erreur mais d'une valeur spéciale que vous pouvez entrer manuellement dans une cellule afin d'indiquer qu'aucune valeur n'est nécessaire à la fonction, =NA()
#NOM?	Excel n'identifie pas un nom	Cette erreur survient quand vous indiquez un nom de plage incorrect, un nom de plage supprimé, ou que vous oubliez de placer une chaîne de texte entre apostrophes dans la formule.
#NUL!	Vous spécifiez une intersection entre deux plages de cellules qui, en réalité, n'existe pas.	Comme l'espace correspond à cette intersection, l'erreur surviendra si vous insérez une espace au lieu d'une virgule entre les plages utilisées comme arguments de la fonction.
#NUM!	Problème avec un nombre dans la formule	Cette erreur peut être provoquée par un argument invalide dans une fonction ou une formule qui produit un nombre trop grand ou trop petit pour être représenté dans la feuille de calcul.
#REF!	Référence de cellule invalide	Survient lorsque vous supprimez une cellule à laquelle une formule se réfère ou si vous collez des cellules sur celles qui sont référencées dans la formule.
#VALEUR!	Mauvais type d'argument dans une fonction ou mauvais type d'opérateur	Cette erreur est bien souvent le résultat d'une opération mathématique incluant une ou plusieurs cellules contenant du texte.

Si une formule de votre feuille de calcul contient une référence à une cellule qui retourne une valeur d'erreur, son résultat sera lui aussi erroné. Le problème est que cela va générer des valeurs d'erreur dans toute la feuille de calcul, rendant difficile l'identification de l'erreur source.

Utiliser des fonctions logiques

Excel utilise des fonctions logiques regroupées dans le menu local Logique de l'onglet Formules (Alt + UI). Ces fonctions retournent toutes la valeur VRAI ou FAUX une fois leurs fonctions évaluées. Voici les noms des fonctions et leur syntaxe :

- ET(Valeur_*logique1, valeur_logique2...*) : Teste les arguments *logique* pour voir s'ils sont VRAI ou FAUX. S'ils sont tous VRAI, la fonction ET retourne la valeur VRAI dans la cellule. Si certains sont FAUX, la fonction ET retourne FAUX.
- FAUX() : Ne prend aucun argument et affiche simplement FAUX dans sa cellule.
- SI(*test_logique,valeur_si_vrai,valeur_si_faux*) : Teste si l'expression *test_logique* est VRAI ou FAUX. Si VRAI, la fonction SI utilise l'argument *valeur_si_vrai* et le retourne dans la cellule. Si FAUX, la fonction SI utilise l'argument *valeur_si_faux* et le retourne dans la cellule.
- SIERREUR(*valeur,valeur_si_erreur*) : Retourne l'argument *valeur* quand la cellule qui est référencée dans un autre argument logique pour lequel la fonction IFERREUR est utilisée ne contient pas de valeur d'erreur. Quand elle en contient, *valeur_si_erreur* est retourné.
- SI.NON.DISP(*valeur,valeur_si_na*) : Retourne l'argument *valeur* quand la cellule référencée dans un autre argument logique où la fonction SI.NON.DISP est utilisée ne contient pas #NA. Quand elle contient #NA, l'argument *valeur_si_erreur* est retourné.
- NON(*valeur_logique*) : Teste si l'argument *valeur_logique* est VRAI ou FAUX. Si VRAI, la fonction NON retourne FAUX dans la cellule. Si FAUX, la fonction NON retourne VRAI.
- OU(*valeur_logique1,valeur_logique2...*) : Teste si les arguments *valeur_logique* sont VRAI ou FAUX. Si au moins l'un est VRAI, la fonction OU retourne VRAI. S'ils sont tous FAUX, la fonction OU retourne FAUX.
- VRAI() : Ne prend pas d'argument et entre simplement VRAI dans sa cellule.
- OUX(*valeur_logique1,valeur_logique2...*) : Teste si les arguments *valeur_logique* (généralement dans une matrice) sont majoritairement VRAI ou FAUX. Lorsque le nombre d'entrées VRAI est impair, la fonction OUX retourne VRAI. Quand le nombre d'entrées VRAI est pair, la fonction OUX retourne FAUX.

Les arguments *test_logique* et *valeur_logique* que vous spécifiez dans ces fonctions logiques utilisent généralement les opérateurs de comparaison (=, <, >, <=, >=, ou

<>). Eux-mêmes retournent les valeurs VRAI ou FAUX. Par exemple, si vous entrez cette formule dans la feuille de calcul :

```
=ET(B5=D10;C15>=500)
```

Dans cette formule, Excel évalue d'abord le premier argument *valeur_logique* pour déterminer si le contenu de la cellule B5 est bien égal à celui de la cellule D10. Si c'est le cas, cette première comparaison retourne VRAI. Si ce n'est pas le cas, elle retourne FAUX. Ensuite, le programme évalue le second argument *valeur_logique* pour déterminer si le contenu de la cellule C15 est supérieur ou égal à 500. Si c'est le cas, cette première comparaison retourne VRAI. Si ce n'est pas le cas, elle retourne FAUX. Si les deux arguments sont VRAI, la fonction ET retourne VRAI. Cela signifie que B5 est bien égal à D10, et que C15 est supérieur à 500. En revanche, si un de ces deux arguments s'avère inexact, ET retourne FAUX.

Lorsque vous utilisez la fonction SI, vous spécifiez ce que l'on appelle un argument *test_logique* dont le résultat détermine si l'argument *valeur_si_vrai* ou *valeur_si_faux* est évalué et retourné à la cellule. L'argument *test_logique* utilise normalement des opérateurs de comparaison. Il retourne soit la valeur logique VRAI, soit la valeur logique FAUX. Lorsque l'argument retourne VRAI, l'entrée ou l'expression dans l'argument *valeur_si_vrai* est utilisée et retournée à la cellule. Lorsque l'argument retourne FAUX, l'entrée ou l'expression dans l'argument *valeur_si_faux* est utilisée et retournée à la cellule.

Considérez la formule suivante qui utilise la fonction SI pour déterminer la TVA d'un produit :

```
=SI(E5=»oui»;D5+D5*7.5%;D5)
```

Si la cellule E5, c'est-à-dire la première cellule de la colonne où vous indiquez si l'élément vendu doit être ou non taxé, contient « Oui «, la fonction SI utilise l'argument *valeur_si_vrai*. Il va indiquer à Excel d'ajouter le prix de la cellule D5, et de le multiplier par 7,5 %. Ensuite, la valeur obtenue est ajoutée à D5. Si la cellule E5 est vide ou contient un autre texte que «Oui», la fonction SI utilise l'argument *valeur_si_faux*, et Excel ne retourne alors que le prix de l'article sans lui ajouter 7,5 %.

Comme vous pouvez le constater, les arguments *valeur_si_vrai* et *valeur_si_faux* de la fonction SI peuvent contenir des constantes ou des expressions dont les résultats sont retournés à la cellule qui contient la formule SI.

Formules de détection des erreurs

Parfois, certaines erreurs sont inévitables tant qu'il manque des données spécifiques dans la feuille de calcul. La valeur d'erreur la plus commune reste #DIV/0!. Supposons que vous créez un classeur de ventes à partir d'un de vos modèles dont l'une des lignes contient des formules qui calculent le pourcentage que représente le total mensuel par rapport au total trimestriel. Pour que cela fonctionne correctement, les formules doivent diviser la valeur de la cellule affichant le total mensuel par celle qui contient le total trimestriel. Lorsque vous commencez un nouveau classeur depuis ce modèle, ces deux cellules sont forcément vides. Dans ce cas, la cellule devant afficher le pourcentage indiquera #DIV/0!. En effet, ici Excel considère qu'une cellule vide divise par zéro.

Cette valeur d'erreur #DIV/0! affichée dans le nouveau classeur n'est pas véritablement une erreur. Elle disparaîtra dès que vous saisirez des valeurs dans les cellules du total mensuel et trimestriel. Le souci est que si vous donnez ce modèle vide à des collaborateurs, ils n'y verront que des cellules contenant des valeurs d'erreur.

Plutôt que d'inquiéter tout le monde avec des valeurs d'erreur comme #DIV/0! et subir des critiques injustifiées, ces cellules pourront retourner 0.

Pour cela, créez une formule composée de la fonction SI. *De facto*, elle agira d'une certaine manière si une condition particulière survient, et d'une autre si elle ne survient pas.

Pour bien comprendre comment utiliser la fonction SI dans une formule qui retourne provisoirement l'erreur #DIV/0!, regardez la Figure 2.1. Il s'agit d'une feuille de calcul vierge, mais contenant des formules qui calculent ce que représente chaque vente mensuelle comme pourcentage des ventes totales. Les formules ajoutant les valeurs et utilisant la fonction SOMME affichent zéro, car les cellules de référence sont vides. En revanche, la plage de cellules B10:J10 affiche #DIV/0! car les cellules de référence contiennent des zéros.

La cellule B10 contient la formule suivante :

```
=B8/$K$8
```

Comme la cellule K8 du total général contient 0, la formule retourne la valeur d'erreur #DIV/0!. Voyons maintenant comment piéger cette erreur dans l'argument

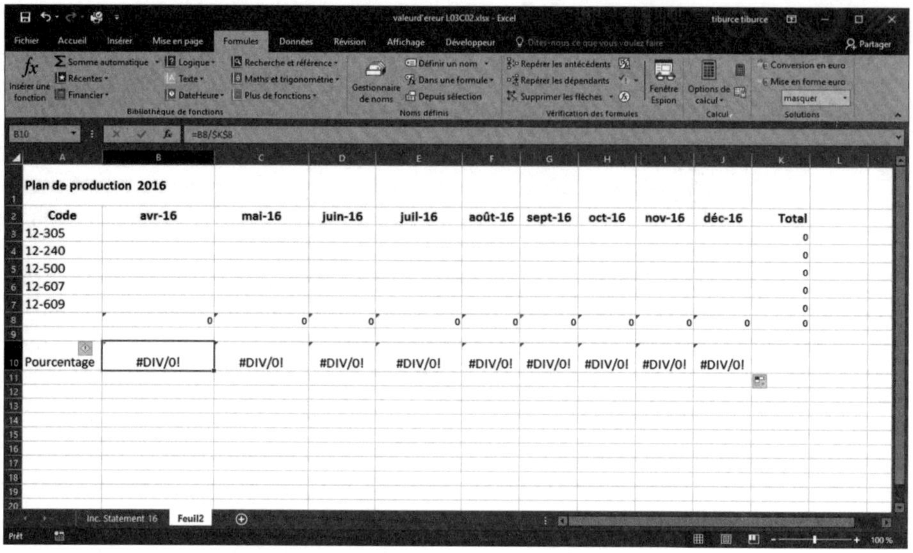

FIGURE 2.1 : Feuille de calcul contenant de nombreuses valeurs d'erreur #DIV/0!.

test_logique d'une fonction SI. Après l'argument *test_logique*, vous entrez l'argument *valeur_si_vrai* (qui est 0 dans notre exemple) et l'argument *valeur_si_faux* (qui est B8/$K$8). Avec la fonction SI, la formule devient :

```
=SI($K$8=0;0;B8/$K$8)
```

Cette formule entre 0 dans la cellule B10, comme le montre la Figure 2.2. En effet, la condition est que si les cellules de référence contiennent un zéro (ou sont vides), la formule affichera un zéro en lieu et place de la valeur d'erreur #DIV/0!.

Ensuite, j'ai recopié la formule en B10 sur les autres colonnes des mois de l'année. Les valeurs d'erreur #DIV/0! sont remplacées par des zéros. Cette formule ne détecte pas toutes les valeurs d'erreur, notamment #REF! et #NOM?, ni pour la valeur spéciale #NA (non disponible). Si pour une raison quelconque une des formules SOMME de la colonne K8 retourne une de ces valeurs d'erreur, elles se retrouveront dans la plage du calcul du pourcentage B10:J10.

Pour capturer toutes les valeurs d'erreur dans la cellule du total général K8 et éviter qu'elles ne se propagent sur toutes les formules calculant le pourcentage, vous devez ajouter la fonction ESTERREUR à la fonction SI. La fonction ESTERREUR retourne la valeur logique VRAI si la cellule spécifiée comme argument contient n'importe quel type de valeur d'erreur, y compris #N/A.

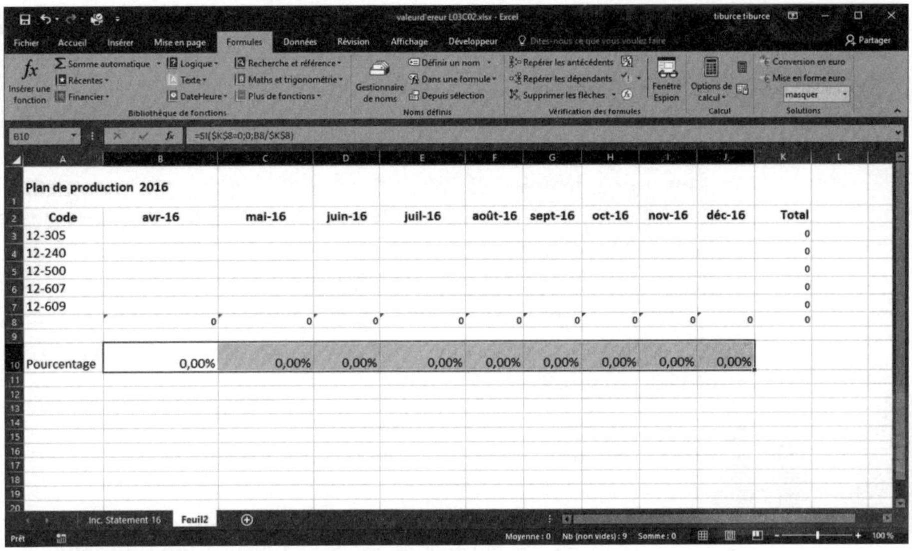

FIGURE 2.2 : La feuille de calcul après conversion des erreurs #DIV/0!.

Pour ajouter la fonction ESTERREUR, placez-la dans la fonction SI en tant qu'argument *test_logique*. En revanche, si K8 ne contient pas de valeur d'erreur ou #N/A quand SI est évaluée, vous spécifiez 0 comme argument *valeur_si_vrai*. Ainsi, Excel entre 0 en B9 et non pas une valeur d'erreur ou #N/A. Pour l'argument *valeur_si_faux*, vous spécifiez la fonction originale SI qui entre 0 si la cellule K8 contient 0 ; sinon, elle effectue la division qui calcule le pourcentage que représente le mois d'avril par rapport au pourcentage total.

Cette formule amendée avec ESTERREUR et deux fonctions SI ressemble à ceci :

```
=SI(ESTERREUR($K$8);0;SI($K$8=0;0;B8/$K$8))
```

Dès que vous copiez cette formule originale sur la plage C10:J10, ces cellules afficheront 0,00 % au lieu d'une hideuse et inquiétante valeur d'erreur.

Certaines personnes préfèrent supprimer les valeurs zéro de tout modèle de feuille de calcul contenant des formules de détection des erreurs afin que personne ne puisse considérer un zéro comme une valeur valide. Pour supprimer l'affichage des zéros, cliquez sur Fichier/Options. Choisissez ensuite la catégorie Options avancées. Faites défiler le contenu de la boîte de dialogue Options Excel pour afficher la section Options d'affichage de la feuille de calcul. Décochez Afficher un zéro dans les cellules qui ont une valeur nulle.

Gérer les erreurs avec la mise en forme conditionnelle

Plutôt que de créer des formules logiques qui supprimeront l'affichage de valeurs d'erreur, apprenez à les gérer avec la fonction de Mise en forme conditionnelle d'Excel (voir le Chapitre 2 du Livre II). Pour cela, il suffit de créer une nouvelle règle de mise en forme qui affichera par exemple les valeurs d'erreur en blanc. Pourquoi ? Car elles seront tout simplement invisibles sur votre feuille de calcul. C'est un peu comme si vous aviez passé du Tipex blanc sur une feuille de calcul imprimée sur un papier blanc.

Pour créer cette mise en forme conditionnelle :

1. **Sélectionnez la plage de cellules contenant les formules où vous souhaitez appliquer la règle de mise en forme conditionnelle.**
2. **Dans l'onglet Accueil, ouvrez le menu local du bouton Mise en forme conditionnelle, et choisissez Nouvelle règle (Alt + NHN).**

   Excel ouvre la boîte de dialogue Nouvelle règle de mise en forme.
3. **Dans la liste Sélectionnez un type de règle, choisissez Appliquer une mise en forme uniquement aux cellules qui contiennent.**
4. **Dans le menu local Valeur de cellule, choisissez Erreurs.**
5. **Cliquez sur le bouton Format à droite de l'aperçu qui stipule Sans mise en forme.**

   Excel ouvre la boîte de dialogue Format de cellule.
6. **Ouvrez le menu local Couleur, et cliquez sur le carré blanc de la section Couleurs de thème.**
7. **Validez par un clic sur le bouton OK.**
8. **Cliquez sur OK pour fermer la boîte de dialogue et appliquer la règle de mise en forme conditionnelle à votre sélection de cellule.**

Une fois la règle de mise en forme conditionnelle appliquée aux cellules, testez-la ! Tapez délibérément une valeur qui génèrera une valeur d'erreur, ou bien saisissez =NA() dans la barre de formule. #N/A n'apparaîtra pas dans la cellule, car écrit en blanc sur fond blanc.

Vérification des formules

Si vous n'avez pas tout mis en œuvre pour détecter les erreurs avant qu'elles ne se répandent comme une maladie honteuse dans votre feuille de calcul, Excel met à votre disposition des outils de vérification qui identifieront la cellule provoquant une erreur. Pour cela, le programme établit des relations entre les formules des cellules de votre feuille de calcul. En établissant ces liens, nous pourrions presque dire cette filiation, vous pourrez tester les formules afin de détecter les cellules, appelées *antécédents*, qui alimentent d'autres cellules appelées très justement les *dépendants*. Excel permet de visualiser la source d'une valeur d'erreur provoquée par une cellule particulière d'une formule.

Les outils de vérification des formules sont localisés dans le groupe Vérification des formules de l'onglet Formules. En voici les commandes :

- **Repérer les antécédents :** Lorsque vous cliquez sur ce bouton, Excel trace une flèche qui identifie les cellules provoquant l'erreur, et les entoure d'un cadre de sélection. La pointe de la flèche, quant à elle, indique la cellule contenant la formule.
- **Repérer les dépendants :** Lorsque vous cliquez sur ce bouton, Excel trace des flèches de la cellule sélectionnée vers les cellules (*dépendants directs*) qui utilisent, ou dépendent, du résultat de la formule créée dans la cellule sélectionnée. Lorsque vous cliquez de nouveau sur ce bouton, Excel ajoute une flèche identifiant les cellules dites *dépendants indirects* qui se réfèrent aux formules trouvées dans les dépendants directs.
- **Supprimer les flèches :** Pour effacer les flèches générées par les deux boutons présentés ci-dessus, ouvrez le menu local Supprimer les flèches. Trois options se présentent à vous : Supprimer les flèches, Supprimer les flèches des antécédents, Supprimer les flèches des précédents.
- **Afficher les formules :** Pour afficher toutes les formules dans leurs cellules à la place des valeurs calculées. Vous obtiendrez le même résultat en exécutant le raccourci Ctrl + «.
- **Vérification des erreurs :** Lorsque vous cliquez sur ce bouton ou en ouvrez le menu local pour y choisir une option, Excel affiche la boîte de dialogue Vérifier les erreurs. Elle décrit la nature de l'erreur dans la cellule active, et vous propose quelques solutions. Choisissez Repérer une erreur dans ce menu local pour tenter de localiser la cellule qui contient la formule d'origine contenant l'erreur. Choisissez l'option Références circulaires pour obtenir une liste de toutes les adresses de cellules qui contiennent des références circulaires

dans le classeur actif – cliquez sur une adresse de cellules pour sélectionner la cellule contenant une formule qui génère une référence circulaire dans la feuille de calcul. (Consultez le Chapitre 1 du Livre III pour plus d'informations sur les références circulaires.)

» **Évaluer la formule :** Cliquer sur ce bouton ouvre la boîte de dialogue Évaluer la formule dans laquelle Excel évalue chaque partie de la formule de la cellule active. L'évaluation de la formule est très utile pour les formules composées de nombreuses fonctions.

» **Fenêtre espion :** Ouvre la boîte de dialogue Fenêtre espion qui affiche le classeur, la feuille, la cellule active, le nom de la plage, la valeur en cours, et la formule de n'importe quelle cellule que vous pouvez ajouter à une liste d'éléments surveillés. Pour ajouter une cellule, cliquez sur le bouton Ajouter un espion. Ensuite, cliquez sur le bouton Ajouter de la boîte de dialogue Ajouter un espion qui s'affiche.

Cliquer sur les boutons Repérer les antécédents et Repérer les dépendants du groupe Vérification des formules de l'onglet Formules permet d'établir la relation qui existe entre une formule et les cellules qui les nourrissent directement et indirectement. Ces boutons établissent aussi un lien avec les cellules qui dépendent directement ou indirectement de ses calculs. Excel établit cette relation en traçant des flèches depuis les cellules antécédentes jusqu'à la cellule active. Ensuite, il en trace depuis la cellule active jusqu'aux cellules dépendantes.

Si ces cellules se situent dans la même feuille de calcul, Excel trace des flèches pleines rouges ou bleues depuis chaque cellule antécédente jusqu'aux cellules dépendantes. Si les cellules ne sont pas toutes localisées dans la même feuille de calcul, Excel trace une flèche noire pointillée. Elle part d'une icône ou va vers une icône illustrant une feuille de calcul miniature située à une des extrémités et en direction de la tête de flèche pour vous indiquer que les cellules concernées se situent dans une autre feuille.

Repérer les antécédents

Vous pouvez cliquer sur le bouton Repérer les antécédents de l'onglet Formules (Alt + UE) pour repérer toutes les générations de cellules qui contribuent à la formule de la cellule sélectionnée (un peu comme pour un arbre généalogique). Les Figures 2.3 et 2.4 illustrent l'utilisation du bouton de commande Repérer les antécédents qui permet de localiser rapidement les cellules qui contribuent directement et indirectement à la formule de la cellule B9.

La Figure 2.3 montre la feuille de calcul après un clic sur le bouton Repérer les antécédents. Une flèche part des cellules A5 et C5 et pointe sur B9.

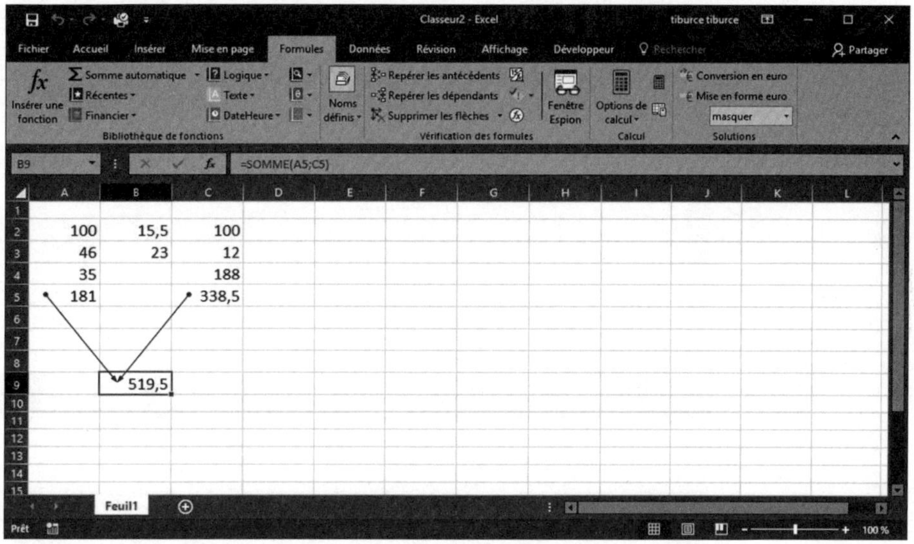

FIGURE 2.3 : Cliquer sur le bouton Repérer les antécédents montre les antécédents directs de la formule.

Sur la Figure 2.4, vous voyez ce qui se passe lorsque je clique une seconde fois sur le bouton Repérer les antécédents. Excel affiche les antécédents indirects. Les nouvelles flèches montrent que les cellules A2, A3 et A4 participent à la formule de la cellule A5 dont dépend la cellule B9. Dans le même ordre d'idée, les cellules B2, B3, C2, C3, et C4 participent à la formule en C5 dont dépend également la cellule B9.

Chaque fois que vous cliquez sur le bouton Repérer les antécédents, Excel affiche un autre groupe d'antécédents et cela jusqu'à ce qu'il ne trouve plus aucune autre filiation. Pour afficher instantanément toutes les filiations directes et indirectes, double-cliquez sur le bouton. Pour effacer les flèches, cliquez sur le bouton Supprimer les flèches de l'onglet Formules.

La Figure 2.5 montre ce qui survient lorsque j'ai cliqué une troisième fois sur le bouton Repérer les antécédents. Vous constatez la présence de flèches dont la ligne est en pointillé. Cela indique que les antécédents directs de la cellule C2 se situent dans une autre feuille de calcul. Idem pour la cellule C5 dont l'un des antécédents A2 est calculé avec des données provenant d'une autre feuille de calcul.

Pour trouver quels classeur, feuille de calcul, et cellule(s) contiennent les antécédents directs de la cellule C2, j'ai double-cliqué sur la ligne pointillée qui établit

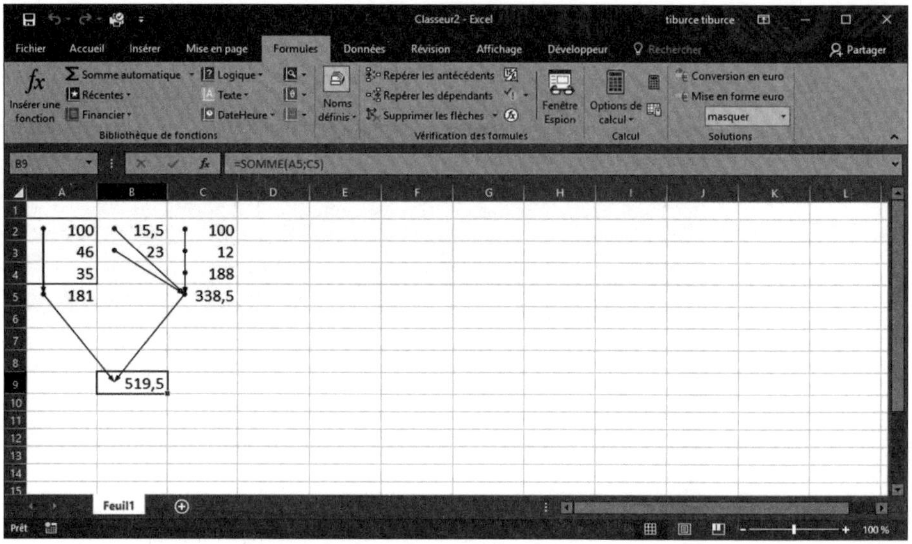

FIGURE 2.4 : Un nouveau clic sur le bouton Repérer les antécédents affiche les antécédents indirects de la formule.

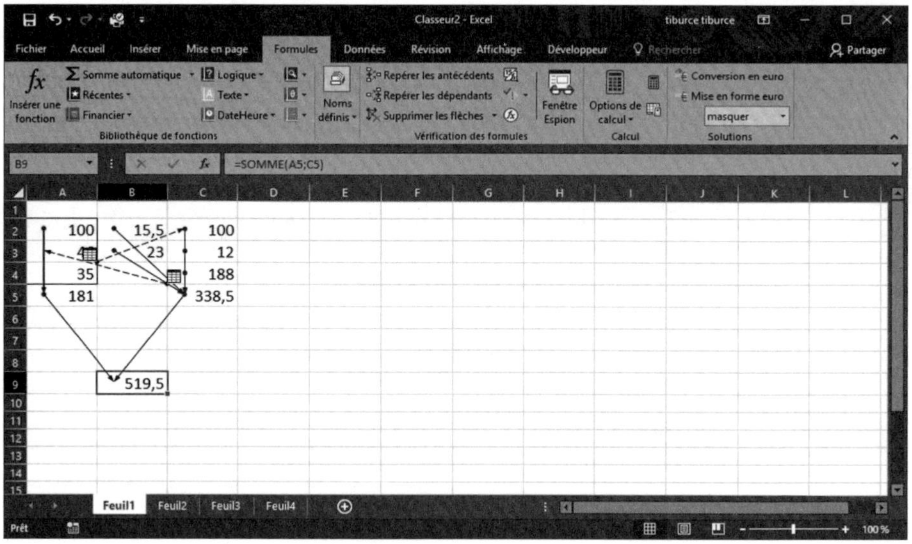

FIGURE 2.5 : Cliquer une troisième fois sur le bouton Repérer les antécédents indique ici que des éléments se situent dans d'autres feuilles de calcul.

le lien entre la cellule A3 et la cellule C2. Cette action a ouvert la boîte de dialogue Atteindre. Elle liste les antécédents, y compris les classeurs, les feuilles de calcul, et les références des cellules. Pour accéder à un antécédent d'une autre feuille de calcul, double-cliquez sur sa référence dans la liste Atteindre de la boîte de dialogue Atteindre. Une autre technique consiste à sélectionner l'antécédent, et à cliquer sur OK.

La boîte de dialogue Atteindre, illustrée à la Figure 2.6, affiche les antécédents directs de la cellule C2. Pour atteindre l'un d'eux, double-cliquez sur les références de ses cellules dans la boîte de dialogue Atteindre.

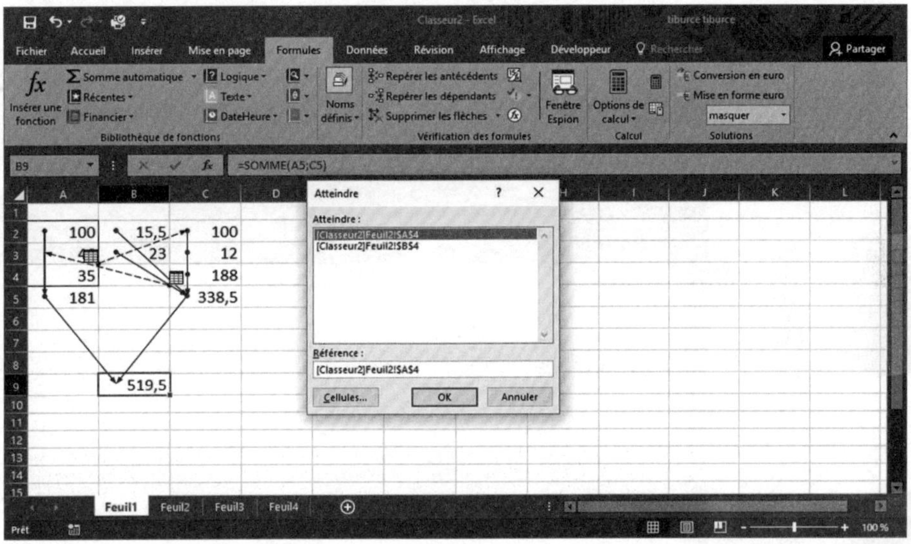

FIGURE 2.6 : Double-cliquer sur la flèche pointillée ouvre la boîte de dialogue Atteindre qui permet d'accéder aux antécédents.

Vous pouvez également sélectionner les cellules antécédentes qui sont sur la même feuille de calcul que la cellule active en double-cliquant sur une partie de la flèche. Cette fois Excel sélectionne la cellule antécédente sans ouvrir de boîte de dialogue.

Vous pouvez utiliser le bouton Cellules de la boîte de dialogue Atteindre (Figure 2.6) pour sélectionner tous les antécédents directs ou indirects situés sur la même feuille que la formule de la cellule sélectionnée. Après avoir ouvert la boîte de dialogue Atteindre (F5), et cliqué sur le bouton Cellules, activez simplement l'option Antécédents ou Précédents, puis choisissez Directs seulement ou Tous niveaux.

Repérer les dépendants

Vous pouvez cliquer sur le bouton Repérer les dépendants de l'onglet Formules (Alt + UR) pour établir le lien avec des cellules qui dépendent directement ou indirectement d'autres cellules dans une formule. Pour afficher à la fois les dépendants directs et indirects, double-cliquez sur le bouton Repérer les dépendants.

La Figure 2.7 montre sensiblement les mêmes liens que les précédentes figures, mais en se plaçant du point de vue des dépendants. Ainsi, lorsque j'active la cellule C5 et que je clique sur le bouton Repérer les dépendants, une flèche part de cette cellule pour pointer sur la cellule B9. Cela indique que la formule de la cellule B9 est dépendante de la cellule C5.

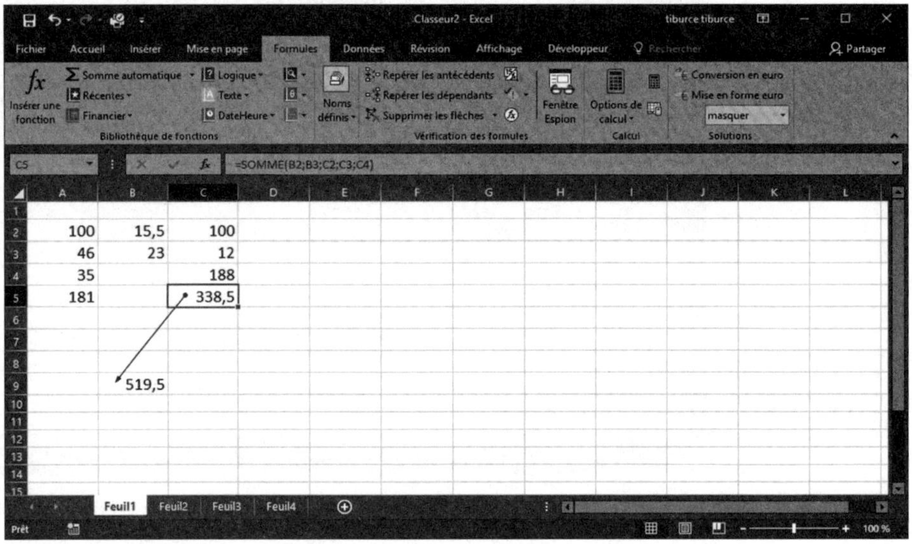

FIGURE 2.7 : Cliquer sur le bouton Repérer les dépendants pointe vers la cellule dont la formule dépend de la cellule C5.

Vérification des erreurs

Dès qu'une formule contient une erreur, Excel affiche une petite icône dans l'angle supérieur gauche de la cellule afin d'attirer votre attention dessus. Les valeurs d'erreur sont répertoriées dans le Tableau 2.1. Si vous placez le pointeur de la souris dessus ou touchez ce bouton d'options, un menu local affiche les propositions suivantes :

- » **Aide sur cette erreur :** Ouvre la boîte de dialogue Aide d'Excel qui communique des informations sur le type d'erreur de valeur de la cellule active, et qui explique comment la corriger.
- » **Afficher les étapes du calcul :** Ouvre la boîte de dialogue Évaluer la formule où vous pouvez suivre pas à pas l'évolution de votre calcul afin d'en étudier chacune des étapes.

» **Ignorer l'erreur :** Ignore l'erreur de cette cellule et supprime l'alerte tout en faisant disparaître l'icône du menu local d'accès aux options de gestion des erreurs.

» **Modifier dans la barre de formule :** Active le mode Modifier et positionne le point d'insertion à la fin de la formule sur la barre de formule.

» **Options de vérification des erreurs :** Ouvre l'onglet Formules de la boîte de dialogue Options Excel. Vous pouvez y modifier les options de vérification des erreurs cochées. (Voir la prochaine section « Modifier les options de vérification des erreurs ».)

Si vous gérez une feuille de calcul qui contient de nombreuses valeurs d'erreur, utilisez le bouton de commande Vérification des erreurs du groupe Vérification des formules de l'onglet Formules.

Dès que vous cliquez dessus, Excel ouvre la boîte de dialogue Vérifier les erreurs (voir la Figure 2.8) qui identifie la nature de la valeur d'erreur dans la cellule active.

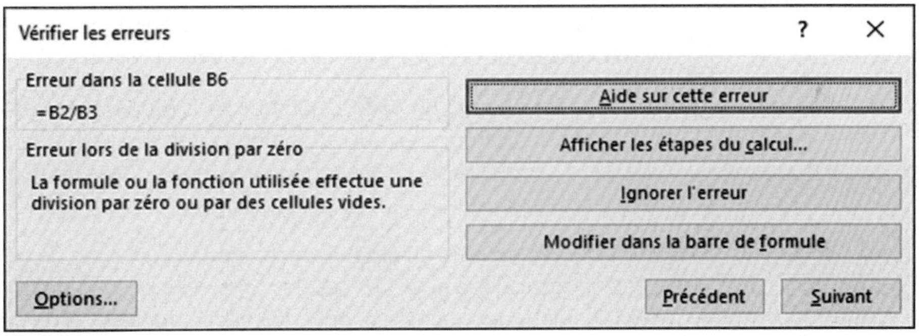

FIGURE 2.8 : Identifier une valeur d'erreur via la boîte de dialogue Vérifier les erreurs.

Les boutons de commande de la boîte de dialogue Vérifier les erreurs sont identiques à ceux que vous trouverez dans le menu local de l'icône qui s'affiche en haut à gauche de la cellule contenant la valeur d'erreur.

La boîte de dialogue Vérifier les erreurs dispose des boutons Suivant et Précédent sur lesquels vous pouvez cliquer pour qu'Excel sélectionne la cellule contenant la valeur d'erreur suivante ou précédente.

Lorsque vous cliquez sur le bouton Suivant ou Précédent quand Excel a identifié la toute première ou toute dernière valeur d'erreur dans la feuille de calcul, le programme affiche un message d'alerte vous indiquant que la vérification est terminée. Lorsque vous cliquez sur son bouton OK, la boîte de dialogue Vérifier les erreurs se ferme. Enfin, le fait de cliquer sur Ignorer l'erreur équivaut à un clic sur le bouton Suivant.

Modifier les options de vérification des erreurs

Lorsque vous cliquez sur la commande Options de vérification des erreurs, ou si vous cliquez sur le bouton Options de la boîte de dialogue Vérifier les erreurs, Excel ouvre la boîte de dialogue Options Excel sur la catégorie Formules. Ce volet contient quatre sections dont celles qui vous intéressent se nomment Vérifier les erreurs et Règles de vérification des erreurs. Vous pouvez utiliser ces options pour contrôler le moment où la vérification des erreurs de la feuille sera lancée, et quelles cellules seront identifiées comme contenant des erreurs :

- **Activer la vérification des erreurs en arrière-plan :** Excel vérifie les erreurs lorsque l'ordinateur est inactif. Lorsque vous cochez cette case, le menu local Indiquer les erreurs à l'aide de cette couleur devient accessible. Il permet de choisir la couleur de l'indicateur d'erreur qui, je le rappelle, prend la forme d'un triangle dans l'angle supérieur gauche de la cellule.
- **Rétablir les erreurs ignorées :** Lorsque vous cliquez sur ce bouton, vous restaurez l'indicateur d'erreur et les alertes que vous aviez demandé à Excel d'ignorer par un clic sur le bouton Ignorer l'erreur de la boîte de dialogue Vérifier les erreurs.
- **Indiquer les erreurs à l'aide de cette couleur :** Permet de sélectionner une couleur particulière pour des cellules contenant des valeurs d'erreur. Choisissez la couleur dans la palette qui s'affiche lorsque vous cliquez sur ce menu local.
- **Cellules dont les formules génèrent des erreurs :** Excel affiche l'indicateur d'erreur et ajoute le bouton d'options aux cellules qui retournent des valeurs d'erreur.
- **Formule de valeurs calculées incohérentes dans des tableaux :** Excel met en évidence des formules dans des colonnes spécifiques de plages de cellules disposées sous forme de tableaux qui varient dans leurs calculs du fait d'autres formules de la colonne.
- **Cellules contenant des années à deux chiffres :** Excel repère, comme étant une erreur, toutes les dates saisies en tant que texte ne contenant que deux chiffres pour identifier une année. Il ajoute alors l'indicateur d'erreur et le menu local des options d'alerte aux cellules concernées.

» **Nombres mis en forme tant que texte ou précédés d'une apostrophe :** Excel identifie comme erreur tous les nombres saisis en tant que texte. Il ajoute alors l'indicateur d'erreur et le menu local des options d'alerte aux cellules concernées.

» **Formules incohérentes avec d'autres formules de la zone :** Excel considère comme erreur toute formule qui diffère des autres dans une même zone de la feuille de calcul. Il ajoute alors l'indicateur d'erreur et le menu local des options d'alerte aux cellules concernées.

» **Cellules omises dans une formule appliquée à une zone :** Excel repère comme étant une erreur toute formule qui omet des cellules d'une plage. Il ajoute alors l'indicateur d'erreur et le menu local des options d'alerte aux cellules concernées.

» **Formules dans des cellules déverrouillées :** Excel identifie comme erreur toute formule dont la cellule est déverrouillée lorsque la feuille de calcul est protégée. Il ajoute alors l'indicateur d'erreur et le menu local des options d'alerte aux cellules concernées. (Pour plus d'informations sur les feuilles de calcul protégées, consultez le Chapitre 1 du Livre IV.)

» **Formules faisant référence à des cellules vides :** Excel considère comme étant une erreur toute formule qui fait référence à des cellules vides. Il ajoute alors l'indicateur d'erreur et le menu local des options d'alerte aux cellules concernées.

» **Données incorrectes dans un tableau :** Excel identifie comme erreur toute formule pour laquelle vous avez configuré une Validation des données (voir le Chapitre 1 du Livre II) et qui contient des valeurs situées en dehors des conditions de validation.

Repérer une erreur

Bien que très performante, l'identification des erreurs par les boutons Repérer les antécédents et Repérer les dépendants a ses limites. En effet, lorsqu'une formule retourne une valeur d'erreur telle que #VALEUR! ou #NOM!, vous devez vous en remettre au très fidèle serviteur d'Excel qu'est l'option Repérer une erreur.

Pour cela, ouvrez le menu local du bouton Vérification des erreurs et exécutez la commande Repérer une erreur (Alt + UVE).

Sélectionner l'option Repérer une erreur est un peu comme utiliser les boutons Précédent et Suivant de la boîte de dialogue Vérifier les erreurs. La différence ici tient au fait que Repérer une erreur ne fonctionne que si la cellule active contient

QUAND REPÉRER UNE ERREUR PERD LA PISTE

L'option Repérer une erreur identifie des erreurs selon un chemin qui part des antécédents d'une formule jusqu'aux dépendants tant qu'il ne rencontre pas un des problèmes suivants :

- Une des ramifications contient plusieurs erreurs. Dans ce cas, Excel ne détermine pas le chemin à suivre.
- Excel rencontre des flèches de repérage. Par conséquent, cliquez *toujours* sur le bouton Supprimer les flèches avant de choisir l'option Repérer une erreur.
- Excel rencontre une formule contenant une référence circulaire (consultez le Chapitre 1 du Livre III pour plus d'informations sur les références circulaires).

une valeur d'erreur retournée soit par une mauvaise formule, soit par une référence à une mauvaise formule. Pour procéder à ce repérage descendant pour connaître la cause de la valeur d'erreur de la cellule active, Excel trace des flèches bleues depuis l'antécédent (pour la formule erronée), puis des flèches rouges vers tous les dépendants dont le résultat est égal à une valeur d'erreur.

La Figure 2.9 montre une feuille de calcul après application de modifications dommageables qui affichent #DIV/0! dans les cellules C12, E12, et E13. Cette valeur d'erreur indique qu'une formule tente d'effectuer une division par zéro. Pour trouver l'origine de ces erreurs et en identifier la cause, j'ai activé la cellule E12. Ensuite, j'ai cliqué sur l'option Repérer une erreur du menu local du bouton Vérification des erreurs.

La Figure 2.9 montre qu'Excel a sélectionné la cellule C12 bien que la cellule de recherche fût la cellule E12. Il a tracé des flèches de repérage identifiant les cellules B5 et B9 comme antécédents. Depuis la cellule C12, le programme a tracé une flèche rouge jusqu'à la cellule E12 identifiant ainsi un dépendant direct.

C'est parfait car l'origine du problème est bien la cellule C12. J'ai donc regardé cette formule de plus près. J'ai alors constaté que C12 divisait la valeur de la cellule B9 par celle de la cellule B5 sans vérifier que la cellule B5 contenait bien la formule SOMME additionnant la plage de valeurs B2:B4. Comme la division s'effectue avec des cellules vides, Excel considère qu'elle se fait par zéro et affiche donc la valeur d'erreur #DIV/0! dans toutes les cellules qui dépendent de cette formule.

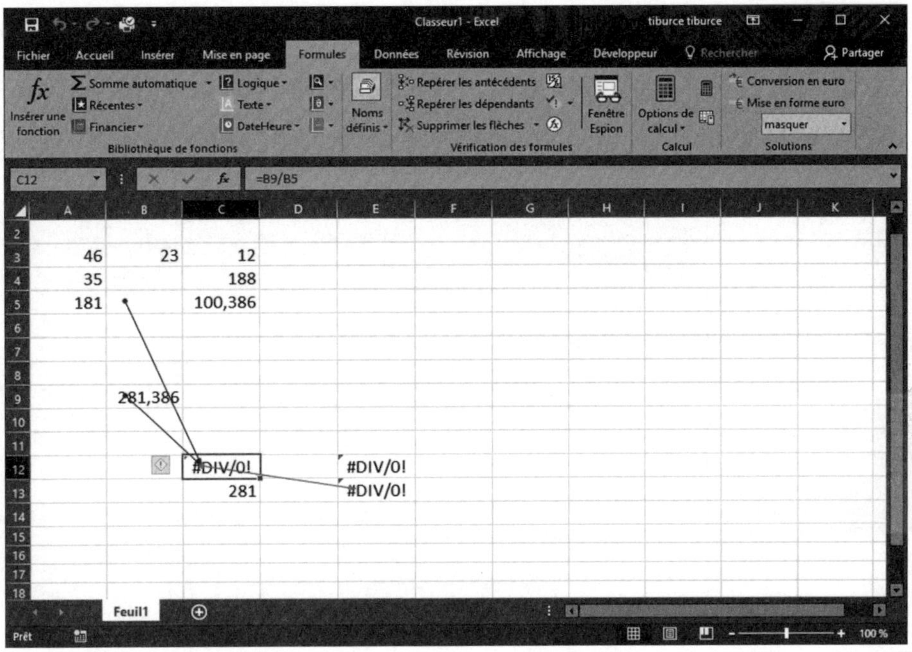

FIGURE 2.9 : Utiliser l'option Repérer une erreur pour identifier les antécédents et les dépendants d'une formule.

Dès que vous corrigez ce genre d'erreur, les valeurs d'erreur disparaissent comme par enchantement. Excel convertit automatiquement les flèches rouges en flèches bleues indiquant que ces cellules sont dépendantes de la formule qui contient la faute originelle. Vous pouvez alors effacer toutes les flèches par un clic sur le bouton Supprimer les flèches (Alt + USF).

Évaluer une formule

Le bouton Évaluer la formule du groupe Vérification des formules de l'onglet Formules (icône *fx*) ouvre la boîte de dialogue éponyme. Elle permet de suivre l'évolution d'un calcul complexe afin de bien en apprécier toutes les étapes. Cette fonction est très utile pour localiser des problèmes, évitant ainsi de retourner des résultats inattendus.

Pour évaluer une formule pas à pas, placez le pointeur de la souris dans la cellule concernée, et cliquez sur le bouton Évaluer la formule (Alt + UÉ).

Pour qu'Excel évalue la première expression ou terme de la formule et la remplace par la valeur calculée, cliquez sur le bouton Évaluer. Si cette expression utilise un argument ou un terme qui résulte d'un autre calcul, vous pouvez l'afficher en cliquant sur le bouton Pas à pas détaillé. Calculez le résultat de cette formule par un clic sur le bouton Évaluer. Ensuite, vous pouvez revenir à l'évaluation de l'expression de la formule d'origine en cliquant sur le bouton Pas à pas sortant.

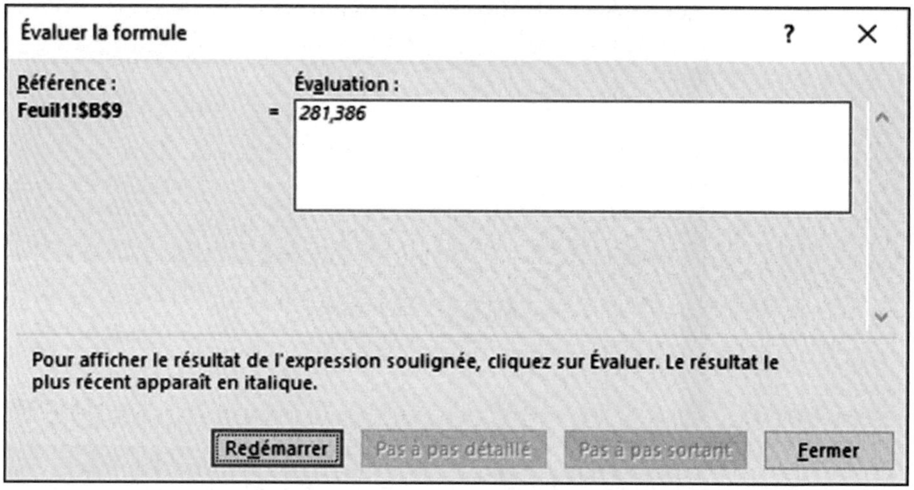

FIGURE 2.10 : Calculer chaque partie d'une formule dans la boîte de dialogue Évaluer la formule.

Après avoir évalué la première expression de la formule, Excel souligne l'expression ou le terme suivant dans la formule. Il applique pour cela un ordre prioritaire gauche-droite, sauf si vous avez utilisé des parenthèses qui ont pour effet de modifier les priorités de calcul. Vous pouvez remplacer cette expression ou ce terme par sa valeur calculée en cliquant sur le bouton Évaluer. Lorsque vous avez terminé d'évaluer toutes les expressions et les termes de la formule en cours, fermez la fenêtre Évaluer la formule en cliquant sur le bouton Fermer situé dans son angle supérieur droit.

Vous pouvez utiliser la boîte de dialogue Fenêtre espion à la place de Évaluer la formule en cliquant sur le bouton Fenêtre Espion de l'onglet Formules (Alt + UF). Ajoutez-y une formule dont vous souhaitez surveiller le comportement. Vous verrez l'effet que produisent des modifications apportées aux valeurs (même si elles sont localisées sur différentes feuilles de calcul du classeur).

Ne pas imprimer les erreurs

Que se passe-t-il si, par manque de temps, vous n'avez pas pu repérer et corriger les erreurs de vos formules, avant d'imprimer vos feuilles de calcul ? Dans ce cas, il vous suffit de demander à Excel de ne pas les imprimer.

Pour cela, cliquez sur l'onglet Mise en page. Cliquez sur la petite icône située dans l'angle inférieur droit du groupe Mise en page. Cette action ouvre la boîte de dialogue Mise en page. Cliquez sur son onglet Feuille, puis ouvrez le menu local Erreurs de cellules comme. Choisissez une des trois options suivantes :

- <vide> remplace les valeurs d'erreur par des cellules vides.
- - - remplace les valeurs d'erreur par des tirets.
- #N/A remplace les valeurs d'erreur (sauf les entrées #N/A bien évidemment) par la valeur spéciale #N/A. Cette valeur sera considérée comme une erreur lorsque vous choisirez l'option <vide> ou - -.

Masquer les valeurs d'erreur ou les remplacer par des tirets ou la valeur #N/A n'a aucun effet sur la feuille de calcul elle-même. Seule l'impression prendra en considération ces options. Vous devez afficher les pages dans l'Aperçu avant impression de la vue Backstage en exécutant le raccourci clavier Ctrl + P, ou en cliquant sur le bouton Aperçu de la boîte de dialogue Mise en page. N'oubliez jamais de réinitialiser les Erreurs de cellule dans cette boîte de dialogue lorsque vous souhaitez imprimer une version de la feuille de calcul qui en affiche les valeurs d'erreur.

Chapitre 3
Formules Date et Heure

DANS CE CHAPITRE :

» **Comprendre les dates et les heures d'Excel**

» **Créer des formules qui calculent les dates et les heures écoulées**

» **Utiliser les fonctions Date**

» **Utiliser les fonctions Heure**

Créer des formules qui utilisent des dates et des heures peut prêter à confusion si vous ne comprenez pas comment Excel gère ce type de valeurs.

Ce chapitre commence par présenter les dates et les heures, et explique comment les utiliser dans des formules qui calculeront le temps écoulé entre des dates et des heures. Ce chapitre évoque ensuite les fonctions Date et Heure prédéfinies, y compris les fonctions Date disponibles après l'installation du complément Analysis ToolPak.

Comprendre les dates et les heures

Excel ne considère pas les dates et les heures que vous entrez dans vos feuilles de calcul comme de simples entrées texte. (Pour plus d'informations sur la saisie de nombres dans une feuille de calcul, consultez le Chapitre 1 du Livre II.) Toute donnée de type date et heure est automatiquement convertie par Excel en une chaîne numérique. Elle représente le nombre de jours qui se sont écoulés entre le début du

20e siècle, c'est-à-dire le 1er janvier 1900 et aujourd'hui. Cette chaîne numérique est une fraction représentant le nombre d'heures, de minutes, et de secondes qui se sont écoulées depuis minuit, identifiées par la chaîne 0,00000000. Avec cette méthode d'identification, 12:00:00 est représenté par 0,50000000, 23:00:00 par 0,95833333 et ainsi de suite.

Dès que vous saisissez une entrée au format numérique identifiée par Excel en tant que date ou heure, Excel le convertit à votre insu en une chaîne numérique décimale. Vous n'avez donc pas à vous préoccuper de les convertir préalablement en une chaîne numérique.

Modifier les paramètres régionaux de date

Excel n'est pas configuré pour reconnaître les dates au format anglo-saxon où le mois précède le jour. Ainsi, pour représenter le 6/11/2016 dans ce format, vous devez saisir Novembre 6, 2016. Si vous devez intervenir sur des feuilles de calcul où les dates ont été saisies dans ce système, modifiez le paramétrage régional de la manière suivante lorsqu'Excel tourne sous Windows 10 :

1. **Cliquez sur le bouton Démarrer, puis sur Paramètres.**

   Windows 10 ouvre la boîte de dialogue Paramètres.

2. **Cliquez sur le bouton Heure et langue.**

   Vous accédez aux paramètres de Date et heure.

3. **Dans la section Formats, cliquez sur le lien Modifier les formats de date et d'heure.**
4. **Ouvrez le menu local Date courte, et optez pour le format aaaa-MM-jj, puis cliquez sur le bouton de fermeture situé dans l'angle supérieur droit de la boîte de dialogue.**

Dès que vous avez modifié le format de date courte, l'affichage de cette date n'est plus le même qu'auparavant dans la zone de notifications. Si Windows affichait le 10/06/2016, il affichera désormais 2016/06/10.

N'oubliez pas de revenir à votre format de date initial dès que vous travaillez de nouveau sur des feuilles de calcul non anglo-saxonnes. Chaque fois que vous procédez à un changement de format de date et d'heure, redémarrez Excel pour qu'il prenne en compte cette modification.

Calculer des écarts de dates

La plupart des formules de date sont destinées à calculer le nombre de jours qui se sont écoulés entre deux dates. Ces formules consistent à soustraire la date la plus ancienne de la date la plus récente.

Par exemple, si vous tapez 25/4/95 en B4 et 3/6/14 en C4, vous calculerez les jours écoulés entre ces deux dates en exécutant la soustraction suivante :

```
=C4-B4
```

Excel affichera le résultat 6979 qui est le nombre de jours s'étant écoulés entre ces deux dates. Cette valeur est au format numérique Standard.

Pour afficher le résultat en années plutôt qu'en jours, divisez ce résultat par 365. Pour cela, saisissez la formule suivante en E4 :

```
=D4/365
```

Excel retourne la valeur 19,12055. Ouvrez l'onglet Accueil. Dans le groupe Nombre, cliquez sur le bouton Réduire les décimales jusqu'à ce que la cellule E4 affiche 19.

Calculer des heures écoulées

Certaines feuilles de calcul exigent des formules qui calculent le nombre d'heures écoulées entre une heure de début et une heure de fin. Imaginez que vous élaboriez une feuille de calcul qui enregistre l'heure d'arrivée et l'heure de départ de vos employés. Dans cette feuille, vous souhaitez calculer le nombre d'heures et de minutes qui s'écoulent entre ces deux heures précises afin de définir leur salaire quotidien et mensuel.

Une formule qui effectue ce calcul soustraira l'heure d'arrivée de l'heure de départ. Par exemple, vous saisirez l'heure d'arrivée en B6 et l'heure de départ en C6. Ensuite, dans la cellule D6, vous entrerez la soustraction suivante :

```
=C6-B6
```

Excel retourne la différence entre ces deux valeurs. Si vous avez saisi 09:00 en B6 et 17:00 en C6, la valeur retournée par Excel sera :

```
08:00
```

Pour convertir cette heure en nombre décimal, appliquez le format de cellule Standard. Pour cela, cliquez droit sur la cellule et, dans le menu contextuel qui apparaît, choisissez Format de cellule. Dans la boîte de dialogue qui s'affiche, cliquez sur la catégorie Standard puis sur le bouton OK. La cellule D6 affichera alors :

```
0,333333333
```

Pour convertir ce nombre décimal en une fraction journalière, il suffit de multiplier le résultat de D6 par 24. Cette fois vous obtenez 8 heures.

Utiliser les fonctions Date

Excel contient un certain nombre de fonctions Date que vous pouvez utiliser dans vos feuilles de calcul. Lorsque vous installez et activez le complément Analysis ToolPak (voir le Chapitre 2 du Livre I), vous accédez à des fonctions Date supplémentaires. La majorité sont conçues pour gérer des semaines de 5 jours ouvrables allant bien entendu du lundi au vendredi.

AUJOURDHUI

La fonction Date la plus facile à utiliser se nomme AUJOURDHUI. Elle ne nécessite aucun argument et prend la forme élémentaire suivante :

```
=AUJOURDHUI()
```

Lorsque vous entrez la fonction AUJOURDHUI dans une cellule en la choisissant dans le menu local du bouton DateHeure de l'onglet Formules, Excel retourne la date du jour sous le format Date suivant :

```
10/06/2016
```

La date insérée par la fonction AUJOURDHUI est dynamique en ce sens qu'elle s'actualise chaque fois que vous ouvrez une feuille de calcul contenant cette fonction. Vous comprenez que vous n'utiliserez jamais cette fonction pour définir une date statique nécessaire à des factures par exemple, et qui ne doit surtout pas être actualisée.

Si vous utilisez AUJOURDHUI et que vous souhaitez rendre cette date statique, vous devez convertir la fonction en chaîne numérique. Pour cela, sélectionnez la cellule, et appuyez sur F2 pour basculer en mode Modifier. Appuyez sur F9. Et voilà ! =AUJOURDHUI() est remplacé par un nombre dans la barre de formule. Validez-le par un clic sur le bouton Entrer ou en appuyant sur la touche Entrée de votre clavier. Cette conversion peut s'appliquer à une plage de cellules. Il suffit pour cela de la sélectionner. Ensuite, copiez-la *via* le bouton Copier de l'onglet Accueil (ou en exécutant Ctrl + C). Enfin, sans désélectionner, collez cette copie *via* l'option Valeurs du menu local Coller de l'onglet Accueil (Alt + LVV).

DATE et DATEVAL

La fonction DATE du bouton de commande DateHeure ouvre une boîte de dialogue où vous définissez trois arguments : *année*, *mois*, et *jour*. Sa syntaxe est donc :

```
DATE(année,mois,jour)
```

Cette fonction est utile dans une feuille de calcul où chaque partie d'une date est insérée dans une colonne différente. La Figure 3.1 montre comment une formule va permettre de grouper dans une seule cellule le contenu de trois autres cellules. Vous pouvez également combiner les trois colonnes de date en une seule à des fins de tri et de filtrage.

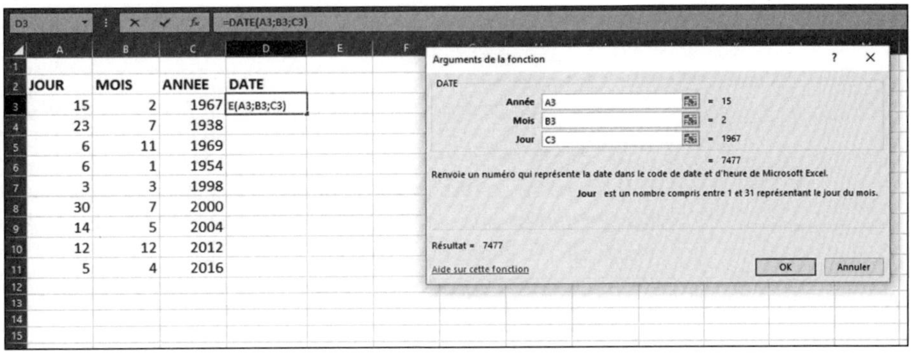

FIGURE 3.1 : Utiliser la fonction DATE pour combiner une date dans une seule cellule.

La fonction DATEVAL, accessible depuis le menu local DateHeure de l'onglet Formules, retourne la chaîne numérique pour une date saisie dans la feuille de calcul sous la forme d'un texte de manière à pouvoir l'utiliser dans les calculs de date. Cette fonction n'a besoin que d'un seul argument :

```
DATEVAL(date_texte)
```

Supposons que vous ayez saisi le texte suivant en B12 :

```
'21/5/2016
```

(L'apostrophe permet à Excel de considérer cette date comme du texte et non comme une date.) Vous pouvez ensuite convertir ce texte en une chaîne numérique de type date en entrant la formule suivante en C12 :

```
=DATEVAL(B12)
```

Excel retourne la valeur numérique 42511 en B12 que vous pouvez convertir facilement au format Date *via* la boîte de dialogue Format de cellule (Ctrl + 1).

Vous devez convertir DATE et DATEVAL en valeur calculée si vous souhaitez effectuer un tri ou un filtrage. Pour convertir ces fonctions individuellement, sélectionnez la cellule concernée, et appuyez sur F2 pour activer le mode Modifier. Ensuite, appuyez sur F9. Voilà ! Les formules sont remplacées par une valeur calculée. Pour appliquer cette conversion à une plage de cellules, copiez-la dans le Presse-papiers *via* Ctrl + C. Ensuite, sans désélectionner la plage, ouvrez le menu local du bouton Coller et choisissez Valeurs.

JOUR, JOURSEM, MOIS et ANNEE

Les fonctions de date JOUR, JOURSEM, MOIS, et ANNEE sont accessibles *via* le menu local du bouton DateHeure de l'onglet Formules :

- » JOUR(*numéro_de_série*) retourne le jour du mois d'une date entre 1 et 31.
- » JOURSEM(*Numéro_de_série, [Type_retour]* retourne le jour de la semaine (sous la forme d'un chiffre compris entre 1 et 7 ou 0 et 6). L'argument facultatif *type_retour* est un chiffre compris entre 1 et 3 ; 1 (ou sans argument *type_retour*) spécifie le premier type où 1 est égal à dimanche et 7 à samedi. 2 spécifie le deuxième type où 1 est égal à lundi et 7 est égal à dimanche. 3 spécifie le troisième type où 0 est égal à lundi et 6 à dimanche.
- » MOIS(*numéro_de_série*) retourne le numéro du mois dans le numéro de série de la date (de 1 à 12).
- » ANNEE(*numéro_de_série*) retourne le numéro de l'année (sous la forme d'un entier entre 1900 et 9999) dans le numéro de série de la date.

Par exemple, si vous entrez la fonction JOUR ci-dessous dans une cellule :

```
=JOUR(DATE(16;4;15))
```

Excel retourne la valeur 15. Si vous remplacez JOUR par JOURSEM comme ceci :

```
JOURSEM(DATE(16;4;15))
```

Excel retourne la valeur 7 qui identifie le samedi lorsque *type_retour* identifie 1 comme étant dimanche et 7 comme étant samedi. En effet, dans ce cas précis, l'argument *type_retour* n'est pas spécifié. Si vous utilisez MOIS, la fonction devient :

```
MOIS(DATE(16,4,15))
```

Excel retourne 4. Si vous utilisez la fonction ANNEE :

```
ANNEE(DATE(16,4,15))
```

Excel retourne 1916 (et non pas 2016).

Pour entrer une année du 21e siècle pour l'argument *année* de la fonction DATE, vous devez saisir quatre chiffres comme ceci :

```
DATE(2016,4,15)
```


Vous pouvez utiliser la fonction ANNEE pour calculer l'écart en années qui sépare deux dates. Par exemple, si la cellule B6 contient 23/7/1978, et la cellule C6 23/7/2006, vous pouvez entrer la formule suivante en utilisant la fonction ANNEE pour exprimer en années l'écart qui existe entre ces deux dates :

```
=ANNEE(C6)-ANNEE(B6)
```

Excel retourne 38.

N'utilisez pas ces fonctions avec des dates saisies sous la forme de texte. Par conséquent, utilisez toujours la fonction DATEVAL pour convertir ces dates de type texte, puis utilisez JOUR, JOURSEM, MOIS, ou ANNEE avec des numéros de série retournés par la fonction DATEVAL.

JOURS360

La fonction JOURS360 que vous trouverez dans le menu local DateHeure retourne le nombre de jours écoulés entre deux dates basées sur une année de 360 jours. Il s'agit d'une année de 12 mois de 30 jours. La fonction JOURS360 exige les arguments suivants :

```
JOURS360(Date_début;Date_fin;[Méthode])
```

Les arguments *date_début* et *date_fin* sont des numéros de série ou des références à des cellules qui contiennent des numéros de série. L'argument facultatif *méthode* est soit VRAI, soit FAUX. Ici FAUX indique que l'on utilise une méthode de calcul européenne, et VRAI une méthode de calcul anglo-saxonne :

» **Méthode de calcul européenne (VRAI) :** Dans cette méthode, les dates de début et de fin correspondant à un 31 sont égales au 30 de leur mois.

» **Méthode de calcul anglo-saxonne (FAUX ou sans argument) :** Dans cette méthode, si la date de début correspond au 31 du mois, elle sera considérée comme égale au 30 du même mois ; si la date de fin correspond au 31 du mois et que la date de début est antérieure au 30 de ce mois, la date de fin correspondra au 1er du mois suivant ; sinon, la date de fin sera égale au 30 du même mois.

Autres fonctions Dates spéciales

Excel inclut d'autres fonctions Dates spéciales accessibles depuis la boîte de dialogue Insérer une fonction. Elles ajoutent à Excel d'autres possibilités de calcul de dates dans une feuille de calcul, notamment pour les jours ouvrables allant du lundi au vendredi.

MOIS.DECALER

La fonction MOIS.DECALER calcule une date passée ou à venir par rapport à une date donnée qui constitue l'argument *date_départ*. Vous pouvez utiliser la fonction MOIS.DECALER pour déterminer rapidement la date particulière à un intervalle particulier du futur ou du passé (par exemple, trois mois avant ou un mois après).

La fonction MOIS.DECALER demande deux arguments :

```
MOIS.DECALER(Date_départ;mois)
```

L'argument *date_départ* correspond au numéro de série que vous souhaitez utiliser comme date de base. L'argument *mois* est un entier positif (pour les dates à venir) ou un entier négatif (pour les dates passées). Il représente le nombre de mois passés ou à venir à calculer.

Par exemple, si vous entrez la formule suivante dans une cellule :

```
=MOIS.DECALER(DATE(2016;1;31);1)
```

Excel retourne le numéro de série 42429. Il deviendra le 29/02/2016 si vous lui appliquez le format de cellule Date.

FIN.MOIS

La fonction FIN.MOIS calcule le dernier jour du mois précédant ou suivant la date spécifiée comme argument *date_départ*. Vous pouvez utiliser cette fonction pour déterminer rapidement la fin du mois à un intervalle de temps défini dans le futur ou dans le passé.

Par exemple, si vous entrez la formule suivante dans une cellule :

```
=FIN.MOIS(DATE(2016;1;1);1)
```

Excel retourne le numéro de série de date 42429. Il devient 29/02/2016 si vous lui appliquez le format de cellule Date.

NB.JOURS.OUVRES

La fonction NB.JOURS.OUVRES retourne le nombre de jours ouvrés qui existent entre une date de début et une date de fin spécifiées comme arguments :

```
NB.JOURS.OUVRES(Date_départ;Date_fin;[Jours-fériés])
```

Lorsque vous utilisez cette fonction, vous pouvez spécifier une plage de cellules dans la feuille de calcul ou une matrice comme argument *jours_fériés* qui définit les jours non travaillés dans votre entreprise. Excel exclura les dates de cet argument lorsqu'elles seront présentes dans la plage de dates définies par les arguments *date_départ* et *date_fin*.

La Figure 3.2 illustre cette fonction. Dans cette feuille de calcul, j'ai créé une plage de cellules B3:B13 qui liste les jours fériés de l'année 2016. Ensuite, dans la cellule E4, j'ai entré la fonction NB.JOURS.OUVRES suivante :

```
NB.JOURS.OUVRES(DATE(2015;12;31);DATE(2016;12;31);B3:B13)
```

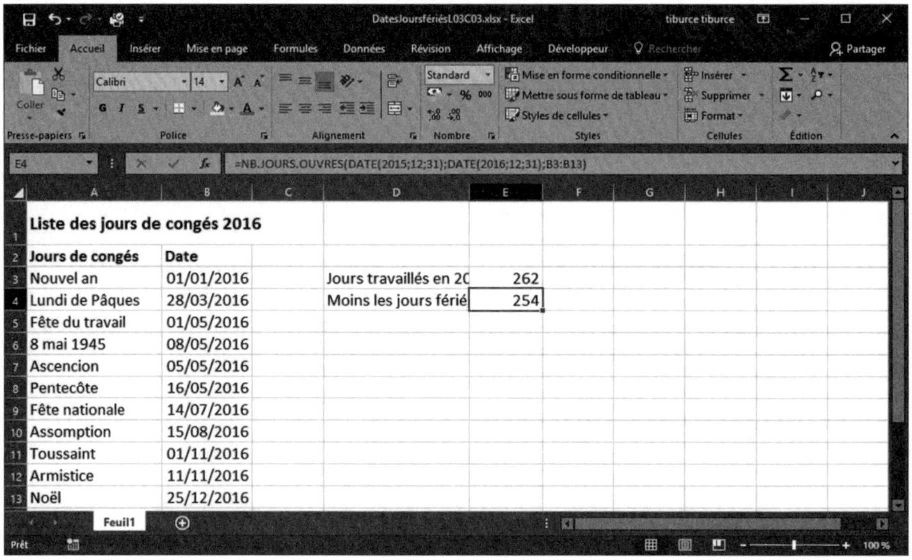

FIGURE 3.2 : Utiliser la fonction NB.JOURS.OUVRES pour déterminer le nombre de jours entre deux dates.

Cette fonction calcule le nombre de jours de travail entre le 31 décembre 2015 et le 31 décembre 2016, soit 262 jours. Ensuite, elle soustrait les dates listées en B3:B13 si elles tombent un jour de semaine. Comme 8 sur 11 dates tombent un jour de semaine, le résultat affiché en E4 indique 254 soit 262-8=254.

NO.SEMAINE

La fonction NO.SEMAINE retourne un nombre indiquant où la semaine d'une date particulière se situe dans l'année. Elle nécessite les arguments suivants :

```
NO.SEMAINE(Numéro_de_série;[type_renvoi])
```

Dans cette fonction, l'argument *numéro_de_série* correspond à la date de la semaine de l'année que vous cherchez à déterminer. L'argument facultatif *type_renvoi* sera le chiffre 1 ou 2. 1 (ou pas d'argument du tout) indique que la nouvelle semaine commence le dimanche et que les jours de la semaine sont numérotés de 1 à 7. Le chiffre 2 indique que la nouvelle semaine commence le lundi et que les jours de la semaine sont numérotés de 1 à 7.

Si vous entrez la fonction NO.SEMAINE suivante dans une cellule :

```
=NO.SEMAINE(DATE(2016;1;17))
```

Excel retourne le chiffre 4 indiquant que la semaine contenant la date indiquée du 17 janvier 2016 est la quatrième de l'année lorsque le dimanche est considéré comme étant le premier jour de la semaine.

Après vérification sur un calendrier, vous pourriez dire qu'Excel se trompe, car le 17 janvier 2016 correspond à la troisième semaine de janvier. Toutefois, la semaine commençant un dimanche, la première semaine de janvier est à cheval sur fin décembre. Par conséquent, le 17 tombe bien dans la quatrième semaine.

Si j'ajoute 2 comme argument facultatif *type_renvoi*, Excel retournera 3 précisant alors que le 17 janvier 2016 tombe le dernier jour de la troisième semaine de l'année lorsque lundi est considéré comme le premier jour de la semaine.

SERIE.JOUR.OUVRE

Vous pouvez utiliser la fonction SERIE.JOUR.OUVRE pour trouver la date correspondant à une date plus ou moins le nombre de jours ouvrés spécifiés. Cette fonction exige les arguments suivants :

```
SERIE.JOUR.OUVRE(date_départ,Nb_jours,[Jours_fériés])
```

L'argument *date_départ* correspond à la date initiale que vous souhaitez utiliser dans le calcul de la date du jour ouvrable qui tombe un certain nombre de jours avant ou après la date spécifiée. L'argument *Nb_jours* correspond au nombre de jours avant (entier positif) ou après (entier négatif) la *date_départ*. L'argument facultatif *Jours_fériés* est une constante matricielle ou une plage de cellules qui contient les dates des jours fériés qui seront exclues (quand elles tombent un jour de semaine) du calcul de la nouvelle date.

Supposons que vous vouliez déterminer une date d'échéance 30 jours ouvrables après le 1er février 2016 en se basant sur la plage de cellule B3:B13 (Figure 3.2). Vous devrez entrer la formule suivante :

```
=SERIE.JOUR.OUVRE(DATE(2016;2;1);30;B3:B11)
```

Excel retournera le numéro de série 42444. Appliquez-lui le format date pour obtenir la date du 14 mars 2016.

FRACTION.ANNEE

La fonction FRACTION.ANNEE permet de calculer la fraction de l'année calculée à partir du nombre de jours séparant deux dates. Vous pouvez utiliser FRACTION. ANNEE pour déterminer la proportion des bénéfices d'une année à assigner à une période spécifique.

La fonction FRACTION.ANNEE utilise les arguments suivants :

```
FRACTION.ANNEE(date_début;date_fin;[Base])
```

L'argument facultatif *base* de la fonction FRACTION.ANNEE est un nombre compris entre 0 et 4. Il détermine la base du décompte des jours à utiliser pour trouver la partie fractionnaire de l'année :

- » 0 (ou pas d'argument) pour se baser sur la méthode US (NASD) de 30/360 (voir la section JOURS306 plus haut dans ce chapitre).
- » 1 pour baser la fraction sur réel/réel
- » 2 pour baser la fraction sur réel/360
- » 3 pour baser la fraction sur réel/365
- » 4 pour baser la fraction sur 30/360 européen.

Si vous entrez la formule suivante dans une cellule afin de définir le pourcentage de l'année restant au 15 octobre 2016 :

```
=FRACTION.ANNEE(DATE(2016;10;15);DATE(2016;12;31))
```

Excel retourne la valeur décimale 0,2111111 soit 21 % restants de l'année en cours.

Utiliser les fonctions Heure

Excel offre une grande quantité de fonctions basées sur le calcul horaire. Les fonctions Heure permettent de convertir des entrées texte représentant des heures en numéros de série que vous pouvez utiliser dans des calculs. Les fonctions Heure incluent également des fonctions qui combinent différentes parties d'une heure en un seul numéro de série horaire, ainsi que des fonctions qui extraient des heures, des minutes, et des secondes d'un numéro de série horaire.

MAINTENANT

La fonction MAINTENANT du menu local DateHeure indique la date et l'heure de l'horloge de votre ordinateur. Vous pouvez utiliser cette fonction pour indiquer la date et l'heure de la feuille de calcul. Comme la fonction AUJOURDHUI, MAINTENANT ne requiert aucun argument et est recalculée à chaque fois que vous ouvrez la feuille de calcul :

```
=MAINTENANT()
```

Lorsque vous entrez la fonction MAINTENANT dans une cellule, Excel place la date avant l'heure. Ainsi, pour le 11 juin 2016 à 11h07, la cellule contenant la fonction MAINTENANT affichera :

```
11/06/2016 11:07
```

Le format Date/heure de la fonction MAINTENANT est un format numérique personnalisé. Pour assigner un autre format, créez le vôtre, puis assignez-le à la fonction MAINTENANT. (Voir le Chapitre 2 du Livre II pour plus d'informations sur la création des formats numériques personnalisés.)

TEMPS et TEMPSVAL

La fonction TEMPS permet de créer un nombre décimal représentant un numéro de série allant de 0 (zéro) à 0,99999999, représentant 0:00:00 à 23:59:59. Vous pouvez utiliser la fonction TEMPS pour combiner les heures, les minutes, et les secondes en un seul numéro de série horaire lorsque ces éléments sont stockés dans des cellules séparées.

La fonction TEMPS requiert les arguments suivants :

```
TEMPS(heure,minute,seconde)
```

Lorsque vous spécifiez l'argument *heure*, vous utilisez un nombre entre 0 et 23. (Tout nombre supérieur à 23 est divisé par 24, et le reste est utilisé comme valeur horaire.) Lorsque vous spécifiez les arguments *minute* et *seconde*, vous utilisez un nombre entre 0 et 59. (Tout argument *minute* supérieur à 59 est converti en heures et minutes, et tout argument *seconde* supérieur à 59 est converti en heures, minutes, et secondes.)

Par exemple, si la cellule A3 contient 4, la B3 37, et la C3 0, et que vous entrez la fonction TEMPS suivante en D3 :

```
=TEMPS(A3;B3;C3)
```

Excel affichera 4:37 AM dans la cellule D3. Si vous lui assignez le format de cellule Standard, cet horaire se transforme en numéro de série 0,192331.

La fonction TEMPSVAL convertit un horaire saisi ou importé en une entrée texte équivalente à un numéro de série. Cette fonction ne nécessite qu'un seul argument *heure_texte*, comme ceci :

```
TEMPSVAL(heure_texte)
```

Par exemple, si vous insérez la fonction TEMPSVAL dans une cellule pour déterminer le numéro de série de 10:35:25 :

```
=TEMPSVAL(«10:35:25»)
```

Excel retourne le numéro de série 0,441262 dans la cellule. Si vous assignez le format numérique Heure à cette cellule, le numéro de série devient 10:35:25.

HEURE, MINUTE, et SECONDE

Les fonctions HEURE, MINUTE, et SECONDE du menu local DateHeure permettent d'extraire des parties d'un horaire. Chacune de ces fonctions Heure ne nécessite que l'argument *numéro_de_série*. Il contient l'heure, la minute ou la seconde à isoler.

Par exemple, si la cellule B5 contient 13:30:10, soit le numéro de série 0,5626157, et que vous entrez la fonction HEURE dans la cellule C5 :

```
=HEURE(B5)
```

Excel retourne 13 dans la cellule C5. Si vous entrez la fonction MINUTE suivante en D5 :

```
=MINUTE(B5)
```

Excel retourne 30. Enfin, si vous entrez la fonction SECONDE suivante en E5 :

```
=SECONDE(B5)
```

Excel retourne 10 dans la cellule E5.

Chapitre 4

Les formules financières

DANS CE CHAPITRE :

» **Utiliser les fonctions d'investissement de base**

» **Utiliser les fonctions d'amortissement de base**

» **Utiliser les fonctions de conversion monétaire de base**

L'argent est le nerf de la guerre. La grande majorité des feuilles de calcul que vous créerez reposeront sur la gestion de données financières comme des estimations de bénéfices ou de pertes, d'entrées ou de sorties. Excel dispose de nombreuses fonctions financières sophistiquées qui permettent de déterminer de telles valeurs comme la valeur actuelle nette d'un investissement, des délais de paiement, des calculs d'intérêts, des taux d'amortissement, le taux de rendement d'un investissement, ou bien encore la dévalorisation de vos actifs.

En activant le complément Analysis ToolPak, vous ajouterez plus de 30 fonctions financières spéciales capables de calculer les intérêts cumulés périodiquement et à échéance, mais aussi de calculer le taux de rentabilité interne et la valeur actuelle nette d'un flux de trésorerie non périodique.

Les bases des fonctions financières

Une bonne utilisation des fonctions financières repose sur la compréhension des termes de leurs arguments. La majorité d'entre elles comme VA (Valeur Actuelle), VAN (Valeur Actuelle Nette), VC (Valeur Future), VPM (Remboursement), et INTPER (Remboursement des intérêts) ont des arguments similaires :

- **VA** calcule la valeur actuelle d'un emprunt ou d'un investissement sur la base d'un taux d'intérêt constant.
- **VC** calcule la valeur future d'un investissement sur des paiements réguliers et constants, et un taux d'intérêt stable.
- **VPM** calcule le montant total de chaque remboursement périodique d'un investissement à remboursement et taux d'intérêt constants.
- **TAUX** calcule le taux d'intérêt par période d'un prêt ou d'un investissement. Le taux est exprimé sous la forme d'un pourcentage annuel.
- **NPM** correspond au nombre total de paiements d'un investissement à versements réguliers. Vous calculez cette valeur en prenant le terme des remboursements, c'est-à-dire la durée de paiement des intérêts. Vous le multipliez par la période correspondant au moment où les intérêts sont payés ou dus. Ainsi, un prêt de 3 ans avec des intérêts payés sur 12 mois donne 3 x 12 = 36 mois de remboursement.

Lorsque vous utilisez des fonctions financières, gardez à l'esprit que les arguments *va*, *vc*, et *vpm* peuvent être positifs ou négatifs selon que vous recevez (dans le cas d'un investissement) ou donnez l'argent (dans le cas d'un prêt). N'oubliez pas également que vous devez exprimer l'argument *taux* dans la même unité que l'argument *npm*. Ainsi, lorsque vous procédez à des remboursements mensuels et que *npm* exprime le nombre total de mois, comme 360 pour un prêt sur 30 ans (30 x 12), le taux d'intérêt annuel sera lui aussi exprimé par le taux appliqué mensuellement. Par exemple, si le taux annuel est de 7,5 %, l'argument *taux* sera de 0,075/12.

Les fonctions VA, VAN, et VC

Les fonctions VA (valeur actuelle), VAN (valeur actuelle nette), et VC (valeur future) sont disponibles dans le menu local Financier de l'onglet Formules (Alt + UB).

Calculer la valeur actuelle

La fonction VA, ou valeur actuelle, retourne la valeur actuelle d'un emprunt ou d'un investissement sur la base d'un taux d'intérêt constant. La syntaxe de la fonction VA est :

```
=VA(taux;npm;vpm;[vc];[type])
```

Les arguments *vc* et *type* sont facultatifs dans la fonction (donc présentés entre crochets). L'argument *vc* représente la valeur capitalisée, c'est-à-dire le montant que vous souhaitez obtenir après le dernier paiement. Si *vc* est omis, la valeur par défaut est 0. L'argument *type* représente le nombre 0 ou 1, et indique quand les paiements doivent être effectués.

La Figure 4.1 contient plusieurs exemples d'utilisation de la fonction VA. Elles utilisent le taux annuel de 1,25 % et une durée d'emprunt de 10 ans. Comme le remboursement se fait mensuellement, chaque fonction convertit ces données annuelles en données mensuelles. Par exemple, dans la fonction VA de la cellule E3, le taux d'intérêt annuel est celui de la cellule A3, mais divisé par 12 soit A3/12. Le terme annuel de la cellule B3 est converti en périodes mensuelles par une simple multiplication par 12 (B3x12).

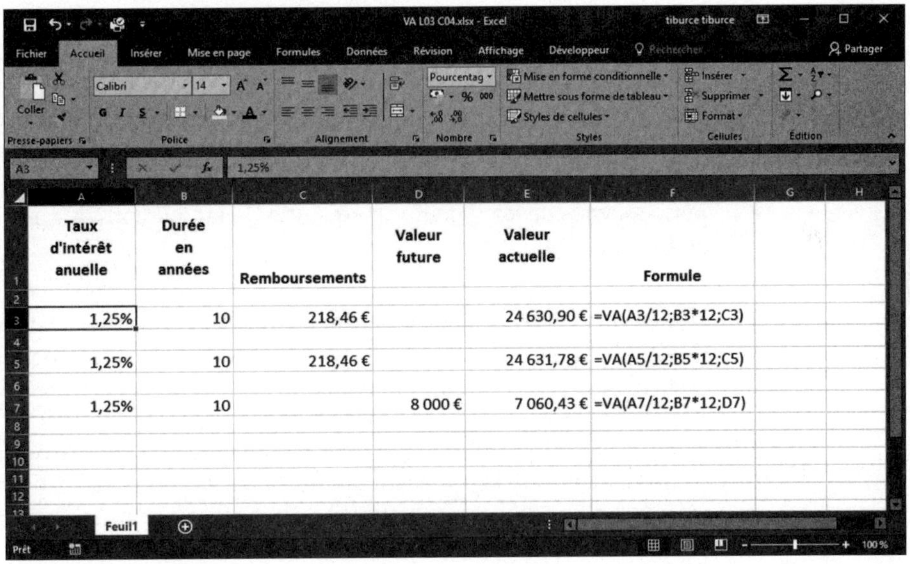

Taux d'intérêt anuelle	Durée en années	Remboursements	Valeur future	Valeur actuelle	Formule
1,25%	10	218,46 €		24 630,90 €	=VA(A3/12;B3*12;C3)
1,25%	10	218,46 €		24 631,78 €	=VA(A5/12;B5*12;C5)
1,25%	10		8 000 €	7 060,43 €	=VA(A7/12;B7*12;D7)

FIGURE 4.1 : Utiliser la fonction VA pour calculer la valeur présente de divers remboursements.

Bien que les fonctions VA des cellules E3 et E5 utilisent les arguments *taux*, *npm*, et *vpm* (218,46 €), leurs résultats sont sensiblement différents. Cela s'explique par l'argument *type* des deux fonctions : la fonction VA de la cellule E3 présume que chaque remboursement se fait en fin de période (l'argument *type* est 0 chaque fois qu'il n'est pas saisi). En revanche, la fonction VA de la cellule E5 présume que chaque remboursement se fait en début de période, argument spécifié par *type* qui est égal à 1. Lorsque le remboursement est fait en début de période, la valeur actuelle est de 0,89 € supérieure à celle réalisée en fin de période.

Le troisième exemple en E7 (illustré sur la Figure 4.1) utilise la fonction VA avec un argument *vc* au lieu d'un argument *vpm*. Dans cet exemple, la fonction VA part du principe que vous vouliez rembourser 7060,43 euros sur 10 ans afin de réaliser un équilibre de 8000 euros. Sachez que lorsque vous utilisez la fonction VA avec l'argument *vc* à la place de *vpm*, vous devez indiquer la position de l'argument *vpm* dans la fonction avec un point-virgule afin qu'Excel ne l'omette pas et retourne alors une valeur erronée.

Calculer la valeur actuelle nette

La fonction VAN calcule la valeur nette actuelle basée sur une série de décaissement. La syntaxe de cette fonction est :

```
=VAN(taux;valeur1;[valeur2],[...])
```

où *valeur1*, *valeur2*, *etc.*, se situe entre 1 et 13 et représentent des séries de paiements (valeurs négatives) et de revenus (valeurs positives) espacées dans le temps et intervenant en fin de période. L'investissement VAN débute une période avant celle de la *valeur1* de décaissement, et se termine avec le dernier décaissement dans la liste des arguments. Si votre premier décaissement survient au début de la période, vous devez l'ajouter au résultat de la fonction VAN plutôt que de l'inclure en tant qu'argument.

La Figure 4.2 illustre l'utilisation de la fonction VAN pour évaluer l'attrait d'un investissement sur cinq ans et exigeant un investissement initial de 30 000 € (valeur de la cellule G3). La première année, vous estimez une perte de 22 000 € (cellule B3) ; la deuxième année, vous envisagez un gain de 15 000 € (cellule C3) ; la troisième année, un profit de 25 000 € (cellule D3) ; la quatrième année, un profit de 32 000 € (cellule E3) ; et la cinquième année, un profit de 38 000 € (cellule F3). Ces références de cellules sont utilisées en tant qu'argument *valeur* dans la fonction VAN.

Contrairement à la fonction VA, la fonction VAN n'exige pas un flux de trésorerie équilibré. L'argument *taux* est fixé à 2,25 %. Dans cet exemple, il représente donc le taux que vous espérez obtenir sur cette période de cinq ans. La fonction VAN retourne la valeur nette de 49 490,96 € représentant la somme que vous pensez réaliser avec un investissement initial de 30 000 €, un taux de 2,25 %, et une perte de 22 000 € la première année.

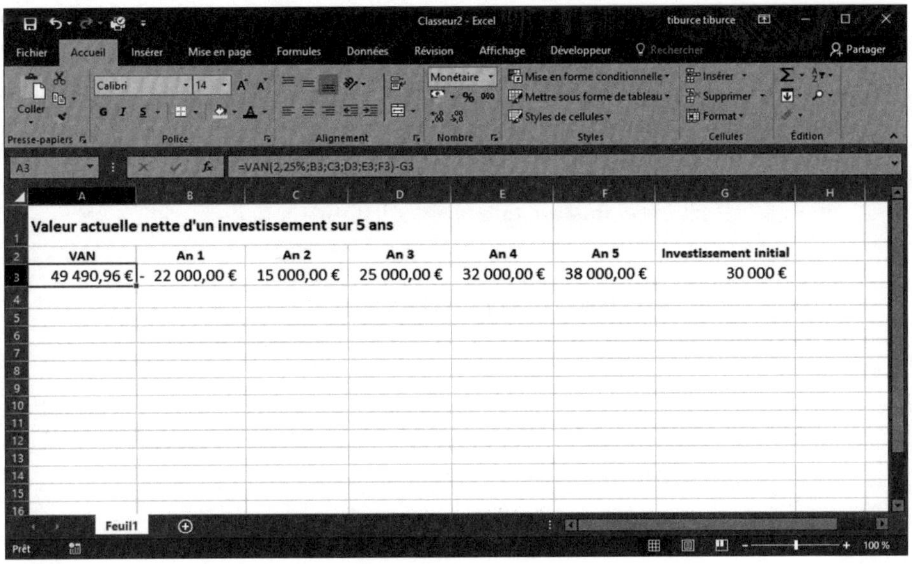

FIGURE 4.2 : Utiliser la fonction VAN pour calculer la valeur actuelle nette d'un investissement.

Calculer la valeur future

La fonction VC calcule la valeur future d'un investissement. La syntaxe de cette fonction est :

```
=VC(taux;npm;vpm;[va];[type])
```

Les arguments *taux*, *npm*, *vpm* et *type* sont les mêmes que ceux utilisés par la fonction VA. L'argument *va* correspond à la valeur actuelle ou à la somme forfaitaire pour laquelle vous voulez calculer la valeur future. Comme avec les arguments *vc* et *type* de la fonction VA, les deux arguments *va* et *type* sont optionnels dans la fonction VC. Si vous les omettez, Excel présume que leur valeur est égale à zéro (0).

Vous pouvez utiliser la fonction VC pour calculer la valeur future d'un investissement, comme un plan d'épargne retraite (PER). Supposons que vous ouvriez un PER à 43 ans pour prendre votre retraite 22 ans plus tard, soit à 65 ans. Vous envisagez d'effectuer des versements annuels, et cela au début de chaque année. Vous supposez un taux de rendement fixe égal à 2,5 %. Vous entrerez alors la formule suivante :

```
=VC(2,5%;22;-1500;;1)
```

Excel estimera votre valeur future à 44 376,64 € pour un versement annuel de 1500. Si votre PER contient déjà la somme de 1538 €, votre fonction sera la suivante :

```
=VC(2,5%;22;-1500;-1538;1)
```

Ici Excel indique que la valeur future sera de 47 024,42 €.

La fonction VPM

La fonction VPM est accessible depuis le menu local Financier de l'onglet Formules. Elle permet de calculer des remboursements périodiques par annuité, et suppose un remboursement et un taux d'intérêt constant. La fonction VPM utilise la syntaxe suivante :

```
=VPM(taux;npm;va;[vc];[type])
```

Comme avec de nombreuses autres fonctions financières, *taux* correspond à un taux d'intérêt par période, *npm* représente le nombre de remboursements, *va* est égal à la valeur actuelle ou la valeur que représente à la date d'aujourd'hui une série de remboursements futurs, *vc* est la valeur future ou que vous souhaitez obtenir après le dernier remboursement. (Excel suppose une valeur future égale à zéro si vous omettez cet argument facultatif.) Enfin, *type* est la valeur 0 pour les paiements réalisés à la fin de la période ou la valeur 1 pour les paiements effectués au début de cette période.

La fonction VPM est souvent utilisée pour calculer les remboursements d'emprunts qui ont un taux fixe. La Figure 4.3 montre une feuille de calcul qui contient un tableau reposant sur la fonction VPM. Son but est de calculer les remboursements d'un prêt à différents taux d'intérêt allant de 2,75 à 4,00 avec une somme empruntée allant de 150 000 à 159 000 €. Le tableau utilise un capital initial en B2 copié en A7 et incrémenté de 1000 € sur la plage A8:A16. Le tableau utilise le taux d'intérêt initial de la cellule B3, copié en B6, avec augmentation de ce taux par tranche de 0,25 % sur la plage C6:G6. La durée est une constante utilisée sur la totalité du tableau.

Suivez les étapes ci-dessous pour constater avec quelle facilité il est possible de créer ce type de tableau de données reposant sur la fonction VPM :

1. **Dans la cellule A1, entrez le titre** Remboursement de prêt**, tapez** Capital **dans la cellule A2,** Taux d'intérêt **en A3, et** Durée (en années) **en A4.**

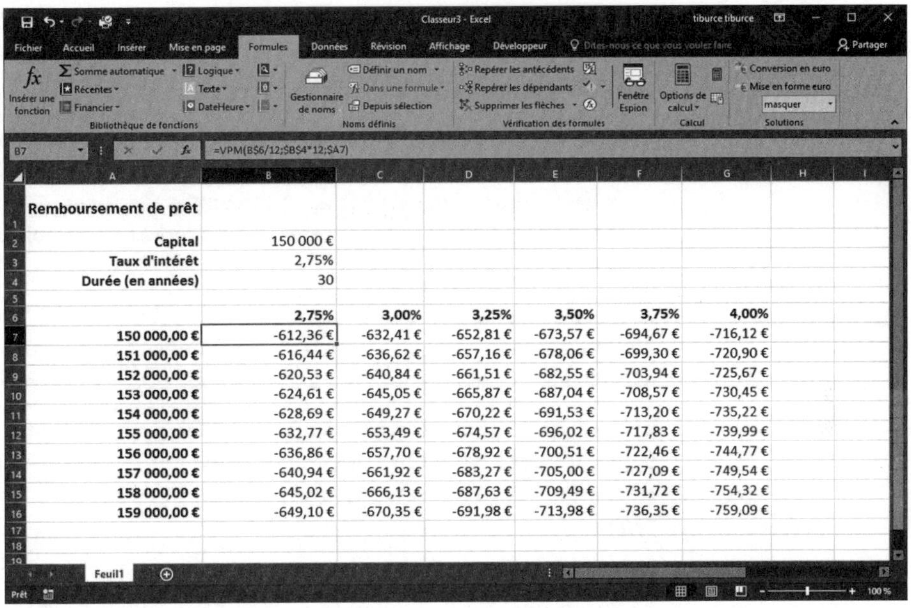

B7 =VPM(B$6/12;$B$4*12;$A7)

	A	B	C	D	E	F	G
1	**Remboursement de prêt**						
2	**Capital**	150 000 €					
3	**Taux d'intérêt**	2,75%					
4	**Durée (en années)**	30					
5							
6		**2,75%**	**3,00%**	**3,25%**	**3,50%**	**3,75%**	**4,00%**
7	**150 000,00 €**	-612,36 €	-632,41 €	-652,81 €	-673,57 €	-694,67 €	-716,12 €
8	**151 000,00 €**	-616,44 €	-636,62 €	-657,16 €	-678,06 €	-699,30 €	-720,90 €
9	**152 000,00 €**	-620,53 €	-640,84 €	-661,51 €	-682,55 €	-703,94 €	-725,67 €
10	**153 000,00 €**	-624,61 €	-645,05 €	-665,87 €	-687,04 €	-708,57 €	-730,45 €
11	**154 000,00 €**	-628,69 €	-649,27 €	-670,22 €	-691,53 €	-713,20 €	-735,22 €
12	**155 000,00 €**	-632,77 €	-653,49 €	-674,57 €	-696,02 €	-717,83 €	-739,99 €
13	**156 000,00 €**	-636,86 €	-657,70 €	-678,92 €	-700,51 €	-722,46 €	-744,77 €
14	**157 000,00 €**	-640,94 €	-661,92 €	-683,27 €	-705,00 €	-727,09 €	-749,54 €
15	**158 000,00 €**	-645,02 €	-666,13 €	-687,63 €	-709,49 €	-731,72 €	-754,32 €
16	**159 000,00 €**	-649,10 €	-670,35 €	-691,98 €	-713,98 €	-736,35 €	-759,09 €

FIGURE 4.3 : Tableau de remboursement d'un prêt utilisant la fonction VPM pour calculer les divers montants de remboursement.

2. **Dans les cellules B2, B3 et B4, entrez respectivement** 150 000 €**,** 2,75 %**, et** 30.

   Il s'agit des valeurs de départ qui vont contribuer à la création du tableau du calcul des intérêts.

3. **Placez le pointeur de cellule en B6, et créez la formule =B3.**

   Créer un lien de ce type est important. En effet, si vous changez le taux, cette modification se répercutera automatiquement sur les intérêts calculés.

4. **Placez le pointeur de cellule en C6, et créez la formule suivante =B6+0,25%.**

   En ajoutant 0,25 % au taux d'intérêt, vous pouvez utiliser la poignée de recopie pour incrémenter chaque taux de 0,25 % sur la plage de cellules C6:G6.

5. **Faites glisser la poignée de recopie jusqu'à la cellule G6, et relâchez le bouton de la souris.**

6. **Placez le pointeur de cellule sur A7, et créez la formule =B2.**

   Cela permettra de faire d'autres simulations avec un autre capital inscrit en B2.

7. **Placez le pointeur de cellule en A8, et tapez la formule =A7+1000.**

8. **Pour entrer les autres valeurs, chacune incrémentée de 1000 par rapport à la précédente, faites glisser la poignée de recopie de la cellule A8, jusqu'à la cellule A16.**

9. **Dans la cellule B7, cliquez sur le bouton Insérer une fonction de la barre de formule. Dans la boîte de dialogue qui apparaît, ouvrez le menu local Ou sélectionnez une catégorie, et choisissez Finances. Faites défiler le contenu de la liste Sélectionnez une fonction, et double-cliquez sur VPM.**

   La boîte de dialogue Arguments de la fonction apparaît. Vous y indiquez les arguments *taux, npm,* et *va*. N'hésitez pas à déplacer la boîte de dialogue si elle occulte les cellules de la zone couverte par votre tableau.

10. **Cliquez en B6 pour insérer le taux de 2,25 % dans le champ Taux. Ensuite, appuyez deux fois sur F4 pour convertir la référence relative en référence mixte B$6 où la colonne est relative et la ligne absolue. Enfin, tapez** /12**.**

    Cette conversion de références relatives en références mixtes indique à Excel de ne pas modifier le numéro de la ligne lorsque vous copiez la formule vers le bas, mais en revanche d'ajuster la lettre de la colonne lorsque vous copiez la formule sur les colonnes. Comme le taux d'intérêt initial entré en B3 est un taux annuel, mais que vous ne connaissez pas le remboursement mensuel, divisez la valeur de la cellule B6 par 12.

11. **Cliquez dans le champ Nom, puis dans la cellule B4 pour en insérer la référence. Ensuite, appuyez une fois sur F4 pour convertir cette référence relative B4 en référence absolue $B$4, puis tapez** *12**.**

    Vous devez convertir la référence relative B4 en référence absolue $B$4 pour qu'Excel n'ajuste ni le numéro de la ligne ni la lettre de la colonne lorsque vous recopierez la formule vers les lignes du bas et les colonnes de droite. Comme la durée est annuelle et que vous voulez connaître le remboursement mensuel, vous devez convertir les périodes annuelles en périodes mensuelles. Pour cela, il suffit de multiplier la valeur de la cellule B4 par 12.

12. **Cliquez dans le champ Va, puis sur A7 pour y insérer cette référence de cellule. Ensuite, appuyez trois fois sur F4 pour convertir la référence relative A7 en référence mixte $A7 où la colonne est absolue et la ligne relative.**

    Vous devez convertir la référence relative de la cellule A7 en référence mixte $A7. Ainsi, Excel n'ajustera pas la lettre de la colonne lorsque vous recopierez la formule VPM sur chaque colonne. En revanche, il ajustera le numéro de la ligne lorsque vous recopierez la formule sur les lignes.

13. **Cliquez sur OK pour insérer la formule =VPM(B$6/12;$B$4*12;$A7) en B7.**

    Vous voici prêt à copier cette formule VPM originale sur toutes les autres cellules du tableau.

14. **Faites glisser la poignée de recopie de la cellule B7 vers le bas jusqu'à la cellule B16, et relâchez le bouton de la souris.**

    Une fois que vous avez effectué cette recopie, vous pouvez l'effectuer sur la droite jusqu'en G16.

15. **Faites glisser la poignée vers la droite jusqu'à ce que la plage B7:B16 soit recopiée jusqu'en G16. Relâchez alors le bouton de la souris.**

Après avoir recopié la formule originale *via* la poignée de recopie, élargissez les colonnes B à G pour bien afficher le résultat des calculs.

Une fois que vous avez créé un tableau comme celui-ci, vous pouvez modifier le capital ou le taux d'intérêt, ainsi que la durée du prêt, et pourquoi pas les trois à la fois. Pour contrôler le recalcul de la feuille, basculez en mode de calcul manuel.

Pour plus d'informations sur le recalcul manuel, consultez le Chapitre 1 du Livre III. Si vous souhaitez protéger votre feuille de calcul de manière à n'autoriser que la modification du contenu des cellules B2, B3 et B4, c'est-à-dire changer le capital, le taux d'intérêt, et la durée du prêt, consultez le Chapitre 1 du Livre IV.

Les fonctions d'amortissement

Excel propose quatre fonctions d'amortissement qui calculent différemment l'amortissement d'un actif dans le temps. Vous trouverez ces fonctions dans le menu local du bouton Financier de l'onglet Formules :

- AMORLIN(*coût;valeur_rés;durée*) calcule l'amortissement linéaire d'un bien pour une période donnée.
- SYD(*coût;valeur_rés;durée;période*) calcule l'amortissement d'un bien pour une période donnée sur la base de la méthode américaine Sum-of-years.
- DB(*coût;valeur_rés;durée;période;[mois]*) calcule l'amortissement d'un bien sur une période spécifiée. Utilise la méthode de l'amortissement dégressif à taux fixe.

- DDB(*coût;valeur_rés;durée;période;[facteur]*) calcule l'amortissement d'un bien durant une période spécifiée suivant la méthode de l'amortissement dégressif à taux double ou selon un coefficient à spécifier.

Comme vous pouvez le constater, à l'exception des arguments optionnels *mois* et *facteur*, toutes ces fonctions exigent les arguments *coût*, *valeur_rés*, et *durée*. Toutes, à l'exception de AMORLIN, demandent un argument *période* :

- *Coût* représente le coût initial du bien.
- *Valeur_rés* représente la valeur du bien au terme de l'amortissement. On l'appelle également valeur résiduelle du bien.
- *Durée* correspond au nombre de périodes pendant lesquelles le bien est amorti. On l'appelle aussi *vie utile* du bien.
- *Période* représente la période sur laquelle vous souhaitez calculer l'amortissement. Elle doit être exprimée dans la même unité que la durée.

La fonction DB accepte un argument optionnel *mois*. Il s'agit du nombre de mois d'utilisation de l'actif la première année. Si vous omettez cet argument, Excel suppose que le nombre de mois de service est égal à 12.

Lorsque vous utilisez la fonction DDB pour calculer un amortissement dégressif à taux double, vous pouvez ajouter l'argument optionnel *facteur*. Cet argument correspond au taux de l'amortissement dégressif. Si vous l'omettez, la valeur est égale à 2 (d'où le nom d'*amortissement dégressif à double taux*).

La Figure 4.4 montre un tableau d'amortissement qui utilise ces quatre méthodes pour calculer l'amortissement sur dix ans de meubles de bureau d'un coût total de 50 000 €, avec une valeur résiduelle de 1000 € à la fin de la période d'amortissement.

La barre de formule montre la formule AMORLIN saisie en cellule B8 :

```
=B7-SLN($C$3;C$5;$C$4)
```

Cette formule soustrait l'amortissement sur la première année d'utilisation du coût d'origine de 50 000 € (cette valeur est indiquée en C3). Donc dans la cellule B7, j'ai saisi la formule =C3. Une fois ma formule validée en B8, j'ai utilisé la poignée de recopie pour l'appliquer aux cellules B9 à B17. Cette dernière cellule affiche la valeur du bien après 10 ans de services, soit 1000 €.

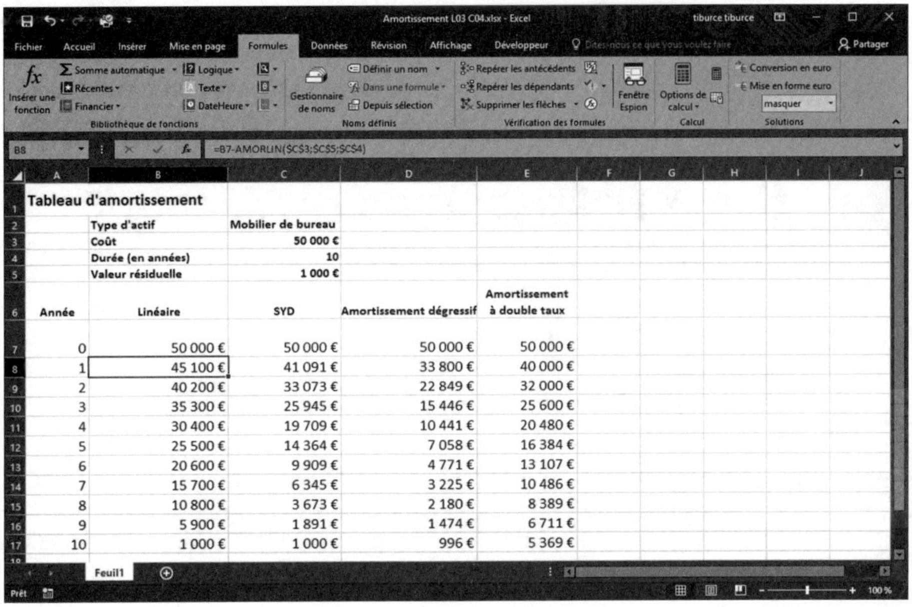

Tableau d'amortissement				
	Type d'actif	**Mobilier de bureau**		
	Coût	**50 000 €**		
	Durée (en années)	**10**		
	Valeur résiduelle	**1 000 €**		
Année	**Linéaire**	**SYD**	**Amortissement dégressif**	**Amortissement à double taux**
0	50 000 €	50 000 €	50 000 €	50 000 €
1	45 100 €	41 091 €	33 800 €	40 000 €
2	40 200 €	33 073 €	22 849 €	32 000 €
3	35 300 €	25 945 €	15 446 €	25 600 €
4	30 400 €	19 709 €	10 441 €	20 480 €
5	25 500 €	14 364 €	7 058 €	16 384 €
6	20 600 €	9 909 €	4 771 €	13 107 €
7	15 700 €	6 345 €	3 225 €	10 486 €
8	10 800 €	3 673 €	2 180 €	8 389 €
9	5 900 €	1 891 €	1 474 €	6 711 €
10	1 000 €	1 000 €	996 €	5 369 €

FIGURE 4.4 : Tableau d'amortissement sur 10 ans avec les méthodes proposées par Excel 2016.

La cellule C7 contient elle aussi la formule =C3. La cellule C8 propose une formule similaire à la B8 pour calculer l'amortissement selon la technique *sum of years*, donnant la formule suivante :

```
=C7-SYD($C$3;$C$5;$C$4;$A8)
```

Cette formule soustrait à la somme initiale l'amortissement pris en compte à la fin de la première année. Une fois cette formule créée en C8, utilisez la poignée de recopie pour remplir les cellules C9 à C17. Cette dernière cellule affiche la valeur résiduelle au bout de 10 ans, c'est-à-dire 1000 €.

J'ai utilisé la même procédure de base pour créer les formules DB et DDB pour les plages D8:D17 et E8:E17.

La cellule D8 contient la formule DB suivante :

```
=D7-DB($C$3;$C$5;$C$4;$A8)
```

La cellule E8 contient la formule DDB suivante :

```
=E7-DDB($C$3;$C$5;$C$4;$A8)
```

Comme la fonction SYD, ces deux fonctions d'amortissement exigent l'argument *période* qui est fourni par la liste des années de la plage de cellule A8:A17. Notez que la cellule C4 contient la valeur de l'argument *durée* des fonctions SYD, DB, et DDB.

Fonctions financières de Analysis ToolPak

En activant le complément Analysis ToolPak (voir le Chapitre 2 du Livre I), vous ajoutez des fonctions financières puissantes au menu local du bouton Finance de l'onglet Formules. Le Tableau 4.1 liste ces fonctions spéciales ajoutées à la boîte de dialogue Insérer une formule lorsque Analysis ToolPak est activé dans Excel.

Le Tableau 4.1 montre que de nombreuses fonctions financières de ce complément utilisent un argument facultatif *base*. Il s'agit d'un chiffre entre 0 et 4 qui indique le type de comptage de jours à utiliser pour déterminer la partie fractionnelle de l'année :

- » 0 (ou omis) pour se baser sur la méthode américaine (NASD) de 30/360 (voir le Chapitre 3 du Livre III pour plus de détails sur la fonction JOURS360)
- » 1 pour baser la fraction sur réel/réel
- » 2 pour baser la fraction sur réel/360
- » 3 pour baser la fraction sur réel/365
- » 4 pour baser la fraction sur la méthode européenne 30/360 (voir des détails sur la fonction JOURS360 au Chapitre 3 du Livre III)

Pour des informations détaillées sur les autres arguments requis par les fonctions du complément Analysis ToolPak, sélectionnez la fonction dans la liste du menu local Finance. Ensuite, dans la boîte de dialogue Arguments de la fonction qui apparaît, cliquez sur le lien Aide sur cette fonction.

TABLEAU 4.1 : Les fonctions financières de Analysis ToolPak

Fonction	Ce qu'elle calcule
INTERET.ACC(*émission;prem_coupon;règlement;taux;val_nominale;fréquence;[base];[méth_calcul]*)	Renvoie l'intérêt couru non échu d'un titre dont l'intérêt est perçu périodiquement.
INTERET.ACC.MAT(*émission;échéance;taux;val_nominale;[base]*)	Calcule l'intérêt couru non échu d'un titre dont l'intérêt est perçu à l'échéance.

Fonction	Ce qu'elle calcule
AMORDEGRC(*coût;date_achat;première_période;val_résiduelle;périodicité;taux;[base]*) et AMORLINC(*coût;-date_achat;première_période;val_résiduelle;périodicité;-taux;[base])*	Utilisées dans le système comptable français pour calculer l'amortissement. AMORDEGRC et AMORLINC renvoient l'amortissement linéaire proportionnel d'un bien pour chaque période comptable. AMORDEGRC fonctionne comme AMORLINC, à cette différence qu'elle applique un coefficient d'amortissement qui dépend de la durée de vie du bien.
NB.JOURS.COUPON.PREC(*liquidation;échéance;fréquence;[base]*)	Calcule le nombre de jours entre le début de la période de coupon et la date de liquidation.
NB.JOURS.COUPON(*liquidation;échéance;fréquence;[base]*)	Affiche le nombre de jours pour la période du coupon contenant la date de liquidation.
NB.JOURS.COUPON.SUIV(*liquidation;échéance;fréquence;[base]*)	Calcule le nombre de jours entre la date de liquidation et la date du coupon suivant la date de liquidation.
DATE.COUP.SUIV.(*liquidation;échéance;fréquence;[base]*)	Détermine la date du coupon suivant la date de liquidation.
NB.COUPONS(*liquidation;échéance;fréquence;[base]*)	Calcule le nombre de coupons entre la date de liquidation et la date d'échéance.
DATE.COUP.PREC.(*liquidation;échéance;fréquence;[base]*)	Calcule la date du coupon précédant la date de liquidation.
CUMUL.INTER(*taux;npm;va;période_début;période_fin;type*)	Calcule le montant cumulé des intérêts payés entre deux périodes données. L'argument *type* est 0 quand le paiement est réalisé à la fin de la période, et 1 lorsqu'il intervient au début de la période.
CUMULPRINCPER(*taux;npm;va;période_début;période_fin;type*)	Calcule le montant cumulé du remboursement du capital entre deux périodes données. L'argument *type* est 0 quand le paiement est réalisé à la fin de la période, et 1 lorsqu'il intervient au début de la période.
TAUX.ESCOMPTE(*liquidation;échéance;valeur_nominale;valeur_échéance;[base]*)	Calcule le taux d'escompte d'un titre.
PRIX.DEC(*prix_fraction;fraction*)	Convertit la valeur des cotations boursières de la forme fractionnaire à la forme décimale.
PRIX.FRAC(*prix_décimal;fraction*)	Convertit la valeur des cotations boursières de la forme décimale à la forme fractionnaire.
DUREE(*liquidation;éhéance;taux;rendement;fréquence;[base]*)	Calcule la durée d'un titre avec des paiements d'intérêts périodiques.
TAUX.EFFECTIF(*taux_nominal;nb_périodes*)	Calcule le taux effectif à partir du taux nominal et du nombre de périodes.
TAUX.INTERET(*liquidation;échéance;investissement;valeur_échéance;[base]*)	Calcule le taux d'intérêt d'un titre totalement investi.
DUREE.MODIFIEE(*liquidation;échéance;taux;rendement;fréquence;[base]*)	Renvoie la durée de Macauley modifiée d'un titre, pour une valeur nominale considérée égale à 100 €.
TAUX.NOMINAL(*taux_effectif;nb_périodes*)	Calcule le taux d'intérêt nominal à partir du taux effectif et du nombre de périodes.

Fonction	Ce qu'elle calcule
PRIX.PCOUPON.IRREG(*liquidation;échéance;émission;premier_coupon;taux;rendement;valeur_échéance;fréquence;[base]*)	Calcule le prix pour une valeur nominale de 100 € d'un titre dont la première est irrégulière.
REND.PCOUPON.IRREG(*liquidation;échéance;émission;premier_coupon;taux;valeur_nominale;valeur_échéance;fréquence;[base]*)	Calcule le rendement d'un titre dont la première période est irrégulière.
PRIX.DCOUPON.IRREG(*liquidation;échéance;dernier_coupon;taux;rendement;valeur_échéance;fréquence;[base]*)	Renvoie le prix d'un titre d'une valeur nominale de 100 € dont la dernière période est irrégulière.
REND.DCOUPON.IRREG(*liquidation;échéance;émission;dernier_coupon;taux;valeur_nominale;valeur_échéance;fréquence;[base]*)	Calcule le rendement d'un titre dont la dernière période est irrégulière.
PRIX.TITRE(*liquidation;échéance;taux;rendement;valeur_échéance;fréquence;[base]*)	Calcule le prix d'un titre rapportant des intérêts périodiques, pour une valeur nominale de 100 €.
VALEUR.ENCAISSEMENT(*liquidation;échéance;taux;valeur_échéance;[base]*)	Calcule la valeur d'encaissement d'un escompte commercial, pour une valeur nominale de 100 €.
PRIX.TITRE.ECHEANCE(*liquidation;échéance;émission;-taux;rendement;[base]*)	Renvoie le prix d'un titre dont la valeur nominale est 100 € et qui rapporte des intérêts à l'échéance.
VALEUR.NOMINALE(*liquidation;échéances;investissement;taux;[base]*)	Calcule la valeur nominale à l'échéance d'un titre totalement investi.
TAUX.ESCOMPTE.R(*liquidation;échéance;taux_escompte*)	Calcule le taux d'escompte rationnel d'un bon du Trésor.
PRIX.BON.TRESOR(*liquidation;échéance;taux_escompte*)	Renvoie le prix d'un bon du Trésor d'une valeur nominale de 100 €.
RENDEMENT.BON.TRESOR(*liquidation;échéance;valeur_nominale*)	Calcule le taux de rendement d'un bon du Trésor.
TRI.PAIEMENTS(*valeurs;dates;estimation)*	Calcule le taux de rentabilité interne d'un ensemble de paiements.
VAN.PAIEMENTS(*taux;valeurs;dates)*	Donne la valeur actuelle nette d'un ensemble de paiements planifiés.
RENDEMENT.TITRE(*liquidation;échéance;taux;valeur_nominale;valeur_rachat;fréquence;[base]*)	Calcule le rendement d'un titre rapportant des intérêts périodiquement.
RENDEMENT.SIMPLE(*liquidation;échéance;valeur_nominale;valeur_rachat;[base]*)	Calcule le taux de rendement d'un titre escompté, tel qu'un bon du Trésor.
RENDEMENT.TITRE.ECHEANCE(*liquidation;échéance;émission;taux;valeur_nominale;[base]*)	Renvoie le rendement annuel d'un titre qui rapporte des intérêts à l'échéance.

Chapitre 5
Les formules mathématiques et statistiques

DANS CE CHAPITRE :

- **Arrondir des valeurs**
- **Élever des nombres à la puissance et trouver les racines carrées**
- **Somme conditionnelle**
- **Utiliser des fonctions statistiques de base, comme MOYENNE, MIN, et MAX**
- **Créer des formules qui calculent**
- **Utiliser des fonctions statistiques spécialisées**

Ce chapitre étudie deux grandes catégories de fonctions : Maths &trigonométrie, et Statistiques. Maths et trigonométrie sont des fonctions localisées dans le menu local éponyme de l'onglet Formules. Cette catégorie inclut toutes les fonctions trigonométriques spécialisées comme sinus, cosinus, ou tangentes, ainsi que des fonctions logarithmiques aux côtés de fonctions mathématiques plus ordinaires comme l'addition de nombres, les arrondis, l'élévation à une certaine puissance, ou bien encore le calcul de la racine carrée d'un nombre. Parmi les nouveautés Excel 2016 en matière de fonctions Maths & trigonométrie, notons la fonction CHIFFRE.ARABE qui convertit n'importe quel chiffre romain en chiffre arabe comme xxi en 21. Elle complète la fonction ROMAIN qui effectue la conversion inverse par laquelle 16 devient XVI.

Les fonctions statistiques sont localisées dans un menu local de l'onglet Formules appelé Plus de fonctions. Les fonctions statistiques proposent des fonctions communes qui retournent les valeurs moyennes, plus élevées, et plus faibles d'une plage de cellules. Elles mettent également à votre disposition des fonctions très sophistiquées et spécialisées qui calculent des probabilités, des fréquences, des déviations standard, et des variantes.

Les fonctions Maths & trigonométrie

Les fonctions mathématiques font partie de la catégorie Maths & trigonométrie accessible depuis ce même menu local de l'onglet Formules, ou dans le menu local Ou sélectionnez une catégorie de la boîte de dialogue Insérer une fonction.

Cette catégorie regroupe des fonctions trigonométriques spéciales et des fonctions arithmétiques courantes. Bien que la trigonométrie intéresse principalement les ingénieurs et les scientifiques, les fonctions mathématiques donnent la possibilité de manipuler tout type de valeurs. Cette catégorie de fonctions comprend SOMME qui reste la plus utilisée par les feuilles de calcul Excel. Vous y trouverez aussi des fonctions comme ENT, PAIR, IMPAIR, ARRONDI, et TRONQUE qui arrondissent les valeurs de votre feuille de calcul. Il existe également des fonctions telles que PRODUIT, SOMMEPROD, et SOMME.CARRES qui calculent les produits de diverses valeurs ; et la fonction RACINE qui calcule la racine carrée d'une valeur.

Arrondir des nombres

Vous utiliserez la fonction ARRONDI du menu local Maths & trigonométrie pour arrondir au supérieur ou à l'inférieur des valeurs fractionnelles de la feuille de calcul, comme vous le feriez avec des feuilles de calcul financières qui ont besoin d'afficher des valeurs monétaires à l'euro le plus proche. Contrairement au format numérique qui n'affecte que le nombre de la cellule à laquelle il est appliqué, la fonction ARRONDI modifie la manière dont Excel stocke le nombre de la cellule qui contient la fonction. ARRONDI utilise la syntaxe suivante :

```
ROUND(nombre;no_chiffres)
```

Dans cette fonction, l'argument *nombre* est la valeur que vous voulez arrondir, et *no_chiffres* correspond au nombre de chiffres auxquels vous voulez arrondir. Si vous entrez 0 (zéro), Excel arrondit à l'entier le plus proche. Si *no_chiffres* est positif, Excel arrondit le nombre au nombre spécifié de décimales. Si *no_chiffres* est négatif, Excel arrondit au nombre à gauche du point décimal.

Vous pouvez également utiliser ARRONDI.SUP et ARRONDI.INF. qui exigent les mêmes arguments *nombre* et *no_chiffres* que la fonction ARRONDI. La différence est que la fonction ARRONDI.SUP arrondit toujours la valeur à l'entier supérieur, tandis que ARRONDI.INF l'arrondit toujours à l'entier inférieur.

La Figure 5.1 illustre les fonctions ARRONDI, ARRONDI.SUP, et ARRONDI.INF qui arrondissent ici la constante mathématique pi (µ). Dans la cellule A3, j'ai saisi la valeur de pi en utilisant la fonction PI d'Excel :

```
=PI()
```

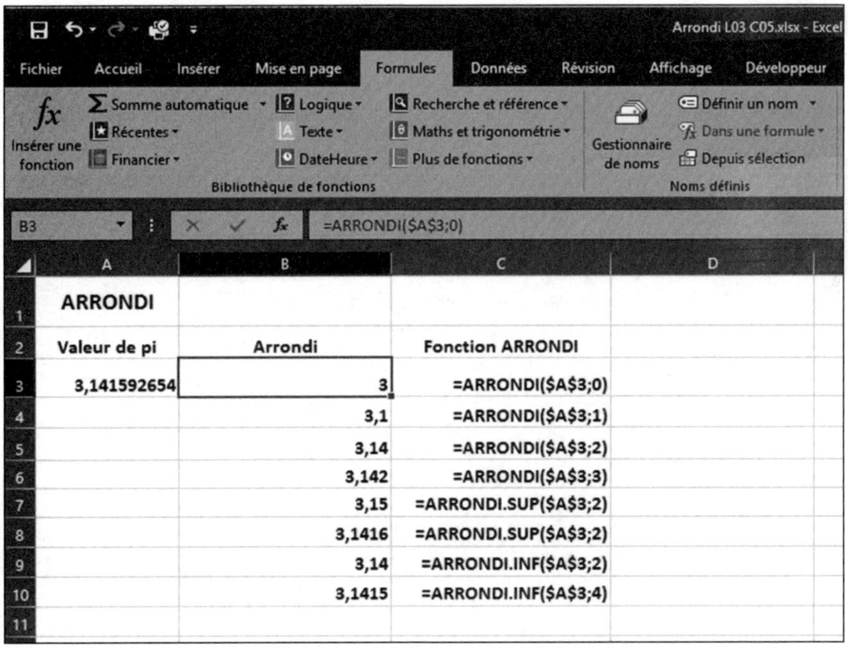

FIGURE 5.1 : Arrondir la valeur de pi avec les fonctions ARRONDI, ARRONDI.SUP, et ARRONDI.INF.

J'ai ensuite utilisé les fonctions ARRONDI, ARRONDI.SUP et ARRONDI.INF dans la plage de cellule B3 à B10 pour arrondir ce nombre à la décimale supérieure ou inférieure.

La cellule B3 contient la fonction ARRONDI avec l'argument *no_chiffre* 0, ce qui affiche 3, car Excel arrondit à la valeur la plus proche du nombre entier.

La Figure 5.1 montre la différence qui existe entre l'utilisation de ARRONDI et de ARRONDI.SUP avec 2 comme argument *no_chiffre* dans les cellules B5 et B7. Dans la cellule B5, Excel renvoie la valeur de 3,14, tandis que la cellule B7 renvoie 3,15. Notez que la fonction ARRONDI.INF avec 2 comme argument *no_chiffre* donne le même résultat de 3,14 que la fonction ARRONDI avec 2 comme second argument.

Le nombre entier et rien que le nombre entier

Vous pouvez également utiliser ENT (pour Entier) et TRONQUE (pour Tronquer) du menu local Maths & trigonométrie pour arrondir des valeurs de votre feuille de calcul. Vous utiliserez ces fonctions lorsque tout ou partie de la portion fractionnelle n'aura aucune importance pour vous. ENT n'utilise que l'argument *nombre*. Excel arrondit alors la valeur à l'entier le plus proche. Par exemple, si la cellule A3 contient pi et que vous tapez la formule :

```
=ENT(A3)
```

Excel retourne la valeur 3, exactement comme lorsque vous utilisez l'argument 0 (*no_chiffre*) de la fonction ARRONDI.

La fonction TRONQUE utilise le même argument *nombre* et *no_chiffre* que ARRONDI, ARRONDI.SUP et ARRONDI.INF. La différence est que l'argument *no_chiffre* est facultatif. Il ne s'agit pas d'un arrondi, mais plutôt d'une suppression de la partie fractionnelle. Toutefois, si vous spécifiez un argument *no_chiffres*, Excel utilise cette valeur pour déterminer la précision de la troncation. Si nous reprenons l'exemple de la Figure 5.1, et que vous entrez la fonction suivante sans l'argument *no_chiffres*,

```
=TRONQUE($A$3)
```

Excel retourne 3, exactement comme la formule =ARRONDI($A$3;0) dans la cellule B3. Si vous modifiez cette fonction TRONQUE en utilisant l'argument *no_chiffres* 2 comme ceci :

```
=TRONQUE($A$3;2)
```

Excel renvoie la valeur 3,14 en coupant le reste de la fraction exactement comme l'a fait la formule =ARRONDI($A$3;2) dans la cellule B5.

C'est uniquement avec des nombres négatifs que vous constaterez une différence entre les fonctions ENT et TRONQUE. Par exemple, si vous utilisez TRONQUE pour tronquer la valeur -5,4 avec cette formule :

```
=TRONQUE(-5,4)
```

Excel retournera la valeur -5. Cependant, si vous utilisez la fonction ENT avec la même valeur négative comme ceci :

```
=ENT(-5,4)
```

Excel retournera -6. Cela s'explique par le fait que la fonction ENT arrondit au nombre inférieur le plus proche de la portion fractionnelle.

Pair ou impair

Les fonctions PAIR et IMPAIR du menu local Maths & trigonométrie arrondissent aussi les nombres. La fonction PAIR arrondit la valeur spécifiée par l'argument *nombre* à l'entier pair le plus proche. La fonction IMPAIR fait de même à l'entier impair le plus proche. Si vous saisissez la valeur 345,25 dans la cellule C18, et que vous appliquez la fonction PAIR dans cette formule :


```
=PAIR(C18)
```

Excel retourne la valeur entière paire la plus proche, soit 346. Si vous utilisez la fonction IMPAIR dans cette cellule :

```
=IMPAIR(C18)
```

Excel retourne la valeur entière impaire supérieure, soit 347.

Construire un plafond

La fonction PLAFOND.MATH du menu local Maths & trigonométrie permet d'arrondir un nombre à l'entier ou au multiple le plus proche de l'argument précision en s'éloignant de zéro. Cette fonction sera utile lorsque vous gérerez des valeurs ayant besoin d'être arrondies à des unités particulières.

Si vous travaillez dans une feuille de calcul qui liste les prix de divers produits et que vous désirez que tous les prix ne tombent pas en dessous de 0,50 euro, vous créerez une formule qui permettra d'arrondir aux 50 centimes d'euros les plus proches.

La fonction PLAFOND.MATH utilise la syntaxe suivante :

```
PLAFOND.MATH(nombre;[précision],[mode])
```

L'argument *nombre* spécifie le nombre que vous souhaitez arrondir. L'argument optionnel *précision* spécifie le multiple auquel vous souhaitez arrondir. Par défaut, la précision est de +1 pour les nombres positifs, et de -1 pour les nombres négatifs. L'argument *mode* ne joue que si vous gérez des valeurs négatives où la valeur de l'argument indique la direction vers laquelle aller par rapport à 0, c'est-à-dire +1 ou -1.

Imaginez que vous deviez calculer sur ce principe la valeur 12,35 € dans la cellule B3, en saisissant la formule suivante en C3 :

```
=PLAFOND.MATH(B3;0,5)
```

Excel renvoie la valeur 12,50 € dans la cellule C3.

Si Excel renvoie 13 €, cela signifie que le format Monétaire appliqué est sans décimale. Pour corriger ce problème, faites un clic droit sur la cellule. Dans le menu contextuel qui apparaît, choisissez Format de cellule. Dans le champ Nombre de décimales, indiquez 2 et cliquez sur OK. Cette fois, la cellule indiquera bien 12,50 €.

Supposons que la cellule B4 contienne la valeur calculée 13,67 €, et que vous créez la formule suivante dans la cellule C4 :

```
=PLAFOND.MATH(B4;0,5)
```

Excel retourne alors 14 €.

PUISSANCE et RACINE

Bien que vous puissiez utiliser l'opérateur (^) pour créer une formule qui élève un nombre à une certaine puissance, sachez qu'Excel comprend la fonction mathématique PUISSANCE accessible depuis le menu local Maths & trigonométrie. Cette fonction élève elle aussi un nombre à une puissance indiquée.

Par exemple, pour créer une formule qui élève 5,9 à la puissance 3, vous pouvez utiliser l'opérateur (^) comme ceci :

```
=5,9^3
```

Mais vous pouvez aussi exécuter le même calcul avec la fonction PUISSANCE, *via* cette formule :

```
=PUISSANCE(5,9;3)
```

Dans les deux cas, vous obtenez 205,379. La seule différence entre l'opérateur exponentiel et la fonction PUISSANCE apparaît lorsque vous souhaitez élever un nombre à une puissance fractionnaire. Dans ce cas, vous utiliserez la fonction PUISSANCE au lieu de l'opérateur (^). Par exemple, supposons que vous deviez élever 20 à la puissance 3/4. Voici la formule que vous devriez créer :

```
=PUISSANCE(20;3/4)
```

Pour utiliser l'opérateur exponentiel, vous devez convertir la fraction 3/4 en une forme décimale. La formule sera alors :

```
=20^0,75
```

La fonction RACINE du menu local Maths & trigonométrie permet de calculer la racine carrée de n'importe quel nombre que vous indiquez dans le seul argument *nombre* de la fonction. Si vous créez la formule suivante dans une cellule :

```
=RACINE(144)
```

Excel renvoie 12.

La fonction RACINE ne prend pas en charge les nombres négatifs. Elle renvoie alors la valeur d'erreur #NOMBRE!. Pour éviter pareille nuisance, utilisez la fonction mathématique ABS (pour absolu). Elle retourne la valeur absolue d'un nombre. Si la cellule A15 contient -49,00€ qui constitue une valeur négative, la fonction RACINE retournera #NOMBRE!. Si vous appliquez la fonction ABS dans la fonction RACINE selon cette formule :

```
=RACINE(ABS(A15))
```

Excel retournera 7. En effet, la fonction ABS supprime le signe négatif avant que RACINE n'effectue son calcul. Gardez à l'esprit qu'Excel commence toujours par calculer le contenu des parenthèses les plus à l'intérieur de la formule.

La SOMME

Aucune fonction d'Excel n'est plus populaire donc utilisée que la fonction SOMME. Elle est d'ailleurs si populaire qu'elle dispose de son propre bouton de commande dans l'onglet Accueil identifiable par l'icône Σ. Vous devez maintenant comprendre comment le bouton Somme automatique utilise la fonction SOMME de base.

La fonction SOMME utilise la syntaxe suivante :

```
SOMME(nombre1;[nombre2];[...])
```

Lorsque vous utilisez la fonction SOMME, seul l'argument *nombre1* est requis. Sachez que vous pouvez entrer jusqu'à 29 arguments *nombre* facultatifs dans une seule formule SOMME, tous séparés par un point-virgule. Par exemple, vous pouvez créer la formule SOMME suivante qui additionne différentes plages de cellules :

```
=SOMME(B3:B10;Feuil2!B3:B10;Feuil3!B3:B10)
```

Dans cet exemple, Excel additionne les valeurs de la plage B3;B10 de la Feuil1, 2, et 3 du classeur.

Somme conditionnelle

La fonction SOMME est parfaite pour obtenir les totaux de tous les nombres d'une plage particulière ou d'un ensemble de plages. Mais que faire lorsque vous ne souhaitez prendre en considération que quelques éléments d'une plage de cellules ? Dans ces situations, vous pouvez utiliser la fonction SOMME.SI ou SOMME.SI.ENS du menu local Maths & trigonométrie.

La fonction SOMME.SI permet d'ajouter les nombres d'une plage particulière *uniquement* lorsque ces nombres répondent à un critère que vous avez spécifié. Voici la syntaxe de cette fonction :

```
SOMME.SI(plage;critère;[somme_plage])
```

Dans la fonction SOMME.SI, l'argument *plage* spécifie la plage de cellules qu'Excel devra évaluer pour effectuer la somme. L'argument *critère* indique le critère d'évaluation qui, *de facto*, éliminera de ce calcul certains éléments de la plage. Enfin, l'argument optionnel *somme_plage* correspond à la plage de cellules devant être additionnées. Si vous omettez l'argument *somme_plage*, Excel n'ajoute que les cellules spécifiées dans l'argument *plage* (et, bien entendu, si et seulement si elles répondent au critère spécifié).

La fonction SOMME.SI.ENS fonctionne comme la fonction SOMME.SI à cette différence près qu'elle permet de spécifier plusieurs critères qui détermineront les conditions sous lesquelles certaines valeurs d'une plage seront additionnées. Sa syntaxe diffère légèrement :

```
SOMME.SI.ENS(plage_somme;plage_critères;critères;...)
```

Dans cette fonction, l'argument *plage_somme* spécifie toutes les valeurs possibles qui peuvent être ajoutées. L'argument *plage_critères* spécifie les cellules dont les entrées seront évaluées par le critère « si ». Enfin, l'argument *critères* contient l'expression à appliquer aux entrées de l'argument *plage_critères* pour déterminer quelles valeurs calculer par *plage_somme*.

Ajouter certaines cellules avec SOMME.SI

La Figure 5.2 illustre l'utilisation de SOMME.SI pour calculer les ventes par article. Les ventes sont classées par magasin. Dans la liste Date, nous avons deux magasins Anderson Rd et Curtis Way.

Pour calculer les ventes de tartes au citron dans ces deux boutiques, je crée la formule SOMME.SI suivante dans la cellule I3 :

```
=SOMME.SI(Produit_vendu;»=Tarte citron»;Total_vente)
```

Dans cet exemple, *Produit_vendu* correspond au nom attribué à la plage C3:C15 qui liste le nom des gâteaux vendus, c'est-à-dire Muffins et Tarte citron. Le nom *Total_vente* a été assigné à la plage G3:G15 qui contient la somme des ventes. Dans la formule de la cellule I3, vous constatez que le critère indique qu'il ne faut prendre en compte que les ventes de tartes au citron.

La formule dans la cellule I4 ne calcule que la somme totale des Muffins vendus. Il suffit alors de remplacer le critère *«Tarte citron» par «Muffins».*

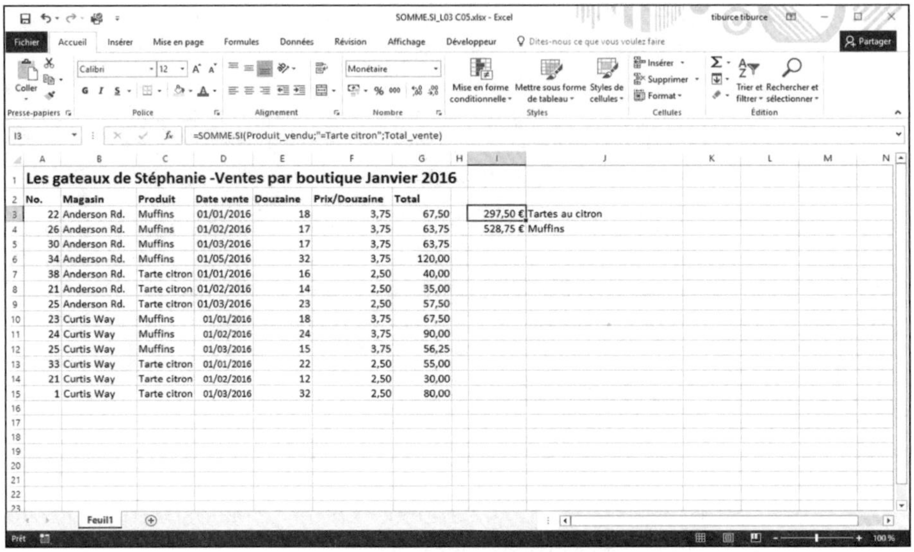

FIGURE 5.2 : Utiliser SOMME.SI pour faire le total des ventes par article.

Appliquer plusieurs critères avec SOMME.SI.ENS

La Figure 5.3 montre comment appliquer plusieurs critères pour calculer le total des ventes. Imaginons que vous vouliez connaître uniquement les tartes au citron vendues par Anderson Rd. Les deux critères à intégrer sont *Tarte citron* et *Anderson Rd.* Voici comment les appliquer à la fonction SOMME.SI.ENS de la cellule I6 :

```
=SOMME.SI.ENS(Total_vente;Produit_vendu;»Tarte citron»;magasin;»Anderson
Rd.»)
```

Dans cette formule, le nom *magasin* a été assigné à la plage B3:B15 qui liste les boutiques où les gâteaux ont été vendus. Le premier critère *Produit_vendu* spécifie le texte *Tarte citron* qu'il choisit alors dans la plage C3:C15. Le second critère *magasin* spécifie le texte *Anderson Rd.* qu'il choisit dans la plage B3:B15. Il en résulte la somme en euros de ventes de tartes au citron de la boutique Anderson Rd.

Fonctions statistiques

Excel propose un ensemble très complet de fonctions statistiques. Vous y accédez de deux manières : par le menu local Plus de fonctions de l'onglet Formules, et par la catégorie Statistiques que vous choisissez dans le menu local Ou sélectionnez une catégorie de la boîte de dialogue Insérer une fonction.

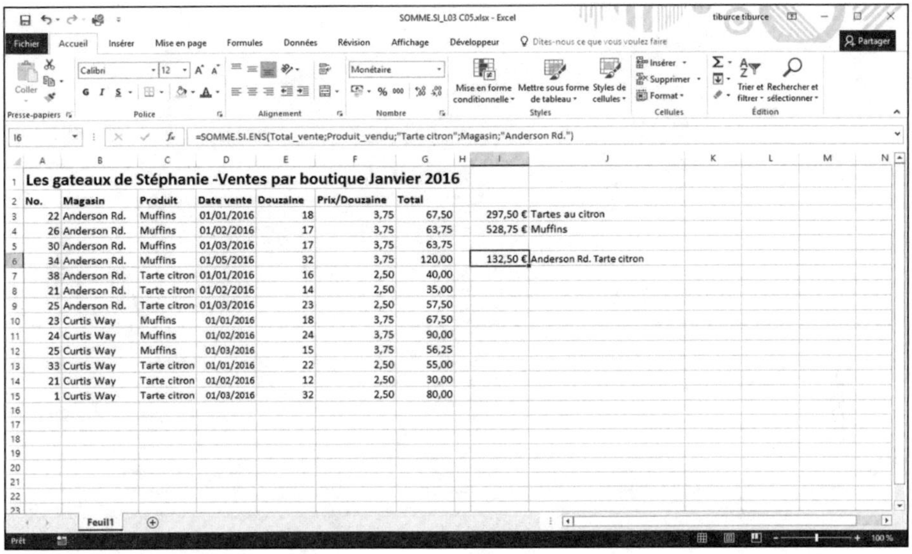

FIGURE 5.3 : La fonction SOMME.SI.ENS permet de calculer un total à partir de plusieurs critères.

Les fonctions statistiques vont des fonctions les plus banales que sont MOYENNE, MAX, et MIN, aux fonctions les plus exotiques telles que TEST.KHIDEUX, LOI.POISSON, et CENTILE.

En plus de fonctions statistiques spéciales, Excel propose un ensemble de fonctions de comptage qui calculent le nombre de cellules contenant des valeurs, les cellules non vides (quel que soit le type de données qu'elles contiennent), ou des cellules d'une plage donnée qui répondent à un critère que vous définissez.

MOYENNE, MAX et MIN

Les fonctions MOYENNE, MAX (pour maximum), et MIN (pour minimum) sont les plus couramment utilisées, car elles répondent à des besoins statistiques élémentaires. Elles utilisent la même syntaxe que notre bonne vieille fonction SOMME. Par exemple, la syntaxe de MOYENNE utilise les arguments suivants, exactement comme SOMME, MAX et MIN :

```
MOYENNE(nombre1;[nombre2];[...])
```

À l'instar de la fonction SOMME, les arguments *nombre* sont des arguments numériques pouvant aller jusqu'à 30. La Figure 5.4 illustre l'utilisation des fonctions MOYENNE, MAX, MIN, et MEDIANE. Dans cette feuille de calcul, elles calculent quelques statistiques sur des prix de maisons. Ces statistiques incluent le prix

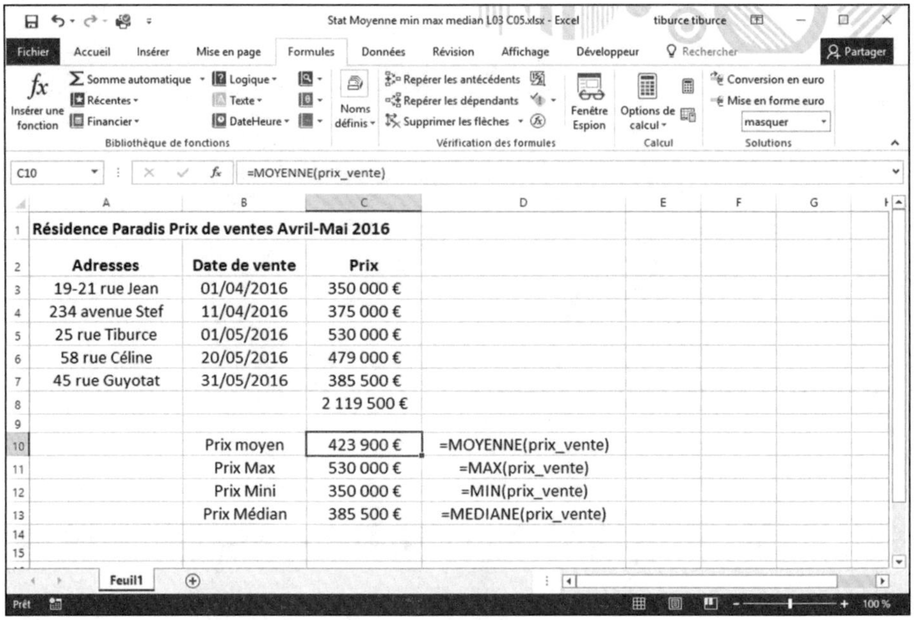

FIGURE 5.4 : Feuille de calcul des ventes de maisons en utilisant des fonctions statistiques de base.

moyen, le prix le plus élevé, le plus faible, et enfin le prix médian. Toutes ces fonctions statistiques utilisent le même argument *nombre*, c'est-à-dire la plage de cellules C3:C7 contenant les prix des ventes.

La fonction MOYENNE calcule la valeur moyenne de la plage des prix de vente. Elle en fait la somme puis les divise par le nombre de prix. Elle équivaut à la formule suivante :

```
=SOMME(prix_vente)/NB(prix_vente)
```

Cette formule utilise la fonction SOMME qui additionne les valeurs de la plage *prix_vente*. Ensuite, avec la fonction NB, elle divise ce résultat par le nombre de cellules de la plage pour trouver la valeur moyenne. Les fonctions MAX et MIN se contentent d'identifier la valeur la plus élevée et la plus faible dans la plage indiquée. Enfin, MEDIANE calcule la valeur qui se situe au milieu de ces valeurs, c'est-à-dire qui est inférieure à la plus élevée, mais supérieure à la plus faible. Vous comprenez mieux pourquoi les valeurs des cellules C10 et C13 sont différentes.

Compter des cellules

Parfois, vous aurez besoin de connaître le nombre de cellules d'une plage particulière, d'une colonne ou d'une ligne, voire d'identifier combien de cellules de la feuille de calcul contiennent des données.

À certains moments, vous souhaiterez connaître le nombre de cellules occupées par des entrées texte et le nombre de celles comptant des valeurs numériques. Excel inclut des fonctions de comptage que vous pouvez intégrer dans des formules afin de calculer le nombre de cellules d'une zone particulière de la feuille de calcul qui contiennent des données, mais aussi obtenir la nature de ces données.

Créer des formules de comptage

La Figure 5.5 illustre différents types de comptage que vous créerez pour obtenir des statistiques sur le nombre total de cellules d'une plage particulière, le nombre de cellules de cette plage contenant des données, ainsi que le nombre d'entrées numériques et textuelles de la plage.

Dans cet exemple, j'ai assigné le nom table_ventes à la plage A1:C8 qui est sélectionnée sur la Figure 5.5. Ensuite, j'ai utilisé le nom de la plage, table_ventes par hypothèse dans une formule qui en calcule différents aspects. La formule la plus basique retourne le nombre total de cellules de cette plage. Pour la créer en cellule C10, j'ai utilisé les fonctions d'information LIGNES et COLONNES (voir le Chapitre 6 du Livre III) afin de retourner le nombre de lignes et de colonnes de la plage. Ensuite j'ai créé la formule suivante qui multiplie les deux valeurs ensemble :


```
=LIGNES(table_ventes)*COLONNES(table_ventes)
```

Cette formule renvoie la valeur 24 dans la cellule C10. La formule suivante identifie le nombre de cellules contenant des données de tout type. Pour cela, il suffit de mettre en œuvre la fonction NBVAL dont voici la syntaxe :

```
NBVAL(nombre1;[nombre2];[...])
```

Les arguments *nombre*, dont un seul est obligatoire, peuvent représenter jusqu'à 30 valeurs différentes ou plages de cellules à compter. Notez que la fonction NBVAL prend en compte une cellule dès lors qu'elle contient une donnée, même réduite à un simple symbole. Dans mon exemple de la Figure 5.5, la cellule C11 contient la fonction NBVAL suivante :

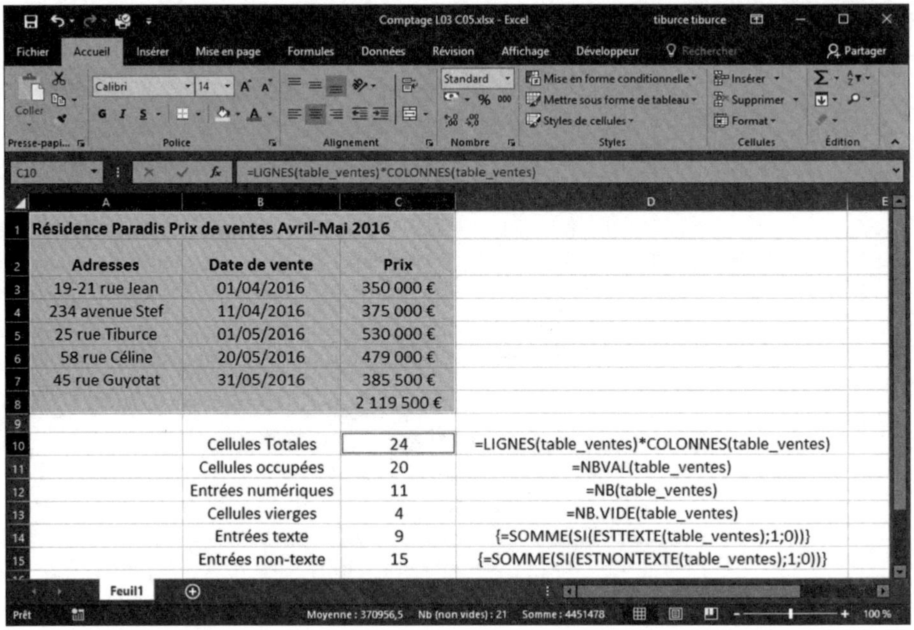

FIGURE 5.5 : Une version de la feuille de calcul des ventes de maison avec diverses formules de comptage.

```
=NBVAL(table_ventes)
```

Cette formule retourne 20 en C11. La formule suivante calcule le nombre d'entrées numériques de la plage table_ventes. Pour l'obtenir, il suffit de créer une fonction NB qui demande un argument *valeur* qui ne sera pris en compte que s'il s'agit d'un nombre.

La cellule C12 contient la formule suivante pour calculer le nombre d'entrées numériques de la plage table_ventes :

```
=NB(table_ventes)
```

Excel retourne 11 dans la cellule C12. Dans ce calcul, Excel prend en compte les cinq dates de chaque vente de la plage B3:B7, et les six données numériques contenant le prix de vente de chaque maison et le total de la plage C3:C8.

La formule suivante calcule le nombre de cellules vides grâce à la fonction NB.VIDE. Elle travaille comme NBVAL et NB à cette différence près qu'elle renvoie le nombre de cellules vides d'une plage. Pour cet exemple, j'ai tapé la formule suivante dans la cellule C13 :

```
=NB.VIDE(table_ventes)
```

Excel renvoie la valeur 4. Ce résultat est juste puisque vous savez que la plage contient 24 cellules dont 20 occupées.

Les deux dernières formules de comptage de la Figure 5.5 retournent le nombre d'entrées texte et non texte de la plage table_ventes. Pour cela, j'ai mis en œuvre les fonctions d'information ESTTEXTE et ESTNONTEXTE comme élément de la condition SI utilisée conjointement avec notre bien connue fonction SOMME.

La première formule retourne le nombre d'entrées texte de la plage table_ventes :

```
{=SOMME(SI(ESTTEXTE(table_ventes);1;0))}
```

Ne tapez pas les accolades en début et fin de formule !!! Il s'agit d'une formule matricielle. Par conséquent, elles seront ajoutées par Excel lorsque vous validerez la formule *via* Ctrl + Maj + Entrée.

La dernière formule retourne le nombre d'entrées autres que textuelles de la plage table_ventes dans la cellule C15 :

```
{=SOMME(SI(ESTNONTEXTE(table_ventes);1;0))}
```


Ne tapez pas les accolades en début et fin de formule !!! Il s'agit d'une formule matricielle. Par conséquent, elles seront ajoutées par Excel lorsque vous validerez la formule via Ctrl + Maj + Entrée.

La fonction ESTEXTE renvoie en C14 la valeur logique VRAI lorsque la plage table_ventes contient une entrée texte, et FAUX quand elle n'en contient pas. La fonction ESTNONTEXTE retourne en C15 la valeur logique VRAI quand une cellule est vide ou quand elle contient une entrée numérique (en d'autres termes, tout sauf du texte), et FAUX quand elle contient du texte.

Dans ces deux formules, les fonctions ESTTEXTE et ESTNONTEXTE sont utilisées comme des arguments *test_logique* de la fonction SI. Alors, 1 est l'argument *valeur_si_vrai* et 0 est l'argument *valeur_si_faux*. Ainsi, les cellules sont comptées uniquement quand les fonctions ESTTEXTE ou ESTNONTEXTE retournent les valeurs logiques VRAI.

Les fonctions SI sont imbriquées dans des fonctions SOMME qui elles-mêmes sont imbriquées dans une formule matricielle.

N'oubliez pas de valider ces formules matricielles en exécutant Ctrl + Maj + Entrée, et sans taper préalablement les accolades, sinon Excel affichera la formule et non pas son résultat calculé. (Pour plus d'informations sur les formules matricielles, reportez-vous au Chapitre 1 du Livre III.)

Compter les cellules occupées dans des lignes, des colonnes, et des feuilles de calcul

Vous pouvez utiliser la fonction NBVAL pour compter le nombre de cellules occupées dans une ligne ou une colonne, voire dans toute la feuille de calcul. Ainsi, pour calculer le nombre de cellules occupées sur la ligne 17 de la feuille de calcul, entrez la formule NBVAL suivante :

```
=NBVAL(17:17)
```

Pour trouver le nombre de cellules vides dans la colonne B de la feuille de calcul, entrez la formule NBVAL suivante :

```
=NBVAL(B:B)
```

Pour trouver le nombre de cellules occupées dans la feuille 2 de votre classeur (en supposant que cette feuille se nomme Feuil2, entrez la formule NBVAL suivante :

```
=NBVAL(Feuil2!1:1048576)
```

Vous pouvez également entrer l'argument de cette fonction NBVAL en désignant la plage entière de lettres des colonnes comme ceci :

```
=NBVAL(Feuil2!A:XFD)
```

Excel convertit automatiquement l'argument qui spécifie la plage de colonnes en lignes en utilisant les références absolues ($1:$1048576) dès que vous validez la fonction NBVAL dans cette cellule.

Lorsque vous entrez des fonctions NBVAL qui renvoient le nombre de cellules occupées dans une ligne, une colonne, ou une feuille de calcul, veillez à ne pas la saisir dans la ligne, la colonne, ou la feuille concernée. Dans le cas contraire, Excel ouvre la boîte de dialogue des références circulaires. Pourquoi ? Car vous demandez à Excel d'utiliser la cellule dans la formule dont le calcul s'affiche dans cette cellule.

Comptage conditionnel

Excel dispose d'une fonction NB.SI que vous pouvez utiliser pour compter les cellules d'une plage qui remplissent certaines conditions. Cette fonction exige deux arguments et utilise la syntaxe suivante :

```
NB.SI(plage;critère)
```

L'argument *plage* spécifie la plage de cellules à partir du comptage conditionnel. L'argument *critère* spécifie la condition à utiliser. Vous l'exprimerez sous la forme d'un nombre, d'une expression, ou d'un texte qui indiquera les cellules à prendre en compte. Lorsque l'argument *critère* est un nombre, inutile de le placer entre guillemets. Par exemple, dans une plage de cellules nommée table_données, voici la formule NB.SI à entrer pour calculer le nombre d'entrées qui contiennent le chiffre 5 :

```
=NB.SI(table_données;5)
```

Cependant, lorsque vous spécifiez une expression ou un texte comme argument *critère*, vous devez placer l'expression ou le texte entre guillemets comme «=5», «>20», ou «New York». Donc, si vous souhaitez utiliser NB.SI pour trouver le nombre de cellules contenant une valeur supérieure à 5, entrez cette version de la fonction NB.SI :

```
=NB.SI(table_données;»>5»)
```

Lorsque vous voulez utiliser NB.SI pour identifier le nombre de cellules dont le contenu est égal à celui d'une autre cellule de la feuille de calcul, ajoutez la référence de la cellule comme argument *critère* de la fonction. Par exemple, si vous voulez calculer le nombre de cellules de la plage table_données dont le contenu est égal à celui de la cellule B3, entrez cette formule :

```
=NB.SI(table_données;B3)
```

Si aucune autre cellule ne contient la même valeur que B3, Excel affichera tout de même 1. En effet, il prend en compte la cellule B3 elle-même.

Lorsque vous souhaitez spécifier une expression autre qu'une égalité qui se réfère au contenu d'une cellule de la feuille de calcul, vous devez placer l'opérateur entre une paire de guillemets et ajouter un & commercial avant la référence de la cellule. Par exemple, pour compter combien de cellules de la plage table_données ont une valeur supérieure au contenu de la cellule B3, vous devez entrer la fonction NB.SI suivante :

```
=NB.SI(table_données;»>»&B3)
```

Lorsque vous spécifiez du texte comme condition, vous pouvez utiliser les deux caractères génériques suivants : l'astérisque (*) pour représenter une quantité non définie de caractères, et le point d'interrogation (?) pour représenter des caractères uniques dans l'argument *critère* de la fonction NB.SI. Par exemple, pour compter toutes les cellules dans la plage table_données dont les entrées texte se terminent par le mot *rue*, utilisez l'astérisque dans l'argument *critère* de la fonction NB.SI comme ceci :

```
=NB.SI(table_données;»*rue»)
```

Pour calculer le nombre de cellules de la plage table_données dont les entrées texte contiennent le mot *remise* n'importe où dans l'entrée, placez *remise* entre deux astérisques dans l'argument *critère* de NB.SI, comme ceci :

```
=NB.SI(table_données;»*remise*»)
```

Pour compter les cellules de la plage table_données dont les entrées consistent en trois caractères suivis par n'importe quelle lettre comme jour, pour, tour, *etc.*, placez trois points d'interrogation avant la lettre r ; comme ceci :

```
=NB.SI(table_données;»???r»)
```

Lorsque vous utilisez la fonction NB.SI pour trouver le nombre de cellules, vous pouvez inclure d'autres fonctions statistiques comme argument *critère*. Par exemple, vous pouvez connaître le nombre de cellules de la plage table_données dont les valeurs sont inférieures à la valeur moyenne de la plage. Pour cela, insérez la fonction MOYENNE dans l'argument *critère* de la fonction NB.SI, comme ceci :

```
=NB.SI(table_données;»<»&MOYENNE(table_données))
```

Utiliser des fonctions statistiques spéciales

Vous pouvez utiliser des fonctions statistiques spéciales prédéfinies que vous trouverez dans le sous-menu Statistiques du menu local Plus de fonctions de l'onglet Formules, ou dans la catégorie Statistiques de la boîte de dialogue Insérer une fonction. Excel propose un jeu complet d'outils d'analyse comme faisant partie du complément Analysis ToolPak et Analysis ToolPak – VBA.

Les outils inclus dans le complément Analysis ToolPak permettent d'analyser les données de la feuille de calcul en utilisant des outils d'analyse comme des Analyses de variance, des tests d'égalité (F-Test), des transformations de Fourier et j'en passe.

Pour charger ces compléments de manière à utiliser leurs fonctions, cliquez sur Fichier/Options, et choisissez la catégorie Compléments. Ensuite, cliquez sur le bouton Atteindre. Dans la boîte de dialogue Compléments qui s'affiche, cochez les compléments Analysis ToolPak et Analysis ToolPak – VBA, et cliquez sur OK.

Après cela, ouvrez l'onglet Données, et cliquez sur le bouton Utilitaire d'analyse du groupe Analyse (Alt + ÉY1). Excel ouvre alors la boîte de dialogue éponyme illustrée à la Figure 5.6.

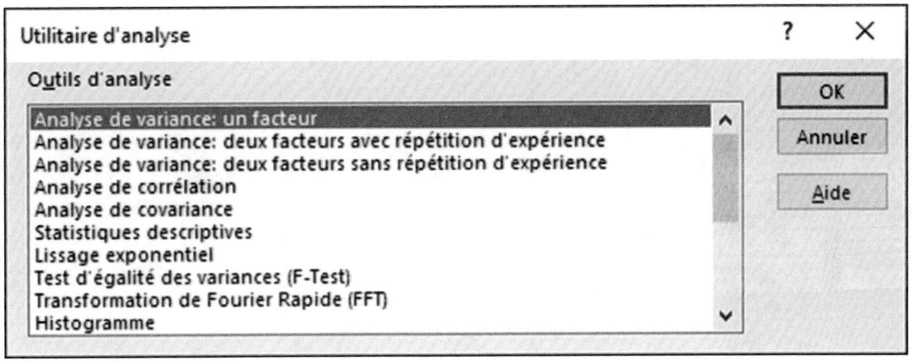

FIGURE 5.6 : Utilisez des outils d'analyse statistique ajoutés par le complément Analysis ToolPak.

Chapitre 6
Les formules de recherche, d'informations, et de texte

DANS CE CHAPITRE :

» **Rechercher des données dans un tableau et les ajouter à une liste**

» **Transposer des plages de cellules verticales en plages horizontales et inversement**

» **Obtenir des informations sur le contenu d'une cellule**

» **Évaluer un type de cellule avec la fonction d'information EST**

» **Utiliser des fonctions texte pour manipuler des entrées texte**

» **Créer des formules qui combinent des entrées texte**

Ce chapitre couvre trois catégories de fonctions Excel : Recherche et référence qui renvoie les valeurs et les adresses des cellules d'une feuille de calcul, les fonctions d'information qui retournent des types particuliers d'informations sur les cellules, et les fonctions texte qui manipulent des chaînes de texte.

De ces trois catégories, les fonctions de recherche seront sans doute les plus utiles à vos travaux sur des feuilles de calcul. En effet, elles permettent de réaliser des recherches de certaines données dans une table, puis de retourner des données connexes qui y sont stockées et qui, elles aussi, se basent sur les résultats de cette recherche.

Recherche et référence

Les fonctions de recherche sont localisées dans le menu local du bouton Recherche et référence de l'onglet Formules. Excel facilite les recherches dans des tables de données afin d'obtenir des informations sur leurs entrées ou de localiser des données connexes dans la feuille de calcul. En utilisant des tables de recherche pour entrer des informations dans une liste de données, vous réduisez la quantité de données à saisir, mais éliminez aussi les erreurs de saisie. Ces tables facilitent la mise à jour de vos listes de données : tout ce que vous avez à faire est d'éditer les entrées dans la table pour que les entrées de la liste soient immédiatement actualisées.

Les fonctions Référence d'Excel permettent de renvoyer des informations spécifiques sur des cellules particulières ou des parties de la feuille de calcul, de créer des liens hypertextes vers différents documents de votre ordinateur, de votre réseau, ou d'Internet, et de transposer des cellules verticales en une disposition horizontale et inversement.

Rechercher une valeur avec RECHERCHEV et RECHERCHEH

Les fonctions de recherche les plus utilisées sont RECHERCHEH (pour une recherche dite horizontale) et RECHERCHEV (pour une recherche dite verticale). Ces fonctions sont localisées dans le menu local du bouton Recherche et référence de l'onglet Formules. Vous les trouverez également dans la catégorie Recherche & référence de la boîte de dialogue Insérer une fonction. Elles appartiennent à un groupe de fonctions très puissant qui retourne des valeurs en les localisant dans des tableaux de données.

La fonction RECHERCHEV effectue une recherche verticale, c'est-à-dire de haut en bas, de la colonne la plus à gauche d'un tableau jusqu'à ce qu'elle localise une valeur qui correspond ou excède celle que vous cherchez. La fonction RECHERCHEH effectue le même type de recherche mais horizontalement, c'est-à-dire de gauche à droite, depuis la ligne la plus haute d'une table.

Voici la syntaxe de la fonction RECHERCHEV :

```
RECHERCHEV(valeur_cherchée;table_matrice;num_index_col;[valeur_proche])
```

Voici la syntaxe de la fonction RECHERCHEH :

```
RECHERCHEH(valeur_cherchée;tableau;no_index_ligne;[valeur_proche])
```

Dans ces deux fonctions, l'argument *valeur_cherchée* correspond à la valeur que vous souhaitez rechercher dans la table, et *table_matrice* identifie la plage de cellules ou le nom de la table de données qui contient à la fois la valeur recherchée et la valeur connexe.

L'argument *num_col_index* désigne la colonne du tableau contenant les valeurs qui sont retournées par la fonction RECHERCHEV et qui se basent sur la valeur correspondante de l'argument *valeur_recherchée* par rapport à celles de l'argument *table_matrice*. Vous déterminez l'argument *num_ index_col* afin d'identifier le numéro de la colonne la plus à gauche du tableau et qui contient la valeur de retour.

L'argument *no_index_lig* de la fonction RECHERCHEH correspond au numéro de la ligne de l'argument *tableau*. Il compte le nombre de lignes qui se situent sous cette ligne de référence par rapport à la ligne la plus haute de ce tableau. La ligne la plus haute est incluse dans ce calcul.

Lorsque vous entrez l'argument *num_ index_col* ou *no_index_lig* dans les fonctions RECHERCHEV et RECHERCHEH, la valeur saisie ne peut pas excéder le nombre total de colonnes ou de lignes du tableau.

L'argument optionnel *valeur_proche* de RECHERCHEV et RECHERCHEH est VRAI ou FAUX. Il demande à Excel de trouver la valeur exacte ou approchante définie dans l'argument *valeur_recherchée*. Lorsque vous spécifiez VRAI ou omettez l'argument *valeur_proche* dans les fonctions RECHERCHEV ou RECHERCHEH, Excel trouve une valeur approchante. Lorsque vous spécifiez FAUX, Excel trouve la valeur exacte.

Trouver des correspondances approximatives n'est possible que si vous recherchez des entrées numériques dans la première colonne ou la première ligne d'un tableau vertical ou horizontal. Quand Excel ne trouve pas la valeur exacte dans cette colonne ou cette ligne, il localise la valeur la plus élevée la plus proche qui n'excède pas celle de l'argument *valeur_recherchée*. La valeur est alors retournée dans la colonne ou la ligne désignée par les arguments *num_ index_col* et *no_index_lig*.

Lorsque vous utilisez les fonctions RECHERCHEV et RECHERCHEH, les entrées texte et numériques de la colonne ou de la ligne, c'est-à-dire la colonne la plus à gauche d'une table verticale ou la ligne la plus haute d'une table horizontale, doivent être uniques. Ces entrées doivent aussi être organisées et triées par ordre croissant, c'est-à-dire par ordre alphabétique pour le texte, et de la valeur la plus faible à la plus élevée pour les nombres.

La Figure 6.1 montre un exemple de l'utilisation de la fonction RECHERCHEV qui retourne une valeur de service de 15 ou 20 % depuis un tableau de données, et en fonction d'un total HT. La cellule F3 contient la fonction RECHERCHEV suivante :

```
=RECHERCHEV(Pretax_Total;Tip_Table;SI(Tip_Pourcentage=0,15;2;3))
```

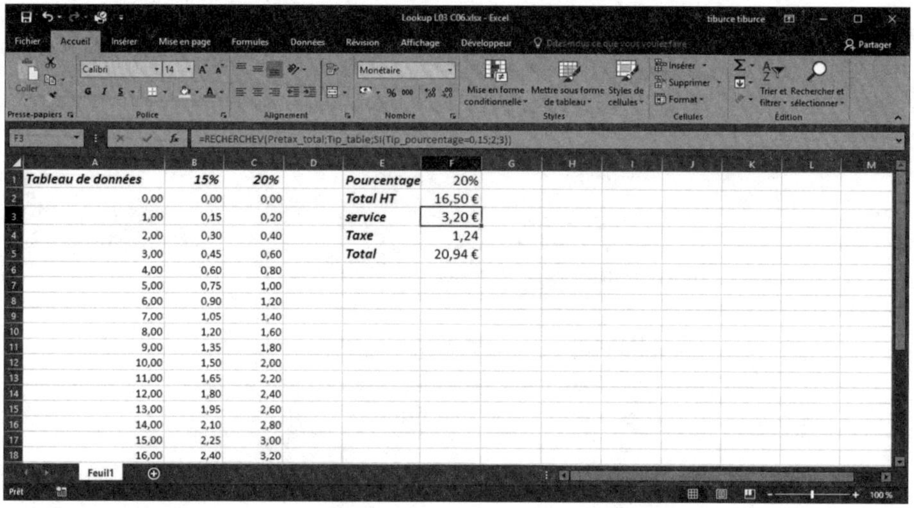

FIGURE 6.1 : Utiliser la fonction RECHERCHEV pour retourner le montant du pourboire calculé depuis un tableau de valeurs.

Cette formule retourne le montant du pourboire basé sur le pourcentage de la cellule F1, et sur le prix HT de la cellule F2.

Pour utiliser cette table, entrez le pourcentage du pourboire (15 ou 20 %) dans la cellule F1 (nommée Tip_pourcentage), ainsi que le montant de l'encaissement HT dans la cellule F2 (appelée Pretax_total). Excel recherche alors la valeur que vous saisissez dans la cellule Prextax_total dans la première colonne du tableau dont la plage de cellules A2:C101 a été nommée Tip_table.

Ensuite, Excel effectue sa recherche vers le bas dans la première colonne de la plage Tip_table, jusqu'à ce qu'il trouve une valeur correspondante. Suite à cela, le programme utilise l'argument *no_index_col* de la fonction RECHERCHEV pour déterminer quel montant de pourboire de cette ligne du tableau il doit renvoyer dans la cellule F3. Si Excel trouve que cette valeur saisie dans la cellule Pretax_total

(16,50 € dans cet exemple) ne correspond pas exactement à l'une des valeurs de la première colonne de la plage Tip_table, il poursuit sa recherche vers le bas jusqu'à ce qu'il rencontre la première valeur qui excède le total HT. Dans cet exemple, il s'agit de la cellule A19 qui contient la valeur 17,00. Ensuite, Excel remonte sur la ligne précédente et retourne la valeur de la colonne qui correspond à l'argument *no_index_col* de la fonction RECHERCHEV (parce que l'argument optionnel *valeur_proche* a été omis).

Notez que dans l'exemple de la Figure 6.1, une fonction SI a été insérée. Elle permet de déterminer l'argument *no_index_col* de la fonction RECHERCHEV de la cellule F3. La fonction SI détermine le nombre de colonnes à utiliser dans le tableau en faisant correspondre le pourcentage entré dans la cellule F1 (Tip_pourcentage) avec 0,15. S'ils correspondent, la fonction retourne 2 comme valeur de l'argument *no_index_col*. Alors, la fonction RECHERCHEV renvoie une valeur de la seconde colonne, c'est-à-dire de la colonne B qui dresse la liste des 15 %. Sinon, la fonction SI retourne 3, ce qui renvoie à la troisième colonne, c'est-à-dire la colle C des 20 %.

La Figure 6.2 montre comment utiliser la fonction RECHERCHEH pour rechercher le prix de chaque produit stocké dans une table de données séparées, puis de retourner ce prix dans la colonne Prix/Douzaine. La cellule F3 contient la formule suivante qui sera copiée sur toute la colonne F :

```
=RECHERCHEH(produit;table_prix;2;FAUX)
```

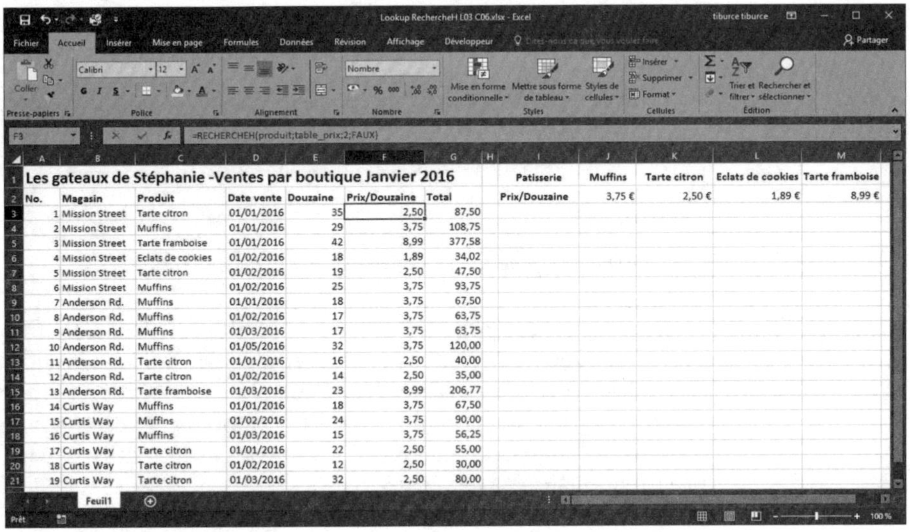

Les gateaux de Stéphanie -Ventes par boutique Janvier 2016

No.	Magasin	Produit	Date vente	Douzaine	Prix/Douzaine	Total
1	Mission Street	Tarte citron	01/01/2016	35	2,50	87,50
2	Mission Street	Muffins	01/01/2016	29	3,75	108,75
3	Mission Street	Tarte framboise	01/01/2016	42	8,99	377,58
4	Mission Street	Eclats de cookies	01/02/2016	18	1,89	34,02
5	Mission Street	Tarte citron	01/02/2016	19	2,50	47,50
6	Mission Street	Muffins	01/02/2016	25	3,75	93,75
7	Anderson Rd.	Muffins	01/01/2016	18	3,75	67,50
8	Anderson Rd.	Muffins	01/02/2016	17	3,75	63,75
9	Anderson Rd.	Muffins	01/03/2016	17	3,75	63,75
10	Anderson Rd.	Muffins	01/05/2016	32	3,75	120,00
11	Anderson Rd.	Tarte citron	01/01/2016	16	2,50	40,00
12	Anderson Rd.	Tarte citron	01/02/2016	14	2,50	35,00
13	Anderson Rd.	Tarte framboise	01/03/2016	23	8,99	206,77
14	Curtis Way	Muffins	01/01/2016	18	3,75	67,50
15	Curtis Way	Muffins	01/02/2016	24	3,75	90,00
16	Curtis Way	Muffins	01/03/2016	15	3,75	56,25
17	Curtis Way	Tarte citron	01/01/2016	22	2,50	55,00
18	Curtis Way	Tarte citron	01/02/2016	12	2,50	30,00
19	Curtis Way	Tarte citron	01/03/2016	32	2,50	80,00

Patisserie	Muffins	Tarte citron	Eclats de cookies	Tarte framboise
Prix/Douzaine	3,75 €	2,50 €	1,89 €	8,99 €

FIGURE 6.2 : Utiliser la fonction RECHERCHEH pour retourner le prix des pâtisseries depuis un tableau de données.

Dans cette fonction RECHERCHEH, la plage du nom *produit* C3:C62 est définie par l'argument *valeur_recherchée*. La plage portant le nom *table_prix* (I1:M2) correspond à l'argument *tableau*. L'argument *no_index_lig* est 2 car vous souhaitez qu'Excel renvoie les prix de la deuxième ligne du tableau. Enfin, l'argument *Valeur_proche* est FAUX car le nom du produit doit correspondre exactement à celui de la liste.

Avec la fonction RECHERCHEH qui utilise la plage des prix par douzaine, vous pourrez très rapidement mettre à jour les revenus des ventes de pâtisseries. Il suffit de changer la valeur de chaque gâteau répertorié dans la plage table_prix.

Effectuer une recherche dans deux directions

Dans les deux exemples RECHERCHEV et RECHERCHEH, Excel ne compare qu'une seule valeur dans une liste de données à une seule valeur dans une table de données verticale ou horizontale. Toutefois, il peut arriver qu'une recherche soit nécessaire dans les deux directions, c'est-à-dire dans la ligne la plus haute (avec les en-têtes de colonne), et dans la première colonne (avec les en-têtes de ligne).

La Figure 6.3 illustre une situation dans laquelle vous utiliserez deux valeurs, la date de production et le numéro de pièce, pour rechercher la production attendue. Dans cette table de données, les dates de production de chaque pièce forment les en-têtes de colonnes, et les numéros des pièces les en-têtes de lignes.

Pour rechercher le numéro de la pièce devant être produite à un mois particulier, vous devez utiliser la fonction EQUIV qui retourne la position relative d'une valeur particulière dans une plage de cellules ou une matrice. La syntaxe de cette fonction est :

```
MATCH(valeur_cherchée;tableau_recherche;[type])
```

L'argument *valeur_cherché* est, bien entendu, la valeur que vous souhaitez retourner quand une équivalence est ainsi trouvée. Le *tableau_recherche* correspond à la plage de cellules ou au tableau contenant les valeurs dont vous cherchez l'équivalence. L'argument optionnel *type* est 1, 0, ou -1. Il spécifie la manière dont Excel localise la valeur spécifiée par l'argument *valeur_cherchée* dans la plage spécifiée par l'argument *tableau_recherche* :

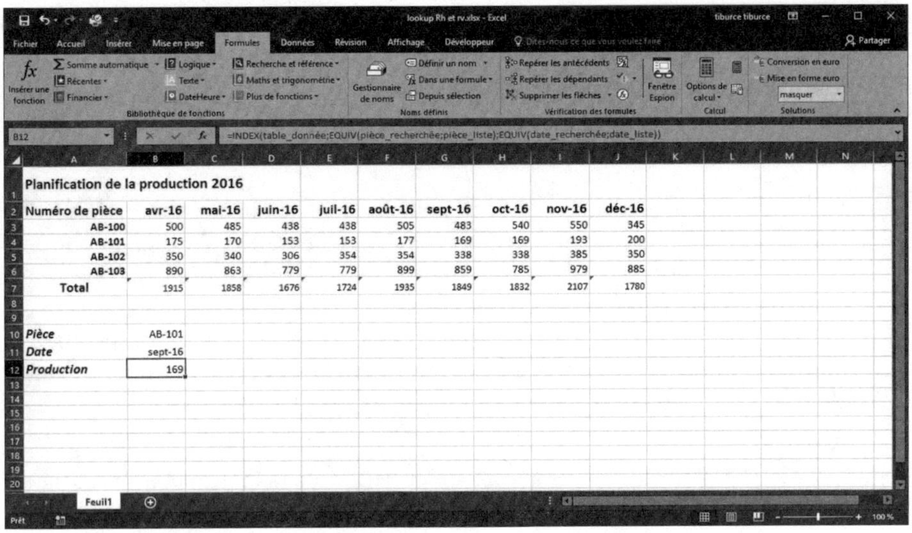

=INDEX(table_donnée;EQUIV(pièce_recherchée;pièce_liste);EQUIV(date_recherchée;date_liste))

Planification de la production 2016

Numéro de pièce	avr-16	mai-16	juin-16	juil-16	août-16	sept-16	oct-16	nov-16	déc-16
AB-100	500	485	438	438	505	483	540	550	345
AB-101	175	170	153	153	177	169	169	193	200
AB-102	350	340	306	354	354	338	338	385	350
AB-103	890	863	779	779	899	859	785	979	885
Total	1915	1858	1676	1724	1935	1849	1832	2107	1780

Pièce	AB-101
Date	sept-16
Production	169

FIGURE 6.3 : Effectuer une recherche dans deux directions dans un tableau de planification de la production.

» Utilisez *type 1* pour trouver la valeur la plus grande qui est inférieure ou égale à la *valeur_cherchée*. Notez que les valeurs dans *tableau_recherche* doivent être classées dans un ordre croissant lorsque vous utilisez 1 comme argument *type*. (Excel utilise ce type d'équivalence quand l'argument *type* est omis dans la fonction EQUIV.)

» Utilisez *type* 0 pour trouver la première valeur qui est strictement égale à la *valeur_cherchée*. Notez que les valeurs du *tableau_recherche* peuvent être classées dans n'importe quel ordre lorsque vous utilisez la valeur 0 comme argument *type*.

» Utilisez *type -1* pour trouver la plus petite valeur qui est supérieure ou égale à la *valeur_cherchée*. Notez que les valeurs du *tableau_recherche* doivent être classées dans un ordre décroissant lorsque vous utilisez la valeur -1 pour l'argument *type*.

Vous devez également utiliser la fonction INDEX qui prend en compte la position relative des lignes et des colonnes pour retourner, à partir de la table de données, le numéro devant être produit.

La fonction INDEX prend la forme de deux syntaxes différentes : matrice et référence. Vous utiliserez une matrice lorsque vous voudrez retourner une valeur de la table (comme nous allons le faire dans cet exemple), et vous utiliserez une référence lorsque vous souhaiterez retourner une référence de la table.

La syntaxe de la fonction INDEX lorsque vous utilisez une matrice est :

```
INDEX(matrice;[No_lig];[No_col])
```

La syntaxe de la fonction INDEX lorsque vous utilisez une référence est :

```
INDEX(référence;[No_lig];[No_col];[No_zone])
```

L'argument *matrice* de la forme matricielle de la fonction INDEX est une plage de cellules ou une constante matricielle qu'Excel utilisera pour sa recherche. Si cette plage ou cette constante matricielle ne contient qu'une seule ligne ou colonne, l'argument *No_lig* ou *No_col* sont facultatifs. Si la plage ou la constante matricielle contient plusieurs lignes ou colonnes, et que vous spécifiez les deux arguments *No_lig* et *No_col*, Excel retournera la valeur de l'argument *matrice* qui est localisé à l'intersection de l'argument *No_lig* et *No_col*.

Pour les fonctions EQUIV et INDEX de la Figure 6.3, j'ai assigné les noms de plages suivants aux plages de cellules suivantes :

- » table_donnée à la plage de cellules A2:J6 qui contient les données de production et les en-têtes de lignes et de colonnes.
- » pièce_liste à la plage de cellules A2:A6 avec les en-têtes de lignes de la première colonne de la table.
- » date_liste à la plage de cellules A2:J2.
- » pièce_recherchée à la cellule B10 qui contient le nom de la pièce recherchée dans la table.
- » date_recherchée à la cellule B11 qui contient la date de production à rechercher dans la table.

Comme le montre la Figure 6.3, la cellule B12 contient une longue formule qui paraît très complexe de prime abord. Elle combine les deux fonctions INDEX et EQUIV de la manière suivante :

```
=INDEX(table_donnée;EQUIV(pièce_recherchée;pièce_liste);EQUIV(date_recherchée;date_liste))
```

J'ai scindé la formule en trois composants principaux : la première fonction EQUIV retourne l'argument *no_lig* pour la fonction INDEX. La seconde fonction EQUIV retourne l'argument *no_col* pour la fonction INDEX. Enfin, la fonction INDEX qui utilise les valeurs retournées par les deux fonctions EQUIV pour retourner le numéro des pièces produites.

La première fonction EQUIV qui retourne l'argument *no_lig* pour la fonction INDEX est :

```
EQUIV(pièce_recherchée;pièce_liste)
```

Cette fonction EQUIV utilise la valeur entrée dans la cellule B10 (nommée pièce_recherchée) et recherche sa position dans la plage de cellules A2:A6. Cette valeur entrée sera bien entendu un numéro de pièce. Elle retournera ensuite ce numéro de ligne à la fonction INDEX sous la forme de l'argument *no_lig*. Dans notre exemple, la Figure 6.3 montre que le numéro de pièce AB-101, saisi dans la cellule B10 (pièce_recherchée), retourne 3 comme argument *no_lig* de la fonction INDEX.

La seconde fonction EQUIV qui retourne l'argument *no_col* à la fonction INDEX est :

```
MATCH(date_recherchée;date_liste)
```

La fonction EQUIV utilise la valeur entrée en B11 (nommée date-recherchée) et recherche sa position dans la plage de cellules A2:J2 (nommée date_liste). Elle renvoie ce numéro de colonne à la fonction INDEX sous la forme de l'argument *no_col*. Dans l'exemple de la Figure 6.3, où septembre 2016 a été saisi (au format Sept-16) dans la cellule B11 appelée date_recherchée, Excel retourne 7 comme argument *no_col* de la fonction INDEX.

Cela signifie que pour cette supposée complexité, la fonction INDEX visible dans barre de formule de la Figure 6.3 contient l'équivalent de la formule suivante :

```
=INDEX(table_donnée;3;7)
```

Comme le montre la Figure 6.3, Excel retourne 169 comme nombre de pièces AB-101 que l'on envisage de produire en septembre 2016. Vous pouvez vérifier manuellement ce résultat en comptant les lignes et les colonnes de la plage table_donnée (plage de cellules A2:J6). Donc comptez trois lignes vers le bas à partir de la cellule A2. Vous tombez inévitablement sur AB-101 (colonne A). Ensuite, comptez sept colonnes vers la droite (A2 y compris) ce qui vous mène à la cellule G4 de la colonne sept-16. La valeur est bien 169.

Les fonctions Référence

Les fonctions Référence sont regroupées avec les fonctions Recherche dans le bien nommé menu local Recherche et référence de l'onglet Formules. Elles sont conçues pour gérer différents aspects des références de cellules dans une feuille de calcul. Ce groupe de fonctions se compose de :

- ADRESSE qui retourne une référence de cellule sous la forme d'un texte.
- ZONES qui renvoie le nombre de zones dans une liste de valeurs (les *zones* sont définies sous la forme d'une plage de cellules contiguës ou d'une seule cellule).
- COLONNE qui renvoie le numéro de la colonne d'une référence de cellule.
- COLONNES pour obtenir le numéro de plusieurs colonnes dans une référence de cellules ou une matrice.
- FORMULETEXTE pour retourner, sous la forme d'une chaîne, la formule référencée.
- LIREDONNEESTABCROISDYNAMIQUE pour renvoyer des données stockées dans un tableau croisé dynamique.
- LIEN_HYPERTEXTE pour créer un lien qui ouvre un autre document stocké sur votre ordinateur, un réseau, ou Internet (vous pouvez également y procéder *via* Insérer/Lien hypertexte – pour plus d'informations, reportez-vous au Chapitre 2 du Livre IV).
- INDIRECT retourne une référence de cellule spécifiée par une chaîne de texte.
- RECHERCHE renvoie une valeur à partir d'une plage, d'une ligne, d'une colonne ou d'une matrice.
- DECALER retourne une référence à une plage de cellules spécifiée par ses numéros de lignes et de colonnes dans une cellule ou une plage de cellules.
- LIGNE indique le numéro de ligne d'une référence.
- LIGNES retourne les numéros de lignes d'une référence d'une cellule.
- RTD renvoie des données en temps réel depuis un programme installé sur un serveur qui prend en charge l'automation COM (*Component Object Model*).
- TRANSPOSE pour basculer une plage de cellules verticale en plage de cellules horizontale et réciproquement.

Tour d'horizon des colonnes et des lignes

Les fonctions COLONNES et LIGNES renvoient le numéro des colonnes et des lignes d'une plage de cellules ou d'une matrice. Ainsi, dans une plage de cellules appelée *produit_mix*, vous pourrez connaître le nombre de colonnes qui la composent en saisissant la formule suivante :

```
=COLONNES(produit_mix)
```

Pour identifier le nombre de lignes de cette plage, entrez cette formule :

```
=LIGNES(produit_mix)
```

Vous pouvez utiliser ces deux fonctions pour calculer le nombre total de cellules d'une plage spécifique. Ainsi, pour savoir combien de cellules composent la plage produit_mix, effectuez la multiplication suivante :

```
=COLONNES(produit_mix)*LIGNES(produit_mix)
```

Ne confondez pas COLONNES (au pluriel) et COLONNE (au singulier), ni LIGNES et LIGNE. COLONNE retourne le numéro de colonne d'une référence, et LIGNE le numéro de ligne d'une référence que vous spécifiez comme étant son argument.

Transposer des plages de cellules

La fonction TRANSPOSE permet de modifier l'orientation d'une plage de cellules (ou d'une matrice – consultez la section sur les formules matricielles du Chapitre 1 du Livre III). Vous pouvez utiliser cette fonction pour transposer une plage de cellules verticale, c'est-à-dire une plage où les données sont listées de haut en bas, en une plage de cellules dont les données sont listées horizontalement de gauche à droite. Pour utiliser avec succès la fonction TRANSPOSE, vous devez sélectionner une plage dont le nombre de colonnes sera égal au nombre de lignes de la plage à transposer. Ensuite, vous devrez faire de la formule une formule matricielle.

Par exemple, pour modifier l'orientation d'une plage de cellules 2 x 5, c'est-à-dire composées de 2 lignes et de 5 colonnes, vous devez sélectionner une plage de 5 lignes et de 2 colonnes avant d'insérer la fonction. Ensuite, dans la boîte de dialogue Arguments de la fonction qui apparaît après avoir invoqué la fonction TRANSPOSE, le point d'insertion clignote dans le champ Tableau. Sélectionnez directement sur la feuille de calcul la plage 2 x 5 contenant les données à transposer. Validez la formule en exécutant le raccourci Ctrl + Maj + Entrée. Vous créez ainsi une formule matricielle dont les éléments sont contenus entre accolades.

Imaginez que vous vouliez transposer les données entrées dans la plage de cellules A10:C11 (une matrice 2 x 3) dans la plage de cellules vides E10:F12 (une matrice 3 x 2) de la feuille de calcul. Vous devez entrer la formule suivante :

```
=TRANSPOSE(A10:C11)
```

Dès que vous la validerez avec Ctrl + Maj + Entrée, elle prendra la forme suivante dans la barre de formule :

```
{=TRANSPOSE(A10:C11)}
```

La Figure 6.4 illustre l'utilisation de la fonction TRANSPOSE. La plage B2:C4 contient la matrice originale 3 x 2. Pour la convertir en matrice 2 x 3 dans la plage B6:D7, suivez ces quelques étapes :

1. **Sélectionnez la plage B6:D7 de la feuille de calcul.**
2. **Dans l'onglet Formules, ouvrez le menu local du bouton Recherche et référence, et cliquez sur TRANSPOSE.**

   Excel insère la fonction =TRANSPOSE() et ouvre la boîte de dialogue Arguments de la fonction. Vous constatez que le point d'insertion clignote dans le champ Tableau.

3. **Faites glisser le pointeur de cellule sur la plage B2:B4 de la feuille de calcul de manière à indiquer à Excel que vous voulez transposer cette plage. La barre de formule affiche alors =TRANSPOSE(B2:C4).**

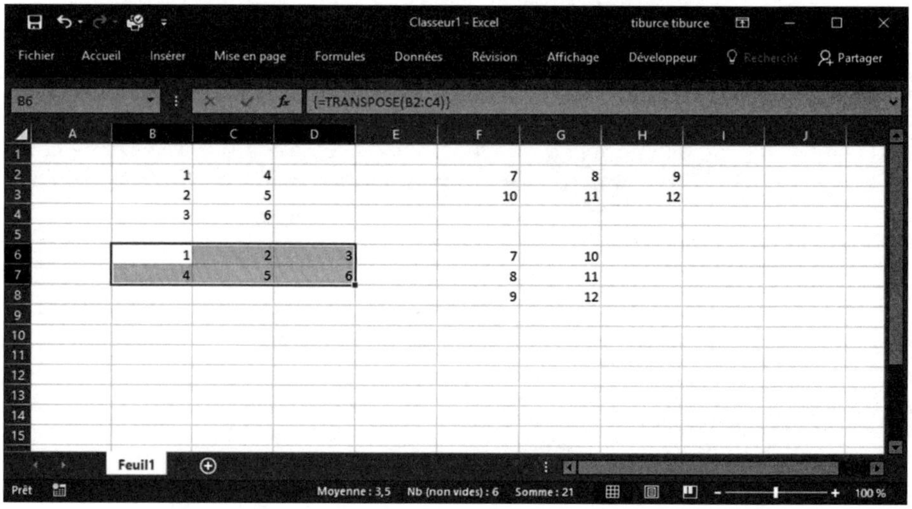

FIGURE 6.4 : Utiliser la fonction TRANSPOSE pour modifier l'orientation d'une matrice élémentaire.

4. **Appuyez sur Ctrl + Maj + Entrée pour valider la formule matricielle et fermer la boîte de dialogue Arguments de la fonction.**

Si vous ne validez pas cette formule avec la séquence de touches Ctrl + Maj + Entrée, Excel retournera la valeur d'erreur #VALEUR!.

Pour transposer rapidement des en-têtes de lignes ou de colonnes, inutile de créer une formule avec la fonction TRANSPOSE. Copiez la plage de cellules contenant ces en-têtes. Ensuite, placez le pointeur de cellule là où vous souhaitez coller les en-têtes selon une nouvelle orientation. Ouvrez alors le menu local du bouton Coller de l'onglet Accueil, et cliquez sur l'option de collage Transposer.

Des infos svp !

Vous accéderez aux fonctions d'information *via* le menu local du bouton Plus de fonctions de l'onglet Formules (Alt + UPI). Elles sont destinées à tester le contenu d'une cellule ou d'une plage de cellules, et à vous communiquer des informations sur le contenu en question.

Ces fonctions d'informations sont souvent combinées avec les fonctions SI qui déterminent quel type de calcul exécuter. Ainsi, la fonction d'information devient l'argument *test_logique* de la fonction SI. Le résultat du test, exprimé en une valeur logique VRAI ou FAUX, détecte si l'argument *valeur_si_vrai* ou *valeur_si_faux* est exécuté. (Voir le Chapitre 2 du Livre III pour plus de détails sur l'utilisation de fonctions d'information qui testent des valeurs d'erreur afin de détecter des erreurs dans la feuille de calcul.)

Excel vous offre également un ensemble de fonctions qui retournent des informations codées sur le contenu ou la mise en forme des cellules, ainsi que sur les conditions d'exploitation du classeur. Le programme propose la fonction N (pour Nombre) et la fonction NA (pour Non Available – indisponible) qui insère la valeur d'erreur #N/A dans la cellule.

Obtenir des informations spécifiques sur une cellule

La fonction CELLULE est une fonction d'information élémentaire qui permet d'extraire toutes sortes de données sur le contenu et la mise en forme d'une cellule. En voici la syntaxe :

```
CELLULE(type_info;[référence])
```

L'argument *type_info* est une valeur de texte qui indique le type d'information de cellule retourné. L'argument optionnel *référence* correspond à la plage de cellules pour laquelle vous voulez obtenir des informations. Lorsque vous omettez cet argument, Excel spécifie le type d'information précisé par l'argument *type_info* de la dernière cellule ayant subi des modifications dans la feuille de calcul. Lorsque vous spécifiez une plage de cellules comme argument *référence*, Excel renvoie le type d'information spécifié par l'argument *type_info* pour la première cellule de la plage (celle qui se situe dans l'angle supérieur gauche et qui peut être ou non active).

Le Tableau 6.1 montre les divers arguments *type_info* que vous pouvez spécifier dans la fonction CELLULE. N'oubliez pas que vous devez placer chaque argument *type_info* de la fonction CELLULE entre guillemets pour les identifier en tant que valeurs texte. Ainsi, vous éviterez qu'Excel ne retourne la valeur d'erreur #NOM?. Par exemple, pour retourner le contenu de la première cellule de la plage B10:E80, entrez la formule suivante :

```
=CELLULE(«contenu»;B10:E80)
```

TABLEAU 6.1 **Les arguments type_info de la fonction CELLULE.**

Argument type_info	Renvoie cette information
"adresse"	la référence de la première cellule de l'argument référence, sous forme de texte.
"col"	le numéro de colonne de la cellule de l'argument référence.
"couleur"	la valeur 1 si la cellule est mise en forme en couleur pour les valeurs négatives, sinon renvoie 0 (zéro).
"contenu"	la valeur de la cellule supérieure gauche de la référence.
"nom de fichier"	le nom de fichier (incluant le chemin d'accès complet) du fichier qui contient une référence, sous forme de texte. Renvoie du texte vide ("") si la feuille de calcul qui contient une référence n'a pas encore été enregistrée

Argument type_info	Renvoie cette information
"format"	la valeur de texte correspondant au format de nombre défini pour la cellule. Renvoie "-" à la fin de la valeur de texte si la cellule est formatée en couleur pour les valeurs négatives. Renvoie "()" à la fin de la valeur de texte si la cellule est formatée avec des parenthèses pour les valeurs positives ou pour toutes les valeurs.
"parenthèses"	la valeur 1 si la cellule est mise en forme avec des parenthèses pour les valeurs positives ou pour toutes les valeurs.
"préfixe"	la valeur de texte correspondant au « préfixe d'étiquette » de la cellule. Renvoie un guillemet droit simple (') si la cellule contient du texte aligné à gauche, un guillemet droit double (") si la cellule contient du texte aligné à droite, le signe insertion (^) si la cellule contient du texte centré, une barre oblique inverse (\) si la cellule contient du texte de remplissage aligné et du texte vide ("") si la cellule contient un autre type d'élément.
"protection"	la valeur 0 si la cellule n'est pas verrouillée et 1 si la cellule est verrouillée. (Consultez le Chapitre 1 du Livre IV sur la protection des cellules.)
"ligne"	le numéro de ligne de la cellule de l'argument référence.
"type"	la valeur de texte correspondant au type des données de la cellule. Renvoie « i » si la cellule est vide, « l » (pour label (étiquette)) si la cellule contient une constante de texte et « v » (pour valeur) si la cellule contient un autre type d'élément
"largeur"	la largeur de colonne de la cellule arrondie à un entier. Chaque unité de largeur de colonne est égale à la largeur d'un caractère dans la taille de la police par défaut.

Le Tableau 6.2 affiche différentes valeurs texte et leurs formats numériques (codes) qui peuvent être retournés lorsque vous spécifiez «format» comme argument *type_info* d'une fonction CELLULE. (Consultez le Chapitre 3 du Livre II pour plus de détails sur les formats numériques et la signification de leurs codes.)

TABLEAU 6.2 **Les valeurs texte retournées par type_info «format».**

Valeur texte	Format numérique
"G"	Général
"F0"	0
"P0"	# ##0
"F2"	0.00
"P2"	# ##0,00
"C0"	# ##0 F;-# ##0 F
"M0-"	# ##0 F;[Rouge]-# ##0 F
"M2"	# ##0,00 F;# ##0,00 F
"M2-"	# ##0,00 F;[Rouge]-# ##0,00 F
"%0"	0%
"%2"	0.00%

Valeur texte	Format numérique
"S2"	0,00E+00
"S"	#" "?/? ou #" "??/??
"D4"	m/j/aa, m/j/aa h:mm ou mm/jj/aa
"D1"	j-mmm-aa ou jj-mmm-aa
"D2"	j-mmm ou jj-mmm
"D3"	mmm-aa
"D5"	mm/jj
"H2"	h:mm AM/PM
"H1"	h:mm:ss AM/PM
"H4"	h:mm
"H3"	h:mm:ss

Par exemple, si vous utilisez la fonction CELLULE qui utilise «format» comme argument *type_info* de la plage de cellules A10:C28 dans la formule suivante :

```
=CELLULE(«format»;A10:C28)
```

Excel retournera la valeur texte «F2» (sans les guillemets), si vous avez appliqué à cette plage le format numérique à deux décimales.

Je ne sais pas si vous êtes mon type

Excel fournit la fonction d'information TYPE qui retourne le type de valeur d'une cellule. Vous pouvez alors créer des formules avec la fonction SI qui exécute un type de comportement lorsque la cellule en cours de test contient une valeur, et une autre quand elle contient du texte. La syntaxe de la fonction TYPE est :

TYPE(*valeur*)

L'argument *valeur* de la fonction TYPE peut être n'importe quelle entrée : texte, nombre, valeur logique, ou même une valeur d'erreur ou une référence de cellule contenant une telle valeur. La fonction TYPE renvoie un chiffre qui identifie le type de contenu :

- » 1 pour des nombres
- » 2 pour du texte

- 4 pour une valeur logique (VRAI ou FAUX)
- 16 pour une valeur d'erreur
- 64 pour une plage ou une constante matricielle (voir le Chapitre 1 du Livre III)

La formule suivante combine les fonctions CELLULE et TYPE avec une fonction SI. Cette formule retourne le type de format numérique appliqué à la cellule D11 uniquement si elle contient une valeur. Sinon, la formule suppose que D11 contient du texte. Elle évalue alors le type d'alignement assigné au texte de cette cellule :

```
=SI(TYPE(D11)=1;CELLULE(«format»;D11);CELLULE(«prefix»;D11))
```

Utiliser les fonctions EST

Les fonctions EST (comme ESTVIDE, ESTERR, *etc.*) représentent un vaste groupe de fonctions qui réalisent essentiellement la même tâche. Elles évaluent une valeur ou une référence de cellule puis renvoient VRAI ou FAUX si la valeur est ou n'est pas du type recherché. Par exemple, si vous utilisez la fonction ESTVIDE pour tester le contenu de la cellule A1 comme ceci :

```
=ESTVIDE(A1)
```

Excel retournera VRAI si la cellule A1 est bien vide, et FAUX si elle contient une donnée.

Excel propose dix fonctions d'information EST :

- ESTVIDE(*valeur)* vérifie si la cellule est ou non vide.
- ESTERR(*valeur*) vérifie si une valeur ou une cellule fait référence à une erreur, à l'exception de #N/A.
- ESTERREUR(*valeur*) vérifie si la valeur ou la référence de cellule contient une valeur d'erreur, y compris #N/A.
- ESTLOGIQUE(*valeur*) vérifie si la valeur ou la référence de cellule contient la valeur logique VRAI ou FAUX.
- ESTNA(*valeur*) évalue si la valeur ou la référence de cellule contient la valeur d'erreur #N/A.
- ESTNONTEXTE(*valeur*) vérifie si la valeur ou la référence de cellule contient un type d'entrée qui n'est pas du texte.

- » ESTNUM(*valeur*) contrôle si la valeur est un nombre.
- » EST.IMPAIR(*nombre*) vérifie si la valeur d'une cellule est impaire (VRAI) ou paire (FAUX).
- » ESTREF(*valeur*) vérifie si la valeur est elle-même une référence de cellule.
- » ESTTEXTE(*valeur*) évalue si la valeur ou la référence contient du texte.

Une histoire de texte

Normalement, lorsque vous effectuez des calculs dans une feuille de calcul, vous pensez réaliser des opérations sur des entrées numériques. Sachez que vous pouvez utiliser des fonctions texte et l'opérateur de concaténation & pour exécuter des opérations sur des textes.

Utiliser des fonctions texte

Les fonctions Texte sont localisées dans le menu local du bouton éponyme de l'onglet Formules (Alt + UX). Elles regroupent deux catégories de fonctions : les fonctions telles que VALEURNOMBRE, TEXTE, et DEVISE qui convertissent des entrées texte en nombres et des entrées numériques en texte ; et des fonctions comme MAJUSCULE, MINUSCULE, et NOMPROPRE qui manipulent directement des chaînes de texte.

Bien souvent, vous devez utiliser les fonctions texte lorsque vous travaillez avec des données provenant d'autres programmes. Par exemple, vous achetez une liste de clients et vous constatez que toutes les informations du fichier sont en majuscules. Pour utiliser ces données avec une fonction de publipostage d'un logiciel de traitement de texte, vous appliquerez la fonction NOMPROPRE afin de ne garder en majuscules que la première lettre du nom et du prénom.

Les fonctions texte comme MAJUSCULE, MINUSCULE, et NOMPROPRE n'exigent qu'un seul argument : *texte*. Il précise le texte à manipuler. La fonction MAJUSCULE convertit toutes les lettres de l'argument *texte* en majuscules. La fonction MINUSCULE fait l'inverse en convertissant toutes les lettres en minuscules. Enfin, NOMPROPRE ne place en majuscule que la première lettre du nom et du prénom.

La Figure 6.5 illustre une situation où le recours à la fonction NOMPROPRE va être particulièrement utile. Vous constatez que les noms et les prénoms sont tous en lettres majuscules. Voici comment les convertir avec la fonction NOMPROPRE :

1. **Placez le pointeur de cellule sur la cellule C3, puis ouvrez le menu local du bouton Texte de l'onglet Formules (ou exécutez Alt + UX). Dans la liste des fonctions, cliquez sur NOMPROPRE.**

   La boîte de dialogue Arguments de la fonction apparaît. Le point d'insertion clignote dans le champ Texte.

2. **Cliquez sur la cellule A3 de la feuille de calcul afin de l'insérer comme argument Texte, puis cliquez sur OK.**

   La fonction en cellule C3 est =NOMPROPRE(A3) et elle affiche le nom Aiken.

3. **Faites glisser la poignée de remplissage de la cellule C3 sur la droite, c'est-à-dire en D3, et relâchez le bouton de la souris.**

   La formule est copiée en D3 qui affiche alors Christophe.

4. **Faites glisser la poignée de recopie jusqu'à la dernière cellule D10.**

   Et voilà ! Tous les noms et prénoms sont correctement orthographiés avec uniquement leur première lettre en majuscule.

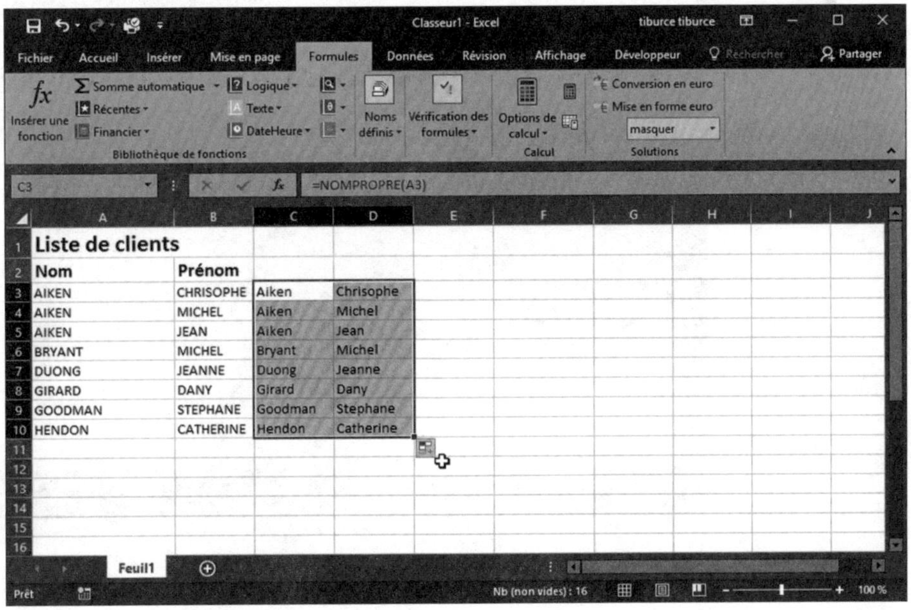

FIGURE 6.5 : Utilisation de la fonction NOMPROPRE pour convertir correctement des noms entièrement écrits en majuscules.

5. **La plage de cellule C3:D10 étant sélectionnée, cliquez sur le bouton Copier de l'onglet Accueil.**
6. **Ouvrez alors le menu local du bouton Coller, et choisissez Valeurs.**

   La formule de chaque cellule est alors instantanément remplacée par le nom et le prénom. Vous pouvez alors les copier-coller dans d'autres programmes. Sans cette action, vous auriez copié-collé des formules.
7. **La plage C3:D10 étant sélectionnée, placez le pointeur de la souris en bas de la plage. Quand il prend la forme d'une flèche à quatre têtes, cliquez et faites glisser cette plage de manière à couvrir la plage de cellules A3:B10. Relâchez le bouton de la souris.**

   Excel ouvre un message d'alerte vous indiquant que vous vous apprêtez à remplacer des données existantes.
8. **Cliquez sur OK pour remplacer les anciennes données (noms et prénoms tout en majuscules) par les nouvelles.**

Votre feuille de calcul ressemble à celle de la Figure 6.6.

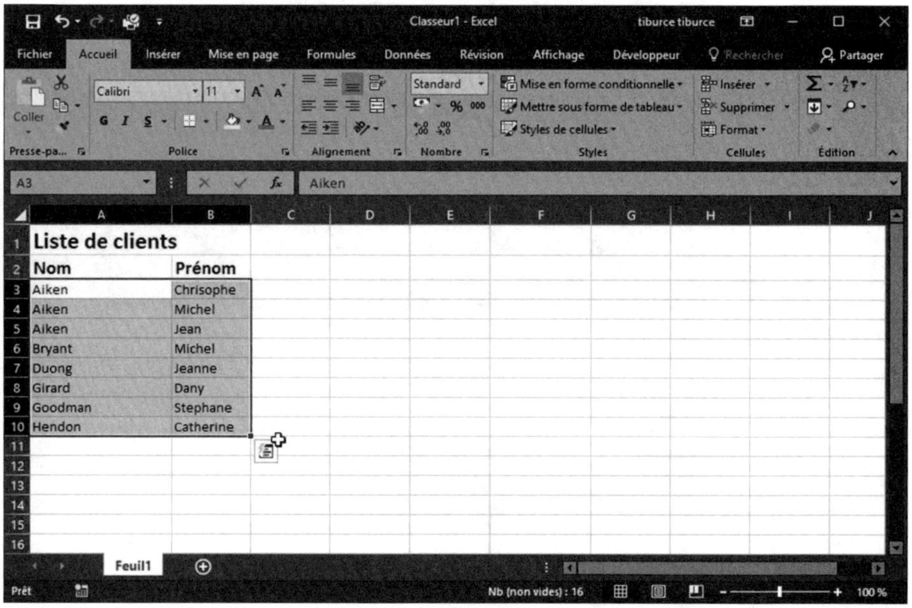

FIGURE 6.6 : La feuille de calcul après remplacement des anciennes données par les nouveaux noms aux majuscules bien positionnées.

Concaténer du texte

Vous pouvez utiliser l'opérateur & pour grouper dans une seule cellule des chaînes de texte réparties dans plusieurs autres cellules. Si nous reprenons notre liste de clients de la Figure 6.6, nous constatons que les noms et les prénoms occupent une colonne différente. La Figure 6.7 montre que ces deux données peuvent être réunies dans une seule colonne.

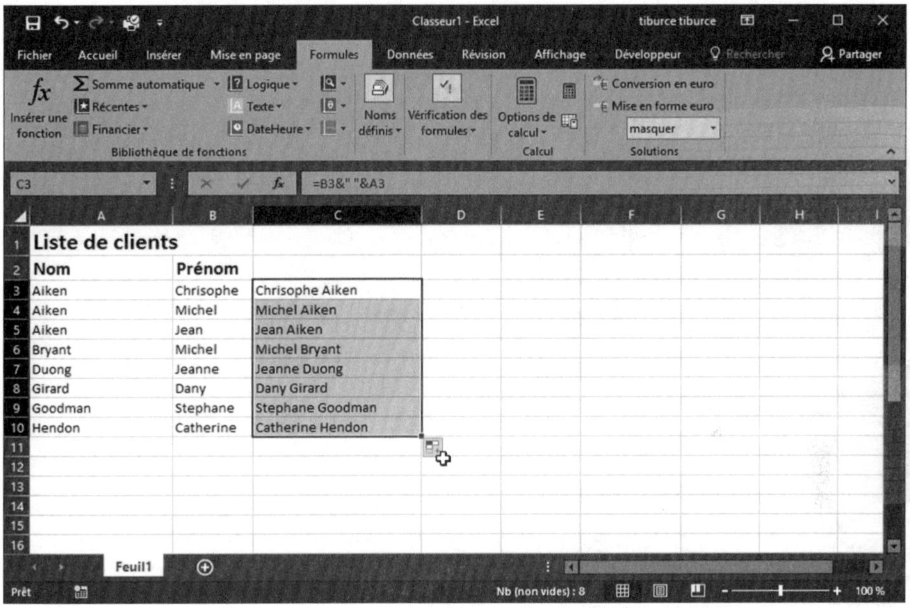

FIGURE 6.7 : La feuille de calcul après concaténation des noms et prénoms dans la colonne C.

Pour grouper le prénom de la cellule B3 avec le nom de la cellule A3, entrez la formule suivante en C3 :

```
=B3&» «&A3
```

Notez l'utilisation des guillemets dans cette formule. Ils contiennent une espace vide. Elle permet de séparer le prénom du nom. Si vous souhaitez joindre ces deux données, tapez la formule suivante :

```
=B3&A3
```

Cette fois, Excel retourne ChristopheAiken en C3.

Maintenant que vous avez groupé le prénom et le nom d'un client, il suffit de faire glisser la poignée de recopie de la cellule C3 jusqu'à la cellule C10. La plage étant toujours sélectionnée, cliquez sur le bouton Copier du groupe Presse-papiers de l'onglet Accueil. Ensuite, ouvrez le menu local du bouton Coller, et cliquez sur l'option Valeurs. Cette action permet de remplacer la formule par les données calculées.

IV

Collaboration et consultation

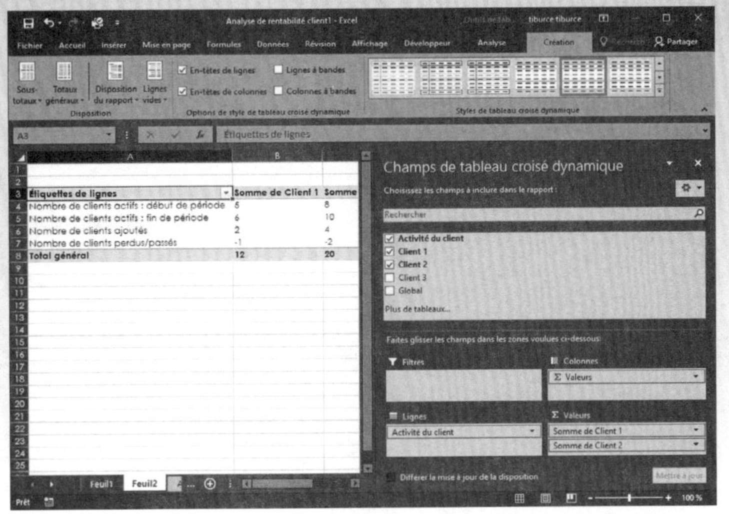

Chapitre 1

Protéger les classeurs et les feuilles de calcul

DANS CE CHAPITRE :

- » **Assigner un mot de passe pour ouvrir un classeur**
- » **Assigner un mot de passe pour modifier un classeur**
- » **Utiliser les formats de protection Verrouillé et Masqué**
- » **Protéger une feuille de calcul et définir des autorisations**
- » **Autoriser, à des utilisateurs particuliers, la modification de plages de cellules d'une feuille protégée**
- » **Protéger la structure d'un classeur**
- » **Protéger et partager un classeur**

Avant d'envoyer des feuilles de calcul à des clients ou à des collaborateurs, vous devez parfois les sécuriser. La protection proposée par Excel se fait à deux niveaux. Le premier consiste en une protection du fichier de votre classeur que seules des personnes patentées seront autorisées à ouvrir, à afficher, à imprimer, voire à en modifier les données. La seconde consiste en une protection des feuilles de calcul contre des modifications indésirables. Ainsi, seules des personnes possédant un mot de passe seront autorisées à procéder à des changements dans le contenu et l'apparence des feuilles de calcul.

Lorsque la question se pose de la sécurisation de vos feuilles de calcul, vous pouvez définir les aspects qui pourront être modifiés ou non par certains utilisateurs. Par exemple, vous pouvez interdire la modification des formules et des en-têtes, mais permettre de nouvelles entrées dans les cellules référencées par ces formules protégées.

Protection du fichier par mot de passe

En protégeant le classeur avec un mot de passe, vous évitez que le fichier puisse être ouvert par des personnes ne possédant pas le mot de passe en question. Le mot de passe est indispensable au classeur dont le contenu est suffisamment confidentiel pour n'être porté à la connaissance que de personnes clairement identifiées. Ce sera le cas des feuilles de calcul contenant des informations sur les employés d'une entreprise. Bien entendu, une fois le mot de passe défini, vous devez l'indiquer aux personnes autorisées afin qu'elles puissent ouvrir le fichier.

Vous définirez un mot de passe pour accéder à un classeur dont les données doivent être vérifiées et imprimées par d'autres utilisateurs qui, en revanche, ne sont pas autorisés à y apporter des modifications. Par exemple, vous assignerez un mot de passe à un classeur qui sera distribué au sein d'une grande société. Les différents destinataires en prendront connaissances, noteront leurs observations que vous pourrez alors intégrer vous-même dans le document. (Pour plus de détails, reportez-vous au Chapitre 3 du Livre IV.)

Protéger le classeur à l'enregistrement du fichier

Si vous travaillez sur une feuille de calcul dont les données sont particulièrement sensibles et que vous souhaitez en permettre la modification qu'à certaines personnes, vous devez définir un mot de passe pour l'ouverture du classeur et un mot de passe pour sa modification. Ils seront assignés lors de l'exécution de la commande Fichier/Enregistrer sous.

Lorsque vous cliquez sur le bouton Enregistrer de la barre d'outils Accès rapide, ou si vous exécutez le raccourci clavier Ctrl + S pour une toute première sauvegarde de votre travail, Excel affiche l'écran Enregistrer sous. Il permet de définir l'emplacement de stockage de votre fichier (consultez le Chapitre 1 du Livre II). Une fois que vous avez choisi l'emplacement de sauvegarde du fichier, Excel ouvre la boîte de dialogue Enregistrer sous. Voici comment y définir un mot de passe :

1. **Ouvrez le menu local Outils situé en bas à droite dans la boîte de dialogue, et cliquez sur Options générales.**

   Cette action ouvre la boîte de dialogue Options générales identique à celle de la Figure 1.1. Dans la section Partage du fichier, vous définirez un mot de passe pour la lecture et un autre pour la modification. Vos mots de passe sont limités à 255 caractères. Ils consisteront en une combinaison de lettres et de nombres, espaces y compris. N'oubliez pas que le mot de passe est sensible à la casse. Par conséquent, il existe une différence entre les lettres en majuscules et celles en minuscules. Si le mot de passe est césameouvre-toi, taper CésameOuvreToi ne fonctionnera pas.

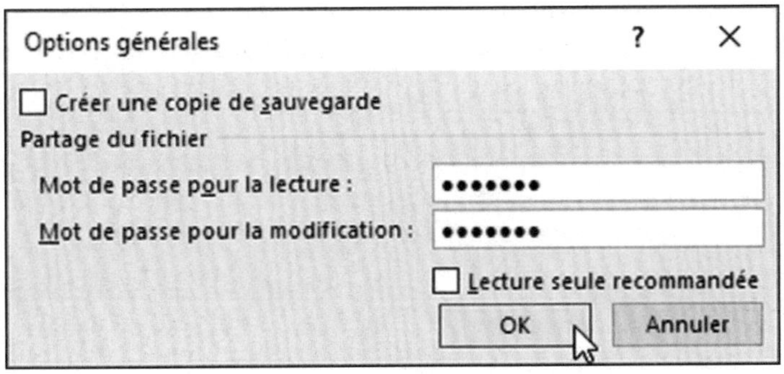

FIGURE 1.1 : Définir un mot de passe dans la boîte de dialogue Options générales pour ouvrir et modifier le classeur.

   Veillez à créer un mot de passe dont vous vous souviendrez assez aisément. Il serait en effet à la fois dommage et dramatique que vous ne puissiez plus vous-même ouvrir et modifier votre classeur.

2. **(Facultatif) Pour assigner un mot de passe permettant l'ouverture du fichier, saisissez-le dans le champ Mot de passe pour la lecture.**

   Lorsque vous entrez le mot de passe, Excel masque les caractères qu'il représente alors sous la forme de points.

   Si vous décidez d'assigner un mot de passe pour l'ouverture et pour la modification, passez à l'Étape 3. Sinon, allez directement à l'Étape 4.

   Définissez deux mots de passe différents. Un pour la lecture et un pour la modification.

3. **(Facultatif) Si vous souhaitez assigner un mot de passe pour la modification du classeur, cliquez dans le champ Mot de passe pour la modification. Ensuite, tapez le mot de passe.**

   Avant d'assigner un mot de passe pour ouvrir le fichier et/ou le modifier, la boîte de dialogue Confirmer le mot de passe apparaît. Vous devez y entrer exactement les mêmes mots de passe que ceux que vous avez créés.

4. **Cliquez sur le bouton OK.**

   Cette action ferme la boîte de dialogue Options générales et en ouvre une autre où vous devez confirmer le mot de passe. Si vous n'avez défini qu'un seul mot de passe, une seule confirmation vous sera demandée. Sinon, après confirmation du premier mot de passe, une autre boîte de dialogue vous demandera confirmation du second dès que vous aurez cliqué sur le bouton OK de la première boîte de dialogue Confirmer le mot de passe.

5. **Tapez le mot de passe exactement comme vous l'avez créé, puis cliquez sur OK.**

   Si la confirmation du mot de passe échoue, Excel affiche le message d'alerte « Mot de passe de confirmation différent ». Cliquez sur Ok pour revenir à la boîte de dialogue Options générales où vous pouvez faire deux choses :

   - Entrer de nouveau le mot de passe dans le champ idoine.
   - Cliquez sur OK pour valider vos mots de passe sans les modifier, et obtenir d'Excel une nouvelle demande de confirmation. (Vérifiez que les majuscules de votre clavier ne sont pas verrouillées.)

   Si vous assignez un mot de passe de lecture et un autre de modification, Excel demande confirmation des deux mots de passe dans deux boîtes de dialogue Confirmer le mot de passe successives.

6. **(Facultatif) Si vous souhaitez enregistrer la version protégée par mot de passe sous un nouveau nom de fichier ou dans un autre dossier, modifiez le nom indiqué dans le champ Nom de fichier, et/ou choisissez un autre dossier en utilisant le volet de navigation de la boîte de dialogue Enregistrer sous.**

7. **Cliquez sur le bouton Enregistrer pour sauvegarder le classeur avec son mot de passe de lecture et/ou de modification.**

   Excel enregistre immédiatement le fichier de votre classeur. Si le nom assigné correspond à un fichier existant, Excel vous demande s'il faut ou non le remplacer.

8. **Pour remplacer le fichier existant, cliquez sur le bouton Oui du message d'alerte.**

Cochez l'option Lecture seule recommandée de la boîte de dialogue Options générales sans assigner de mot de passe pour empêcher tous les utilisateurs d'apporter une quelconque modification à votre fichier. Dans ce cas, tout utilisateur modifiant le classeur devra l'enregistrer sous un autre nom. (Voir la section « Entrer le mot de passe pour apporter des modifications » plus loin dans ce chapitre.)

Assigner un mot de passe de lecture depuis l'écran Informations

Au lieu d'assigner le mot de passe au moment de son enregistrement, vous pouvez y procéder depuis l'écran Informations de la vue Backstage en suivant ces quelques étapes :

1. **Cliquez sur Fichier/Informations.**

   L'écran Informations s'affiche.

2. **Cliquez sur le bouton Protéger le classeur. Dans le menu local qui apparaît, choisissez Chiffrer avec mot de passe.**

   La boîte de dialogue Chiffrer un document s'affiche.

3. **Tapez le mot de passe exactement comme vous l'avez fait dans la boîte de dialogue Options générales. Validez par un clic sur OK.**

4. **Dans la boîte de dialogue Confirmer le mot de passe, saisissez exactement le même mot de passe, et validez-le par un clic sur OK.**

   Si vous ne confirmez pas exactement le même mot de passe, Excel affiche un message d'alerte indiquant que les deux mots de passe ne correspondent pas. Cliquez sur OK, et confirmez de nouveau le mot de passe.

   Une fois le mot de passe confirmé, Excel ferme la boîte de dialogue de confirmation. L'écran Informations affiche la mention « Un mot de passe est requis pour ouvrir ce classeur » dans la section Protéger le classeur.

5. **Cliquez sur le bouton Enregistrer de l'écran Informations.**

   Excel ferme la vue Backstage et affiche de nouveau la feuille de calcul.

Le menu local du bouton Protéger le classeur de l'écran Informations ne propose pas d'option de protection du classeur contre de futures modifications une fois qu'il est ouvert dans Excel. Il dispose d'une option Marquer comme final qui assigne le statut « lecture seule » au fichier du classeur. Ce statut empêche l'utilisateur d'enregistrer ses modifications sous le même nom de fichier.

Entrer le mot de passe pour accéder au classeur

Pour ouvrir un classeur protégé par mot de passe, vous devez être capable d'indiquer le bon mot de passe. Pour cela, Excel ouvre la boîte de dialogue Mot de passe illustrée à la Figure 1.2. Saisissez le mot de passe qui a été assigné au fichier.

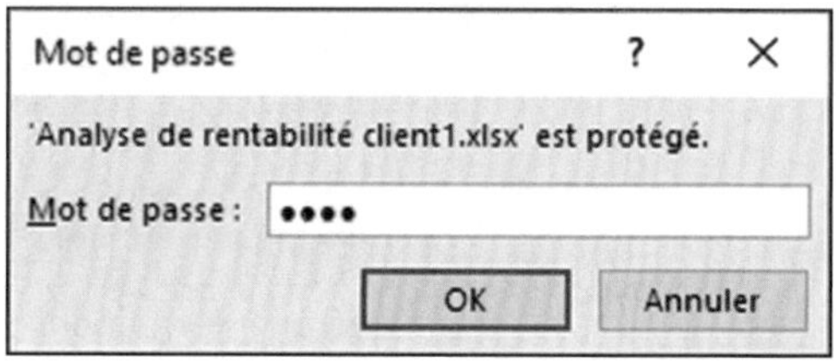

FIGURE 1.2 : Entrez le mot de passe requis pour ouvrir le classeur protégé.

Si vous entrez le mauvais mot de passe, Excel affiche un message d'alerte « Mot de passe non valide ». Cliquez sur OK pour quitter ce message et revenir à la fenêtre d'Excel. Tentez d'ouvrir de nouveau le fichier en saisissant le mot de passe correct. Si vous ne commettez pas d'erreur, Excel ouvre immédiatement le classeur que vous pouvez consulter et imprimer. (Vous pourrez le modifier, sauf si un mot de passe est requis.) Si vous ne parvenez pas à entrer le mot de passe correct, vous ne pourrez pas consulter le classeur.

Pour supprimer des mots de passe assignés dans l'hypothèse où vous jugez que votre classeur n'a plus besoin de protection, procédez exactement comme si vous vouliez en assigner un. Dans la boîte de dialogue Options générales ou Chiffrer un document, effacez le mot et cliquez sur OK. Ensuite, enregistrez ce document. Désormais, il s'ouvrira et pourra être modifié sans mot de passe.

Si vous perdez le mot de passe, vous risquez de vivre un véritable cauchemar, notamment lorsque le classeur contient des données essentielles. Si vous protégez vos fichiers par mot de passe, trouvez impérativement le moyen de le noter dans un lieu sûr.

Entrer le mot de passe pour apporter des modifications

Si vous avez protégé un classeur contre des modifications dans le champ Mot de passe pour la modification de la boîte de dialogue Options générales, Excel ouvre la boîte de dialogue Mot de passe qui demande le mot de passe permettant de modifier le classeur. Si vous ne le connaissez pas, vous pouvez alors cliquer sur le bouton Lecture seule.

Si vous tapez le mauvais mot de passe, Excel affiche un message. Cliquez sur son bouton OK, et retapez le mot de passe dans la boîte de dialogue Mot de passe.

Lorsque vous donnez le bon mot de passe, Excel affiche le classeur. Vous pouvez y apporter toutes les modifications que vous souhaitez (sauf si certaines plages de cellules ou feuilles de calcul sont protégées). Si vous ne pouvez pas indiquer le bon mot de passe, cliquez sur le bouton Lecture seule qui ouvre alors une copie du fichier dans laquelle vous ne pourrez pas sauver vos modifications sans passer par la commande Enregistrer sous du menu Fichier.

Lorsque vous ouvrez le classeur en lecture seule, cette mention apparaît entre crochets à droite du nom du fichier Excel dans la barre de titre. Si vous tentez d'enregistrer vos modifications, Excel ouvre un message d'alerte vous précisant que l'enregistrement est impossible. Cliquez sur le bouton OK de ce message et Excel vous bascule dans la vue Backstage en activant la commande Enregistrer sous. Choisissez un emplacement de stockage de cette nouvelle version du classeur. La boîte de dialogue Enregistrer sous s'affiche. Vous pouvez là aussi sélectionner un emplacement de stockage du fichier, et lui assigner un nom dans le champ Nom de fichier. Dans ce cas, la nouvelle version du classeur sera enregistrée sans mot de passe.

Il est plus important d'assigner un mot de passe contre la modification des données que contre l'ouverture du fichier. En effet, la protection contre la modification vous assure de toujours disposer de la version originale du fichier, tout en autorisant la sauvegarde sous un autre nom d'une version modifiée. Le souci d'un mot de passe pour l'ouverture est que si vous l'oubliez, vous ne pourrez plus jamais accéder à votre classeur, et risquez ainsi de perdre des jours et des jours, voire des années de travail.

Modifier ou supprimer un mot de passe

Avant de modifier ou de supprimer un mot de passe pour ouvrir un classeur, vous devez connaître ce mot de passe. Si c'est le cas, accédez à l'écran Informations de la vue Backstage. Ouvrez le menu local Protéger le classeur et choisissez Chiffrer avec mot de passe.

Excel ouvre la boîte de dialogue Chiffrer un document. Le mot de passe existant y est symbolisé par des points noirs. Effacez-les, et cliquez sur le bouton OK.

Pour assigner un nouveau mot de passe à la place de l'ancien, supprimez l'ancien et tapez directement le nouveau. Cliquez sur OK, confirmez le nouveau mot de passe, et validez par un clic sur OK.

Si vous ouvrez ce document, et lui apportez des modifications, enregistrez-les *via* la commande Enregistrer sous. Assignez-lui un autre nom, spécifiez un emplacement de stockage, et cliquez sur le bouton Enregistrer de la boîte de dialogue Enregistrer sous.

Pour modifier ou supprimer le mot de passe afin de modifier le classeur, choisissez Fichier/Enregistrer sous. Ouvrez le menu local Outils de la boîte de dialogue Enregistrer sous, et choisissez Options générales. Dans la boîte de dialogue qui apparaît, modifiez ou supprimez le mot de passe.

Protéger la feuille de calcul

Une fois que vous avez créé une feuille de calcul qui répond à vos besoins, vous voudrez sans doute la protéger contre les modifications apportées, notamment, par un utilisateur inexpérimenté qui risque d'endommager vos formules que vous avez créées avec tant de minutie. Pour éviter cela, protégez votre feuille de calcul.

Avant d'utiliser les boutons de commande Protéger la feuille et Protéger le classeur de l'onglet Révision, vous devez comprendre comment fonctionne la protection d'Excel. Toutes les cellules du classeur sont soit verrouillées, soit déverrouillées pour l'édition, et masquées ou non masquées pour la lecture.

Chaque fois que vous créez une nouvelle feuille de calcul, toutes les cellules du classeur sont accessibles. Pour protéger les données, vous devez recourir aux commandes Protéger la feuille ou Protéger le classeur de l'onglet Révision. Vous serez alors protégé contre la modification du contenu de certaines cellules, mais pourrez aussi décider de ne pas afficher, dans la barre de formule, le contenu de certaines d'entre elles.

Lorsque vous créez vos propres modèles de feuille de calcul, vous souhaiterez déverrouiller toutes les cellules où les utilisateurs auront besoin d'entrer de nouvelles données, et garderez verrouillées celles contenant des en-têtes et des formules qui ne doivent jamais changer. Vous voudrez aussi masquer des cellules contenant des formules si vous pensez que leur affichage risque de tenter certains utilisateurs à essayer de les optimiser. Ensuite, activez la protection de la feuille de calcul avant d'enregistrer le fichier en tant que modèle. (Pour plus de détails, reportez-vous au Chapitre 1 du Livre II.) Vous êtes alors certain que toutes les feuilles de calcul générées depuis ce modèle disposeront du même niveau de protection.

Modifier l'état d'une cellule verrouillée et masquée

Pour modifier le statut d'une cellule de verrouillée à déverrouillée ou de masquée à visible, passez par l'onglet Protection de la boîte de dialogue Format de cellule (Ctrl + 1).

Voici comment déverrouiller une cellule ou une plage de cellules :

1. **Sélectionnez la ou les plages à déverrouiller.**

   Pour sélectionner plusieurs plages adjacentes ou non, maintenez la touche Ctrl enfoncée, et faites glisser le curseur sur les cellules concernées.

2. **Cliquez sur le bouton de commande Format de l'onglet Accueil. Dans le menu local qui apparaît, choisissez Verrouiller la cellule (Alt + LÇV).**

Les cellules non verrouillées qui contiennent des formules sont identifiées par un petit triangle vert situé dans leur angle supérieur gauche.

Vous pouvez également modifier le statut de protection d'une plage de cellules sélectionnée *via* la case à cocher Verrouiller de l'onglet Protection de la boîte de dialogue Format de cellules. Ouvrez-la en exécutant le raccourci clavier Ctrl + 1, cliquez sur l'onglet Protection, et décochez Verrouiller si vous ne souhaitez plus protéger la plage en question. Validez par un clic sur OK.

Pour masquer l'affichage du contenu des cellules de la sélection en cours, cochez l'option Masquer de l'onglet Protection de la boîte de dialogue Format de cellules. Validez par un clic sur OK.

Toutes ces modifications ne seront opérationnelles qu'après avoir activé la protection de la feuille de calcul. Ainsi, le contenu d'une cellule masquée sera toujours affiché. En revanche, sa formule ne sera plus visible dans la barre de formule.

Protéger la feuille de calcul

Lorsque vous avez défini l'état de protection de toutes vos plages de cellules de la feuille de calcul, vous pouvez activer la protection. Pour cela, ouvrez l'onglet Révision, et cliquez sur le bouton Protéger la feuille (Alt + RO). La boîte de dialogue Protéger la feuille apparaît, comme sur la Figure 1.3.

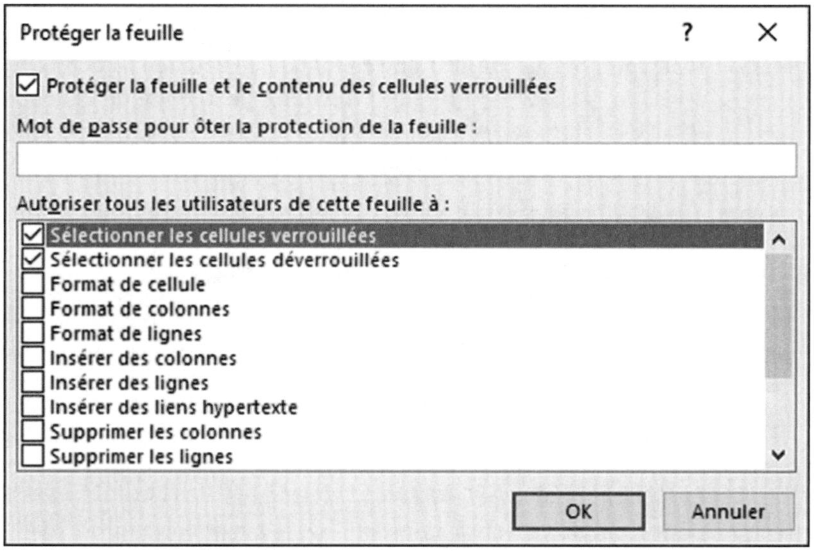

FIGURE 1.3 : Sélectionner les options de protection dans la boîte de dialogue Protéger la feuille.

Lorsque vous ouvrez cette boîte de dialogue, seules trois options sont cochées : Protéger la feuille et le contenu des cellules verrouillées, Sélectionner les cellules verrouillées, et Sélectionner les cellules déverrouillées. Si vous cliquez immédiatement sur le bouton OK, seules les cellules non verrouillées pourront être modifiées.

Si vous décochez l'option Sélectionner les cellules verrouillées, les utilisateurs ne pourront intervenir que sur les cellules non verrouillées. En d'autres termes, ils ne pourront même pas positionner le pointeur de cellule sur les cellules verrouillées.

En revanche, ne décochez pas Sélectionner les cellules déverrouillées car le pointeur de cellule disparaîtrait de la feuille de calcul. Dans ce cas, vous ne pourrez utiliser que la Zone Nom pour entrer la référence des cellules dont vous souhaitez voir le contenu. Ce contenu sera visible dans la barre de formule faute de pointeur de cellule.

Sélectionner les actions autorisées dans une feuille protégée

Pour autoriser les utilisateurs à sélectionner les cellules verrouillées et déverrouillées de la feuille de calcul, vous pouvez activer les actions suivantes dans la liste Autoriser tous les utilisateurs de cette feuille à de la boîte de dialogue Protéger la feuille :

- **Format de cellule :** Active la mise en forme des cellules (à l'exception de la modification des états Verrouiller et Masquer de l'onglet Protection de la boîte de dialogue Format de cellule).
- **Format de colonnes :** Permet aux utilisateurs de modifier la largeur des colonnes et de masquer ou non des colonnes.
- **Format de lignes :** Permet aux utilisateurs de modifier la hauteur des lignes et de masquer ou non des lignes.
- **Insérer des colonnes :** Permet d'insérer des colonnes dans la feuille de calcul.
- **Insérer des lignes :** Permet d'insérer des lignes dans la feuille de calcul.
- **Insérer des liens hypertextes :** Permet l'insertion de nouveaux liens hypertextes vers d'autres documents locaux et sur le Web. (Pour plus de détails, consultez le Chapitre 2 du Livre IV.)
- **Supprimer des colonnes :** Permet de supprimer des colonnes dans la feuille de calcul.
- **Supprimer des lignes :** Permet de supprimer des lignes dans la feuille de calcul.
- **Tri :** Autorise le tri des données des cellules déverrouillées.
- **Utiliser le filtre automatique :** Permet le filtrage des données.
- **Utiliser les tableaux croisés dynamiques et les graphiques croisés dynamiques :** Permet la manipulation des tableaux et des graphiques croisés dynamiques.
- **Modifier les objets :** Permet d'éditer les objets graphiques, comme les zones de texte, les images importées, et ce genre d'éléments.
- **Modifier des scénarios :** Permet la modification des scénarios d'hypothèses, y compris leur suppression.

Assigner un mot de passe pour ôter la protection d'une feuille

Il est tout à fait possible de définir un mot de passe pour ôter la protection d'une feuille de calcul. Cette action s'effectue dans le champ Mot de passe pour ôter la protection de la feuille de calcul de la boîte de dialogue Protéger la feuille. La procédure est la même que lorsque vous définissez un mot de passe de lecture et/ou de modification. Vous êtes limité à 255 caractères combinés en lettres, chiffres, et espaces, avec une sensibilité à la casse.

Lorsque vous saisissez ce mot de passe dans le champ indiqué et que vous cliquez sur OK, Excel ouvre la boîte de dialogue Confirmer le mot de passe. Là encore, vous devez taper exactement le même mot de passe que celui que vous venez de définir. En cas d'erreur, Excel affiche un message d'alerte signalant l'absence de correspondance entre les deux mots de passe. Cliquez sur le bouton OK de ce message, et répétez l'opération.

Dès que les deux mots de passe concordent, Excel ferme les deux boîtes de dialogue.

Si vous n'assignez pas de mot de passe pour ôter la protection de la feuille de calcul, n'importe quel utilisateur d'Excel sera capable d'y procéder. Dès cet instant, il pourra effectuer toutes les modifications qu'il souhaite, notamment altérer vos formules. Gardez à l'esprit qu'il n'y a aucun sens à protéger une feuille de calcul, si vous permettez à quiconque d'ôter cette protection par un simple clic sur le bouton éponyme de l'onglet Révision.

Ôter la protection d'une feuille de calcul

Lorsque vous protégez une feuille de calcul, vos entrées et vos modifications ne peuvent s'appliquer qu'aux cellules déverrouillées. De plus, vous ne pouvez accomplir que les actions autorisées dans la boîte de dialogue Protéger la feuille. Si vous tentez de remplacer, supprimer, ou modifier une cellule verrouillée d'une feuille de calcul protégée, Excel ouvre le message d'alerte suivant :

```
La cellule ou le graphique que vous essayez de modifier se trouve sur une
feuille protégée. Pour apporter une modification à celui-ci, vous devez
ôter la protection de la feuille. Vous serez peut-être invité à entrer un
mot de passe.
```

Si vous avez assigné un mot de passe pour retirer la protection de la feuille de calcul, Excel affichera la boîte de dialogue Ôter la protection de la feuille lorsque vous cliquerez sur le bouton Ôter la protection de la feuille de l'onglet Révision. Vous devez y saisir le mot de passe permettant de retirer la protection. Dès que vous validez ce mot de passe par un clic sur le bouton OK de la boîte de dialogue Ôter la protection de la feuille, Excel désactive cette protection. Tout modification devient alors possible sur les cellules verrouillées et déverrouillées.

Lorsque vous protégez une feuille de calcul, seuls les données et les graphiques de cette feuille particulière sont protégés. Vous pouvez donc modifier ces éléments présents dans d'autres feuilles du même classeur sans qu'il soit nécessaire d'ôter la protection. Vous en déduisez que si d'autres feuilles de votre classeur contiennent des données sensibles, vous devez penser à les protéger. Dans ce cas, appliquez à toutes vos feuilles le même mot de passe, sinon vous risquez d'en oublier au passage, et de rendre l'intervention des personnes autorisées particulièrement pénible.

Activer la modification d'une plage de cellules pour certains utilisateurs

Le groupe Modifications de l'onglet Révision propose la commande Permettre la modification des plages. Elle donne la possibilité d'autoriser certaines personnes à intervenir sur des plages de cellules verrouillées par un mot de passe. Voici comment procéder :

1. **Ouvrez l'onglet Révision, puis cliquez sur le bouton Permettre la modification des plages du groupe Modifications (Alt + RE).**

   Si la feuille de calcul est protégée, ce bouton est grisé donc inutilisable. Dans ce cas, cliquez préalablement sur le bouton Ôter la protection de la feuille de l'onglet Révision.

   Excel ouvre la boîte de dialogue Permettre la modification des plages illustrée sur la Figure 1.4.

2. **Cliquez sur le bouton Nouvelle.**

   Vous ouvrez ainsi la boîte de dialogue Nouvelle plage où vous assignerez un titre à la plage concernée, spécifierez la plage elle-même, et indiquerez un mot de passe, comme le montre la Figure 1.5.

3. **Si vous le souhaitez, donnez un nom à la plage dans le champ Titre ; sinon Excel assignera un nom tel que Plage1, Plage2 et ainsi de suite.**

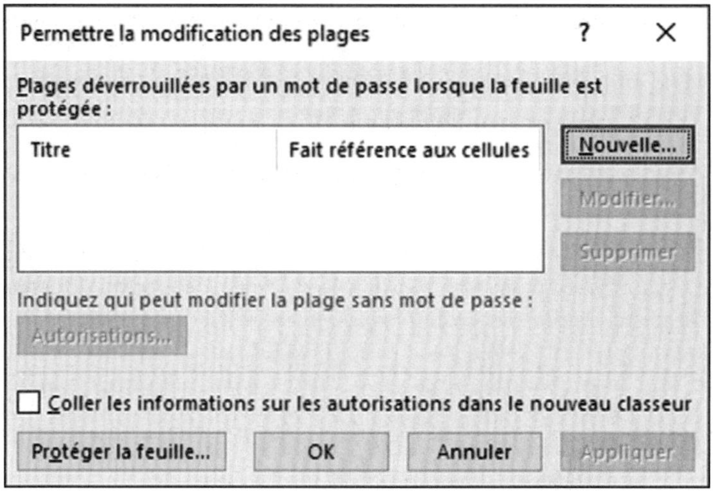

FIGURE 1.4 : Indiquer la plage de cellules à déverrouiller.

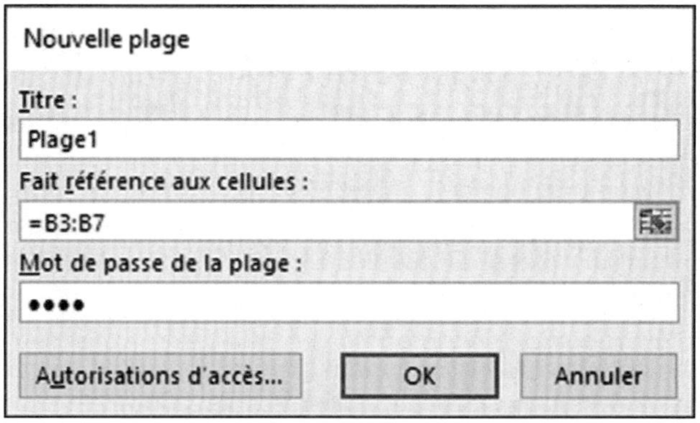

FIGURE 1.5 : Indiquez un titre, une plage, et un mot de passe dans la boîte de dialogue Nouvelle plage.

Ensuite, vous indiquez une plage de cellules ou une sélection de cellules non adjacentes auxquelles l'accès sera restreint.

4. **Cliquez dans le champ Fait référence aux cellules, et tapez l'adresse de la plage sans supprimer le signe = placé devant cette référence. Vous pouvez également sélectionner la plage directement sur la feuille de calcul.**

   Ensuite, vous devez saisir un mot de passe qui donnera accès à cette plage. Une fois encore, il répond aux mêmes exigences que tous les autres mots de passe que vous avez appris à créer dans Excel.

5. **Dans le champ Mot de passe de la plage, tapez le mot de passe d'accès à la plage.**

6. **Cliquez sur le bouton Autorisation pour Plage1 (ou nom de votre plage).**

   La boîte de dialogue Autorisations pour Plage1 s'affiche.

7. **Cliquez sur le bouton Ajouter.**

   Vous ouvrez ainsi la boîte de dialogue Sélectionnez des utilisateurs ou des groupes.

8. **Dans la liste Entrez les noms des objets à sélectionner, cliquez sur le nom de la personne à autoriser. Pour sélectionner plusieurs noms, maintenez la touche Ctrl enfoncée et cliquez dessus.**

   Si cette liste est vide, cliquez sur le bouton Avancé afin d'accéder à d'autres paramètres de la boîte de dialogue. Cliquez ensuite sur le bouton Rechercher pour localiser tous les utilisateurs de votre lieu. Vous pouvez ensuite cliquer sur le nom ou maintenir la touche Ctrl enfoncée pour sélectionner plusieurs noms.

9. **Ensuite, cliquez sur OK. Validez une nouvelle fois par un clic sur le bouton OK de la boîte de dialogue Sélectionnez des utilisateurs ou des groupes.**

   Vous constatez que les noms sont bien ajoutés à la boîte de dialogue Autorisations pour <nom de la plage>.

10. **Cliquez sur le nom du premier utilisateur dont vous souhaitez qu'il utilise un mot de passe pour intervenir sur la plage, et cochez l'option Refuser.**

    Répétez cette étape pour chaque personne devant utiliser un mot de passe pour accéder à la plage (voir la Figure 1.6).

11. **Répétez l'Étape 10 pour chacun des utilisateurs devant disposer du mot de passe. Ensuite, cliquez sur le bouton OK de la boîte de dialogue Autorisations.**

    Dès que vous cliquez sur OK, Excel affiche un message d'alerte vous rappelant les conséquences de votre choix, à savoir que les personnes spécifiées auront besoin de votre mot de passe pour intervenir dans la plage de cellules protégée.

12. **Cliquez sur le bouton Oui du message d'alerte.**

    Cette action ferme le message et affiche de nouveau la boîte de dialogue Nouvelle plage.

13. **Cliquez sur OK de la boîte de dialogue Nouvelle plage.**

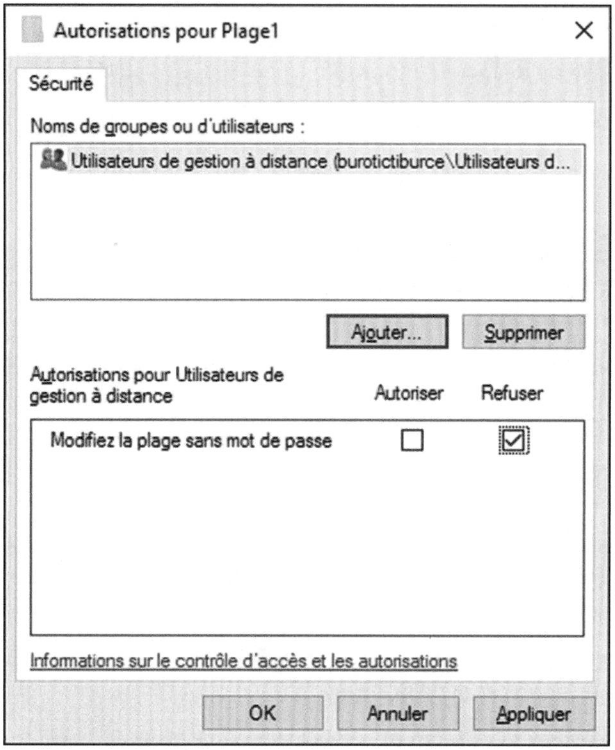

FIGURE 1.6 : Définissez les autorisations dans cette boîte de dialogue.

14. Dans la boîte de dialogue Confirmer le mot de passe, saisissez exactement le même mot de passe que celui que vous avez défini. Cliquez sur OK.

Vous revenez alors dans la boîte de dialogue Permettre la modification des plages où vous retrouvez l'ensemble des paramètres dont la plage de cellules concernée, comme le montre la Figure 1.7.

Si vous devez définir d'autres plages pour d'autres utilisateurs, répétez les Étapes 12 à 14.

Une fois que vous avez fini d'ajouter des plages, vous pouvez protéger la feuille de calcul. Si vous souhaitez conserver un enregistrement de plages défini, passez à l'Étape 14, sinon sautez à l'Étape 16.

15. (Facultatif) Cochez la case Coller les informations sur les autorisations dans le nouveau classeur si vous souhaitez créer un classeur contenant toutes vos informations d'autorisations.

Lorsque vous cochez cette case, Excel crée un nouveau classeur dont la première feuille de calcul liste toutes les plages exigeant une autorisation par

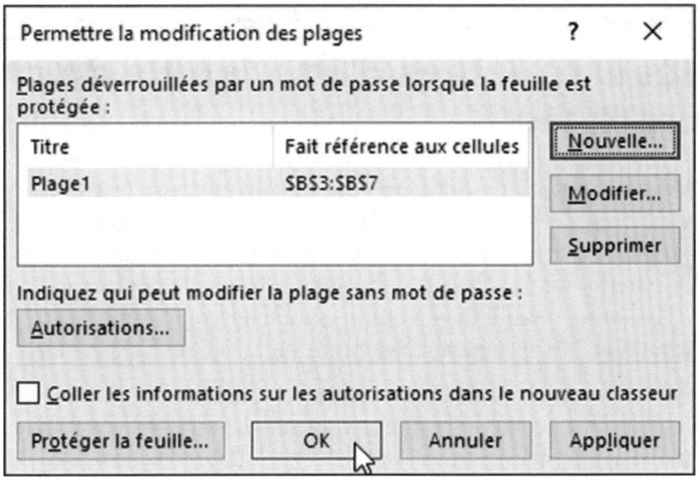

FIGURE 1.7 : Prêt à protéger une partie de la feuille via la boîte de dialogue Permettre la modification des plages.

mot de passe. Vous pouvez ensuite enregistrer ce classeur pour conserver une trace des plages de cellules exigeant un mot de passe.

Vous voici prêt à protéger la feuille de calcul. Vous pouvez y procéder depuis la boîte de dialogue Permettre la modification des plages par un clic sur le bouton Protéger la feuille. Pour protéger la feuille ultérieurement, cliquez sur OK, et passez à l'Étape 16.

16. **Cliquez sur le bouton Protéger la feuille de l'onglet Révision.**

Que vous protégiez la feuille depuis la boîte de dialogue des autorisations ou par un clic sur le bouton Protéger la feuille de l'onglet Révision, vous accédez à la boîte de dialogue Protéger la feuille. Vous y sélectionnez les actions que vous autorisez à tous les utilisateurs d'une feuille de calcul protégée (voir plus haut dans ce chapitre).

Dès que vous avez activé la protection de la feuille de calcul, seuls les utilisateurs désignés pourront modifier la ou les plages de cellules définies. Bien entendu, vous devez indiquer ce mot de passe à ces utilisateurs lorsque vous leur envoyez le classeur.

Veillez à assigner un mot de passe pour ôter la protection de la feuille de calcul au moment où, justement, vous la verrouillez. Sinon, toute personne recevant le classeur pourra déverrouiller la feuille de calcul et apporter toutes les modifications qu'il souhaite, ruinant ainsi la protection que vous pensiez avoir correctement définie.

Entrer des données dans les cellules déverrouillées d'une feuille de calcul protégée

Des utilisateurs non autorisés peuvent facilement intervenir dans une feuille de calcul dont certaines cellules sont verrouillées et d'autres non. En effet, il suffit d'appuyer sur la touche Tab ou sur Maj + Tab pour naviguer parmi les cellules déverrouillées. Chaque pression sur cette touche déplace le pointeur de cellule sur la prochaine cellule déverrouillée. Lorsque vous atteignez la dernière cellule déverrouillée, Excel repart sur la première.

Bien entendu, cela ne fonctionne que si vous n'avez pas modifié le comportement du déplacement dans les cellules d'Excel. Pour le savoir, ou si le fait d'appuyer sur Tab ne donne pas le résultat escompté, ouvrez les options d'Excel *via* Fichier/Options. Dans la boîte de dialogue qui apparaît, choisissez la catégorie Options avancées. Dans la section Options d'édition, vérifiez que le réglage Déplacer la sélection après validation est bien active, et que le sens est bien Bas.

La Figure 1.8 montre que vous pouvez utiliser la touche Tab pour accéder instantanément aux cellules déverrouillées d'une feuille de calcul protégée. Voici le comportement du pointeur de cellule :

- » La plage de cellules B3:B7 est verrouillée. Donc, si je positionne le pointeur de cellule en A1, et que j'appuie sur Tab, il se positionne immédiatement en C3, c'est-à-dire sur la première cellule disponible.
- » Comme j'ai également verrouillé la plage de cellules D3:D7, si j'appuie sur Tab quand le pointeur de cellule se situe en C3, il passe en E3.
- » Depuis E3, le fait d'appuyer sur Tab place le pointeur de cellule en C4. Le pointeur de cellule va naviguer de la colonne E à la colonne C puis passera à la colonne F7, car toutes les autres cellules ont été verrouillées.
- » Depuis F7, le fait d'appuyer sur Tab ramène le pointeur de cellule en C3 indiquant que toutes les autres cellules sont bel et bien verrouillées.

Vous pourrez remplacer les données des cellules déverrouillées sans perdre de temps à rechercher une par une celles qui sont et ne sont pas verrouillées. Pour remonter vers la cellule déverrouillée précédente, exécutez le raccourci clavier Maj + Tab.

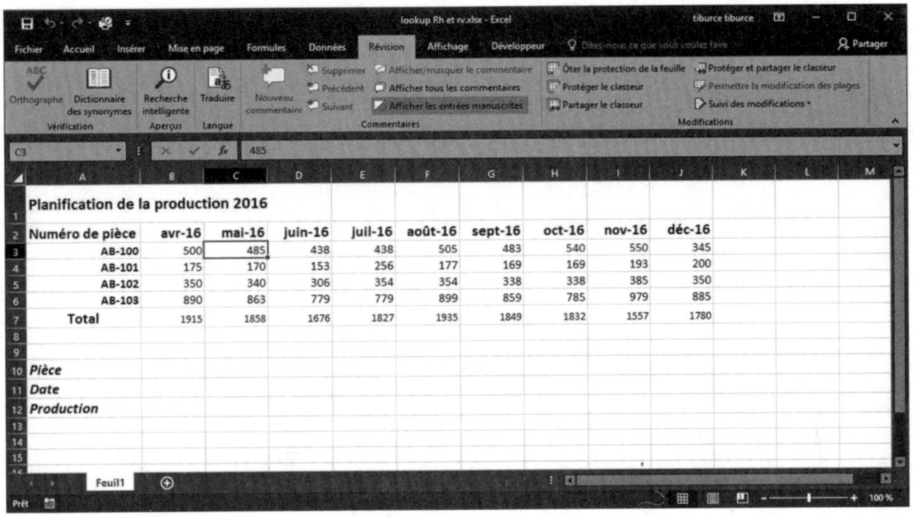

FIGURE 1.8 : La touche Tab permet de naviguer parmi les cellules déverrouillées d'une feuille de calcul protégée.

Pour rendre impossible la sélection d'autres cellules que celles qui sont déverrouillées, décochez l'option Sélectionner les cellules verrouillées de la boîte de dialogue Protéger la feuille.

Protéger le classeur

La protection du classeur empêchera tout utilisateur de modifier la structure de votre fichier en ajoutant, supprimant, déplaçant et renommant un quelconque élément de vos feuilles de calcul. Pour protéger votre classeur, cliquez sur le bouton de commande Protéger le classeur (Alt + RÉ).

Excel ouvre la boîte de dialogue Protéger la structure et les fenêtres, comme le montre la Figure 1.9. Cette boîte de dialogue dispose de deux options : Structure (cochée par défaut) et Fenêtres (décochée par défaut). Elle dispose également d'un champ qui permet de définir un mot de passe qu'il faudra saisir pour ôter la protection du classeur. Cette fois encore, le mot de passe comprendra 255 caractères

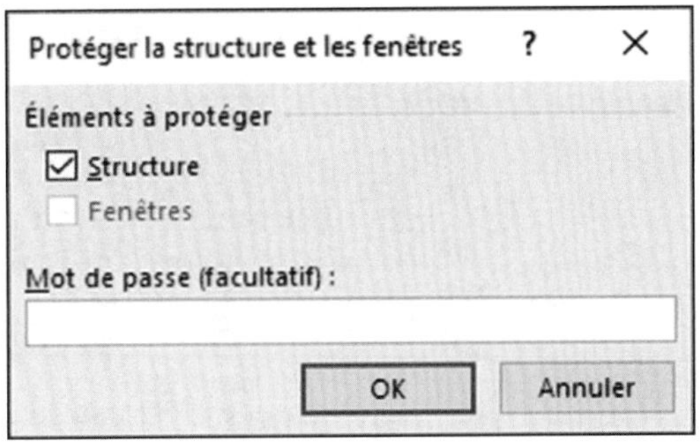

FIGURE 1.9 : Protéger un classeur dans la boîte de dialogue Protéger la structure et les fenêtres.

maximum, et consistera en une combinaison de lettres, de chiffres, d'espaces, avec une sensibilité des caractères à la casse.

Lorsque vous protégez un classeur en cochant l'option Structure, Excel empêchera tout utilisateur d'accomplir les tâches suivantes :

- » Insérer de nouvelles feuilles de calcul
- » Supprimer des feuilles de calcul existantes
- » Renommer des feuilles de calcul
- » Masquer ou afficher des feuilles de calcul masquées
- » Déplacer ou copier des feuilles de calcul vers un autre classeur
- » Afficher les données sources d'une cellule d'un tableau croisé dynamique ou afficher les champs du rapport d'une table de données dans des feuilles de calcul séparées.
- » Créer une synthèse avec le Gestionnaire de scénario.

Lorsque vous activez la protection d'un classeur après avoir coché l'option Fenêtres de la boîte de dialogue Protéger la structure et les fenêtres, Excel vous empêche de modifier la taille ou la position des fenêtres de votre classeur.

Une fois que vous avez protégé un classeur, vous pourrez le déprotéger *via* le bouton Protéger le classeur de l'onglet Révision. Il vous demandera un mot de passe si vous en aviez défini un. Si vous entrez le bon mot de passe, le classeur se retrouve sans plus aucune protection.

Protéger un classeur partagé

Bien souvent, vous protégerez un classeur que vous souhaiterez partager sur un réseau. Ainsi, vous pourrez permettre l'édition du contenu de ses feuilles de calcul (en supposant que vous n'avez pas protégé des feuilles individuelles), tout en empêchant les autres utilisateurs de retirer le suivi des modifications (voir le Chapitre 3 du Livre IV).

Si le classeur n'est pas en cours de partage, vous pouvez protéger le classeur et le partager par un clic sur le bouton Protéger et partager le classeur de l'onglet Révision (Alt + RR2). Si le classeur est déjà partagé, vous devez préalablement mettre fin au partage avant de pouvoir actionner cette commande. (Pour plus de détails, consultez le Chapitre 4 du Livre IV.)

Lorsque vous cliquez sur le bouton Protéger et partager, Excel ouvre la boîte de dialogue Protection lors du partage, comme le montre la Figure 1.10. Dans cette boîte de dialogue, cochez l'option Partage avec suivi des modifications pour activer le partage et le suivi de ses modifications. Dès que vous cochez cette case, Excel active le champ Mot de passe (facultatif), où vous pouvez entrer un mot de passe qui sera exigé pour pouvoir mettre fin au partage.

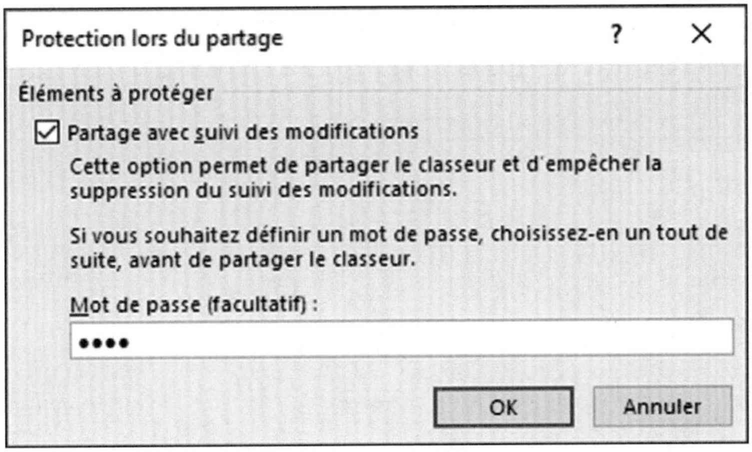

FIGURE 1.10 : Protéger un classeur partagé via la boîte de dialogue Protection lors du partage.

Si vous entrez un mot de passe dans ce champ, ce que je vous conseille, sinon la protection du classeur n'aurait aucun sens, Excel demande confirmation dès que vous cliquez sur le bouton OK. Une fois cette confirmation effectuée, Excel affiche un message vous avertissant que cette opération va conduire à un enregistrement. Cliquez sur OK. Le programme enregistre le classeur en tant que fichier partagé et le protège contre toute tentative de modification de sa structure sans mot de passe. Le programme ajoute [Partagé] à droite du nom du fichier affiché dans la barre de titre.

Pour ôter cette protection tout en interrompant le partage, cliquez sur le bouton Ôter la protection de partage de l'onglet Révision. Excel vous demande alors le mot de passe. Saisissez-le et cliquez sur OK. Un message d'alerte vous informe des conséquences de votre acte, dont le fait que le classeur ne sera plus partagé, et que l'historique des modifications va être effacé. Cliquez sur Oui si vous ne souhaitez pas que les utilisateurs qui modifient actuellement le classeur puissent enregistrer leurs modifications. Si vous êtes certain que personne n'utilise le classeur, confirmez votre action par un clic sur Oui.

Chapitre 2

Utiliser des liens hypertextes

DANS CE CHAPITRE :

- **Lier votre feuille de calcul à d'autres classeurs Excel, documents Office, et pages Web**
- **Lier à une adresse électronique (e-mail)**
- **Suivre les liens créés dans la feuille de calcul**
- **Modifier des liens hypertextes dans une feuille de calcul**
- **Créer des formules avec la fonction LIEN_HYPERTEXTE**

Le sujet de ce chapitre traite des liens que vous pouvez créer avec d'autres documents grâce à des liens hypertextes. Ces liens sont connus de vous tous, car ils permettent de surfer sur Internet. Sachez qu'ils peuvent être mis en œuvre dans vos feuilles de calcul afin de vous transporter instantanément vers une section de votre feuille, un autre classeur, et bien d'autres documents stockés sur votre ordinateur, voire vers des pages Web.

Tout (ou presque) sur les liens hypertextes

Pour ajouter des liens hypertextes à une feuille de calcul Excel, vous devez définir deux choses :

- L'objet auquel vous souhaitez assigner le lien
- La destination du lien

Vous pouvez assigner un lien hypertexte à du texte que vous entrerez dans une cellule ou dans un objet graphique. La destination d'un lien sera une nouvelle cellule, une plage de cellules, le fichier classeur en cours d'utilisation, ou un autre fichier.

Les destinations des liens hypertextes dans le classeur où vous les définissez incluent :

» **Les références de la cellule** dans la feuille de calcul du classeur et que vous souhaitez atteindre en cliquant sur le lien hypertexte.

» **Le nom d'une plage** de cellules que vous souhaitez sélectionner quand vous cliquez sur le lien hypertexte. Cette plage doit bien entendu exister au moment où vous créez le lien.

Les destinations que vous spécifiez en dehors du classeur sont :

» **Le nom d'un fichier** existant que vous souhaitez ouvrir en cliquant sur lien hypertexte. Il pourra s'agir d'un autre classeur ou d'un autre type de document que votre ordinateur sait ouvrir.

» **L'adresse URL** d'une page Web que vous pouvez visiter lorsque vous cliquez sur le lien hypertexte. Cette page peut être localisée sur l'intranet de votre entreprise ou sur le *World Wide Web*. Elle s'ouvre dans votre navigateur Web.

» **Un nouveau document** que vous souhaitez créer dans Excel ou avec un autre programme de votre ordinateur dès que vous cliquez sur le lien hypertexte. Vous devez spécifier le nom du fichier et son extension. L'extension permet d'identifier le type de document à créer ainsi que le programme qui l'ouvrira.

» **Une adresse électronique** pour créer un nouveau message dans votre programme de messagerie lorsque vous cliquerez sur le lien hypertexte. Vous devez spécifier l'adresse mail et l'objet du nouveau message au moment de la création du lien.

Ajouter des liens hypertextes

Les étapes de création d'un nouveau lien hypertexte dans votre feuille de calcul sont très directes. Vous devez préalablement ajouter le texte du lien dans la cellule où vous définirez ce lien ou bien créer (voire importer) un objet graphique auquel le lien sera attaché. Ensuite, pour ajouter un lien hypertexte au texte ou graphique, conformez-vous aux étapes suivantes :

1. **Placez le pointeur de cellule dans la cellule qui contient le texte ou le graphique que vous souhaitez définir comme lien hypertexte.**

   Une fois que vous avez sélectionné la cellule ou le graphique, vous êtes prêt à ouvrir la boîte de dialogue Insérer un lien hypertexte.

2. **Cliquez sur le bouton de commande Insérer un lien hypertexte de l'onglet Insertion, ou appuyez sur Alt + S3 ou sur Ctrl + K.**

   La boîte de dialogue Insérer un lien hypertexte s'affiche, comme celle de la Figure 2.1. Si vous avez sélectionné un objet graphique ou une cellule contenant du texte, vous constatez que le champ Texte à afficher de la boîte de dialogue affiche le texte de la cellule. Vous pouvez modifier ce texte. Toutefois, comprenez bien que tout changement ainsi opéré se reflétera dans la cellule en cours lorsque vous fermerez la boîte de dialogue Insérer un lien hypertexte.

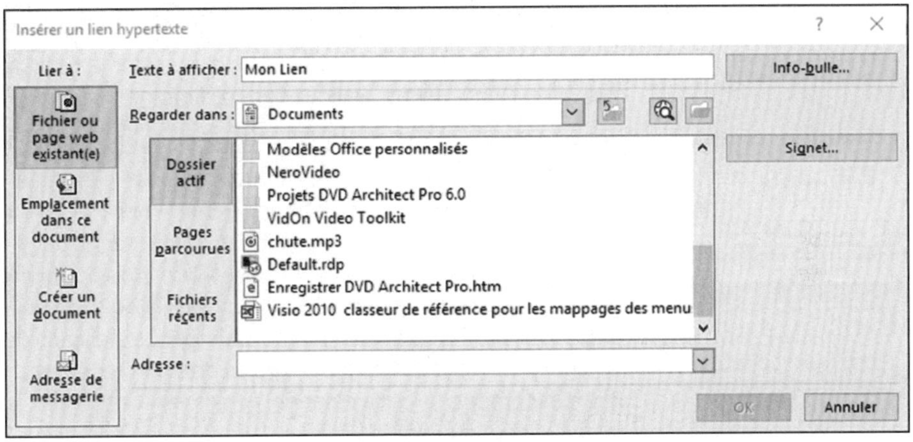

FIGURE 2.1 : Créer un lien hypertexte dans la boîte de dialogue Insérer un lien hypertexte.

   Le bouton Info-bulle localisé dans l'angle supérieur droit de la boîte de dialogue permet d'ajouter un texte décrivant la fonction de votre lien lorsque vous y placez le pointeur de la souris. Pour ajouter cette info-bulle, passez à l'Étape 3. Si vous ne souhaitez pas personnaliser cette info-bulle, Excel en créera une qui indiquera la destination du lien lorsque vous placerez le pointeur de la souris sur ce lien hypertexte.

3. **(Facultatif) Cliquez sur le bouton Info-bulle. Dans le champ Texte de l'info-bulle de la boîte de dialogue Définir une info-bulle pour le lien hypertexte, tapez votre texte, puis cliquez sur OK.**

   Par défaut, Excel sélectionne le type de lien Fichier ou page Web existant(e) dans la liste Lier à. Cela permet d'assigner la destination du lien à un fichier de votre disque dur ou à une page Web. Pour créer un lien vers une cellule ou une plage de cellules du classeur en cours, cliquez sur Emplacement dans ce document. Pour définir un lien vers un nouveau document, cliquez sur Créer un document. Pour lier vers une adresse de messagerie électronique, cliquez sur Adresse de messagerie.

4. **Sélectionnez le type de destination dans la liste Lier à du panneau de gauche de la boîte de dialogue Insérer un lien hypertexte.**

   Tout ce que vous avez à faire maintenant est d'indiquer la destination de votre lien. L'opération dépend du type de lien que vous venez de créer :

   - **Lier à une cellule ou une plage nommée dans le classeur en cours d'utilisation :** Cliquez sur le type de lien Emplacement dans ce document. Ensuite, dans le champ Tapez la référence de la cellule de destination, saisissez les références de votre cellule. Vous pouvez également indiquer une plage de cellules sous la forme C1:D3 si vous souhaitez qu'un clic sur la cellule contenant le lien sélectionne cette plage. Si des noms de plage ont été définis, ils apparaissent dans la liste Ou sélectionnez un emplacement dans ce document. Cliquez simplement sur le nom d'une plage dans la section Noms définis. Validez par un clic sur le bouton OK.
   - **Créer un document :** Après avoir cliqué sur le bouton Créer un document, tapez le nom de ce futur document dans le champ Nom du nouveau document. Ajoutez impérativement l'extension du fichier de ce document, comme .doc pour un document Word, ou .txt pour un fichier texte standard. Pour indiquer un autre dossier que celui proposé par défaut, cliquez sur le bouton Modifier. Dans la boîte de dialogue qui apparaît, choisissez l'emplacement de création et de stockage de ce nouveau document. Si vous souhaitez éditer le contenu du nouveau document immédiatement après sa création, conservez l'option par défaut Modifier le nouveau document maintenant. Pour le modifier plus tard, activez le bouton radio Modifier le nouveau document ultérieurement. Enfin, validez ce lien par un clic sur le bouton OK.
   - **Adresse de messagerie :** Après avoir choisi le type de lien Adresse de messagerie dans la liste Lier à, tapez l'adresse du destinataire (comme gharvey@mindovermedia.com) dans le champ Adresse de messagerie. Ensuite, dans le champ Objet, tapez le sujet de votre message comme vous le faites pour un mail envoyé depuis votre programme d'e-mail.

5. **Spécifiez la destination du nouveau lien hypertexte dans les champs ou les listes idoines en fonction du type de lien que vous avez choisi.**

   Vous voici prêt à créer le lien !

6. **Dans la boîte de dialogue Insérer un lien hypertexte, cliquez sur OK.**

Dès que vous cliquez sur OK, Excel ferme la boîte de dialogue Insérer un lien hypertexte et affiche votre feuille de calcul. Si vous avez choisi un lien qui crée un nouveau document à modifier immédiatement, le programme nécessaire (comme Word pour un .doc) ouvre un document vide. Si vous avez assigné le lien à un objet graphique, il reste sélectionné après avoir validé par OK. Cliquez alors sur n'importe quelle cellule de la feuille de calcul. Ensuite, placez le pointeur de la souris sur le graphique. Vous constatez que le pointeur prend la forme traditionnelle d'une main avec un index pointé sur le lien. Si vous cliquez, le lien hypertexte opérera comme prévu.

Lorsque vous placez le pointeur de la souris sur le lien, l'info-bulle s'affiche. Si cette info-bulle n'a pas été personnalisée, Excel affichera le chemin d'accès de la destination, ou fournira des explications en cas de lien hypertexte lié à une adresse de messagerie.

Taxi ! Suivez ce lien !

Vous devez disposer d'une connexion à Internet si le lien renvoie à une page Web. Dans tous les cas de figure, il suffit de pointer sur le lien, puis de cliquer. Si la destination consiste en une cellule de la feuille de calcul, Excel y positionne le pointeur de cellule. S'il s'agit d'une plage de cellules, Excel la sélectionne mais en activant la première cellule de la plage (celle située en haut à gauche). Si cette destination est un document créé avec un autre programme, Excel lance le programme en question et y affiche le document. (Bien entendu, ce programme doit être installé sur votre ordinateur.) Si cette destination est une page Web, Excel l'ouvre dans votre navigateur Web.

Une fois que vous cliquez sur un lien hypertexte, la couleur de son texte change du bleu au noir, et il reste souligné. Le changement de couleur indique que le lien a été visité. En revanche, lorsque le lien est graphique, aucune indication ne permet de savoir si quelqu'un a cliqué dessus. Les liens hypertextes cliqués reprennent leur couleur d'origine lorsque vous rouvrez dans Excel les classeurs dans lesquels ils ont été créés.

Modifier des liens hypertextes

Excel facilite la modification des liens hypertextes. Vous devez simplement veiller à ne pas activer le lien pendant la procédure de modification. Pour éviter ce problème, faites un clic droit sur le lien hypertexte. Dans le menu contextuel qui s'affiche, exécutez la commande Modifier le lien hypertexte. Cette action ouvre la boîte de dialogue Modifier le lien hypertexte qui dispose des mêmes options que la boîte de dialogue Insérer un lien hypertexte. Utilisez les boutons de la liste Lier à pour modifier le type de lien. Pour changer l'info-bulle, cliquez sur le bouton Info-bulle.

Supprimer un lien hypertexte

Pour supprimer le lien hypertexte d'une cellule ou d'un objet graphique sans effacer ces deux éléments, faites un clic droit dessus. Dans le menu contextuel qui apparaît, exécutez la commande Supprimer le lien hypertexte.

Pour supprimer aussi bien le lien que le contenu de la cellule, exécutez la commande Supprimer de ce menu contextuel. Pour supprimer l'objet graphique et son lien, faites un clic droit sur l'objet, puis cliquez immédiatement dessus pour fermer le menu contextuel sans y choisir une commande. Appuyez ensuite sur la touche Suppr de votre clavier. L'objet graphique et le lien qui lui est associé disparaissent de la feuille de calcul.

Copier et déplacer un lien hypertexte

Pour copier ou déplacer un lien hypertexte, utilisez la technique du glisser-déposer ou du couper-coller. Une fois encore, le défi consiste à sélectionner le lien sans l'activer, sinon le pointeur de cellule se positionnera à un autre emplacement de la feuille de calcul ou du classeur, voire exécutera un autre programme ou ouvrira une page Web.

Pour sélectionner une cellule contenant un lien hypertexte, le plus simple consiste à cliquer sur une cellule située à proximité de celle contenant le lien. Ensuite, à l'aide des touches du pavé directionnel, positionnez le pointeur de cellule sur la cellule du lien hypertexte. Vous pouvez également, quelle que soit la position du pointeur de cellule, appuyer sur la touche F5 pour ouvrir la boîte de dialogue Atteindre. Dans la liste Atteindre, cliquez sur la référence de la cellule du lien hypertexte, puis sur le bouton OK. Pour sélectionner un objet graphique contenant un lien hypertexte, faites un clic droit dessus. Cette action ouvre logiquement un menu contextuel. Fermez-le en cliquant sur l'objet graphique lui-même. Il se retrouve alors sélectionné.

Une fois la cellule ou le graphique ainsi sélectionné, déplacez le lien *via* le bouton Couper de l'onglet Accueil (Ctrl + X), ou copiez-le *via* le bouton Copier (Ctrl + C) de ce même onglet. Il vous suffira ensuite de le coller à une nouvelle position *via* le bouton Coller (Ctrl + V). Lorsque vous déplacez ou copiez un lien hypertexte d'une cellule à une autre, validez en appuyant sur la touche Entrée du clavier.

Pour déplacer le lien avec la technique du glisser-déplacer, faites glisser la cellule ou l'objet avec le pointeur de la souris. Ensuite, relâchez le bouton de la souris dès que l'élément est à sa nouvelle position. Pour copier le lien, maintenez la touche Ctrl enfoncée. Un signe plus (+) apparaît alors à la base du pointeur. N'oubliez pas de placer le pointeur de la souris sur le contour de pointeur de cellule pour glisser-déplacer le contenu auquel est attaché le lien hypertexte.

Utiliser la fonction LIEN_HYPERTEXTE

Vous pouvez aussi créer des liens hypertextes en utilisant la fonction LIEN_HYPERTEXTE qui utilise la syntaxe suivante :

```
LIEN_HYPERTEXTE(emplacement_lien;[nom_convivial])
```

L'argument *emplacement_lien* spécifie le nom du document à ouvrir sur le disque dur de votre ordinateur, ou sur le serveur d'un réseau (désigné par une adresse UNC), ou sur l'Intranet d'une société ou sur le Web (désigné par une adresse URL – lire l'encadré « Comment indiquer une UNC à partir d'une URL et quand y recourir » pour plus de détails). L'argument optionnel *nom_convivial* correspond au texte du lien qui apparaît dans la cellule où vous avez entré la fonction LIEN_HYPERTEXTE. Si vous omettez cet argument, Excel affiche le texte spécifié sous la forme de l'argument *emplacement_lien*.

Quand vous spécifiez les arguments pour une fonction LIEN_HYPERTEXTE que vous entrez dans la barre de formule (donc sans passer par la boîte de dialogue Insérer une formule), n'oubliez pas de placer les deux arguments *emplacement_lien* et *nom_convivial* entre guillemets. Par exemple, pour créer une fonction LIEN_HYPERTEXTE dans une cellule qui renvoie à la page d'accueil du site Web *Pour les nuls*, vous devez entrer ceci dans la cellule :

```
=LIEN_HYPERTEXTE(«http://www.pourlesnuls.fr»;»Page d'accueil Pour les
nuls»)
```

COMMENT INDIQUER UNE UNC À PARTIR D'UNE URL ET QUAND Y RECOURIR

L'adresse que vous utilisez pour un lien hypertexte renvoyant à un élément distant peut prendre deux aspects : UNC (*Universal Naming Convention*) et URL (*Universal Resource Locator*). Le choix dépend de l'emplacement de stockage du fichier. S'il se trouve sur le serveur d'un réseau, vous utiliserez une adresse UNC, tandis que s'il se trouve sur Internet ou sur l'Intranet d'une société, vous utiliserez une adresse URL. Sachez que les URL existent aussi sous deux formes. La plus populaire est http, c'est-à-dire *Hypertext Transfer Protocol* et qui commence par `http://`, et moins connue aujourd'hui FTP (*File Transfer Protocol*) qui commence par `ftp://`.

Une adresse UNC qui permet de localiser des fichiers sur les serveurs réseau commence toujours par \\ selon le format suivant :

```
\\serveur\partage\chemin\
nomdefichier
```

Dans ce format, le nom du serveur sur lequel se trouve le fichier remplace *serveur*, le nom du dossier de partage remplace *partage*, le chemin d'accès au dossier remplace *chemin*, et le nom du fichier (extension y compris, comme .xls pour des fichiers Excel) remplace *nomdefichier*.

Une adresse URL permet d'atteindre des fichiers publiés sur des sites Web selon le format suivant :

```
service internet//adresse internet/
chemin/nomdefichier
```

Dans ce format, *service internet* sera remplacé par le protocole utilisé, c'est-à-dire HTTP ou FTP, *adresse internet* sera remplacé par le nom de domaine comme *www.pourlesnuls.fr*, ou par le numéro assigné au serveur Internet, *chemin* sera remplacé par le chemin d'accès au dossier, et *nomdefichier* sera remplacé par le nom du fichier en incluant son extension.

Chapitre 3

Le contrôle des classeurs

DANS CE CHAPITRE :

- **Préparer la distribution d'un classeur**
- **Suivre les modifications d'un classeur partagé**
- **Réviser un classeur**
- **Ajouter et consulter les commentaires du classeur**

Excel 2016 permet de sauvegarder des classeurs sur OneDrive, le *cloud* de Microsoft. Il est donc essentiel que vous connaissiez les possibilités de partage d'Excel, ainsi que les techniques de suivi des modifications apportées à des classeurs qui sont partagés entre plusieurs collaborateurs.

Dans ce chapitre, vous découvrirez comment préparer un classeur pour sa diffusion auprès d'autres personnes, et comment en suivre les modifications qu'elles y ont éventuellement apportées. Vous verrez également comment fusionner ces modifications afin de disposer d'une seule version actualisée de votre travail que vous pourrez alors soumettre aux personnes qui vous l'ont demandé.

Le contrôle d'un classeur peut se limiter à l'ajout de commentaires et de suggestions sur les interventions possibles. Dans ce chapitre, vous verrez comment exprimer vos pensées et vos idées avec des annotations dans lesquelles vous pourrez effectuer des suggestions d'amélioration ou de corrections.

Préparer la distribution d'un classeur

L'écran Informations de la vue Backstage d'Excel 2016 illustré à la Figure 3.1 permet de préparer la distribution de votre classeur en inspectant ses propriétés. Pour cela, cliquez sur le bouton Vérifier l'absence de problèmes. Dans le menu local qui apparaît, vous disposez des options suivantes :

- **Inspecter le document** pour ouvrir l'Inspecteur de document qui vérifie le contenu masqué et les métadonnées (des données sur le document lui-même). Vous pouvez effacer ce contenu avant de distribuer le fichier en cliquant simplement sur le bouton Supprimer tout qui apparaît après avoir cliqué sur le bouton Inspecter.
- **Vérifier l'accessibilité** pour qu'Excel analyse le fichier classeur afin de trouver des informations que des personnes handicapées (notamment les malvoyants) auront des difficultés à lire.
- **Vérifier la compatibilité** pour identifier les options d'un fichier *.xlsx qui seront perdues quand vous l'enregistrerez au format Excel 97-2003 (*.xls).

Sous le bouton Vérifier l'absence de problèmes, vous trouverez le bouton Gérer le classeur. Il ouvre un menu local qui comprend deux options :

FIGURE 3.1 : Vérifier les propriétés d'un classeur dans l'écran Informations de la vue Backstage.

» **Vérifier** qui permet d'éditer une copie privée du classeur et d'empêcher d'autres personnes d'apporter des modifications.

» **Récupérer des classeurs non enregistrés** qui permet de parcourir toutes les versions du classeur ouvert qui ont été fermées sans enregistrer les modifications finales, mais que vous pouvez récupérer grâce à la fonction de sauvegarde automatique d'Excel (voir le Chapitre 1 du Livre II pour plus de détails).

Le dernier bouton, Options d'affichage du navigateur, ouvre une boîte de dialogue composée des onglets Afficher et Paramètres. Ils contrôlent les parties de votre classeur qui seront affichées et qui pourront être modifiées lorsque le fichier sera partagé en ligne.

Ajouter des propriétés à votre classeur

Vous pouvez ajouter des informations à votre document classeur, c'est-à-dire des métadonnées depuis l'écran Informations de la vue Backstage *via* la section Propriétés. Elles sont affichées dans la partie droite de l'écran. Ainsi, vous ajouterez un titre, des mots-clés, des catégories, un auteur... autant d'informations qui faciliteront la recherche et la localisation du fichier.

Pour ajouter plusieurs informations dans une propriété, séparez-les par une virgule. Une fois que vous avez ajouté toutes les informations souhaitées, quittez l'écran Informations par un clic sur la flèche située en haut à gauche, ou bien en appuyant sur la touche Echap de votre clavier.

Lorsque vous cliquez sur le lien Afficher toutes les propriétés situé en bas du panneau des propriétés, vous accédez à d'autres attributs tels que Commentaires, État, Objet, Répertoire web, Société, et Responsable.

Signer numériquement un document

Excel 2016 permet d'ajouter des signatures numériques de deux manières :

» Ajouter une ligne de signature sous la forme d'un objet graphique contenant votre nom, la date de la signature, votre titre, et si vous avez une tablette graphique connectée à votre ordinateur, une signature manuscrite.

- Ajouter une signature invisible identifiée par l'icône d'une signature numérique dans la barre d'état et par une métadonnée ajoutée au document qui vérifie la source du classeur.

En ajoutant une signature numérique, vous garantissez les trois choses suivantes lorsque vous distribuez votre classeur Excel :

- **Authenticité :** La personne qui signe le classeur est *de facto* clairement identifiée.
- **Intégrité :** Le contenu du fichier n'a pas été modifié depuis que le classeur a été signé numériquement.
- **Confidentialité :** Le signataire défend le contenu du classeur et en revendique l'origine.

Pour appliquer ces garanties, la signature numérique ajoutée au classeur doit être validée par les éléments suivants :

- Le certificat qui lui est associé doit provenir d'une autorité de certification réputée.
- Le certificat doit être actuel et valide.
- L'éditeur de la signature doit être digne de confiance.

Pour que votre signature numérique dispose de toutes ces garanties, vous pouvez recourir à des partenaires de Microsoft comme ARX CoSign Digital Signature, Avoco secure2trust, GlobalSign, ou VeriSign. Ainsi, votre signature numérique ne fera aucun doute. Ces services permettent de définir des autorisations données à certaines personnes pour ouvrir le document et en déterminer l'utilisation qu'elles pourront en faire. Pour utiliser l'un de ces services, ouvrez l'onglet Insérer. Dans le menu local Texte, cliquez sur Signature puis sur Ajouter des services de signature.

Pour ajouter une signature numérique à votre classeur, suivez ces étapes :

1. **Inspectez les données de votre feuille de calcul, enregistrez toutes vos modifications dans le fichier du classeur, et placez le pointeur de cellule dans une cellule vierge, là où vous souhaitez ajouter la ligne de signature.**

   Excel ajoute la ligne de signature (objet graphique) dans la zone du pointeur de cellule. Par conséquent, si vous ne positionnez pas le pointeur de cellule sur une cellule vide, la signature risque d'occulter des données.

2. **Choisissez Insérer/Ajouter une ligne de signature/Ligne de signature Microsoft Office du groupe Texte (Alt + SF).**

Excel ouvre la boîte de dialogue Configuration de signature illustrée à la Figure 3.2.

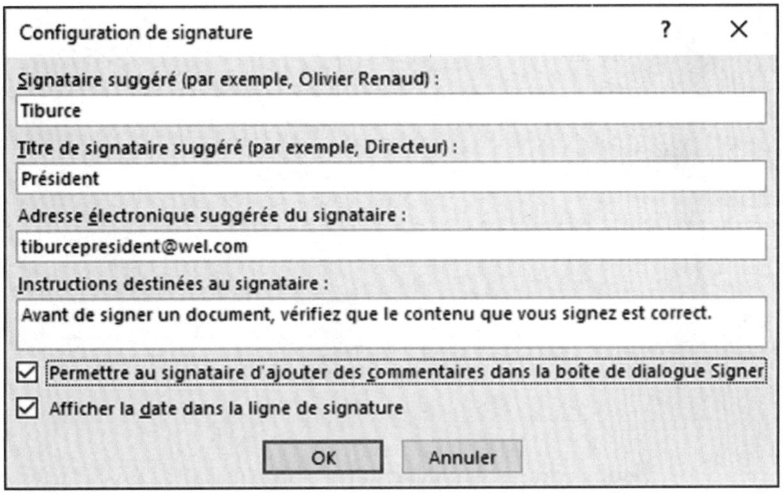

FIGURE 3.2 : Signature numérique via la boîte de dialogue Configuration de signature.

3. **Dans le champ Signature suggérée, entrez le nom du signataire, et appuyez sur la touche Tab de votre clavier.**
4. **Dans le champ Titre de signature suggéré, indiquez le titre du signataire (par exemple Directeur), et appuyez sur Tab.**
5. **Dans le champ Adresse électronique suggérée du signataire, tapez l'e-mail du signataire.**
6. **(Facultatif) Cochez l'option Permettre au signataire d'ajouter des commentaires dans la boîte de dialogue Signer si vous souhaitez ajouter vos propres commentaires.**
7. **(Facultatif) Décochez Afficher la date dans la ligne de signature si vous ne voulez pas que la date fasse partie de la signature numérique.**
8. **Cliquez sur OK pour fermer la boîte de dialogue Configuration de la signature.**

Excel insère la ligne de signature dans la cellule où se situe le pointeur de cellule. Cette signature est un gros X sous lequel vous lisez le nom et le titre du signataire, comme le montre la Figure 3.3.

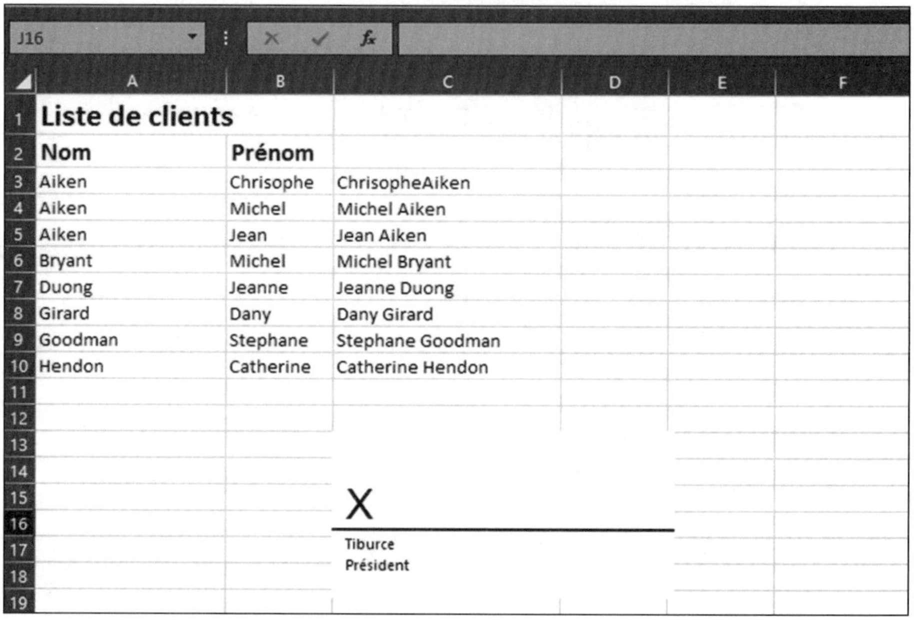

FIGURE 3.3 : L'objet graphique de la ligne de signature avant ajout de la signature manuscrite.

9. **Double-cliquez sur la signature ou bien faites un clic droit dessus et, dans le menu contextuel qui apparaît, choisissez Signer.**

   Si vous ne disposez pas d'un ID numérique souscrit auprès d'un service partenaire de Microsoft, Excel ouvre un message vous suggérant d'en obtenir un. Si vous acceptez, le programme ouvre votre navigateur Web afin d'effectuer ce choix en ligne. Si vous possédez un ID, Excel ouvre la boîte de dialogue Signer.

10. **Ajoutez alors la signature à la liste où se situe le point d'insertion.**

    Pour ajouter votre signature, cliquez sur le lien Sélectionner une image. Choisissez alors un fichier graphique de votre signature manuscrite, et cliquez sur Sélectionner. Si vous utilisez un périphérique tactile ou une tablette graphique, signez directement.

11. **Dans le champ Objectif de la signature de ce document, justifiez la signature numérique de votre classeur.**

12. **(Facultatif) Cliquez sur le bouton Détails pour ouvrir la boîte de dialogue d'informations supplémentaires où vous préciserez le rôle et le titre du signataire, ainsi que le lieu où le document a été créé.**

13. **(Facultatif) Cliquez sur le bouton Modifier pour ouvrir la boîte de dialogue des sécurités Windows permettant d'entrer le nom de la personne dont vous souhaitez utiliser la certification. Enfin, cliquez sur OK.**

Par défaut, Excel utilise le certificat numérique de la personne dont le nom a été saisi à l'Étape 3. Pour utiliser un autre certificat, reprenez à l'Étape 11, sinon poursuivez à l'Étape 12.

14. Cliquez sur le bouton Signer.

Excel ferme la boîte de dialogue.

La signature manuscrite numérique remplace le X de l'objet graphique.

Pour obtenir toutes les informations sur la signature, faites un clic droit sur l'objet graphique. Dans le menu contextuel qui s'affiche, choisissez Détails de la signature. Pour supprimer une signature numérique, ouvrez ce même menu contextuel et choisissez Supprimer la signature. Cliquez sur le bouton OK du message d'alerte.

Les bases du partage d'un classeur

Si vous sauvegardez vos classeurs en ligne sur OneDrive ou si vous utilisez Excel sur un ordinateur connecté à un réseau local, vous pouvez partager les feuilles de calcul avec tous ceux qui y ont collaboré *via* Internet ou le réseau. Le partage des classeurs est idéal pour les feuilles de calcul qui exigent des mises à jour fréquentes ou régulières, et notamment pour des données qui proviennent de différents départements. Ce sera le cas des suivis de budgets ou de la planification de projets qui reposent sur l'intervention de nombreux secteurs d'une société.

En partageant un classeur, vous permettez à des personnes d'en modifier le contenu au même moment. Dans la plupart des cas, vous facilitez ce processus en enregistrant le classeur dans un dossier de votre espace OneDrive, puis vous partagez le classeur (voir le Chapitre 4 du livre IV). Ou bien, vous l'enregistrez sur un lecteur du réseau local (identifié par une lettre) auquel aura accès toute personne ayant besoin d'éditer la feuille de calcul.

Vous pouvez partager un classeur Excel sur un réseau local de deux manières :

- Paramétrer le partage de fichier en ouvrant l'onglet Révision et en cliquant sur le bouton Partager le classeur (Alt + RG).
- Activer le suivi des modifications du classeur en choisissant Afficher les modifications dans le menu local Suivi des modifications (Alt + RXF).

Excel ne permet pas de partager un classeur avec des listes de données qui sont formatées comme des tableaux (voir le Chapitre 2 du Livre II). Vous devez donc préalablement transformer les tableaux en plages de cellules standard. Pour cela, cliquez dans une cellule de chaque tableau. Dans l'onglet Création de l'onglet Outils de tableau, localisez le groupe Outils, et cliquez sur le bouton Convertir en plage. Dans le message demandant confirmation de cette action, cliquez sur Oui. Le tableau est alors transformé en une plage de données.

Chaque fois que vous partagez un classeur en utilisant l'une de ces méthodes, Excel enregistre automatiquement votre classeur sous le même nom de fichier avec les informations partagées. Le nom du fichier affiché dans la barre de titre comporte la mention [Partagé]. Quand une seconde personne ouvre le fichier classeur partagé depuis un autre ordinateur du réseau, Excel affiche une copie du fichier et l'indicateur [Partagé] est également visible dans la barre de titre.

Cela est tout à fait différent de l'hypothèse où vous essayez d'ouvrir un classeur non partagé en cours d'utilisation sur un autre ordinateur du réseau. Dans ce cas, Excel affiche un message d'alerte sur cet état de fait. Vous pouvez ensuite cliquer sur le bouton Lecture seule pour consulter le fichier sans enregistrer de modifications. Le bouton de notification vous permettra alors d'être averti quand l'autre utilisateur fermera le fichier afin que vous puissiez enregistrer vos modifications.

Il n'est pas nécessaire d'utiliser Excel 2016 sur votre ordinateur pour ouvrir et modifier un classeur partagé. Le partage est en effet pris en charge par les versions antérieures d'Excel (2007 et 97 à 2003). Vous ne pouvez cependant pas enregistrer des modifications apportées à un classeur partagé si vous utilisez une version d'Excel antérieure à 2007.

Notez également que lorsque vous effectuez des modifications dans un classeur partagé, Excel utilise votre nom d'utilisateur pour identifier les modifications apportées. Pour changer votre nom d'utilisateur, vous modifierez le contenu du champ Nom d'utilisateur de la catégorie Général des Options Excel.

Lorsque vous partagez un classeur, Excel désactive les fonctions d'édition du programme rendant impossibles les tâches suivantes :

- » Supprimer des feuilles de calcul.
- » Fusionner les cellules des feuilles de calcul.

» Appliquer des mises en forme conditionnelles aux cellules des feuilles de calcul (bien que toutes les mises en forme conditionnelles appliquées *avant* le partage du classeur restent opérationnelles).

» Configurer ou appliquer une validation des données aux cellules de la feuille de calcul (bien que toutes les restrictions de validation des données et les messages restent effectifs dans le classeur partagé).

» Insérer ou supprimer des blocs de cellules dans la feuille de calcul (bien que vous puissiez insérer et supprimer des colonnes et des lignes entières dans la feuille).

» Dessiner des formes et ajouter des zones de texte.

» Assigner des mots de passe pour protéger des feuilles de calcul individuelles ou la totalité d'un classeur (bien que toutes les protections et mots de passe définis antérieurement pour partager le classeur soient opérants).

» Grouper ou entourer des données dans une feuille de calcul (voir le Chapitre 4 du Livre II).

» Insérer des sous-totaux automatiques dans une feuille de calcul.

» Créer des tableaux de données ou des tableaux croisés dynamiques (reportez-vous aux Chapitres 1 et 2 pour plus de détails).

» Créer, modifier, ou assigner des macros (bien que vous puissiez exécuter des macros qui ont été définies dans la feuille de calcul avant le partage, à condition qu'elles n'exécutent pas des opérations non prises en charge par le classeur partagé).

Activer le partage de fichier

La première technique de partage d'un classeur consiste à activer le partage de fichier comme ceci :

1. **Ouvrez le classeur à partager. Convertissez n'importe quelle liste de données sous forme de tableau en une plage de cellules. Effectuez vos dernières modifications, notamment celles qui ne sont pas supportées par les classeurs partagés.**

   Gardez à l'esprit que parmi ces modifications de dernière minute, les fonctions d'édition d'Excel deviendront indisponibles lorsque vous ou d'autres personne travailleront sur le fichier. (Reportez-vous à la liste de la précédente section pour connaître les fonctions qui seront indisponibles.)

Avant d'activer le partage de fichier, vous voudrez peut-être sauvegarder le classeur dans un dossier spécial du lecteur réseau auquel aura accès toute personne voulant lui apporter des modifications.

2. **Cliquez sur Fichier/Enregistrer sous. Dans l'écran qui s'affiche, cliquez sur OneDrive ou sur le lecteur réseau. Ensuite, dans la partie droite de l'écran, choisissez le dossier de destination du classeur partagé. Dans la boîte de dialogue Enregistrer sous, choisissez un dossier et cliquez sur Enregistrer.**

3. **Ouvrez l'onglet Révision, puis cliquez sur le bouton Partager le classeur (Alt + RG).**

   Excel ouvre la boîte de dialogue Options de partage du fichier, identique à celle de la Figure 3.4. Elle se compose de deux onglets : Modification qui active le partage de fichier pour tous les utilisateurs qui l'ont ouvert, et l'onglet Avancé où vous contrôlez la durée pendant laquelle ces modifications seront suivies et comment les mises à jour seront gérées.

4. **Cochez l'option Permettre une modification multi-utilisateur de l'onglet Modification.**

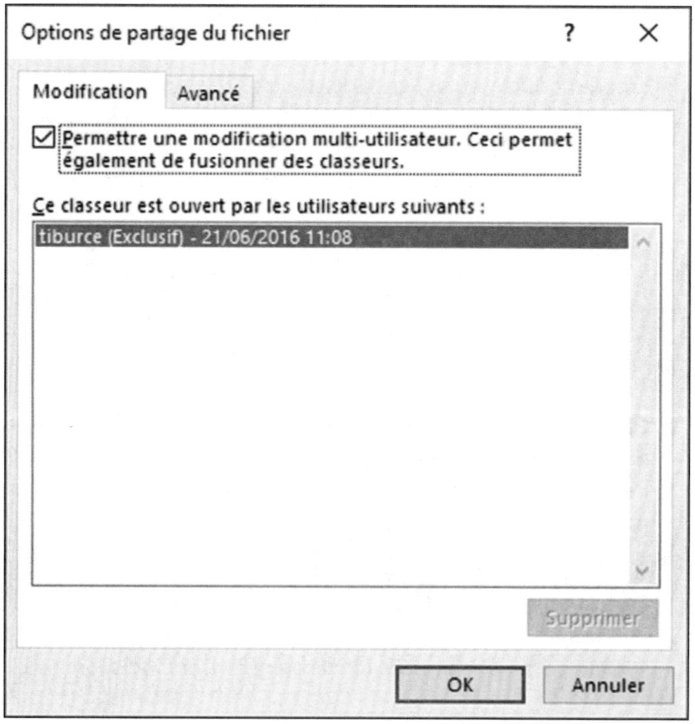

FIGURE 3.4 : Activer le partage de fichier dans l'onglet Modification de la boîte de dialogue Options de partage du fichier.

Par défaut, Excel garde les modifications survenues les 30 derniers jours. Vous pouvez modifier cette durée dans l'onglet Avancé. Vous pouvez aussi modifier le moment où les mises à jour seront effectuées, comment gérer les modifications contradictoires, et si vous partagez ou non les paramètres d'impression et les paramètres du filtre.

5. **(Facultatif) Cliquez sur l'onglet Avancé et modifiez les options qui affecteront le suivi des modifications et la gestion des modifications contradictoires.**

   Lire la prochaine section, « Modifier les options de partage du classeur » pour plus de détails sur ces paramètres.

6. **Cliquez sur le bouton OK pour fermer la boîte de dialogue Options de partage du fichier.**

   Dès qu'Excel ferme cette boîte de dialogue, un message d'alerte vous informe que le programme va enregistrer le classeur.

7. **Cliquez sur le bouton OK du message d'alerte pour enregistrer le classeur avec les paramètres de partage du fichier.**

Excel ferme le message d'alerte et enregistre le classeur. La mention [Partagé] apparaît à droite du nom du fichier dans la barre de titre d'Excel.

Modifier les options de partage du classeur

Dès que le partage est opérationnel, Excel active l'Historique qui enregistre toutes les modifications effectuées par différentes personnes sur le même fichier. Vous pouvez utiliser l'Historique pour afficher des informations sur les diverses modifications apportées et pour déterminer celles à conserver en cas de contradiction dans une même cellule. Vous pouvez également utiliser l'Historique lorsque vous fusionnez des modifications provenant de différentes copies d'un même classeur.

Par défaut, Excel conserve l'Historique pendant 30 jours à compter de la date de votre premier partage. Si vous le souhaitez, vous pouvez modifier cette période, voire décider de ne pas utiliser l'Historique.

La modification de la durée de conservation de l'Historique s'effectue dans l'onglet Avancé de la boîte de dialogue Options de partage du fichier (Alt + RG). Cet onglet contient les sections suivantes :

» **Suivi des modifications :** Permet de définir la période durant laquelle Excel conservera l'Historique, soit en tapant directement une nouvelle valeur, soit en cliquant sur les petites flèches. Activez l'option Ne pas conserver l'historique si vous estimez ne pas avoir besoin de consigner les actions dans l'Historique.

» **Mise à jour des modifications :** Permet de sélectionner le moment où les modifications effectuées par différents utilisateurs seront enregistrées.

Pour que le programme enregistre les modifications au bout d'un certain nombre de minutes écoulées, activez l'option Automatiquement toutes les. Ensuite, définissez la périodicité en tapant directement une durée ou en agissant sur les petites flèches. Par défaut, Excel n'enregistre les modifications qu'à la sauvegarde du fichier. Pour que le programme n'affiche que les modifications apportées au fichier par d'autres utilisateurs quand l'intervalle de sauvegarde est atteint, activez le bouton radio Afficher uniquement les modifications des autres utilisateurs.

» **En cas de modifications contradictoires :** Permet de choisir le traitement des modifications réalisées sur une même cellule par différents utilisateurs. Par défaut, Excel vous demande les modifications à accepter et à refuser. Si vous souhaitez qu'Excel accepte ces modifications au moment où les utilisateurs en question enregistrent le classeur, activez l'option Conserver celles déjà enregistrées.

» **Inclure dans une vue personnelle :** Permet de définir les paramètres qui sont enregistrés lorsque vous sauvegardez le classeur. Par défaut, Excel enregistre vos paramètres d'impression (y compris des éléments comme des sauts de page, les modifications de la zone d'impression, et les réglages d'impression – voir le Chapitre 5 du Livre II), et les paramètres du filtre. Si vous ne souhaitez pas que ces paramètres soient enregistrés avec le classeur partagé, décochez ces deux cases.

Activer le suivi des modifications

Le suivi des modifications est la deuxième technique de partage d'un classeur. Lorsque vous l'activez, Excel suit toutes les modifications apportées au contenu des cellules du classeur partagé en entourant les cellules et en ajoutant des commentaires résumant la nature de cette modification. Lorsque vous validez ce suivi, Excel active automatiquement le partage du fichier et la consignation des actions dans l'Historique.

Pour activer le suivi des modifications, conformez-vous aux étapes suivantes :

1. **Ouvrez le classeur dont vous souhaitez suivre les modifications et que vous voulez partager. Convertissez les tableaux en plages de cellules,**

puis apportez des modifications qui ne pourront pas l'être quand le classeur sera partagé.

Lorsque vous effectuez ces modifications, certaines fonctions d'édition d'Excel deviendront indisponibles pour vous et pour les autres intervenants. (Reportez-vous à la section « Les bases du partage d'un classeur » plus haut dans ce chapitre pour connaître la liste des fonctions concernées.)

Avant d'activer le partage de fichier, vous pouvez enregistrer le classeur dans un dossier spécial du lecteur réseau auquel ont accès les personnes pouvant modifier le fichier.

2. **Cliquez sur Fichier/Enregistrer sous. Choisissez OneDrive ou le lecteur réseau comme emplacement de stockage. Ensuite, dans la boîte de dialogue Enregistrer sous, choisissez le dossier dans lequel vous souhaitez sauvegarder la version du fichier pour lequel vous avez activé le suivi des modifications. Cliquez sur Enregistrer.**

3. **Ouvrez l'onglet Révision. Dans le menu local Suivi des modifications, choisissez Afficher les modifications (Alt + RXF).**

   Excel ouvre la boîte de dialogue Afficher les modifications, illustrée à la Figure 3.5.

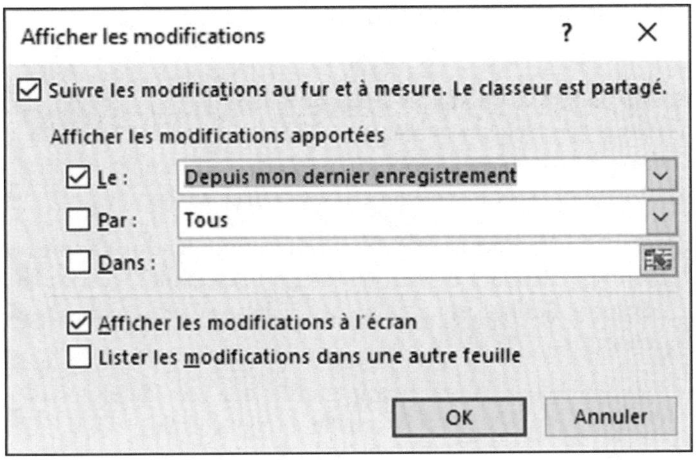

FIGURE 3.5 : Activer le suivi des modifications.

4. **Cochez l'option Suivre les modifications au fur et à mesure.**

   Vous activez ainsi le suivi des modifications et le partage du classeur.

   Par défaut, Excel coche l'option Le et choisit Tous dans le menu local adjacent. Ainsi, toutes les modifications appliquées au classeur seront suivies. Pour suivre les modifications depuis la dernière sauvegarde, choisissez

Depuis mon dernier enregistrement dans ce menu local. Pour suivre les modifications que vous n'avez pas encore contrôlées (et décidé ou non d'accepter), choisissez Pas encore révisé. (Vous privilégierez cette option de manière à utiliser le bouton de commande Accepter ou refuser les modifications du menu local Suivi des modifications, afin de bien analyser les modifications apportées par chaque personne et de décider ou non de les conserver.) Pour suivre les modifications effectuées à une date spécifique, choisissez Depuis la date du. Dans le champ Le, Excel insère la date du jour, date que vous pouvez changer si nécessaire.

5. **(Facultatif) Si vous ne souhaitez pas suivre toutes les modifications, ouvrez le menu local Le et optez pour Depuis mon dernier enregistrement, Pas encore révisé, ou Depuis la date du.**

   Par défaut, Excel suit les modifications apportées par toute personne qui ouvre et édite le contenu du classeur, vous y compris. Pour vous exempter du suivi ou pour le limiter à un utilisateur en particulier, cochez la case Par. Dans le menu local, choisissez Tous sauf moi ou bien le nom de la personne concernée.

6. **(Facultatif) Pour restreindre le suivi des modifications, ouvrez le menu local Par, et cliquez sur le nom de la personne dont vous souhaitez suivre les modifications.**

   Le fait de sélectionner une option dans ce menu local cochera la case Par automatiquement.

   Par défaut, les modifications apportées à une ou plusieurs cellules de chaque feuille de calcul du classeur sont suivies. Pour limiter ce suivi à une plage particulière du classeur ou à une sélection de cellules non adjacentes, cochez la case Dans, puis sélectionnez les cellules concernées.

7. **(Facultatif) Pour limiter le suivi des modifications à une plage de cellules particulière ou à une sélection de cellules, cochez l'option Dans. Ensuite, définissez cette plage ou cette sélection directement dans le classeur.**

   Si vous cliquez dans le champ Dans et que vous définissez la plage ou la sélection, l'option sera automatiquement cochée.

   Par défaut, Excel entoure toutes les cellules auxquelles des modifications ont été apportées si vous activez l'option Afficher les modifications à l'écran. Pour ne pas encadrer ces cellules, décochez cette case.

8. **(Facultatif) Si vous ne souhaitez pas qu'Excel mette en évidence les cellules dont le contenu a été modifié, décochez l'option Afficher les modifications à l'écran.**

Une fois que vous avez enregistré le classeur en tant que fichier partagé, vous pouvez revenir dans la boîte de dialogue Afficher les modifications. Cochez alors la case Lister les modifications dans une autre feuille. Ainsi, toutes les modifications seront listées dans une feuille ajoutée à votre classeur. Lorsque vous choisirez cette option quand la case Afficher les modifications à l'écran est cochée, Excel ajoutera une bordure aux cellules modifiées dans la feuille de calcul et listera ces modifications dans une nouvelle feuille.

9. **Cliquez sur le bouton OK pour fermer la boîte de dialogue Afficher les modifications.**

   Excel affiche alors un message d'alerte vous indiquant qu'il va procéder à l'enregistrement du classeur.

10. **Cliquez sur le bouton OK du message d'alerte pour continuer.**

Après avoir activé le suivi des modifications d'un classeur partagé, Excel affichera les changements suivants :

- Les modifications apportées au contenu des cellules, y compris le déplacement et la copie des données vers de nouvelles cellules de la feuille de calcul
- La suppression du contenu des cellules
- L'insertion de nouvelles lignes, colonnes, ou cellules dans la feuille de calcul

Lorsque le suivi des modifications est activé, le programme n'affichera pas les changements suivants :

- Les modifications de mise en forme appliquées aux cellules
- Les lignes et les colonnes masquées ou affichées dans la feuille de calcul
- Les onglets renommés des feuilles de calcul
- L'insertion ou la suppression d'une feuille de calcul dans le classeur
- Les commentaires ajoutés aux cellules
- Les modifications apportées aux valeurs des cellules résultant du recalcul des formules ou aux cellules dont les valeurs en dépendent

Pour mettre en évidence ces modifications, Excel trace une fine bordure (généralement bleue) autour des cellules. Un petit triangle bleu apparaît dans l'angle supérieur gauche des cellules modifiées. Lorsque vous placez le pointeur de la souris sur une cellule ainsi mise en évidence par le suivi des modifications, Excel affiche un commentaire qui décrit succinctement l'action réalisée ainsi que la date et l'heure de cette modification, comme le montre la Figure 3.6.

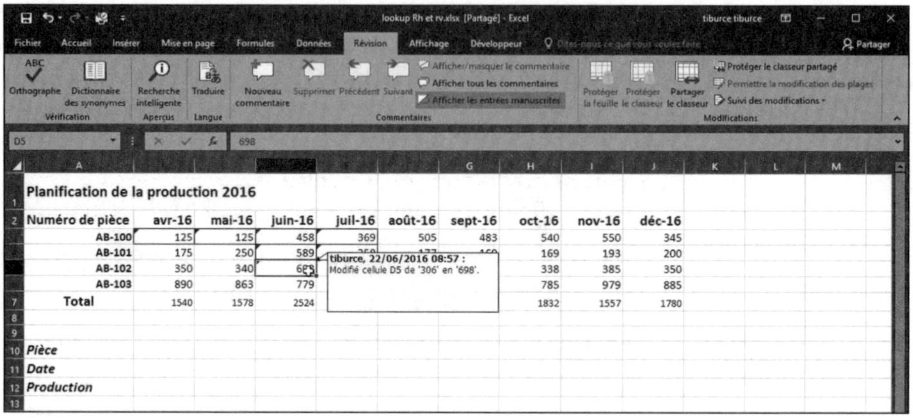

FIGURE 3.6 : Affichage d'un commentaire ajouté par le suivi des modifications d'Excel.

Lorsque vous activez le suivi des modifications, vous activez parallèlement le partage du fichier. Dans ce cas, vous ne pouvez plus appliquer certaines modifications comme cela est expliqué dans la section « Les bases du partage d'un classeur », plus haut dans ce chapitre.

Fusionner des modifications de différents utilisateurs

À un moment ou à un autre de la vie de votre classeur partagé, vous souhaiterez fusionner des modifications apportées par différents utilisateurs. Lorsque vous procédez à cette fusion, vous devez résoudre certaines contradictions de données différentes insérées dans une même cellule par plusieurs utilisateurs. À vous d'accepter les bonnes modifications et de refuser les mauvaises. Après avoir fusionné toutes ces nouvelles entrées et géré les conflits de modifications, vous pourrez désactiver le partage de fichier pour éviter toute nouvelle future modification de la part des utilisateurs autorisés.

Pour pouvoir comparer des versions d'un classeur partagé et y fusionner des modifications de vos collaborateurs, ajoutez le bouton de commande Comparaison et fusion de classeurs à la barre d'outils Accès rapide :

1. **Ouvrez le menu local de la barre d'outils Accès rapide et choisissez Autres commandes.**

   Excel ouvre la boîte de dialogue Options Excel en activant l'onglet Barre d'outils Accès rapide.

2. **Ouvrez le menu local Choisir les commandes dans les catégories suivantes, et optez pour Commandes non présentes sur le ruban.**

   Excel affiche une liste de toutes les commandes qui ne sont pas installées sur le Ruban.

3. **Faites défiler le contenu de cette liste et cliquez sur Comparaison et fusion de classeur. Cliquez ensuite sur le bouton Ajouter.**

   L'élément apparaît dans la liste de droite attestant qu'il sera bien ajouté à la barre d'outils Accès rapide.

4. **Cliquez sur le bouton OK pour fermer la boîte de dialogue Options Excel.**

   Le bouton Comparaison et fusion de classeurs apparaît sur le côté droit de la barre d'outils Accès rapide sous la forme d'un cercle.

Lorsque vous cliquez sur le bouton Comparaison et fusion de classeurs ajouté à la barre d'outils Accès rapide quand le classeur original est ouvert dans Excel, le programme affiche la boîte de dialogue Sélectionner les fichiers à fusionner dans le classeur en cours. Choisissez le lecteur et le dossier qui contiennent les copies du fichier classeur partagé qui a été modifié par vos collaborateurs.

Résoudre les conflits

Excel identifie les cellules du classeur qui contiennent des modifications contradictoires, comme des valeurs différentes insérées dans une même cellule par différents utilisateurs. Une fois que vous avez choisi le fichier à comparer, le programme identifie les cellules dans le classeur original ouvert et il affiche ensuite les contradictions dans la boîte de dialogue Résolution des conflits. Pour conserver vos modifications, cliquez sur le bouton Accepter la mienne. Pour valider celle d'un autre utilisateur, cliquez sur Accepter l'autre.

Dès que vous acceptez une modification conflictuelle, Excel passe à la cellule suivante et affiche une description des valeurs contradictoires dans la boîte de dialogue Résolution des conflits. Une fois les conflits résolus, Excel ferme cette boîte de dialogue, et vous pouvez enregistrer vos modifications *via* Fichier/Enregistrer ou en exécutant le raccourci clavier Ctrl + S.

Si vous souhaitez qu'Excel n'accepte que vos modifications en cas de conflit, cliquez sur le bouton Accepter toutes les miennes. Pour qu'Excel rejette vos modifications et accepte les autres, cliquez sur le bouton Accepter toutes les autres.

Pour qu'Excel accepte systématiquement vos modifications en cas de conflit, cliquez sur le bouton Partager le classeur de l'onglet Révision. Dans la boîte de dialogue Options de partage du fichier, activez l'option Conserver celles déjà enregistrées de la section En cas de modifications contradictoires. Si vous préférez que vos modifications (y compris les contradictoires) soient enregistrées automatiquement à intervalles réguliers, activez l'option Automatiquement toutes les, et définissez cette durée dans le champ adjacent.

Accepter ou rejeter des modifications affichées

Lorsque vous activez le suivi des modifications d'un classeur, vous pouvez décider des modifications à accepter ou à refuser *via* la commande Accepter ou refuser les modifications du menu local Suivi des modifications (Alt + RXC). Vous l'invoquerez lorsqu'Excel affichera une modification, et il ouvrira alors la boîte de dialogue Sélection des modifications à accepter ou refuser. Elle se compose de trois cases à cocher associées aux menus locaux Le et Par, et au champ de sélection de cellules Dans.

Par défaut, l'option Le est active avec le paramètre Pas encore révisé. Il indique à Excel d'afficher toutes les modifications du classeur que vous n'avez pas encore contrôlées. Pour réviser ces modifications réalisées à la date actuelle, choisissez Depuis la date du dans le menu local Le. Bien entendu, changez cette date si vous souhaitez réviser les modifications intervenues à une autre échéance.

Pour réviser (contrôler) les modifications effectuées par une autre personne, ou bien uniquement les vôtres, ou bien encore celles d'un collaborateur précis, choisissez l'option appropriée dans le menu local Par : Tous, Tous sauf moi, votre nom ou celui d'un collaborateur. Pour restreindre la révision à une plage de cellules ou à une zone de la feuille de calcul, cochez la case Dans, puis sélectionnez la plage ou les cellules non adjacentes directement sur la feuille de calcul.

Après avoir sélectionné le type de modifications à réviser dans la boîte de dialogue Sélection des modifications à accepter ou refuser, cliquez sur le bouton OK. Excel ferme alors cette boîte de dialogue, met en évidence la cellule de la feuille de calcul contenant la première modification à vérifier, et ouvre la boîte de dialogue Accepter ou refuser les modifications, illustrée à la Figure 3.7. Pour accepter la modification, cliquez sur le bouton Accepter. Pour rejeter les modifications et garder la valeur originale, cliquez sur le bouton Refuser. Excel sélectionne la cellule suivante nécessitant votre approbation et affiche une description de la modification dans la boîte de dialogue Accepter ou refuser les modifications.

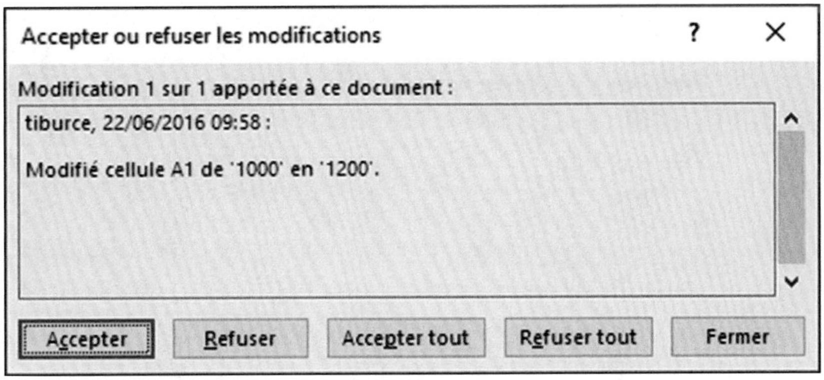

FIGURE 3.7 : Accepter ou refuser des modifications.

Si vous voulez accepter ou refuser toutes les modifications appliquées depuis la dernière révision du classeur ou depuis la date spécifiée, cliquez sur le bouton Accepter tout ou Refuser tout. Une fois la dernière modification acceptée ou refusée, la boîte de dialogue se ferme automatiquement. Enregistrez votre classeur *via* Ctrl + S.

Arrêter le partage d'un classeur

Si vous décidez de ne plus partager un classeur, cliquez sur le bouton Partager le classeur de l'onglet Révision (Alt + RG). Dans la boîte de dialogue qui apparaît, cliquez sur l'onglet Modification, et décochez l'option Permettre une modification multi-utilisateur. Validez par un clic sur OK.

Excel affiche alors un message d'alerte expliquant que le partage sera interrompu, et que l'historique des modifications sera effacé. Il indique également que les utilisateurs qui modifient actuellement le classeur ne pourront pas enregistrer leur travail.

Du fait de ces conséquences, vérifiez que tous vos collaborateurs ont terminé et enregistré leurs modifications avant d'interrompre le partage du classeur.

Cliquez alors sur le bouton Oui de ce message d'alerte. Cliquez sur Non pour poursuivre le partage.

Il est toujours plus correct d'avertir les utilisateurs d'un classeur partagé de votre intention d'interrompre le partage. Il suffit de les prévenir par e-mail qu'à telle date et à telle heure, le partage prendra fin. Ils auront ainsi le temps de procéder à leurs modifications et de les enregistrer.

Supprimer un utilisateur du partage d'un classeur

Parfois, vous souhaiterez poursuivre le partage, mais en y éliminant une personne.

Pour supprimer un utilisateur particulier, ouvrez la boîte de dialogue Options de partage du fichier par un clic sur le bouton Partage du classeur de l'onglet Révision (Alt + RG). Dans l'onglet Modification, sélectionnez le nom de l'utilisateur affiché dans la liste Ce classeur est ouvert par les utilisateurs suivants, puis cliquez sur le bouton Supprimer.

Excel affiche un message précisant que l'utilisateur ainsi supprimé ne pourra pas enregistrer ses modifications en cours d'édition. Pour confirmer cette suppression, cliquez sur le bouton OK du message d'alerte. Pour vérifier que la personne concernée ne travaille pas actuellement dans le classeur partagé, cliquez sur Annuler.

La vérification des classeurs

Même si vous n'enregistrez pas votre classeur sur OneDrive ou si vous n'utilisez pas Excel en réseau, vous pouvez ajouter des commentaires aux cellules pour demander des explications ou suggérer des modifications. Ensuite, vous pourrez distribuer des copies du classeur par e-mail à d'autres personnes devant intervenir sur les feuilles de calcul ou tout au moins répondre à vos remarques. Excel facilite l'annotation des cellules de la feuille de calcul grâce aux boutons de commande de l'onglet Révision.

Si vous utilisez Excel 2016 sur un ordinateur équipé d'une tablette graphique ou si vous disposez d'un écran tactile, Excel vous donnera accès à une palette d'outils que vous utiliserez pour écrire manuellement vos commentaires.

Ajouter des commentaires

Vous pouvez ajouter des commentaires à la cellule active en cliquant sur le bouton Nouveau commentaire de l'onglet Révision (Alt + RN). Excel ouvre une zone de texte identique à celle de la Figure 3.8. Votre nom s'affiche en gras dans sa partie supérieure. Il correspond à celui que vous avez indiqué dans le champ Nom d'utilisateur des Options Excel. Tapez le texte du commentaire, puis cliquez sur une cellule quelconque pour fermer le commentaire.

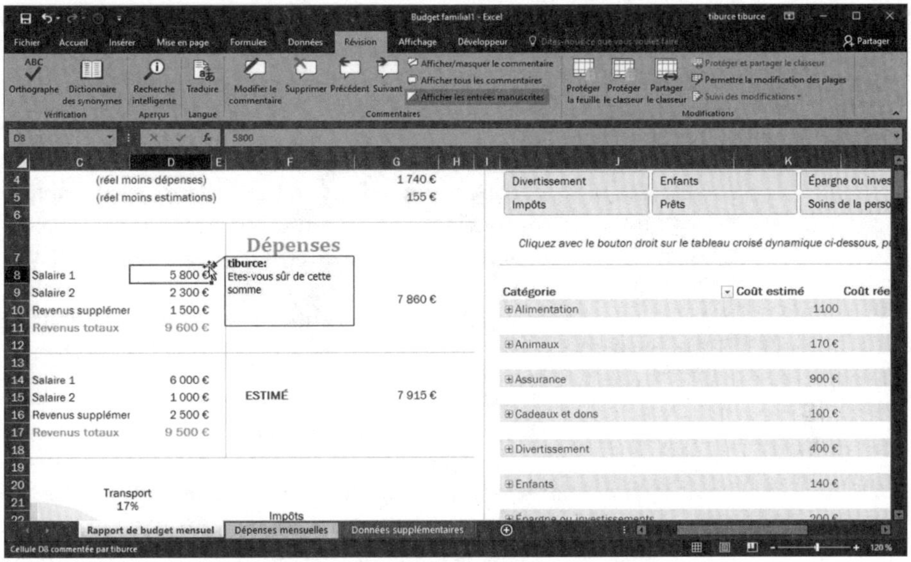

FIGURE 3.8 : Ajouter des commentaires aux cellules d'une feuille de calcul.

Afficher et masquer des commentaires

Excel place un triangle rouge dans la partie supérieure droite d'une cellule contenant un commentaire. Pour l'afficher, placez simplement le pointeur de la souris sur cette cellule. Vous pouvez également cliquer sur le bouton Afficher tous les commentaires de l'onglet Révision (Alt + RA) pour ouvrir tous les commentaires de la feuille de calcul.

Le commentaire disparaît dès que vous retirez le pointeur de la souris. Si vous avez affiché tous les commentaires, masquez-les en cliquant de nouveau sur le bouton Afficher tous les commentaires de l'onglet Révision (Alt + RA).

Modifier et mettre en forme des commentaires

Lorsque vous ajoutez un commentaire à une cellule, il apparaît dès que vous placez le pointeur de la souris sur cette cellule. Si besoin, vous pouvez repositionner et redimensionner cette bulle de commentaire afin qu'elle n'occulte pas certaines données. Il est tout à fait possible de modifier un commentaire et de changer sa mise en forme.

Pour déplacer ou redimensionner un commentaire, cliquez sur la cellule à laquelle le commentaire est attaché. Dans le groupe Commentaires de l'onglet Révision, cliquez sur Modifier le commentaire qui remplace le bouton Nouveau commentaire (Alt + RT). (Vous pouvez aussi faire un clic droit sur la cellule et exécuter la commande Modifier le commentaire du menu contextuel.)

Quelle que soit la méthode utilisée, Excel ouvre la bulle de commentaire et y positionne le point d'insertion en fin de texte. Pour repositionner cette bulle, placez le pointeur de la souris sur un des bords. Quand il prend la forme d'une flèche à quatre têtes cliquez et, sans relâcher le bouton de la souris, glissez-déplacez la bulle à un autre emplacement. Lorsque vous relâchez le bouton de la souris, Excel trace une flèche pointant sur la cellule à laquelle cette bulle de commentaire est attachée.

Voici ce que vous pouvez réaliser sur vos commentaires :

- Pour redimensionner la bulle, placez le pointeur de la souris sur une de ses poignées. Cliquez et, sans relâcher le bouton de la souris, faites glisser la poignée vers l'extérieur pour augmenter la taille, et vers l'intérieur pour la réduire. Le texte s'ajuste automatiquement à cette nouvelle dimension.
- Modifiez le texte comme vous le faites dans n'importe quel éditeur de texte. Par exemple, faites glisser le point d'insertion sur les mots afin de les sélectionner. Vous pourrez alors les remplacer en tapant directement un nouveau texte, ou bien les supprimer en appuyant sur la touche Suppr ou sur la touche Retour arrière. Les nouveaux caractères apparaissent toujours à droite du point d'insertion.
- Pour modifier la mise en forme du commentaire, sélectionnez le texte à l'aide du pointeur de la souris. Ensuite, utilisez les outils des groupes Police et Alignement de l'onglet Accueil pour mettre en forme le commentaire.

Vous pouvez également faire un clic droit sur la bulle de commentaire. Dans le menu contextuel qui apparaît, choisissez Format de commentaire. Dans la boîte de dialogue éponyme qui s'affiche, appliquez les styles que vous désirez, comme gras, italique, souligné, barré, exposant, *etc.*

Une fois vos modifications terminées, fermez le commentaire par un clic sur n'importe quelle cellule de la feuille de calcul.

Supprimer des commentaires

Lorsqu'un commentaire n'a plus aucune utilité, supprimez-le :

» Cliquez dans la cellule contenant le commentaire, puis sur le bouton Supprimer du groupe Commentaires de l'onglet Révision (Alt + RQ).

» Cliquez dans la cellule contenant le commentaire. Ouvrez l'onglet Accueil. Ouvrez le menu local du bouton Effacer (groupe Édition), et exécutez la commande Effacer les commentaires.

» Faites un clic droit sur la cellule et, dans le menu contextuel qui s'affiche, choisissez Supprimer le commentaire.

Si vous supprimez un commentaire par erreur, vous pouvez le récupérer en cliquant sur le bouton Annuler de la barre d'outils Accès rapide, ou en exécutant le raccourci Ctrl + Z.

Chapitre 4

Partager des classeurs et les données de vos feuilles de calcul

DANS CE CHAPITRE :

» **Partager des classeurs en ligne avec vos clients et vos collaborateurs**

» **Partager des données Excel 2016 avec d'autres programmes Office**

» **Insérer des données Excel 2016 dans des documents Word et PowerPoint**

» **Exporter des classeurs sous forme de fichiers PDF, XPS, et HTML (page Web)**

Le partage des données entre Excel 2016 et d'autres programmes Windows est un autre aspect du partage étudié au chapitre précédent consistant à diffuser des fichiers sur OneDrive, sur un site SharePoint, ou dans un dossier Dropbox.

Dans certains cas, le partage de données se fait sous la forme d'une insertion de tableaux de données Excel, de listes de données, et de graphiques dans d'autres programmes Office 2016, et plus spécialement Word et PowerPoint. Dans d'autres cas, le partage des données consiste à prendre des données d'autres programmes, comme des tableaux et des listes créées dans Word, voire des contacts gérés par Microsoft Outlook, pour les importer dans Microsoft Excel.

En plus du partage des données qui consiste à importer, dans Excel, des données stockées dans différents types de documents, le programme prend en charge des informations telles que les rendez-vous ou les cotations boursières d'une société. Ces informations peuvent venir de sources locales comme votre calendrier Outlook, mais aussi de ressources en ligne telles que MSN MoneyCentral. (Pour plus d'informations, consultez le Chapitre 2 du Livre 1.)

Enfin, vous pouvez donner accès aux données de la feuille de calcul en utilisant des programmes autres qu'Excel comme Acrobat Reader, la visionneuse XPS, et des navigateurs Web quand vous enregistrez les classeurs dans un format PDF spécial, XPS ou HTML.

Enregistrer vos classeurs en ligne

Excel 2016 facilite le partage de vos feuilles de calcul avec des clients et des collaborateurs de confiance. Utilisez pour cela les options de l'écran Partager de la vue Backstage. Vous pourrez notamment partager vos fichiers par e-mail et/ou les partager sur le cloud. Si vous utilisez Skype entreprise de Microsoft, vous pourrez présenter la feuille de calcul lors de réunion de travail en ligne.

Si vous enregistrez vos fichiers classeurs sur le cloud *via* OneDrive, vous pourrez très aisément inviter vos collaborateurs et vos clients à les ouvrir dans Excel. S'ils ne possèdent pas Excel, ils pourront utiliser leur navigateur Web avec l'application Web Excel Online.

Vous pourrez modifier vos classeurs enregistrés sur OneDrive lorsque vous serez loin de votre bureau, ou que vous utiliserez un ordinateur qui ne dispose pas d'une version d'Excel compatible. Connectez-vous à Internet pour accéder au dossier Documents de votre compte OneDrive, et utiliser Excel Online, c'est-à-dire la version Web d'Excel pour consulter et modifier vos feuilles de calcul.

Partager vos classeurs enregistrés sur votre OneDrive

Pour partager vos classeurs Excel sur OneDrive, conformez-vous aux étapes suivantes :

1. **Ouvrez le fichier de votre classeur, puis cliquez sur le bouton Partager situé dans l'angle supérieur droit de l'interface.**

   Excel ouvre le volet Partager. S'il s'agit du premier enregistrement du classeur sur OneDrive, cliquez sur le bouton Enregistrer sur OneDrive. Vous basculez alors en vue Backstage. Cliquez sur OneDrive, puis sur le dossier de votre compte OneDrive personnel. Dans la boîte de dialogue qui apparaît, choisissez un dossier de stockage et cliquez sur Enregistrer.

Dès que l'enregistrement est réussi, le volet Partager affiche une section Inviter des personnes, comme le montre la Figure 4.1.

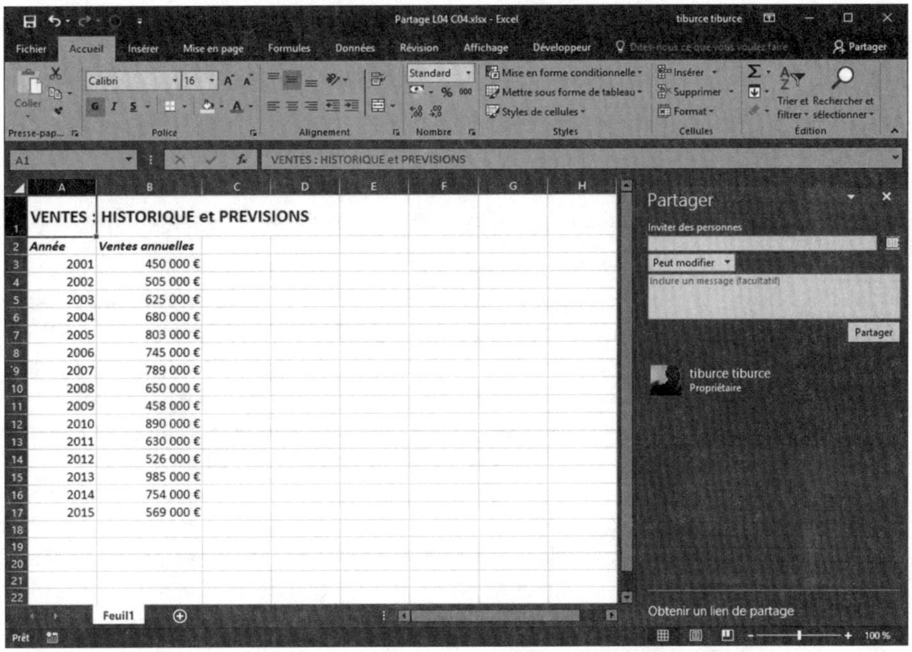

FIGURE 4.1 : Inviter vos collaborateurs ou vos clients à partager le classeur Excel enregistré sur OneDrive.

2. **Cliquez dans le champ Inviter des personnes, et tapez l'adresse électronique du premier contact avec lequel vous souhaitez partager le classeur.**

   Au fur et à mesure que vous tapez, Excel suggère des adresses de votre carnet. Si vous identifiez votre correspondant, cliquez sur sa vignette.

   Vous pouvez également cliquer sur l'icône du carnet d'adresses affichée à droite du champ Inviter des personnes. Utilisez alors les options de la boîte de dialogue Carnet d'adresses pour localiser vos contacts.

   Une fois que vous avez ajouté un contact dans le champ Inviter des personnes, Excel ajoute un point-virgule derrière cette adresse, ce qui vous permet d'en ajouter d'autres.

3. **(Facultatif) Ouvrez le menu local Peut modifier, et choisissez Peut afficher pour empêcher l'utilisateur à modifier le classeur partagé.**

Par défaut, Excel 2016 permet aux utilisateurs d'apporter des modifications au classeur enregistré sur OneDrive. Pour limiter leur intervention à la lecture du fichier, choisissez Peut afficher dans le menu local Peut modifier.

4. **(Facultatif) Cliquez dans le champ Inclure un message et tapez un message personnel qui apparaîtra dans le courrier électronique invitant au partage du fichier.**

   Sans texte personnalisé, Excel crée une invitation générique.

5. **Cliquez sur le bouton Partager.**

   Un message indique que l'envoi est en cours. Une fois l'envoi terminé, le nom de la personne apparaît dans le volet Partager avec la mention Peut afficher ou Peut modifier. Le destinataire reçoit alors l'invitation par e-mail. Elle contient un lien hypertexte vers le classeur stocké sur OneDrive.

   Lorsque l'utilisateur clique sur le bouton Afficher dans OneDrive du courrier électronique, son navigateur Web se connectera à OneDrive, et le classeur s'ouvrira dans Excel Online. Pour le modifier, il lui suffira de cliquer sur le bouton Modifier dans le navigateur d'Excel Online. S'il souhaite modifier ce document dans Excel, il devra cliquer sur l'onglet Fichier puis sur Modifier dans Excel. Il sera invité à se connecter à son compte OneDrive, et Excel ouvrira le classeur sur le bureau de l'utilisateur.

La version en ligne d'Excel est sensiblement équivalente à la version de bureau. Elle dispose des onglets Fichier, Accueil, Insertion, Données, Révision, et Affichage. Un bouton Modifier dans Excel permet également d'ouvrir le classeur dans le programme du bureau. Les onglets de la version en ligne comportent moins de commandes que ceux de la version du bureau. Dès que vous effectuez une modification, Excel Online l'enregistre automatiquement.

Obtenir des liens de partage

Plutôt que d'adresser des invitations par courriel pour partager un classeur enregistré sur OneDrive, vous pouvez créer un lien hypertexte que vous diffuserez auprès des personnes autorisées à consulter et/ou modifier ce classeur.

Pour créer un lien vers le classeur ouvert dans Excel et enregistré sur OneDrive, cliquez sur le bouton Partager situé dans l'angle supérieur droit de l'interface. Ensuite, tout en bas du volet Partager, cliquez sur le lien Obtenir un lien de partage.

Dans le volet Obtenir un lien de partage qui apparaît, vous pouvez choisir entre Créer un lien de modification, ou Créer un lien d'affichage seul. Vous comprenez que l'un autorise la modification, l'autre pas.

Dès que vous choisissez une de ces deux possibilités de création de lien, Excel génère un lien long et complexe. Pour faciliter son utilisation, cliquez sur le bouton Copier. Vous pouvez alors l'insérer dans un e-mail en exécutant le raccourci clavier Ctrl + V.

Envoyer des classeurs par e-mail

Vous pouvez envoyer directement le classeur par courriel à un client ou à un collaborateur en cliquant sur Fichier/Partager/Courrier électronique. Vous accédez alors aux options d'envoi par courrier suivantes :

- **Envoyer en tant que pièce jointe** crée un nouveau message électronique *via* votre logiciel de messagerie électronique par défaut. Il inclura alors le fichier du classeur sous la forme d'une pièce jointe.
- **Envoyer un lien** crée un nouveau message électronique *via* votre programme de message électronique par défaut qui inclura un lien vers le fichier du classeur. (Cette option n'est accessible que si le fichier a été préalablement partagé en ligne *via* OneDrive ou un serveur Web.)
- **Envoyer en tant que PDF** pour convertir le classeur Excel au format Adobe PDF (Portable Document File), et attacher ce fichier au message en tant que pièce jointe. (Pour lire ce fichier, votre destinataire doit posséder Adobe Reader qui est un logiciel gratuit.)
- **Envoyer en tant que fichier XPS** convertit le classeur Excel au format Microsoft XPS (*XML Paper Specification*) et attache ce fichier au message en tant que pièce jointe. (Le destinataire doit disposer du lecteur XPS gratuit sur son ordinateur. Ce sera le cas avec les versions Vista, 7, 8, et 10 de Windows.)
- **Envoyer en tant que télécopie Internet** envoie le classeur *via* un service de télécopie en ligne. Vous devez posséder un compte auprès d'un tel fournisseur et avoir installé l'utilitaire Scanner et Télécopie Windows.

Après avoir sélectionné l'option e-mail à utiliser, Windows ouvre votre programme de messagerie, crée un nouveau message, et y inclut le lien vers le classeur ou ajoute le fichier en pièce jointe. Tapez l'adresse mail du destinataire dans le champ À ou Pour du nouveau message. Modifiez l'objet si nécessaire, et tapez le contenu du message comme vous le feriez pour n'importe quel message électronique. Enfin, cliquez sur le bouton Envoyer.

Partager des classeurs dans un message instantané

Si vous avez accès à Skype ou au programme Skype entreprise, vous pourrez partager un classeur enregistré sur OneDrive en envoyant un lien à vos collaborateurs *via* un message instantané.

Pour cela, ouvrez dans Excel 2016 le classeur enregistré sur OneDrive, et optez pour l'option d'envoi par message instantané de l'écran Partager de la vue Backstage.

Indiquez ensuite le nom du destinataire dans le champ À, ou bien sélectionnez-le dans le carnet d'adresses par un clic sur le bouton Rechercher dans le carnet d'adresses. Tapez un message à propos de la feuille de calcul, puis cliquez sur le bouton Envoyer.

Pour envoyer une copie du classeur *via* un message instantané, elle doit être stockée sur un disque dur local de l'ordinateur qui utilise Excel et le logiciel de messagerie. Pour cela, cliquez sur Enregistrer sous afin de sauvegarder une copie sur votre disque dur. Ensuite, vous l'envoyez par message instantané dans l'écran Partager de la vue Backstage.

Présenter des feuilles de calcul en ligne

Si votre ordinateur sur lequel Excel 2016 est installé utilise Skype entreprise, vous pourrez présenter vos feuilles de calcul dans des réunions de travail en ligne. Vous utiliserez pour cela l'option idoine de l'écran Partager de la vue Backstage.

Si aucune réunion Skype n'est en cours sur votre ordinateur, une boîte de dialogue vous invitera à en lancer une. Cliquez simplement sur le bouton OK. Votre nom apparaîtra dans la fenêtre de conversation flottante.

Pour présenter votre feuille de calcul, activez le bouton Présenter, puis cliquez sur Présenter des programmes. Une fenêtre apparaît avec l'image de la feuille de calcul active. Lorsque vous cliquez sur le bouton Présenter, la barre d'outils de Skype entreprise s'épingle en haut de l'écran de votre ordinateur, et la feuille de calcul est affichée en dessous. Toutes les options d'édition et de contrôle de la feuille de calcul, ainsi que vos actions, sont visibles par tous les participants à votre réunion.

Pour donner le contrôle à un participant, choisissez simplement son nom dans le menu local Donner le contrôle présent dans la barre d'outils de Skype entreprise.

Vous pouvez reprendre le contrôle en choisissant cette option dans le menu local Donner le contrôle. Lorsque la présentation est terminée, et que vous ne souhaitez plus voir vos collaborateurs, cliquez sur le bouton Arrêter la présentation.

Modifier des feuilles de calcul en ligne

Microsoft propose des versions en ligne de Word, Excel, PowerPoint, et OneNote comme éléments de votre compte Office 365. Il ajoute ainsi OneDrive comme solution de stockage distant. *De facto*, vous avez la possibilité d'utiliser Excel Online pour modifier des feuilles de calcul enregistrées sur votre compte OneDrive, et cela directement depuis votre navigateur Web.

Excel Online est très utile lorsque vous devez travailler sur un classeur alors que l'ordinateur que vous utilisez ne dispose pas d'Excel. Dès lors que vous avez accès à Internet, Excel Online est à votre service. Chaque modification apportée dans cette version en ligne est automatiquement enregistrée.

Pour modifier, avec l'application Web Excel, un classeur enregistré sur OneDrive, conformez-vous aux étapes suivantes :

1. **Lancez votre navigateur Web depuis l'ordinateur ou le périphérique sur lequel Excel est installé.**

EXCEL ONLINE VS EXCEL POUR WINDOWS 10

Ne confondez pas Excel Online et Excel pour Windows 10. Excel Online est le nom de l'application Web à laquelle vous accédez *via* votre compte Office 365. Excel pour Windows 10 est une version téléchargée et installée sur votre ordinateur ou votre tablette. Cette version est optimisée pour les périphériques tactiles. Par conséquent, les interfaces d'Excel Online et d'Excel pour Windows 10 se ressemblent.

La plus grande différence tient au fait qu'Excel Online dispose d'un onglet Données qui permet d'actualiser et de trier les connexions. En revanche, Excel pour Windows dispose d'un onglet Formules pour insérer des fonctions prédéfinies. Sinon, ces deux versions ont des commandes similaires que vous retrouverez dans leurs onglets Accueil, Insertion, Révision, et Affichage.

2. **Connectez-vous au site** www.office.com.
3. **Faites défiler le contenu de cette page Web et, dans la section Commencer à travailler en ligne gratuitement, cliquez sur le bouton Excel.**

   Excel Online s'ouvre dans le navigateur si vous êtes connecté à votre compte OneDrive, sinon le programme vous invite à procéder à cette connexion.

   Un onglet liste tous les fichiers des classeurs que vous avez enregistrés sur OneDrive.
4. **Cliquez ou touchez le nom du classeur à ouvrir, ou bien agissez sur le lien Ouvrir à partir de OneDrive en bas en gauche.**
5. **Dans l'interface en ligne, ouvrez le menu local Modifier le classeur et choisissez Modifier dans le navigateur, comme sur la Figure 4.2.**

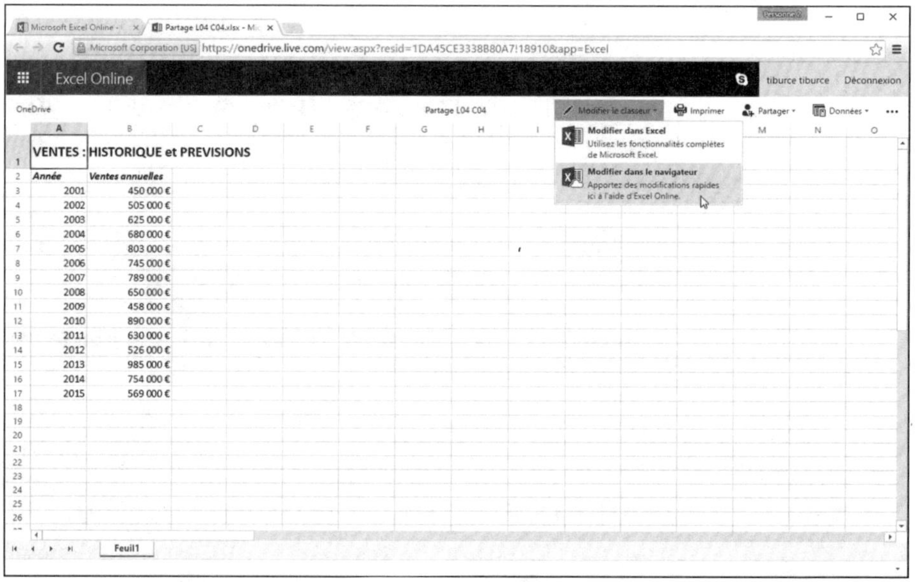

FIGURE 4.2 : Pour modifier un classeur Excel en ligne.

La feuille de calcul s'affiche comme sur la Figure 4.3.

Vous pouvez utiliser les boutons de commande des onglets Accueil et Insertion pour modifier la mise en page et la mise en forme des données et des graphiques. Vous pouvez également ajouter de nouvelles données et modifier les données existantes exactement comme vous le feriez dans Excel 2016.

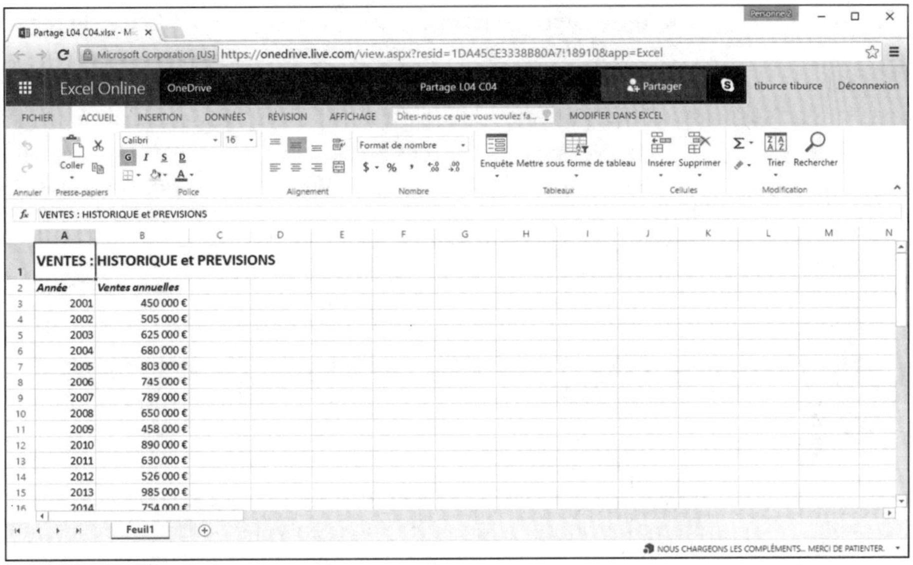

FIGURE 4.3 : Modifier la feuille de calcul avec les outils d'Excel en ligne.

6. **Lorsque l'édition du classeur est terminée, cliquez sur le bouton de fermeture de votre navigateur Web. Excel enregistre automatiquement vos modifications.**

7. **(Facultatif) Pour enregistrer une copie sous un autre nom de fichier dans le dossier OneDrive en cours, choisissez Fichier/Enregistrer sous. Cliquez sur le bouton Enregistrer sous. Dans la boîte de dialogue qui apparaît, cliquez sur Enregistrer. Dans la nouvelle boîte de dialogue qui s'affiche, changez le nom du fichier, puis cliquez sur Enregistrer.**

L'application Web d'Excel est très efficace pour des modifications, des mises en forme, et des mises en page simples en utilisant les commandes des onglets Accueil, Insertion, et l'onglet Outils de graphique. Vous pouvez également ajouter et modifier des commentaires *via* l'onglet Révision. Cependant, l'application Web ne supporte pas la modification de tous les objets graphiques, comme des formes que vous avez dessinées, ou les autres types de graphiques que vous avez insérés.

Pour appliquer des modifications à des éléments non pris en charge par Excel Online, vous avez deux possibilités :

» Ouvrir une copie locale du classeur (si et seulement si Excel 2016 ou 2010 est installé sur votre ordinateur) par un clic sur le bouton Modifier dans Excel situé juste à droite du champ Dites-nous ce que vous voulez faire.

» Télécharger une copie sur votre ordinateur *via* Fichier/Enregistrer sous/Télécharger une copie. Vous ouvrirez alors ce fichier dans votre version d'Excel.

N'oubliez pas que l'application Microsoft Excel existe pour iPad et iPhone. Vous les téléchargerez gratuitement depuis l'App Store en lançant une recherche sur Microsoft Office ou Excel. Cette application permet de créer de nouveaux classeurs, mais aussi de consulter vos classeurs existants stockés sur OneDrive, et ce depuis votre iPad ou votre iPhone.

Les bases du partage des données

Le partage d'informations entre Excel 2016 et d'autres programmes peut se faire de deux manières : vous copiez ou déplacez des objets ou des blocs de données d'un programme à un autre, ou bien vous ouvrez, dans un autre programme, un fichier complet créé avec un programme spécifique.

Le volet Presse-papiers est la clé du partage des blocs de données ou des objets avec Excel. Pour ouvrir ce volet, il suffit d'accéder à l'onglet Accueil, puis de cliquer sur la petite icône située dans l'angle inférieur droit du groupe Presse-papiers. Il suffit alors de cliquer sur un élément de ce volet pour en copier les objets ou les blocs de texte dans des cellules de la feuille de calcul en cours d'utilisation.

Comme très peu de personnes achètent Excel 2016 indépendamment de la suite Microsoft Office, il semble tout à fait logique que le partage des données d'Excel se fasse avec les programmes majeurs de cette suite bureautique que sont Word, PowerPoint, et Access.

Voici les choix offerts par Microsoft pour partager des données entre les différents programmes de sa suite Office. Vous verrez qu'il est possible d'incorporer une feuille de calcul et un graphique dans une autre application, ou de créer un lien avec un objet généré par Excel.

» **Incorporer** signifie que l'objet Excel est inséré « physiquement » dans le document Word ou la présentation PowerPoint. Toute modification que vous devez apporter à l'élément devra être réalisée dans Word ou PowerPoint. Cette possibilité d'incorporer ainsi les éléments d'Excel suppose que le programme soit installé sur l'ordinateur où vous utilisez Word ou PowerPoint, et que vous disposiez de suffisamment de mémoire pour exécuter ces programmes simultanément.

> » **Lier** signifie que l'objet Excel (feuille de calcul ou graphique) est simplement référencé dans le document Word ou la présentation PowerPoint. Toute modification apportée à l'élément devra l'être dans Excel lui-même. L'élément sera automatiquement mis à jour dans Word ou PowerPoint.

Incorporez l'élément lorsqu'il sera rarement modifié, et préférez le lien lorsque la feuille de calcul ou le graphique subissent des mises à jour régulières, ou lorsque vous ne souhaitez pas alourdir votre fichier Word ou PowerPoint en y incorporant des données d'Excel.

Lorsque vous liez une feuille de calcul ou un graphique dans un document Office, et que vous souhaitez afficher ou imprimer ce document sur différents périphériques, vous devez impérativement joindre le classeur Excel à l'autre document Office. Sinon, le lien sera rompu et Word ou PowerPoint seront alors incapables d'afficher ou d'imprimer les données Excel. Dans le même ordre d'idée, pour modifier le contenu de la feuille de calcul Excel ainsi liée, ce programme doit être installé sur le périphérique où vous ouvrez votre document Word ou votre présentation PowerPoint.

Utilisez les techniques d'incorporation ou de liaison lorsque vous souhaitez mettre à jour les données Excel manuellement (incorporé) ou automatiquement (lié). Si l'élément Excel est définitif, utilisez la bonne vieille méthode du copier-coller depuis le Presse-papiers de l'onglet Accueil (ou en exécutant le raccourci clavier Ctrl + C). Ensuite, basculez vers le document Word ou PowerPoint et collez-y ce contenu en exécutant la commande Coller de l'onglet Accueil (ou en appuyant sur Ctrl + V).

Excel entretient une relation privilégiée avec Microsoft Access. Il est donc facile d'importer des données de n'importe quelle base de données dans votre feuille de calcul Excel.

Excel et Word 2016

Word est le programme de la suite Office le plus utilisé. Il est fort probable que vous utilisiez Word pour taper quotidiennement des mémos, des lettres, et des rapports. De temps en temps, vous aurez besoin d'importer dans un document Word des données ou des graphiques d'Excel.

Bien que Word dispose d'une fonction Tableau capable d'effectuer des calculs, vous serez bien plus productif en créant des formules, des mises en forme, et bien d'autres choses dans un classeur Excel, puis en les intégrant dans votre document Word selon les explications données dans la prochaine section. Bien que vous puissiez conserver, créer, et gérer des enregistrements de données que vous utiliserez dans des opérations de publipostage au sein de Word, vous verrez qu'il est plus productif de les créer et de les mettre à jour dans Excel.

Importer des données Excel dans un document Word

Vous pouvez importer des données Excel (données des cellules ou graphiques) de deux manières dans un document Word : vous pouvez incorporer les données dans le document Word, ou bien les lier à la feuille de calcul Excel d'origine. Lorsque les éléments sont incorporés, vous ne pouvez les modifier que dans Word. Lorsqu'ils sont liés, vous ne pouvez les modifier que dans Excel, ces modifications étant appliquées automatiquement au document Word.

Les joies de l'objet incorporé

La méthode la plus simple pour incorporer un tableau de données ou un graphique Excel consiste à utiliser la célèbre technique du glisser-déposer. Faites glisser les cellules ou le graphique sélectionné entre les deux fenêtres de ces deux programmes. Le plus difficile, si l'on peut dire, est de juxtaposer correctement les fenêtres d'Excel et de Word afin d'effectuer cette opération en toute tranquillité. Les Figures 4.4 et 4.5 illustrent cette procédure.

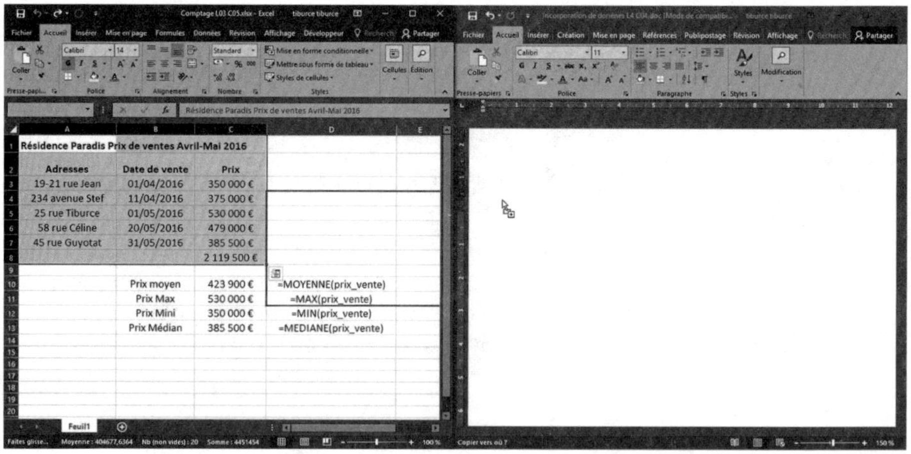

FIGURE 4.4 : Glissez-déposer la plage de cellules A1:C8 dans un document Word.

Avant de glisser-déposer les données, j'ai placé les fenêtres d'Excel et de Word côte à côte. Il suffit de les redimensionner en positionnant le pointeur de la souris sur un bord ou un angle, puis de cliquer et de glisser vers l'intérieur pour réduire la taille et vers l'extérieur pour l'augmenter. Ensuite, il suffit de les glisser par leur barre de titre pour les placer l'une à côté de l'autre.

La Figure 4.4 montre que j'ai placé la fenêtre Word à droite de la fenêtre Excel. J'ai ensuite sélectionné la plage de données dans Excel que j'ai glissée-déposée dans Word en maintenant la touche Ctrl enfoncée afin de copier et non pas de déplacer ces données. La Figure 4.5 montre le résultat obtenu après avoir relâché le bouton de la souris.

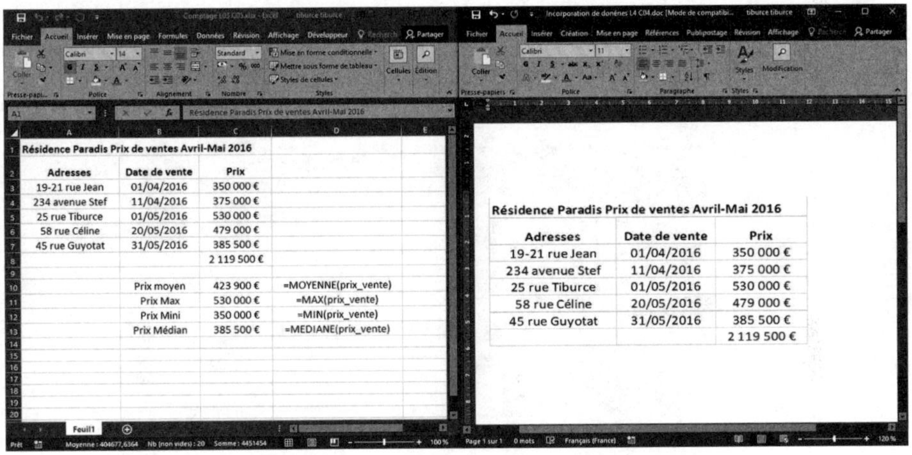

FIGURE 4.5 : Le document Word après copie de la plage de cellules.

Vous pouvez utiliser la technique du copier-coller pour incorporer des données dans un document Word. Sélectionnez les cellules dans Excel, puis copiez-les dans le Presse-papiers *via* le bouton Copier de l'onglet Accueil (Ctrl + C). Ensuite, ouvrez le document Word, et placez le point d'insertion à l'endroit où vous souhaitez faire apparaître les données. Ouvrez alors le menu local Coller de l'onglet Accueil de Word, et choisissez Collage spécial (Alt + LVG). Dans la boîte de dialogue qui apparaît, choisissez Feuille de calcul Microsoft Excel Objet, et cliquez sur OK.

Si vous ne souhaitez pas afficher le quadrillage dans le document Word (comme sur la Figure 4.5), cliquez sur l'onglet Affichage de Word, puis sur le menu local Afficher. Décochez la case Quadrillage (Alt + NZSE).

Modifier les éléments incorporés

À la différence de la liaison des données, l'incorporation impose de procéder aux modifications des données directement dans le document Word. Pour éditer les données, double-cliquez sur l'objet. Comme le montre la Figure 4.6, des lignes et des colonnes s'affichent un peu comme dans Excel. Dès lors, vous pouvez modifier le contenu du tableau en utilisant les commandes Excel que vous connaissez déjà.

Créer des liens

Bien entendu, aussi sympathique que soit l'incorporation des données, certaines circonstances imposeront de les lier au document Word. J'ai commencé par sélectionner un graphique dans une feuille de calcul par un simple clic (un double aurait entraîné son édition).

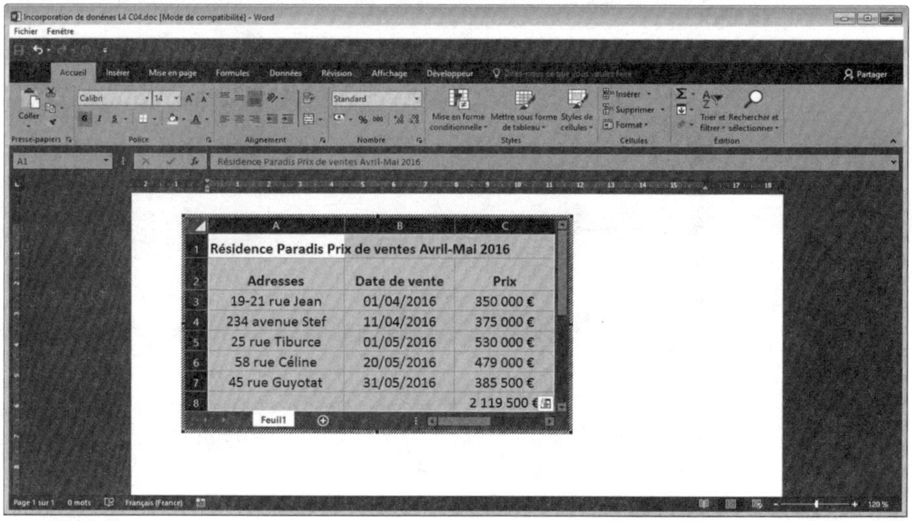

FIGURE 4.6 : Modification d'une feuille de calcul incorporée dans Word.

Une fois le graphique sélectionné, je l'ai copié dans le Presse-papiers *via* le bouton Copier de l'onglet Accueil. J'ai basculé vers la fenêtre de Word. Dans son onglet Accueil, j'ai ouvert le menu local Coller et j'ai opté pour Collage spécial. Dans la boîte de dialogue qui apparaît, comme sur la Figure 4.7, j'ai activé l'option Coller avec liaison, puis j'ai choisi Graphique Microsoft Excel Objet. Enfin, j'ai cliqué sur OK. La Figure 4.8 montre, dans le document Word, le graphique lié à Excel.

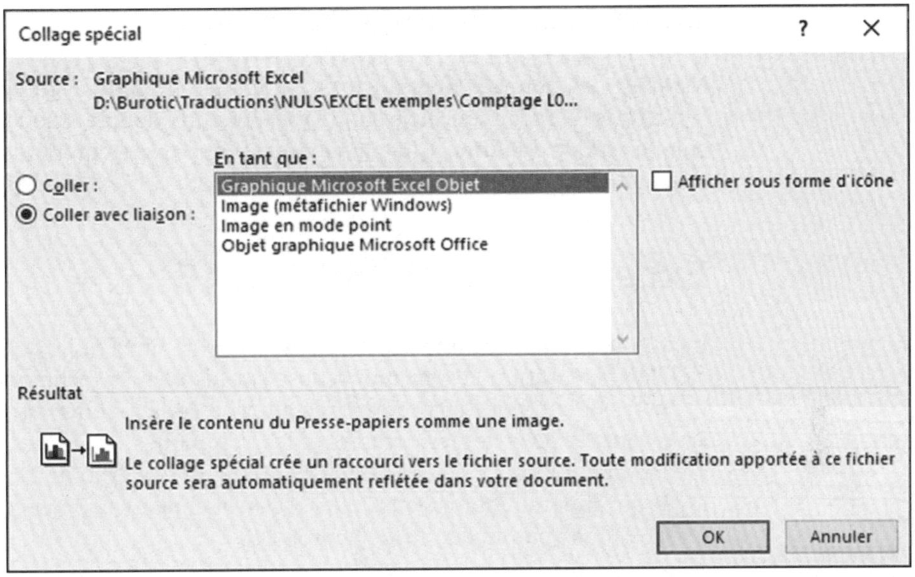

FIGURE 4.7 : Choisissez l'option Coller avec liaison de la boîte de dialogue Collage spécial.

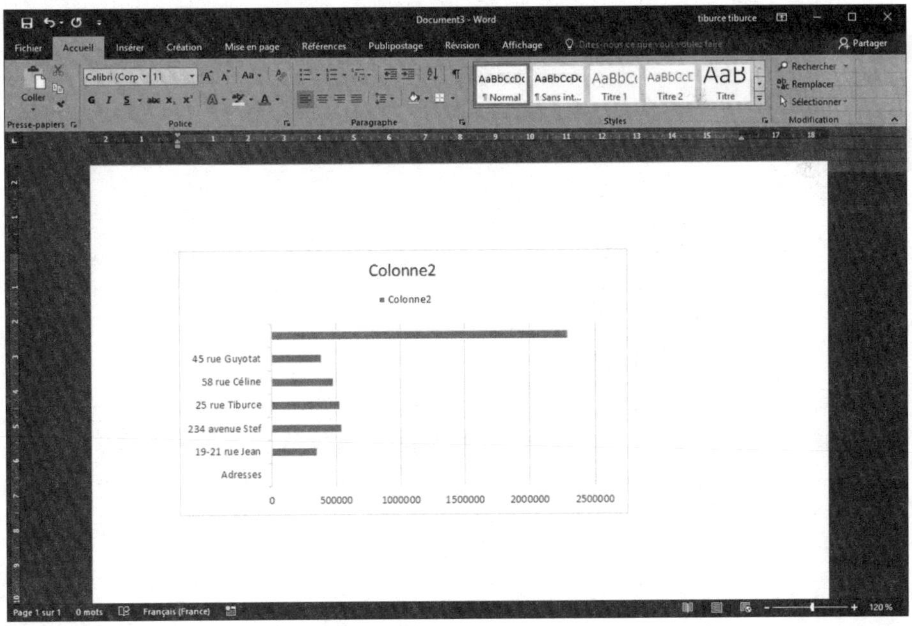

FIGURE 4.8 : Collez le graphique lié dans Word.

Modifier des données liées

Modifier des données liées à Excel (comme un graphique ou des cellules) impose d'ouvrir le classeur concerné dans Excel. Ensuite, double-cliquez dessus pour basculer en mode d'édition. Chaque modification se répercutera instantanément dans le graphique du document Word.

Excel et PowerPoint 2016

Incorporer et lier les données et les graphiques d'une feuille de calcul dans le logiciel de présentation PowerPoint repose sur les mêmes techniques que dans Word. Par conséquent, pour incorporer, recourez au copier-coller ou au glisser-déposer. En revanche, pour lier les données et les graphiques, copiez les éléments puis ouvrez le menu local Coller de l'onglet Accueil de PowerPoint. Dans la boîte de dialogue qui apparaît, optez pour Coller le lien et choisissez Objet graphique Microsoft Excel. Validez par un clic sur le bouton OK.

Parfois, après avoir apporté des modifications aux données ou au graphique lié, vous serez obligé de mettre manuellement à jour le lien dans la diapositive PowerPoint pour être certain de disposer de la dernière version de cet élément d'Excel. Pour cela, il suffit d'afficher la diapo sur laquelle est lié le graphique (par exemple). Ensuite, faites un clic droit dessus. Dans le menu contextuel qui apparaît, exécutez la commande Mettre à jour les liaisons.

La Figure 4.9 montre un graphique Excel incorporé en cours de modification dans PowerPoint suite à un double-clic sur cet élément. Vous constatez que PowerPoint affiche alors un onglet Outils de graphique dont vous utiliserez les boutons de commande pour procéder à vos modifications.

Exporter des classeurs vers d'autres formats de fichiers

Vous aurez parfois besoin de partager les données d'une feuille de calcul avec vos collaborateurs et des clients sur l'ordinateur desquels Excel n'est pas installé. Par conséquent, ils seront incapables d'ouvrir et d'imprimer des classeurs Excel enregistrés au format XML par défaut (fichier portant l'extension .xlsx), voire dans un format de fichier correspondant à une version antérieure de Microsoft Excel.

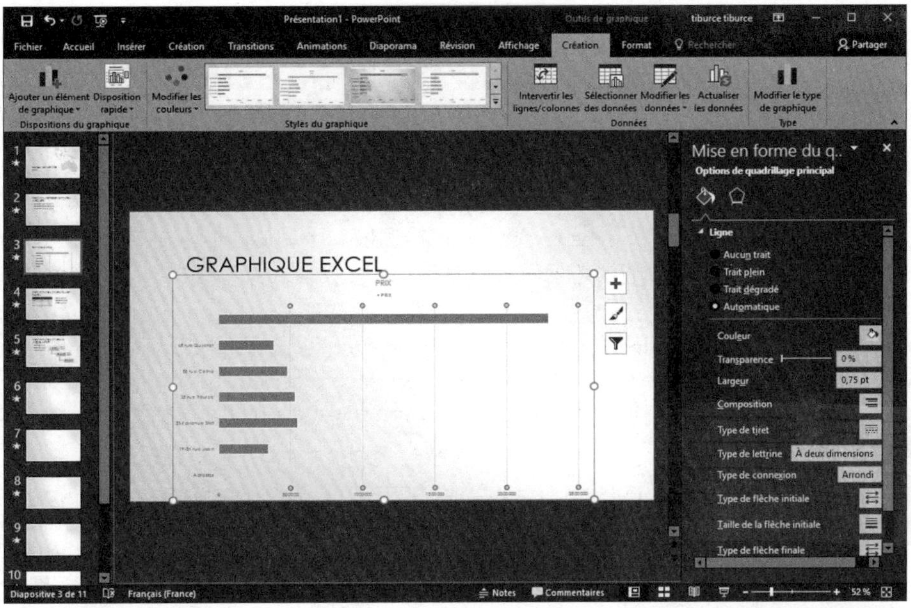

FIGURE 4.9 : Modifier le graphique Excel incorporé dans PowerPoint.

Bien qu'il soit difficile d'imaginer qu'un de vos collaborateurs ou de vos clients ne possède pas Excel 2016, cela n'est pas totalement impossible. Pour cette raison, vous devez apprendre à exporter votre classeur Excel dans un des trois formats de fichier universel suivants :

» **Fichiers PDF** pour ouvrir le document dans Adobe Reader ou Adobe Acrobat.

» **Fichiers XPS** pour afficher le document avec la visionneuse XML Paper Specification, ou dans un navigateur Web récent tel que Microsoft Edge.

» **Fichiers ODS** pour ouvrir le classeur dans un tableur open source tel que OpenOffice Calc.

» **Fichiers HTML** pour ouvrir le document dans un navigateur Web.

Lorsque vous convertissez un classeur Excel dans l'un de ces formats de fichier, vous pouvez soit choisir le type de fichier dans la boîte de dialogue Enregistrer sous, soit utiliser les options de l'écran Exporter de la vue Backstage d'Excel.

Enregistrer et exporter des feuilles de calcul au format PDF

Le format PDF (*Portable Document File*) a été développé par Adobe. Il permet d'ouvrir et d'imprimer des documents sans être obligé d'utiliser le programme qui les a créés. Il suffit d'installer sur votre ordinateur l'utilitaire gratuit Adobe Reader que vous pouvez télécharger à l'adresse www.adobe.fr.

Excel 2016 permet d'enregistrer vos classeurs directement au format PDF. Pour cela, il suffit d'ouvrir l'onglet Fichier et d'exécuter la commande Enregistrer sous. Après avoir sélectionné l'emplacement de stockage, la boîte de dialogue Enregistrer sous apparaît. Ouvrez son menu local Type, et choisissez PDF (*.pdf).

Vous pouvez changer le nom du fichier ainsi que le disque dur et le dossier de destination. Dans la partie inférieure de la boîte de dialogue Enregistrer sous, vous disposez des options suivantes :

- **Standard (publication en ligne et impression)** suivi de Taille minimale (publication lignes), qui compresse le document PDF pour en accélérer l'utilisation sur le Web.
- **Ouvrir le fichier après la publication** est une option active par défaut. Excel ouvre dans Adobe Reader le fichier PDF obtenu.
- **Le bouton Options** ouvre la boîte de dialogue du même nom. Vous pouvez définir la partie du classeur ou de la feuille de calcul à publier, ainsi que des propriétés et des balises d'accessibilité.

Vous pouvez également exporter au format PDF en choisissant non pas la commande Enregistrer sous, mais la commande Exporter de l'onglet Fichier. Dans le volet droit, cliquez sur le bouton Créer PDF/XPS. Dans la boîte de dialogue Publier comme PDF ou XPS, ouvrez le menu local type et choisissez PDF. Vous disposez dans cette boîte de dialogue des mêmes options que dans la boîte de dialogue Enregistrer sous. Enfin, effectuez l'exportation par un clic sur le bouton Publier.

Si vous créez un classeur Excel 2016 qui incorpore de nouvelles fonctions non prises en charge par des versions antérieures du programme, envisagez d'exporter ou d'enregistrer votre travail au format PDF et non pas .xls. Ainsi, les utilisateurs d'une version antérieure à Excel 2007 pourront accéder aux données *via* Adobe Reader.

Enregistrer des feuilles de calcul au format XPS

Le format de fichier XPS (*XML Paper Specification*) permet d'ouvrir et d'imprimer une feuille de calcul Excel sans passer par ce programme. Toute personne utilisant Internet Explorer 10, 11, Microsoft Edge sous Windows 7, 8 ou 10 dispose d'une visionneuse XPS. (Sinon, téléchargez-la sur www.microsoft.com).

Pour effectuer cette conversion, passez par la boîte de dialogue Enregistrer sous. Dans le menu local Type, choisissez XPS. Vous pouvez aussi exécuter la commande Exporter de la vue Backstage, et cliquer sur le bouton Créer PDF/XPS. Dans la boîte de dialogue Publier comme PDF ou XPS, ouvrez le menu local Type et choisissez Document XPS (*.xps). Cliquez ensuite sur le bouton Publier. Pour que le document XPS s'ouvre immédiatement après sa création, veillez à cocher l'option Ouvrir le fichier après la publication.

Par défaut, l'option Standard (Publication en ligne et Impression) est sélectionnée dans la section Optimiser pour de la boîte de dialogue Publier comme PDF ou XPS. Pour réduire le poids de votre fichier XPS, activez l'option Taille minimale (Publication en ligne). Si vous souhaitez limiter les parties du document qui seront incluses dans le fichier XPS, ou si vous souhaitez ignorer les zones d'impression, cliquez sur le bouton Options.

Enregistrer des feuilles de calcul au format ODS

ODS (*OpenDocument Spreadsheet*) est le format de fichier par défaut de la suite bureautique gratuite OpenOffice. Pour enregistrer votre classeur Excel dans ce format, ouvrez la boîte de dialogue Enregistrer sous. Ensuite, dans le menu local Type, choisissez Feuille de calcul OpenDocument (*.ods).

OpenOffice.org Calc est capable d'ouvrir les classeurs Excel .xls ou .xlsx, tout comme Excel peut ouvrir les fichiers .ods.

Enregistrer des feuilles de calcul en tant que fichiers HTML

Si la conversion PDF ou XPS vous semble trop complexe pour vos besoins personnels, enregistrez alors les fichiers au bon vieux format HTML. Toute personne disposant d'un navigateur Web sera capable de les afficher et de les imprimer. Voici comment procéder :

1. **Cliquez sur Fichier/Enregistrer sous pour ouvrir l'écran du même nom dans la vue Backstage.**
2. **Choisissez l'emplacement et le dossier de stockage de la version Web de votre classeur.**

   Excel ouvre alors la boîte de dialogue Enregistrer sous sur le disque dur et le dossier désigné.
3. **Ouvrez le menu local Type et choisissez le format Page Web à fichier unique ou Page Web.**

   Choisissez Page Web à fichier unique lorsque votre classeur ne contient qu'une feuille de calcul ou que vous souhaitez que les données de toutes les feuilles s'affichent sur une seule page. Choisissez Page Web lorsque vous souhaitez que chaque feuille de calcul du classeur apparaisse sur des pages Web séquentielles.

   Lorsque vous sélectionnerez une des options Web, Excel affichera des paramètres supplémentaires permettant d'exporter le classeur entier ou une sélection de feuilles. Vous aurez aussi la possibilité de donner un titre à la page Web en cliquant sur le bouton Modifier le titre.

   Dans le champ Nom de fichier, donnez un nom de fichier à votre page Web. Excel y ajoutera automatiquement une extension HTML qui varie en fonction de l'option Web choisie. Ce fichier étant destiné au Web, son nom doit être compatible avec les serveurs de fichier (et plus particulièrement ceux qui fonctionnent sous UNIX) qui sont sensibles à la casse.
4. **Tapez le nom du fichier HTML dans le champ Nom de fichier.**

   Par défaut, Excel sélectionne l'option Classeur entier. Ainsi, toutes les feuilles de calcul du classeur qui contiennent des données seront incluses dans le nouveau fichier HTML. Pour ne sauvegarder que les données de la feuille de calcul active, passez à l'Étape 5.
5. **(Facultatif) Si vous ne souhaitez enregistrer que la feuille de calcul en cours d'utilisation au format HTML, choisissez Sélection:Feuille.**

6. **(Facultatif) Si vous souhaitez ajouter une page de titre à votre fichier HTML, cliquez sur le bouton Modifier le titre. Dans la boîte de dialogue Saisie de texte qui apparaît, tapez le titre de cette page. Validez par un clic sur OK.**

   Ne confondez pas la page de titre avec l'en-tête de page Web qui s'affiche dans la barre de titre du navigateur Web. Cet en-tête ne peut être défini que dans le fichier HTML lui-même en modifiant la balise HEADER.

   Vous êtes maintenant prêt à enregistrer votre feuille de calcul sous la forme d'un fichier HTML en cliquant sur le bouton Enregistrer.

7. **Cliquez sur le bouton Enregistrer pour sauvegarder le fichier sans l'ouvrir dans le navigateur Web.**

   Excel ferme la boîte de dialogue et enregistre le fichier sur le disque. Vous retournez alors à la fenêtre d'Excel qui affiche la version HTML de votre classeur ou de votre feuille de calcul.

8. **(Alternative) Pour afficher la page Web immédiatement, préférez le bouton Publier. Il donne accès à la boîte de dialogue Publier en tant que page Web. Cochez-y l'option Ouvrir la page Web publiée dans un navigateur, et cliquez sur le bouton Publier.**

   Excel démarre votre navigateur Web par défaut et y affiche le classeur au format HTML. Fermez votre navigateur Web par un clic sur son bouton X situé dans l'angle supérieur droit de sa fenêtre.

Vous pouvez ajouter le bouton Aperçu de la page Web à la barre d'outils Accès rapide. Pour cela, cliquez sur Fichier/Options. Dans la boîte de dialogue Options Excel, cliquez sur la catégorie barre d'outils Accès rapide. Dans le menu local Choisir les commandes dans les catégories suivantes, choisissez Commandes non présentes sur le ruban. Sélectionnez ensuite Aperçu de la page Web, et cliquez sur Ajouter, puis sur OK. Il suffit maintenant de cliquer sur ce bouton de la barre d'outils Accès rapide pour afficher le classeur dans le navigateur Web. (Voir le Chapitre 2 du Livre I pour plus d'informations sur l'ajout de boutons à la barre d'outils Accès rapide.)

V
Les graphiques

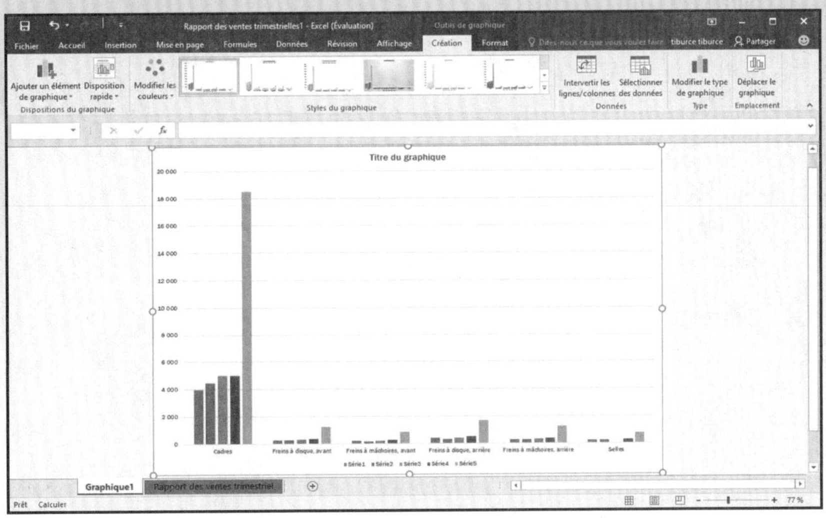

Chapitre 1
L'art subtil des graphiques

DANS CE CHAPITRE :

- **Créer des graphiques bien présentés en quelques clics.**
- **Personnaliser un graphique à l'aide des outils d'Excel 2016.**

Comme le disait Confucius, « une image vaut mille mots » (ou, dans notre cas, mille chiffres). Dans un tableur, les graphiques augmentent non seulement l'intérêt pour des chiffres dont la lecture serait autrement fort ennuyeuse, mais ils mettent aussi en évidence des anomalies qui passeraient inaperçues si l'on ne regardait que des séries de valeurs.

Créer des graphiques d'aspect professionnel

Quelques mots encore sur les graphiques avant de découvrir comment les réaliser dans Excel. Vous vous rappelez les efforts méritoires de votre professeur de mathématiques pour vous apprendre à tracer des graphes en traçant des valeurs sur les axes *x* et *y* d'une feuille de papier millimétré ? Évidemment, vous aviez l'esprit ailleurs à ce moment-là. De toute façon, vous vous demandiez bien en quoi ces graphiques pourraient vous être utiles plus tard, dans votre vie professionnelle.

Eh bien, nous y voilà ! Il est vrai qu'Excel automatise la quasi-totalité du processus de création des graphiques. Mais vous ne pouvez pas vous dispenser de savoir ce qui différencie un axe *x* d'un axe *y*, ne serait-ce qu'au cas où Excel n'orienterait pas le graphique comme prévu. Afin de rafraîchir votre mémoire et de faire plaisir à votre vieux prof de maths, sachez que l'axe *x* est horizontal et usuellement situé en bas du graphique, alors que l'axe *y* est vertical et ordinairement situé à gauche du graphique.

Dans la plupart des graphiques basés sur ces deux axes, Excel place les catégories le long de l'axe, en bas du tracé, et leurs valeurs relatives le long de l'axe *y* à gauche. L'axe *x* est parfois appelé *axe de temps*, car il est souvent utilisé pour indiquer des durées comme les mois, les trimestres, les années, *etc*.

Encore un point à ne pas oublier : les valeurs de la feuille de calcul qui sont représentées dans un graphique sont liées à celui-ci de façon dynamique. Autrement dit, toute modification apportée à une de ces valeurs sera immédiatement répercutée dans le graphique.

Excel fournit beaucoup de fonctionnalités pour créer rapidement et facilement vos graphiques. Mais, dans tous les cas, la règle d'or est la suivante : commencez systématiquement par indiquer au programme les données à représenter graphiquement en sélectionnant une des cellules de la feuille à traiter. Si vous souhaitez limiter la représentation à quelques valeurs de cette feuille, sélectionnez d'abord ces valeurs ainsi que leurs intitulés.

Agir avec l'outil Graphiques recommandés

Personnellement, c'est la fonction Graphiques recommandés d'Excel 2016 que nous privilégions pour tracer nos graphes. Vous la trouverez dans l'onglet Insertion du Ruban. Lorsque vous l'invoquez, le programme vous ouvre la boîte de dialogue Insérer un graphique, représentée à la Figure 1.1 ; c'est, par défaut, son onglet Graphiques recommandés qui est sélectionné. N'hésitez pas à tester différents graphiques en cliquant sur leur type dans le volet gauche de la fenêtre. Quand vous avez trouvé celui qui vous convient, il vous suffit de cliquer sur OK pour créer un graphe et l'incorporer à la feuille de calcul sous-jacente.

Agir depuis le Ruban

À droite du bouton Graphiques recommandés se trouve une série d'icônes regroupées sous la mention Graphiques. Toutes sont équipées d'un dérouleur de menu local grâce auquel vous aurez accès à une flopée de types de graphes :

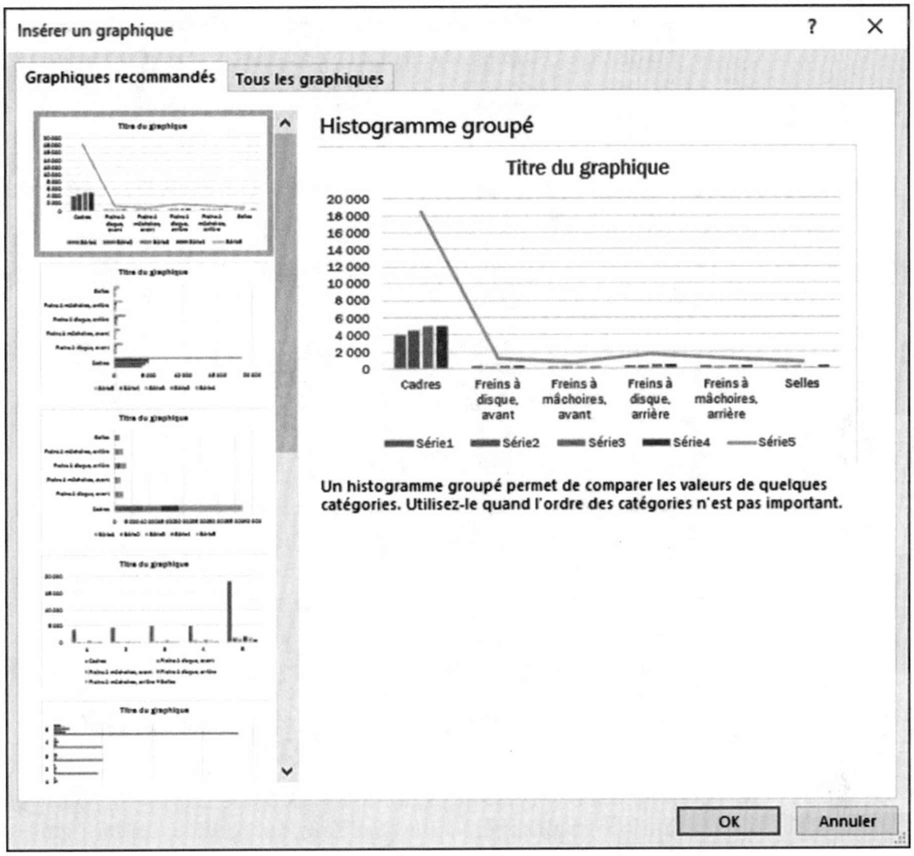

FIGURE 1.1 : L'onglet Graphiques recommandés de la fenêtre Insérer un graphique.

- **Insérer un histogramme ou graphique à barres** permet de prévisualiser des graphiques 2D ou 3D à colonnes verticales, mais aussi de prévisualiser des graphiques 2D ou 3D à colonnes horizontales.
- **Insérer un graphique hiérarchique** pour comparer des ensembles ou bien représenter des colonnes hiérachisées.
- **Insérer un graphique Cascade ou boursier** permet de prévisualiser des graphiques boursiers en 2D et en cascade.
- **Insérer un graphique en courbes ou en aires** permet de prévisualiser des graphiques 2D ou 3D en courbes. Permet également de prévisualiser des graphiques 2D ou 3D en aires.
- **Insérer un graphique statistique** afin d'afficher une analyse statistique de vos données.

- **Insérer un graphique combiné** permet de prévisualiser des graphiques 2D colonne groupée – ligne et aire empilée – colonne groupée.
- **Insérer un graphique en secteurs ou en anneaux** permet de prévisualiser des graphiques 2D et 3D en secteurs et des graphiques 2D en anneaux.
- **Insérer un graphique en nuages de points (X, Y) ou en bulles** permet de prévisualiser des graphiques 2D en nuages de points ou en bulles.
- **Insérer un graphique en surface ou en radar** pour une représentation 2D ou 3D de vos données.

Si la prévisualisation vous convient, il vous suffit de cliquer sur l'icône du menu local pour tracer le graphe et l'incorporer à la feuille de calcul située en arrière-plan.

Si vous hésitez quant au modèle de graphe capable de représenter au mieux vos données, ne passez pas votre temps à prévisualiser tous ces modèles ; agissez plutôt depuis l'onglet Tous les graphiques de la fenêtre Insérer un graphique (Figure 1.2) qui vous permet de tester toutes sortes de modèles de graphes. Vous accéderez à cette fenêtre *via* le bouton Afficher tous les graphiques, qui occupe l'angle inférieur droit du groupe Graphiques de l'onglet Insertion du Ruban.

Agir avec l'outil Analyse rapide

Imaginons (scénario déjà évoqué plus haut) que vous souhaitiez limiter la représentation graphique à une sélection de données plutôt qu'à une feuille entière. Pensez alors à exploiter l'outil Analyse rapide en le manipulant comme suit :

1. **Cliquez sur le bouton Analyse rapide (qui s'affiche en bas à droite de votre sélection).**

   Ce clic vous donne accès à la palette correspondante où l'onglet Mise en forme est sélectionné par défaut.

2. **Activez l'onglet Graphiques.**

   Excel propose, dans le bas de la palette, une série d'options qui, toutes, vous permettent de visualiser vos données avec un modèle précis de graphe. Le bouton Autres graphiques, pour sa part, ouvre la fenêtre Insérer un graphique et son onglet Graphiques recommandés que nous avons déjà commenté plus haut.

3. **Testez les différents modèles disponibles en cliquant sur leur icône depuis la partie inférieure de la palette.**

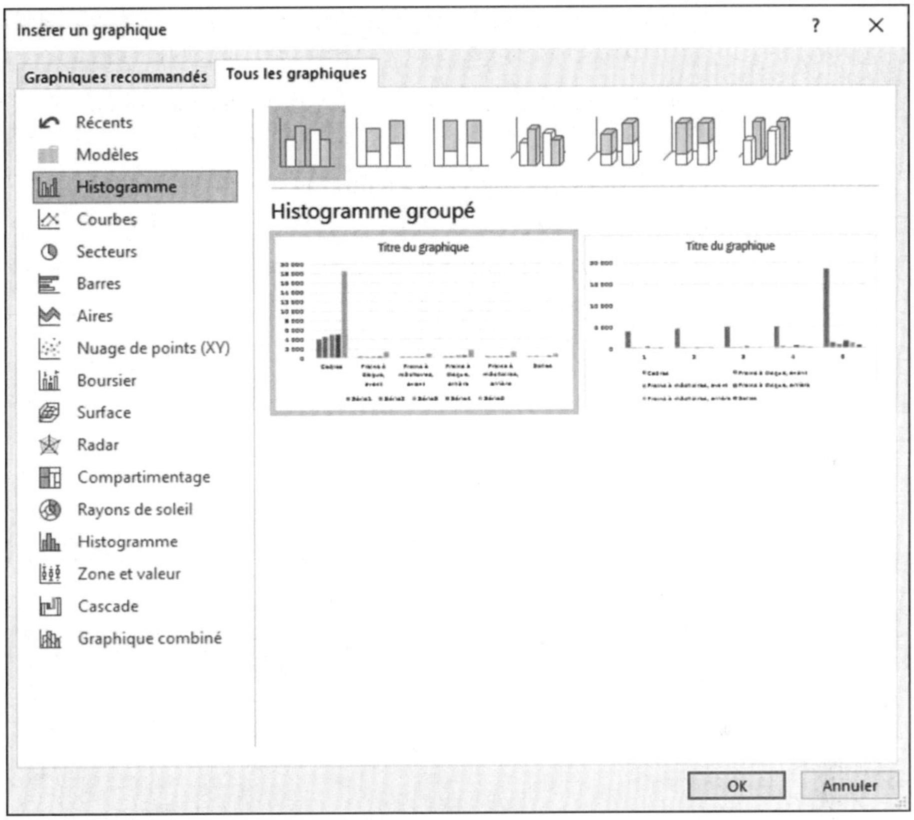

FIGURE 1.2 : L'onglet Tous les graphiques autorise une foule de prévisualisations.

La représentation graphique des données vous est alors instantanément proposée dans une zone au-dessus de la palette Analyse rapide et elle le reste tant que vous maintenez votre pointeur sur l'icône du modèle de graphe.

4. **Dès que vous avez trouvé le modèle qui vous intéresse, cliquez sur son icône pour tracer le graphique.**

   Excel 2016 s'exécute, traçant le graphe et l'incorporant à la feuille de données. Ce graphe est activé ; vous pouvez donc, sans autre manipulation préalable, commencer à le déplacer et/ou à le modifier.

La Figure 1.3 montre la prévisualisation d'une série de données ; la Figure 1.4 montre le graphe après validation.

Dès qu'un graphique est créé, il est automatiquement actif et sélectionné. Pour le positionner à un autre endroit que celui où il s'est implanté par défaut, conten-

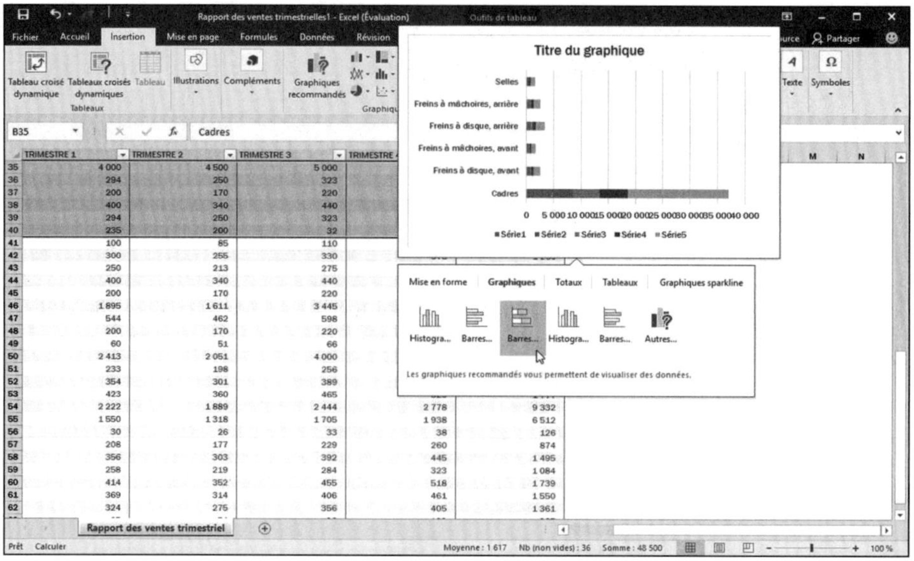

FIGURE 1.3 : Prévisualisation des ventes de la zone 1 en graphique à secteurs.

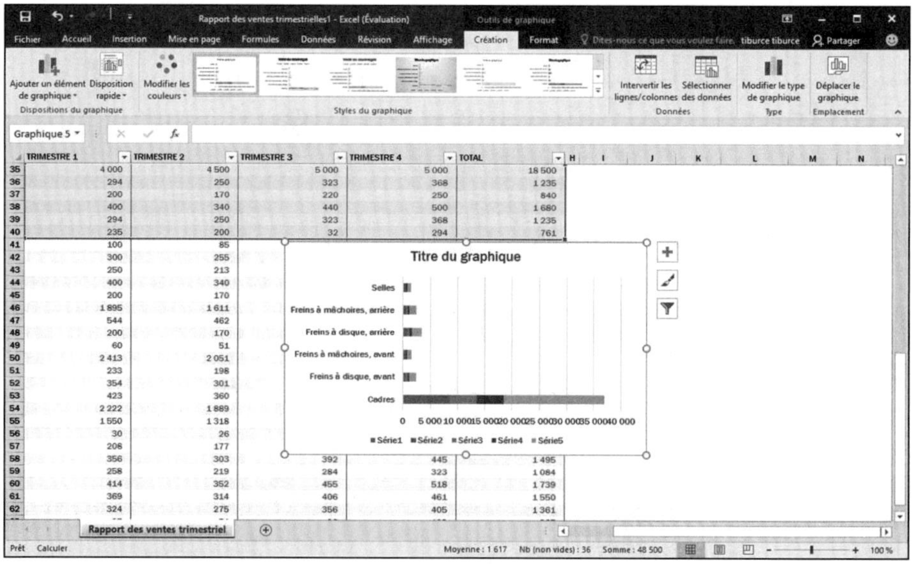

FIGURE 1.4 : Le graphique obtenu après avoir cliqué sur le modèle.

tez-vous de cliquer-glisser. Par ailleurs, notez que les valeurs représentées restent sélectionnées dans la feuille de calcul, les têtes de colonnes étant entourées d'un trait rouge, les libellés des lignes, en mauve et les valeurs proprement dites, en bleu. Notez encore qu'un onglet Outils de graphique a fait son apparition dans le Ruban ; il regroupe lui-même deux onglets, baptisés respectivement Création et Format.

Tracer un graphique sur une feuille indépendante

Si vous désirez qu'un graphique s'affiche sur une feuille indépendante plutôt que de flotter par-dessus celle où figurent les données, cliquez sur une des données à représenter (ou opérez une sélection si vous entendez restreindre la représentation à une plage donnée de cellules), puis enfoncez la touche F11.

Excel génère alors un graphique dans une feuille graphique qu'il baptise Graphique1 et qu'il place avant les autres feuilles du classeur, en première position (Figure 1.5). Ce graphique indépendant se manipule exactement comme un graphique incorporé.

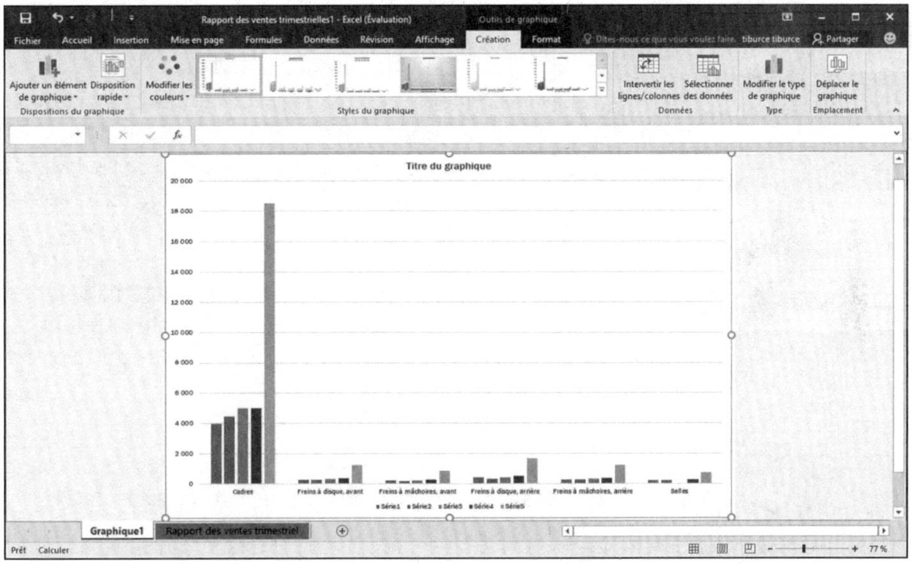

FIGURE 1.5 : Un graphique indépendant qui apparaît sur une feuille rien qu'à lui, placée devant les autres onglets du classeur.

Déplacer et redimensionner un graphique incorporé dans une feuille

Un graphique qui vient tout juste d'être créé peut facilement être déplacé ou redimensionné puisqu'il est sélectionné. (Vous pouvez savoir si un objet – diagramme ou autre – est sélectionné grâce au cadre doté de *poignées* (des carrés aux coins et au milieu des côtés de l'objet) qui l'entoure.)

De plus, quand un graphique est sélectionné, trois outils se manifestent sur sa droite :

- **Éléments du graphique** (signe +) pour modifier les éléments du graphe, comme le titre, la légende, le quadrillage ou les lignes de tendance.
- **Styles de graphique** (pinceau) pour modifier le formatage et le thème couleur.
- **Filtres du graphique** (entonnoir) pour modifier les valeurs représentées ou leurs libellés en abscisse ou en ordonnée.

Lorsqu'un graphique incorporé est actif, vous pouvez facilement le déplacer ou le redimensionner :

- Pour déplacer le graphique, placez le pointeur de la souris quelque part au-dessus du fond (là où apparaît une croix) et faites glisser l'objet vers un nouvel emplacement.
- Pour redimensionner le graphique (par exemple parce qu'il semble déformé), placez le pointeur de la souris au-dessus d'une de ses poignées (il doit alors afficher une flèche à deux têtes). Cliquez et faites glisser afin d'agrandir ou de rétrécir le graphique. Le résultat dépend bien sûr de la poignée active et du sens de votre mouvement.

Quand le graphe occupe la taille et la position qui vous conviennent, désélectionnez-le en cliquant dans n'importe quelle cellule de la feuille en dehors de la zone du graphe. Ses poignées disparaissent ainsi que les outils correspondants du Ruban.

Pour sélectionner de nouveau le graphe, cliquez dessus. L'onglet contextuel Outils de graphique et toutes ses options refont leur apparition.

Déplacer un graphique incorporé vers une feuille rien qu'à lui

Par défaut, Excel incorpore un nouveau graphique sur la même feuille que les données représentées (à moins d'appuyer sur la touche F11). Mais il est souvent plus facile de travailler avec un graphique autonome, c'est-à-dire placé dans sa propre feuille. Voyons comment obtenir ce résultat :

1. **Sélectionnez le graphique, puis cliquez sur le bouton Déplacer le graphique de l'onglet Création sous Outils de graphique.**

La boîte de dialogue Déplacer le graphique apparaît.

2. **Validez l'option Nouvelle feuille.**
3. **(Facultatif) Dans le champ Nouvelle feuille, remplacez le nom générique (Graphique) par un intitulé plus évocateur.**
4. **Cliquez sur OK pour refermer la boîte de dialogue et afficher le graphique dans sa propre feuille.**

Après avoir personnalisé un graphique placé dans une feuille spécifique, vous pouvez décider de le renvoyer vers la série de données qu'il représente. Dans ce cas, cliquez de nouveau sur le bouton Déplacer le graphique. Activez cette fois l'option Objet dans. Sélectionnez alors le nom de la feuille de destination dans la liste déroulante associée. Validez.

Personnaliser vos graphiques grâce à l'onglet Création

Utilisez les boutons de l'onglet Création (sous l'onglet contextuel Outils de graphique) pour personnaliser l'aspect de votre nouveau graphique. Cet onglet héberge plusieurs groupes de commandes :

- **Dispositions du graphique :** cliquez sur Ajouter un élément de graphique pour ajouter des éléments à vos graphes, comme un titre, des étiquettes de données, une légende… Vous trouverez la liste de ces éléments dans le menu local correspondant. Utilisez la commande Disposition rapide (placée juste à droite) pour modifier facilement la présentation des données.
- **Styles du graphique :** cliquez sur Modifier les couleurs pour dérouler un menu local qui vous propose des thèmes couleur répartis en deux catégories, couleurs et monochromes. Juste à droite, une série de styles de graphes vous permet de rapidement formater ces entités.
- **Données :** le bouton Intervertir les lignes/colonnes échange immédiatement les données utilisées dans le graphique pour représenter respectivement les séries (légendes) et les catégories (axe *x*). Avec la commande Sélectionner des données, vous pouvez non seulement redéfinir totalement les séries et les catégories, mais aussi les intervertir, ou encore spécifier une autre plage de données.
- **Type :** le bouton Modifier le type de graphique ouvre la fenêtre du même nom dans laquelle vous pouvez désigner un autre type de graphe pour représenter vos données.

» **Emplacement :** cliquez sur ce bouton Déplacer le graphique pour le placer dans une nouvelle feuille de graphique ou dans une autre feuille de calcul.

Personnaliser les éléments du graphique

Le bouton Éléments du graphique (le signe « + » placé à droite quand le graphe est sélectionné) vous propose une série d'éléments susceptibles d'être ajoutés. Cliquez sur ce bouton pour dévoiler cette liste, puis cochez les éléments à ajouter. Décochez ceux que vous ne voulez plus voir.

Pour intervenir sur un élément, positionnez votre pointeur à droite de son nom dans ce menu local de manière à faire apparaître le triangle signalant un sous-menu ; agissez ensuite dans ce sous-menu.

Prenons un exemple. Pour intervenir sur le titre d'un graphe, cliquez sur le bouton Éléments du graphique alors que le graphe est sélectionné, puis cliquez sur le petit triangle qui apparaît à droite de la mention Titre du graphique afin d'accéder aux sous-options disponibles, en l'occurrence :

» **Au-dessus du graphique :** ajoute ou repositionne le titre de manière qu'il soit centré au-dessus de la zone de traçage.

» **Superposé centré :** ajoute ou repositionne le titre de manière à ce qu'il apparaisse en haut et au centre de la zone de traçage.

» **Autres options :** ouvre le volet Mettre en forme le titre du graphique dans la partie droite de l'interface. Exploitez les commandes qui y sont mises à votre disposition pour définir le remplissage et le contour du texte, des effets éventuels, des trames et des bordures, *etc.*

Ajouter des étiquettes de données

Les étiquettes de données identifient les valeurs des données représentées. Pour ajouter ces valeurs au graphique actif, cliquez sur le bouton Éléments du graphique, puis cochez Étiquettes de données et fournissez quelques précisions dans le menu local correspondant (qui se déroule quand vous cliquez sur le triangle qui s'affiche en regard quand vous déplacez votre pointeur à droite de la commande) :

» **Centrer :** place les étiquettes au centre de chaque *point* de donnée.

» **Bord intérieur :** place les étiquettes près de l'extrémité de chaque point de donnée et à l'intérieur de celui-ci.

- **Intérieur base :** place les étiquettes en bas de chaque point de donnée.
- **Bord extérieur :** place les étiquettes près de l'extrémité de chaque point de donnée et à l'extérieur de celui-ci.
- **Légende de données :** associe à chaque point de données une zone texte dans laquelle figurent l'étiquette et sa valeur.
- **Autres options :** ouvre le volet Format des étiquettes de données dans la partie droite de l'interface. Vous pouvez alors personnaliser totalement l'apparence des étiquettes en vous servant des options Contenu, Position, Remplissage et Contour du texte…

Ajouter une table de données

À la place d'étiquettes qui risquent de surcharger le graphique, il peut être intéressant d'insérer, en bas de celui-ci, une table qui montre la valeur de toutes les données que vous tracez.

Pour obtenir ce résultat, servez-vous une fois de plus du bouton Éléments du graphique ; cochez Table de données et exprimez-vous dans le menu local :

- **Avec symboles de légende :** demande à Excel de dessiner une table de données en bas du graphique en ajoutant, à gauche du nom des séries, un petit carré (le même que dans la légende) rappelant la couleur utilisée dans le graphique.
- **Aucun symbole de légende :** idem que ci-dessus, mais sans légende.
- **Autres options :** ouvre le volet Format de table de données dans la partie droite de l'interface. Exploitez les commandes disponibles à cet endroit pour formater votre table.

La Figure 1.6 montre le graphique après insertion d'une table de données. Remarquez la présence des symboles de légendes.

Modifier les titres génériques d'un graphique

Lorsqu'Excel ajoute des titres à un nouveau graphique, il leur donne un nom générique comme Titre du graphique ou Titre de l'axe (aussi bien pour les abscisses que pour les ordonnées). Pour remplacer ces intitulés peu parlants, cliquez à l'intérieur du graphique sur le titre voulu. Vous pouvez également sélectionner le type de titre

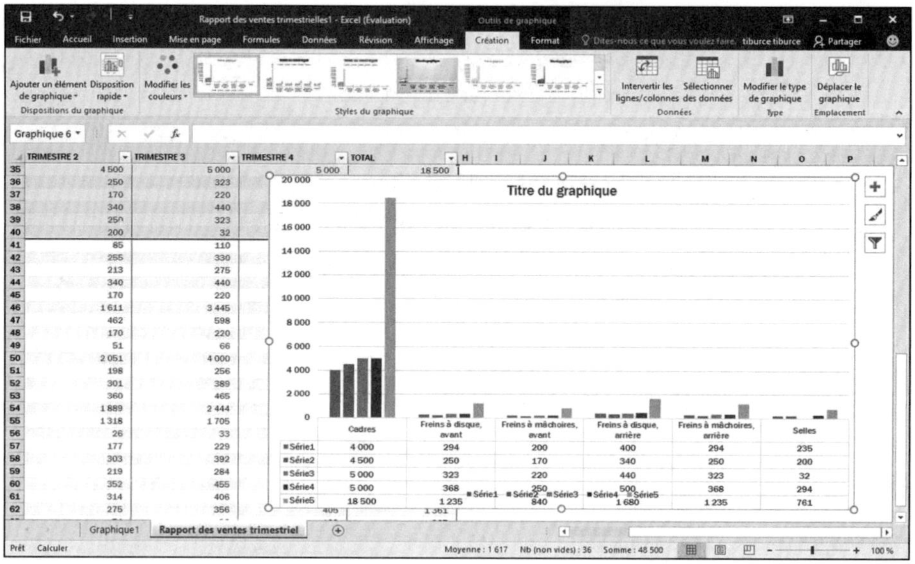

FIGURE 1.6 : Histogramme incorporé dans une feuille, avec table de données et symboles de légendes.

dans le menu local Éléments du graphique que vous trouverez en tête du groupe Sélection active de l'onglet Format sous l'onglet majeur Outils de graphique. L'élément est ainsi sélectionné dans le graphe ; les poignées qui s'affichent autour en témoignent.

Une fois le titre activé, vous n'avez plus qu'à cliquer dedans et à l'éditer comme vous le feriez pour une cellule quelconque. Il est aussi possible de remplacer totalement le texte en faisant un triple clic. Pour insérer une nouvelle ligne dans le titre, cliquez simplement à l'endroit où le saut doit intervenir, puis appuyez sur la touche Entrée.

Le titre modifié, cliquez n'importe où sur le graphique pour annuler la sélection (ou sur la feuille de calcul si vous voulez revenir à vos données).

Formater les titres

Utilisez l'aperçu dynamique pour juger de l'impact dans le graphique de telle police ou de telle taille de caractères avant d'appliquer une mise en forme. Activez l'onglet Accueil et servez-vous des listes Police ou Taille de police et placez le pointeur de la souris au-dessus d'une proposition (cela fonctionne également avec la couleur du texte ou du fond).

Pour personnaliser davantage vos titres, recourez aux boutons de commandes de l'onglet Format (sous Outils du graphique). Pour mettre en forme tout le champ de texte qui contient le titre, cliquez sur un des boutons suivants dans le groupe Styles de formes :

- **Styles de formes :** vous trouvez ici une galerie de vignettes qui propose des styles prédéfinis s'appliquant à la fois au texte et à son cadre.
- **Remplissage :** permet de choisir dans une liste déroulante une nouvelle couleur pour le cadre du titre.
- **Contour :** choisissez ici une nouvelle couleur pour le contour du cadre de texte.
- **Effets :** cette liste permet d'appliquer un effet au cadre du titre (Ombre, Réflexion, Lumière, Bordure arrondie, et ainsi de suite).

Pour ne mettre en forme que le texte, vous disposez des boutons du groupe Styles WordArt :

- **Styles WordArt :** les vignettes de cette liste déroulante décorent le texte à partir d'un modèle WordArt prédéfini.
- **Remplissage du texte :** affiche une liste de couleurs et de motifs de remplissage qui s'appliqueront à l'intérieur des caractères du texte WordArt.
- **Contour du texte :** affiche une liste de couleurs et de styles de trait qui s'appliqueront au contour des caractères du texte WordArt.
- **Effets du texte :** choisissez dans cette liste un effet (ombrage, réflexion ou encore lumière) qui finira de donner à votre titre un aspect dynamique et professionnel.

Formater les axes x et y

Lorsqu'il doit représenter un grand nombre de données, Excel fait un minimum d'efforts pour mettre en forme les valeurs qui apparaissent sur l'axe *y* (ou sur l'axe *x* pour certains types de graphiques comme les histogrammes empilés 3D ou les nuages de points).

Si la présentation par défaut des axes ne vous convient pas, vous pouvez facilement l'adapter à vos souhaits :

1. **Cliquez sur l'axe x (ou sur l'axe y) directement dans le graphique. Vous pouvez également vous servir de la liste déroulante située en haut et à**

gauche du groupe Sélection active de l'onglet Format (dans les Outils du graphique). Choisissez alors une des options Axe Horizontal (Catégories) ou Axe Vertical (Valeurs).

Excel active l'objet choisi et fait apparaître ses poignées de sélection.

2. **Toujours dans le groupe Sélection active, cliquez maintenant sur le bouton Mise en forme de la sélection.**

   Excel ouvre le volet Format de l'axe dans la partie droite de l'interface avec la rubrique Options d'axe sélectionnée.

3. **Pour modifier l'échelle d'un axe, l'apparence de ses graduations et son mode d'intersection avec l'autre axe, définissez les réglages voulus dans cette rubrique Options d'axe.**

   Vous disposez ici de nombreux choix permettant de fixer la plage des valeurs, d'inverser le sens de celles-ci, d'appliquer une échelle logarithmique, d'afficher des unités (par centaines, milliers, millions, *etc.*) et de diviser les valeurs par ces unités, de repositionner les graduations sur l'axe, ou encore de modifier le point d'intersection entre l'axe des abscisses (catégories) et l'axe des ordonnées (valeurs).

4. **Pour paramétrer le style d'affichage des valeurs numériques sur l'ensemble de l'axe, cliquez sur Nombre, puis sélectionnez une catégorie avant de préciser les options associées à ce format.**

   Par exemple, pour afficher les nombres avec une espace entre les milliers et sans partie décimale, choisissez la catégorie Nombre, cochez la case Utiliser le séparateur de milliers et entrez 0 dans le champ Décimales.

5. **Pour changer la disposition et l'orientation des étiquettes sur l'axe sélectionné, cliquez sur l'icône Taille et propriétés sous Options d'axe, puis agissez dans les rubriques Alignement vertical et Orientation du texte.**

6. **Cliquez dans la case de fermeture du volet pour vous en débarrasser.**

Quand vous appliquez de nouvelles options pour l'axe sélectionné, Excel montre sur le graphique ce qu'elles vont donner. Cependant, ces modifications ne seront validées qu'après fermeture du volet.

Pour personnaliser la police ou d'autres attributs de texte pour l'axe actif, vous disposez, comme d'habitude, des boutons de l'onglet Accueil.

Chapitre 2

Plus loin avec les graphiques

DANS CE CHAPITRE :

- **Représenter les données visuellement par des graphiques sparklines.**
- **Ajouter une zone de texte et des flèches à un graphique.**
- **Insérer un clipart dans une feuille de calcul.**
- **Ajouter des objets WordArt et SmartArt à une feuille de calcul.**
- **Imprimer un graphique sans imprimer le restant de la feuille de calcul.**

La création de graphiques est si facile dans Excel 2016 que vous pourrez aisément en essayer plusieurs et choisir celui qui illustre le plus efficacement vos données (en d'autres termes, l'image qui raconte le mieux votre histoire singulière).

Diagrammes et autres graphiques

Les diagrammes ne sont pas les seuls objets graphiques susceptibles d'être ajoutés à une feuille de calcul. Excel permet d'utiliser d'autres objets visuels, comme des zones de texte, des cliparts, des images importées, qu'il s'agisse de photographies numériques, de documents numérisés ou encore de sources chargées directement depuis l'Internet.

Outre ces éléments, Excel 2016 autorise la création de titres WordArt décoratifs de formes extrêmement variées, ainsi que des diagrammes organisationnels appelés SmartArt.

Des minigraphiques avec les sparklines

Votre tableur vous propose un type d'information graphique appelé sparkline, qui représente les tendances ou les variations d'un ensemble de données. Les sparklines sont de minuscules graphiques dont la taille est approximativement celle du texte qui les entoure. Ils sont de la taille des cellules de la feuille de calcul auxquelles ils se rapportent et peuvent être d'un de ces types :

- **Courbe :** elle représente la valeur relative des données sélectionnées dans la feuille de calcul.
- **Histogramme :** les données sélectionnées dans la feuille de calcul sont représentées par un petit histogramme.
- **Positif/Négatif :** les données sélectionnées dans la feuille de calcul apparaissent sur un graphique dans lequel les gains sont représentés par des colonnes positives bleues, et les pertes par des colonnes négatives rouges.

Utiliser l'outil Analyse rapide

Dans Excel 2016, cet outil vous permet, en effet, d'ajouter en toute facilité des graphiques sparklines à vos feuilles de calcul.

Tout ce que vous avez à faire, c'est de sélectionner, dans le tableau, les données à représenter, d'activer l'outil Analyse rapide puis, dans la palette correspondante, de cliquer sur Graphiques sparklines et, finalement, de faire un choix parmi les trois options proposées qui sont Courbes, Histogrammes et Positif/Négatif (Figure 2.1). Positionnez votre pointeur sur une de ces variantes pour apprécier le résultat de la commande dans la feuille sous-jacente ; cliquez quand vous êtes satisfait du résultat.

Utiliser le Ruban

Moins révolutionnaire, la technique suivante vous permet d'arriver à vos fins en mettant en œuvre des procédés éprouvés :

1. **Dans la feuille de calcul, sélectionnez les données à représenter par un graphique sparkline.**

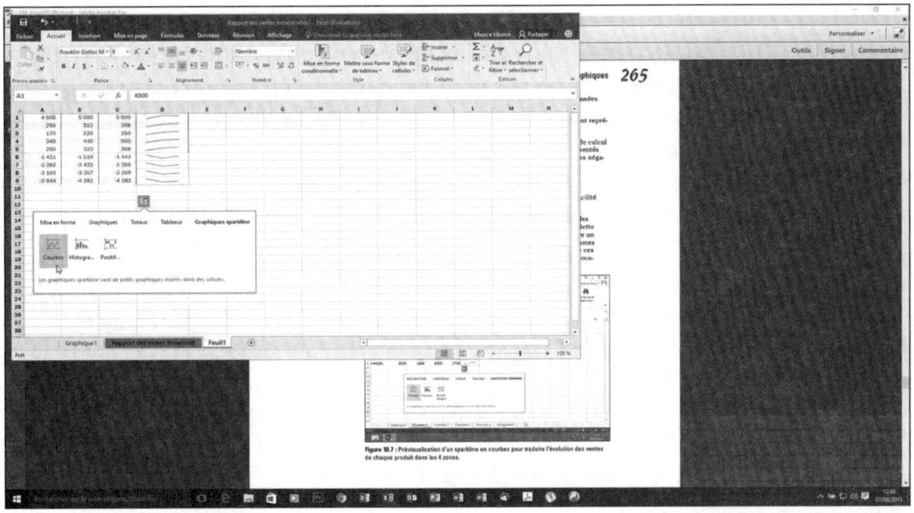

FIGURE 2.1 : Prévisualisation d'un sparkline en courbes pour traduire l'évolution des ventes de chaque produit dans les 4 zones.

2. **Dans le groupe Graphiques sparklines de l'onglet Insertion, cliquez sur le type de sparkline désiré.**

   Excel ouvre la boîte de dialogue Créer des graphiques sparklines. Elle contient deux champs :

   - Plage de données : contient les références de la plage de données que vous venez de sélectionner à l'Étape 1.
   - Plage d'emplacements : vous indiquez, dans ce champ, la cellule ou la plage de cellules dans laquelle les sparklines doivent apparaître.

3. **Cliquez sur le bouton à droite du champ Plage d'emplacements, puis sélectionnez la cellule ou la plage de cellules pour les sparklines.**

   L'étendue de la plage de cellules réservée aux sparklines doit être identique à celle de la plage des cellules contenant les données.

4. **Cliquez sur OK.**

Comme les sparklines sont de petite taille, vous pouvez fort bien les placer dans la dernière colonne d'un tableau. De cette manière, les tendances ou les résultats de séries de chiffres sont immédiatement visibles et interprétables.

Formater un sparkline

Quand un ou plusieurs sparklines sont sélectionnés, Excel affiche un onglet Outils Sparkline dans le Ruban, doté d'un unique sous-onglet baptisé Création.

Celui-ci regroupe une série de boutons qui vous permettront de choisir le type, le style et la mise en forme de vos sparklines. Le dernier groupe, appelé tout bêtement Groupe, permet de réunir un ensemble de sparklines dans un seul groupe partageant les mêmes axes et/ou valeurs maximales et minimales (le choix est effectué dans le menu local du bouton Axe). Cette commande est extrêmement commode lorsqu'un ensemble de sparklines doit partager les mêmes paramètres de graphique afin de représenter les tendances des données de manière égale.

Vous ne pourrez pas vous défaire d'un sparkline en sélectionnant les cellules où il apparaît, puis en activant la touche Suppr. Agissez plutôt de la manière suivante : opérez un clic-droit sur ces cellules, puis, dans le menu contextuel, choisissez Graphiques sparklines/Supprimer les graphiques sparklines sélectionnés.

Des messages plus efficaces avec les zones de texte

Les *zones de texte* sont des cadres dans lesquels vous pouvez ajouter des explications afin (par exemple) de commenter certains détails de vos graphiques. Elles sont un peu comme les commentaires de cellules d'une feuille de calcul, à ceci près qu'une zone de texte est visible en permanence et peut être associée à une flèche pointant vers l'élément auquel elle se rapporte.

Dans la Figure 2.2, nous avons ajouté une zone de texte à notre graphique indépendant.

Ajouter et mettre en forme une zone de texte

Voyons comment procéder. Si le graphique est déjà sélectionné, activez l'onglet Format sous Outils de graphique, puis, dans la rubrique Insérer des formes, choisissez Zone de texte.

Pour ajouter une zone de ce type alors que le graphique n'est pas sélectionné, ouvrez l'onglet Insertion du Ruban, puis choisissez Zone de texte sous le bouton Texte.

Le pointeur de la souris prend la forme d'une ligne verticale barrée vers le bas d'un petit trait horizontal. Cliquez à l'emplacement qui sera le premier coin de la zone de texte. Faites ensuite glisser le pointeur pour tracer le cadre. Lorsque vous

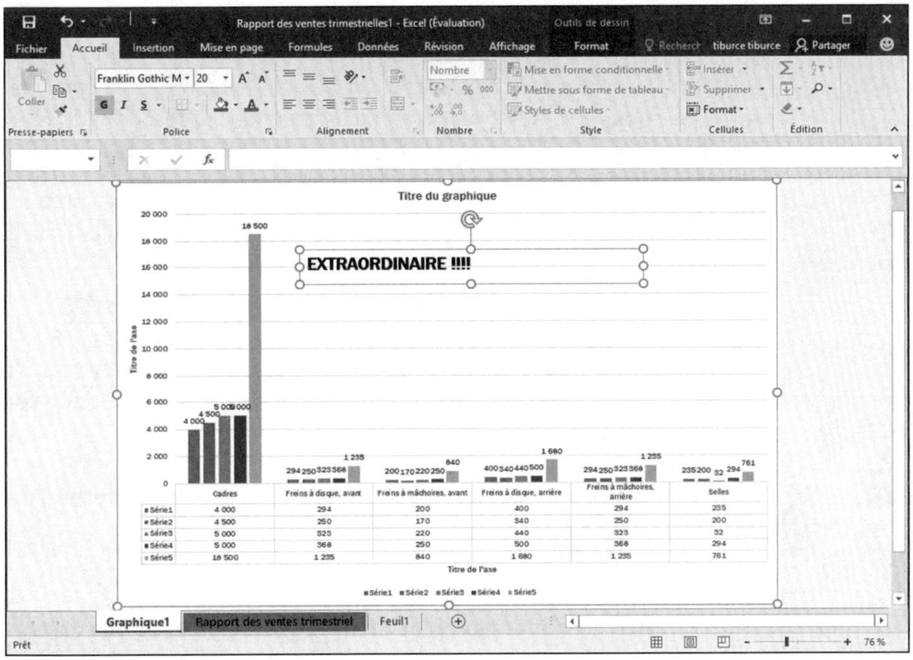

FIGURE 2.2 : Les résultats du produit TYU943 sont époustouflants !

relâchez la souris, Excel dessine un rectangle entouré de poignées qui délimite la forme et la taille de la zone.

Le point d'insertion est automatiquement positionné au début du texte, en haut à gauche de la zone. Tapez le texte qui doit figurer dans le cadre. Il est automatiquement renvoyé à la ligne chaque fois que la marge droite est atteinte. Vous pouvez aussi appuyer sur Entrée pour créer un retour à la ligne. Le texte saisi, cliquez hors de la zone pour la désélectionner.

Pour modifier une zone de texte, commencez par cliquer dessus afin de la sélectionner. Vous pouvez ensuite :

- » Faire glisser son cadre pour déplacer la zone de texte.
- » La redimensionner en faisant glisser la poignée appropriée (éventuellement en combinaison avec les touches Maj, Ctrl ou Alt pour conserver les proportions, la position du centre ou l'accrochage aux cellules).
- » La faire pivoter vers la droite ou vers la gauche en faisant glisser sa poignée de rotation (c'est le petit cercle vert qui se trouve en haut).

- » Modifier sa mise en forme et son apparence en faisant appel aux multiples boutons dédiés à cet usage (notamment dans le groupe Styles de formes du sous-onglet Format des outils de dessin, ou encore à partir de l'onglet Accueil pour formater tout ou partie du texte de la zone).
- » La supprimer en cliquant sur son périmètre et en appuyant sur la touche Suppr (vérifiez d'abord que les tirets qui délimitent le contour deviennent des traits pleins et que le point d'insertion n'apparaît pas dans le texte).

Ajouter une flèche à une zone de texte

Pour mettre en évidence un point particulier, il peut être utile d'associer à la zone de texte une flèche qui pointera directement vers l'objet que vous voulez mettre en valeur. Voici comment procéder :

1. **Cliquez sur la zone de texte que vous souhaitez doter d'une flèche.**

   Les poignées apparaissent sur les bords de la zone et l'onglet Format des outils de dessin fait irruption dans le Ruban.

2. **Activez cet onglet, puis, dans le groupe Insérer des formes, cliquez sur l'icône qui représente une flèche (c'est la troisième en partant de la gauche).**

   Dès que vous avez sélectionné ce bouton, le pointeur de la souris prend la forme d'une petite croix.

3. **Cliquez là où vous voulez ancrer le point de départ de la flèche, puis faites glisser jusqu'à la position où vous voulez qu'elle se termine. Relâchez alors le bouton de la souris.**

   Aussitôt, Excel dessine deux points, l'un à la base de la flèche sur la zone de texte, l'autre du côté de la pointe. Le contenu du groupe Styles de formes change pour afficher une galerie de styles de lignes.

4. **Cliquez sur le bouton Autres, dans le coin inférieur droit de la galerie des styles de formes. En passant le pointeur de la souris au-dessus des vignettes, vous pouvez juger dynamiquement de l'effet du style sur la flèche.**

5. **Cliquez sur la vignette du style à appliquer à la nouvelle flèche.**

Excel redessine la flèche en temps réel, en utilisant le style en cours. L'objet reste sélectionné, avec des poignées à chaque extrémité. Vous pouvez alors modifier la flèche :

- » Déplacez-la en faisant glisser son contour (ou en appuyant sur les touches de direction du clavier).
- » Réglez sa longueur en tirant la poignée du côté de la pointe.
- » Changez la forme de la pointe ou l'épaisseur de la hampe en choisissant une option à votre convenance dans les listes déroulantes Contour de forme et Effets sur la forme de l'onglet Format. Vous pouvez aussi cliquer sur la flèche avec le bouton droit de la souris pour ouvrir son menu contextuel. Choisissez alors la commande Format de la forme (Ctrl + 1 donne directement le même résultat). Dans la boîte de dialogue qui apparaît, choisissez les réglages les mieux adaptés à vos besoins dans les rubriques Remplissage, Couleur du trait, Style de trait, Ombre, Format 3D et Rotation 3D.
- » Effacez la flèche en appuyant sur la touche Suppr.

Télécharger des images en ligne

Avec Excel 2016, c'est l'enfance de l'art d'intégrer des images en ligne dans vos feuilles de calcul. La boîte de dialogue Insérer des images vous permet de lancer une recherche sur Office.com ou d'exploiter le moteur de recherche Bing pour explorer le Web entier en quête d'illustrations. Et si ça ne suffit pas, vous pouvez encore télécharger des images que vous avez enregistrées dans le nuage, sur votre OneDrive Windows.

Dans la pratique, activez l'onglet Insertion du Ruban, puis cliquez sur Illustrations, puis, enfin, sur Images en ligne. Excel ouvre la boîte de dialogue Insérer des images (Figure 2.3), qui regroupe les options suivantes :

- » **Recherche d'images Bing :** pour utiliser Bing dans le but de trouver des images sur le Web.
- » **OneDrive de... :** pour télécharger des images sauvegardées sur votre OneDrive.

Insérer des images clipart

Pour illustrer les documents que vous créez avec vos programmes Office, Microsoft met à votre disposition plus de 150 000 images appelées *cliparts*. Il y a en a tant que le site de Microsoft les regroupe par catégories.

Pour localiser les images qui vous intéressent, utilisez la boîte de dialogue Insérer des images dont il a été question plus haut, et tapez dans le champ Rechercher

FIGURE 2.3 : Les options de la fenêtre Insérer des images.

sur Bing un mot-clé qui décrit le type d'image que vous recherchez. Validez *via* la touche Entrée ou *via* le bouton Rechercher (la loupe), placé en bout de champ.

Excel affiche alors une liste de vignettes de toutes les « illus » correspondant à votre recherche ; positionnez votre pointeur sur ces vignettes pour en apprendre davantage à leur sujet, à savoir leur nom complet et, en bas à gauche, leur taille exprimée en pixels (Figure 2.4).

Pour mieux voir une illu sélectionnée, cliquez sur la loupe qui apparaît alors dans son angle inférieur droit. L'illu ainsi traitée s'affiche en plus grand au centre de la boîte tandis que celles placées en arrière-plan sont grisées pour vous permettre de concentrer votre attention sur l'illu affichée au milieu. Cliquez dans la case de fermeture de cet affichage pour revenir à la liste complète.

Pour insérer une de ces illus dans votre feuille de calcul, cliquez deux fois sur sa vignette si elle n'est pas sélectionnée ; contentez-vous de cliquer sur Insérer ou d'enfoncer la touche Entrée si elle l'est.

Insérer des images stockées localement

Si l'illu que vous souhaitez utiliser se trouve sur votre disque dur ou sur un disque réseau auquel vous avez accès, introduisez-la dans votre feuille en cliquant sur le

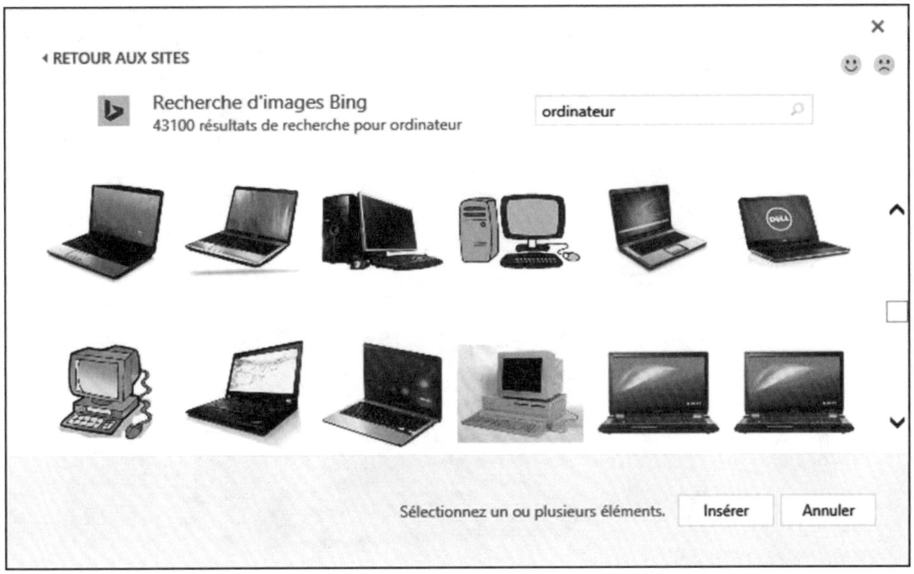

FIGURE 2.4 : Mot-clé et propositions de Bing.

bouton Images sous Illustrations dans l'onglet Insertion du Ruban. Ce clic provoque l'ouverture de la boîte de dialogue Insérer une image (qui fonctionne exactement comme n'importe quelle autre fenêtre d'ouverture de fichier). Sélectionnez-y un dossier, puis un fichier ; terminez en cliquant sur Insérer.

Pour importer une image réalisée dans un autre programme graphique, mais qui n'est pas enregistrée dans son propre fichier, il suffit de la copier vers le Presse-papiers depuis l'application source (appuyez sur Ctrl + C), de revenir ensuite à votre feuille de calcul, de placer le curseur là où le document doit apparaître, puis de coller, à cet endroit, le contenu du Presse-papiers (appuyez sur Ctrl + V ou cliquez sur le bouton Coller, à gauche de la barre d'accueil dans le Ruban).

Éditer les illus importées

Lorsque vous introduisez une image dans une feuille de calcul, elle est automatiquement sélectionnée. Les poignées de sélection affichées sur son périmètre en témoignent (Figure 2.5). Pour la désélectionner, il suffit de cliquer en dehors.

Lorsqu'une image clipart ou une illu importée est sélectionnée, vous pouvez opérer les modifications suivantes :

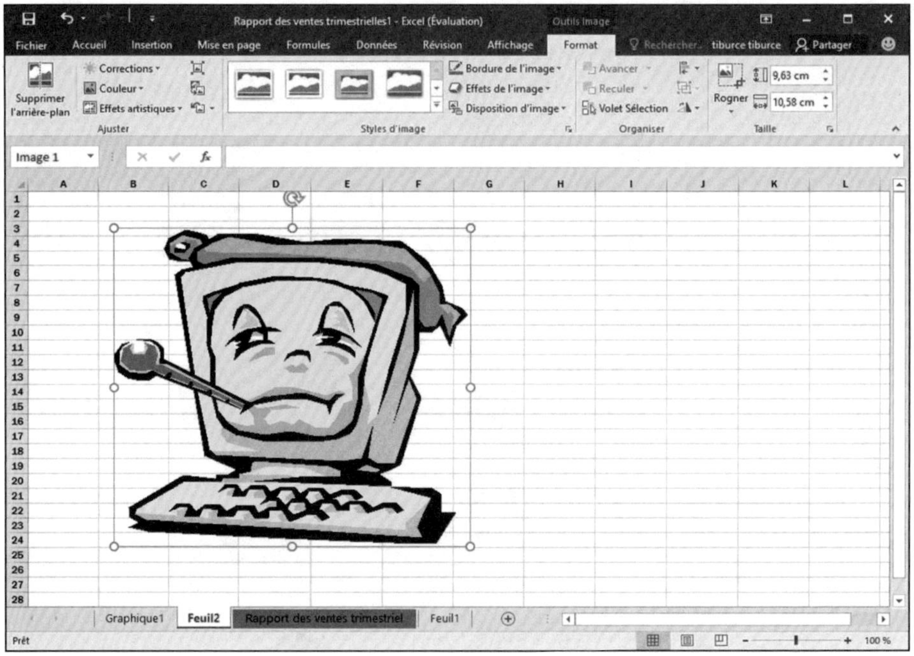

FIGURE 2.5 : Une image prête à être éditée.

- Déplacer l'image en faisant glisser son cadre pour la positionner ailleurs sur la feuille.
- Redimensionner l'image en faisant glisser ses poignées (n'oubliez pas qu'il est possible de conserver les proportions, de fixer le centre ou de forcer l'ajustement aux cellules en utilisant simultanément les touches Maj, Ctrl et/ou Alt).
- Faire pivoter l'image en faisant glisser sa poignée de rotation (le cercle gris placé au-dessus du cadre) vers la droite ou vers la gauche.
- Supprimer l'image en appuyant sur la touche Suppr.

Formater les illus importées

Lorsqu'une illustration est active, Excel ajoute au Ruban un onglet contextuel baptisé Outils Image, qui propose une série de commandes dans son sous-menu unique intitulé Format.

Cet onglet est divisé en quatre groupes : Ajuster, Styles d'images, Organiser et Taille. Passons en revue quelques-unes des commandes qu'ils proposent :

» **Supprimer l'arrière-plan :** donne accès à trois boutons qui vous permettent d'être sélectif. Vous pouvez marquer les zones à conserver ou, au contraire, celles à supprimer. Quand vous avez terminé, cliquez sur Conserver les modifications ou, dans l'hypothèse où vous n'êtes pas satisfait, cliquez sur Ignorer toutes les modifications.

» **Corrections - Luminosité :** augmente ou diminue la luminosité de l'image en sélectionnant un pourcentage positif (plus clair) ou négatif (plus sombre). La valeur par défaut est de 0 %. La commande Options de correction des images ouvre le volet Mise en forme de l'image. Vous pouvez y ajuster la luminosité plus finement en faisant glisser un curseur ou en entrant directement une valeur de pourcentage.

» **Corrections - Contraste :** fonctionne exactement comme la luminosité, mais évidemment cette fois pour ajuster le contraste de l'image.

» **Couleur - Recolorier :** ouvre un menu déroulant qui vous permet de « peindre » l'image sous la forme de nuances d'une couleur de base ou encore de définir une couleur transparente (qui laissera donc apparaître le contenu sous-jacent).

» **Compresser les images :** ouvre la boîte de dialogue du même nom, qui vous permet de compresser au choix les images actuellement sélectionnées ou toutes celles qui sont insérées dans la feuille. En limitant notamment la résolution interne des objets graphiques, vous diminuerez quelque peu la taille de fichier de votre classeur Excel.

» **Remplacer l'image :** ouvre la boîte de dialogue Insérer des images. Vous pouvez remplacer l'illustration courante par un autre fichier graphique. Dans ce cas, Excel appliquera automatiquement la taille et le format de l'ancienne image à sa remplaçante.

» **Rétablir l'image :** supprime toutes les modifications apportées à l'image et la rétablit telle qu'elle se présentait au moment de son insertion dans la feuille de calcul.

» **Effets artistiques :** applique des effets esthétiques qui modifient considérablement l'image.

Vous pouvez également modifier la présentation d'un clipart ou d'une photographie grâce au volet Mise en forme de l'image (Ctrl + 1). Sélectionnez alors les options désirées dans les différentes rubriques du volet.

Pour affiner et personnaliser l'aspect de vos illustrations, vous disposez également des boutons du groupe Styles d'image. Cliquez sur une des vignettes de la galerie pour appliquer à l'image courante de nouvelles options de style et d'orientation.

Vous pouvez également modifier d'autres réglages à l'aide des boutons Bordure de l'image, Effets de l'image et Disposition d'image qui vous déroule une palette à la mode SmartArt.

Ajouter des formes prédéfinies

Outre les images issues du Web ou locales, Excel vous autorise à insérer, dans vos feuilles de calcul et dans vos feuilles graphiques, des formes prédéfinies que vous trouverez dans la liste Formes du bouton Illustrations de l'onglet Insertion (Figure 2.6).

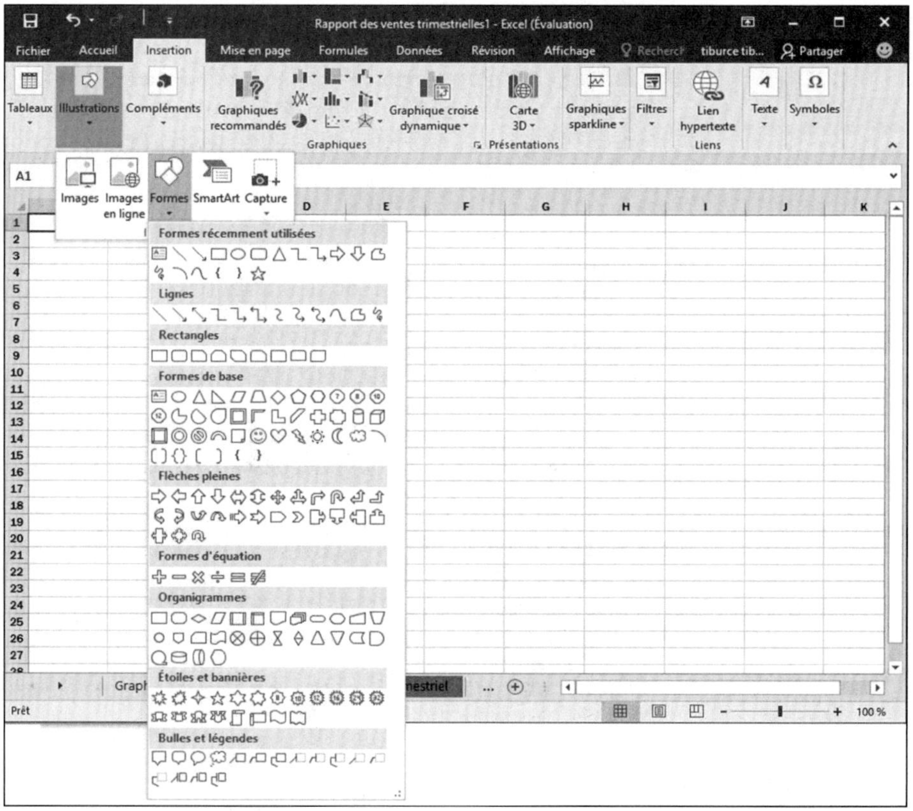

FIGURE 2.6 : Choisissez la forme dans cette palette, puis tracez-la dans la feuille.

La palette est divisée en neuf sections : Formes récemment utilisées, Lignes, Rectangles, Formes de base, Flèches pleines, Formes d'équation, Organigrammes, Étoiles et bannières et, enfin, Bulles et légendes.

Quand vous cliquez sur une vignette de cette palette, le curseur se transforme en croix. Cliquez au point de départ, puis tirez pour donner les dimensions voulues à la forme.

Après avoir relâché le bouton de la souris, la forme que vous venez de tracer reste sélectionnée. Cet état se traduit par la présence des poignées de redimensionnement et de la poignée de rotation (le petit cercle placé au-dessus de l'objet). De plus, Excel active l'onglet Format (sous l'onglet contextuel Outils de dessin). Vous pouvez alors utiliser la galerie des styles de formes (ou d'autres boutons de commandes) pour finaliser à votre gré l'aspect de l'objet. Pour annuler la sélection, il suffit de cliquer n'importe où en dehors du dessin de la forme.

Travailler avec WordArt

Si la quantité de découpages prédéfinis disponibles dans la galerie des formes ne vous satisfait pas encore, vous pouvez toujours ajouter du texte décoratif. Pour cela, ouvrez l'onglet Insertion et cliquez sur le bouton WordArt du groupe Texte.

Voyons comment procéder pour insérer des titres « graphiques » dans vos feuilles de calcul :

1. **Cliquez sur le bouton Texte de l'onglet Insertion puis, dans le sous-menu correspondant, cliquez sur WordArt.**

   Excel affiche la galerie des styles WordArt.

2. **Cliquez sur la vignette correspondant au style que vous désirez utiliser.**

   Excel insère au centre de la feuille une zone de texte contenant les mots Votre texte ici. Bien entendu, la mise en forme que vous venez de choisir est déjà appliquée au texte.

3. **Saisissez le texte à utiliser dans la feuille de calcul.**

   Dès que vous commencez à taper les caractères, Excel efface la légende par défaut et la remplace par votre propre prose.

4. **(Facultatif) Pour formater l'arrière-plan de la zone de texte, faites appel à l'Aperçu dynamique de la galerie Styles de formes (sous l'onglet Format des outils de dessin).**

   L'onglet Format est ajouté au Ruban lorsque vous sélectionnez un texte WordArt. S'il n'est pas activé automatiquement, cliquez sur cet onglet pour accéder aux options de mise en forme.

5. **L'aspect du texte WordArt finalisé, les dimensions et l'orientation établies grâce aux poignées, il ne reste plus qu'à cliquer n'importe où dans la feuille de calcul pour désélectionner l'objet.**

Par défaut, Excel ajuste automatiquement la forme au texte. Autrement dit, il adapte au besoin les dimensions du cadre afin qu'il englobe la totalité du titre. Vous pouvez désactiver ce comportement en ouvrant la boîte de dialogue Format de la forme. Cliquez sur l'icône Taille et propriétés. Ensuite, dans la rubrique Zone de texte, décochez l'option Ajuster la forme au texte.

L'objet WordArt créé, vous pouvez modifier le style des caractères du titre. Pour cela, sélectionnez tout ou partie du texte, puis choisissez une police et une taille de caractères à partir de l'onglet Accueil (comme vous le feriez pour un texte standard).

Diagrammes intelligents avec SmartArt

Les objets SmartArt d'Excel 2016 sont des outils qui vous permettent de réaliser facilement et rapidement des listes, des diagrammes et des organigrammes. Les diagrammes et autres schémas SmartArt sont fournis dans une grande variété de configurations qui vous permet de combiner formes graphiques prédéfinies, textes et images. Vous avez maintenant à portée de main tout ce qu'il vous faut pour représenter listes, processus, relations, cycles, *etc.*

Pour insérer un objet SmartArt dans une feuille de calcul, cliquez sur SmartArt dans la palette qui se déroule lorsque vous invoquez le bouton Illustrations de l'onglet Insertion. La boîte de dialogue Choisir un graphique SmartArt se manifeste (Figure 2.7). Sélectionnez une catégorie dans le volet de gauche, puis cliquez sur la vignette de la liste ou du diagramme que vous voulez utiliser dans la partie centrale de la fenêtre. Validez.

Excel insère dans la feuille la structure de base de l'objet choisi et affiche à sa gauche une fenêtre intitulée *Tapez le texte ici*. Chaque élément de cette structure affiche par défaut la légende [Texte]. Il suffit de cliquer sur un cadre pour personnaliser cet intitulé (Figure 2.8). Dans le même temps, l'onglet contextuel Outils SmartArt ouvre ses deux sous-onglets : Création et Format. Le premier propose des dispositions et des styles servant à personnaliser l'objet que vous venez d'insérer ; le second permet d'en affiner l'aspect.

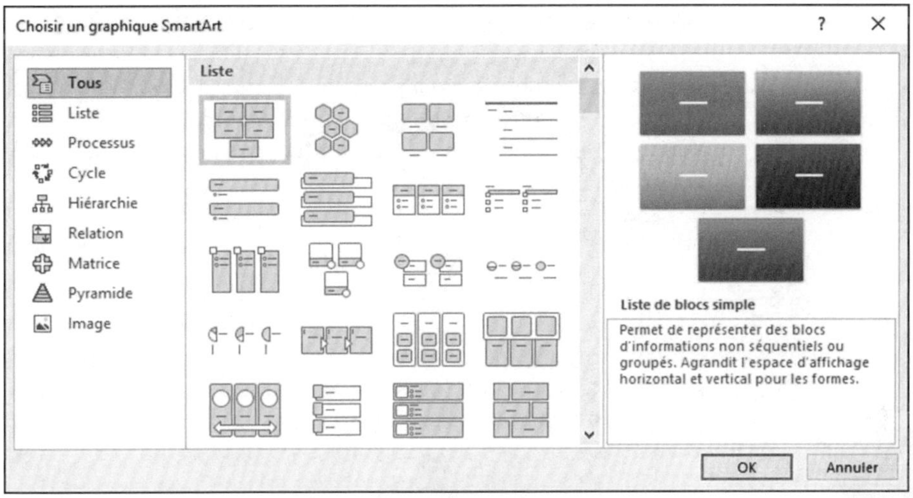

FIGURE 2.7 : La boîte de dialogue Choisir un graphique SmartArt.

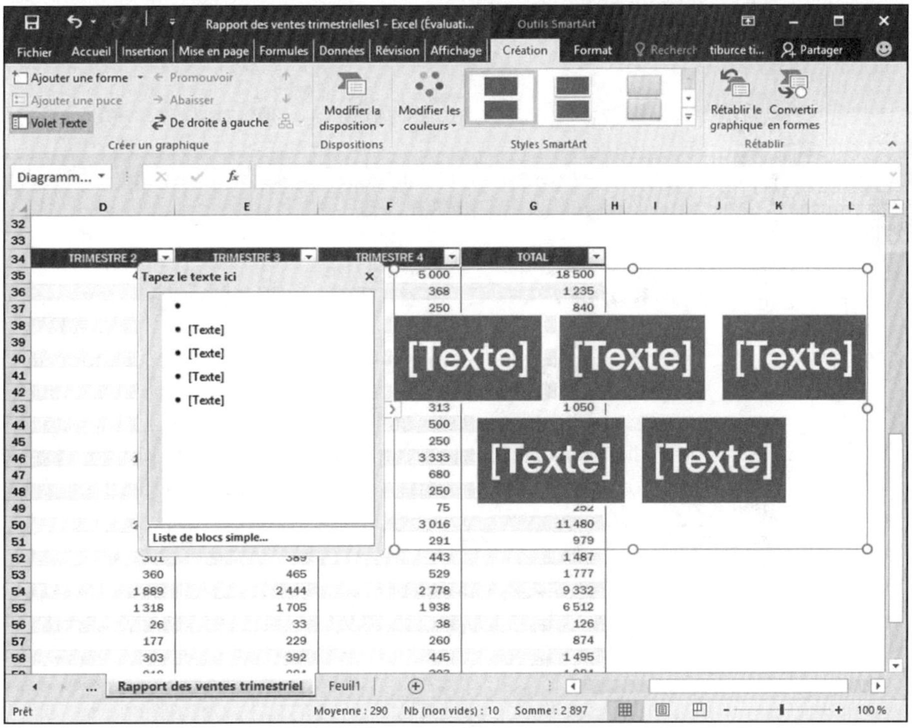

FIGURE 2.8 : Un organigramme en cours de création.

Livre V
Chapitre 2

Plus loin avec les graphiques

Saisir le texte d'un graphique SmartArt

Pour remplir le texte de la première section d'une nouvelle liste ou d'un nouveau diagramme, cliquez simplement dans le cadre correspondant et saisissez l'intitulé. Vous pouvez également cliquer sur la ligne voulue de la fenêtre *Tapez le texte ici* et éditer son contenu.

N'appuyez pas sur la touche de tabulation ou sur Entrée pour terminer une saisie dans une liste ou un diagramme SmartArt. La touche Entrée insère en effet une nouvelle section au même niveau hiérarchique s'il s'agit par exemple d'un organigramme. Quant à la touche de tabulation, soit elle ne fait rien de particulier, soit elle met en retrait le niveau hiérarchique courant, soit encore elle sélectionne l'entité suivante dans le groupe d'objets formant la liste ou le diagramme.

Lorsque vous avez terminé la saisie des intitulés, vous pouvez cliquer sur la case de fermeture de la fenêtre *Tapez le texte ici*. Pour l'afficher à nouveau, cliquez sur le bouton fléché qui apparaît alors au milieu du bord gauche de la liste ou du diagramme.

Si la liste ou le diagramme SmartArt comporte plus de sections qu'il ne vous en faut, vous pouvez supprimer les éléments graphiques inutiles en cliquant sur leur contour (les poignées habituelles vous indiquent quel est l'objet courant) puis en appuyant sur la touche Suppr.

Formater un graphique SmartArt

Le texte des légendes étant saisi, il est temps de s'occuper de la mise en forme du graphique. Pour formater le texte, commencez par sélectionner tous les objets de la liste ou du diagramme qui doivent prendre le même aspect (il suffit pour cela de cliquer successivement sur ces objets tout en appuyant sur la touche Ctrl). Servez-vous alors des boutons appropriés du groupe Police (sous l'onglet Accueil du Ruban).

Pour améliorer ou redéfinir l'aspect visuel des éléments graphiques, utilisez les groupes Dispositions et Styles SmartArt de l'onglet Création des outils SmartArt :

- » Cliquez sur le bouton Autres dispositions du bouton Modifier la disposition du groupe Dispositions. Choisissez alors une vignette dans la galerie pour sélectionner une liste ou un diagramme totalement différent.

» Cliquez sur le bouton Modifier les couleurs du groupe Styles SmartArt, puis sur une des vignettes représentant un modèle de couleur.

» Cliquez sur le bouton Autres de la galerie affichée dans le groupe Styles SmartArt. Choisissez alors une nouvelle présentation à l'aide des vignettes qui vous sont proposées.

Faire une capture d'écran

Excel permet de créer des captures d'écran, c'est-à-dire des instantanés de ce qui se trouve sur le Bureau et d'incorporer ces éléments graphiques dans une feuille de calcul.

Pour capturer le contenu d'une fenêtre du Bureau ou de n'importe quel autre objet qui s'y trouve, commencez par afficher l'élément en question. Ensuite, basculez vers Excel, et cliquez sur l'onglet Insertion du Ruban, puis, dans le groupe Illustrations, cliquez sur Capture, puis sur Capture d'écran. Excel s'éclipse pour laisser la vedette à la fenêtre tandis que le pointeur de la souris se transforme en réticule. Tout l'écran est recouvert d'un voile blanchâtre.

Cliquez et tirez de manière à englober la partie de l'écran à utiliser dans Excel. La partie sélectionnée apparaît avec toutes ses couleurs.

Relâchez le bouton de la souris et le bloc de pixels qui vient d'être sélectionné est aussitôt transféré dans la feuille de calcul active. Il y apparaît comme n'importe quel autre graphisme (clipart, photo, dessin...).

Excel enregistre la capture d'écran avec la feuille de calcul. En revanche, il n'offre aucun moyen de l'enregistrer dans un fichier à part afin de l'utiliser avec une autre application. Une astuce permet cependant de contourner cette déficience : sélectionnez la capture d'écran dans Excel et copiez-la dans le Presse-papiers. Dans une autre application, utilisez la commande Coller pour récupérer la capture d'écran.

Le thème du jour

Les thèmes d'Excel servent à appliquer une mise en forme cohérente à tous les éléments texte et graphiques qui se trouvent dans une feuille de calcul. Il suffit pour cela de cliquer sur la vignette du thème que vous souhaitez utiliser. La galerie correspondante est accessible dans le groupe justement appelé Thèmes, à gauche dans l'onglet Mise en page du Ruban.

L'aperçu dynamique permet de juger de l'effet d'un thème sur les graphiques de votre feuille. Survolez simplement les vignettes avec le pointeur de la souris avant de cliquer à l'endroit voulu.

Les thèmes d'Excel associent par défaut trois éléments : un schéma de couleur, un jeu de polices (pour le corps et les en-têtes) et, enfin, un style d'effet graphique. Chacun de ces éléments peut être personnalisé en cliquant sur leurs boutons de commandes respectifs dans le groupe Thèmes :

» **Couleurs :** sélectionnez, dans la galerie, un nouveau jeu de couleurs en cliquant sur la vignette voulue. En bas de la palette, l'option Personnaliser les couleurs vous permet de personnaliser chaque composant du jeu et de sauvegarder le résultat sous un nom suffisamment descriptif.

» **Polices :** sélectionnez un jeu de polices en cliquant sur la vignette correspondante. En bas de la palette, l'option Personnaliser les polices ouvre une fenêtre dans laquelle vous pouvez choisir parmi d'autres polices les titres et le corps des textes. Sauvegardez votre combinaison sous un nom évocateur.

» **Effets :** sélectionnez un jeu d'effets graphiques en cliquant sur une des vignettes de la palette.

Pour enregistrer l'ensemble de vos définitions personnelles (couleurs, polices et effets), utilisez le bouton Thèmes du Ruban. Vous pourrez ensuite appliquer cette mise en forme dans d'autres classeurs afin d'uniformiser vos présentations. Choisissez la commande Enregistrer le thème actif, en bas du menu déroulant. Une boîte de dialogue portant le même nom s'affiche ; éditez le nom de fichier par défaut (Thème1), (mais n'effacez pas l'extension .thmx), puis cliquez sur Enregistrer. Excel ajoute votre jeu de couleurs, polices et effets à la palette des thèmes dans une rubrique intitulée Personnalisé. Vous pourrez, par la suite, activer cette vignette pour appliquer le thème à n'importe quel classeur actif.

Contrôler le recouvrement des objets

Au cas où vous ne l'auriez pas remarqué, nous vous informons que les objets graphiques « flottent » au-dessus des cellules de la feuille de calcul. La plupart de ces objets (y compris les graphiques de données) sont *opaques* : ils cachent (sans effacer ni remplacer) les informations sous-jacentes. Si vous déplacez un élément graphique et qu'il vient en recouvrir partiellement un autre, celui qui se trouve sur la couche supérieure masque celui placé en dessous, exactement comme si vous posiez une feuille de papier sur une autre. La plupart du temps, vous allez donc devoir vous assurer que vos graphiques ne masquent pas des données (ou d'autres graphiques) que vous voulez voir apparaître.

Excel 2016 met deux techniques à votre disposition pour vous permettre de déplacer un objet graphique vers une autre couche :

- Pour le déplacer vers le haut ou vers la couche supérieure, choisissez Avancer ou Mettre au premier plan dans le menu local Avancer du groupe Organiser du sous-onglet Format de l'onglet Outils Image, Outils de dessin ou Outils SmartArt, selon le cas. Pour le déplacer vers le bas ou vers la couche inférieure, utilisez les articles Reculer ou Mettre à l'arrière-plan dans le menu local Reculer, voisin du précédent.
- Dernier article de ce même menu, Volet Sélection affiche, à droite, le volet du même nom. Utilisez les triangles placés à droite des boutons Afficher tout et Masquer tout : le premier, orienté vers le haut, vous permet de déplacer l'objet sélectionné d'un plan vers le haut ; l'autre fait l'inverse. Si nécessaire, cliquez à plusieurs reprises, en fait jusqu'à ce que l'objet graphique occupe la position qui vous convient dans la pile.

La Figure 2.9 montre comment ce volet fonctionne. Nous avons ajouté sur la feuille un clipart, une image importée et une forme. Comme vous le voyez dans le volet Sélection, l'objet Image 12 (écran) occupe le plan intermédiaire ; celui baptisé Explosion 1 11 (l'étoile) occupe le premier plan tandis que celui intitulé Image 14 (une tablette graphique) occupe le plan inférieur. Pour modifier cette mise en pile, utilisez donc les triangles placés en regard des deux boutons Afficher tout et Masquer tout.

Pour donner à vos graphiques des noms plus parlants, cliquez sur la ligne correspondante dans le volet Sélection, puis saisissez un intitulé personnalisé et confirmez *via* la touche Entrée.

Grouper des objets graphiques

Il est parfois utile de regrouper plusieurs objets graphiques. Dans ce cas, le groupe se comporte comme s'il n'était formé que d'un seul élément. En procédant ainsi, vous pourrez déplacer ou redimensionner l'ensemble des composants du groupe

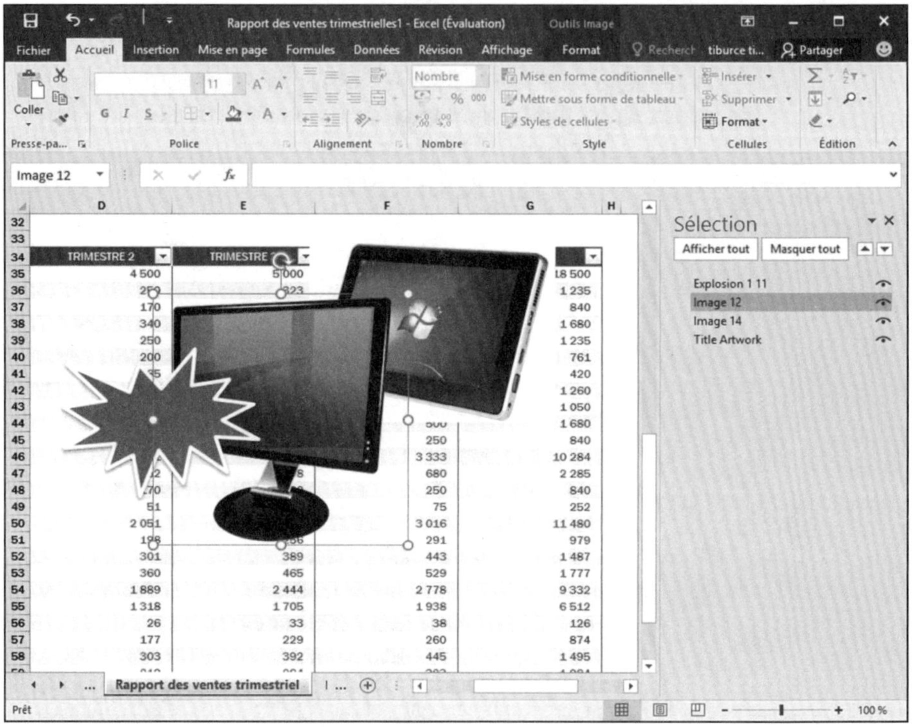

FIGURE 2.9 : Une feuille de calcul qui propose plusieurs objets qui, chacun, occupe un plan de la pile.

en une seule opération. L'exemple type est celui d'une zone de texte associée à une flèche.

Pour procéder à un tel regroupement, cliquez sur chacun des objets voulus tout en maintenant enfoncée la touche Ctrl. Cette technique peut d'ailleurs aussi être employée dans le volet Sélection. Quand vous avez terminé, activez si nécessaire l'onglet contextuel des outils (de dessin ou encore d'image) et cliquez, dans le groupe Organiser, sur le bouton Grouper (c'est le second à droite en partant du haut, celui qui affiche un symbole représentant deux carrés entrelacés). Dans le menu déroulant qui apparaît, choisissez alors l'option Grouper.

Vous obtenez un résultat identique en faisant un clic-droit sur un des objets sélectionnés. Ensuite, dans le menu contextuel qui apparaît, choisissez Grouper/Grouper.

Par la suite, lorsque vous cliquerez sur ce « méga-objet », un cadre et des poignées apparaîtront autour de l'ensemble du groupe. Cette nouvelle hiérarchie sera également visible dans le volet Sélection.

Pour déplacer ou redimensionner indépendamment des objets appartenant à un groupe, séparez-les en cliquant dessus et en choisissant Grouper/Dissocier sous les onglets Outils de dessin, puis Format ou sous les onglets Outils Image, puis Format. Regroupez-les ensuite si vous le désirez.

Vous trouverez une commande identique *via* le menu contextuel précité.

Masquer des objets graphiques

Le volet Sélection ne vous permet pas seulement de gérer la mise en pile de vos objets ; il vous permet aussi d'en contrôler l'affichage ou le masquage.

Pour ouvrir ce volet, sélectionnez un objet graphique présent sur votre feuille, puis cliquez sur le sous-onglet Format de l'onglet Outils (complété du type d'objet) et cliquez sur le bouton Volet Sélection du groupe Organiser.

Masquez les objets que vous ne souhaitez pas voir en cliquant sur l'œil en regard de leur intitulé. Pour traiter de la sorte tous les objets présents, préférez le bouton Masquer tout.

Pour réafficher un objet masqué, cliquez sur le trait qui a remplacé l'œil et le tour est joué. Vous l'aurez deviné : le bouton Afficher tout réactive tous les objets graphiques de la feuille.

Attention : si vous masquez tous les objets, puis refermez le volet Sélection, vous n'avez plus aucun moyen de réaccéder à ce panneau puisqu'il n'y a plus d'éléments graphiques à sélectionner et donc plus d'ouverture possible de cet endroit où est logée la commande d'affichage.

Pas de panique ! Si vous vous retrouvez dans cette inconfortable situation, commencez par annuler votre action précédente si vous vous rendez compte de votre bourde juste après l'avoir commise. Dans le cas contraire, vous pourrez toujours créer un graphique quelconque, le sélectionner et, grâce à lui, regagner le volet Sélection et son bouton très convoité Afficher tout. Vous effacerez ensuite l'élément qui vous aura sauvé la mise. Ouf ! Vous avez eu chaud !

N'imprimer que les graphiques

Supposons que vous vouliez imprimer un graphique incorporé (indépendamment des données qu'il trace et des autres objets éventuellement présents sur la feuille). Pour parvenir à vos fins, commencez par ouvrir le volet Sélection (voir la section précédente qui détaille cette procédure), puis vérifiez que tous les objets graphiques sont bien visibles en cliquant, si nécessaire, sur le bouton Afficher tout ou en activant l'icône de l'œil pour chaque entrée de la liste.

Ensuite, depuis la feuille de calcul, cliquez sur le graphe à imprimer, puis choisissez Fichier/Imprimer (ou enfoncez les touches Ctrl + P). La boîte de dialogue Imprimer s'affiche ; elle propose, dans son volet droit, une prévisualisation du graphique concerné.

Si vous souhaitez modifier sa taille et/ou son orientation, exploitez les réglages disponibles dans la rubrique Paramètres. Accédez également, aux mêmes fins, à la fenêtre Mise en page en activant, depuis cette fenêtre d'impression, le lien Mise en page proposé sous la rubrique Paramètres. (Autre accès à cette boîte de dialogue depuis la feuille de calcul : le bouton lanceur (en bas à droite) du groupe Mise en page de l'onglet Mise en page.)

Agissez dans l'onglet Page de cette fenêtre pour régler le format du papier et l'orientation. Préférez l'onglet Graphique si vous désirez contrôler la qualité d'impression et/ou opter pour un tirage noir et blanc sur imprimante couleur.

Cliquez sur OK pour regagner la fenêtre précédente. (Si vous avez ouvert la fenêtre Mise en page depuis le Ruban, c'est le bouton Imprimer qu'il faut invoquer à cette fin.) Si tout vous paraît bien, lancez l'impression en cliquant sur Imprimer.

VI
Gestion des données

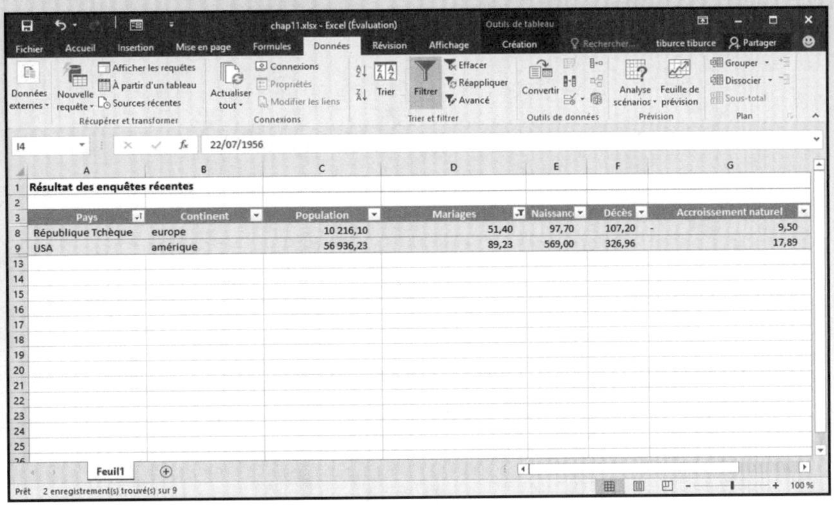

Chapitre 1

Création et tri d'une liste de données

DANS CE CHAPITRE :

» **Créer une liste de données dans Excel.**

» **Entrer et éditer des enregistrements dans la liste de données.**

» **Trier les enregistrements de la liste de données.**

Toutes les tables et tous les tableaux étudiés jusqu'à présent dans ce livre concernaient essentiellement des calculs pratiques, comme totaliser des ventes mensuelles ou trimestrielles. Mais d'autres types de tables peuvent être créés dans les feuilles de calcul Excel. Il s'agit de *listes de données* (que l'on appelle *bases de données* dans d'autres lieux).

Créer une liste de données

Créer une liste de données n'a rien de bien extraordinaire. Il s'agit d'une table tout à fait classique, à ceci près qu'elle n'a besoin que d'en-têtes de colonnes (et donc pas besoin d'étiquettes de lignes). Voici comment construire une nouvelle liste de données :

1. **Cliquez dans la cellule qui sera le point de départ de la liste. Entrez sur la même ligne les en-têtes de colonnes (dans le langage des bases de données, on parle aussi de colonnes, ou encore de noms de champs). Ces en-têtes correspondront aux différents types d'éléments que vous devez gérer (par exemple Nom, Prénom, Adresse, Ville, et ainsi de**

suite). Ces intitulés doivent se suivre de gauche à droite en occupant autant de cellules successives que nécessaire.**

Ce travail préparatoire achevé, vous êtes prêt à commencer la saisie des données.

2. **Entrez les valeurs appropriées à chaque colonne sur la ligne qui suit immédiatement les en-têtes.**

   Le contenu de cette ligne constitue le premier enregistrement de la liste de données.

3. **Cliquez sur le bouton Mettre sous forme de tableau dans le groupe Style de l'onglet Accueil. Choisissez un style dans la galerie proposée. Cliquez sur la vignette correspondante.**

   Excel délimite automatiquement la nouvelle liste de données (en-têtes et premier enregistrement). Dans le même temps, la boîte de dialogue Mettre sous forme de tableau apparaît. Elle affiche la plage actuellement sélectionnée dans le champ Où se trouvent les données de votre tableau ?

4. **Cochez si nécessaire la case Mon tableau comporte des en-têtes (normalement, elle devrait déjà être activée).**

5. **Cliquez sur le bouton OK pour refermer la boîte de dialogue.**

Excel met la liste de données en forme selon le style choisi et ajoute un bouton de filtrage (une flèche pointant vers le bas) à chaque cellule de la ligne d'en-tête, comme l'illustre la Figure 1.1.

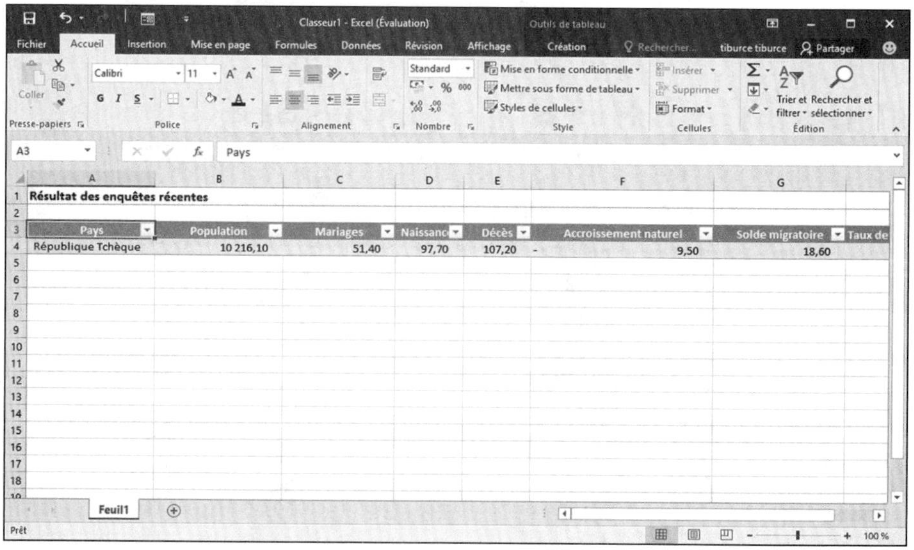

FIGURE 1.1 : Création d'une liste de données à partir d'une ligne d'en-têtes et d'un premier enregistrement.

CHAMPS CALCULÉS

Lorsque vous voulez qu'Excel calcule les entrées d'une colonne particulière de la table, vous devez saisir la formule à employer dans la bonne cellule dès la saisie du premier enregistrement. Dans une feuille qui répertorie les données relatives aux membres du personnel d'une entreprise, nous pourrions, par exemple, insérer un champ Date d'embauche et un champ Ancienneté. Nous pourrions alors construire la formule suivante : `=ANNEE(AUJOURDHUI()) - ANNEE(DATE_EMBAUCHE)`, soit une formule qui calculerait le nombre d'années écoulées entre cette date et la date courante et serait automatiquement reproduite lors de la saisie des enregistrements suivants.

Ajouter des enregistrements à une liste de données

Vous avez saisi les en-têtes et le premier enregistrement. Vous avez choisi un style et transformé votre feuille en liste de données (ou tableau). Vous êtes maintenant prêt à entrer la suite des enregistrements dans les lignes suivantes de la liste. La manière la plus directe de procéder consiste à appuyer sur la touche de tabulation lorsqu'une ligne se termine, c'est-à-dire quand la cellule active se trouve en bout de ligne, sur le dernier champ ; Excel ajoute alors automatiquement une ligne au tableau (en y reproduisant les éventuelles formules de calcul) et active la première colonne du nouvel enregistrement.

Lorsque vous saisissez des données directement dans une liste, appuyez sur la touche de tabulation pour passer au champ suivant et non pas sur la flèche vers le bas. En procédant de cette manière, Excel ajoutera un nouvel enregistrement lorsque vous aurez saisi le dernier champ de la ligne et vous placera immédiatement dans le premier champ de la ligne suivante. Si vous utilisez la touche fléchée vers le bas, il déplacera simplement le curseur vers la première cellule se trouvant en dehors du tableau.

Utiliser le bouton Formulaire

Au lieu d'entrer directement les données dans une liste, vous pouvez faire appel au formulaire de saisie que vous propose Excel. Le seul problème est qu'il n'existe aucune commande dans le Ruban qui permette d'afficher ce formulaire. Vous ne pouvez y accéder qu'en ajoutant un nouveau bouton de commande dans la barre d'outils Accès rapide. Voici comment procéder :

1. **Cliquez sur le bouton fléché placé à droite dans la barre d'outils Accès rapide ; il déploie le menu local Personnaliser la barre d'outils Accès rapide. Dans le menu, choisissez l'option Autres commandes.**

   La boîte de dialogue Options Excel s'ouvre instantanément.

   Le bouton Formulaire que vous souhaitez ajouter à cette barre n'est accessible qu'après avoir choisi l'option Commandes non présentes sur le Ruban, dans le menu déroulant placé en haut à gauche de cette fenêtre.

2. **Choisissez donc cette commande.**

3. **Faites ensuite défiler la liste des commandes jusqu'à ce qu'apparaisse l'option Formulaire. Sélectionnez-la, puis cliquez sur Ajouter.**

   Le bouton est placé à la fin de la liste des boutons actuellement présents sur la barre d'outils Accès rapide. Cliquez éventuellement sur les boutons Monter ou Descendre si vous voulez le placer à un autre endroit de la liste.

4. **Cliquez sur OK pour refermer la boîte de dialogue et revenir à la feuille de calcul contenant la liste de données.**

Ajouter des enregistrements en utilisant le formulaire de données

Lorsque vous cliquez pour la première fois sur le bouton Formulaire depuis la barre d'outils Accès rapide, Excel analyse la ligne qui comporte les noms des champs (les en-têtes) ainsi que le contenu du premier enregistrement et fabrique un formulaire de saisie reprenant ces informations. Assurez-vous au préalable que la cellule active se trouve bien dans le tableau.

Ce formulaire répertorie les noms de champs de haut en bas dans la partie gauche de la fenêtre et les entrées correspondantes du premier enregistrement dans autant de champs de saisie. C'est ce qu'illustre la Figure 1.2.

Si un des champs est calculé, sa valeur sera affichée dans le formulaire, mais aucune saisie ne sera possible.

La partie droite de la fenêtre comprend une série de boutons. Ils vous servent à insérer, supprimer ou encore retrouver un enregistrement. Juste au-dessus du bouton Nouvelle, vous pouvez voir le numéro de l'enregistrement courant suivi du nombre total d'enregistrements de la liste (soit, dans notre exemple, 1 sur 1 lorsque vous venez de créer le tableau).

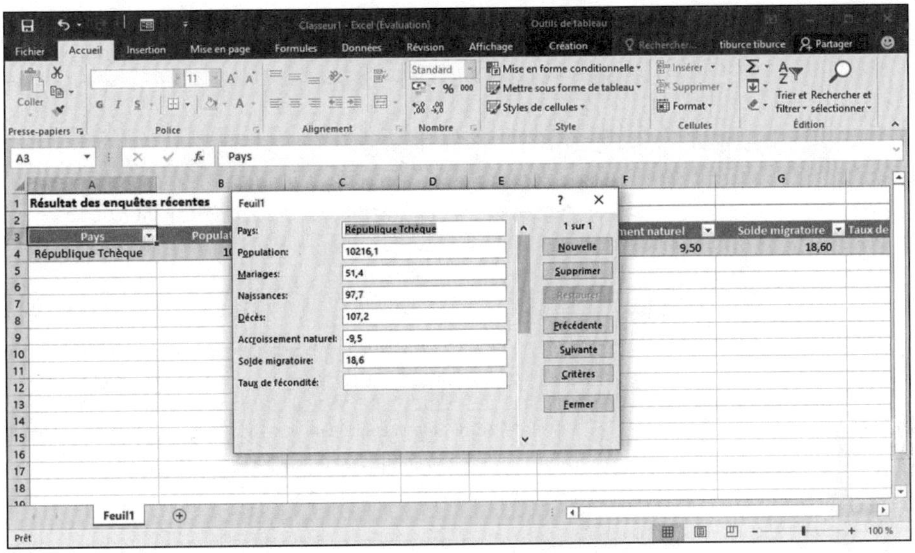

FIGURE 1.2 : Cliquez sur le bouton Nouvelle en haut à droite pour pouvoir encoder le deuxième enregistrement de la liste en mode formulaire.

La mise en forme appliquée aux différents champs du premier enregistrement est automatiquement appliquée à tous les enregistrements qui suivent et utilisée (si possible) dans le formulaire. Supposons par exemple, que vous ayez formaté, dans le premier enregistrement de votre table, une colonne Téléphone en utilisant comme format de cellule Spécial/Numéro de téléphone. De cette manière, vous n'aurez pas besoin de saisir les espaces entre les groupes de chiffres ; il vous suffira, par exemple, de saisir **0123456789** dans le champ Téléphone de la liste ou du formulaire pour voir apparaître 01 23 45 67 89 dans la cellule correspondante.

La saisie de nouveaux enregistrements est on ne peut plus simple. Lorsque vous cliquez sur le bouton Nouvelle, Excel affiche un formulaire vierge (ce qui est signalé par la mention Nouvel enregistrement en haut et à droite de la boîte de dialogue). Il suffit de remplir les cases.

Une fois rempli le premier champ, appuyez sur la touche de tabulation pour passer au suivant.

Attention ! Si vous appuyez sur la touche Entrée, vous insérerez tout simplement le nouvel enregistrement, incomplet, dans la liste de données, ce qui n'est certainement pas ce que vous souhaitez faire.

Continuez à entrer les informations voulues en appuyant à chaque fois sur la touche Tab.

- Si vous constatez que vous venez de faire une erreur et souhaitez la corriger immédiatement, appuyez sur Maj + Tab pour remonter jusqu'au champ erroné.
- Pour remplacer une entrée, saisissez simplement le nouveau contenu.
- Pour éditer certains caractères du champ courant, cliquez à la position voulue ou servez-vous des flèches gauche et droite pour vous placer sur la section à éditer.

N'appuyez pas sans réfléchir sur les touches de défilement vers le haut ou vers le bas : elles servent en fait à circuler entre les enregistrements !

- Si une donnée doit être reproduite dans une série d'enregistrements, pensez à la sélectionner en entier et à la copier. Cela vous évitera par exemple de saisir des centaines de fois **Hauts-de-Seine** si vous avez de nombreux clients dans ce département...
- Si vous avez à entrer des dates, utilisez un format reconnu par Excel, comme **25/06/10**.
- Pour les codes postaux comme dans **07120**, formatez au préalable le champ correspondant en lui appliquant le style de nombre spécial Code postal. Cela vous évitera de perdre l'éventuel zéro de gauche.
- Pour forcer la prise en compte de zéros en préfixe devant d'autres types de nombres, saisissez d'abord une apostrophe. Ce signe demande à Excel de traiter la valeur numérique comme s'il s'agissait d'un texte. L'apostrophe elle-même ne sera pas affichée, sauf dans la barre de formule.

Lorsque vous avez fini de remplir un enregistrement, appuyez sur la touche Entrée, sur la touche de défilement vers le bas, ou bien cliquez sur le bouton Nouvelle. Excel insère le nouvel enregistrement dans la liste de données et affiche un nouveau formulaire vierge (Figure 1.3). Continuez la saisie.

Lorsque vous avez terminé d'introduire vos enregistrements dans la liste de données, appuyez sur la touche Échap ou cliquez sur le bouton Fermer de la boîte de dialogue, ce qui referme le formulaire.

Modifier des enregistrements à l'aide du formulaire

Vos enregistrements créés, vous pouvez à tout moment revenir au formulaire pour effectuer des opérations de maintenance. Un traitement courant consiste à rechercher une certaine ligne pour mettre à jour certains de ses champs ou encore pour la supprimer.

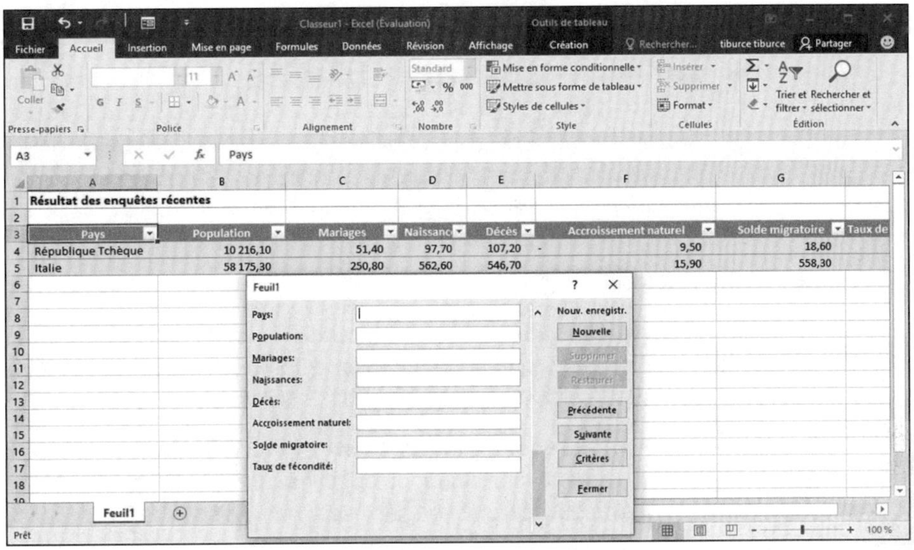

FIGURE 1.3 : Excel insère le nouvel enregistrement en fin de liste et vous repropose un formulaire vierge.

- Localisez l'enregistrement que vous voulez éditer en vous servant du formulaire (voyez ci-après les sections « Se déplacer dans les enregistrements à l'aide du formulaire » et « Trouver des enregistrements à l'aide du formulaire »).
- Pour modifier un champ de l'enregistrement courant, sélectionnez-le en vous servant des touches Tab et Maj + Tab. Saisissez alors un nouveau contenu.

  Vous pouvez également cliquer dans le champ, ou utiliser les flèches de déplacement gauche et droite, pour effectuer une correction partielle.
- Pour effacer complètement le contenu d'un champ, sélectionnez-le et appuyez sur la touche Suppr.

Pour effacer totalement un enregistrement de la liste de données, cliquez sur le bouton Supprimer. Excel affiche le message d'avertissement suivant :

```
L'enregistrement affiché sera supprimé définitivement
```

Pour confirmer la suppression, cliquez sur OK. Autrement, cliquez sur Annuler.

N'oubliez pas qu'il est impossible de recourir au bouton Restaurer pour rétablir un enregistrement effacé avec Supprimer ! En fait, ce bouton ne fait que rétablir un champ que vous avez modifié. Excel ne plaisante pas lorsqu'il vous avertit qu'il supprimera *définitivement* l'enregistrement. À titre de précaution, vous devriez *toujours* enregistrer une copie de sauvegarde du fichier sur lequel vous travaillez *avant* de commencer à supprimer des données périmées.

Se déplacer dans les enregistrements à l'aide du formulaire

Dans le formulaire, vous pouvez vous servir de la barre de défilement qui se trouve à droite des champs pour circuler entre les enregistrements de la liste de données jusqu'à ce que vous trouviez celui que vous voulez éditer ou supprimer. Vous disposez également de diverses touches d'action pour accéder aux lignes de la table. Résumons :

- **Pour accéder à l'enregistrement suivant :** appuyez sur la flèche de déplacement vers le bas ou appuyez sur Entrée, ou cliquez sur le bouton fléché qui se trouve en bas de la barre de défilement.
- **Pour accéder à l'enregistrement précédent :** appuyez sur la flèche de déplacement vers le haut ou appuyez sur Maj + Entrée, ou cliquez sur le bouton fléché qui se trouve en haut de la barre de défilement.
- **Pour avancer de dix enregistrements à la fois :** appuyez sur la touche Page Bas.
- **Pour reculer de dix enregistrements à la fois :** appuyez sur la touche Page Haut.
- **Pour accéder au premier enregistrement de la liste :** appuyez sur la combinaison Ctrl + flèche de déplacement vers le haut ou sur Ctrl + Page Haut, ou faites remonter la barre de défilement jusqu'en haut.
- **Pour accéder au dernier enregistrement de la liste :** appuyez sur la combinaison Ctrl + flèche de déplacement vers le bas ou sur Ctrl + Page Bas, ou faites descendre la barre de défilement jusqu'en bas.

Trouver des enregistrements à l'aide du formulaire

Dans une liste de données particulièrement longue, essayer de retrouver une ligne particulière en se déplaçant d'un enregistrement à la fois (ou même de dix en dix enregistrements) peut prendre toute la journée. Au lieu de perdre votre temps à travailler manuellement, faites appel au bouton Critères du formulaire pour automatiser ce genre de tâche.

Lorsque vous cliquez sur Critères, Excel vide tous les champs du formulaire. Pour vous éviter toute confusion, il remplace aussi le numéro d'enregistrement par le mot Critères. À partir de là, vous pouvez entrer dans un ou plusieurs champs ce que vous recherchez.

Supposons, dans un fichier imaginaire, que vous ayez besoin de retrouver l'ancienneté d'une employée. Vous n'avez pas son matricule sous la main et son nom vous échappe. Tout ce dont vous vous souvenez, c'est qu'elle s'appelle Marie quelque chose et qu'elle travaille à l'agence de Paris. Pour retrouver cet enregistrement, vous pourriez déjà vous servir des renseignements dont vous disposez afin de localiser les personnes qui travaillent à `Paris` et dont le prénom commence par `Mar`. La procédure : ouvrir la feuille qui contient vos données, ouvrir le formulaire, cliquer sur le bouton Critères et taper dans le champ Prénom :

```
Mar*
```

Saisir ensuite le nom de la localité dans le champ Lieu :

```
Paris
```

Lorsque vous entrez un critère de recherche dans un champ du formulaire, vous pouvez vous servir des caractères de substitution suivants : * (n'importe quelle série de caractères) et ? (un caractère unique à cet emplacement précis).

Vous cliquerez ensuite sur le bouton Suivante. Excel affichera, dans le formulaire, le premier enregistrement qui répond à votre critère (en l'occurrence, la première Marianne, Marie, Martine ou autre « Mar quelque chose » travaillant à Paris). Vous modifierez éventuellement le contenu des champs ; lorsque vous aurez terminé, il ne vous restera qu'à cliquer sur le bouton Fermer. L'enregistrement sera aussitôt mis à jour.

Quand vous utilisez le bouton Critères du formulaire pour localiser des enregistrements, vous pouvez inclure différents opérateurs de comparaison afin de préciser votre requête :

Opérateur	**Signification**
=	Égal à
>	Plus grand que
>=	Supérieur ou égal à
<	Plus petit que
<=	Inférieur ou égal à
<>	Différent de

Pour n'afficher, par exemple, que les enregistrements pour lesquels le salaire de l'employé est supérieur à 22 000 euros, vous entrerez **>=22000** dans le champ Salaire, puis cliquerez sur le bouton Suivante.

Lorsque votre critère correspond à toute une série d'enregistrements, vous devrez vraisemblablement cliquer à plusieurs reprises sur les boutons Suivante et Précédente pour retrouver celui que vous voulez éditer. Si aucune ligne ne répond à votre demande, ces boutons se contenteront d'émettre un signal sonore pour signifier leur refus.

Pour modifier une requête, il suffit de cliquer de nouveau sur le bouton Critères, puis sur Effacer et d'entrer tout à fait normalement un nouveau critère de recherche.

Pour basculer vers l'enregistrement courant sans utiliser le critère de recherche, cliquez sur le bouton Grille (celui qui remplace Critères lorsque vous êtes en mode de saisie d'une requête).

Trier des listes de données

Chaque liste de données possède un certain ordre préférentiel servant à afficher ou gérer les données d'une manière cohérente. Cet ordre préférentiel peut être celui des noms de famille, des sociétés, des codes individuels, des services ou des agences que possède l'entreprise, et ainsi de suite.

Lorsque vous procédez à la saisie initiale d'une série d'enregistrements, vous le faites sans aucun doute en respectant un certain classement (généralement, celui qui vous a été communiqué par une instance supérieure réputée compétente). En revanche, cet ordre n'est plus respecté quand vous ajoutez de nouveaux enregistrements à la liste. Dans ce cas, Excel se contente d'insérer une ligne supplémentaire à la fin du tableau.

Supposons que la liste de données a été saisie à l'origine dans l'ordre alphabétique des noms de pays. Vous voulez maintenant insérer un nouveau pays, la Hongrie.

Excel place le nouvel enregistrement tout en bas de la liste au lieu de l'insérer au bon endroit.

ORDRE ASCENDANT, ORDRE DESCENDANT : UNE QUESTION DE BON SENS

Lorsque vous appliquez un ordre de tri ascendant à un champ de la liste de données qui contient des valeurs de différents types, Excel place en premier les nombres (du plus petit au plus grand), puis les textes (dans l'ordre alphabétique) suivis des valeurs logiques (FALSE, puis TRUE), des valeurs d'erreur et, enfin, des cellules vides. Si vous utilisez un tri descendant, chaque type d'entrée reste à sa place, mais dans l'autre sens. Vous trouvez donc dans l'ordre les nombres (du plus grand au plus petit), les textes (de Z à A) et les valeurs logiques (TRUE, puis FALSE).

Et ce n'est pas le seul problème que vous rencontrez avec l'ordre initial de saisie. Même si le contenu de la liste de données reste globalement stable, l'ordre préférentiel n'est jamais que celui dont vous vous servez *la plupart du temps*. Que se passe-t-il alors si vous avez besoin de classer temporairement les enregistrements selon une hiérarchie différente ?

Prenons un exemple. Le plus souvent, vos données sont classées en fonction du pays. Or, pour avoir une idée plus claire des populations, on pourrait souhaiter ranger la liste selon ce critère.

Pour demander à Excel de classer correctement les enregistrements d'une liste de données, vous devez lui spécifier le ou les champ(s) définissant votre critère de tri (ce que les *aficionados* de bases de données appellent une *clé*). Il faut aussi préciser le sens dans lequel ce tri doit être effectué :

- **Ordre ascendant :** les textes sont placés dans l'ordre alphabétique croissant, les nombres du plus petit au plus grand et les dates de la plus ancienne à la plus récente.
- **Ordre descendant :** les textes sont placés dans l'ordre alphabétique décroissant, les nombres du plus grand au plus petit et les dates de la plus récente à la plus ancienne.

Trier sur un seul champ

Si vous voulez ordonner votre tableau selon un seul critère (par exemple, le nombre de mariages), il suffit de cliquer sur le bouton de filtrage qui se trouve dans l'en-tête du champ en question. Choisissez alors une des options suivantes dans le menu qui s'affiche :

- **Trier de A à Z** ou **Trier de Z à A** (pour un champ texte).
- **Trier du plus petit au plus grand** ou **Trier du plus grand au plus petit** (pour un champ nombre).
- **Trier du plus ancien au plus récent** ou **Trier du plus récent au plus ancien** (pour un champ date).

Excel réorganise la totalité de la liste en accord avec le nouvel ordre défini dans le champ sélectionné. Si vous vous apercevez que vous avez commis une erreur, il suffit de cliquer sur le bouton Annuler de la barre d'outils Accès rapide ou d'appuyer sur Ctrl + Z. Vous revenez alors au classement précédent.

Excel signale qu'un champ est utilisé dans un tri en plaçant un symbole particulier dans son bouton de filtrage : une flèche dirigée vers le haut indique un tri ascendant (et, bien sûr, une flèche dirigée vers le bas un tri descendant).

Trier sur plusieurs champs

Si un champ contient plusieurs doublons à l'intérieur desquels vous avez besoin d'un classement plus précis des données, la méthode précédente ne suffit plus (Excel se contentant par défaut de placer les enregistrements répondant au même critère dans l'ordre de leur saisie).

Un cas simple et très courant est celui d'un tri dans l'ordre des noms. Supposons que votre base de données contient plusieurs personnes dénommées Dupont, Martin ou bien Zigomar (tous les membres de cette famille nombreuse sont vos clients). Si vous vous contentez du seul champ Nom pour trier votre liste, les Dupont, les Martin et les Zigomar vous seront livrés en vrac, c'est-à-dire tels que saisis à l'origine dans le tableau. Pour obtenir un classement plus efficace, il conviendrait de choisir comme second critère le prénom. De cette manière, Gérard Dupont se trouverait avant Pierre Dupont, Adèle Martin avant Zoé Martin, et Vladimir Zigomar après Ladislas Zigomar.

Voici comment réaliser un tri portant sur plusieurs champs :

1. **Placez le curseur dans une cellule de la liste de données.**

2. Sous l'onglet contextuel Accueil, cliquez sur le bouton Trier et filtrer. Dans le menu qui apparaît, choisissez la commande Tri personnalisé. Si l'onglet Données est activé, cliquez simplement sur Trier.

Excel sélectionne tous les enregistrements de la table (en excluant la ligne des en-têtes). Il ouvre la boîte de dialogue de la Figure 1.4.

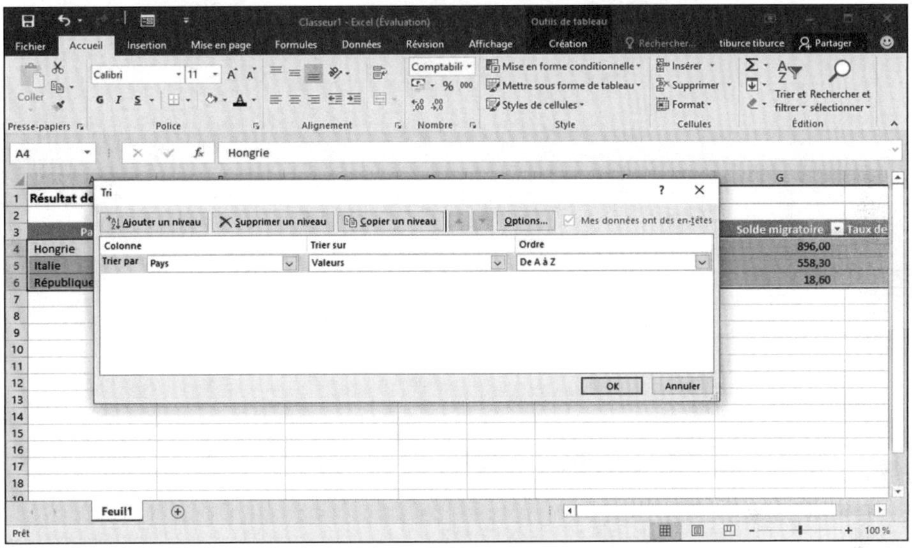

FIGURE 1.4 : Définir un tri personnalisé grâce à cette fenêtre.

3. Dans la liste déroulante Trier par, choisissez le champ principal sur lequel vous voulez que les enregistrements soient classés.

Pour inverser le sens par défaut, servez-vous des options de la liste Ordre (de Z à A, du plus grand au plus petit, ou encore du plus récent au plus ancien).

4. (Facultatif) Si le champ contient des doublons et que vous voulez spécifier la manière dont ces duplicatas seront ordonnés, cliquez sur le bouton Ajouter un niveau afin de définir un critère secondaire. Sélectionnez comme ci-dessus le champ voulu dans la liste Puis par. Déterminez également l'ordre ascendant ou descendant du tri.

5. (Facultatif) Si nécessaire, répétez l'étape précédente autant de fois que nécessaire.

6. Cliquez sur OK ou appuyez sur Entrée.

Excel referme la boîte de dialogue. Il trie alors les enregistrements de la liste de données selon la hiérarchie des critères que vous venez de définir. Si vous constatez que le résultat n'est pas celui que vous escomptiez (vous avez fait une erreur quelque part…), il suffit d'annuler immédiatement le tri (par Ctrl + Z ou en cliquant sur le bouton Annuler de la barre d'outils Accès rapide). La liste revient à son état précédent.

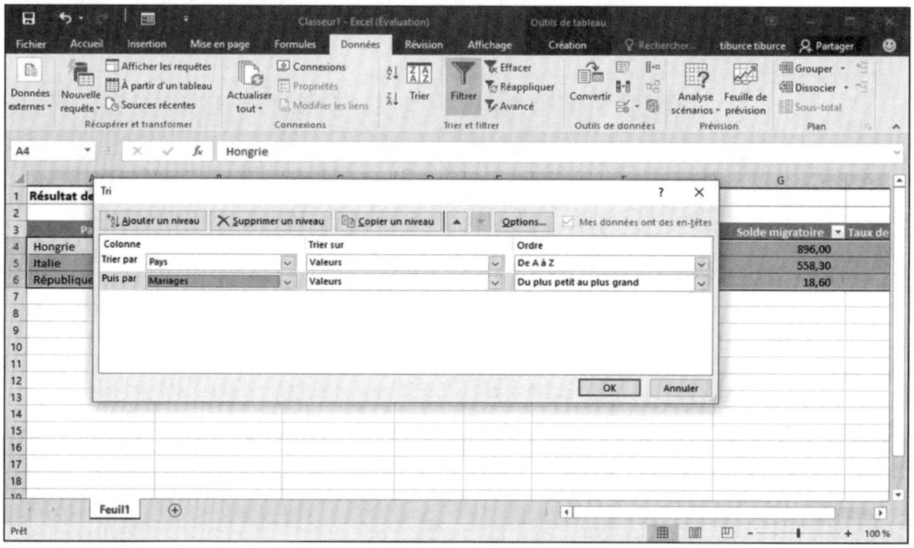

FIGURE 1.5 : Double clé de tri : le pays d'abord, le nombre de mariages ensuite.

LE TRI, LES LISTES DE DONNÉES ET LES AUTRES

La commande Trier n'est pas uniquement dédiée aux listes de données. Vous pouvez l'utiliser pour ordonner des valeurs financières, des étiquettes, et ainsi de suite. Toute feuille de calcul contenant des données dont la structure est (si possible) identifiable peut être concernée. Il suffit de sélectionner la plage de cellules à trier (et uniquement cette plage). Ouvrez alors la boîte de dialogue Tri à partir de la commande Trier de l'onglet Données ou du bouton Trier et filtrer de l'onglet Accueil.

Notez qu'Excel active automatiquement, dans la boîte de dialogue Tri, la case Mes données ont des en-têtes. En d'autres termes, il exclut la première ligne de la sélection en considérant qu'il s'agit de noms de champs et non de données à trier. Si ce n'est pas le cas (vous avez, par exemple, simplement sélectionné un tableau de nombres), n'oubliez pas de cliquer sur cette case pour en retirer la coche avant de valider la boîte de dialogue.

Si vous souhaitez classer, non plus les enregistrements (les lignes), mais les colonnes de votre sélection, cliquez sur le bouton Options de la boîte de dialogue Tri. Dans la fenêtre qui s'affiche, choisissez le mode De la gauche vers la droite. Indiquez alors le numéro de la ou des lignes servant à trier les données.

Dans l'exemple de la Figure 1.5, nous avons sélectionné le pays comme champ principal (Trier par) et le nombre de mariages comme champ secondaire (Puis par). Autrement dit, les éventuels pays en double seront rangés dans l'ordre du nombre de mariages. Le sens choisi pour ces deux colonnes est celui de l'ordre alphabétique ascendant.

Chapitre 2

Filtrer et incorporer des données

DANS CE CHAPITRE :

» **Filtrer les enregistrements de la liste de données.**

» **Importer des données externes dans la feuille de calcul.**

L'objet d'une liste de données n'est pas spécialement le calcul de nouvelles valeurs, mais plutôt l'enregistrement et le traitement cohérents de quantités importantes d'informations structurées. Par exemple, vous pouvez créer une liste de données pour répertorier tous vos clients, ou encore pour stocker des informations sur vos employés (dans le respect des textes légaux, évidemment).

Filtrer des listes de données

La fonction de filtrage d'Excel permet de masquer, en un tournemain, tout ce qui ne vous intéresse pas dans une liste de données. Pour limiter l'affichage aux seules lignes qui contiennent une valeur particulière, cliquez sur le bouton de filtre situé à droite d'un en-tête de champ ; toutes les entrées de cette colonne apparaissent dans un menu. Sélectionnez celle(s) que vous voulez utiliser comme filtre en décochant les valeurs à exclure. Excel affichera uniquement les enregistrements correspondants et masquera provisoirement tous les autres.

Dans l'exemple de la Figure 2.1, nous sommes en train de filtrer la liste des pays afin de ne montrer que ceux qui sont en Europe. Pour cela, nous avons cliqué sur le petit bouton de filtrage à droite de l'en-tête Continent, puis avons cliqué dans

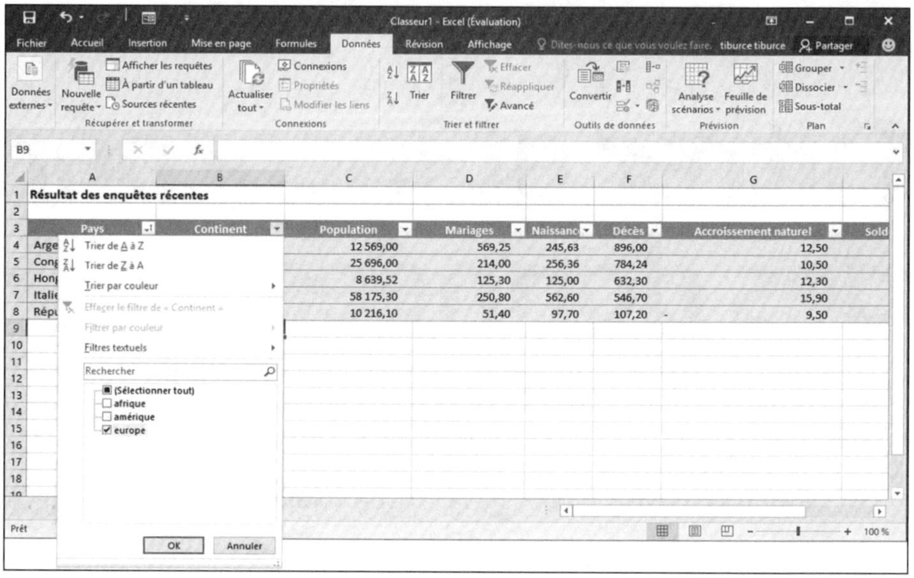

FIGURE 2.1 : La base de données en train de subir un filtrage des pays avec exclusion de ceux qui ne sont pas en Europe.

la case Sélectionner tout (dans le menu qui apparaît) afin de supprimer toutes les coches ; nous avons ensuite coché Europe.

Une fois les données filtrées, il peut être intéressant de les recopier pour leur appliquer un traitement spécifique. Sélectionnez vos enregistrements et envoyez-les vers le Presse-papiers en choisissant la commande Copier sous l'onglet Accueil (ou en appuyant sur Ctrl + C). Cliquez ensuite dans la cellule de destination (celle qui correspondra au coin supérieur gauche du tableau), puis collez le contenu du Presse-papiers (par Ctrl + V ou *via* la commande Coller de l'onglet Accueil). La copie peut s'effectuer vers la droite de la feuille (pour ne pas interférer avec votre liste de données) ou mieux vers une autre feuille. Quand vous avez terminé, affichez à nouveau tous les enregistrements de la liste en cochant dans le menu Filtrer l'option Sélectionner tout. Vous n'avez plus qu'à reprendre votre travail, par exemple pour réaliser un autre filtrage.

Si le résultat du filtrage d'un champ fournit plus d'enregistrements que vous n'en avez réellement besoin, vous pouvez affiner l'opération en sélectionnant un second critère dans un autre champ, c'est-à-dire en définissant, de la sorte, une deuxième clé de tri.

Pour retrouver la liste de données tout entière, cliquez dans la ligne d'en-tête sur un des boutons de filtre (lorsqu'un champ est filtré, son bouton affiche le dessin d'un entonnoir), puis sur l'option Sélectionner tout, et enfin sur OK.

Si les boutons insérés par Excel dans chaque cellule de la ligne d'en-tête vous gênent, sachez qu'il est possible de les masquer en cliquant sur le bouton Filtrer de l'onglet Données. Cliquez encore une fois et ils réapparaissent.

Utiliser des filtres numériques prêts à l'emploi

Excel contient un filtre numérique prédéfini appelé 10 premiers. Vous pouvez utiliser cette option sur un champ numérique afin de créer votre propre *Top 10* (ou éventuellement Bottom 10…). Pour y parvenir, suivez ces étapes :

1. **Cliquez sur le bouton de filtre d'un champ numérique. Dans le menu qui s'affiche, choisissez l'option Filtres numériques, puis 10 premiers dans son sous-menu (Figure 2.2).**

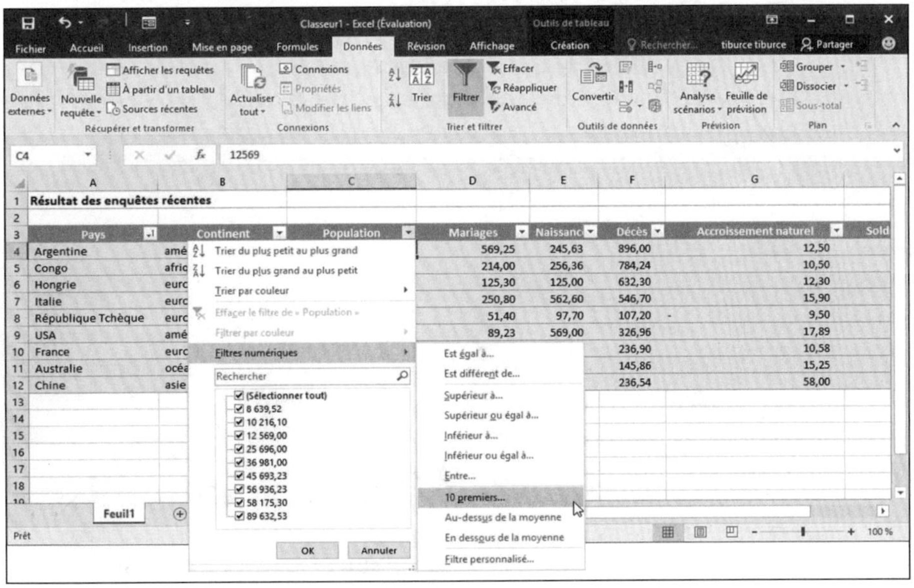

FIGURE 2.2 : Filtrage numérique pour isoler les dix pays les plus peuplés.

Excel ouvre la boîte de dialogue Les 10 premiers. Par défaut, ce sont les dix valeurs les plus élevées qui sont proposées. Vous pouvez ajuster ces paramètres avant de filtrer la liste de données.

2. **Si vous voulez ne retenir que les valeurs les plus petites, choisissez l'option Bas dans la première liste déroulante.**

3. **Vous préférez peut-être le Top 50 ? Entrez la quantité de valeurs à filtrer dans la zone du milieu ou servez-vous aux mêmes fins des flèches de défilement.**

4. **La dernière liste permet de faire un choix entre valeurs proprement dites et pourcentages (les plus élevés ou les plus bas). Exprimez-vous !**

5. **Cliquez sur OK quand vous avez terminé.**

   Excel filtre la liste pour n'afficher que les lignes qui correspondent à votre critère.

Pour supprimer un filtrage numérique, ouvrez de nouveau le menu Filtrer et cliquez sur Sélectionner tout.

Utiliser des filtres chronologiques prêts à l'emploi

Pour filtrer le contenu d'un champ qui contient des dates, Excel propose une impressionnante série d'options chronologiques prédéfinies : Aujourd'hui, Demain, Hier, ou encore la semaine, le mois, le trimestre ou l'année qui précède, en cours ou qui suit. Vous disposez également des filtres Année à ce jour et Toutes les dates de cette période. Avec cette dernière option, vous avez la possibilité de sélectionner aussi bien un des douze mois de l'année qu'un des quatre trimestres.

Pour appliquer un de ces critères, cliquez sur le bouton de filtre du champ qui contient les dates, choisissez Filtres chronologiques et faites votre marché dans la liste des options. Revenez à la table de données complète en cliquant sur Sélectionner tout.

Utiliser des filtres personnalisés

Vous pouvez non seulement limiter l'affichage des données aux enregistrements dont *certains* champs contiennent *certaines* valeurs spécifiques, mais aussi créer des filtres personnalisés permettant de réaliser des filtrages moins restreints. Il est ainsi parfaitement possible, dans un fichier de vendeurs, de n'afficher que les vendeurs dont le nom commence par M et qui touchent un salaire mensuel compris entre 22 000 et 27 000 euros.

Imaginons, dans notre exemple, que nous souhaitons isoler tous les pays dont la valeur du champ Mariage est comprise entre 50 et 150 (Figure 2.3).

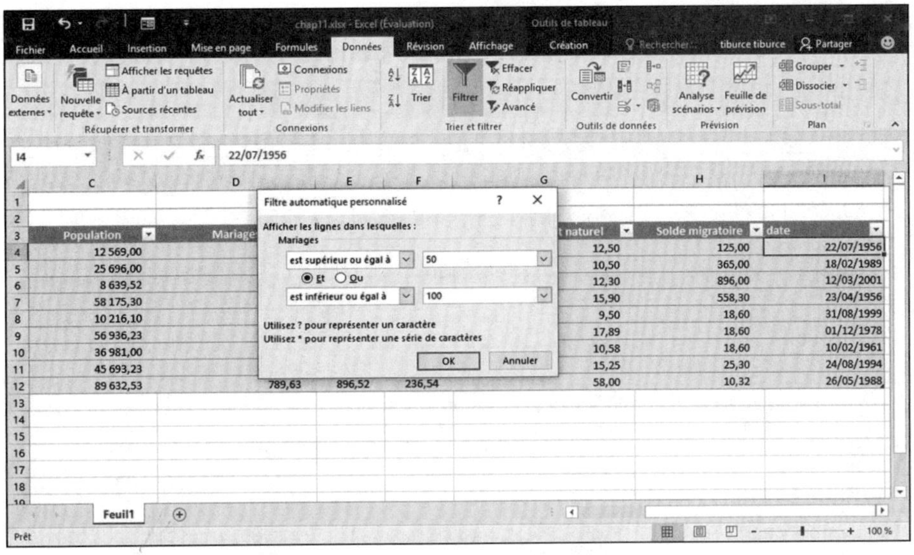

FIGURE 2.3 : Définir un filtre personnalisé pour afficher, par exemple, une fourchette de valeurs.

Pour créer votre propre critère, cliquez, comme d'habitude, sur le bouton de filtrage associé au champ voulu. Dans le menu qui apparaît, choisissez selon le cas l'option Filtres textuels, Filtres numériques ou Filtres chronologiques. Cliquez ensuite dans le sous-menu sur la commande Filtre personnalisé, puis exprimez-vous dans la boîte de dialogue Filtre automatique personnalisé qu'Excel vous propose à la suite de cette action.

Les sous-menus Filtres textuels, Filtres numériques et Filtres chronologiques proposent des raccourcis vers cette boîte de dialogue *via* des options appelées Est égal à, Est différent de, Commence par, Supérieur à, Entre, et ainsi de suite.

Dans cette boîte de dialogue, vous commencez par définir, dans la première liste déroulante, l'opérateur à utiliser. Dans la seconde liste, vous sélectionnez, éditez et/ou saisissez la valeur à laquelle s'appliquera l'opérateur. Le Tableau 2.1 décrit les différentes possibilités dont vous disposez.

Pour ne filtrer que les enregistrements dans lesquels un champ particulier contient, ne contient pas, est égal à ou différent de, plus petit ou plus grand que, il suffit de cliquer sur OK. Excel applique immédiatement le filtre à la liste de données. Mais vous pouvez aussi utiliser la boîte de dialogue Filtre automatique personnalisé pour n'afficher que les enregistrements qui vérifient l'un, l'autre ou deux critères, ou encore pour lesquels une certaine valeur appartient à un certain intervalle.

TABLEAU 2.1 **Les différentes possibilités offertes par la boîte de dialogue Filtre automatique personnalisé dans le cas d'un fichier de vendeurs.**

Opérateur	Exemple	Enregistrements localisés
Est égal à	Salaire est égal à 22000	Les employés qui gagnent exactement 22 000 euros.
Est différent de	Lieu est différent de Paris	Tous les employés, sauf ceux qui travaillent à Paris.
Est supérieur à	Ancienneté supérieure à 9	Les employés qui ont plus de neuf ans révolus (et donc au moins dix ans) d'ancienneté.
Est supérieur ou égal à	Ancienneté supérieure ou égale à 9	Les employés qui ont au moins neuf ans d'ancienneté.
Est inférieur à	Ancienneté inférieure à 9	Les employés qui ont strictement moins de neuf ans d'ancienneté.
Est inférieur ou égal à	Ancienneté inférieure ou égale à 9	Les employés qui ont au plus neuf ans d'ancienneté.
Commence par	Nom commence par D	Tous les employés dont le nom commence par la lettre *D*.
Ne commence pas par	Nom ne commence pas par D	Tous les employés, sauf ceux dont le nom commence par la lettre *D*.
Se termine par	Nom se termine par er	Tous les employés dont le nom se termine par la syllabe *er*.
Ne se termine pas par	Nom ne se termine pas par er	Tous les employés, sauf ceux dont le nom se termine par la syllabe *er*.
Contient	Nom contient er	Tous les employés dont le nom contient la syllabe *er*.
Ne contient pas	Nom ne contient pas er	Tous les employés, sauf ceux dont le nom contient la syllabe *er*.

Pour définir un intervalle (voir la Figure 2.3), choisissez comme premier opérateur *est supérieur à* ou *est supérieur ou égal à*. Entrez ou sélectionnez dans le champ de saisie correspondant la limite inférieure de votre intervalle. Vérifiez que l'option *Et* est bien activée au milieu de la fenêtre. Définissez ensuite le second opérateur dans la liste du bas : *est inférieur à* ou *est inférieur ou égal à*. Entrez ou sélectionnez en regard de cet opérateur la limite supérieure de l'intervalle.

La Figure 2.4 montre le résultat de l'action menée à la Figure 2.3.

Pour définir une condition Ou (soit l'un, soit l'autre), vous devez normalement choisir entre les opérateurs *est égal à* ou *est différent de*, puis entrer la première valeur. Cliquez ensuite sur Ou, spécifiez le second opérateur, saisissez la seconde valeur et validez.

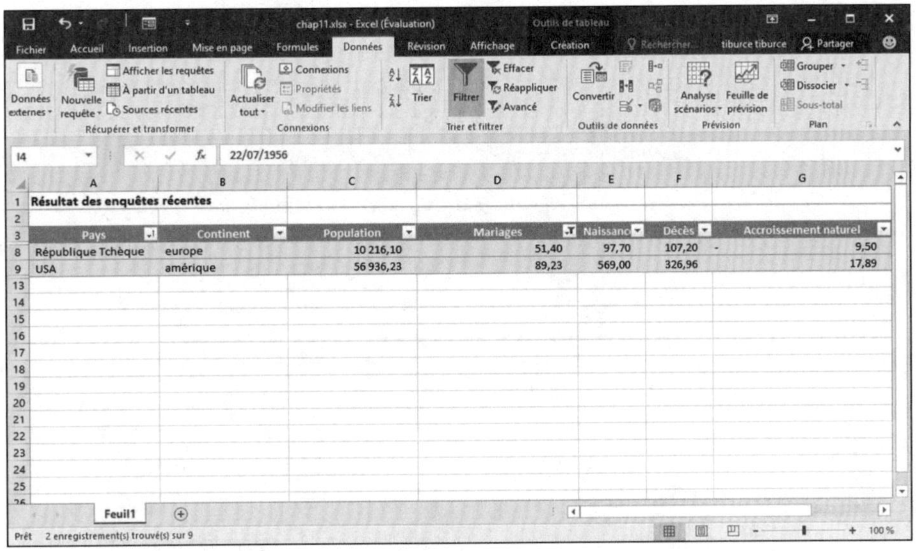

FIGURE 2.4 : La table telle qu'elle se présente quand le filtre a produit son effet.

Importer des données externes

Avec Excel 2013, il est facile d'importer, dans une feuille de calcul, des données provenant de tables créées avec un système de gestion de bases de données (SGBD) externe (comme Microsoft Access).

Vous pouvez également faire appel à des requêtes Web pour importer directement des données à partir de pages Web contenant des informations financières ou statistiques afin de les analyser ou de les éditer dans une feuille de calcul Excel.

Interroger une table Access

Pour adresser une requête à une table provenant d'une base de données Access, commencez par activer l'onglet Données. Cliquez ensuite sur le bouton Données externes à gauche dans le Ruban, puis sur Access. Excel affiche la boîte de dialogue Sélectionner la source de données. Choisissez le nom d'une base de données Access (un fichier d'extension .mdb), puis cliquez sur Ouvrir. La boîte de dialogue Sélectionner le tableau apparaît ; vous pouvez y sélectionner la table que vous voulez importer dans la feuille de calcul.

Après vous être exécuté et avoir validé *via* OK, la boîte de dialogue Importation de données se manifeste à son tour (Figure 2.5).

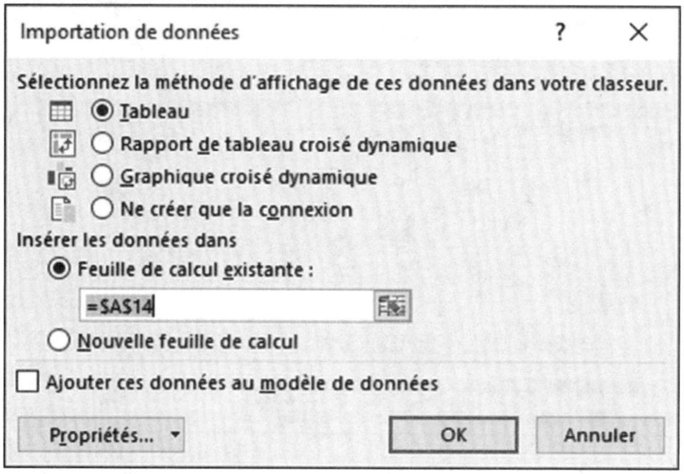

FIGURE 2.5 : La boîte de dialogue Importation de données.

Cette fenêtre propose différentes options :

» **Tableau :** pour importer les données de la table Access dans un tableau Excel, soit dans la feuille courante, soit dans une nouvelle feuille (voir ci-après).

» **Rapport de tableau croisé dynamique :** pour importer les données Access dans un nouveau tableau croisé dynamique.

» **Graphique croisé dynamique :** pour importer les données Access dans un nouveau tableau croisé dynamique comprenant un graphique que vous pouvez construire à partir des données Access.

» **Ne créer que la connexion :** pour établir le lien vers les données de la table Access sélectionnée, mais sans importer ces données dans la feuille de calcul Excel.

» **Feuille de calcul existante** (option par défaut) : pour importer les données Access à partir de la cellule courante de la feuille active. Si vous voulez changer de feuille ou de cellule, servez-vous du bouton de sélection situé à droite du champ.

» **Nouvelle feuille de calcul :** pour importer les données Access en créant à cette fin une nouvelle feuille qui occupera la première position dans le classeur actif.

Une fois les données importées, vous pouvez leur appliquer différents traitements, notamment les filtrer.

Excel conserve une liste de toutes les requêtes adressées vers des données externes. De cette manière, vous pouvez facilement réimporter des données actualisées à partir d'une base ou d'une page Web. Pour cela, activez l'onglet Données et cliquez successivement sur Données externes, puis sur Connexions existantes. Dans la boîte de dialogue qui s'affiche, choisissez le nom de la requête à exécuter et cliquez sur Ouvrir.

Les bases de données créées et gérées avec Microsoft Access ne sont évidemment pas les seules sources externes sur lesquelles vous pouvez émettre des requêtes. Pour importer des données à partir de systèmes différents, cliquez sur le bouton À partir d'autres sources, toujours sous l'onglet Données. Vous disposez alors des options suivantes :

» **SQL Server :** importe des données d'une table SQL Server.

» **Analysis Services :** importe des données d'un cube SQL Server Analysis.

» **À partir de Windows Azure Marketplace :** importe des données à partir de ces différents fournisseurs ; remarquez que vous devez fournir l'emplacement du fichier (en général, une adresse URL) et la clé d'accès à votre compte avant de pouvoir exploiter la fonctionnalité. (Rendez-vous sur le site `www.windowsazure.com` pour en apprendre davantage à propos de ce service.)

» **À partir du flux de données OData :** importe des données à partir de n'importe quelle table répondant à l'Open Data Protocol (en abrégé Odata). Comme dans le cas précédent, vous devrez fournir l'adresse du fichier (URL en général), votre nom d'utilisateur et votre mot de passe pour accéder aux données avant de les importer vers Excel.

» **Importation de données XML :** importe des données à partir d'un fichier XML que vous ouvrez et mappez.

» **Assistant Connexion de données :** importe des données provenant d'une table créée sous un SGBD accessible depuis l'assistant Connexion de données et OLEDB (*Object Linked Embedded Database*).

» **Microsoft Query :** importe des données à partir d'une table de base de données accessible *via* Microsoft Query et ODBC (*Open DataBase Connectivity*).

Lancer des requêtes sur le Web

Pour réaliser une requête sur une page Web, activez l'onglet Données, cliquez sur Données externes, puis sur le bouton de commande Web. Excel affiche la fenêtre Nouvelle requête sur le Web. Elle chargera la page d'accueil de votre navigateur Web par défaut.

Pour sélectionner la page Web contenant les données que vous voulez importer dans Excel, vous pouvez :

- Saisir l'adresse URL voulue dans le champ Adresse de la boîte de dialogue Nouvelle requête sur le Web.
- Utiliser la fonction de recherche normalement affichée sur votre page d'accueil, ou cliquer sur des liens jusqu'à ce que vous ayez localisé les données que vous voulez importer.

Supposons que vous ayez trouvé la page qui contient les données souhaitées. Excel signale les tableaux importables par une petite case jaune ornée d'une flèche pointant vers la droite, en haut à gauche. Pour importer un ou plusieurs tableaux, cliquez sur leur case afin de la cocher (Figure 2.6).

La sélection terminée, cliquez sur le bouton Importer de la fenêtre Nouvelle requête sur le Web. Excel ouvre alors une version réduite de la boîte de dialogue Importation de données. Elle ne contient plus que deux options :

- **Feuille de calcul existante :** demande à importer les données Web à partir de la cellule courante de la feuille active. Si vous voulez changer de feuille ou de cellule, servez-vous du bouton de sélection situé à droite du champ.
- **Nouvelle feuille de calcul :** demande à importer les données Web en créant pour cela une nouvelle feuille placée au début du classeur actif.

Lorsque vous cliquez sur OK, Excel referme la boîte de dialogue et importe tous les tableaux de données sélectionnés dans la page Web. Selon les choix que vous avez faits dans la boîte de dialogue Importation de données, il insère cette liste soit dans la cellule A1 d'une nouvelle feuille de calcul, soit à partir de la cellule courante dans la feuille active.

Avant de pouvoir trier ou filtrer ce tableau, il vous faudra sélectionner une de ses cellules, puis le formater *via* le bouton Mettre sous forme de tableau du groupe Style de l'onglet Accueil et ajouter les boutons de filtrage souhaités.

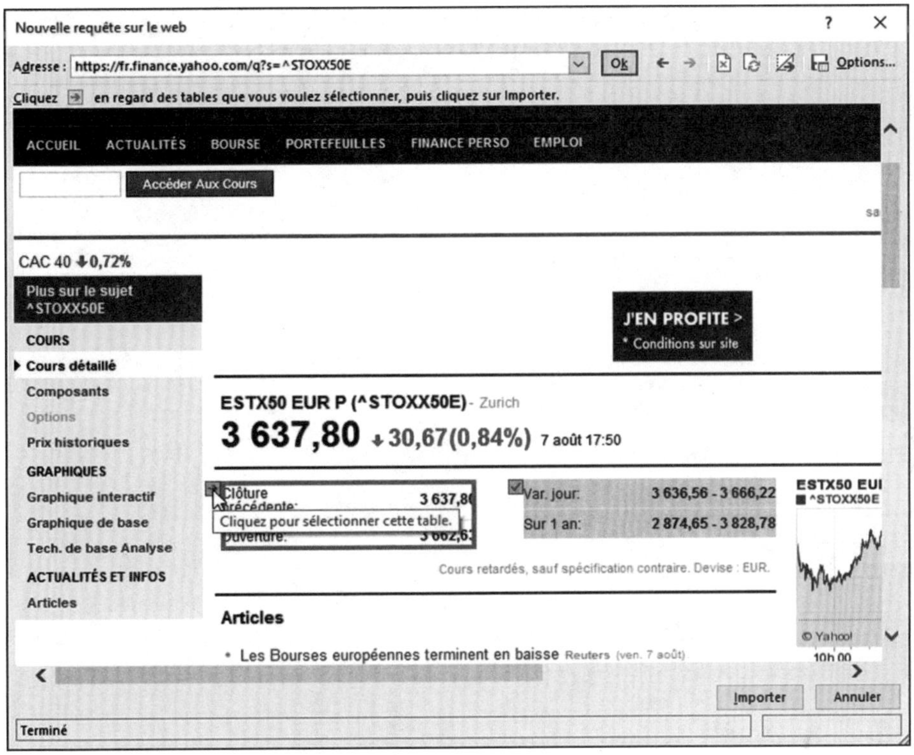

FIGURE 2.6 : Le tableau sélectionné se dote d'une bordure bleue ; sa flèche jaune vire au vert.

Vous ne pourrez lancer des requêtes Web que si votre ordinateur dispose d'une connexion Internet. L'opération sera donc impossible si vous exploitez Excel 2013 sur un dispositif portable qui n'est pas connecté au Web.

VII

Plonger dans l'analyse des données

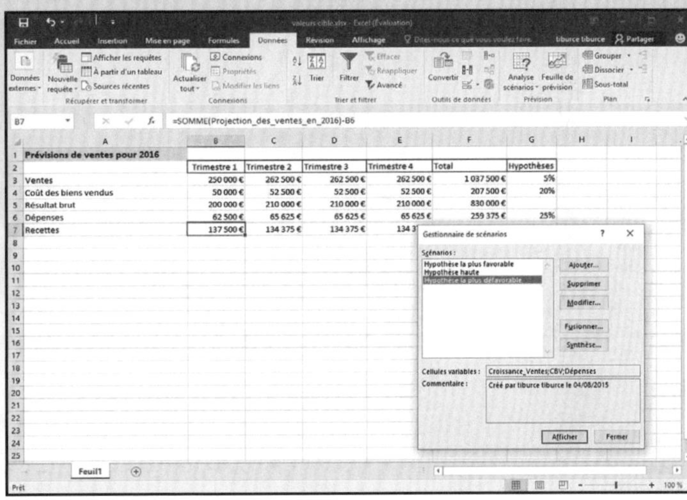

Chapitre 1

Mais que se passerait-il si... ?

DANS CE CHAPITRE :

- **Analyser des scénarios qui dépendent d'une ou deux variables.**
- **Rechercher une valeur cible.**
- **Étudier différentes hypothèses avec le Gestionnaire de scénarios.**

Ce serait une grave erreur que de prendre Excel pour une simple calculatrice de luxe tout juste destinée à briller dans des opérations plus ou moins statiques. Car ce programme excelle (ben oui...) aussi dans des analyses plus dynamiques : demandez-lui ce qui se passerait si tel ou tel paramètre variait. Tel le Bon Génie sortant de la lampe d'Aladin, il exaucera immédiatement votre vœu. De telles analyses permettent d'explorer les possibilités offertes par une feuille de calcul en entrant diverses valeurs certaines, probables voire hypothétiques dans une même équation afin d'observer les résultats des différentes variantes.

Jouer avec les tables de données et les hypothèses

Une table de données permet d'entrer une série de valeurs possibles qu'Excel connectera ensuite à une même formule. Il existe deux types de tables de données : les tables à une seule variable, qui évaluent une formule en affectant une série de valeurs à un paramètre donné et les tables à deux variables, qui opèrent sur le même principe mais, cette fois, en testant deux paramètres simultanément.

Les deux techniques font appel à la même boîte de dialogue. Vous la trouverez dans l'onglet Données du Ruban. Dans le groupe Prévisions, choisissez l'icône Analyse de scénarios, puis Table de données. Le formulaire Table de données propose deux champs : Cellule d'entrée en ligne et Cellule d'entrée en colonne.

Lorsque vous créez une table basée sur une seule variable, vous désignez, dans la feuille de calcul, une cellule qui va, selon le cas, servir d'entrée en ligne (si la série des valeurs possibles est saisie horizontalement, dans une succession de colonnes sur la même ligne) ou d'entrée en colonne (si la série des valeurs possibles est disposée verticalement dans une succession de lignes appartenant à une même colonne).

Quand vous créez une table à deux variables, vous devez désigner deux cellules. L'une définira l'entrée en ligne – les valeurs possibles sont disposées horizontalement dans des cases adjacentes –, l'autre les entrées en colonne : les valeurs possibles sont disposées verticalement.

Créer une table de données à une variable

La Figure 1.1 présente une feuille évaluant les ventes en 2016 à partir des résultats de l'année précédente. L'estimation apparaît dans la cellule B5. Elle est calculée en prenant le résultat des ventes pour 2015 et en lui appliquant le taux de croissance espéré pour 2016, obtenu en multipliant le total de l'année précédente ancré en B2 par le pourcentage de croissance introduit en B3. La cellule B5 contient donc la classique formule :

```
=B2+(B2*B3)
```

Pour utiliser des noms plutôt que des références, nous avons commencé par sélectionner la plage A2:B5. Nous avons ensuite ouvert l'onglet Formules du Ruban, puis cliqué sur la commande Depuis sélection. Nous avons alors accepté la proposition par défaut : Colonne de gauche. Nous avons finalement réintroduit la formule en B5 pour qu'elle utilise désormais les intitulés des valeurs, ce qui donne :

```
=Ventes_2015+(Ventes_2015*Taux_de_croissance_2016)
```

Comme vous pouvez le constater sur la Figure 1.2, nous avons saisi une colonne de taux de croissance possibles – et réalistes – allant de 1 % à 3,25 %. Ces valeurs se trouvent dans la plage B8:B17. Nous avons procédé comme suit pour créer la table de données à une variable de la Figure 1.3.

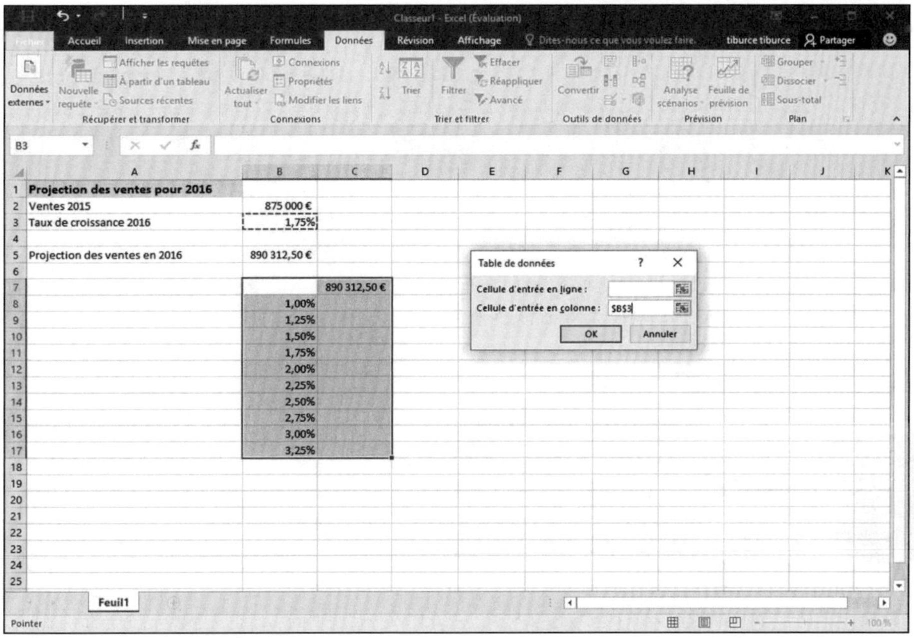

FIGURE 1.1 : Projection des ventes avec une colonne de taux de croissance possibles pour une table de données à une seule variable.

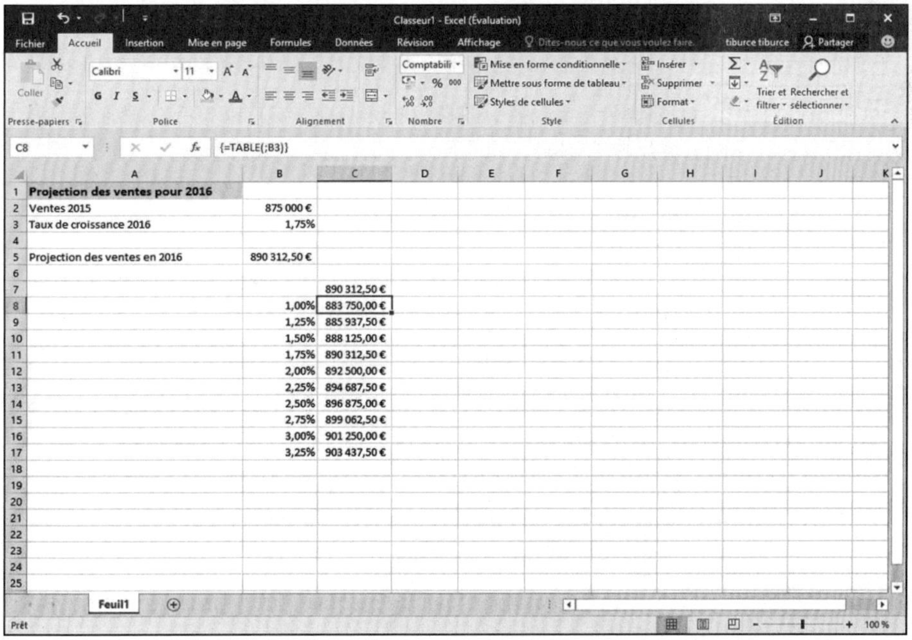

FIGURE 1.2 : Projection des ventes une fois la table de données à une variable créée dans la plage C8:C17.

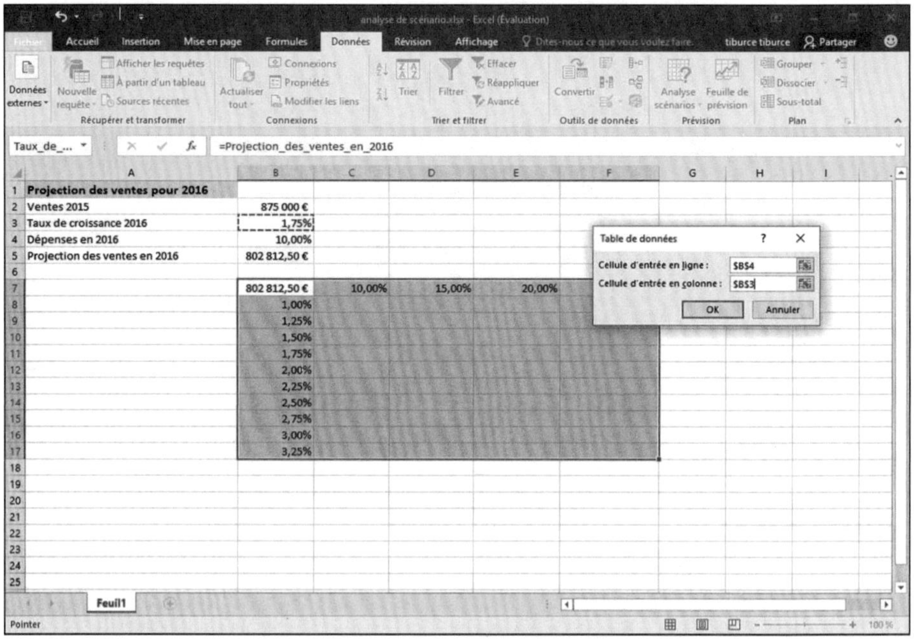

FIGURE 1.3 : Projection des ventes avec une série de croissances et de pourcentages de dépenses possibles servant à créer une table de données avec deux variables.

1. **Commencez par copier en C7 la formule originale entrée en B5. Pour cela, cliquez sur C7, tapez sur la touche =, puis cliquez sur B5 afin d'obtenir =Projection_des_ventes_en_2016. Validez la formule.**

   Cette copie de la formule de base est maintenant l'en-tête de colonne de la table de données. Elle va servir à insérer, dans le calcul, la série de taux définie dans la plage B8:B17.

2. **Sélectionnez la plage B7:C17.**

   La sélection comprend à la fois la formule qui vient d'être copiée et l'ensemble des taux de croissance.

3. **À partir du Ruban, cliquez successivement sur Prévisions, Analyse de scénarios et Table de données.**

   Excel ouvre la boîte de dialogue Table de données.

4. **Cliquez dans le champ Cellule d'entrée en colonne. Cliquez ensuite sur la cellule B3, autrement dit celle qui contient le taux de croissance annuel défini à l'origine.**

   Excel insère, dans la boîte de dialogue, l'adresse absolue de cette cellule, soit $B.

5. **Cliquez sur OK pour licencier la boîte de dialogue.**

Excel crée aussitôt la table de données de la plage C8:C17 en insérant, dans chacune de ses cellules, une formule qui utilise la fonction `TABLE`. Chaque copie de cette formule se sert du taux de croissance qui se trouve dans sa colonne de gauche pour évaluer un montant de ventes possible.

6. **Sélectionnez la cellule B5, puis ouvrez l'onglet Accueil. Dans le groupe Presse-papiers, cliquez sur l'outil Reproduire la mise en forme. Sélectionnez ensuite la plage C7:C17. La mise en forme de la cellule B5 est appliquée à la totalité de cette plage.**

   De cette manière, toute notre table de données affichera les estimations sous forme de valeur monétaire en euros.

Deux points importants que vous devez retenir à propos de cet exemple :

» Si vous modifiez un des taux de croissance de la plage B8:B17, Excel actualise immédiatement la valeur correspondante dans la table de données. Dans le cas de tables importantes, il est plutôt souhaitable que cette mise à jour soit effectuée uniquement lorsque vous appuyez sur la touche F9 (Calculer maintenant) ou sur la combinaison de touches Maj + F9 (Calculer la feuille). Pour cela, activez l'onglet Formules. Dans le groupe Calcul, choisissez la commande Options de calcul ; cochez alors le mode Automatique, sauf dans les tables de données.

» Si vous tentez de supprimer une des formules `TABLE` de la plage C8:C17, Excel vous envoie un avertissement vous informant qu'il est impossible de modifier une partie d'une table de données. Si vous voulez vraiment supprimer ou effacer quelque chose, vous devrez d'abord sélectionner la totalité de la table, soit la plage C8:C17 dans notre exemple.

Créer une table de données à deux variables

Comment créer maintenant une table de données à deux variables ? Tout simplement en remplissant cette fois les deux champs de saisie de la boîte de dialogue. Il vous faut une cellule d'entrée en ligne (les valeurs possibles sont placées dans des colonnes successives sur la première rangée de la table) et une cellule d'entrée en colonne (les valeurs possibles pour la seconde variable sont superposées dans la première colonne de la table). Il ne vous manque plus que la formule à évaluer. Elle doit se trouver à l'intersection de la ligne d'en-tête et de la première colonneable.

La Figure 1.3 illustre ce type de situation. Dans cette nouvelle version de notre évaluation des ventes, nous utiliserons deux variables pour calculer le résultat escompté en 2016. Il y a d'abord un taux de croissance qui est un pourcentage d'augmentation appliqué aux ventes de l'année précédente ; cette valeur se trouve en B3 (la cellule nommée Taux_de_croissance_2016). Jusque-là, rien de neuf. La seconde variable est un pourcentage de frais calculé à partir des ventes de l'année 2015. Il est enregistré dans la cellule B4 (appelée ici Dépenses).

La formule originale de la cellule B5 devient un peu plus complexe :

```
=Ventes_2013+(Ventes_2013*Taux_de_croissance_2014)
-(Ventes_2013*Dépenses_en_2014)
```

Pour définir la table de données à deux variables, nous avons ajouté une ligne représentant un pourcentage de dépenses possibles dans la rangée C7:F7. Elle est associée à une série de taux de croissance en B8:B17. Nous avons ensuite recopié la cellule Projection_des_ventes_en_2016 de B5 en B7. La formule en B7 est donc :

```
=Projection_des_ventes_en_2016
```

Quelques étapes vont suffire à créer la table de données à deux variablesntée à la Figure 1.4 :

1. **Sélectionnez la plage B7:F17.**

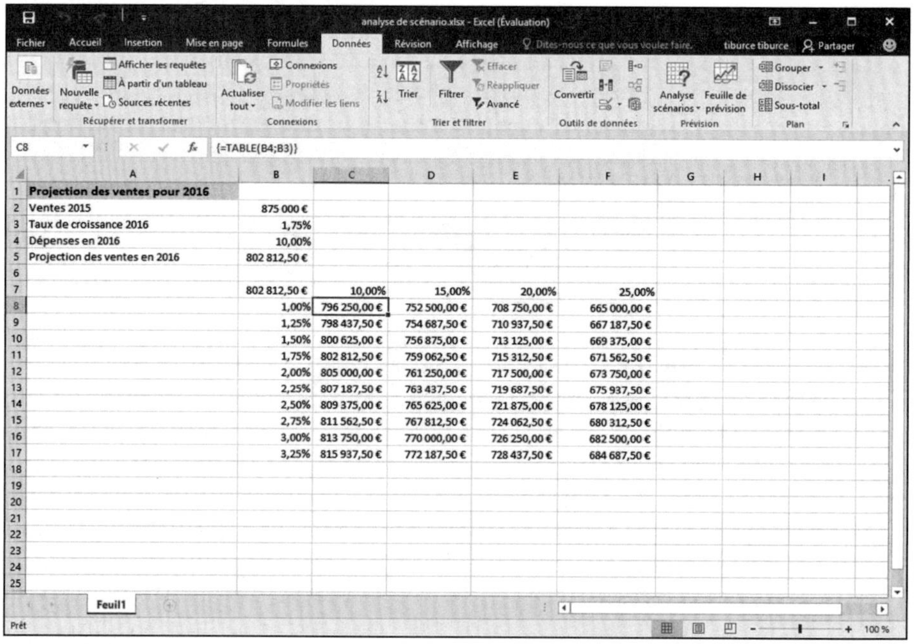

FIGURE 1.4 : Projection des résultats une fois la table de données à deux variables créée dans la plage C8:F17.

Cette plage comprend la copie de la formule originale ainsi que toutes les cellules correspondant aux pourcentages de dépenses et aux taux de croissance.

2. **Cliquez dans le Ruban sur l'onglet Données, puis sur le bouton Analyse de scénarios et, enfin, sur Table de données.**

   Excel ouvre la boîte de dialogue Table de données ; le point d'insertion clignote dans le champ Cellule d'entrée en ligne.

3. **Cliquez sur la cellule B4 pour entrer l'adresse absolue de la source. L'expression $B$4 apparaît dans le champ.**

4. **Activez ensuite le champ Cellule d'entrée en colonne. Cliquez cette fois sur la cellule B3 pour afficher son adresse absolue ($B$3) dans la boîte de dialogue.**

5. **Cliquez sur OK pour licencier la boîte de dialogue Table de données.**

   Excel remplit les cellules vides de la table de données avec une formule TABLE qui utilise B4 comme entrée de ligne B4 et B3 comme entrée de colonne.

6. **Cliquez sur la cellule B7, puis sur l'icône Reproduire la mise en forme du groupe Presse-papiers de l'onglet Accueil. Faites glisser le curseur sur la plage de cellules C8:F17 afin de copier le format monétaire vers l'ensemble de la table.**

   Il peut arriver que le contenu de certaines cellules soit trop long pour s'afficher dans l'espace disponible. Dans ce cas, Excel signale le problème par une suite de caractères dièse (#). Si la plage C8:C17 est toujours sélectionnée, l'étape qui suit corrige la situation.

7. **Dans le groupe Cellules de l'onglet Accueil, cliquez sur la commande Format. Choisissez, dans le menu déroulant qui apparaît, l'option Ajuster la largeur de colonne.**

Chercher la cible

Lorsque vous vous posez une question du style Que se passerait-il si… ?», il se peut très bien que vous ayez en tête un certain objectif. Par exemple : Quel taux d'augmentation de mon chiffre d'affaires dois-je atteindre ? » Ou encore : Si je veux gagner telle somme, quel doit être le volume des ventes ?». C'est précisément pour répondre à ce genre d'interrogation qu'Excel met à votre disposition une fonctionnalité baptisée *Valeur cible*.

La commande Valeur cible se trouve dans le menu Analyse de scénarios (sous l'onglet Prévisions du Ruban). Pour l'utiliser, vous devez sélectionner la cellule qui contient la formule devant retourner le résultat escompté (dans la boîte de dialogue Valeur cible, c'est la *cellule à définir*), puis indiquer la valeur à atteindre et, enfin, spécifier l'emplacement du paramètre qu'Excel doit faire varier pour répondre à vos souhaits (dans le champ Cellule à modifier de la boîte de dialogue).

Les Figues 1.5 et 1.6 illustrent l'utilisation de la fonction Valeur cible dans une feuille contenant des projections de ventes pour l'année 2016. Votre but : déterminer le montant des ventes nécessaires pour que le solde après achats des produits et autres dépenses atteigne, pour le premier trimestre de l'année, une valeur de 300 000 €.

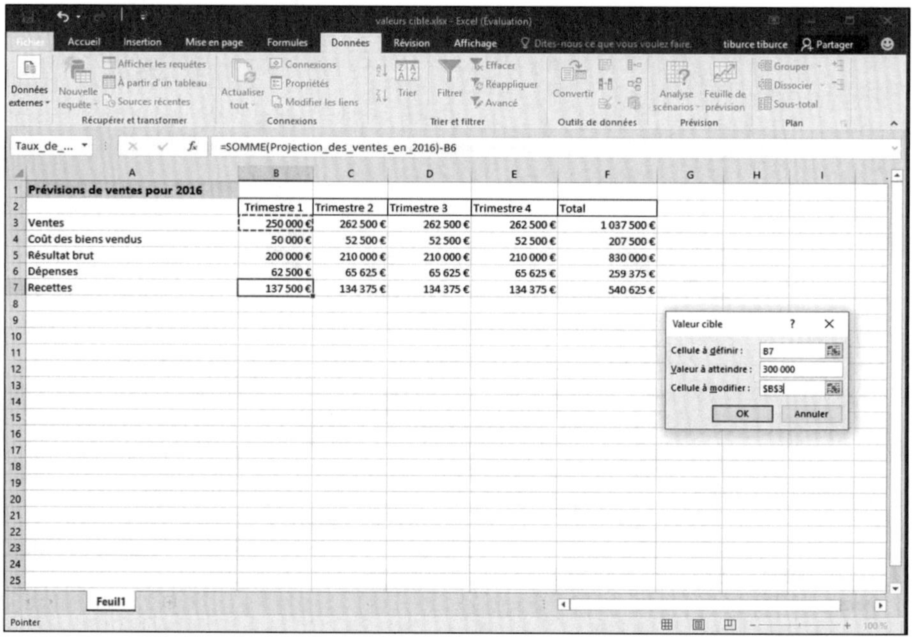

FIGURE 1.5 : Utilisez la valeur cible pour déterminer le volume de ventes permettant d'atteindre un certain solde net.

Pour déterminer l'augmentation des ventes dont vous avez besoin pour que le solde net soit de 300 000 €, commencez par sélectionner la cellule B7. C'est elle qui contient la formule magique qui calcule la prévision pour le premier trimestre 2016. Activez alors l'onglet Données, cliquez dans le Ruban sur le bouton Analyse de scénarios, puis sur Valeur cible.

Cette action ouvre la boîte de dialogue Valeur cible (reportez-vous à la Figure 1.5). Du fait que B7 est la cellule active, vous trouvez déjà sa référence dans le champ

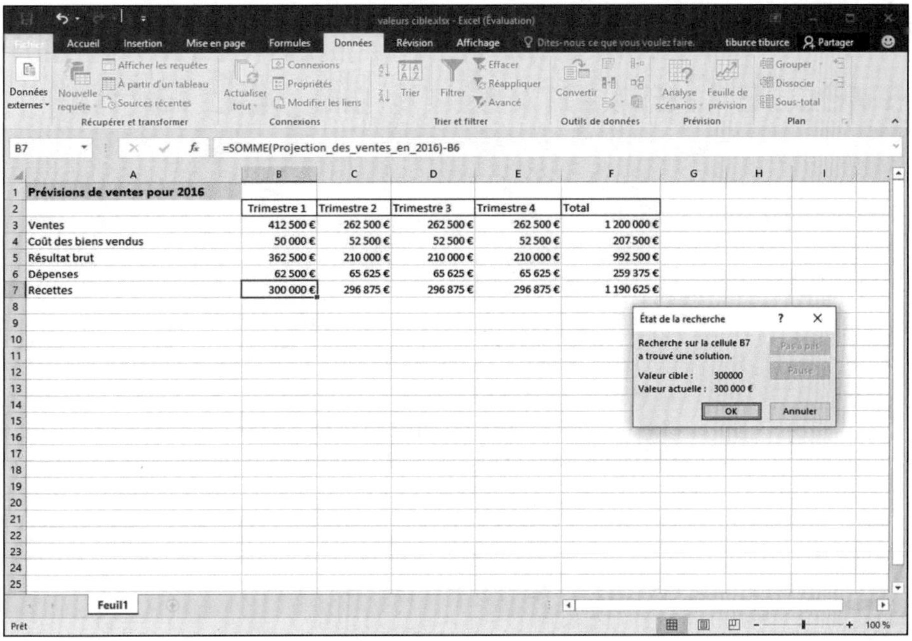

FIGURE 1.6 : La valeur cible est atteinte.

Cellule à définir. Activez ensuite le champ Valeur à atteindre ; saisissez votre objectif, soit **300000**. Activez à présent le champ Cellule à modifier et cliquez sur la cellule B3 (celle qui contient les ventes du premier trimestre). Son adresse absolue ($B$3) apparaît dans la boîte de dialogue.La Figure 1.6 montre ce qui se passe après avoir cliqué sur OK. Excel a recalculé la valeur du paramètre B3 jusqu'à ce que le solde B7 atteigne le montant désiré. Vous pouvez constater qu'il vous faudra passer de 50 000 à 412 500 € pour que la cellule B7 affiche les 300 000 € attendus.

Si vous voulez conserver les nouvelles données fournies par la fonction Valeur cible, il vous suffit de cliquer sur le bouton OK de la boîte de dialogue État de la recherche. Pour revenir aux anciennes valeurs, cliquez simplement sur Annuler.

Si vous avez choisi de valider le calcul, appuyez sur Ctrl + Z (ou cliquez sur le bouton Annuler de la barre d'outils Accès rapide) pour revenir au point de départ. Et si vous changez à nouveau d'avis, vous n'avez qu'à appuyer sur Ctr + Y (ou à cliquer sur le bouton Rétablir de la même barre). Le résultat de la valeur cible réapparaîtra instantanément. Une vraie bascule…

Examiner des hypothèses avec le Gestionnaire de scénarios

Le Gestionnaire de scénarios d'Excel permet de créer et de sauvegarder des jeux de valeurs produisant différents résultats dans la feuille de calcul. Vous donnerez un nom à ces scénarios (par exemple, Hypothèse haute, Hypothèse catastrophique ou Hypothèse la plus favorable). Comme les scénarios sont enregistrés avec le classeur, vous pouvez utiliser leurs valeurs pour jouer au jeu du « quoi-si ». Il suffira d'ouvrir le gestionnaire et de demander à Excel d'afficher le scénario voulu.

Les scénarios en place, il est possible d'obtenir un état récapitulatif montrant les paramètres associés à chaque hypothèse, de même que les résultats qu'ils produisent.

Définir des scénarios

Pour créer un scénario, vous devez identifier les diverses cellules dont la valeur peut (ou doit) varier dans chaque hypothèse. Vous sélectionnez alors ces cellules avant de cliquer successivement sur l'onglet Données du Ruban, puis sur le bouton Analyse de scénarios et, enfin, sur Gestionnaire de scénarios.

La Figure 1.7 montre la feuille de prévisions des ventes pour 2016 après que nous avons nommé les cellules d'hypothèses (G3, baptisée Croissance_Ventes, G4, baptisée CBVpour « Coût des BiensVendus » et G6, baptisée Dépenses) et ouvert la boîte de dialogue Gestionnaire de scénarios

Dans notre exemple, trois scénarios ont déjà été définis en cliquant à chaque fois sur le bouton Ajouter, en définissant un nom, puis en spécifiant les valeurs que doivent prendre nos cellules :

- **Hypothèse la plus favorable :** des ventes qui augmentent de 5 % (Croissance_Ventes), un coût des achats (CBV) de 20 % et des frais (Dépenses) qui s'accroissent de 25 %.
- **Hypothèse haute :** les ventes augmentent de 8 % (Croissance_Ventes), le coût des achats (CBV) de 18 % et les frais (Dépenses) de 20 %.

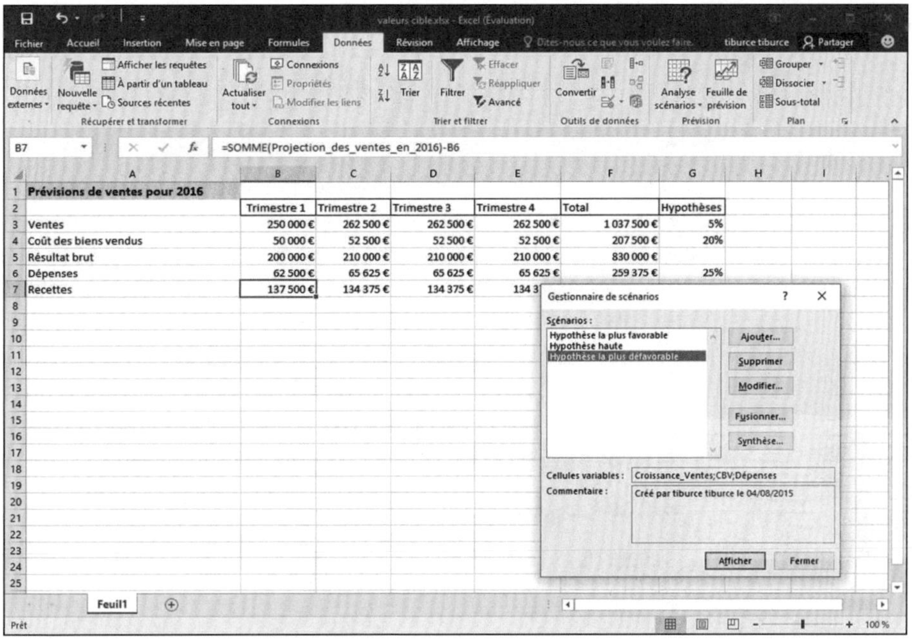

FIGURE 1.7 : Ajout de scénarios à la feuille Prévisions.

» **Hypothèse la plus défavorable :** cette fois, les ventes augmentent de 2 % (Croissance_Ventes), le coût des achats (CBV) de 25 % et les frais (Dépenses) de 35 %.

Pour créer le premier scénario, nous avons cliqué sur le bouton Ajouter de la boîte de dialogue Gestionnaire de scénarios. Dans la fenêtre Ajouter un scénario, nous avons saisi comme nom **Hypothèse la plus favorable**, puis sélectionné les cellules variables, soit G3, G4 et G6.

À ce stade, Excel affiche la boîte de dialogue Valeurs de scénarios dans laquelle vous êtes censé fournir les paramètres souhaités dans les trois champs Croissance_Ventes, CBV et Dépenses, à savoir :

» **0,05** dans le champ Croissance_Ventes ;

» **0,20** dans le champ CBV ;

» **0,25** dans le champ Dépenses.

Après quoi, il ne reste plus qu'à cliquer sur OK.

Avant de commencer à créer vos scénarios, donnez toujours un nom aux cellules variables. De cette manière, Excel affichera le nom de ces cellules à la place de leur adresse dans la boîte de dialogue Valeurs de scénarios, ce qui, vous en conviendrez, est tout de même plus explicite.

Lorsque vous avez validé vos variables, résistez à la tentation de cliquer sur OK (Excel revient à la boîte de dialogue Gestionnaire de scénarios). Nous avons de nouveau cliqué sur Ajouter pour regagner immédiatement la fenêtre Gestionnaire de scénarios où nous comptons en définir deux supplémentaires. En voici les paramètres :

Deuxième scénario :

- » **Hypothèse haute** dans le champ Nom du scénario ;
- » **0,08** dans le champ Croissance_Ventes ;
- » **0,18** dans le champ CBV ;
- » **0,20** dans le champ Dépenses.

Troisième scénario :

- » **Hypothèse la plus défavorable** dans le champ Nom du scénario ;
- » **0,02** dans le champ Croissance_Ventes ;
- » **0,25** dans le champ CBV ;
- » **0,35** dans le champ Dépenses.

Nos trois hypothèses apparaissent désormais dans la liste Scénarios.

Pour demander à Excel de recalculer nos projections de ventes 2014 en fonction des différentes évaluations, il suffit de sélectionner le nom du scénario voulu, puis de cliquer sur le bouton Afficher.

Une fois vos scénarios définis, n'oubliez pas de sauvegarder le classeur dès que vous avez refermé la boîte de dialogue Gestionnaire de scénarios. De cette manière, les scénarios seront enregistrés en même temps que votre fichier. Vous les aurez ainsi à portée de main chaque fois que vous ouvrirez le classeur. Il vous suffira pour cela de rappeler le gestionnaire, de choisir un scénario et de cliquer sur Afficher.

Produire une synthèse

Une fois tous vos scénarios définis, vous pouvez demander à Excel de produire un rapport de synthèse, comme celui représenté à la Figure 1.8. Cet état affiche les valeurs variables et les valeurs résultantes non seulement pour chaque scénario associé à la feuille, mais également pour le contenu des cellules tel qu'il se présente au moment où vous générez la synthèse.

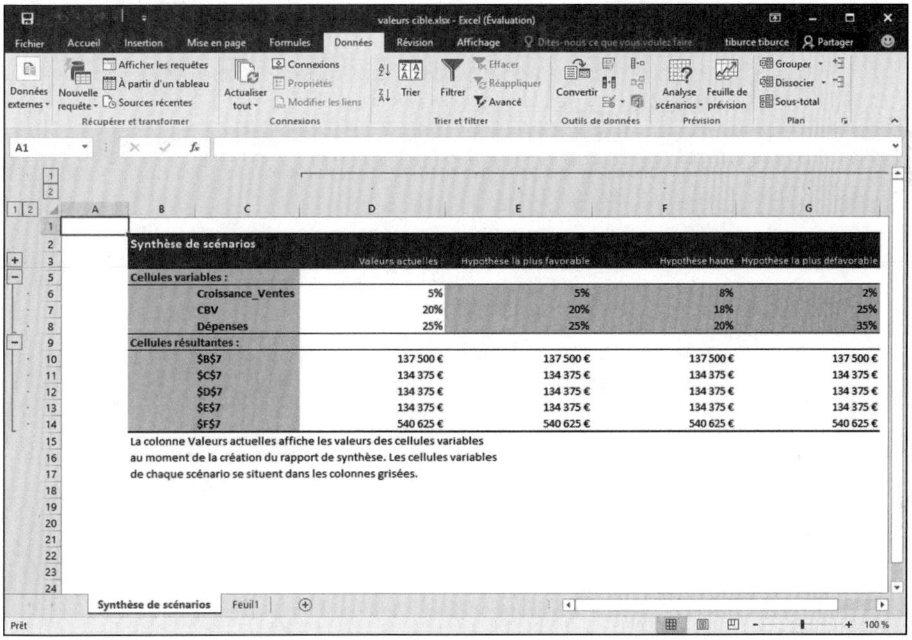

FIGURE 1.8 : La synthèse des scénarios montre l'impact des hypothèses sur les projections de ventes pour 2016.

Pour produire une synthèse, ouvrez la boîte de dialogue Gestionnaire de scénarios (onglet Données du Ruban, puis Analyse de scénarios, puis enfin Gestionnaire de scénarios). Cliquez alors sur le bouton Synthèse.

La boîte de dialogue Synthèse de scénarios vous offre le choix entre deux modes : Synthèse de scénarios (c'est la version statique) et Scénario du rapport de tableau croisé dynamique. Comme nous reviendrons sur les tableaux croisés dans le prochain chapitre, c'est ici le premier choix qui retient notre attention.

La plage de données à afficher dans la synthèse est définie dans le champ Cellules résultantes. Si la proposition par défaut d'Excel ne vous convient pas, sélectionnez la série de cellules qui devront apparaître dans la synthèse. Dans notre exemple, il s'agit de la dernière ligne de la table, soit la plage B7:F7 (les soldes des quatre trimestres, plus le total annuel).

Après avoir cliqué sur OK, Excel crée le rapport de synthèse en prenant les valeurs changeantes de chaque scénario, plus celles qui se trouvent actuellement dan les celules « souches ». Il affiche le tout dans une nouvelle feuille de calcul qu'il baptise Synthèse de scénarios. Les paramètres apparaissent sous la légende Cellules variables. Les valeurs calculées sont disposées sous l'intitulé Cellules résultantes.

Bien entendu, vous pouvez renommer la feuille de synthèse, la déplacer dans le classeur, puis enregistrer celui-ci.

Chapitre 2
Jouer avec les tableaux croisés

DANS CE CHAPITRE :

» **Comprendre les tableaux croisés.**

» **Créer un tableau croisé avec l'outil Analyse rapide et la commande Suggestions de tableaux croisés dynamiques.**

» **Créer un tableau croisé manuellement.**

» **Formater.**

» **Trier et filtrer les données.**

» **Modifier la structure et la disposition.**

» **Créer un graphique croisé.**

Les *tableaux croisés dynamiques* constituent une espèce particulière de tableaux de synthèse, spécifiques à Microsoft Excel. Ils sont particulièrement utiles pour synthétiser des valeurs prises dans une liste de données (ou provenant d'une base de données), car ils font leurs tours de magie sans que vous ayez à créer des formules pour effectuer ces opérations. Ils vous permettent aussi d'examiner et d'analyser facilement et rapidement les relations inhérentes à leurs sources de données (qu'il s'agisse de séries de valeurs traitées directement sous Excel, ou de tables lues dans des bases de données externes gérées à l'aide d'un programme autonome tel que Microsoft Access, ou de données de sources comme indows Azure MarketPplace).

Grâce aux tableaux croisés, il est possible de disposer différemment les données traitées, y compris après les avoir générées. C'est d'ailleurs cette capacité à adapter à la volée l'agencement des données, en opérant une rotation sur les en-têtes de lignes et de colonnes, qui a donné à l'origine leur nom aux tables *pivot,* ntre-temp-sentretemps des *tableaux croisés dynamiques.* Si vous visualisez mieux les relations entre données quand elles sont présentées graphiquement, Excel permet tout aussi bien de créer des graphiques croisés dynamiques à partir d'un des nombreux modèles pris en charge par Excel.

Analyser des données grâce aux tableaux croisés dynamiques

Les tableaux croisés dynamiques sont extrêmement intéressants, car ils vous permettent de synthétiser des données en utilisant une belle variété de fonctions (même si la totalisation avec SOMME est celle qui reste la plus courante). Lorsque vous définissez un tableau croisé dynamique (ce que nous allons faire dans la prochaine section), vous avez plusieurs décisions à prendre : quelle sera la fonction de regroupement, quelles seront les colonnes (ou les champs) auxquelles cette fonction s'appliquera et quelles seront les colonnes (ou champs) avec lesquelles ces calculs seront (justement) croisés.

Les tableaux croisés sont parfaits pour croiser (on s'y attendait !) une série de données avec une autre. Par exemple, vous pouvez créer un tableau croisé à partir d'une table provenant d'une base de données Employés, de manière à totaliser les salaires des différentes catégories professionnelles par service ou site.

Créer un tableau croisé avec l'outil Analyse rapide

L'outil Analyse rapide fait de la création de tableaux croisés dynamiques un jeu d'enfant. Pour prévisualiser différents types de structures de ce genre qu'Excel compose sur la base des données consignées dans une table ou dans une liste, contentez-vous de suivre la procédure décrite ci-après :

1. **Sélectionnez, dans la table ou dans la liste, les données à traiter (en incluant les en-têtes de colonne).**
2. **Cliquez sur l'outil Analyse rapide qui se manifeste en bas à droite de la zone sélectionnée.**

Ce faisant, vous accédez à la palette correspondante, dont l'onglet Mise en forme est sélectionné par défaut.

3. **Activez l'onglet Tableaux.**

4. **Comme le montre la Figure 2.1, Excel ouvre le volet Champs de tableau croisé dynamique.**

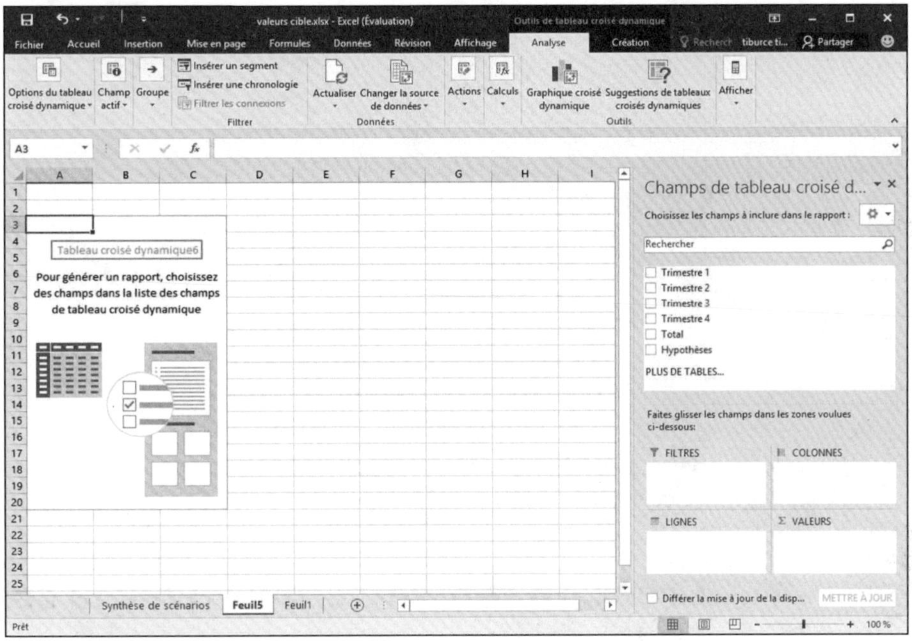

FIGURE 2.1 : Pour créer votre tableau croisé dynamique.

5. **Cochez les champs à inclure dans le tableau.**

   La Figure 2.2 montre que le tableau se constitue à mesure des champs cochés.

Remarquez que le tableau a échoué dans une feuille rien qu'à lui, qu'Excel a placée devant toutes les autres feuilles du classeur courant (une seule dans notre exemple). Exploitez les commandes qu'il vous propose pour personnaliser votre tableau, comme vous invite à le faire la section « Mettre en forme un tableau croisé dynamique », plus loin dans ce chapitre.

Il arrive qu'Excel soit incapable de proposer des tableaux pour les données que vous avez sélectionnées. Dans ce cas, un bouton Tableau croisé stérile (c'est-à-dire ne provoquant l'affichage d'aucune suggestion) s'affiche juste à droite du bouton Tableau de l'onglet Tableaux de la palette Analyse rapide. Rien ne s'op-

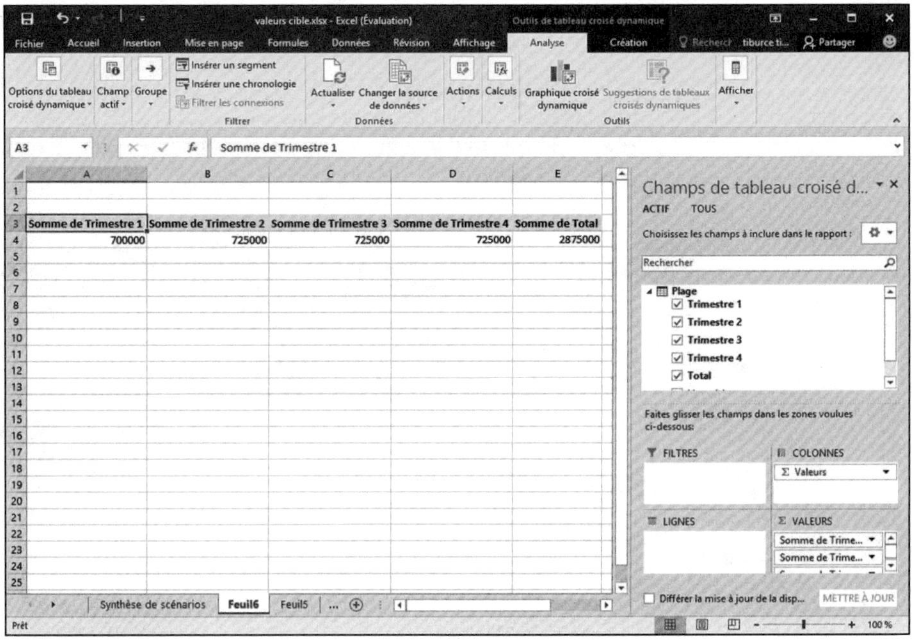

FIGURE 2.2 : La feuille ajoutée et son tableau croisé dynamique.

pose, alors, à ce que vous agissiez manuellement, comme vous l'explique la suite de ce chapitre.

Créer un tableau croisé avec la commande Suggestions

Autre façon d'agir rapidement et efficacement : la commande Suggestions de tableaux croisés dynamiques. Voici comment l'exploiter :

1. **Sélectionnez une cellule de la plage de données à représenter.**

   Vous pouvez désigner n'importe quelle cellule si vos données sont disposées en lignes et en colonnes contiguës.

2. **Activez le bouton Tableaux croisés dynamiques de l'onglet Insertion du Ruban.**

Il s'agit du bouton dont le libellé est au pluriel, situé à droite de celui dont le libellé est au singulier.

Excel affiche la boîte de dialogue Suggestions de tableaux croisés dynamiques. À gauche, plusieurs tableaux vous sont proposés avec, à droite, l'aperçu de l'option validée en regard.

3. **Cliquez sur la suggestion qui vous intéresse, puis cliquez sur OK.**

Dès que vous validez, Excel crée le tableau correspondant dans une feuille à part, qu'il place devant toutes les autres. Étant donné que ce tableau est sélectionné, le volet Champs de tableau croisé dynamique surgit à droite. Comme annoncé plus haut, il regroupe les outils de mise en forme que nous détaillerons plus tard.

Créer manuellement

Si les proposiExcel ne vous agréent conviennent pas, créez le tableau manuellement. Ne dit-on pas qu'on n'est jamais si bien servi que par soi-même ? Deux moyens d'agir : commencer par créer le tableau dont la disposition se rapproche le plus de ce que vous recherchez ou partir carrément de zéro, ce qui, parfois, est préférable.

Lancez-vous : ouvrez la feuille de calcul contenant la liste des données à synthétiser, sélectionnez une cellule quelconque, puis cliquez sur le bouton de commande Tableau croisé dynamique sous l'onglet Insertion du Ruban, comme à la Figure 2.3.

Suite à cette action, Excel dévoile la boîte de dialogue Créer un tableau croisé dynamique et sélectionne l'intégralité des données (un trait clignotant en témoigne). Si nécessaire, vous pouvez ajuster cette sélection en vous exprimant dans le champ Tableau/Plage de la rubrique Sélectionner un tableau ou une plage (Figure 2.4). Par défaut, Excel introduit le nouveau tableau croisé dynamique dans une feuille distincte qu'il ajoute au classeur. Si vous préférez l'insérer sur la feuille courante, validez l'option Feuille de calcul existante. Dans ce cas, spécifiez, dans le champ Emplacement, l'adresse de la première cellule du tableau. (Évitez que le tableau n'écrase des données !)

Si vos données proviennent d'une source externe créée avec un gestionnaire de base de données comme Access, cochez l'option Utiliser une source de données externe, puis cliquez sur Choisir la connexion et sélectionnez une connexion dans la fenêtre Connexions existantes. Sachez qu'Excel 2016 est capable d'analyser des infos issues de tables multiples mises en relation.

Une fois que vous avez indiqué, dans la boîte de dialogue Créer un tableau croisé dynamique, les données source ainsi que l'emplacement du futur tableau, il ne

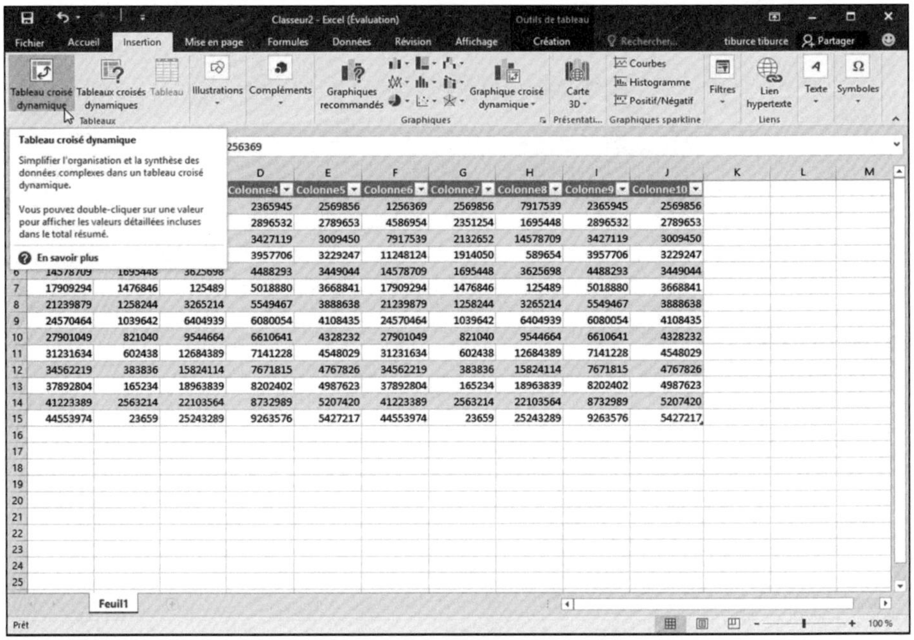

FIGURE 2.3 : Créez manuellement un tableau croisé dynamique.

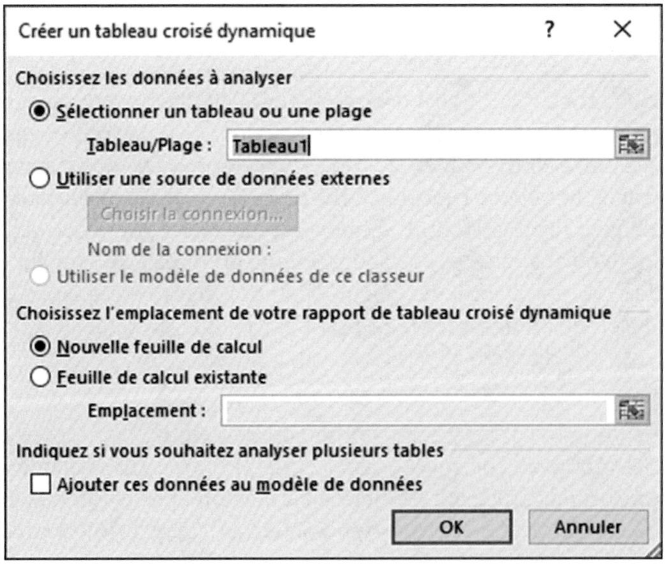

FIGURE 2.4 : Indiquez, dans la boîte de dialogue Créer un tableau croisé dynamique, les données source et l'endroit où vous souhaitez que le tableau échoue.

vous reste plus qu'à indiquer les champs à inclure dans le tableau. Excel constitue alors la structure vierge du tableau et affiche, dans la partie droite de l'interface, le volet Champs de tableau croisé dynamique (Figure 2.5).

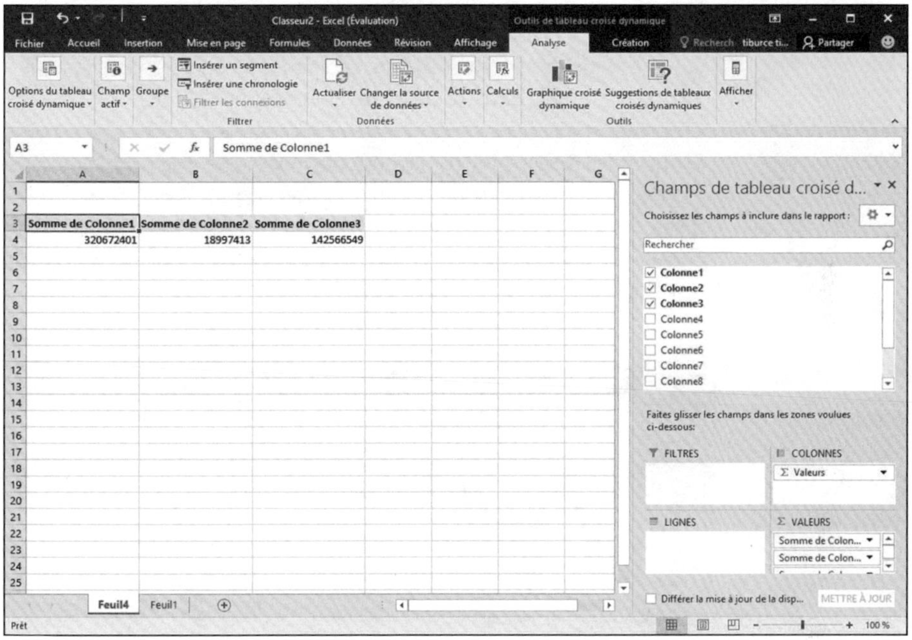

FIGURE 2.5 : Le futur tableau et le volet de droite.

Chaque entrée est précédée d'une case à cocher vide ; c'est la raison pour laquelle, à ce stade, le tableau est toujours vierge. En bas, quatre zones permettent de faire glisser des noms de champs sur les éléments proposés : filtres, lignes, colonnes et valeurs.

À ce stade, et comme expliqué ci-dessus, il ne vous reste qu'à désigner les champs que vous voulez voir figurer dans le tableau. Pour ce faire, il suffit de faire glisser leurs noms vers une des quatre zones du bas :

» **Filtres :** cette zone contient des champs qui vous permettent de regrouper les données du tableau croisé en leur appliquant un filtre. Supposons par exemple que vous vouliez étudier l'évolution des ventes sur plusieurs années. En faisant glisser un champ Année sur la fenêtre Filtre du rapport, vous pourrez afficher les valeurs année par année ou pour toute la période représentée par votre liste de données.

» **Colonnes :** cette zone contient les champs qui déterminent la disposition des données dans les colonnes du tableau croisé.

» **Lignes :** cette zone contient les champs qui déterminent la disposition des données dans les lignes du tableau croisé.

» **Valeurs :** cette zone contient les champs qui déterminent les données représentées dans les cellules du tableau, autrement dit celles qui sont sommées (par défaut) dans sa dernière colonne.

Dans notre exemple, nous pourrions décider de mettre les filiales en filtres, les vendeurs et les produits en lignes, les régions en colonnes et les trois premiers mois de l'année en valeurs. Nous obtiendrions ainsi un tableau permettant de connaître les chiffres de vente par vendeur, ventilés verticalement par article et horizontalement par région (Figure 2.6).

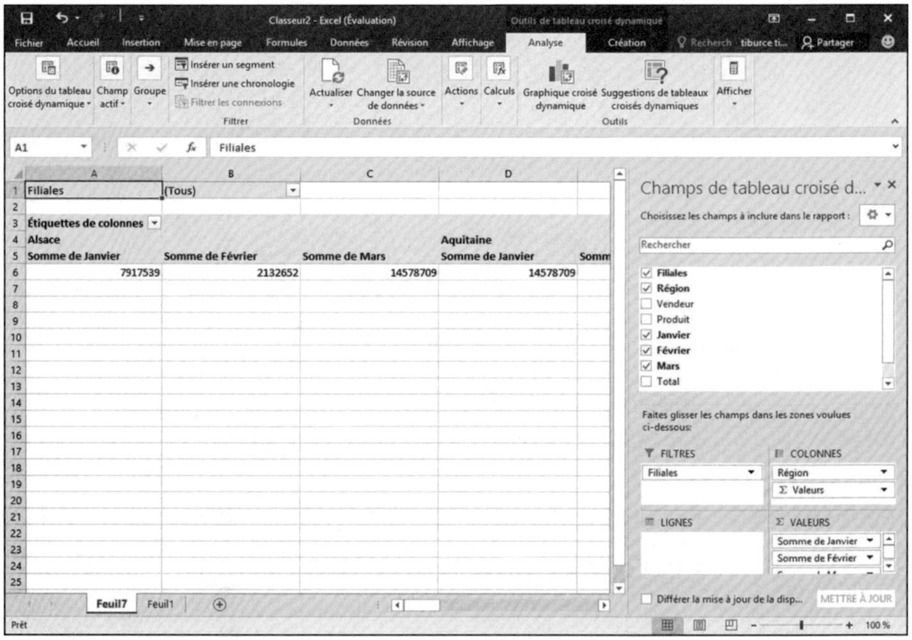

FIGURE 2.6 : Le tableau tel qu'issu de nos choix.

Dès le début de la procédure, un onglet Outils de tableau croisé dynamique fait son apparition dans le Ruban ; il propose deux sous-onglets, baptisés respectivement Analyse et Création, le sous-onglet Analyse étant sélectionné. Vous y trouverez une foule de commandes intéressantes, notamment dans le menu local du bouton Afficher :

» **Liste des champs :** affiche ou masque le volet Liste de champs du tableau croisé dynamique, à droite de la fenêtre.

» **Boutons +/- :** affiche ou masque les boutons servant à étendre (+) ou réduire (-) en regard des champs particuliers (en colonne comme en ligne) et qui servent à montrer ou cacher les totaux de ceux-ci dans le tableau.

» **En-têtes de champ :** affiche ou masque les noms des champs affectés aux étiquettes de colonnes ou de lignes dans le tableau croisé.

Mettre en forme un tableau croisé dynamique

Formater un tableau croisé dynamique n'est pas plus compliqué que formater des données classiques. Il suffit de cliquer dans une des cellules du tableau afin d'afficher l'onglet Outils de tableau croisé dynamique dans le Ruban, puis d'activer son onglet Création.

Cet onglet regroupe trois groupes de commandes :

» **Disposition :** pour ajouter des sous-totaux ou des totaux généraux et pour modifier l'agencement global du tableau.

» **Options de style de tableau croisé dynamique :** pour affiner l'aspect grâce à la galerie de styles affichée à droite.

» **Styles de tableau croisé dynamique :** pour appliquer des styles au tableau en cliquant sur la vignette correspondante.

Personnaliser le style du tableau croisé dynamique

Profitez de l'aperçu dynamique pour juger immédiatement de l'effet des différentes variantes : positionnez le pointeur de votre souris sur une vignette de la galerie pour apprécier le résultat.

Une fois que vous avez ainsi appliqué un style prédéfini, vous pouvez le personnaliser grâce aux cases à cocher du groupe Options de style de tableau croisé dynamique. Vous pouvez, par exemple, pour ajouter du contraste, introduire des lignes à bandes pour séparer par un trait les lignes d'un tableau qui n'emploie pas les couleurs alternées (le but étant bien entendu d'en améliorer la lisibilité). C'est simple : il vous suffit de cliquer sur l'option correspondante. L'option du dessous vous permet d'appliquer le même traitement aux colonnes. Si le résultat n'est pas satisfaisant, contentez-vous de décocher la case.

Formater les valeurs d'un tableau croisé dynamique

Pour appliquer aux totaux de votre tableau croisé dynamique un format numérique particulier, procédez comme suit :

1. **Cliquez, dans le tableau, sur la cellule qui contient les mots « Somme de », suivis du nom du champ dont les valeurs sont totalisées (dans notre exemple, « Somme de Janvier »). Cliquez ensuite sur le bouton Champ actif de l'onglet Analyse sous Outils de tableau croisé dynamique et choisissez Paramètres de champs.**

   Excel ouvre la boîte de dialogue Paramètres des champs de valeurs.

2. **Cliquez, en bas à gauche, sur Format de nombre.**

   L'onglet Nombre de la boîte de dialogue Format de cellule s'affiche.

3. **Dans la liste Catégorie, choisissez le format numérique que vous voulez appliquer à vos totaux.**

4. **Si vous le souhaitez, modifiez les options du format sélectionné (nombre de décimales, symbole monétaire, mode d'affichage des valeurs négatives, etc.) dans la partie droite de la fenêtre.**

5. **Cliquez une première fois sur OK pour regagner la boîte de dialogue précédente ; cliquez une seconde fois pour regagner le tableau.**

Trier et filtrer les données du tableau croisé dynamique

Lorsque vous créez un nouveau tableau croisé dynamique, Excel ajoute automatiquement des flèches dans les cellules correspondant aux champs du filtre et des étiquettes (colonnes et lignes). Ces boutons de filtrage permettent de restreindre l'étendue des entrées en retirant certaines données, ou encore de trier les éléments en ligne et/ou en colonne.

Si vous avez ajouté au tableau plusieurs champs dans les cases Étiquettes, Excel ajoute également des boutons de réduction (-) qui servent à masquer temporairement le sous-total correspondant à un champ secondaire particulier. Lorsque vous avez ainsi réduit des informations, le bouton devient un + (expansion) sur lequel il suffit de cliquer pour afficher de nouveau les sous-totaux.

Filtrer le rapport

Les boutons les plus importants dans un tableau croisé dynamique sont probablement ceux qui sont ajoutés au(x) champ(s) Filtres du rapport. En choisissant une des options attachées à l'un de ces boutons de filtrage, seul le jeu de données vérifiant ce critère apparaîtra dans le tableau.

Notre exemple utilise comme filtre du rapport le champ Filiales. Nous pouvons donc facilement distinguer les chiffres d'affaires par filiale. Voyons comment. Cliquez sur le bouton de filtrage dans la cellule qui suit l'intitulé Filiales. Dans la liste qui apparaît, sélectionnez la filiale qui vous intéresse, puis cliquez sur OK pour n'afficher les résultats que de cette cellule particulière.

Lorsque vous appliquez ce filtre, Excel affiche la valeur choisie dans le champ Filiale. Il remplace également la flèche par un symbole d'entonnoir afin de vous rappeler que seules certaines des données source sont actuellement affichées dans le tableau.

Pour revenir à l'ensemble des données, sélectionnez à nouveau l'option (Tous) du champ Filtre et validez par OK.

Filtrer des lignes et des colonnes

Les boutons de filtrage associés aux étiquettes des colonnes et des lignes vous permettent d'appliquer des filtres à des groupes particuliers, voire, parfois, à des entrées individuelles des données source.

Pour filtrer les éléments présents dans les lignes ou les colonnes, cliquez sur l'étiquette concernée, puis, dans le menu local, décochez l'option Sélectionner tout pour désactiver toutes les coches de cette rubrique. Il vous suffira ensuite de cocher la ou les entrée(s) dont vous voulez voir les données.

Comme précédemment, Excel remplace le bouton fléché de la colonne ou de la ligne que vous venez de filtrer par une icône d'entonnoir. Il vous prévient ainsi que seules certaines valeurs sont affichées dans le tableau. Pour revenir à la situation d'ensemble, cliquez à nouveau sur le bouton de filtrage, puis sur l'option (Sélectionner tout) et confirmez.

La Figure 2.7 montre notre tableau croisé dynamique une fois filtrés le champ Filiales (de manière à n'afficher que les informations relatives à la filiale C), le champ en ligne Produit (pour ne montrer que les ventes de confiture) ainsi que le champ en colonne Région (pour ne traiter que la région Alsace).

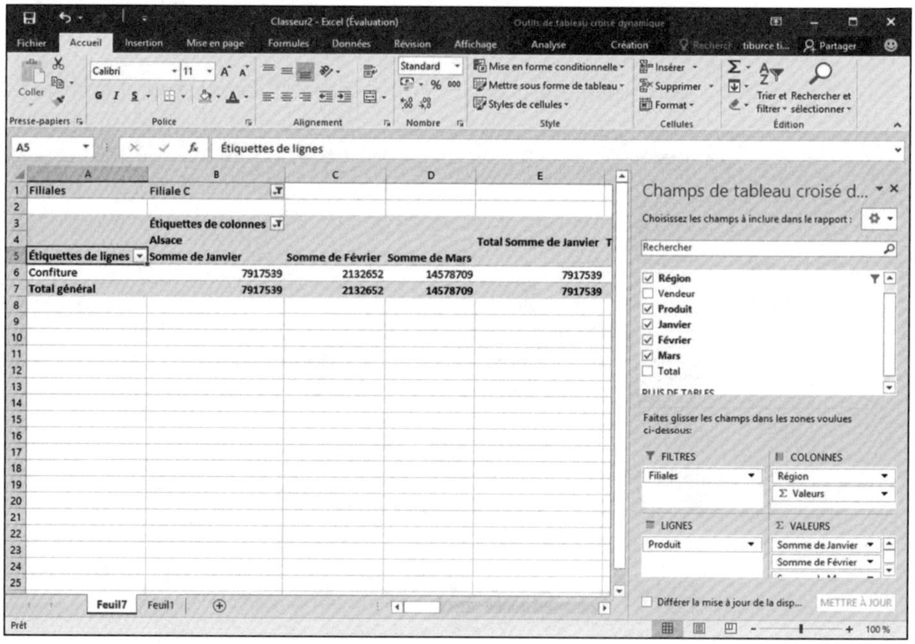

FIGURE 2.7 : Le tableau croisé dynamique après un filtrage opéré sur trois champs.

Filtrer avec des segments

Les segments (*slicers*) sont des outils qui permettent de filtrer les tableaux croisés dynamiques. Faciles à créer et à exploiter, ils sont capables d'effectuer un filtrage sur plusieurs champs (voire de les lier à des champs d'autres tableaux croisés dynamiques présents dans le classeur).

L'ajout de segments dans le tableau croisé dynamique s'effectue en deux temps :

1. **Sélectionnez une cellule du tableau croisé dynamique, puis, dans le groupe Filtrer du sous-onglet Analyse de l'onglet Outils de tableau croisé dynamique, cliquez sur Insérer un segment.**

   Excel ouvre la boîte de dialogue Insérer des segments, qui regroupe le nom de tous les champs du tableau.

2. **Cochez tous les champs que vous voulez utiliser pour le filtrage et pour lesquels vous désirez appliquer un segment ; confirmez par OK.**

   Excel introduit les segments sous la forme d'objets graphiques, à raison d'un segment par champ sélectionné.

Une fois les segments créés, utilisez-les pour filtrer les données en sélectionnant simplement les critères qu'ils proposent. (Notez qu'en maintenant enfoncée la touche Maj, vous pourrez sélectionner plusieurs critères contigus et, grâce à la touche Ctrl, plusieurs critères non contigus.) Une fois la sélection des critères réalisée, le tableau croisé en arrière-plan réagit immédiatement.

La Figure 2.8 nous permet, par exemple, de limiter l'affichage à l'activité de la filiale C dans la région Alsace pour les ventes de confiture réalisées par le vendeur Marcel.

Comme les segments sont des objets graphiques, vous pouvez les déplacer, les redimensionner et même les supprimer. Pour supprimer un segment d'un tableau croisé dynamique, cliquez dessus pour le sélectionner, puis enfoncez la touche Suppr.

Filtrer avec des chronologies

Les chronologies s'apparentent à des segments : elles fonctionnent en effet selon le même principe, à cette différence près qu'elles concernent uniquement des champs date et permettent de filtrer les données du tableau qui ne se situent pas à une période donnée.

Dans la pratique : sélectionnez une cellule du tableau (qui doit, pour la circonstance, comporter des champs date), puis, dans le groupe Filtrer du sous-onglet Analyse de l'onglet Outils de tableau croisé dynamique, cliquez sur Insérer une chronologie. Cette action provoque l'affichage de la boîte de dialogue Insérer une

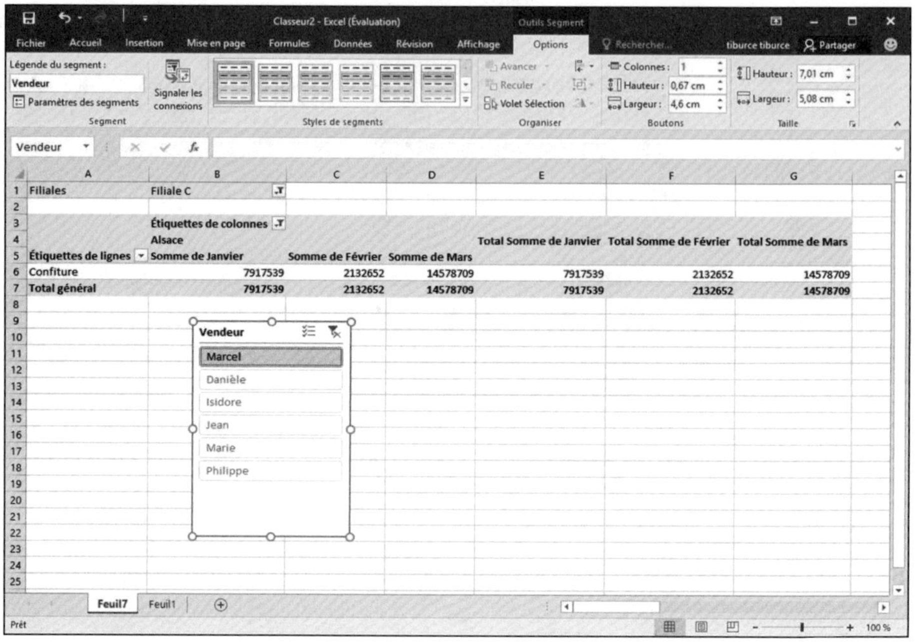

FIGURE 2.8 : Le tableau croisé dynamique interrogé grâce à un segment.

chronologie, qui répertorie tous les champs date susceptibles d'être utilisés par la fonction. Cochez celui qui vous intéresse, puis cliquez sur OK.

Pour obtenir la Figure 2.9, nous avons sélectionné le champ Date livraison. Excel nous a alors proposé une fenêtre de chronologie flottante reprenant, par défaut, les mois de l'année (le menu en haut à droite sous le trait proposant d'autres choix) et une barre de progression traduisant la période sélectionnée.

Notez que, dès que vous créez une chronologie, un onglet Outils chronologie s'implante dans le Ruban ; son unique sous-onglet, Options, regroupe, bien entendu, différentes options de mise en forme.

Trier le tableau croisé dynamique

Le contenu d'un tableau croisé dynamique peut être réorganisé instantanément en le triant selon une ou plusieurs colonnes et/ou lignes. Pour modifier l'ordre de présentation des données, cliquez sur le bouton de filtrage correspondant au champ à trier ; choisissez, en haut de la liste, le mode de tri souhaité, croissant ou décroissant.

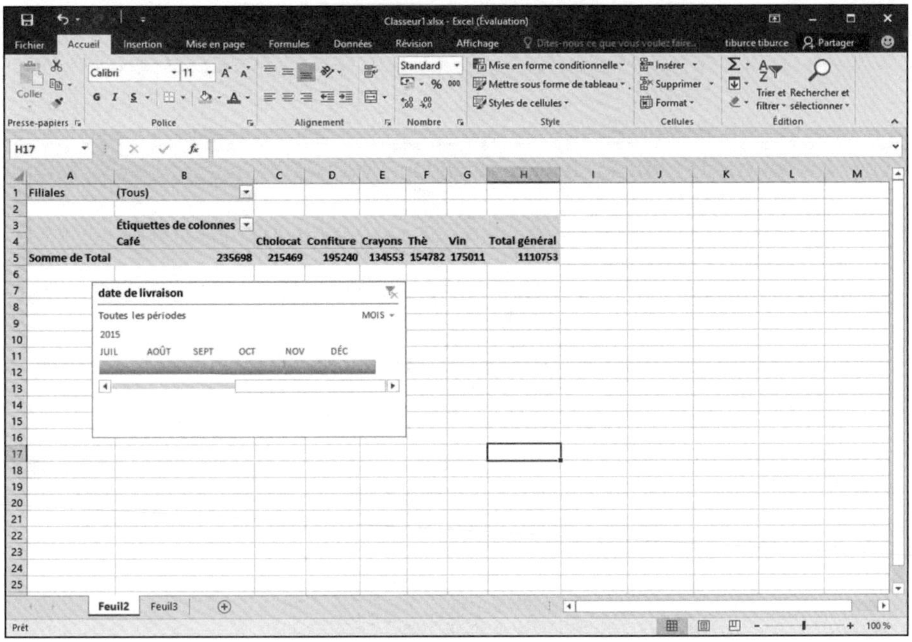

FIGURE 2.9 : Un tableau croisé dynamique filtré grâce à une chronologie.

Selon le cas, l'option Trier de A à Z classera les données dans l'ordre alphabétique ascendant s'il s'agit de noms, de la plus petite à la plus grande valeur s'il s'agit de nombres, ou encore de la plus ancienne à la plus récente dans le cas de dates. L'option Trier de Z à A inverse le classement (ordre alphabétique descendant, de la plus grande à la plus petite valeur ou de la date la plus récente à la plus ancienne).

Modifier un tableau croisé dynamique

Les tableaux croisés sont bien plus dynamiques que les tableaux de données classiques, car ils sont très simples à manipuler et à éditer. Changer les champs que vous voulez regrouper ou totaliser est aussi facile à faire que de les ajouter lors de la création du tableau. De surcroît, vous pouvez instantanément restructurer le tableau croisé en faisant glisser ses champs actuels vers un autre emplacement. Si on ajoute à cela la possibilité de sélectionner une nouvelle fonction de calcul statistique, vous aurez une bonne idée de ce qu'est un tableau de données réellement dynamique !

Modifier les champs du tableau croisé dynamique

Pour modifier les champs utilisés dans un tableau croisé, vous devez tout d'abord en afficher la liste (si elle ne l'est pas) :

1. **Cliquez dans n'importe quelle cellule du tableau.**

   Excel ajoute au Ruban l'onglet Outils de tableau croisé dynamique et ses deux onglets contextuels, Analyse et Création.

2. **Activez l'onglet Analyse afin d'en développer le contenu.**
3. **Cliquez sur le bouton Afficher, puis sur Liste des champs.**

   Excel ouvre le volet Champs de champs de tableau croisé dynamique, dans lequel il recense les champs actuellement utilisés ainsi que les zones auxquelles ils sont affectés.

Procédez à présent aux modifications souhaitées :

- » Pour supprimer un champ, faites glisser son nom en dehors de sa zone de dépôt (Filtres, Lignes, Colonnes et Valeurs), c'est-à-dire sur la feuille ou sur la liste des champs. Relâchez le bouton de la souris lorsque le pointeur se dote d'une croix. Vous pouvez aussi désactiver la case correspondante dans la liste Choisissez les champs à inclure dans le rapport.
- » Pour déplacer un champ existant à l'intérieur du tableau, faites glisser son nom d'une zone de dépôt vers une autre.
- » Pour ajouter un champ au tableau, faites glisser son nom depuis la liste Choisissez les champs à inclure dans le rapport vers la zone de dépôt souhaitée (Filtres, Lignes, Colonnes ou Valeurs). Cas particulier : si vous désirez insérer le champ dans la zone Lignes, il suffit de cocher sa case dans la liste du haut.

Faire pivoter les champs

Si les tableaux croisés s'appelaient autrefois « tables pivot », ce n'est pas pour rien. Vous pouvez, en effet, restructurer votre tableau en permutant les lignes et les colonnes.

Supposons, dans notre exemple, que nous souhaitions intervertir Région et Produit pour présenter les premières en ligne et les seconds en colonne. La marche à suivre : depuis le volet Champs de tableau croisé dynamique, faites glisser le champ Région de la zone Colonnes vers la zone Lignes, puis répétez l'opération avec le champ Produit depuis Lignes vers Colonnes. Et le tour est joué ! Excel traite automatiquement le tableau pour en refléter la nouvelle organisation.

Plutôt que de transiter par le volet de droite, vous pouvez agir directement dans le tableau proprement dit. Un prérequis toutefois : avant d'agir, vous devez mener l'action suivante : activez l'onglet Analyse sous Outils de tableau croisé dynamique, cliquez sur le premier bouton, soit Options du tableau croisé dynamique, puis choisissez Options dans le menu local ; dans la fenêtre Options du tableau croisé dynamique, commencez par activer l'onglet Affichage, puis cochez Disposition classique du tableau croisé dynamique (glisser de champs dans la grille) ; terminez par OK.

Modifier la fonction de calcul du tableau croisé dynamique

Par défaut, Excel utilise la bonne vieille fonction `SOMME` pour créer les sous-totaux et les totaux généraux des valeurs numériques traitées dans le tableau.

Cependant, certains tableaux croisés nécessitent le recours à une autre opération de calcul (moyenne, dénombrement…). Pour changer de fonction, opérez un clic-droit sur l'en-tête Somme de [champ] à l'intersection, dans le tableau, de la première colonne de champ et de la première ligne de champ. Dans le menu déroulant qui s'affiche suite à cette action, choisissez Paramètres des champs de valeurs (Figure 2.10).

Vous voilà en mesure de choisir un type de calcul dans la liste des fonctions de synthèse :

- **Nombre :** dénombre la quantité d'enregistrements pour une catégorie particulière (notez qu'il s'agit de la fonction par défaut si vous utilisez des champs de texte comme contenu pour votre tableau croisé).
- **Moyenne :** calcule la moyenne arithmétique des valeurs des champs pour la catégorie et le filtre courants.
- **Max :** calcule la plus grande des valeurs des champs pour la catégorie et le filtre courants.
- **Min :** calcule la plus petite des valeurs des champs pour la catégorie et le filtre courants.

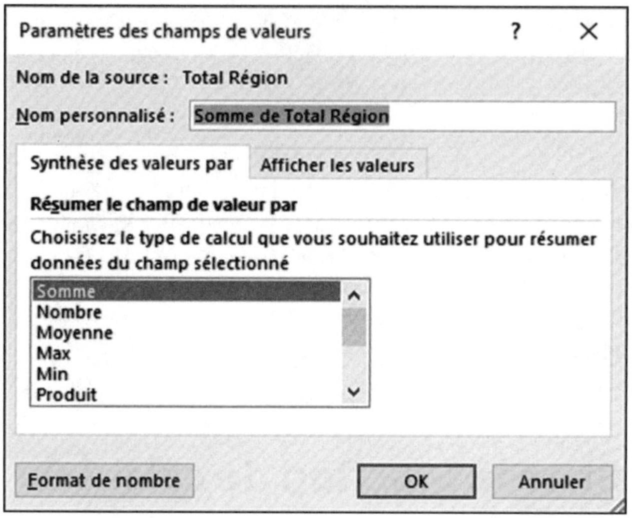

FIGURE 2.10 : La boîte de dialogue Paramètres des champs de valeurs.

- **Produit :** calcule le produit des valeurs des champs pour la catégorie et le filtre courants. Toutes les entrées non numériques sont ignorées.
- **Chiffres :** affiche le nombre de valeurs numériques pour la catégorie et le filtre courants. Toutes les entrées non numériques sont ignorées.
- **Ecartype :** affiche la déviation standard des valeurs des champs pour la catégorie et le filtre courants.
- **Ecartypep :** affiche la déviation standard pour la population correspondant aux champs pour la catégorie et le filtre courants.
- **Var :** affiche la variance des valeurs des champs pour la catégorie et le filtre courants.
- **Varp :** affiche la variance pour la population correspondant aux champs pour la catégorie et le filtre courants.

Une fois la nouvelle fonction sélectionnée, cliquez sur OK. Excel l'applique instantanément aux données des cellules du tableau.

Créer des graphiques croisés dynamiques

Le tableau croisé en place, vous pouvez créer le diagramme qui lui correspond afin de visualiser graphiquement vos données. C'est facile :

1. **Sous l'onglet Outils de tableau croisé dynamique, cliquez sur Analyse, puis sur Outils, et enfin sur Graphique croisé dynamique.**

   Souvenez-vous que l'onglet Outils de tableau croisé dynamique possède deux sous-onglets : Analyse et Création, qui se manifestent spontanément dès que vous cliquez dans une des cellules du tableau.

2. **Dans la boîte de dialogue Insérer un graphique, cliquez sur la vignette correspondant au type de graphique à créer ; confirmez par OK.**

Dès validation, Excel introduit deux objets sur la même feuille que celle où se trouve le tableau :

- Un **graphique croisé dynamique** du type que vous venez de sélectionner. Ce graphique *incorporé* peut facilement être déplacé ou redimensionné à l'aide de ses poignées.
- Un onglet contextuel **Outils de graphique croisé dynamique** qui propose trois sous-volets : Analyse, Création et Format, qui vous permettent, à divers titres, de personnaliser votre graphique.

Déplacer un graphique croisé vers sa propre feuille

Par défaut, Excel introduit les nouveaux graphiques croisés dynamiques dans la même feuille que leur tableau source. Cependant, il est souvent plus facile de personnaliser et de modifier un graphique lorsqu'il se trouve sur sa propre feuille :

1. **Sous Outils de graphique croisé dynamique, cliquez sur Création.**

   Si vous ne voyez pas cet onglet, c'est que le graphique n'est pas sélectionné ; sélectionnez-le en cliquant dessus.

2. **Cliquez sur Déplacer le graphique dans le groupe Emplacement.**

   Excel ouvre la boîte de dialogue Déplacer le graphique.

3. **Cliquez sur Nouvelle feuille.**
4. **(Facultatif) Renommez la feuille de destination en entrant un intitulé plus explicite que le nom générique (Graphique1).**
5. **Cliquez sur OK.**

La Figure 2.11 montre un histogramme groupé déplacé vers une feuille indépendante.

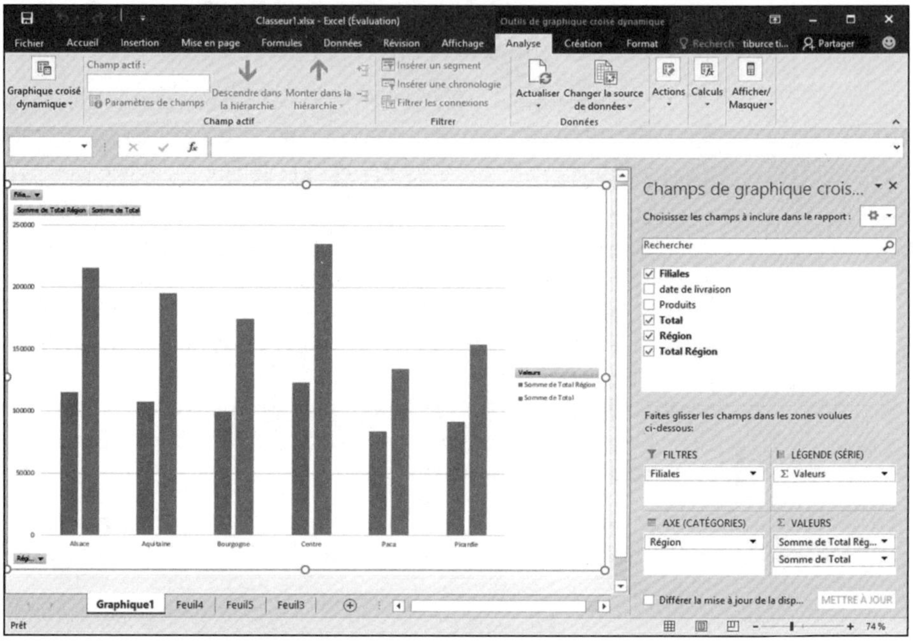

FIGURE 2.11 : Un graphique à colonnes après migration vers sa propre feuille.

Filtrer un graphique croisé dynamique

Lorsque les données d'un tableau croisé dynamique sont représentées sous la forme d'un diagramme classique (histogramme, barres, lignes…) reposant sur un axe *x* (abscisses) et un axe *y* (ordonnées), les étiquettes des lignes du tableau, ou *catégories,* se trouvent en bas du graphe. Les étiquettes de colonnes du tableau deviennent les *séries* de données qui sont transcrites dans la légende. Les valeurs proprement dites du tableau sont représentées le long de l'axe vertical *y*, à gauche (il s'agit dans notre exemple des produits).

Les listes Filtres déroulantes du graphique permettent de choisir la nature des données que vous voulez y représenter. Tout se passe exactement comme pour les tableaux du même type. Désactivez l'option (Sélectionner tout), puis cochez les champs à représenter graphiquement :

- » **Champs Axe (catégories)** pour filtrer les catégories représentées le long de l'axe des abscisses.
- » **Champs Légende (série)** pour filtrer les séries de données montrées dans les barres (ou sur les lignes) qui forment le corps du graphique et sont répertoriées dans la légende.

- **Filtre du rapport** pour filtrer la liste des valeurs traitées dans le graphique (celles qui déterminent l'échelle de l'axe des ordonnées).
- **Valeurs** pour filtrer les valeurs représentées dans le graphe.

Formater un graphique croisé dynamique

Les boutons de commandes des onglets Création et Format (regroupés dans la catégorie Outils de graphique croisé dynamique) facilitent la mise en forme et la personnalisation des graphes. Utilisez le premier pour sélectionner un nouveau style, voire un nouveau type de graphique. Exploitez le second pour formater individuellement les éléments du graphe).

Pour plus d'informations sur les boutons de commandes proposés par ces onglets,. Le menu contextuel qui s'affiche suite à un clic-droit sur le graphique vous propose le même type de commandes et autorise le même type d'actions.

VIII

Compléments et macros

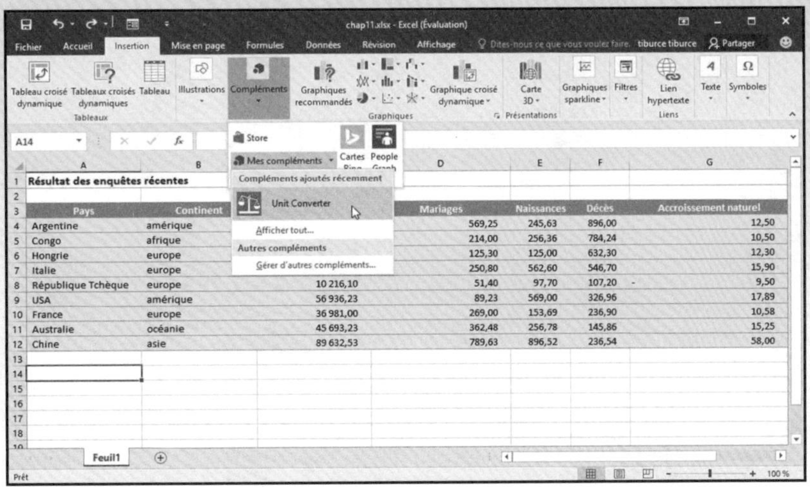

Chapitre 1

Apps, compléments, hyperliens et macros

DANS CE CHAPITRE :

- **Utiliser les applications pour Office et les compléments d'Excel 2016.**
- **Créer des hyperliens pointant vers d'autres classeurs, feuilles de calcul, documents Office, pages Web ou adresses électroniques.**
- **Créer et enregistrer des macros pour automatiser les tâches répétitives.**
- **Partager une feuille de calcul sur le Web.**
- **Modifier les feuilles de calcul avec des applications Excel Web.**

En lisant le titre de ce chapitre, vous pouvez avoir l'impression qu'il s'agit tout juste d'un pot-pourri ou d'un fourre-tout. Bref, le genre de chapitre où l'auteur case les informations qu'il n'a pas réussi à introduire dans le reste du livre. Eh bien pas du tout ! Ce chapitre est consacré à un thème bien défini : comment accroître la puissance d'Excel.

Les applications pour Office, les compléments Excel, les hyperliens et les macros sont autant de moyens de rendre Excel encore plus performant et plus souple : les applications et les compléments à cause des fonctionnalités supplémentaires qu'ils lui apportent ; les hyperliens pour l'ouverture qu'ils offrent en direction d'autres feuilles, classeurs ou documents Office ainsi que vers le Web ; les macros, enfin, pour le gain de productivité qu'elles procurent en permettant d'enregistrer et de répéter des séquences de commandes complexes.

Utiliser les compléments Office

Les compléments Office sont de petits utilitaires qui s'exécutent depuis différents programmes de cette suite logicielle afin d'en démultiplier les performances. Quelques buts qu'elles servent : vous apprendre à exploiter telle ou telle fonction d'Excel, afficher la définition d'un mot dans tel ou tel dictionnaire, voire introduire, dans votre feuille, des données issues d'un calendrier.

La plupart de ces compléments sont gratuits ; d'autres se vendent très bon marché sur l'Office Store. Pour les exploiter sous Excel 2016, vous devez d'abord les installer :

1. **Ouvrez l'onglet Insertion, et cliquez sur le bouton Compléments, puis sur Store.**

   Une fenêtre Compléments Office s'ouvre.

2. **Dans la section Catégorie, de cette fenêtre, cliquez sur Afficher tout.**

   Excel affiche alors toutes les applications disponibles (Figure 1.1).

   Chaque application listée est identifiée par son nom, celui de son développeur, et son prix.

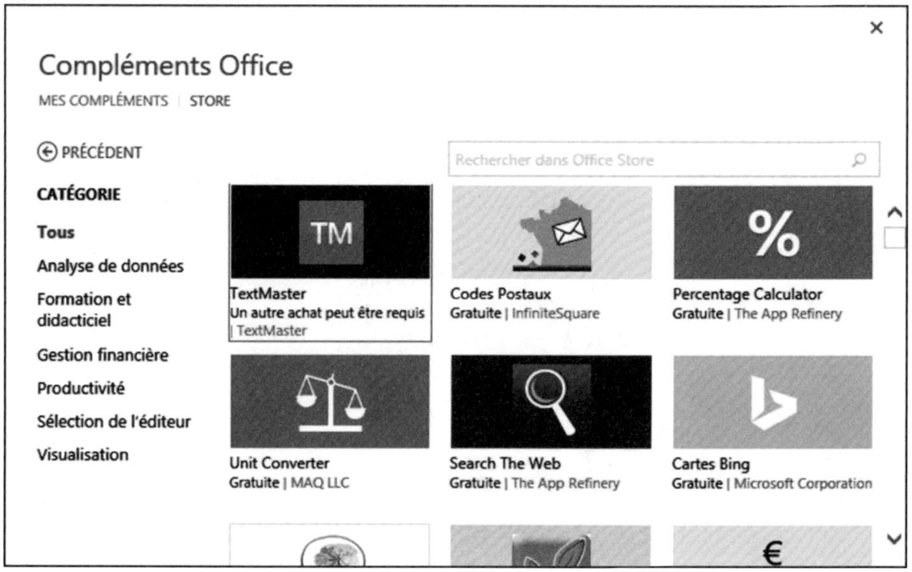

FIGURE 1.1 : La boîte de dialogue Compléments et ses propositions.

3. **Pour en savoir plus à propos de l'une d'entre elles, cliquez sur son nom depuis cette liste.**

   Si vous avez cliqué sur le nom d'une app depuis la fenêtre Compléments Office, un descriptif apparaît.

4. **Pour installer l'application, cliquez sur Faire confiance.**

   L'application s'affiche dans un volet, et peut être immédiatement utilisée.

5. **Pour quitter l'application, cliquez sur son X de fermeture situé dans la partie supérieure gauche de son volet.**

Une fois les applications installées, vous pouvez introduire celles que vous comptez exploiter dans le classeur courant. Pour ce faire :

1. **Lorsque le volet de l'application a été fermé, ouvrez l'onglet Insertion.**
2. **Ouvrez le menu local du bouton Compléments, puis celui nommé Mes compléments.**

   S'affiche alors la liste des Compléments Office installés dans Excel 2016, comme à la Figure 1.2.

3. **Cliquez sur l'application que vous souhaitez utiliser.**

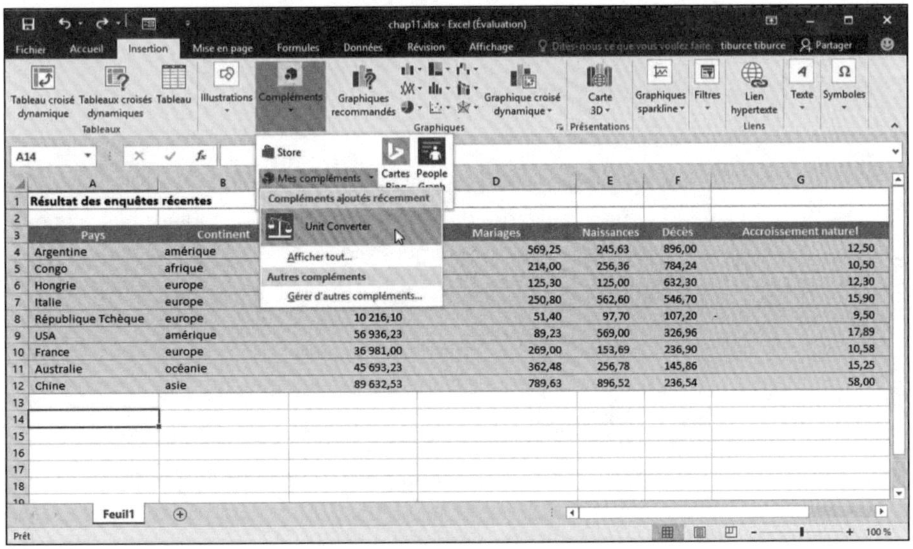

FIGURE 1.2 : Choisissez le complément à utiliser.

Excel introduit l'application désignée dans le classeur courant, où bien ouvre son volet d'utilisation dans la partie droite de l'interface.

Pour quitter une application ajoutée qui s'exécute dans le volet, fermez ce volet. Pour supprimer une application ajoutée qui se déploie sous la forme d'un objet graphique, sélectionnez l'objet, puis enfoncez la touche Suppr. (Ne vous inquiétez pas : cette action n'a pas pour effet de désinstaller l'outil, mais uniquement de le mettre provisoirement hors service.)

Placer des hyperliens dans une feuille de calcul

Les *hyperliens* rendent une feuille de calcul Excel encore plus efficace en plaçant documents Office, classeurs, feuilles ou encore des cellules à un clic de souris. Ces documents peuvent par ailleurs se trouver aussi bien sur votre disque dur que sur le serveur de votre réseau local, voire être accessibles *via* des pages Web localisées sur l'intranet de votre entreprise ou aux antipodes de votre bureau. Il est également possible de créer des liens hypertextes associés à des adresses de messagerie afin de communiquer avec vos collègues ou vos clients et d'échanger directement des fichiers Excel ou autres avec eux.

Les liens définis dans une feuille de calcul peuvent appartenir à une des catégories suivantes :

- » Texte saisi dans une cellule (on parle alors de *liens hypertextes*). Traditionnellement, ce genre de lien se signale par sa couleur bleue et par la présence d'un trait de soulignement.
- » Clipart ou image importée dans la feuille de calcul.
- » Graphique créé à partir de la galerie des formes, sous l'onglet Insertion. Cela revient d'ailleurs à transformer un objet graphique en bouton de commande...

La cible d'un lien textuel ou graphique peut être extrêmement variée : autre classeur Excel, autre type de fichier Microsoft Office, adresse d'un site Web (sous forme d'une URL, vous savez, le genre de monstruosité qui commence par `http://`), emplacement nommé dans le même classeur ou bien encore adresse de messagerie. Un emplacement nommé est susceptible de représenter une référence de cellule ou encore une plage entière d'une quelconque feuille.

Voyons comment associer un hyperlien au contenu d'une cellule – qu'elle contienne du texte ou une valeur numérique – ou à un objet graphique :

1. **Dans le groupe Liens de l'onglet Insertion, cliquez sur Lien hypertexte ou enfoncez les touches Ctrl + K.**

   Excel ouvre la boîte de dialogue Insérer un lien hypertexte (Figure 1.3). Vous pouvez y spécifier un fichier, une adresse Web ou de messagerie, un emplacement dans le même document, voire demander qu'un nouveau document soit créé lorsque quelqu'un clique sur le lien.

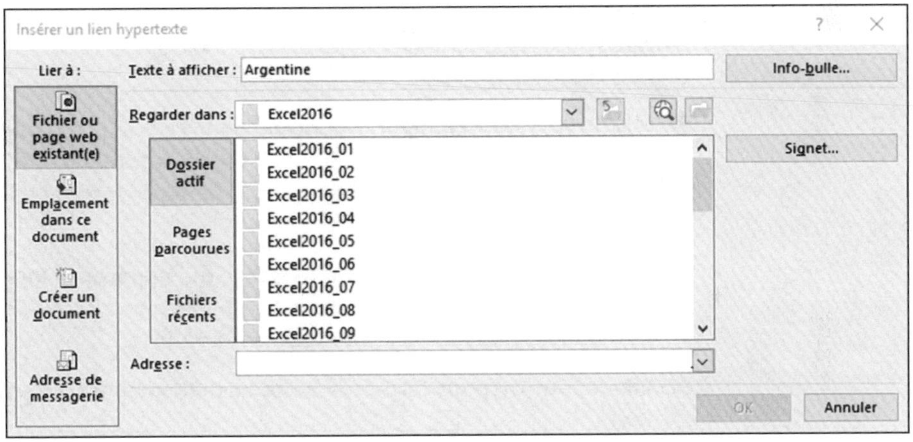

FIGURE 1.3 : La boîte de dialogue Insérer un lien hypertexte.

2a. Pour que le lien ouvre un autre document, une page Web sur l'intranet de votre société ou un site Web sur l'Internet, cliquez à gauche sur le bouton Fichier ou page Web existant(s). Entrez dans le champ Adresse l'emplacement du fichier ou de la page Web à ouvrir.

Si le document à lier est situé sur votre disque dur ou sur une unité connectée en réseau, cliquez sur la liste déroulante Regarder dans. Sélectionnez ensuite le bon dossier, puis le fichier voulu dans la liste du dessous.

Si le document à lier se trouve sur un site Web et que vous connaissez son adresse URL, introduisez-la dans le champ Adresse. Vous pouvez aussi faire appel à l'historique de vos voyages sur le Web en choisissant l'option Pages parcourues.

2b. Pour que le lien provoque un déplacement du curseur vers une autre cellule (ou vers une plage nommée) du même classeur, cliquez sur le

bouton Emplacement dans ce document. Saisissez ensuite l'adresse cible dans le champ Tapez la référence de la cellule, ou bien choisissez la feuille ou le nom de destination dans la liste Sélectionnez un emplacement dans ce document.

2c. Pour ouvrir un message destiné à un de vos correspondants, cliquez sur le bouton Adresse de messagerie. Saisissez l'adresse électronique de la personne dans le champ Adresse de messagerie.

Dès que vous commencez à saisir une adresse de messagerie, Excel insère le mot-clé `mailto:` en début de ligne (`mailto:` est la balise HTML qui signale à une application qu'elle doit ouvrir le programme de messagerie).

Si vous renseignez le champ Sujet, son contenu sera envoyé dans la ligne Objet du message (ou son équivalent).

Si le correspondant apparaît dans la liste Adresses de messagerie récemment utilisées, il suffit de cliquer dessus pour l'entrer dans le champ Adresse de messagerie.

3. **(Facultatif) Pour changer le contenu de la cellule qui contient le lien hypertexte (celui qui est souligné et de couleur bleue), ou pour ajouter une légende si cette cellule est vierge, tapez un intitulé dans le champ Texte à afficher.**
4. **(Facultatif) Pour créer un bref message qui apparaîtra lorsque le pointeur de la souris survolera le lien hypertexte, cliquez sur le bouton Info-bulle. Saisissez votre annotation et validez.**
5. **Cliquez sur OK pour fermer la boîte de dialogue Insérer un lien hypertexte.**

Après avoir ajouté un hyperlien dans une feuille de calcul, il est très facile de le suivre. Il suffit de placer le pointeur de la souris au-dessus du texte bleu souligné, ou au-dessus du graphique que vous venez de définir comme « cliquable ». Le pointeur se transforme en main dont l'index est pointé vers le haut. Cliquez, puis Excel vous conduit aussitôt vers le document, la page Web, la cellule ou le message cible.

Lorsqu'un hyperlien a été suivi, le texte devient violet sombre tout en restant souligné. Vous savez ainsi que la cible a déjà été visitée (mais cela ne fonctionne que pour du texte, par pour les liens graphiques). Le lien sera réinitialisé lors de la prochaine ouverture du classeur ; il apparaîtra avec sa jolie couleur bleue.

Pour modifier un lien attaché à une cellule ou à un objet graphique, faites un clic-droit dessus. Dans le menu contextuel qui apparaît, choisissez Modifier le lien hypertexte. La boîte de dialogue éponyme apparaît. Elle ressemble comme deux gouttes d'eau à la boîte de dialogue Insérer un lien hypertexte. Pour supprimer un lien, faites un clic-droit sur le lien. Dans le menu contextuel qui apparaît, exécutez la commande Supprimer le lien hypertexte.

Automatiser les commandes avec les macros

Les *macros* – abréviation de « macro-commandes » – sont de véritables automates permettant d'enregistrer des séquences de commandes (plus ou moins) complexes. En recourant aux macros pour exécuter les tâches routinières, vous améliorerez considérablement votre productivité. Excel est en effet capable de reproduire toutes les saisies et actions à la souris beaucoup plus vite que manuellement. De surcroît, les macros garantissent que chaque étape de la procédure sera répétée à l'identique, sans aucune variation, et cela à chacune de leur exécution.

L'enregistreur de macros d'Excel mémorise toutes les commandes et les saisies que vous effectuez dans un langage appelé VBA (Visual Basic pour les Applications). Il s'agit d'une version spéciale de ce bon vieux langage BASIC (nostalgie quand tu nous tiens !) développé par Microsoft pour toutes les applications Office. Apprendre le langage VBA ouvre d'infinies possibilités de programmation d'Excel, mais aussi de Word.

Enregistrer de nouvelles macros

Sous l'onglet Affichage du Ruban, cliquez sur la flèche située sous le bouton Macros pour accéder à une commande nommée Enregistrer une macro. Mais ce n'est pas le seul point d'entrée pour cette fonctionnalité. En effet, Excel 2016 possède un onglet supplémentaire Développeur que vous pouvez faire apparaître sur le Ruban ; il regroupe des commandes fort utiles pour une utilisation avancée. Voici comment ajouter l'onglet Développeur au Ruban :

1. **Cliquez sur Fichier/Options pour accéder à la boîte de dialogue Options Excel.**
2. **Cliquez, à gauche, sur la catégorie Personnaliser le Ruban.**
3. **Dans la colonne de droite, sous Onglets principaux, cochez la case Développeur.**
4. **Cliquez sur OK.**

Le nouvel onglet apparaît à droite de l'onglet Affichage, dans le Ruban. Excel ajoute aussi, à gauche dans la barre d'état, juste à côté de l'indicateur Prêt, un bouton permettant de démarrer et d'arrêter l'enregistrement de macros.

Quelle que soit la manière par laquelle vous démarrez l'enregistrement d'une macro – depuis l'onglet Affichage, l'onglet Développeur, le bouton de la barre d'état –, Excel enregistre toutes les actions que vous effectuerez dans la feuille de calcul ou le classeur.

L'enregistreur de macros ne mémorise pas les touches sur lesquelles vous appuyez ni les mouvements de votre souris. Son rôle consiste à créer le code VBA nécessaire à l'exécution de l'action elle-même. De ce fait, les erreurs que vous commettez en cours d'enregistrement ne seront pas intégrées dans la macro. Par exemple, si vous vous trompez dans une saisie et si vous la corrigez pendant que l'enregistreur fonctionne, seule l'entrée définitive – la commande – apparaîtra dans la macro. Les erreurs commises et les actions pour y remédier ne seront donc pas prises en compte.

Les macros créées à l'aide de l'enregistreur peuvent être enregistrées soit dans le classeur actif, soit dans un nouveau classeur, soit encore dans un classeur global appelé `PERSONAL.XLSB` (il est placé dans un sous-dossier d'Excel appelé `XLSTART`). Si vous choisissez cette dernière option, la macro pourra être exécutée à partir de n'importe quel classeur. En effet, le fichier `PERSONAL.XLSB` est automatiquement et secrètement ouvert chaque fois que vous lancez Excel. Même s'il reste caché, ses macros sont donc toujours disponibles. En revanche, les macros enregistrées dans un classeur « normal » ne sont accessibles que si ce classeur est explicitement ouvert.

Lors de la création d'une macro, vous devez spécifier non seulement l'emplacement où elle sera enregistrée, mais aussi lui donner un nom et lui affecter un raccourci clavier. Les règles à suivre pour attribuer un nom à une macro sont les mêmes que pour nommer une plage de cellules dans une feuille de calcul. Les raccourcis prennent la forme suivante :

- » Touche Ctrl plus une lettre de A à Z (comme dans Ctrl + Q).
- » Combinaison Ctrl + Maj plus une lettre de A à Z (comme dans Ctrl + Maj + Q).

Vous ne pouvez par conséquent pas utiliser dans vos raccourcis des signes de ponctuation ou des chiffres.

Pour juger combien il est facile d'enregistrer des macros, essayez l'exemple qui suit. Nous allons y saisir le nom d'une entreprise, en caractères gras de corps 12, puis répartir et centrer ce nom dans les colonnes A à E.

1. **Ouvrez le classeur contenant les données ou le graphique concerné par la macro.**

   Pour réaliser une macro qui ajoute de nouvelles données à une feuille, ce qui est le cas ici, ouvrez une feuille contenant de nombreuses cellules vierges. Si la cible est une cellule, placez-y le pointeur de la souris.

2. **Cliquez sur le bouton de démarrage de l'enregistrement, en bas et à gauche de la barre d'état.**

   La boîte de dialogue Enregistrer une macro apparaît (Figure 1.4). Vous y nommerez la macro, définirez son raccourci clavier, choisirez le classeur

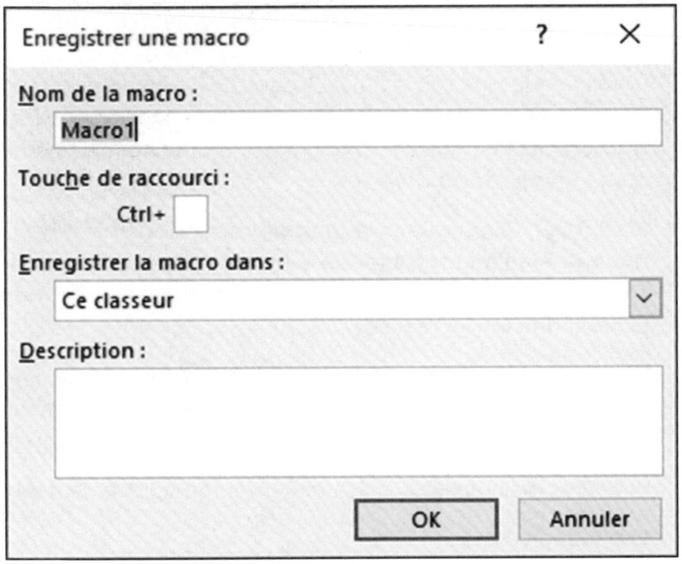

FIGURE 1.4 : Définition des caractéristiques de la nouvelle macro.

   dans lequel elle sera mémorisée et saisirez une brève description de son usage.

3. **Saisissez dans le champ Nom le titre de la macro.**

   Sachez que les espaces ne sont pas autorisées et que le nom doit commencer par une lettre, un chiffre ou un signe de ponctuation. Pour cet exemple, nous remplacerons Macro1 par Nom_entreprise.

Vous pouvez ensuite entrer une lettre entre A et Z afin de définir un raccourci clavier. Autrement dit, vous demandez que la macro soit exécutée chaque fois que vous appuyez sur la combinaison Ctrl + *lettre*. Il se trouve cependant que certaines lettres sont déjà attribuées ; c'est le cas du C : par exemple, Ctrl + C copie une sélection dans le Presse-papiers, tandis que Ctrl + V colle le contenu du Presse-papiers. Si vous tenez cependant à utiliser la lettre C, appuyez sur la touche Maj tout en saisissant la lettre en question, pour obtenir le raccourci clavier Ctrl + Maj + C.

4. **(Facultatif) Cliquez dans le champ Touche de raccourci ; tapez la lettre de l'alphabet que vous désirez assigner à la macro.**

   Vous devez maintenant décider de l'emplacement où sera placée la macro.

5. **À l'aide de la liste déroulante Enregistrer la macro dans, spécifiez l'emplacement où la nouvelle macro sera stockée.**

   Pour notre exemple, nous choisissons l'option Classeur de macros personnelles, ce qui permettra d'insérer le nom de l'entreprise dans tous les documents créés ou modifiés avec Excel. De cette manière, vous pourrez exécuter la macro quel que soit le classeur ouvert. Si l'action ne doit concerner que le classeur actuellement ouvert, sélectionnez l'option *Ce classeur*. Enfin, l'option Nouveau classeur créera (comme son nom l'indique) un nouveau classeur pour y enregistrer vos macros.

6. **(Facultatif) Cliquez dans le champ Description et insérez un bref commentaire indiquant l'objet de la macro. Dans un environnement professionnel, il est aussi conseillé d'ajouter la date de création et le nom de la personne qui l'a réalisée.**

   Remplir le champ Description n'est pas obligatoire. C'est en revanche une bonne habitude à prendre. En associant systématiquement un commentaire à vos macros, vous ou vos collègues saurez toujours à quoi elle sert.

   Vous êtes maintenant prêt à commencer l'enregistrement de la macro.

7. **Cliquez sur OK.**

   La boîte de dialogue se referme. L'icône du bouton d'enregistrement sur la barre d'état et dans l'onglet Développeur cesse d'être une icône et devient un carré bleu, indiquant qu'Excel enregistre désormais toutes vos actions.

   Sous le menu Macros de l'onglet Affichage ainsi que dans le groupe Code de l'onglet Développeur, se trouve une commande Utiliser les références relatives. Utilisez-la lorsque les adresses des cellules doivent être enregistrées relativement à la position initiale, et non de façon absolue. Supposons par exemple que la cellule courante soit A1. Dans le mode par défaut (absolu), l'adresse utilisée sera systématiquement A1 (ce qui correspond à la forme

$A). Chaque fois que vous exécuterez la macro, elle partira de cette cellule. Un déplacement vers la droite, par exemple, renverrait vers A2. Dans le mode relatif, toutes les actions seront appliquées en partant de la cellule active. S'il s'agit de B8, un déplacement vers la droite activera B9 (et non A2). Il est évident que seul le mode relatif convient à notre exercice.

8. **(Facultatif) Cliquez sur l'option Utiliser les références relatives. Elle se trouve dans le groupe Code de l'onglet Développeur ainsi que dans le menu de la commande Macros de l'onglet Affichage. De cette manière, la macro peut être exécutée en partant de n'importe quelle cellule de la feuille active.**

9. **Sélectionnez les cellules, entrez les données et choisissez les commandes Excel nécessaires à la réalisation des tâches que vous voulez enregistrer. Procédez exactement comme vous le feriez ordinairement. Tapez, cliquez, activez… L'enregistreur se charge du reste.**

   Pour cet exemple, tout ce que vous avez à faire est de saisir le nom de la société. Cliquez sur le bouton Entrer de la barre de formule (afin de valider le texte sans quitter la cellule). Activez si nécessaire l'onglet Accueil. Dans le groupe Police, cliquez sur le bouton G (gras) et choisissez le corps 12 dans la liste déroulante Taille de police. Sélectionnez ensuite la plage A1:E1 à l'aide de la souris. Toujours sous l'onglet Accueil, cliquez dans le groupe Alignement sur le bouton Fusionner et centrer.

   Ces actions terminées, il ne reste plus qu'à arrêter l'enregistrement.

10. **Cliquez sur le bouton Arrêter l'enregistrement, dans la barre d'état ou sous l'onglet Développeur.**

    Le bouton carré bleu redevient une icône, indiquant que l'enregistreur est arrêté.

Exécuter des macros

La macro enregistrée, vous pouvez l'exécuter en procédant de diverses manières :

- Sous l'onglet Affichage, cliquez sur le bouton Macros, ou déroulez le menu associé en cliquant sur la flèche, et choisissez la commande Afficher les macros.
- Sous l'onglet Développeur, cliquez dans le groupe Code sur le bouton Macros.
- Appuyez sur la combinaison de touches Alt + F8.

Dans chacun de ces cas, une boîte de dialogue semblable à celle de la Figure 1.5 apparaît. Elle contient la liste de toutes les macros disponibles dans le classeur actif, ainsi que la liste de celles placées dans `PERSONAL.XLSB`. Pour lancer une macro, il suffit de cliquer sur son nom, puis sur le bouton Exécuter (vous pouvez aussi appuyer sur Entrée ou double-cliquez sur la ligne voulue).

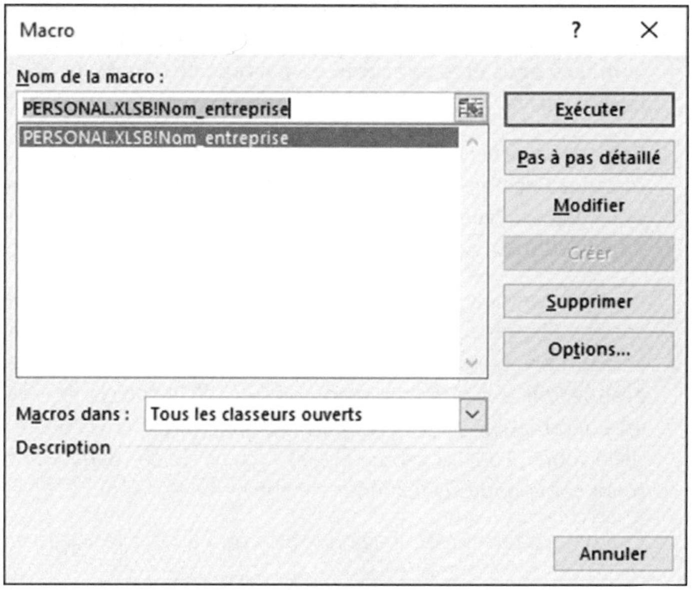

FIGURE 1.5 : Sélectionner la macro à exécuter.

Si vous avez associé un raccourci clavier à la macro, il n'est pas utile d'ouvrir cette boîte de dialogue. Appuyez tout simplement sur la touche Ctrl et sur la lettre choisie (plus éventuellement sur la touche majuscule) et Excel exécutera immédiatement toutes les commandes enregistrées.

La raison pour laquelle les macros placées dans `PERSONAL.XLSB` sont toujours disponibles est que ce classeur est automatiquement ouvert lors du lancement d'Excel, mais sans être affiché. Cependant, du fait même que ce classeur est invisible, il n'est pas possible de modifier ou de supprimer les macros depuis votre classeur. Si vous tentez d'effectuer ce genre d'action, Excel vous informe qu'il est impossible d'éditer une macro dans un classeur masqué.

Pour accéder à `PERSONAL.XLSB`, refermez d'abord le message d'erreur ainsi que la boîte de dialogue Macro. Cliquez à présent sur l'onglet Affichage puis, dans le groupe Fenêtre, cliquez sur le bouton Afficher. Dans la boîte de dialogue qui apparaît, sélectionnez le classeur `PERSONAL.XLSB`, puis cliquez sur OK. Le classeur caché devient visible. Vous pouvez maintenant ouvrir la fenêtre Macro, puis modifier ou supprimer les macros enregistrées dans le classeur personnel. Cela fait, refermez la boîte de dialogue Macro et cliquez sur le bouton Masquer, dans le groupe Fenêtre, pour cacher de nouveau le classeur `PERSONAL.XLSB`.

Placer des macros sur le Ruban et sur la barre d'outils Accès rapide

Au lieu de lancer une macro en appuyant sur un raccourci clavier ou en ouvrant la boîte de dialogue Macro, vous pouvez l'affecter à un onglet personnalisé sur le Ruban, ou le placer sur la barre d'outils Accès rapide.

Procédez comme suit pour placer une macro sous un onglet personnalisé du Ruban :

1. **Choisissez Fichier/Options puis, dans la boîte de dialogue Options Excel, cliquez, à gauche, sur la catégorie Personnaliser le ruban.**

   Le volet Personnaliser le ruban apparaît à droite.

2. **Dans le menu Choisir les commandes dans les catégories suivantes, choisissez Macros.**

   La liste de gauche contient toutes les macros du classeur courant ainsi que celles enregistrées dans le dossier `PERSONAL.XLSB`.

3. **Dans la liste de droite, cliquez sur le nom d'un onglet personnalisé dans lequel vous désirez placer la macro.**

   Si vous n'avez pas encore créé de groupe personnalisé pour les macros, vous devrez en confectionner un. Voici comment :

   a. Cliquez sur le bouton Nouvel onglet, en bas de la liste.

      Excel ajoute à la fois, dans la liste de droite, un élément Nouvel onglet (Personnalisé) et un élément Nouveau groupe (Personnalisé). Ce dernier est sélectionné.

   b. Cliquez sur l'élément Nouvel onglet (Personnalisé) que vous venez de créer.

   c. Cliquez sur le bouton Renommer du bas de la liste, puis saisissez un nom pour l'onglet personnalisé – **Macros** par exemple – avant de cliquer sur OK.

   d. Cliquez sur l'élément Nouveau groupe (Personnalisé).

e. Cliquez sur Renommer, puis saisissez un nom pour le groupe, **Insertion** par exemple ; confirmez par OK.

4. **Dans la liste de gauche, cliquez sur la macro à placer dans le groupe personnalisé.**

5. **Cliquez sur Ajouter. Cliquez ensuite sur OK pour fermer la boîte de dialogue.**

   Le nom de la macro apparaît sur un bouton du groupe personnalisé (Insertion, par exemple) figurant sous l'onglet personnalisé (Macros, par exemple). Il suffit à présent de cliquer sur le bouton de la macro, dans le Ruban, pour l'exécuter.

Pour ajouter un bouton personnalisé à la barre d'outils Accès rapide, procédez de la manière suivante :

1. **Cliquez sur la flèche qui se trouve au bout de la barre d'outils Accès rapide. Dans le menu qui s'ouvre, choisissez l'option Autres commandes.**

   La boîte de dialogue Options Excel apparaît, ouverte sur la catégorie Barre d'outils Accès rapide.

2. **Dans la liste déroulante Choisissez les commandes dans les catégories suivantes, sélectionnez Macros.**

   Excel affiche la liste de toutes les macros créées aussi bien dans le classeur actif que dans le classeur `PERSONAL.XLSB`.

3. **Cliquez sur le nom de la macro à ajouter à la barre d'outils Accès rapide, puis sur le bouton Ajouter (au milieu de la fenêtre).**

4. **Cliquez sur OK pour refermer la boîte de dialogue.**

Index

C

D

F

G

H

I

J

L

M

N

O

P

Q

R

S

T

U

V

W

X

Z

Notes

Notes

Notes

Notes

Notes

Notes